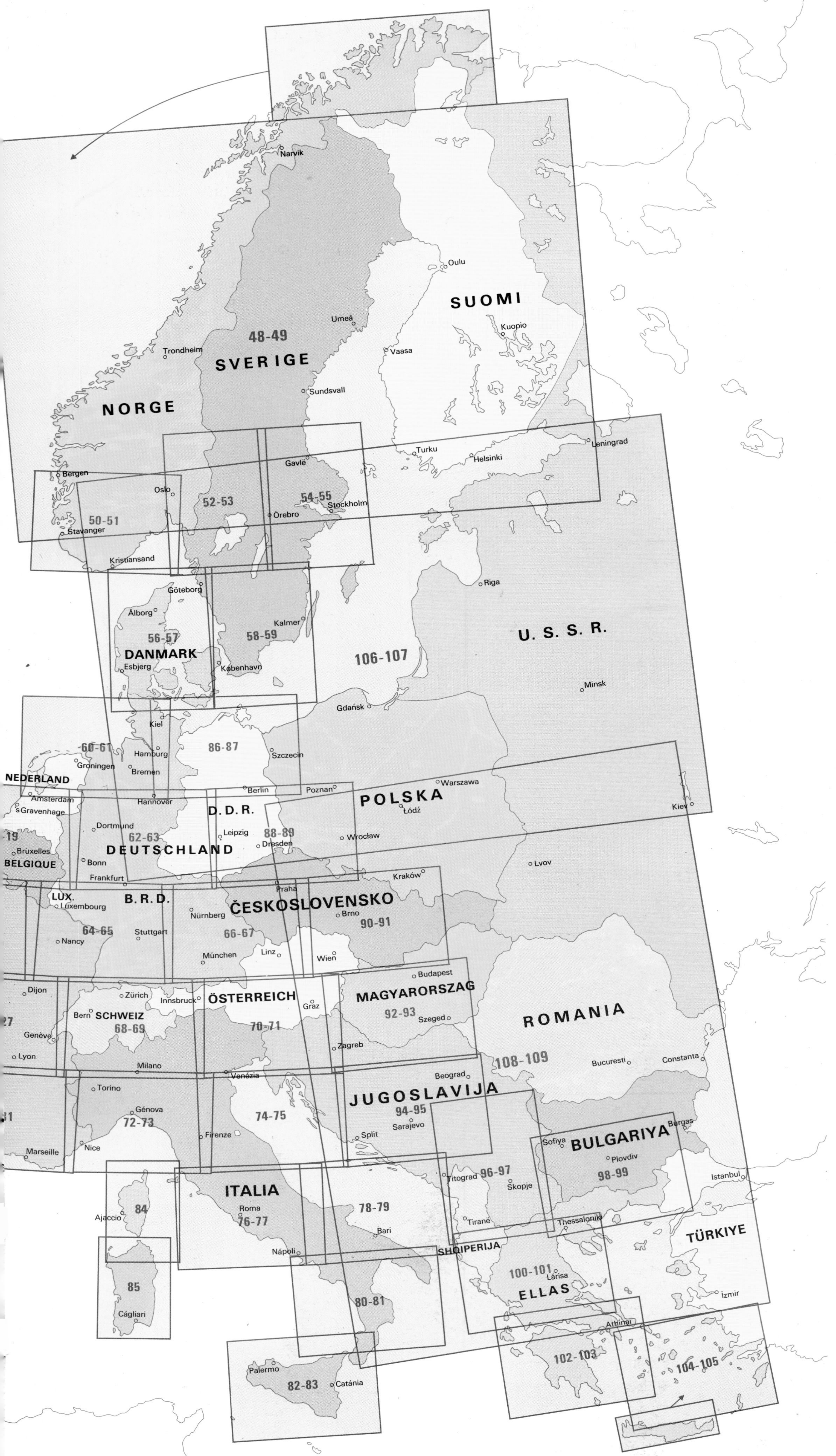

NORGE
SVERIGE
SUOMI
Narvik
Trondheim
Umeå
Oulu
Kuopio
Vaasa
Sundsvall
48-49
Bergen
Oslo
Gavle
Turku
Helsinki
Leningrad
Stavanger
Örebro
Stockholm
50-51
52-53
54-55
Kristiansand
Göteborg
Ålborg
56-57
DANMARK
Esbjerg
Kalmer
58-59
København
106-107
Riga
U. S. S. R.
Minsk
Gdańsk
Kiel
60-61
Groningen
Hamburg
Bremen
86-87
Szczecin
NEDERLAND
Amsterdam
's Gravenhage
Hannover
Berlin
Poznań
Warszawa
POLSKA
Łódź
Kiev
D. D. R.
Dortmund
62-63
Leipzig
88-89
Dresden
Wrocław
DEUTSCHLAND
Bruxelles
BELGIQUE
Bonn
Frankfurt
Lvov
Kraków
Praha
LUX.
Luxembourg
B.R.D.
Nürnberg
ČESKOSLOVENSKO
Brno
90-91
64-65
Nancy
Stuttgart
66-67
München
Linz
Wien
Budapest
Dijon
Zürich
Innsbruck
ÖSTERREICH
MAGYARORSZAG
Bern
SCHWEIZ
68-69
Graz
92-93
Szeged
ROMANIA
Genève
70-71
Lyon
Zagreb
108-109
Milano
Bucuresti
Constanta
Venézia
Beograd
Torino
JUGOSLAVIJA
Génova
72-73
74-75
94-95
Sarajevo
Split
Firenze
Marseille
Nice
Sofiya
BULGARIYA
Burgas
Plovdiv
Titograd
96-97
Skopje
98-99
Istanbul
ITALIA
Roma
76-77
78-79
Ajaccio
84
Bari
Tirane
Thessaloniki
TÜRKIYE
Nápoli
SHQIPERIJA
100-101
Larisa
ELLAS
85
Cágliari
80-81
İzmir
Athinai
102-103
104-105
Palermo
82-83
Catánia

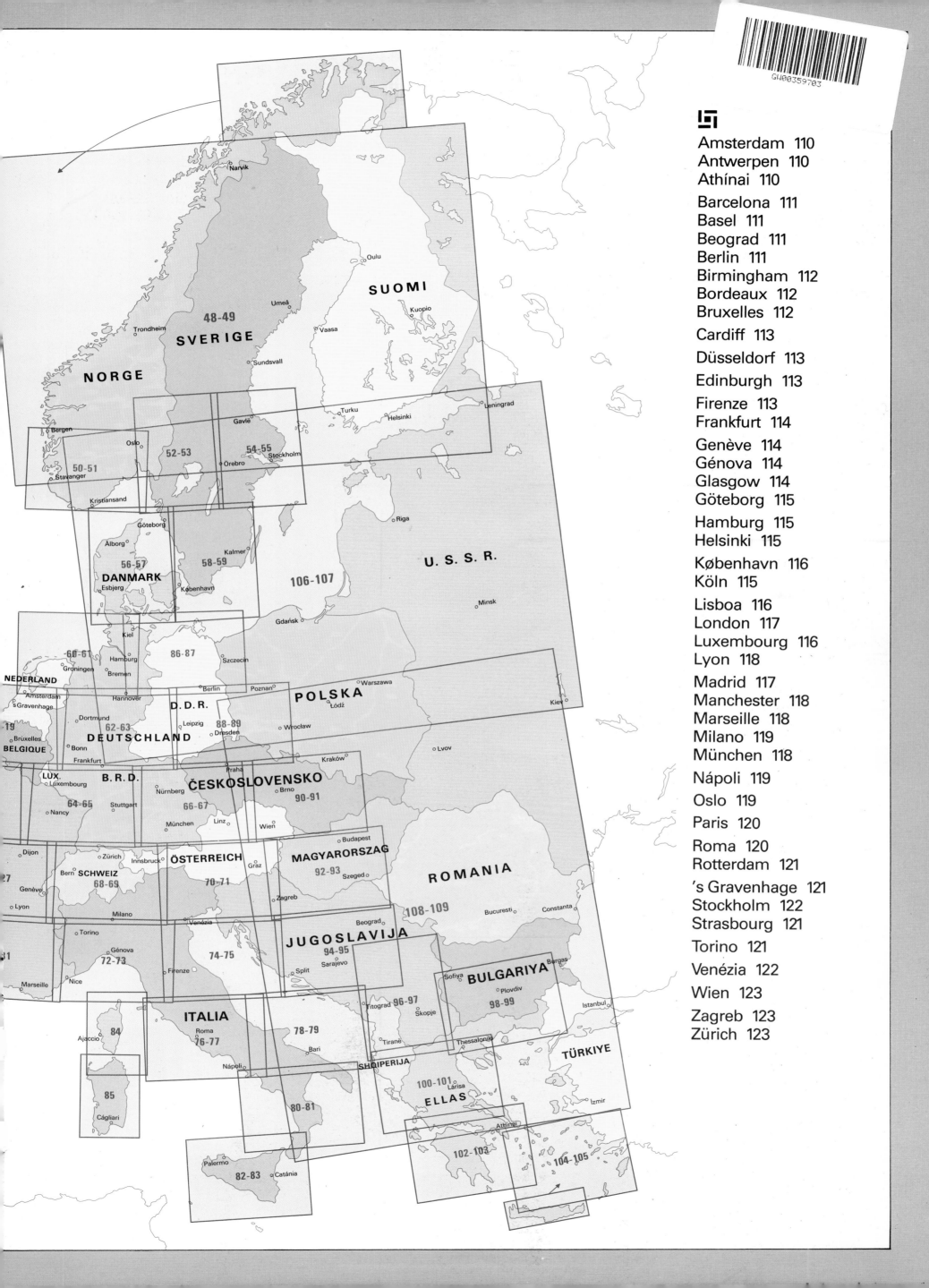

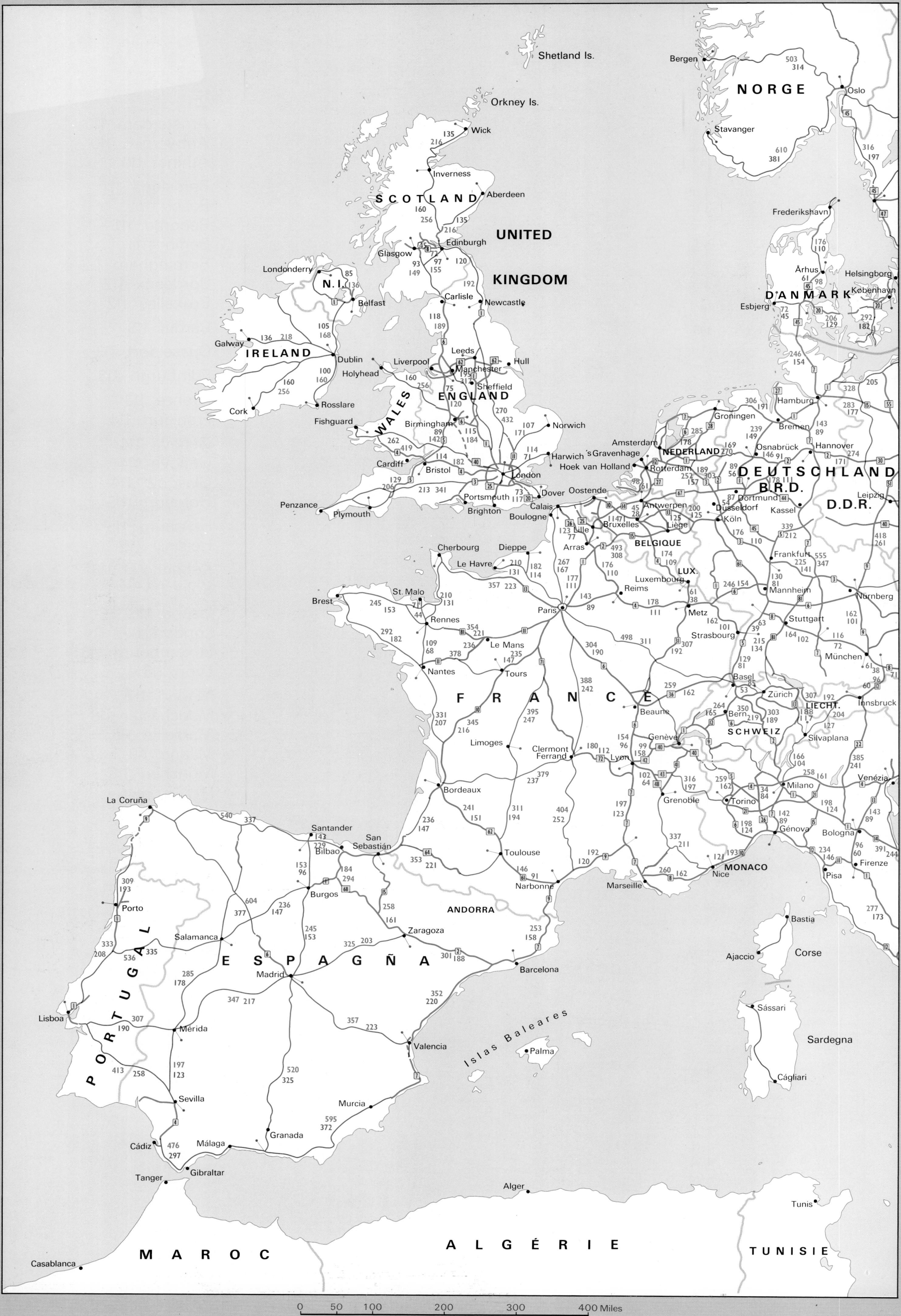

Shetland Is.

NORGE

Bergen
503
314
Oslo
Stavanger
316
197
610
381

Orkney Is.

135
216
Wick

Inverness

SCOTLAND
Aberdeen

160
256
135
216

UNITED

Frederikshavn

176
110

Edinburgh
KINGDOM
Glasgow
93
149
97
155
120

Århus
61
98
DANMARK
45
72
45
Helsingborg
København
292
182

Londonderry
85
136
N.I.
Belfast
192

Carlisle
Newcastle
Esbjerg
206
129
20

118
189

Leeds
Hull
246
154

Liverpool
Manchester
328
205

IRELAND
Galway
136
218
Dublin
Holyhead
105
168
Sheffield
ENGLAND
75
120

Groningen
Hamburg
306
191
283
177

Bremen
143
89

Hannover
274

100
160
Rosslare
160
256

WALES
Birmingham
262
89
142
115
184
270
432
107
171
Norwich

Amsterdam
's Gravenhage
NEDERLAND
239
149
178
270
Osnabrück
146
169
171
DEUTSCHLAND
B.R.D.

Fishguard

Cardiff
114
182
129
206
Bristol
213
341
London
114
71
Harwich
Hoek van Holland
Rotterdam
189
252
Düsseldorf
Köln
Kassel
339
89
212
Leipzig
D.D.R.

Penzance
Plymouth
Portsmouth
Brighton
73
117
Dover
Calais
Oostende
Boulogne
Antwerpen
Bruxelles
Liège
200
125
176
110
Dortmund
Frankfurt
555
225
347
418
261

Cherbourg
Dieppe
Lille
77
123
BELGIQUE
Arras
493
308
267
167
174
109
LUX.
176
110
Mannheim
130
81
141
Nürnberg

Le Havre
210
131
182
114
357
223
Luxembourg
Reims
178
111
143
89
61
38
246
154
162
101

St. Malo
Brest
245
153
210
131
44
Rennes
354
221
Paris
498
311
Metz
162
101
Strasbourg
307
192
39
63
215
134
Stuttgart
164
102
116
72
München
61
96
60

292
182
109
68
236
378
Le Mans
235
147
Tours
304
190
129
81
Basel
Zürich
307
192
Innsbruck
204
Nantes

FRANCE
331
207
345
216
388
242
395
247
259
162
Beaune
264
165
350
189
Bern
303
219
127
LIECHT.
117
Silvaplana
22

Limoges
Clermont
Ferrand
180
112
72
Lyon
154
96
99
158
Genève
SCHWEIZ
166
104
385
241

Bordeaux
379
237
102
64
316
89
258
167
259
162
Torino
34
84
Milano
161
198
124
Venézia

236
147
241
151
311
194
404
252
197
123
Grenoble
142
89
Génova
198
124
143
89

353
221
Toulouse
192
120
337
211
Bologna
234
146
96
391
146
244
Firenze

Narbonne
146
91
260
162
Marseille
121
193
MONACO
Nice
Pisa

La Coruña
540
337
Santander
143
ANDORRA
253
158
277
173
Bastia

309
193
Porto
279
Bilbao
184
294
San Sebastián
64
353
221
Zaragoza
Barcelona
Ajaccio
Corse

153
96
604
377
236
147
Burgos
68
258
161
245
153
325
203
301
188

PORTUGAL
333
208
335
Salamanca
285
178
Madrid
347
217
ESPAÑA
357
223
352
220
Sássari
Sardegna

Lisboa
307
190
Mérida
Valencia
Islas Baleares
Palma
Cágliari

413
258
197
123
520
325
Murcia
595
372
Granada

Sevilla

Cádiz
476
297
Málaga
Tanger
Gibraltar
Alger
Tunis

MAROC
ALGÉRIE
TUNISIE

Casablanca

0   50   100   200   300   400 Miles

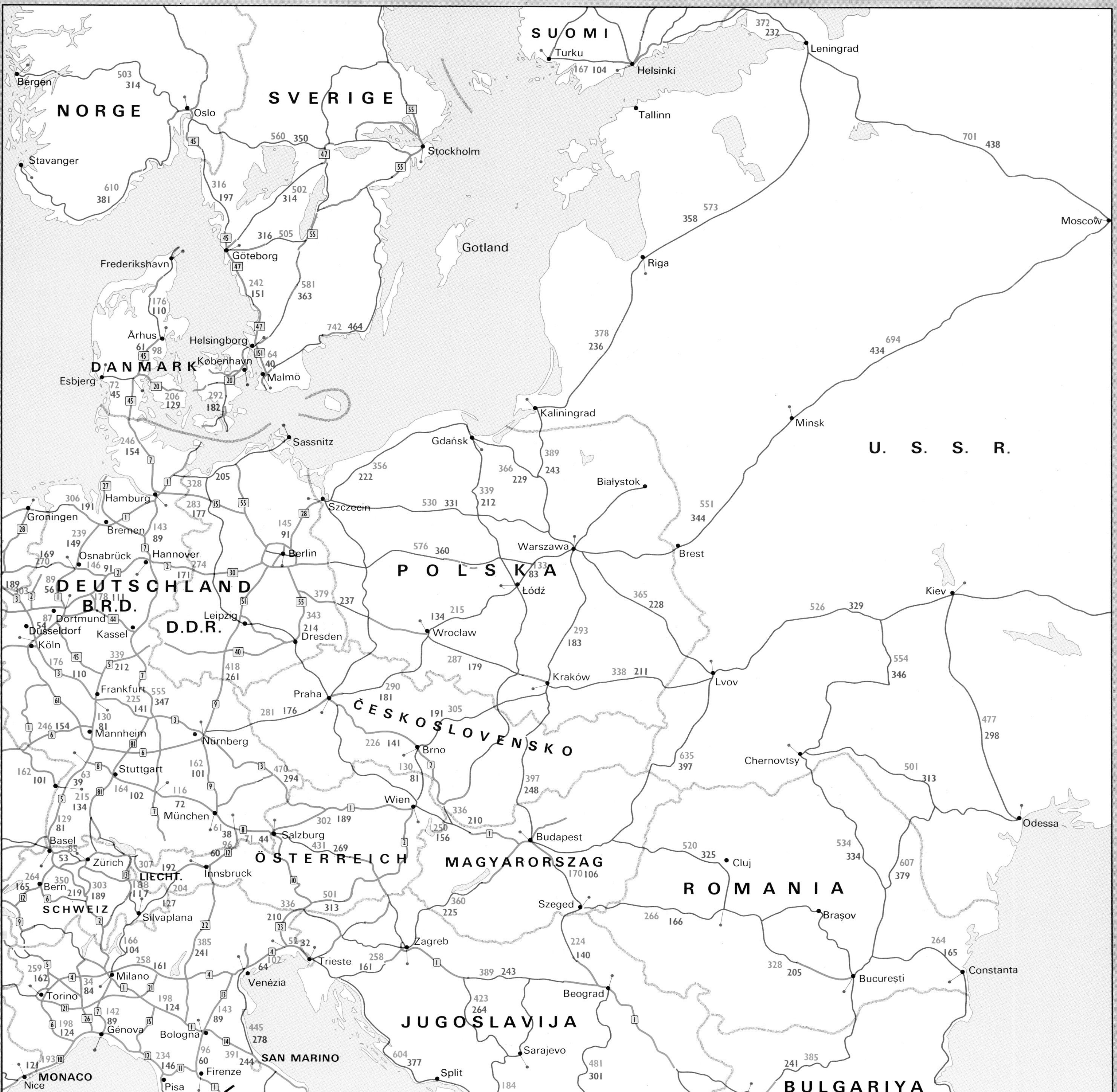

NORGE
SVERIGE
SUOMI
DANMARK
DEUTSCHLAND B.R.D.
D.D.R.
POLSKA
ČESKOSLOVENSKO
ÖSTERREICH
MAGYARORSZAG
ROMANIA
SCHWEIZ
LIECHT.
JUGOSLAVIJA
ITALIA
SAN MARINO
MONACO
BULGARIYA
SHQIPËRIJA
ELLAS
TÜRKIYE
U. S. S. R.

Bergen
Stavanger
Oslo
Stockholm
Göteborg
Frederikshavn
Århus
Helsingborg
København
Malmö
Esbjerg
Sassnitz
Hamburg
Groningen
Bremen
Osnabrück
Hannover
Berlin
Leipzig
Dresden
Dortmund
Düsseldorf
Köln
Kassel
Frankfurt
Mannheim
Nürnberg
Stuttgart
München
Basel
Zürich
Bern
Silvaplana
Innsbruck
Salzburg
Wien
Milano
Torino
Génova
Nice
Bologna
Firenze
Pisa
Bastia
Ajaccio
Corse
Sássari
Cágliari
Sardegna
Roma
Nápoli
Pescara
Bari
Taranto
Brindisi
Lecce
Palermo
Messina
Reggio di Calábria
Catánia
Sicilia
Tunis
TUNISIE
MALTA

Turku
Helsinki
Tallinn
Leningrad
Moscow
Riga
Minsk
Kaliningrad
Gdańsk
Białystok
Szczecin
Warszawa
Brest
Łódź
Wrocław
Kraków
Lvov
Kiev
Chernovtsy
Odessa
Praha
Brno
Budapest
Zagreb
Trieste
Venézia
Beograd
Cluj
Brașov
București
Constanta
Szeged
Sarajevo
Split
Dubrovnik
Titograd
Sofiya
Skopje
Tiranë
Thessaloniki
Istanbul
Bursa
İzmir
Ródhos
Pátrai
Athinai
Kriti
Iráklion
Gotland

0 50 100 200 300 400 500 600 Km.

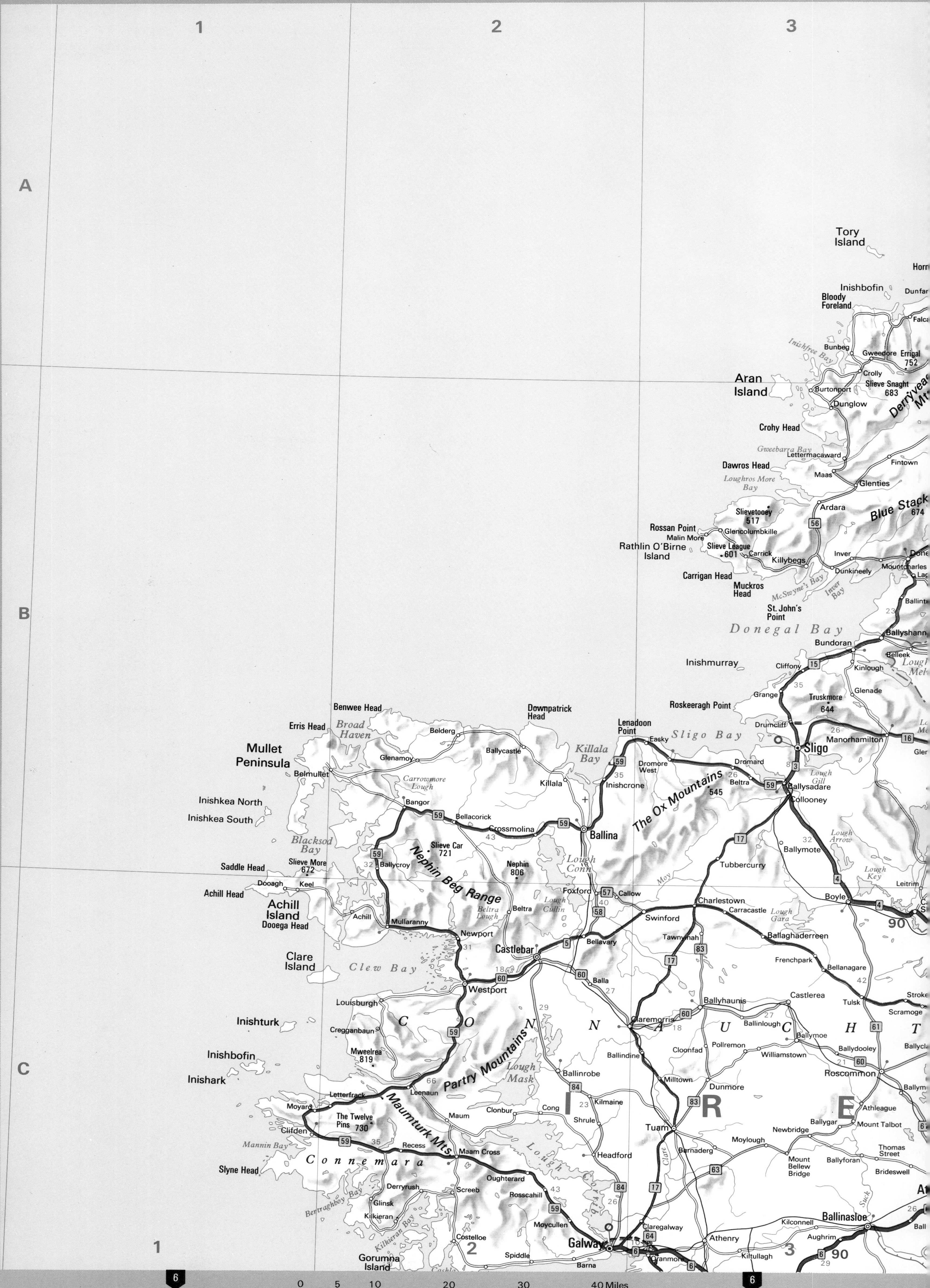

1 2 3

A

B

C

Tory Island

Horn

Inishbofin
Bloody Foreland
Dunfar
Falca

Inishfree Bay
Bunbeg
Gweedore Errigal 752
Crolly
Slieve Snaght 683
Derryveag Mts

Aran Island
Burtonport
Dunglow

Crohy Head

Gweebarra Bay
Lettermacaward
Fintown

Dawros Head
Maas
Glenties

Loughros More Bay
Ardara
Blue Stack 674

Slievetooey 517
Rossan Point
Malin More
Glencolumbkille
Inver
Done

Rathlin O'Birne Island
Slieve League 601
Carrick
Killybegs
Dunkineely
Mountcharles
Lac

Carrigan Head
Muckros Head
McSwyne's Bay
Inver Bay
Ballint

St. John's Point

Ballyshann

Donegal Bay
Bundoran
Belleek
Lough Mel

Inishmurray
Cliffony
Kinlough

15

Grange
Truskmore 644
Glenade

16

Benwee Head
Downpatrick Head
Lenadoon Point
Roskeeragh Point
Drumcliff

Broad Haven
Belderg
Sligo Bay
Manorhamilton

Erris Head
Ballycastle
Easky
Sligo
Gle

Mullet Peninsula
Glenamoy
Killala Bay
Dromore West
Dromard
Lough Gill

Belmullet
Killala
59
Inishcrone
35
Beltra
59
Ballysadare
26

Inishkea North
Carrowmore Lough
40
545
Colloony

Inishkea South
Bangor
59
Bellacorick
Crossmolina
59
Ballina
The Ox Mountains

Blacksod Bay
59
Slieve Car 721
43
17
Ballymote
Lough Arrow

Saddle Head
Slieve More 672
59
32
Ballycroy
Nephin 806
Foxford
57
Callow
Tubbercurry
4
Lough Key

Achill Head
Dooagh Keel
Nephin Beg Range
Lough Conn
58
Charlestown
Boyle
Leitrim
Sli

Achill Island
Dooega Head
Achill
Mullaranny
Beltra Lough
Beltra
Lough Cullin
Swinford
Carracastle
Lough Gara
4
90

Newport
31
Castlebar
5
Bellavary
Tawnyinah
Ballaghaderreen

Clare Island
Clew Bay
18
60
60
Balla
17
Frenchpark
Bellanagare
42

Louisburgh
Westport
27
Ballyhaunis
Castlerea
Tulsk
Stroke

C O N
29
N A U C H T

Inishturk
Cregganbaun
59
Claremorris
60
Ballinlough
Ballymoe
Ballydooley
61
Ballycla

Mweelrea 819
Ballindine
18
Cloonfad
Pollremon
Williamstown
21
60
Roscommon

Inishbofin
Lough Mask
Ballinrobe
Milltown
Dunmore

Inishark
Partry Mountains
84
23
Kilmaine
83
Athleague
Ballyga

Letterfrack
Leenaun
66
Clonbur
Cong
Shrule
Tuam
Newbridge
Mount Talbot

Moyard
Maum
I
R
Ballygar
Mount Bellew Bridge
Ballyforan

Clifden
The Twelve Pins 730
Maumturk Mts
84
17
63
Moylough
Thomas Street
Brideswell

Mannin Bay
59
35
Recess
Maam Cross
Headford
E
Barnaderg

Slyne Head
C o n n e m a r a
Derryrush
Oughterard
43
Ballinasloe

Beytraghboy Bay
Glinsk
Screeb
Rosscahill
Kilconnell
26

Kilkieran
59
Moycullen
64
Claregalway
Athenry
Aughrim
90

Costelloe
Spiddle
Galway
Oranmore
Kiltullagh
29

Gorumna Island
Barna

0 5 10 20 30 40 Miles

6 6

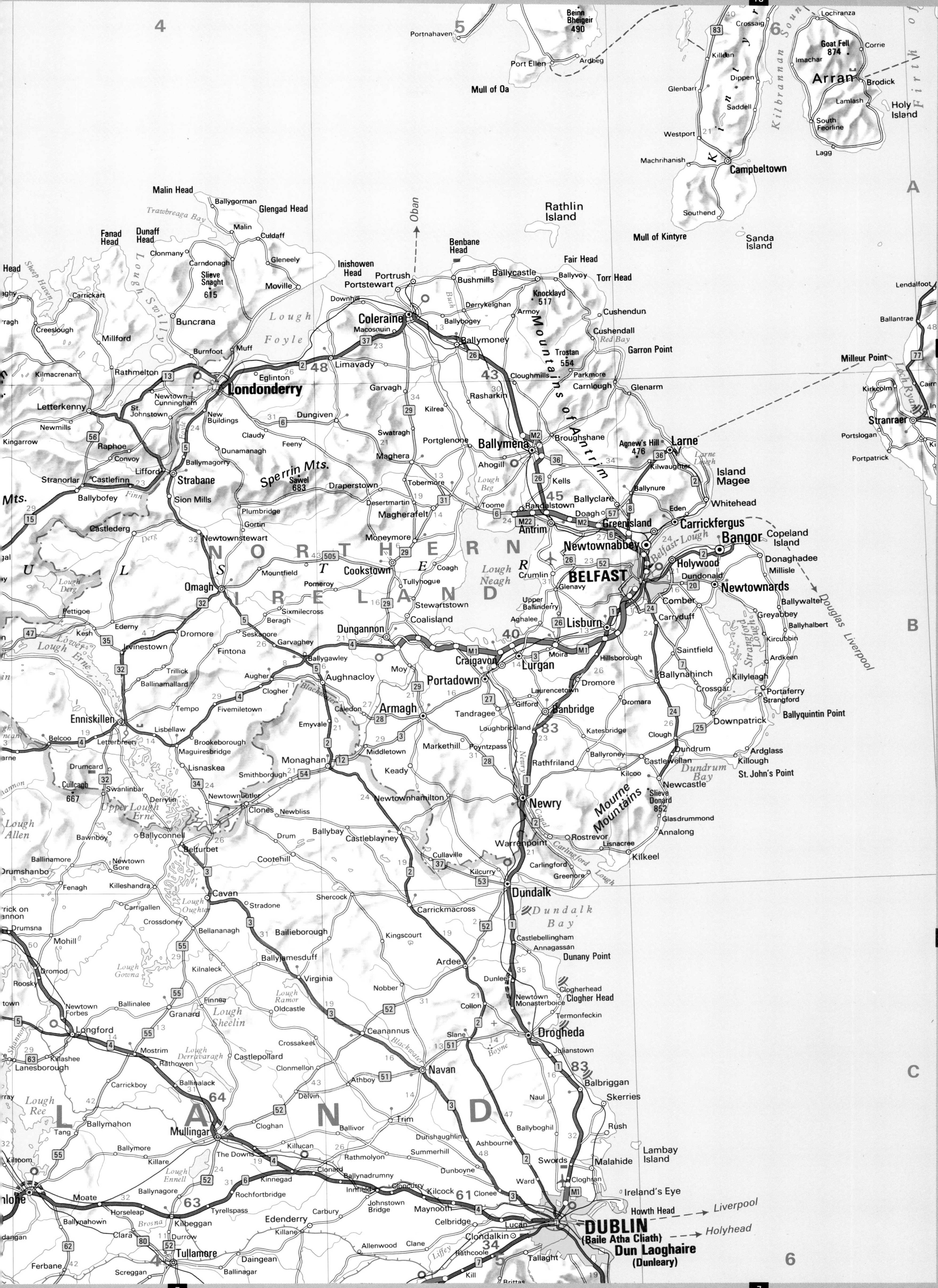

Beinn Bheigeir 490
Portnahaven
Port Ellen
Ardbeg
Mull of Oa
Crossaig
Killean
Dippen
Glenbarr
Saddell
Westport
Machrihanish
Campbeltown
Southend
Mull of Kintyre
Sanda Island
Kilbrannan Sound
Lochranza
Goat Fell 874
Corrie
Imachar
Arran
Brodick
Lamlash
Holy Island
South Feorline
Lagg
Firth of Clyde
Rathlin Island
Malin Head
Ballygorman
Glengad Head
Trawbreaga Bay
Malin
Culdaff
Fanad Head
Dunaff Head
Clonmany
Carndonagh
Gleneely
Slieve Snaght 615
Moville
Sheep Haven
Carrickart
Lough Swilly
Buncrana
Creeslough
Millford
Lough Foyle
Burnfoot
Muff
Kilmacrenan
Rathmelton
Eglinton
Limavady
Londonderry
Newtown Cunningham
St. Johnstown
Letterkenny
Newmills
Raphoe
Convoy
Kingarrow
Lifford
Strabane
Stranorlar
Castlefinn
Ballybofey
Sion Mills
Castlederg
Inishowen Head
Portrush
Portstewart
Oban
Benbane Head
Bushmills
Ballycastle
Fair Head
Ballyvoy
Torr Head
Knocklayd 517
Downhill
Coleraine
Macosquin
Derrykeighan
Ballybogey
Armoy
Cushendun
Cushendall
Red Bay
Garron Point
Ballymoney
Trostan 554
Parkmore
Carnlough
Glenarm
Cloughmills
Rasharkin
Mountains of Antrim
Garvagh
Kilrea
Dungiven
New Buildings
Claudy
Feeny
Dunamanagh
Ballymagorry
Sperrin Mts.
Sawel 683
Draperstown
Swatragh
Maghera
Portglenone
Ballymena
Broughshane
Agnew's Hill 476
Larne
Larne Lough
Kilwaughter
Island Magee
Ahogill
Kells
Tobermore
Lough Beg
Desertmartin
Magherafelt
Toome
Randalstown
Ballyclare
Ballynure
Eden
Whitehead
Carrickfergus
Plumbridge
Gortin
Newtownstewart
Moneymore
Antrim
Doagh
Greenisland
Newtownabbey
Belfast Lough
Bangor
Copeland Island
Donaghadee
Millisle
NORTHERN IRELAND
Cookstown
Mountfield
Coagh
Lough Neagh
Crumlin
BELFAST
Holywood
Dundonald
Newtownards
Omagh
Pomeroy
Tullyhogue
Glenavy
Comber
Ballywalter
Greyabbey
Ballyhalbert
Kircubbin
Stewartstown
Coalisland
Upper Ballinderry
Aghalee
Lisburn
Carryduff
Douglas
Liverpool
Pettigoe
Ederny
Sixmilecross
Beragh
Dungannon
Dromore
Seskanore
Garvaghey
Kesh
Lower Lough Erne
Irvinestown
Fintona
Ballygawley
Aughnacloy
Moy
Craigavon
Lurgan
Moira
Hillsborough
Saintfield
Strangford Lough
Ardkeen
Trillick
Ballinamallard
Augher
Clogher
Portadown
Laurencetown
Dromore
Ballynahinch
Killyleagh
Crossgar
Portaferry
Strangford
Ballyquintin Point
Tempo
Fivemiletown
Blackwater
Caledon
Armagh
Tandragee
Gilford
Banbridge
Dromara
Downpatrick
Enniskillen
Lisbellaw
Emyvale
Loughbrickland
Katesbridge
Belcoo
Letterbreen
Brookeborough
Maguiresbridge
Middletown
Markethill
Poyntzpass
Ballyroney
Clough
Dundrum
Ardglass
Killough
St. John's Point
Drumcard
Monaghan
Keady
Rathfriland
Castlewellan
Dundrum Bay
Lisnaskea
Smithborough
Kilcoo
Newcastle
Cuilcagh 667
Swanlinbar
Newtownbutler
Newtownhamilton
Newry
Slieve Donard 852
Mourne Mountains
Upper Lough Erne
Derrylin
Clones
Newbliss
Lough Allen
Bawnboy
Ballyconnell
Drum
Ballybay
Castleblayney
Rostrevor
Glasdrummond
Annalong
Warrenpoint
Lisnacree
Kilkeel
Belturbet
Cootehill
Cullaville
Carlingford
Carlingford Lough
Greenore
Ballinamore
Newtown Gore
Kilcurry
Fenagh
Killeshandra
Dundalk
Cavan
Stradone
Shercock
Carrigallen
Lough Oughter
Carrickmacross
Dundalk Bay
Crossdoney
Bellananagh
Bailieborough
Kingscourt
Castlebellingham
Annagassan
Dunany Point
Mohill
Ardee
Lough Gowna
Ballyjamesduff
Dromod
Kilnaleck
Virginia
Dunleer
Rooskey
Lough Ramor
Nobber
Clogherhead
Clogher Head
Ballinalee
Finnea
Oldcastle
Newtown Monasterboice
Newtown Forbes
Granard
Lough Sheelin
Collon
Termonfeckin
Longford
Ceanannus
Slane
Drogheda
Crossakeel
Boyne
Julianstown
Mostrim
Lough Derravaragh
Castlepollard
Killashee
Rathowen
Clonmellon
Navan
Balbriggan
Lanesborough
Athboy
Skerries
Carrickboy
Ballinalack
Lough Ree
IRELAND
Delvin
Naul
Ballymahon
Cloghan
Ballivor
Trim
Ballyboghil
Rush
Tang
Mullingar
Killucan
Dunshaughlin
Ashbourne
Lambay Island
Ballymore
The Downs
Rathmolyon
Summerhill
Swords
Malahide
Kiltoom
Killare
Lough Ennell
Clonard
Dunboyne
Kinnegad
Ballynadrumny
Ward
Cloghran
Moate
Ballynagore
Rochfortbridge
Cloncurry
Kilcock
Clonee
Ireland's Eye
Innfield
Horseleap
Tyrellspass
Carbury
Johnstown Bridge
Maynooth
Howth Head
Liverpool
Ballynahown
Kilbeggan
Edenderry
Celbridge
Lucan
DUBLIN (Baile Atha Cliath)
Holyhead
Clara
Brosna
Durrow
Killane
Clondalkin
Dun Laoghaire (Dunleary)
Ferbane
Tullamore
Daingean
Allenwood
Clane
Liffey
Rathcoole
Tallaght
Screggan
Ballinagar
Kill
Brittas
Stranraer
Lendalfoot
Ballantrae
Milleur Point
Loch Ryan
Kirkcolm
Portslogan
Portpatrick

0 5 10 20 30 40 50 60 Km.

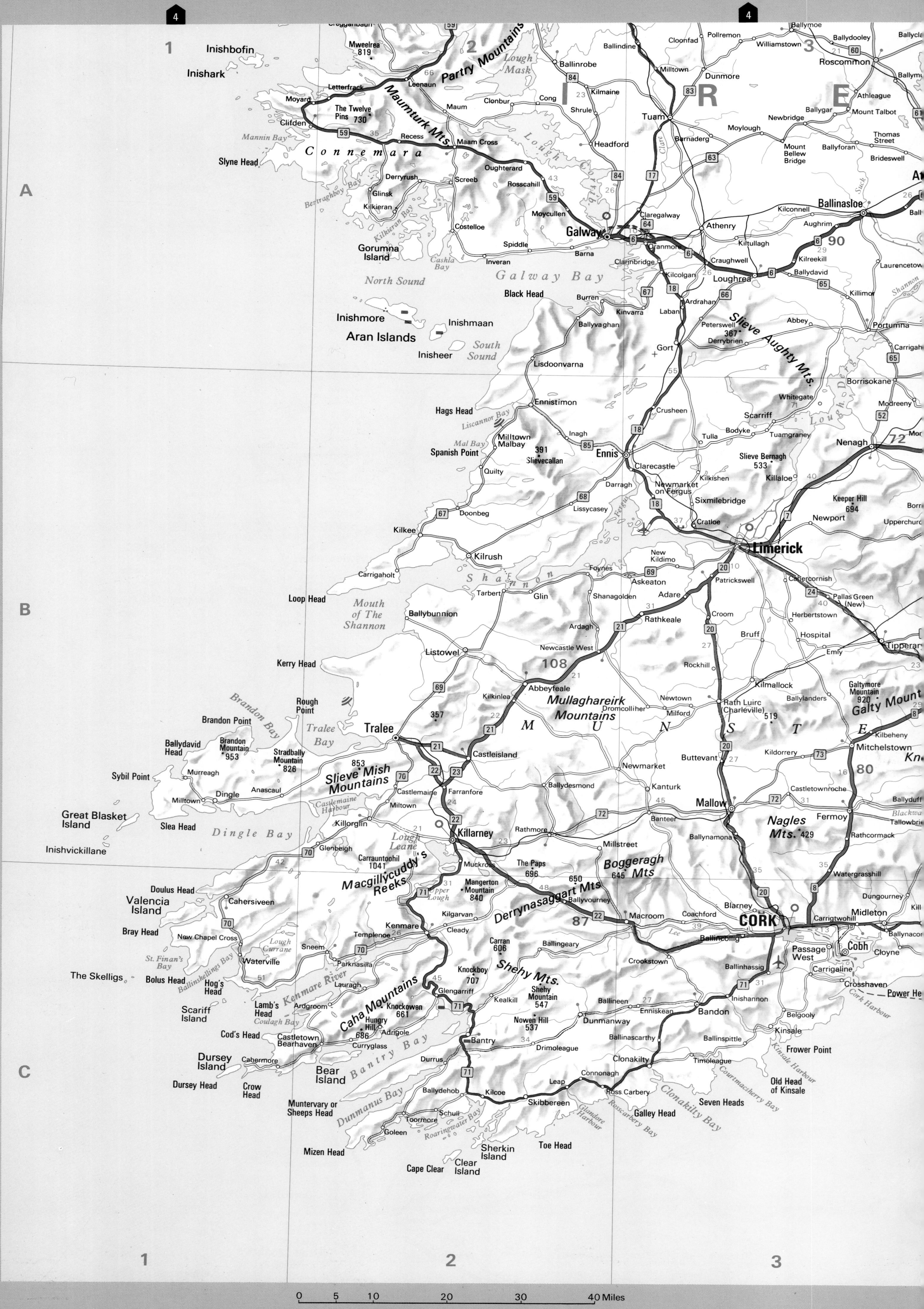

4

4

1

Inishbofin

Inishark

2 Party Mountains

Cregganbaun
Mweelrea
819

Lough Mask

Ballymoe
Pollremon
Cloonfad
Ballindine
Williamstown
Ballydooley
Ballyc...

60

21

I R E

3

Milltown
Dunmore
Roscommon

Ballinrobe
Kilmaine

84

83

Leenaun
Letterfrack
Moyard
The Twelve
Pins 730
Clifden

Maumturk Mts

Maam

Clonbur
Cong
Shrule

23

Athleague

Ballygar
Mount Talbot

Newbridge
Moylough
Mount
Bellew
Bridge

Thomas
Street

Barnaderg

63

Ballyforan
Brideswell

59

35

Recess

Maam Cross

Headford
Tuam

17

Connemara

Derryrush
Glinsk
Kilkieran

Screeb
Oughterard
Rosscahill

43

59

A

Berraghboy Bay

Kilkieran Bay

Costelloe
Moycullen

Claregalway
Athenry

Kilconnell

Aughrim

Ballinasloe

At

Kiltullagh
Kilreekill

6

90

Gorumna
Island

Cashla Bay

Spiddle

Inveran
Barna

Galway

64
6
Oranmore

Clarinbridge

Craughwell

Ballydavid

29

6

Laurencetown

North Sound

Galway Bay

Kilcolgan

Loughrea

67
18

Clarinbridge

Kinvarra
Laban

Ardrahan

66

Abbey

65

Killimor

Portumna

Black Head

Burren

Ballyvaghan

Gort

Peterswell
367
Derrybrien

Slieve Aughty Mts

Carriga

65

Inishmore

Inishmaan

Aran Islands

Inisheer

South
Sound

Lisdoonvarna

Crusheen

Whitegate

Scarriff

Modreeny

Borrisokane

52

Hags Head

Liscannor Bay

Ennistimon

Tulla
Bodyke
Tuamgraney

Lough Derg

Nenagh

72

Mal Bay

Milltown
Malbay

391
Slievecallan

Inagh

85

Ennis

18

Clarecastle

Slieve Bernagh
533

Kilkishen
Killaloe

40

Keeper Hill
694

Spanish Point

Quilty

Darragh

Newmarket
on Fergus

Sixmilebridge

Newport

Borri

Upperchurch

67

Doonbeg

68

Lissycasey

18

Cratloe

7

Kilkee

Kilrush

Carrigaholt

Shannon

69

Loop Head

Ballybunnion

Mouth
of The
Shannon

Tarbert

Glin

Foynes

Shanagolden

New
Kildimo

Askeaton

Limerick

Patrickswell

20
10

Cappercornish

24

Pallas Green
(New)

B

Kerry Head

Listowel

Ardagh

Newcastle West

21

Rathkeale

21

Croom

20

Bruff

Herbertstown

Hospital

Emly

Tipperary

23

Brandon Bay

Rough
Point

108

Abbeyfeale

Kilkinlea

21

Mullaghareirk
Mountains

Dromcolliher

Newtown

Milford

Rath Luirc
Charleville
519

Ballylanders

Galtymore
Mountain
920

Galty Mount

8

Brandon Point

Brandon Point

Ballydavid
Head

Brandon
Mountain
953

357

M

U

N

S

T

E

Kilbeheny

Mitchelstown

Kne

80

Stradbally
Mountain
826

Tralee

21

Castleisland

Newmarket

Buttevant

27

Kildorrery

73

16

Sybil Point

Murreagh

Slieve Mish
Mountains
853

70

22
23

Farranfore

Ballydesmond

Kanturk

Castletownroche

Ballyduff

Great Blasket
Island

Milltown
Dingle
Anascaul

Castlemaine

Castlemaine
Harbour

Miltown

24

Rathmore

Mallow

72

Fermoy

Blackwa
Tallowbri

Slea Head

Dingle Bay

Killorglin

21

Killarney

Millstreet

Banteer

Nagles
Mts. 429

Rathcormack

Inishvickillane

70

Glenbeigh

Lough
Leane

Carrauntoohil
1041

Macgillycuddy's
Reeks

Muckross

The Paps
696

Ballynamona

Watergrasshill

Doulus Head

Cahersiveen

70

Upper
Lough

71

Mangerton
Mountain
840

650

Boggeragh
Mts
645

Blarney

20

8

Dungourney

Kil

Valencia
Island

Bray Head

New Chapel Cross

70

Kilgarvan

Derrynasaggart Mts

Ballyvourney

Macroom

Coachford

Crookstown

CORK

Carrigtwohill

Midleton

Ballincollig

Passage
West

Cobh

St. Finan's
Bay

Lough
Currane

Sneem

Parknasilla

70

Kenmare

Templenoe

26

Cleady

Carran
606

87

Ballingeary

Lee

Ballinhassig

Cloyne

The Skelligs

Bolus
Head

Hog's
Head

51

Laragh

Knockboy
707

Shehy Mts

Shehy
Mountain
547

Crosshaven

Power He

Carrigaline

Scariff
Island

Lamb's
Head

Ardgroom

Caha Mountains

Knockowen
661

Kealkill

Nowen Hill
537

Ballineen

Enniskean

Bandon

Kinsale

Belgooly

Cod's Head

Castletown
Bearhaven

Hungry
Hill
686

Adrigole

Curryglass

Bantry

34

Drimoleague

Dunmanway

Ballinascarthy

Inishannon

Ballinspittle

Frower Point

Dursey
Island

Cahermore

Bear
Island

Bantry Bay

Durrus

Clonakilty

Connonagh

Ross Carbery

Timoleague

Old Head
of Kinsale

C

Dursey Head

Crow
Head

Dunmanus Bay

Muntervary or
Sheeps Head

Ballydehob

71

Kilcoe

Leap

Skibbereen

Galley Head

Seven Heads

Clonakilty Bay

Schull

Toormore

Goleen

Roaringwater Bay

Sherkin
Island

Toe Head

Courtmacsherry Bay

Rosscarbery Bay

Glandore Harbour

Mizen Head

Cape Clear

Clear
Island

1

2

3

0 5 10 20 30 40 Miles

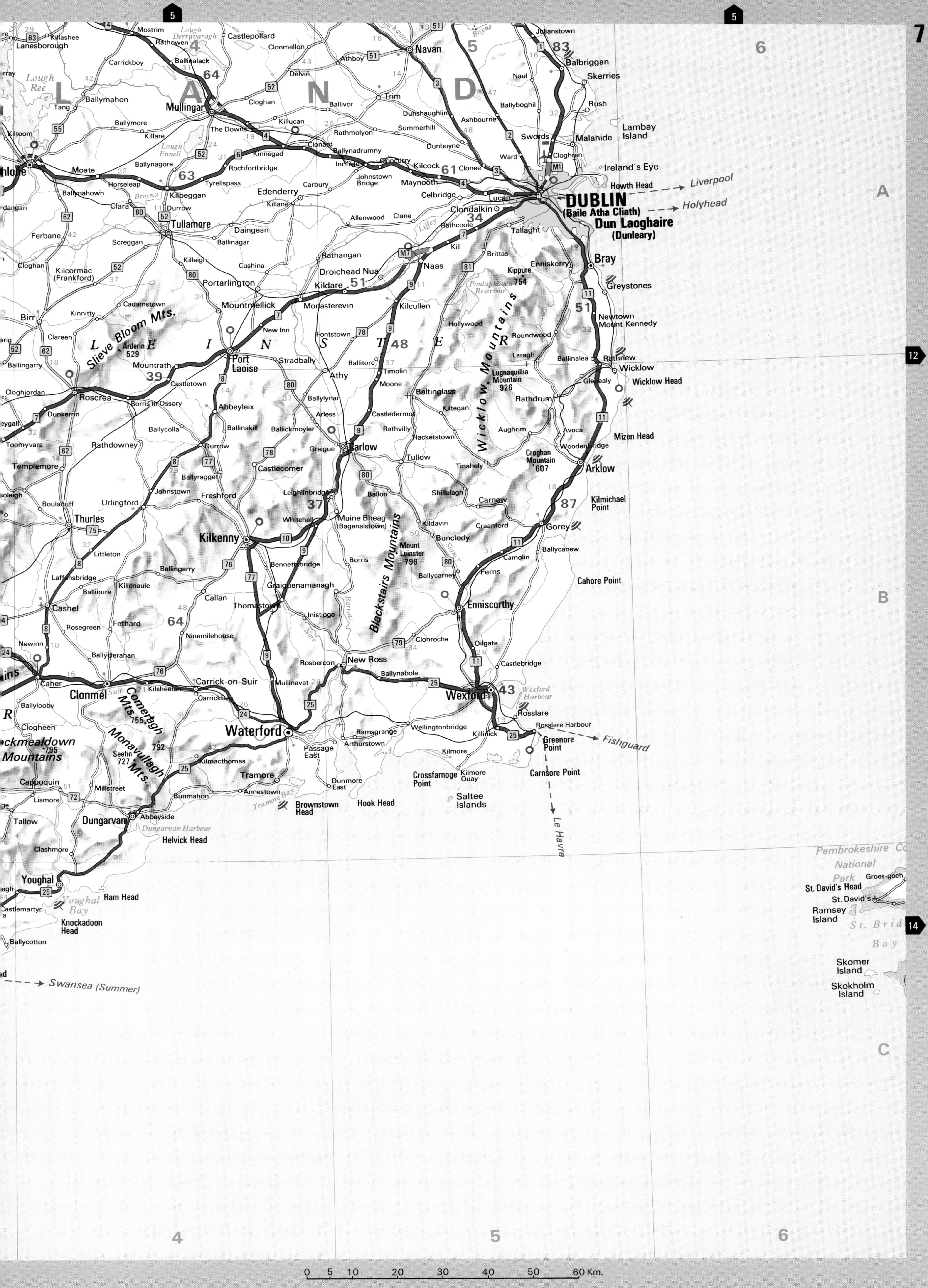
DUBLIN
(Baile Atha Cliath)
Dun Laoghaire
(Dunleary)
Liverpool
Holyhead
Fishguard
Le Havre
Swansea (Summer)
Lanesborough
Killashee
Mostrim
Rathowen
Lough Derravaragh
Castlepollard
Clonmellon
Navan
Julianstown
Balbriggan
Skerries
Rush
Lambay Island
Malahide
Swords
Ireland's Eye
Howth Head
Carrickboy
Ballinalack
Lough Ree
Ballymahon
Tang
Mullingar
Cloghan
Delvin
Athboy
Trim
Ballivor
Naul
Ballyboghil
Dunshaughlin
Ashbourne
Ballymore
Killare
The Downs
Killucan
Rathmolyon
Summerhill
Dunboyne
Ward
Cloghran
Kiltoom
Lough Ennell
Kinnegad
Clonard
Ballynadrumny
Inchfield
Cloncurry
Kilcock
Clonee
Moate
Ballynagore
Rochfortbridge
Horseleap
Tyrellspass
Kilbeggan
Carbury
Johnstown Bridge
Maynooth
Lucan
Ballynahown
Brosna
Clara
Edenderry
Kilcock
Celbridge
Durrow
Killane
Clondalkin
Tullamore
Ferbane
Daingean
Allenwood
Clane
Liffey
Rathcoole
Tallaght
Screggan
Ballinagar
Kill
Brittas
Enniskerry
Bray
Killeigh
Rathangan
Cushina
Naas
Kippure 754
Cloghan
Kilcormac (Frankford)
Portarlington
Droichead Nua
Kildare
Poulaphouca Reservoir
Greystones
Cadamstown
Slieve Bloom Mts.
Mountmellick
Monasterevin
Kilcullen
Newtown Mount Kennedy
Birr
Kinnitty
New Inn
Fontstown
Hollywood
Wicklow Mountains
Clareen
Arderin 529
Port Laoise
Stradbally
Roundwood
Laragh
Rathnew
Ballinalea
Wicklow
Wicklow Head
Ballingarry
Mountrath
Castletown
Ballitore
Timolin
Athy
Lugnaquillia Mountain 926
Glenealy
Cloghjordan
Roscrea
Borris in Ossory
Abbeyleix
Moone
Ballylynan
Baltinglass
Kiltegan
Rathdrum
Dunkerrin
Ballinakill
Arless
Castledermot
Avoca
Toomyvara
Ballycolla
Rathdowney
Durrow
Ballickmoyler
Rathvilly
Hacketstown
Aughrim
Mizen Head
Woodenbridge
Templemore
Ballyragget
Graigue
Carlow
Castlecomer
Tullow
Croghan Mountain 607
Arklow
Tinahely
Johnstown
Freshford
Leighlinbridge
Ballon
Shillelagh
Carnew
Kilmichael Point
Bouladuff
Urlingford
Thurles
Whitehall
Muine Bheag (Bagenalstown)
Kildavin
Craanford
Gorey
Kilkenny
Blackstairs Mountains
Bunclody
Littleton
Mount Leinster 796
Slaney
Camolin
Ballycanew
Ballingarry
Bennettsbridge
Borris
Ballycarney
Ferns
Laffansbridge
Killenaule
Ballinure
Graiguenamanagh
Cahore Point
Callan
Cashel
Thomastown
Enniscorthy
Barrow
Rosegreen
Fethard
Inistioge
Nore
Ninemilehouse
Clonroche
Newinn
Ballyclerahan
Oilgate
Rosbercon
New Ross
Castlebridge
Ballynabola
Caher
Clonmel
Kilsheelan
Carrick-on-Suir
Mullinavat
Wexford
Wexford Harbour
Suir
Comeragh Mts.
Rosslare
Rosslare Harbour
Ballylooby
Carrickbeg
755
Waterford
Ramsgrange
Wellingtonbridge
Killinick
Greenore Point
Clogheen
Arthurstown
Passage East
Kilmore
Knockmealdown Mountains
Monavullagh Mts.
Seefin 727
792
Kilmacthomas
Tramore
Dunmore East
Crossfarnoge Point
Kilmore Quay
Carnsore Point
Cappoquin
Millstreet
Lismore
Annestown
Bunmahon
Tramore Bay
Brownstown Head
Hook Head
Saltee Islands
Tallow
Abbeyside
Dungarvan
Dungarvan Harbour
Helvick Head
Clashmore
Youghal
Youghal Bay
Ram Head
Castlemartyr
Knockadoon Head
Ballycotton
Pembrokeshire Coast National Park
Groes-goch
St. David's Head
St. David's
Ramsey Island
St. Brides Bay
Skomer Island
Skokholm Island
L E I N S T E R
I R E L A N D
A
B
C
0 5 10 20 30 40 50 60 Km.

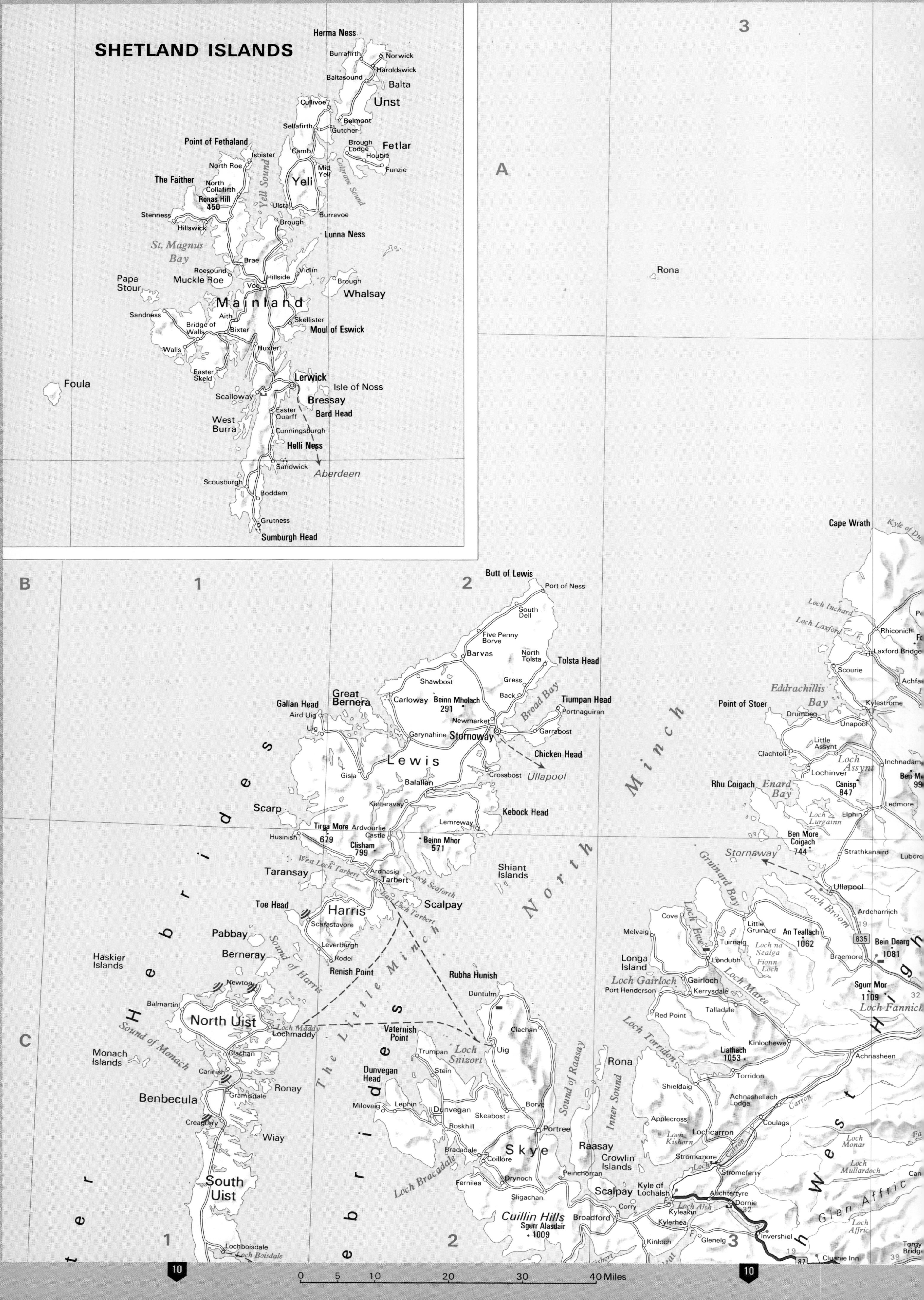

SHETLAND ISLANDS

Herma Ness
Burrafirth
Norwick
Haroldswick
Baltasound
Balta
Unst
Cullivoe
Belmont
Gutcher
Brough Lodge
Fetlar
Houbie
Funzie
Sellafirth
Camb
Mid Yell
Point of Fethaland
Isbister
North Roe
Brough
The Faither
North Collafirth
Ronas Hill 450
Stenness
Ulsta
Yell
Burravoe
Hillswick
Brough
Lunna Ness

St. Magnus Bay
Brae
Roesound
Hillside
Vidlin
Papa Stour
Muckle Roe
Voe
Brough
Whalsay
Sandness
Aith
Mainland
Bridge of Walls
Bixter
Skellister
Moul of Eswick
Walls
Huxter
Easter Skeld
Lerwick
Isle of Noss
Scalloway
Bressay
Easter Quarff
Bard Head
West Burra
Cunningsburgh
Helli Ness
Aberdeen
Sandwick
Scousburgh
Boddam
Grutness
Sumburgh Head

Foula

3

A

Rona

Cape Wrath
Kyle of Durness

B   1   2

Butt of Lewis
Port of Ness
South Dell
Five Penny Borve
North Tolsta
Barvas
Tolsta Head
Shawbost
Gress
Back
Tiumpan Head
Gallan Head
Great Bernera
Carloway
Beinn Mholach 291
Portnaguiran
Garrabost
Aird Uig
Uig
Newmarket
Garynahine
Stornoway
Lewis
Chicken Head
Gisla
Balallan
Crossbost
Ullapool
Scarp
Kintaravay
Lemreway
Kebock Head
Tirga More
Ardvourlie Castle
Clisham 799
Beinn Mhor 571
Husinish
679
Shiant Islands
Taransay
Ardhasig
Tarbert
Loch Seaforth
Toe Head
Harris
Scalpay
Scarastavore
Pabbay
Leverburgh
Berneray
Rodel
Rubha Hunish
Haskier Islands
Renish Point
Duntulm
Newton
Balmartin
Vaternish Point
Clachan
North Uist
Loch Maddy
Lochmaddy
Trumpan
Loch Snizort
Uig
Monach Islands
Clachan
Stein
Rona
Carinish
Dunvegan Head
Ronay
Milovaig
Lephin
Dunvegan
Skeabost
Borve
Benbecula
Gramsdale
Roskhill
Portree
Creagorry
Bracadale
Coillore
Raasay
Wiay
Skye
Crowlin Islands
Drynoch
Fernilea
Peinchorran
South Uist
Sligachan
Scalpay
Kyle of Lochalsh
Broadford
Cuillin Hills
Sgurr Alasdair 1009
Kyleakin
Kylerhea
Kinloch
Glenelg

Lochboisdale
Loch Boisdale

North Minch

Eddrachillis Bay
Loch Inchard
Loch Laxford
Rhiconich
Laxford Bridge
Scourie
Kylestrome
Point of Stoer
Drumbeg
Unapool
Clachtoll
Little Assynt
Inchnadamph
Lochinver
Loch Assynt
Rhu Coigach
Enard Bay
Canisp 847
Ledmore
Loch Lurgainn
Elphin
Ben More Coigach 744
Stornaway
Strathkanaird
Lubcroy
Ullapool
Gruinard Bay
Loch Broom
Cove
Little Gruinard
An Teallach 1062
835
Melvaig
Tuirnaig
Loch na Sealga
Braemore
Bein Dearg 1081
Longa Island
Lonbhain
Loch Maree
Sgurr Mor 1109
Loch Fannich
Loch Gairloch
Gairloch
Kerrysdale
Red Point
Port Henderson
Talladale
Loch Torridon
Kinlochewe
Liathach 1053
Achnasheen
Torridon
Shieldaig
Applecross
Achnashellach Lodge
Coulags
Lochcarron
Loch Kishorn
Stromemore
Stromeferry
Loch Alsh
Auchtertyre
Dornie
Invershiel
Loch Monar
Loch Mullardoch
Glen Affric
Loch Affric
Cluanie Inn

North Minch

Sound of Raasay
Inner Sound

Sound of Harris
Sound of Monach
Loch Bracadale

The Little Minch

West Loch Tarbert
East Loch Tarbert

Outer Hebrides

Inner Hebrides

West Highlands

C   1   2   3

0   5   10   20   30   40 Miles

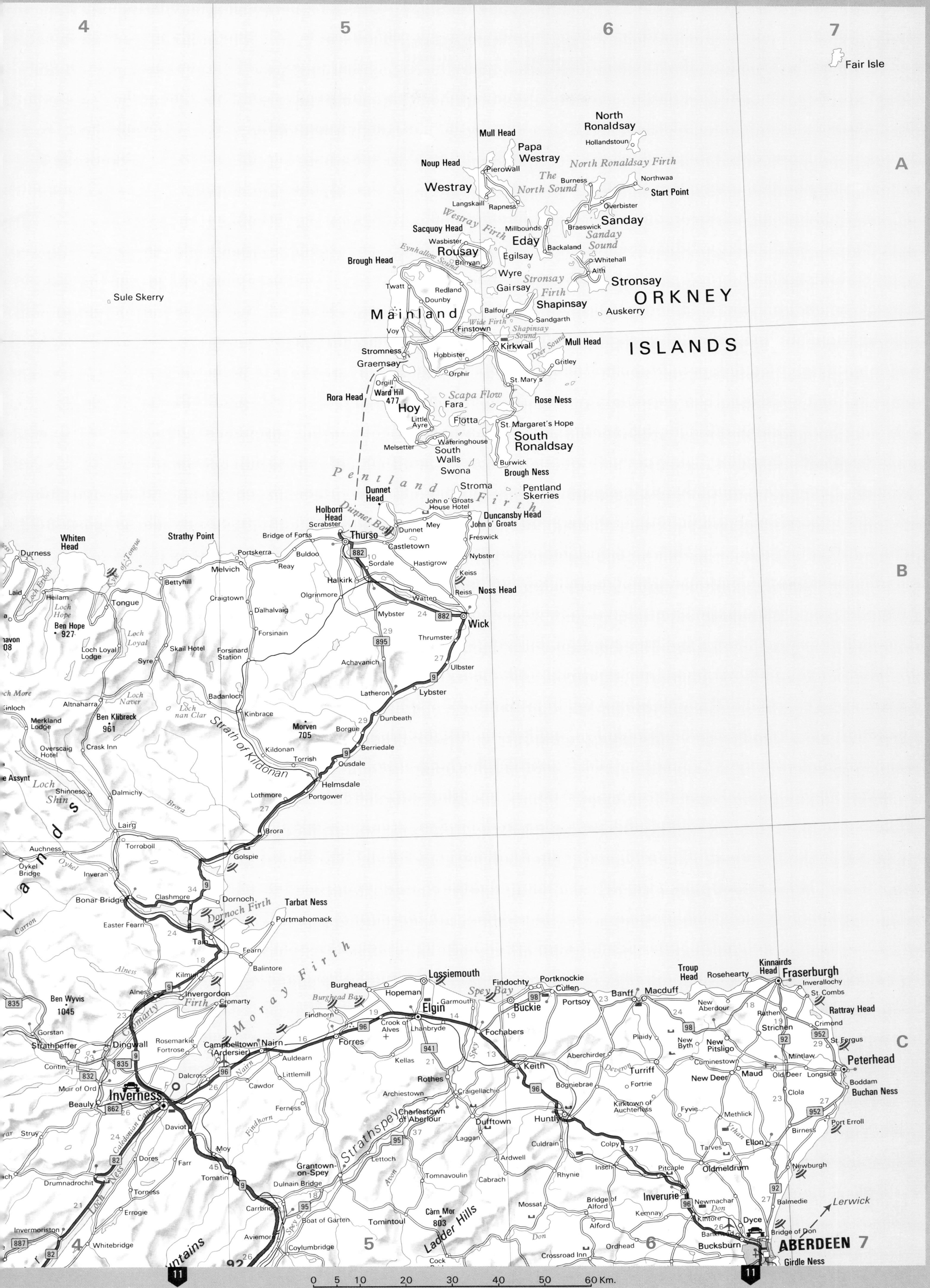

4 5 6 7

Fair Isle

ORKNEY

ISLANDS

North Ronaldsay
Hollandstoun
Mull Head
Papa Westray
Noup Head
Pierowall
Burness
Northwaa
North Ronaldsay Firth
Start Point
The North Sound
Westray
Langskaill
Rapness
Overbister
Sanday
Braeswick
Millbounds
Sacquoy Head
Sanday Sound
Backaland
Wasbister
Eday
Whitehall
Brough Head
Rousay
Egilsay
Alth
Brinyan
Wyre
Stronsay Firth
Stronsay
Gairsay
Twatt
Redland
Dounby
Wide Firth
Shapinsay
Balfour
Sandgarth
Eynhallow Sound
Auskerry
Voy
Finstown
Shapinsay Sound
Mainland
Hobbister
Kirkwall
Deer Sound
Mull Head
Stromness
Orphir
Gritley
Graemsay
St. Mary's
Sule Skerry
Orgill
Ward Hill 477
Scapa Flow
Rose Ness
Rora Head
Hoy
Fara
St. Margaret's Hope
Little Ayre
Flotta
South Ronaldsay
Melsetter
Wateringhouse
South Walls
Burwick
Swona
Brough Ness
Pentland Firth
Stroma
Pentland Skerries

Dunnet Head
Dunnet Bay
Holborn Head
Scrabster
Dunnet
Mey
John o' Groats House Hotel
Duncansby Head
Whiten Head
Strathy Point
Bridge of Forss
Thurso
882
Castletown
John o' Groats
Durness
Portskerra
Buldoo
10
Freswick
Melvich
Reay
Sordale
Hastigrow
Nybster
Bettyhill
Halkirk
Keiss
Craigtown
Olgrinmore
Watten
Reiss
Noss Head
Dalhalvaig
Mybster
24
882
Wick
Laid
Forsinain
29
Heilam
Loch Hope
Tongue
Skail Hotel
895
Thrumster
Ben Hope 927
Forsinard Station
27
Ulbster
Loch Loyal
Syre
Achavanich
9
avon 08
Loyal Lodge
Latheron
Lybster
Altnaharra
Badanloch
Kinbrace
29
Dunbeath
Ben Klibreck 961
Loch nan Clar
Morven 705
Borgue
Merkland Lodge
Overscaig Hotel
Kildonan
Berriedale
Crask Inn
Torrish
9
Ousdale
Assynt
Dalmichy
Helmsdale
Lothmore
Loch Shins
Shinness
Portgower
Dalchalm
27
Brora
Lairg
Torroboll
Auchness
Golspie
Oykel Bridge
34 9
Inveran
Clashmore
Dornoch
Tarbat Ness
Bonar Bridge
Easter Fearn
Dornoch Firth
Portmahomack
Carron
24
Fearn
18
Alness
Kilmuir
Balintore
Moray Firth
Lossiemouth
Troup Head
Rosehearty
Kinnairds Head
Fraserburgh
835
Ben Wyvis 1045
Invergordon
Cromarty
Burghead
Hopeman
Spey Bay
Findochty
Portknockie
Cullen
Banff
Macduff
Inverallochy
St Combs
Gorstan
Alness
9
Findhorn
Garmouth
Portsoy
23
New Aberdour
18
Rathen
Rattray Head
Strathpeffer
Dingwall
Rosemarkie
Fortrose
Campbelltown (Ardersier)
Nairn
Elgin
98
Buckie
Lhanbryde
Fochabers
Aberchirder
Plaidy
98
Crimond
952
Contin
21
835
Cawdor
Muir of Ord
832
10
Dalcross
96
Auldearn
Littlemill
96
Forres
Kellas
941
13
Keith
Turriff
Fortrie
New Byth
New Pitsligo
Cuminestown
Mintlaw
29
St Fergus
92
Inverness
Beauly
862
Kellas
Rothes
Archiestown
Craigellachie
Bogniebrae
Kirkton of Auchterless
Fyvie
New Deer
Maud
Old Deer
Longside
Peterhead
Stru
Daviot
Moy
Charlestown of Aberlour
Dufftown
Huntly
96
Culdrain
Colpy
Tarves
Methlick
23
Clola
Boddam
Buchan Ness
82
Dores
Farr
45
Strathspey
Laggan
Ardwell
Rhynie
Insch
Pitcaple
Oldmeldrum
Ellon
Birness
952
Port Erroll
Drumnadrochit
Torness
Tomatin
9
Grantown-on-Spey
Dulnain Bridge
95
Lettoch
Tomnavoulin
Càrn Mor 803
Mossat
Bridge of Alford
Insch
Inverurie
96
Newmachar
27
Balmedie
887
Invermoriston
Whitebridge
Carrbridge
95
Boat of Garten
Tomintoul
Ladder Hills
Alford
Kemnay
Don
Dyce
Lerwick
82
4
Aviemore
5
Columbridge
Ordhead
6
Kintore
Bankhead
Bridge of Don
ABERDEEN 7
Crossroad Inn
Cock
Bucksburn
Girdle Ness

11

0 5 10 20 30 40 50 60 Km.

11

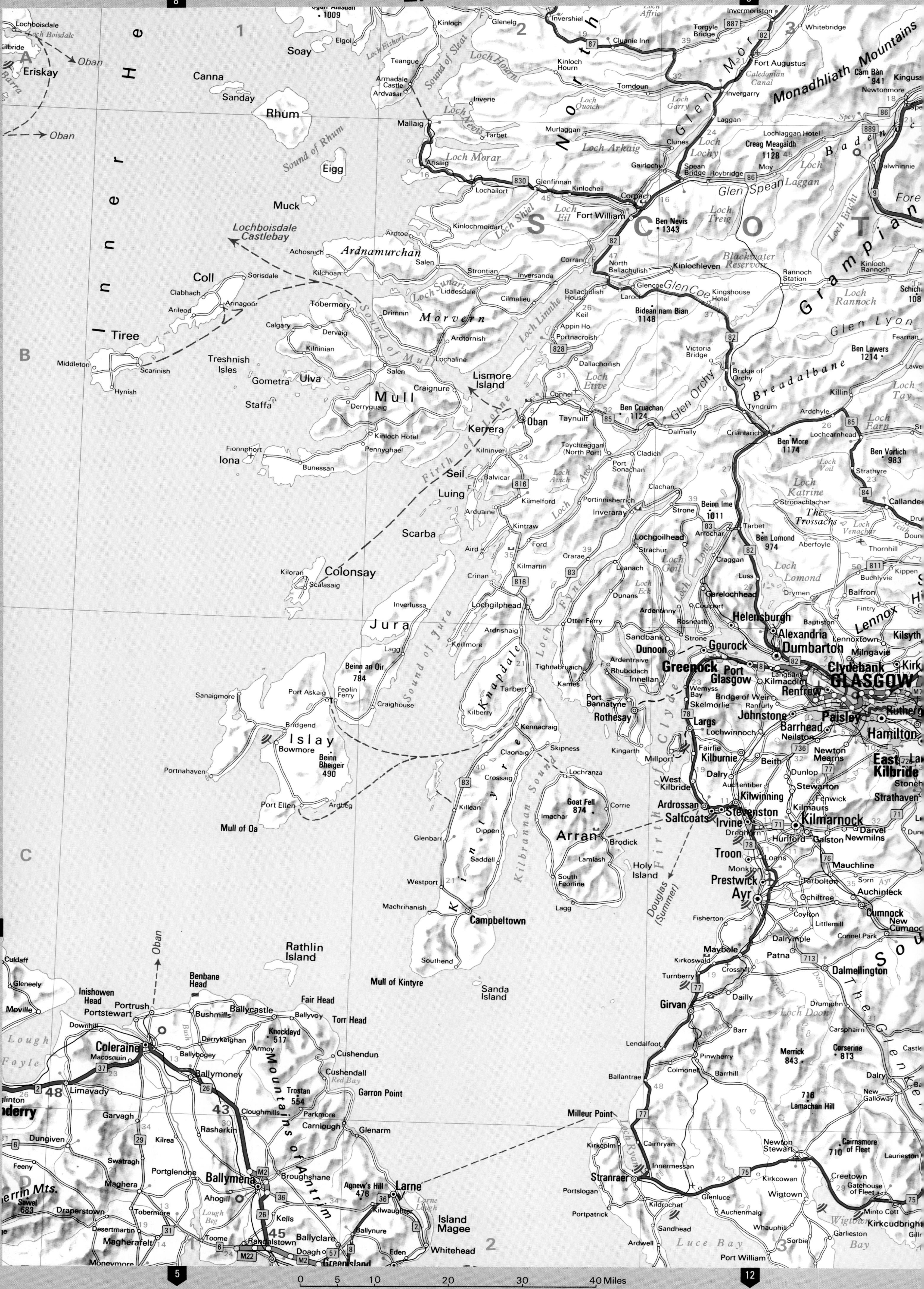

10

8 | 8

1 | 2 | 3

A

Lochboisdale
Loch Boisdale
Kilbride
Eriskay → Oban
Barra
→ Oban

Soay
Canna
Sanday
Rhum
Eigg
Muck

Sgurr Alasdair • 1009
Kinloch
Glenelg
Elgol
Loch Eishort
Teangue
Armadale Castle
Ardvasar
Sound of Sleat
Loch Hourn
Inverie
Mallaig
Loch Nevis
Tarbet
Loch Morar
Arisaig
Glenfinnan
Lochailort
Loch Shiel
Kinlocheil
Lochaber
Kinlochmoidart

Invershiel
Glenshiel
Cluanie Inn
Loch Affric
Invermoriston
Whitebridge
Torgyle Bridge
Loch Mor
Fort Augustus
Caledonian Canal
Invergarry
Laggan
Loch Quoich
Loch Garry
Kinloch Hourn
Murlaggan
Loch Arkaig
Clunes
Loch Lochy
Gairlochy
Spean Bridge
Roybridge
Moy
Glen Spean
Corpach
Loch Eil
Fort William
Ben Nevis • 1343
Monadhliath Mountains
Càrn Bàn • 941
Newtonmore
Spey
Creag Meagaidh 1128
Loch Laggan
Loch Laggan Hotel
Badenoch
Dalwhinnie
Glen Lochy

SCOTLAND

Ardtoe
Achosnich
Kilchoan
Ardnamurchan
Salen
Strontian
Corran
North Ballachulish
Kinlochleven
Glencoe
Glen Coe
Kingshouse Hotel
Rannoch Station
Loch Rannoch
Kinloch Rannoch
Schiehallion 108
Ballachulish House
Laroch
Bidean nam Bian 1148
Blackwater Reservoir
Keil
Appin Ho
Portnacroish
Victoria Bridge
Bridge of Orchy
Glen Orchy
Ben Lawers 1214
Glen Lyon
Fearnan

Coll
Sorisdale
Clabhach
Arileod
Arinagour
Tiree
Middleton
Scarinish
Hynish
Treshnish Isles
Gometra
Staffa
Ulva
Tobermory
Calgary
Dervaig
Kilninian
Salen
Drimnin
Lochaline
Morvern
Ardtornish
Craignure
Lismore Island
Connel
Loch Etive
Loch Creran
Taynuilt
Ben Cruachan • 1124
Dalmally
Crianlarich
Glen Orchy
Tyndrum
Ardchyle
Lochearnhead
Ben More 1174
Loch Earn
Ben Vorlich 983
Strathyre
Loch Voil

Lochboisdale Castlebay

Mull
Derryguaig
Kinloch Hotel
Fionnphort
Pennyghael
Iona
Bunessan
Kerrera
Oban
Balvicar
Kilninver
Seil
Luing
Arduaine
Kintraw
Ford
Aird
Scarba
Kilmartin
Crarae
Kilmichael
Taychreggan (North Port)
Loch Awe
Port Sonachan
Cladich
Portinnisherrich
Inverary
Clachan
Strone
Beinn Ime 1011
Ben Lomond 974
Aberfoyle
Loch Katrine
Stronachlachar
The Trossachs
Loch Venachar
Callander
Thornhill
Loch Lubnaig

B

Colonsay
Kiloran
Scalasaig
Inverlussa
Jura
Lagg
Keillmore
Ardrishaig
Lochgilphead
Crinan
Dunans
Leanach
Lochgoilhead
Strachur
Ardentinny
Rosneath
Loch Goil
Loch Long
Arrochar
Tarbet
Loch Lomond
Luss
Garelochhead
Drymen
Balmaha
Buchlyvie
Kippen
Balfron
Fintry
Lennox

Beinn an Oir 784
Feolin Ferry
Port Askaig
Bridgend
Craighouse
Sound of Jura
Kilberry
Knapdale
Tarbert
Ardrishaig
Tighnabruaich
Kames
Otter Ferry
Rhubodach
Innellan
Port Bannatyne
Rothesay
Dunoon
Gourock
Greenock
Port Glasgow
Helensburgh
Alexandria
Dumbarton
Milngavie
Clydebank
GLASGOW
Renfrew
Paisley
Johnstone
Barrhead
Hamilton
East Kilbride
Strathaven

Sanaigmore
Islay
Bowmore
Beinn Bheigeir 490
Portnahaven
Port Ellen
Ardbeg
Mull of Oa
Killean
Dippen
Glenbarr
Saddell
Westport
Machrihanish
Campbeltown
Southend
Mull of Kintyre
Kintyre
Claonaig
Skipness
Lochranza
Imachar
Goat Fell 874
Corrie
Kilbrannan Sound
Brodick
Arran
Lamlash
Holy Island
South Feorline
Lagg
Kennacraig
Kingarth
Millport
Largs
Fairlie
West Kilbride
Ardrossan
Saltcoats
Stevenston
Irvine
Troon
Prestwick
Ayr
Maybole
Kirkoswald
Turnberry
Girvan
Douglas (Summer)
Firth of Clyde
Wemyss Bay
Skelmorlie
Lochwinnoch
Neilston
Dalry
Kilbirnie
Beith
Dunlop
Stewarton
Kilwinning
Kilmaurs
Fenwick
Kilmarnock
Galston
Darvel
Newmilns
Mauchline
Tarbolton
Coylton
Ochiltree
Auchinleck
Cumnock
New Cumnock
Dalmellington
Patna
Dalrymple
Fisherton
Crosshill

C

Rathlin Island
Culdaff
Gleneely
Moville
Inishowen Head
Portstewart
Portrush
Downhill
Bushmills
Ballycastle
Benbane Head
Ballyvoy
Fair Head
Torr Head
Cushendun
Coleraine
Macosquin
Ballymoney
Ballybogey
Derrykeighan
Armoy
Knocklayd 517
Cushendall
Red Bay
Garron Point
Parkmore
Carnlough
Glenarm
Milleur Point
Lendalfoot
Pinwherry
Colmonel
Barrhill
Ballantrae
Cairnryan
Innermessan
Stranraer
Kirkcolm
Lough Foyle
Londonderry
Limavady
Dungiven
Garvagh
Kilrea
Rasharkin
Cloughmills
Trostan 554
Mountains of Antrim
Ballymena
Broughshane
Swatragh
Maghera
Portglenone
Ahoghill
Clinton
Feeny
Draperstown
Desertmartin
Tobermore
Magherafelt
Moneymore
Sperrin Mts.
Sawel 683
Kells
Toome
Randalstown
Ballyclare
Doagh
Ballynure
Eden
Whitehead
Island Magee
Larne
Larne Lough
Kilwaughter
Agnew's Hill 476
Greenisland
Merrick 843
Corserine • 813
Barr
Drumjohn
Dailly
Loch Doon
Carsphairn
Lamachan Hill 716
New Galloway
Newton Stewart
Cairnsmore of Fleet 710
Laurieston
Creetown
Gatehouse of Fleet
Kirkcudbright
Minto Cott
Portlogan
Portpatrick
Sandhead
Kildrochat
Kirkcowan
Glenluce
Wigtown
Port William
Whauphill
Sorbie
Garlieston
Luce Bay
Ardwell
Auchenmalg

D

0 5 10 20 30 40 Miles

5 | 12

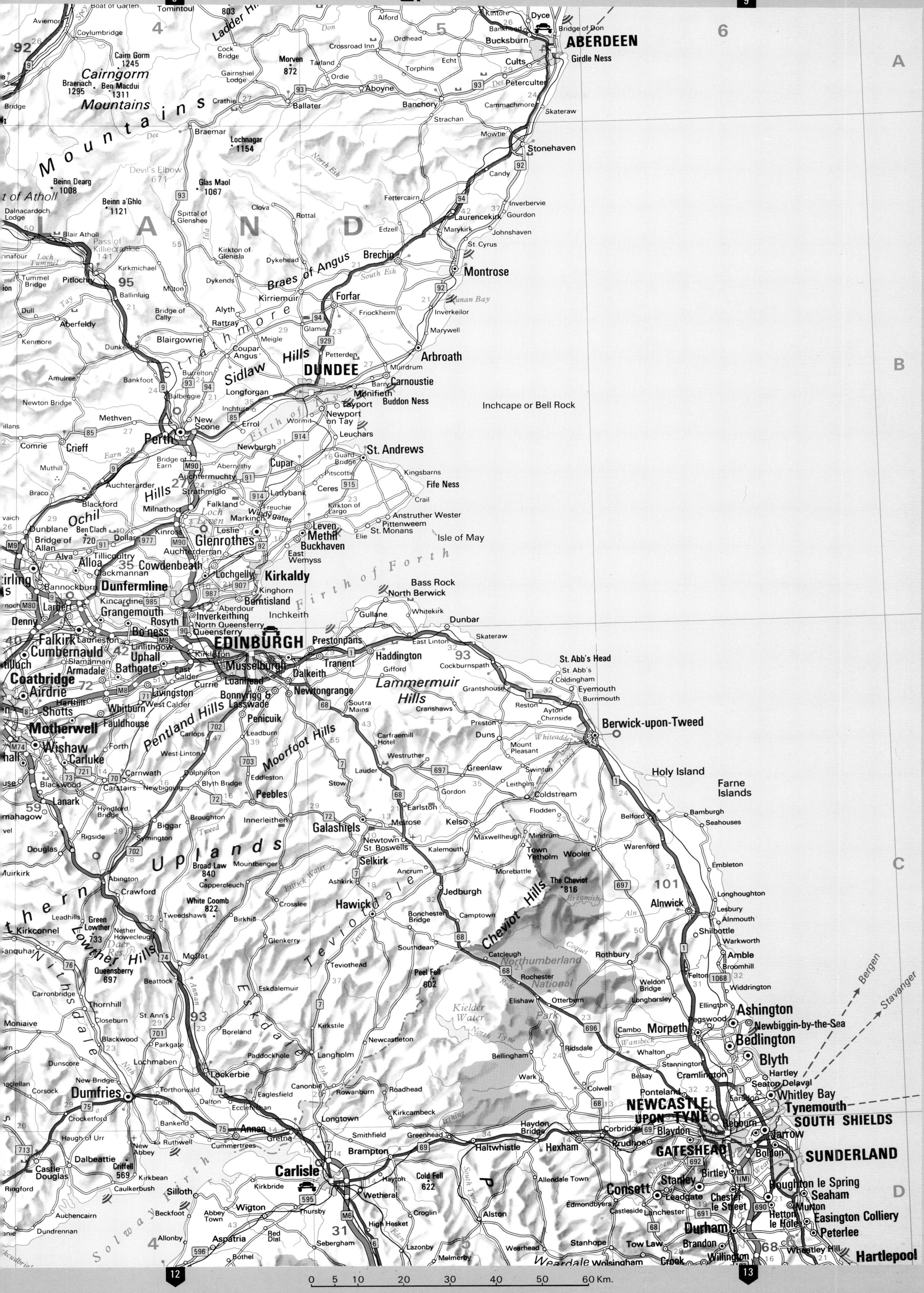

11

Aberdeen, Dundee, Perth, Edinburgh, Dunfermline, Glenrothes, Kirkcaldy, Montrose, Arbroath, Forfar, St. Andrews, Berwick-upon-Tweed, Galashiels, Hawick, Selkirk, Peebles, Dumfries, Carlisle, Newcastle upon Tyne, Gateshead, South Shields, Sunderland, Durham, Hartlepool, Motherwell, Coatbridge, Airdrie, Wishaw, Cumbernauld, Falkirk, Stirling, Alloa, Grangemouth, Bo'ness, Bathgate, Ashington, Morpeth, Bedlington, Blyth, Whitley Bay, Tynemouth, Consett, Stanley, Alnwick

Cairngorm Mountains, Grampian Highlands, Southern Uplands, Cheviot Hills, Lammermuir Hills, Moorfoot Hills, Pentland Hills, Ochil Hills, Sidlaw Hills, Lowther Hills, Northumberland National Park, Kielder Water, Firth of Forth, Firth of Tay, Solway Firth

0 5 10 20 30 40 50 60 Km.

10   11

Luce Bay   Bay

Ardwell   Sorbie   Garlieston   Gillroanie   Dundrennan   Allonby   Aspatria   Red Dial   High Hesket   Aiston
Port William   Whithorn   Kirkcudbright Bay   Solw   2   Crosby   Bothel   Sebergham   Lazonby   Wearhead
Port Logan   Isle of Whithorn   Maryport   Flimby   Cockermouth   Skelton   Greystoke   Penrith   Melmerby   Cross Fell 893
Drummore   Burrow Head   Workington   Great Clifton   Skiddaw 931   Threlkeld   Temple Sowerby   Mickle Fell 790   Appleby
Mull of Galloway   Distington   Parton   Thornthwaite   Keswick   Thirlspot   Hackthorpe   Hoff   Brough
Whitehaven   Frizington   Buttermere   Borrowdale   Helvellyn 950   Kirkstone Pass   Shap   Orton   Kirkby St
St. Bees Head   Cleator Moor   Ennerdale Water   Grasmere   Ambleside   M6   Tebay   Aisgill
St. Bees   Egremont   Scafell Pikes 978   Millbeck   National Park   Windermere   Sedbergh   Garsdale Head
Calder Bridge   Gosforth   Wast Water   Bowness   Kendal   Whernside 737
Seascale   Coniston   Torver   Windermere   Crooklands   Ingleborough 723   Ingleton
Ravenglass   National Park   Broughton in Furness   Newby Bridge   Lindal   Burton   Pen   Ribb
Bootle   Grizebeck   Sampool Bridge   Kirkby Lonsdale   High Bentham
Millom   Ulverston   Haverigg   Cark   Grange over Sands   Carnforth   Claughton
Dalton-in-Furness   Arnside   Rampside   Morecambe Bay   Long Preston
Barrow-in-Furness   Isle of Walney   Morecambe   Heysham   Lancaster   Forest of Bowland   Gisburn   Barnoldsw

ISLE OF MAN   Point of Ayre
Ballaugh   Ramsey
Kirk Michael   Maughold Head
Knocksharry   Snaefell 620   Dhoon
Peel   Keppel Gate   Laxey
St. John's   Baldrine
Foxdale   Onchan
Richmond Hill   Douglas
Port Erin   Ballasalla
Calf of Man   Castletown
Port St. Mary

Ardrossan (Summer)
Heysham
Fleetwood (Summer)
Liverpool
Belfast
Dublin

Douglas   Fleetwood   Pilling   Newton
Douglas (Summer)   Thornton   Garstang   Clitheroe   Whalley   Barrowford
Cleveleys   Great Eccleston   Padiham
Poulton le Fylde   M6   M65
BLACKPOOL   Kirkham   BLACKBURN   Accr
M55   M6   Walton le Dale   Darwen
Lytham St. Annes   PRESTON   Leyland   Rawtenstall
Southport   Tarleton   Euxton   Rochd
Rufford   Chorley   Bury
Formby   Ormskirk   Standish   Horwich   BOLTON
Aughton   Wigan
Maghull   Ashton in Makerfield   Leigh   SALFORD
Crosby   Kirkby   ST. HELENS   Urmston
Bootle   LIVERPOOL   Sale
WALLASEY   Hoylake   Widnes   Warrington   Wilmslow
BIRKENHEAD   Bebington   Ellesmere Port   Runcorn   M56
West Kirby   Heswall   Neston   Frodsham   Helsby   Northwich
Holywell   Flint   Connah's Quay   Weaverham   Holmes Chapel
Mostyn   Northop   Queensferry   Tarvin   Middlewich
Prestatyn   Rhyl   St. Asaph   Mold   Buckley   Chester   Winsford   Sandbach
Colwyn Bay   Abergele   Llanfair Talhaiarn   Denbigh   Hope   Tarporley   Crewe   Biddu
Llandudno   Conwy   Bylchau   Ruthin   Caergwrle   Holt   Ridley Green   Alsager
Great Ormes Head   Penmaenmawr   Betws-y-coed   Llanrwst   Coedpoeth   Bolton Bridge   Newcastle under Lyme
Conwy Bay   Llanfairfechan   Trefriw   Rhoslanerchrugog   Wrexham   Nantwich
Beaumaris   Dolgarrog   Carnedd Llywelyn 1062   Cerrigydrudion   Corwen   Ruabon   Malpas   Audlem
Penmaenmawr   Capel Curig   Dolwyddelan   Druid   Overton   Whitchurch   Woore
Amlwch   Moelfre   Bangor   Bethesda   Snowdon 1085   Pentrefoelas   Llangollen   Chirk   Prees
Cemaes Bay   Benllech   Port Dinorwic   Nant   Blaenau Ffestiniog   Bala   Gobowen   Ellesmere   Wem   Hodnet   Market Drayton
Carmel Head   Llanerchymedd   Menai Bridge   Llanberis   Corwen   Oswestry   Whittington   Shawbury   Eccleshall
Holyhead Bay   Llangoed   Waenfawr   Llanllyfni   Ffestiniog   Frongoch   Berwyn Mts   Llynclys   Newport
Anglesey   Llangefni   Caernarfon   Pass of Aberglaslyn   Trawsfynydd   827   Llanrhaeadr-ym-Mochnant   Crudgington   Lilleshall
Holyhead   Valley   Pentraeth   Pen-y-groes   Dolbenmaen   Bryn-Eden   Llanuwchllyn   Llangynog   Wellington   Oakengates
Holy Island   Gwalchmai   Beddgelert   Bala Lake   Aran Fawddwy 905   Llanfyllin   Harmerhill   Shifnal
Rhosneigr   Penrhyndeudraeth   Snowdonia   Lake Vyrnwy   Llanfair Caereinion   Shrewsbury   Telford   Dawley
Aberffraw   Llanfair P.G.   Porthmadog   Portmeirion   National Park   Llanbedr   Llanraiadr   Minsterley   Much Wenlock   WOLVERHAMPT
Newborough   Maentwrog   Criccieth   Harlech   Llanaber   Welshpool   Iron Bridge
Caernarfon Bay   Lleyn Peninsula   Pwllheli   Dolgellau   Cross Foxes   Llangynog   Pontesbury   Church Stretton   Bridgnorth
Llanaelhaiarn   Criccieth   Barmouth   Cader Idris 892   Mallwyd   Chirbury   The Long Mynd 517
Nefyn   Llanbedrog   Fairbourne   Corris   Montgomery   Stourbri
Tudweiliog   Abersoch   Llangelynin   Cemmaes Road   Carno   Caersws   Cleedownton   Kidderminster
Aberdaron   Port Neigwl   Tywyn   Machynlleth   Newtown   Lydham   Bishop's Castle   Craven Arms   Cleobury Mortimer   Bewdley
Bardsey Sound   Aberdovey   Corwen   Welshpool   Clun Forest   Clun   Ludlow   Stourport on Severn
Bardsey Island   Cardigan Bay   Borth   Talybont   Pumlumon Fawr 752   Llanidloes   Llanbister   Leintwardine
Bow Street   Goginan   Ponterwyd   Llangurig   Rhayader   Knighton
Aberystwyth   Llanfihangel   Devil's Bridge
Llanrhystud   Ystwyth

Cambrian Mountains   Berwyn Mts   Clwydian Range

14   0 5 10   20   30   40 Miles   15

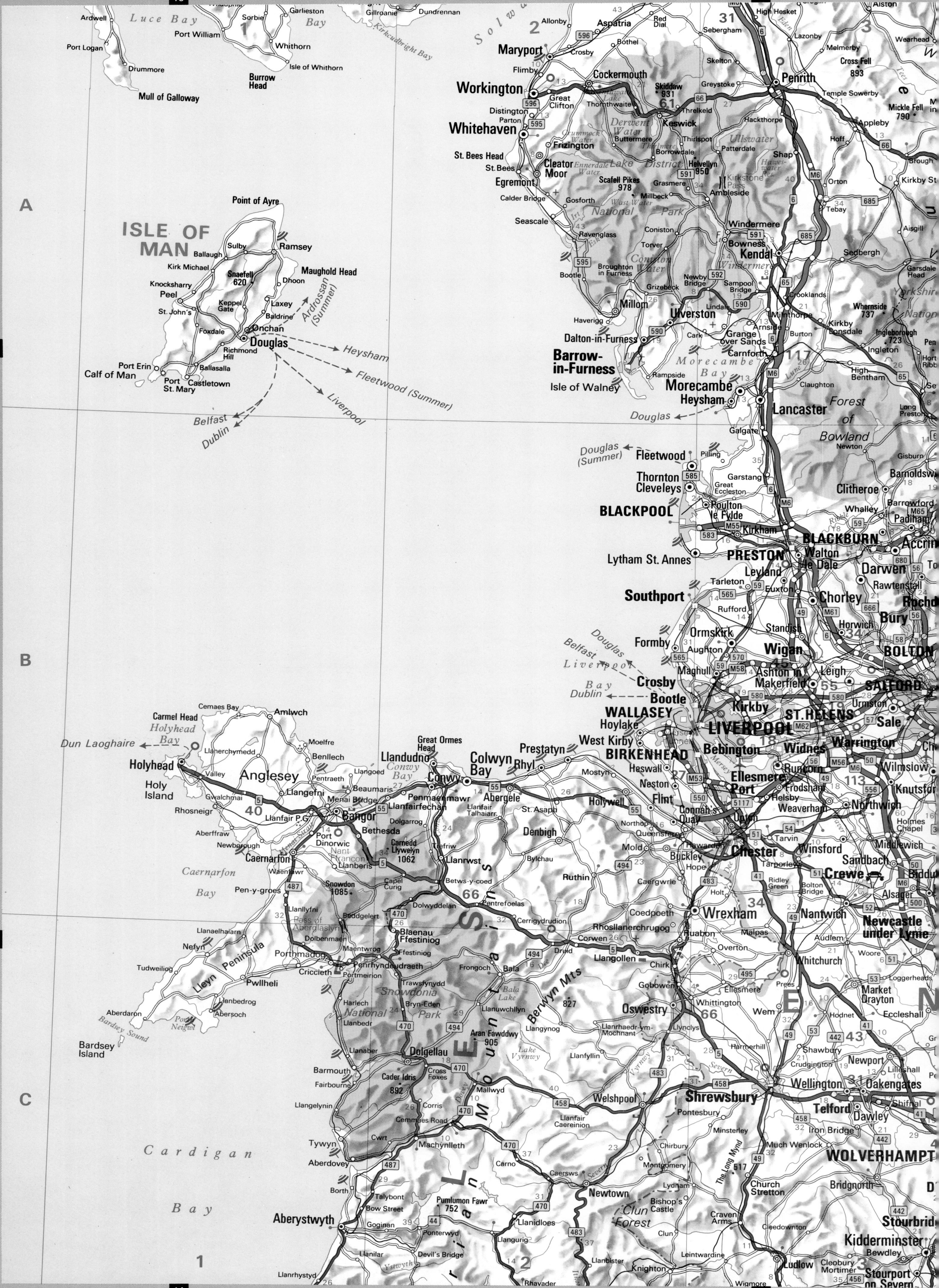

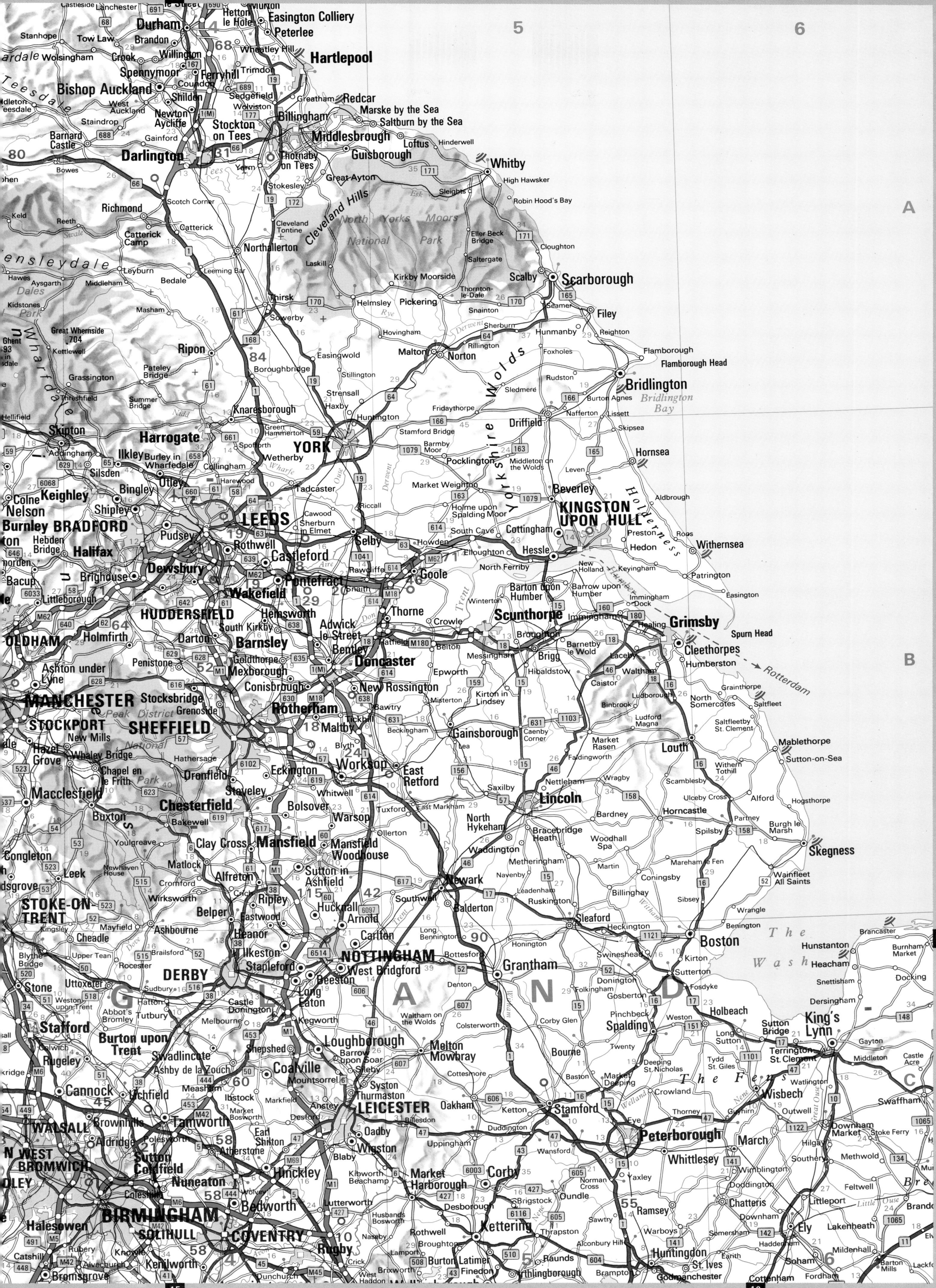

Castleside Lanchester
Stanhope Tow Law Durham 691
Brandon Willington
Spennymoor Crook 167 Ferryhill
Bishop Auckland Shildon Trimdon
West Auckland Newton Aycliffe Stockton on Tees
Barnard Castle Gainford Darlington
Bowes Richmond
Scotch Corner
Reeth Catterick Camp Catterick

Hetton le Hole Easington Colliery
Peterlee
Wheatley Hill Hartlepool
Sedgefield 689
Wolviston Greatham Redcar
Billingham Marske by the Sea
Middlesbrough Saltburn by the Sea
Thornaby on Tees Guisborough Loftus Hinderwell
Yarm Stokesley Great Ayton Whitby
Cleveland Hills High Hawsker
Northallerton Robin Hood's Bay
North Yorks Moors National Park
Sleights
Laskill Saltergate Cloughton

Leyburn Leeming Bar Thirsk Helmsley Kirkby Moorside Scalby Scarborough
Middleham Bedale Sowerby Pickering Seamer Filey
Masham Thornton-le-Dale Snainton Hunmanby Reighton
Ripon Helmsley Rye Malton Norton Foxholes Flamborough
Boroughbridge Easingwold Stillington Sherburn Rudston Flamborough Head
Pateley Bridge Strensall Hovingham Sledmere Bridlington
Knaresborough Haxby Stamford Bridge Fridaythorpe Driffield Bridlington Bay
Summer Bridge Huntington Market Weighton Nafferton Lissett
Harrogate YORK Skipsea
Skipton Wetherby Pocklington Middleton on the Wolds Hornsea
Ilkley Burley in Wharfedale Tadcaster Holme upon Spalding Moor Beverley Leven
Silsden Otley Collingham Harewood Selby South Cave Cottingham KINGSTON UPON HULL
Keighley Bingley Shipley Pudsey LEEDS Sherburn in Elmet Howden Elloughton Hessle Preston Roos Withernsea
Nelson Burnley BRADFORD Rothwell Castleford Cawood Goole North Ferriby New Holland Keyingham
Halifax Dewsbury Pontefract Snaith Rawcliffe Barton upon Humber Hedon Patrington Easington
Brighouse Wakefield Hemsworth Thorne Winterton Barrow upon Humber Immingham Dock
Huddersfield South Kirkby Adwick le Street Crowle Scunthorpe Immingham Healing Grimsby
Holmfirth Darton Hatfield Belton Broughton Barnetby le Wold Spurn Head
OLDHAM Barnsley Bentley Doncaster Messingham Brigg Laceby Cleethorpes
Ashton under Lyne Goldthorpe Mexborough New Rossington Epworth Hibaldstow Caistor Humberston Rotterdam
Penistone Conisbrough Bawtry Misterton Kirton in Lindsey North Somercotes Saltfleet
MANCHESTER Stocksbridge Grenoside Rotherham Tickhill Beckingham Caenby Corner Market Rasen Binbrook Ludford Magna Saltfleetby St. Clement
STOCKPORT SHEFFIELD Maltby Blyth Gainsborough Lea Faldingworth Louth Withern Tothill Mablethorpe
New Mills Peak District Worksop Nettleham Wragby Scamblesby Ulceby Cross Sutton-on-Sea
Hazel Grove Hathersage National Park East Retford Saxilby Lincoln Bardney Horncastle Partney Alford Hogsthorpe
Whaley Bridge Dronfield Whitwell Lincoln North Hykeham Bracebridge Heath Woodhall Spa Spilsby Burgh le Marsh
Chapel en le Frith Eckington Steveley Bolsover Tuxford East Markham Waddington Metheringham Mareham Fen Skegness
Macclesfield Chesterfield Warsop Ollerton Navenby Martin Coningsby Wainfleet All Saints
Buxton Bakewell Clay Cross Mansfield Mansfield Woodhouse Southwell Leadenham Ruskington Sibsey Wrangle
Youlgreave Matlock Alfreton Sutton in Ashfield Newark Balderton Billinghay Boston
Congleton Leek Newhaven House Cromford Wirksworth Ripley Hucknall Long Bennington Sleaford Heckington Swineshead Kirton
STOKE-ON-TRENT Ashbourne Belper Eastwood Arnold Honington Sutterton Holbeach The Wash Hunstanton Burnham Market
Mayfield Heanor Ilkeston Carlton Bottesford Grantham Folkingham Gosberton Heacham
Blythe Bridge Upper Tean Brailsford Rocester Staveley NOTTINGHAM West Bridgford Denton Corby Glen Pinchbeck Weston Snettisham Docking
Uttoxeter Sudbury DERBY Beeston Long Eaton Waltham on the Wolds Colsterworth Bourne Deeping St. Nicholas Spalding Sutton Bridge King's Lynn
Stone Weston upon Trent Hatton Tutbury Castle Donington Melbourne Kegworth Cottesmore Baston Market Deeping Twenty Long Sutton Gayton
Stafford Burton upon Trent Abbot's Bromley Shepshed Loughborough Melton Mowbray Crowland Terrington St. Clement Castle Acre
Rugeley Swadlincote Ashby de la Zouch Barrow upon Soar Sileby Oakham Deeping St. James Thorney Wisbech Middleton Swaffham
Cannock Lichfield Measham Coalville Mountsorrel Syston Thurmaston Ketton Stamford Whittlesey March Downham Market Stoke Ferry
Brownhills Ibstock Market Bosworth Anstey Uppingham Ketton Eye Peterborough Hilgay Outwell Swaffham
WALSALL Tamworth Desford Markfield LEICESTER Oakham Duddington Whittlesey Southery Methwold
Aldridge Atherstone Earl Shilton Oadby Wigston Billesdon Wansford March Wimblington Doddington Feltwell
WEST BROMWICH Sutton Coldfield Nuneaton Hinckley Blaby Kibworth Beauchamp Market Harborough Corby Yaxley Ramsey Warboys Somersham Ely Lakenheath Mildenhall
BIRMINGHAM Bedworth Broughton Astley Husbands Bosworth Rothwell Kettering Oundle Sawtry Chatteris Littleport Brandon
SOLIHULL COVENTRY Rugby Naseby Desborough Thrapston Alconbury Hill St. Ives Haddenham Barton Mills
Halesowen Kenilworth Crick West Haddon Dunchurch Brixworth Finedon Irthlingborough Brampton Godmanchester Fordham
Bromsgrove Burton Latimer Raunds St. Neots Soham
Knowle Alvechurch Finedon Huntingdon

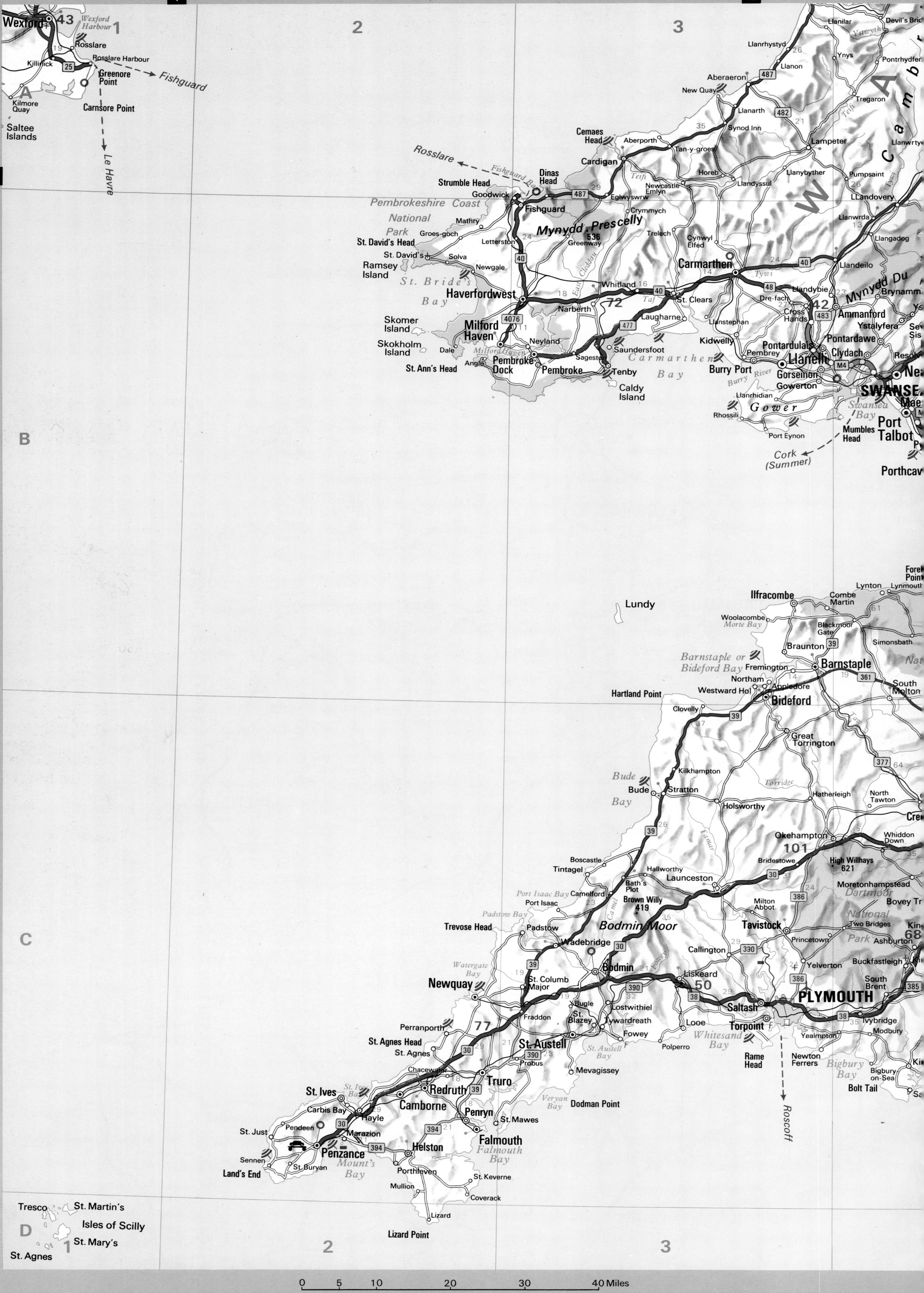
7
12
1
2
3
A
B
C
D
Wexford
Wexford Harbour
Rosslare
Rosslare Harbour
Killinick
Greenore Point
Fishguard
Kilmore Quay
Carnsore Point
Saltee Islands
Le Havre
Rosslare
Fishguard Bay
Dinas Head
Strumble Head
Goodwick
Fishguard
Pembrokeshire Coast National Park
Mathry
Groes-goch
Letterston
St. David's Head
St. David's
Solva
Ramsey Island
Newgale
St. Bride's Bay
Haverfordwest
Skomer Island
Skokholm Island
Milford Haven
Dale
Angle
Pembroke Dock
Pembroke
Neyland
St. Ann's Head
Narberth
Whitland
St. Clears
Laugharne
Saundersfoot
Sageston
Tenby
Caldy Island
Carmarthen Bay
Mynydd Prescelly
536
Greenway
Crymmych
Eglwyswrw
Newcastle Emlyn
Cardigan
Aberporth
Cemaes Head
Tan-y-groes
Horeb
Llandyssul
Trelech
Cynwyl Elfed
Carmarthen
Tywi
Llanstephan
Kidwelly
Pembrey
Burry Port
Llanelli
Pontardulais
Gorseinon
Gowerton
Gower
Llanrhidian
Rhossili
Port Eynon
Swansea Bay
Mumbles Head
Port Talbot
Cork (Summer)
Porthcawl
Aberaeron
New Quay
Llanarth
Synod Inn
Llanrhystyd
Llanon
Llanilar
Devil's Bridge
Ynys
Pontrhydfendigaid
Tregaron
Lampeter
Llanybydder
Pumpsaint
LLandovery
Llanwrda
Llangadog
Llandeilo
Llandybie
Dre-fach
Cross Hands
Ammanford
Brynamman
Mynydd Du
Ystalyfera
Pontardawe
Clydach
Resolven
SWANSEA
Neath
Cambrian
WALES
Lundy
Ilfracombe
Combe Martin
Lynton
Lynmouth
Foreland Point
Woolacombe
Morte Bay
Blackmoor Gate
Braunton
Simonsbath
Barnstaple or Bideford Bay
Fremington
Barnstaple
Northam
Appledore
Westward Ho!
Bideford
South Molton
Hartland Point
Clovelly
Great Torrington
Kilkhampton
Bude Bay
Bude
Stratton
Torridge
Holsworthy
Hatherleigh
North Tawton
Crediton
Okehampton
101
Whiddon Down
Boscastle
Tintagel
Bridestowe
High Willhays 621
Hallworthy
Launceston
Port Isaac Bay
Port Isaac
Camelford
Bath's Plot
Brown Willy 419
Moretonhampstead
Dartmoor National Park
Bovey Tracey
Milton Abbot
Tavistock
Two Bridges
Princetown
Ashburton
Padstow Bay
Trevose Head
Padstow
Bodmin Moor
Wadebridge
Callington
Yelverton
Buckfastleigh
Watergate Bay
Newquay
St. Columb Major
Bodmin
Liskeard
South Brent
PLYMOUTH
Saltash
Ivybridge
Perranporth
Fraddon
Bugle
St. Blazey
Lostwithiel
Tywardreath
Looe
Torpoint
Fowey
Polperro
Whitsand Bay
Rame Head
Yealmpton
Modbury
Newton Ferrers
Bigbury Bay
Bigbury-on-Sea
Bolt Tail
Roscoff
St. Agnes Head
St. Agnes
St. Austell
St. Austell Bay
Probus
Mevagissey
Chacewater
Truro
Redruth
Camborne
St. Ives
St. Ives Bay
Carbis Bay
Hayle
Penryn
St. Mawes
Veryan Bay
Dodman Point
Pendeen
St. Just
Marazion
Penzance
Helston
Falmouth
Falmouth Bay
Sennen
St. Buryan
Land's End
Mount's Bay
Porthleven
St. Keverne
Mullion
Coverack
Lizard
Lizard Point
Tresco
St. Martin's
Isles of Scilly
St. Mary's
St. Agnes
0 5 10 20 30 40 Miles

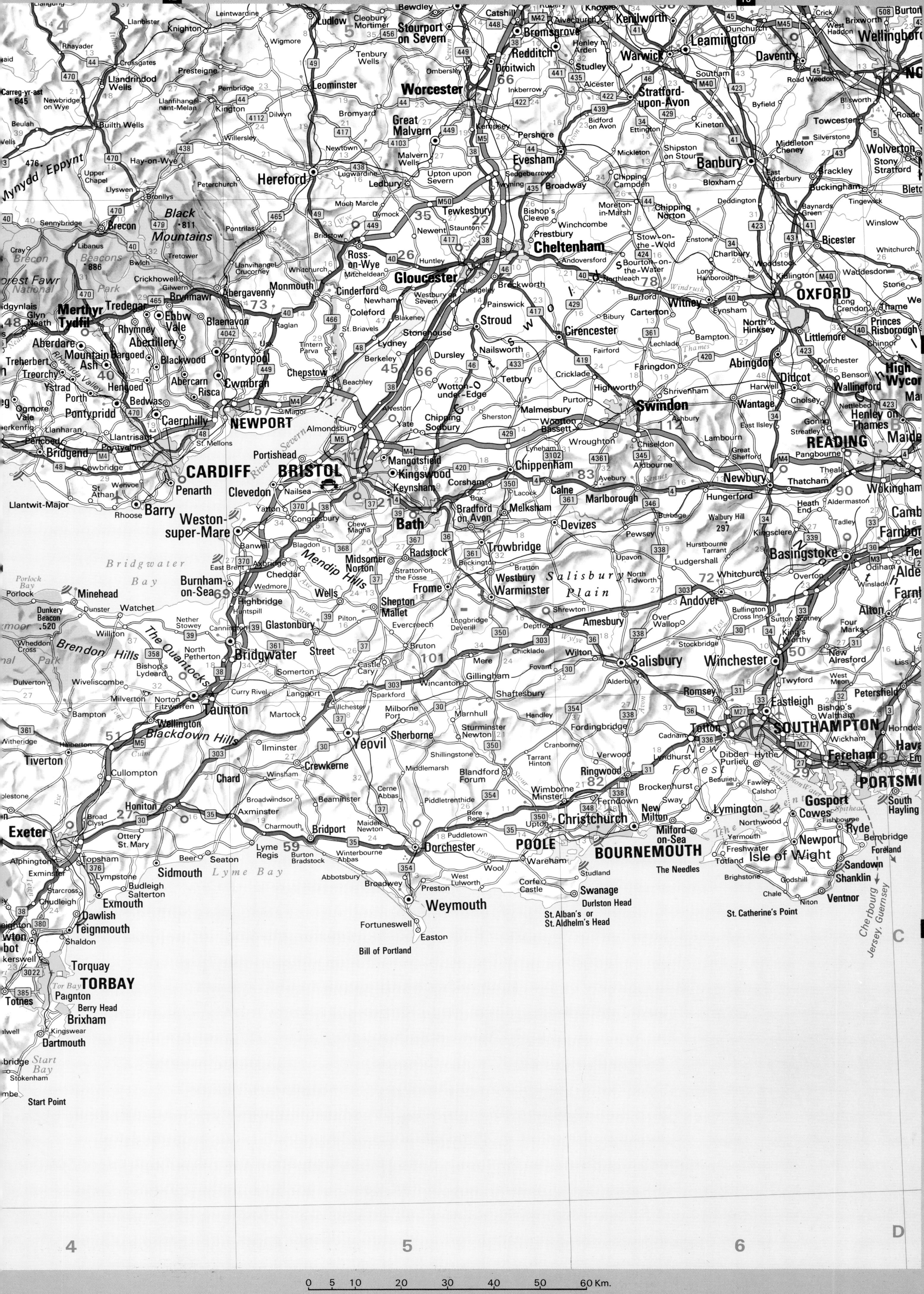
12
13
17
17
Ludlow
Cleobury Mortimer
Stourport on Severn
Bromsgrove
Redditch
Droitwich
Kenilworth
Warwick
Leamington
Daventry
Wellingborough
Knighton
Llandrindod Wells
Presteigne
Leominster
Tenbury Wells
Worcester
Great Malvern
Evesham
Stratford-upon-Avon
Banbury
Towcester
Builth Wells
Hay-on-Wye
Hereford
Ledbury
Tewkesbury
Upton upon Severn
Pershore
Chipping Campden
Brackley
Buckingham
Mynydd Eppynt
Black Mountains
Brecon Beacons National Park
Brecon
Abergavenny
Monmouth
Ross-on-Wye
Gloucester
Cheltenham
Chipping Norton
Bicester
Woodstock
Witney
OXFORD
Thame
Merthyr Tydfil
Tredegar
Ebbw Vale
Blaenavon
Pontypool
Cwmbran
Chepstow
Stroud
Cirencester
Cotswolds
Abingdon
Didcot
Wallingford
High Wycombe
Aberdare
Mountain Ash
Pontypridd
Caerphilly
NEWPORT
Tetbury
Malmesbury
Swindon
Wantage
Henley on Thames
READING
Bridgend
Llantrisant
CARDIFF
Penarth
Barry
Llantwit-Major
BRISTOL
Portishead
Clevedon
Weston-super-Mare
Bath
Chippenham
Marlborough
Newbury
Wokingham
Devizes
Trowbridge
Basingstoke
Bridgwater Bay
Burnham-on-Sea
Mendip Hills
Wells
Frome
Warminster
Salisbury Plain
Andover
Minehead
Watchet
Bridgwater
Glastonbury
Shepton Mallet
Amesbury
Winchester
Alton
Brendon Hills
The Quantocks
Taunton
Salisbury
Romsey
Eastleigh
SOUTHAMPTON
Wincanton
Shaftesbury
Tiverton
Blackdown Hills
Yeovil
Sherborne
Chard
Crewkerne
Fordingbridge
Ringwood
Fareham
PORTSMOUTH
Exeter
Honiton
Axminster
Bridport
Dorchester
Blandford Forum
Wimborne Minster
Christchurch
POOLE
BOURNEMOUTH
Lymington
Gosport
Cowes
Newport
Isle of Wight
Ryde
Sandown
Shanklin
Ventnor
Exmouth
Sidmouth
Lyme Regis
Lyme Bay
Weymouth
Swanage
Wareham
The Needles
St. Catherine's Point
St. Alban's or St. Aldhelm's Head
Bill of Portland
Dawlish
Teignmouth
Torquay
TORBAY
Paignton
Berry Head
Brixham
Dartmouth
Start Bay
Start Point
Cherbourg
Jersey, Guernsey
C
D
4
5
6
0 5 10 20 30 40 50 60 Km.

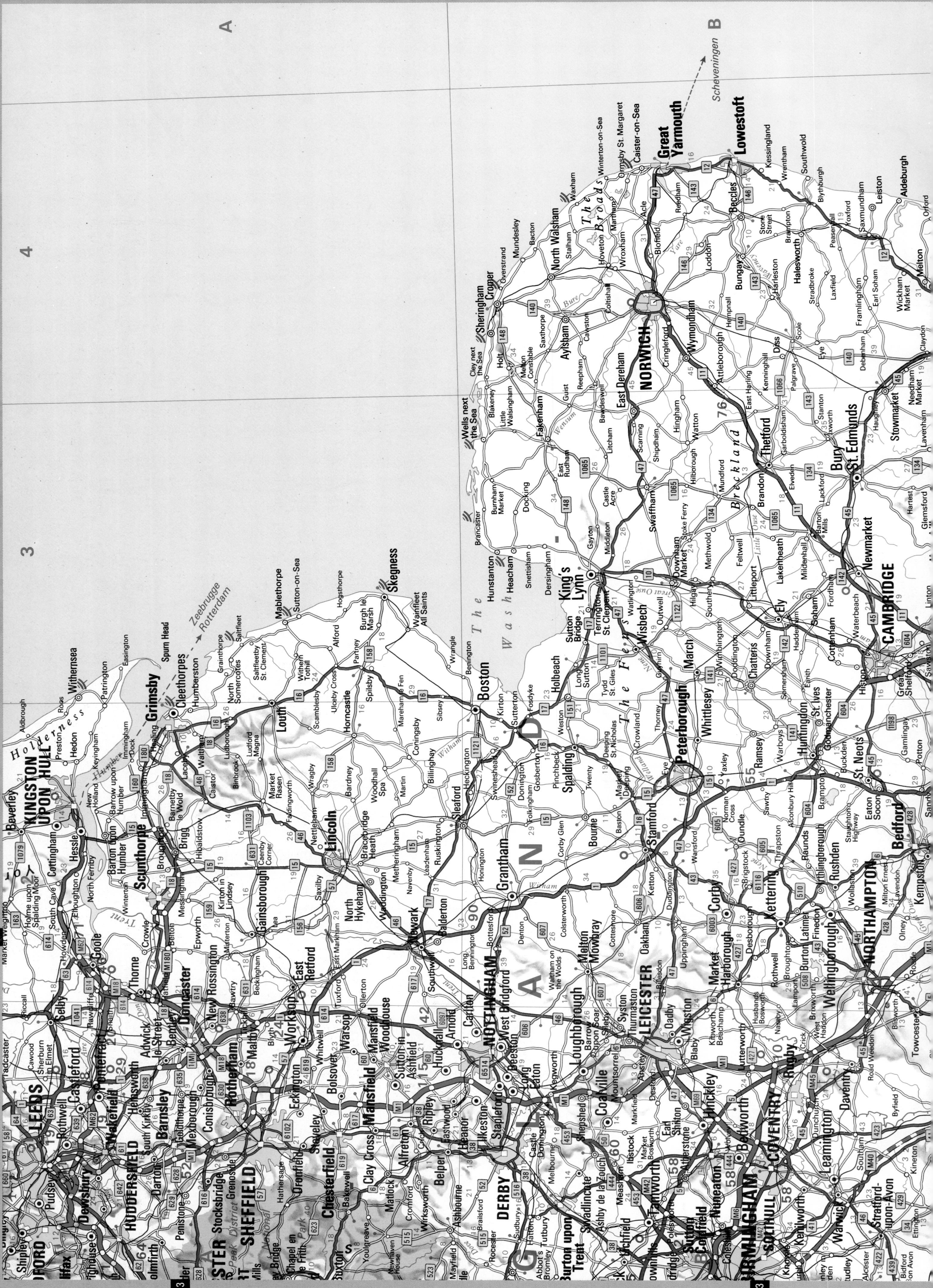
A
B
3
4
13
Scheveningen
Zeebrugge
Rotterdam
Holderness
Spurn Head
Withernsea
KINGSTON UPON HULL
Beverley
Hessle
Grimsby
Cleethorpes
Scunthorpe
Goole
Selby
LEEDS
Wakefield
HUDDERSFIELD
Barnsley
Doncaster
Rotherham
SHEFFIELD
Chesterfield
Worksop
Mansfield
Gainsborough
Lincoln
Louth
Skegness
Mablethorpe
Boston
Sleaford
Newark
Grantham
NOTTINGHAM
DERBY
LEICESTER
Loughborough
Melton Mowbray
Stamford
Spalding
Peterborough
Wisbech
King's Lynn
The Wash
The Fens
Hunstanton
Wells next the Sea
Sheringham
Cromer
Fakenham
East Dereham
Swaffham
NORWICH
Aylsham
North Walsham
The Broads
Great Yarmouth
Lowestoft
Beccles
Bungay
Wymondham
Diss
Thetford
Breckland
Bury St. Edmunds
Newmarket
Ely
CAMBRIDGE
Huntingdon
St. Neots
Bedford
Stowmarket
Southwold
Aldeburgh
Kettering
Corby
Wellingborough
NORTHAMPTON
Rugby
COVENTRY
Nuneaton
Hinckley
BIRMINGHAM
Warwick
Leamington
Stratford-upon-Avon
Burton upon Trent
Tamworth
ENGLAND
0 5 10 20 30 40 Miles

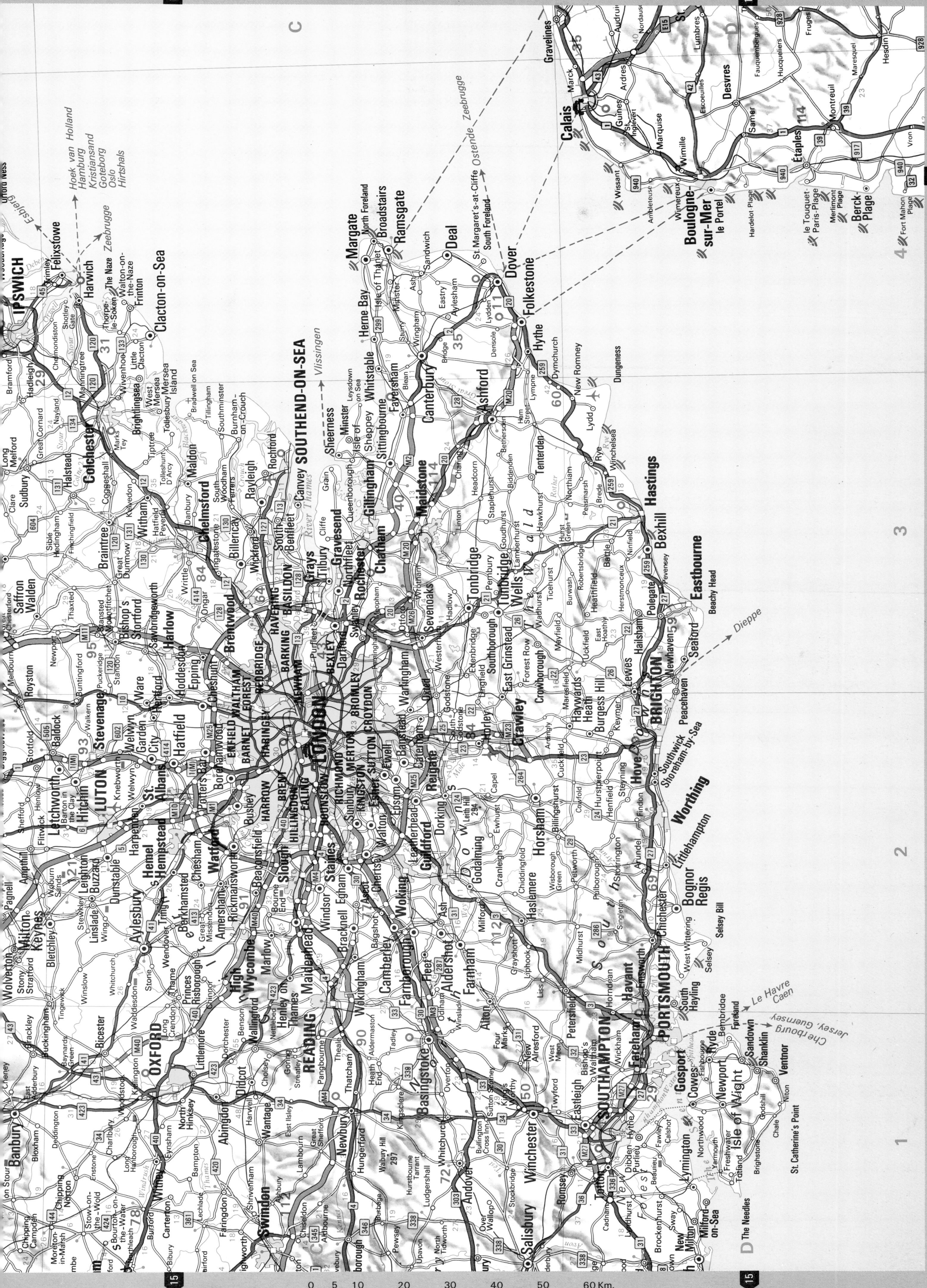
LONDON
Ipswich
Felixstowe
Harwich
Colchester
Clacton-on-Sea
Chelmsford
Southend-on-Sea
Margate
Ramsgate
Broadstairs
Deal
Dover
Folkestone
Canterbury
Ashford
Maidstone
Chatham
Rochester
Gravesend
Tonbridge
Sevenoaks
Hastings
Eastbourne
Brighton
Worthing
Crawley
Horsham
Guildford
Reading
Oxford
Swindon
Salisbury
Winchester
Southampton
Portsmouth
Isle of Wight
Luton
Watford
Slough
Aylesbury
Milton Keynes
Stevenage
Harlow
Basingstoke
Newbury
Calais
Boulogne-sur-Mer
Dunkerque
Gravelines
Étaples
Berck-Plage
Dieppe
Le Havre
Caen
Cherbourg
Jersey, Guernsey
Vlissingen
Ostende
Zeebrugge
Hoek van Holland
Hamburg
Kristiansand
Goteborg
Oslo
Hirtshals
Esbjerg

0 5 10 20 30 40 50 60 Km.

18

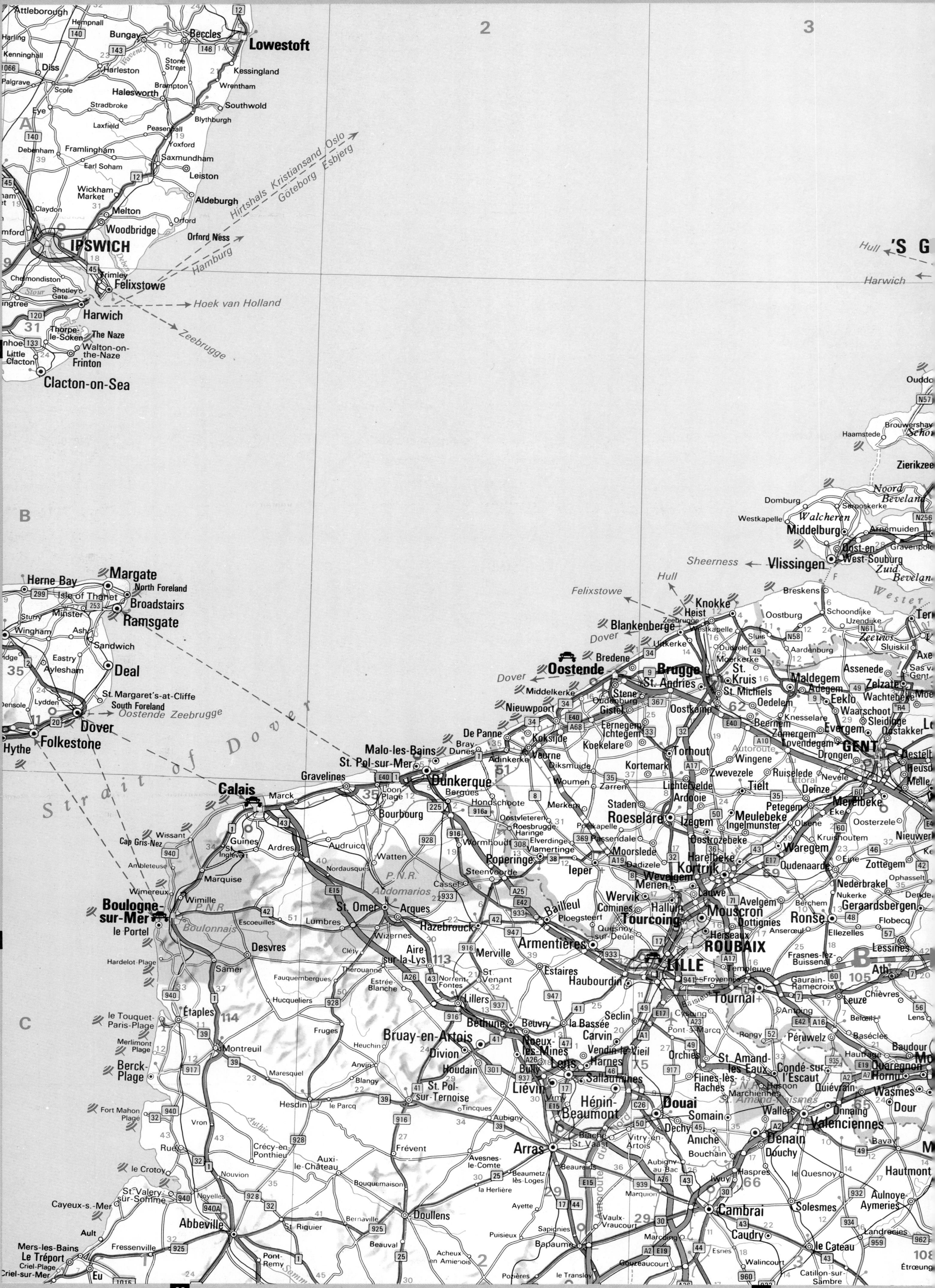

Attleborough Hempnall Bungay Beccles Lowestoft
Harling Diss Harleston Stone Street Kessingland
Kenninghall Palgrave Scole Brampton Wrentham
Halesworth Southwold Blythburgh
Eye Stradbroke Peasenhall Yoxford
Debenham Framlingham Laxfield Saxmundham Aldeburgh
Earl Soham Leiston
Wickham Market Melton Orford
Claydon Woodbridge Orford Ness
IPSWICH Grimley **Felixstowe**
Chelmondiston Shotley Gate
Harwich Hoek van Holland
Thorpe-le-Soken Walton-on-the-Naze Zeebrugge
Little Clacton The Naze Frinton
Clacton-on-Sea

Hirtshals Kristiansand Oslo
Göteborg Esbjerg
Hamburg

Hull 'S G
Harwich

Oudde
N57
Brouwershav Schor
Haamstede
Zierikzee
Noord Beveland
Domburg Seroskerke
Westkapelle Walcheren Gravenpole
Middelburg Arnemuiden Oost-en West-Souburg
Sheerness **Vlissingen** Zuid Beveland
Felixstowe Breskens Wester
Hull Knokke Heist Schoondijke
Herne Bay **Margate** North Foreland Zeebrugge Oostburg IJzendijke N61 Zeeuws
Isle of Thanet **Broadstairs** **Blankenberge** Sluis N58 Sluiskil
Sturry Minster **Ramsgate** Dover Lapscheure
Wingham Ash Litkerke Dudzele
Sandwich Bredene **Brugge** St. Andries St. Michiels
Eastry Aylesham **Oostende** Assenede Sas
Deal Middelkerke Oudenburg Oostkamp Maldegem Adegem Eeklo Wachtebeke
Nieuwpoort Gistel Jabbeke Zomergem Evergem Oostakker **GENT**
St. Margaret's-at-Cliffe De Panne Koksijde Veurne Torhout Wingene Drongen Neusb
South Foreland Bray Dunes Adinkerke Lovendegem Melle
Oostende Zeebrugge **Malo-les-Bains** Diksmuide Kortemark Lichtervelde Tielt Deinze
Dover St. Pol-sur-Mer Woumen Staden Ardooie Meulebeke Nevele Merelbeke Oosterzele
Folkestone Gravelines **Dunkerque** Zarren **Roeselare** Izegem Ingelmunster Olsene
Hythe Bergues Merkem Ruiselede Petegem Eke
Marck Hondschoote Poelkapelle Passendale Moorslede Harelbeke Waregem Zottegem
Calais Loon Plage 916a Roesbrugge-Haringe Elverdinge Wevelgem **Kortrijk** Oudenaarde Ophasselt
Bourbourg Oostvleteren Vlamertinge Badzele Nederbrakel Nukerke
Wissant Guines Audruicq Watten Wormhoudt **Ieper** Menen Lauwe Geraardsbergen Berchem
Cap Gris-Nez Ardres Nordausque Steenvoorde Cassel Wervik **Mouscron** Avelgem **Ronse**
Ambleteuse Marquise P.N.R. Werik Comines Herseaux Flobecq Lessines
Wimereux Wimille St. Omer Arques Bailleul Ploegsteert **Tourcoing** Dottignies Ellezelles
Boulogne-sur-Mer Escoeuilles Hazebrouck **Armentières** **ROUBAIX** Anseroeul Ath
le Portel Lumbres Wizernes Comines-sur-Deûle Frasnes-lès-Buissenal
Boulonnais Cleiy Aire-sur-la-Lys Merville Estaires **LILLE** Templeuve Leuze Lessines
Desvres Samer Théroanne Norrent Fontes St. Venant Lillers Haubourdin **Tournai** Antoing Chièvres Beloit
Hardelot-Plage Fauquembergues Estrée Blanche Béthune Seclin Gaurain-Ramecroix Lens
le Touquet-Paris-Plage Hucqueliers Fruges Beuvry la Bassée Pont-à-Marcq Rongy Péruwelz Basécles
Étaples Heuchin **Bruay-en-Artois** Noeux-les-Mines Carvin Orchies Quarouble Hornu
Montreuil Anvin Division Vendin-le-Vieil Bully St. Amand-les-Eaux Condé-sur-l'Escaut Quiévrain **Wasmes**
Berck-Plage Blangy Houdain Harnes Lens Flines-lès-Raches Marchiennes Dour
Maresquel Hesdin le Parcq St. Pol-sur-Ternoise Sallaumines **Liévin** **Douai** Somain Aniche **Valenciennes**
Fort Mahon Plage Vron Tincques **Hénin-Beaumont** Dechy **Denain** Douchy Bavay
le Crotoy Ruey Crécy-en-Ponthieu Frévent Aubigny Vitry-en-Artois Bouchain Douai le Quesnoy Hautmont
Noyelles Nouvion Auxi-le-Château Beaumetz-lès-Loges **Arras** Beaurains Aubigny-au-Bac Maspres Solesmes Aulnoye-Aymeries
St. Valery-sur-Somme Bernaville Avesnes-le-Comte la Herlière Marquion **Cambrai** Caudry le Cateau
Cayeux-s.-Mer Bouquemaison Ayette Vaulx-Vraucourt Caudry Catillon-sur-Sambre
Ault **Abbeville** Doullens Puisieux Sapignies Bapaume Walincourt
Mers-les-Bains Fressenville St. Riquier Beauval Acheux-en-Amienois Pozières le Translay Gouzeaucourt Esnes
Le Tréport Crémy-Plage Pont-Remy Vaulx-Vraucourt Marcoing
Criel-Plage Eu

0 5 10 20 30 40 Miles

Strait of Dover
P.N.R.
P.N.R. Audomarois
Boulonnais

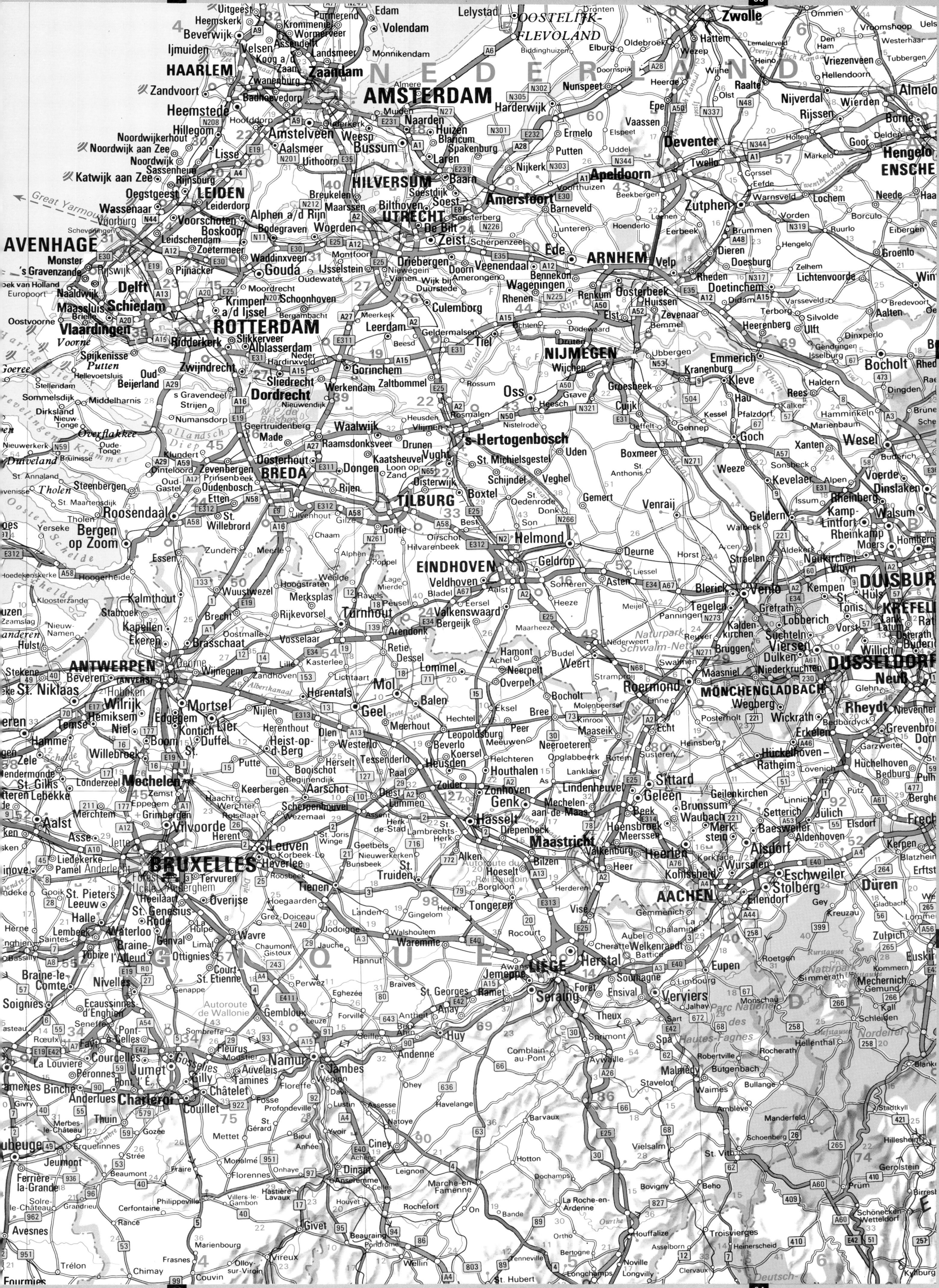
60
60
AMSTERDAM
ROTTERDAM
UTRECHT
HILVERSUM
HAARLEM
LEIDEN
AVENHAGE
Zwolle
Deventer
Apeldoorn
Amersfoort
ARNHEM
NIJMEGEN
Dordrecht
BREDA
TILBURG
EINDHOVEN
Helmond
's-Hertogenbosch
ANTWERPEN
Mechelen
BRUXELLES
Leuven
Hasselt
Genk
Maastricht
AACHEN
LIÈGE
Namur
Charleroi
MÖNCHENGLADBACH
DÜSSELDORF
DUISBUR
KREFEL
Venlo
Roermond
Heerlen
Verviers
N E D E R L A N D
OOSTELIJK-FLEVOLAND
62
62
23
64

0 5 10 20 30 40 50 60 Km.

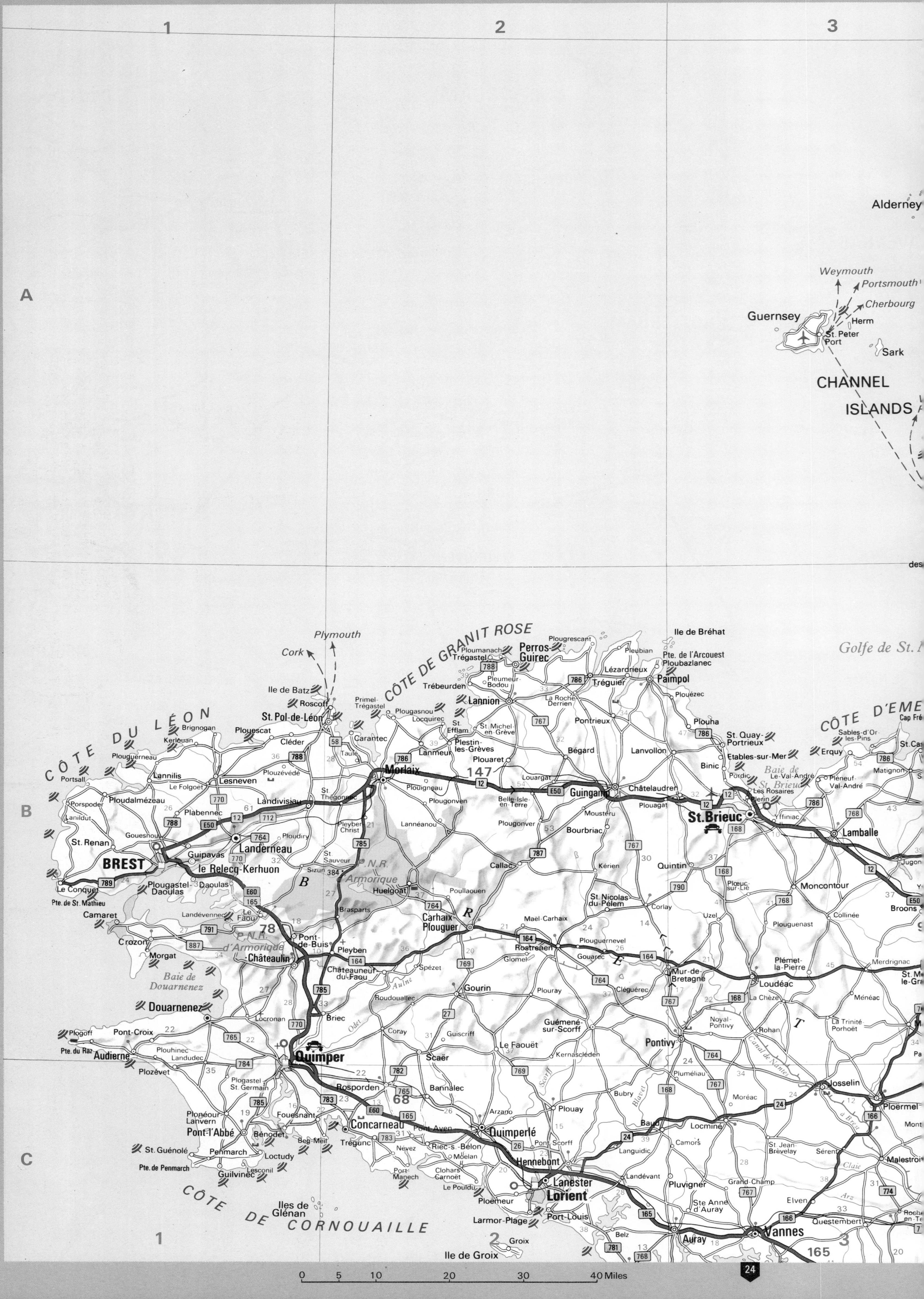
1
2
3
A
B
C
Alderney
Weymouth
Portsmouth
Cherbourg
Guernsey
Herm
St. Peter Port
Sark
CHANNEL
ISLANDS
Golfe de St. M
CÔTE DE GRANIT ROSE
CÔTE DU LÉON
CÔTE D'EME
CÔTE DE CORNOUAILLE
Plymouth
Cork
Ile de Batz
Roscoff
St. Pol-de-Léon
Ile de Bréhat
Pte. de l'Arcouest
Ploubazlanec
Plougrescant
Perros-Guirec
Ploumanach
Trégastel
Pleubian
Lézardrieux
Paimpol
Tréguier
Trébeurden
Lannion
Pleumeur-Bodou
Primel-Trégastel
Plougasnou
Locquirec
St. Efflam
St. Michel-en-Grève
Plestin-les-Grèves
Lanmeur
Plouaret
Carantec
Taulé
Morlaix
Brignogan
Kerlouan
Plouescat
Cléder
Plouguerneau
Lannilis
Plouzévédé
Le Folgoet
Lesneven
Portsall
Porspoder
Ploudalmézeau
Plabennec
Landivisiau
St. Thégonnec
Lanildut
St. Renan
Gouesnou
BREST
Guipavas
Landerneau
le Relecq-Kerhuon
Le Conquet
Pte. de St. Mathieu
Plougastel-Daoulas
Daoulas
Camaret
Landévennec
Le Faou
Crozon
Morgat
Baie de Douarnenez
Douarnenez
Châteaulin
Pont-de-Buis
Pleyben
Châteauneuf-du-Faou
Locronan
Briec
Plogoff
Pte. du Raz
Pont-Croix
Audierne
Plouhinec
Landudec
Plozévet
Quimper
Plogastel St. Germain
Plonéour Lanvern
Pont-l'Abbé
St. Guénolé
Pte. de Penmarch
Penmarch
Guilvinec
Lesconil
Loctudy
Bénodet
Fouesnant
Beg-Meil
Concarneau
Trégunc
Iles de Glénan
Rosporden
Bannalec
Pont-Aven
Névez
Riec-s.-Bélon
Moëlan
Port-Manech
Clohars Carnoët
Le Pouldu
Quimperlé
Arzano
Plouay
Scaër
Coray
Guiscriff
Le Faouët
Gourin
Roudouallec
Spézet
Carhaix-Plouguer
Poullaouen
Huelgoat
Brasparts
Sizun
St. Sauveur
Ploudiry
Pleyben Christ
Lannéanou
Plougonven
Plouigneau
Belle-Isle-en-Terre
Plougonver
Callac
Louargat
Guingamp
Bégard
Pontrieux
La Roche Derrien
Plouézec
Plouha
Lanvollon
St. Quay-Portrieux
Etables-sur-Mer
Binic
Pordic
Châtelaudren
Plouagat
St. Brieuc
Plérin
Les Rosaires
Baie de St. Brieuc
Erquy
Sables-d'Or-les-Pins
Baie de Le-Val-André
Pléneuf-Val-André
Matignon
Yffiniac
Lamballe
Moncontour
Plœuc-sur-Lié
Quintin
Mousteru
Bourbriac
Kérien
St. Nicolas-du-Pélem
Corlay
Uzel
Maël-Carhaix
Rostrenen
Glomel
Plouguernevel
Gouarec
Mur-de-Bretagne
Plémet-la-Pierre
Loudéac
Merdrignac
Collinée
Plouguenast
Broons
Jugon
Ménéac
La Chèze
Cléguérec
Noyal-Pontivy
Pontivy
Rohan
La Trinité-Porhoët
Plouray
Guémené-sur-Scorff
Kernascléden
Pluméliau
Bubry
Moréac
Josselin
Ploërmel
Locminé
Baud
Camors
Languidic
Pont Scorff
Hennebont
Lanester
Lorient
Ploemeur
Larmor-Plage
Port-Louis
Groix
Ile de Groix
Landévant
Pluvigner
Grand-Champ
St. Jean-Brévelay
Sérent
Malestroit
Elven
Questembert
Ste Anne d'Auray
Auray
Belz
Vannes
Canal de Nantes à Brest
P.N.R. Armorique
P.N.R. d'Armorique
Aulne
Odet
Scorff
Blavet
Claie
Arz
0 5 10 20 30 40 Miles
24

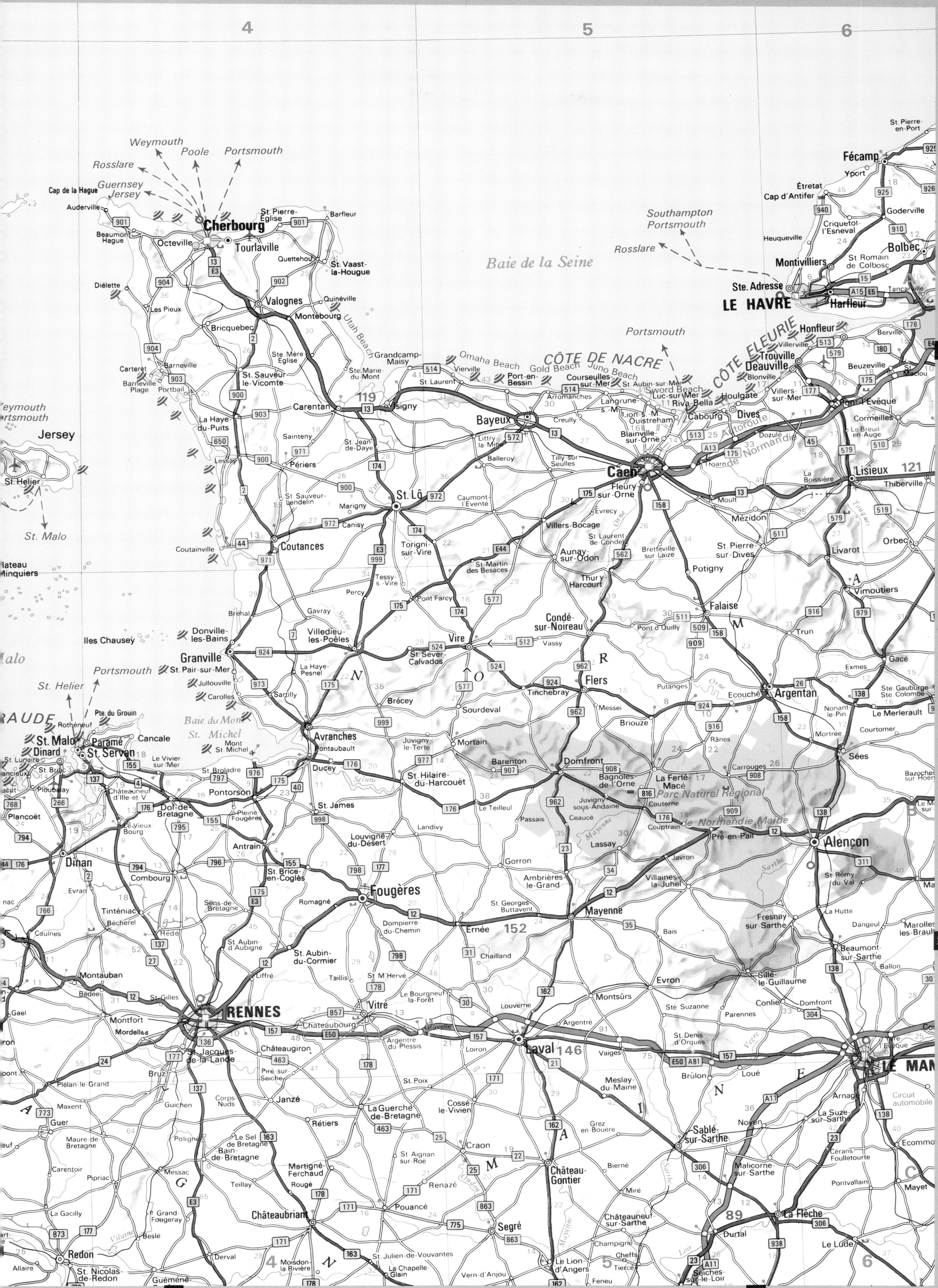

4   5   6

Weymouth Poole Portsmouth
Rosslare
Cap de la Hague Guernsey Jersey
Auderville
Beaumont Octeville Tourlaville
Hague
Diélette 904 902 St-Pierre-Église Barfleur
St-Vaast-la-Hougue
Les Pieux 13 E3 Quettehou 25
901 **Cherbourg** 901
Baie de la Seine

Southampton
Portsmouth
Rosslare

St-Pierre-en-Port
Fécamp 925
Yport
Étretat 45
Cap d'Antifer 925 926
940 Goderville 910
Criquetot-l'Esneval 12
Heuqueville **Bolbec**
Montivilliers St-Romain-de-Colbosc
A15 E5 Tancarville
Ste-Adresse **LE HAVRE** Harfleur 178
22

Jersey
St-Helier
St-Malo

Barneville Carteret 904 Valognes
Barneville-Plage 903 Portbail Bricquebec 2 Montebourg 30
St-Sauveur-le-Vicomte 900 Ste-Mère-Église
La Haye-du-Puits 650 903 Ste-Marie-du-Mont 514 Vierville
Carentan 13 119 Isigny Grandcamp-Maisy
Sainteny 971 St-Jean-de-Daye Littry-la-Mine 572
Périers Balleroy
900 Marigny 174 Tilly-sur-Seulles Creully
Canisy St-Lô 972 Caumont-l'Éventé Villers-Bocage 175
Coutainville 44 Coutances E3 Torigni-sur-Vire St-Laurent-de-Condel
971 999 Tessy-sur-Vire St-Martin-des-Besaces Aunay-sur-Odon 562
Percy 175 Pont Farcy 174 577

Omaha Beach Gold Beach Juno Beach
CÔTE DE NACRE
Port-en-Bessin 514 Arromanches Courseulles-sur-Mer Luc-sur-Mer St-Aubin-sur-Mer Sword Beach
Bayeux Langrune-s-M Lion-s-M Ouistreham Riva-Bella
13 Blainville-sur-Orne Cabourg Dives
513 Honfleur **CÔTE FLEURIE** Villerville 513
Trouville **Deauville** Blonville 579
Houlgate Villers-sur-Mer 177 175
Caen A13 175 Pont-l'Évêque Cormeilles Le Breuil-en-Auge
Fleury-sur-Orne Troarn Dozulé 45 510
Évrecy 158 Moult 13 La Boissière **Lisieux** 121 Thiberville
Mézidon 579 519 Orbec
St-Pierre-des-Dives Livarot A

Donville-les-Bains 924 Villedieu-les-Poêles 577 Vire 512 Condé-sur-Noireau 511 Falaise 916 979
Bréhal Gavray 577 St-Sever-Calvados Vassy 509 909 Trun Gacé
Granville 924 La Haye-Pesnel 524 Thury-Harcourt Pont d'Ouilly 158 Exmes
St-Pair-sur-Mer 973 Sartilly 175 577 Tinchebray 962 Flers Putanges 924 Argentan 138
Jullouville Brécey 999 Sourdeval 962 Messei Écouché 26 Ste-Gauburge
Carolles Souleuvre Briouze 916 Mortrée Le Merlerault
Iles Chausey Avranches Juvigny-le-Tertre Mortain Domfront 908 Rânes 24 Sées Courtomer
Pontaubault 977 Barenton 907 Bagnoles-de-l'Orne 816 Carrouges 908 Bazoches
St-Malo Paramé Ducey 176 St-Hilaire-du-Harcouët 962 La Ferté-Macé 17 138
Dinard St-Servan 797 St-James 176 Le Teilleul Juvigny-sous-Andaine Couterne 909
St-Broladre 976 998 Passais Céaucé 176 Couptrain Pré-en-Pail 12 **Alençon** 311
Cancale Mont St-Michel Baie du Mont St-Michel St. Michel Landivy Lassay St-Rémy-du-Val

Parc Naturel Régional de Normandie-Maine

Pleine-Fougères Louvigné-du-Désert Gorron Javron Villaines-la-Juhel Fresnay-sur-Sarthe La Hutte
Dol-de-Bretagne 795 155 Antrain Romagné Ambrières-le-Grand 34 Sillé-le-Guillaume Dangeul
Le Vieux Bourg 796 St-Brice-en-Coglès 155 177 798 St-Georges-Buttavent Beaumont-sur-Sarthe 138
Combourg 794 **Fougères** 12 Ernée 152 **Mayenne** Bais Évron 304 Domfront Ballon
Dinan Tinténiac St-Aubin-d'Aubigné St-Aubin-du-Cormier Dompierre-du-Chemin Chailland Montsûrs Conlie Marolles-les-Braults
766 Bécherel 137 Liffré 798 St M'Hervé Ste-Suzanne Parennes Neuville
Hédé 178 Taillis Le Bourgneuf-la-Forêt 162 Évron E50 A81 157 **LE MANS**
Montauban 12 St-Gilles Vitré Châteaubourg 857 157 **Laval** 146 Vaiges Brûlon Loué A11 138
Mordelles **RENNES** E50 Argentré Argentré-du-Plessis Loiron Meslay-du-Maine Circuit automobile
St-Jacques-de-la-Lande 136 Châteaugiron 463 Pire-sur-Seiche 178 St-Poix 171 Grez-en-Bouère Sablé-sur-Sarthe 306 La Suze-sur-Sarthe 138
Bruz 137 Corps-Nuds Janzé La Guerche-de-Bretagne Cossé-le-Vivien 162 Craon Bierné Miré Malicorne-sur-Sarthe Cérans-Foulletourte
Plélan-le-Grand Guichen Rétiers 463 St-Aignan-sur-Roe Renazé Château-Gontier 306 Pontvallain Mayet
Maxent Le Sel de Bretagne 163 Martigné-Ferchaud Pouancé 863 Châteauneuf-sur-Sarthe Le Lude
Guer Poligné Teillay Rougé 178 171 Segré 863 Champigné 938
Messac Bain-de-Bretagne Châteaubriant 775 St-Julien-de-Vouvantes Loir A11 Durtal **La Flèche** 306
La Gacilly Le Grand-Fougeray 171 Derval Moisdon-la-Rivière 163 Le Lion-d'Angers Chenillé 23 Seiches-sur-le-Loir
Redon 873 177 St-Nicolas-de-Redon La Chapelle-Glain Vern-d'Anjou Feneu 162

0 5 10 20 30 40 50 60 Km.
24   25

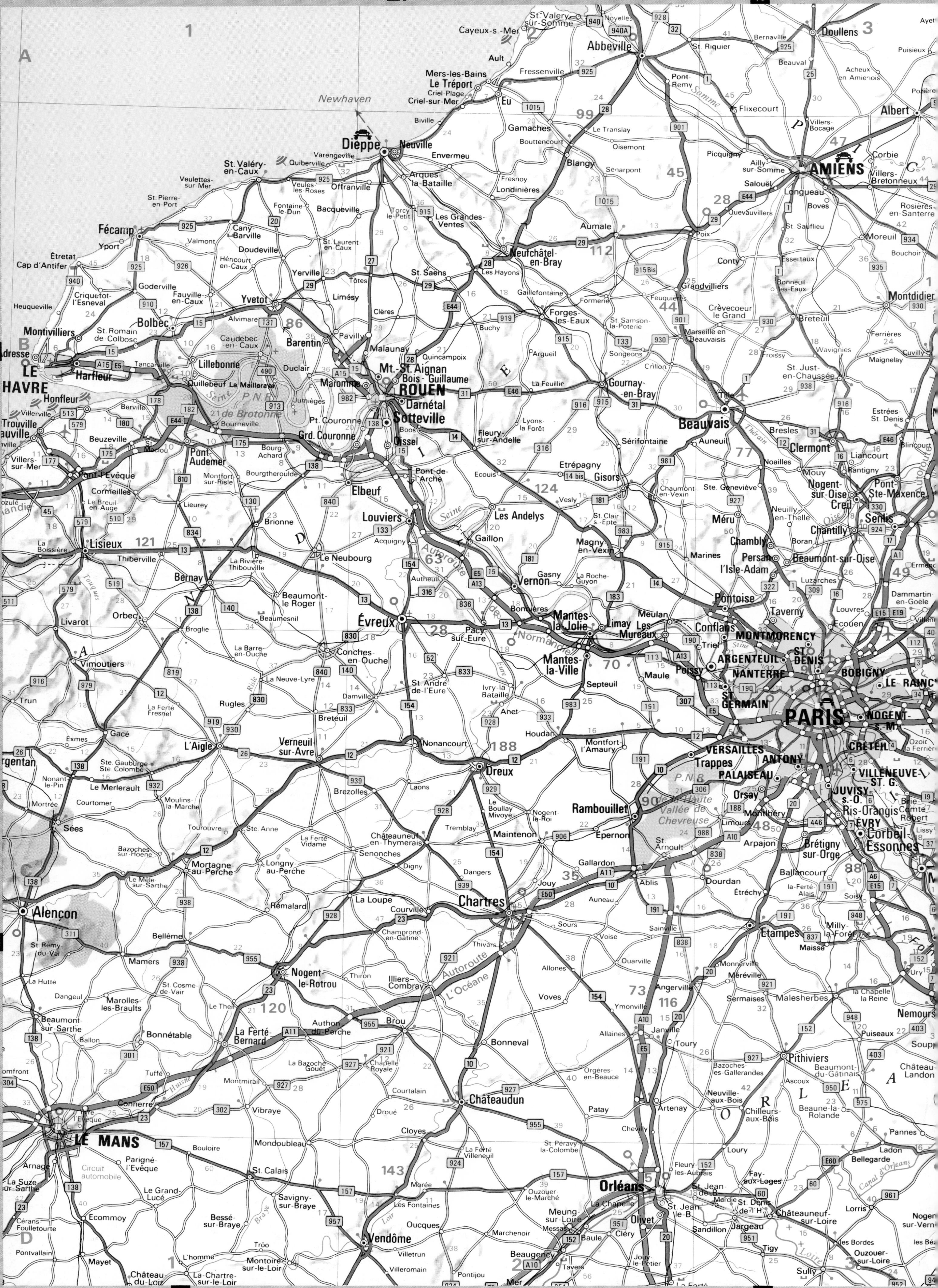
St. Valery-sur-Somme
Cayeux-s.-Mer
Noyelles
Abbeville
Doullens
St. Riquier
Bernaville
Puisieux
Beauval
Acheux en Amienois
Ault
Fressenville
Pont-Remy
Mers-les-Bains
Le Tréport
Criel-Plage
Criel-sur-Mer
Eu
Newhaven
Somme
Flixecourt
Albert
Villers-Bocage
Biville
Gamaches
Le Translay
Oisemont
Bouttencourt
Dieppe
Neuville
Envermeu
Varengeville
Quiberville
St. Valéry-en-Caux
Picquigny
Ailly-sur-Somme
Corbie
AMIENS
Villers-Bretonneux
Blangy
Senarpont
Veulettes-sur-Mer
St. Pierre-en-Port
Veules-les Roses
Offranville
Arques-la-Bataille
Fresnoy
Londinières
Salouël
Longueau
Boves
Rosières-en-Santerre
Fécamp
Fontaine-le-Dun
Bacqueville
Torcy-le-Petit
Les Grandes-Ventes
Aumale
Quevauvillers
St. Saufflieu
Valmont
Cany-Barville
St. Laurent-en-Caux
Poix
Moreuil
Étretat
Yport
Doudeville
Neufchâtel-en-Bray
Les Hayons
Bouchoir
Cap d'Antifer
Héricourt-en-Caux
Conty
Essertaux
Criquetot-l'Esneval
Goderville
Fauville-en-Caux
Yerville
Tôtes
St. Saens
Grandvilliers
Bonneuil-les-Eaux
Heuqueville
Yvetot
Limésy
Gaillefontaine
Formerie
Feuquières
Crèvecoeur le Grand
Montdidier
Montivilliers
St. Romain de Colbosc
Bolbec
Alvimare
Clères
Buchy
Forges-les-Eaux
St. Samson-la-Poterie
Breteuil
Ferrières
Caudebec-en-Caux
Barentin
Pavilly
Marseille en Beauvaisis
Wavignies
Adresse
LE HAVRE
Harfleur
Tancarville
Lillebonne
Duclair
Malaunay
Quincampoix
Argueil
Songeons
Froissy
Cuvilly
Maignelay
Honfleur
Quillebeuf
La Mailleraye
Seine
P.N.R.
de Brotonne
Jumièges
Maromme
Mt.-St. Aignan
Bois-Guillaume
ROUEN
Darnétal
La Feuillie
Gournay-en-Bray
Crillon
St. Just-en-Chaussée
Tillé
Trouville
Villerville
Berville
Bourneville
Pt. Couronne
Grd. Couronne
Sotteville
Oissel
Boos
Lyons-la Forêt
Fleury-sur-Andelle
Beauvais
Auneuil
Estrées-St. Denis
Deauville
Beuzeville
St. Maclou
Pont-Audemer
Bourg-Achard
Sérifontaine
Bresles
Thérain
Clermont
Villers-sur-Mer
Pont l'Évêque
Montfort-sur-Risle
Bourgtheroulde
Elbeuf
Pont-de-l'Arche
Ecouis
Etrépagny
Gisors
Noailles
Liancourt
Rantigny
Cormeilles
Le Breuil en Auge
Lieurey
Mouy
Nogent-sur-Oise
Creil
Pont-Ste-Maxence
Chaumont-en-Vexin
Ste. Geneviève
Brionne
Louviers
Les Andelys
Vesly
St. Clair-s.-Epte
Neuilly-en-Thelle
Senlis
Méru
Chantilly
Lisieux
La Boissière
Thiberville
Acquigny
Gaillon
Magny-en-Vexin
Chambly
Boran
Le Neubourg
Marines
Persan
Beaumont-sur-Oise
La Rivière-Thibouville
Autoroute
L'Isle-Adam
Touques
Bernay
Autheuil
Vernon
Gasny
La Roche-Guyon
Luzarches
Dammartin-en-Goële
Beaumont-le Roger
Pontoise
Taverny
Orbec
Livarot
Bonnières
Mantes-la-Jolie
Limay
Meulan
Les Mureaux
Conflans
Louvres
Écouen
Beaumesnil
Évreux
Pacy-sur-Eure
Broglie
Normandie
MONTMORENCY
La Barre-en-Ouche
Conches-en-Ouche
Mantes-la-Ville
Triel
ARGENTEUIL
ST DENIS
Vimoutiers
Eure
Maule
Poissy
NANTERRE
BOBIGNY
LE RAINCY
La Neuve-Lyre
St. André de-l'Eure
Ivry-la Bataille
Septeuil
ST GERMAIN
Trun
Rugles
Damville
Anet
PARIS
NOGENT-s.-M.
La Ferté Fresnel
Breteuil
Houdan
CRÉTEIL
Montfort-l'Amaury
Ozoir la Ferrière
Exmes
Gacé
L'Aigle
Verneuil-sur-Avre
Nonancourt
VERSAILLES
ANTONY
Argentan
Ste. Gauburge Ste. Colombe
Dreux
Trappes
PALAISEAU
VILLENEUVE-ST. G.
Nonant-le-Pin
Le Merlerault
Brezolles
Laons
Orsay
JUVISY-s.-O.
Mortrée
Courtomer
Moulins-la-Marche
Le Boullay Mivoye
Nogent-le Roi
Rambouillet
Vallée de Chevreuse
Montlhéry
Ris-Orangis
Brie-Comte Robert
Sées
Tourouvre
Ste Anne
La Ferté Vidame
Tremblay
Limours
ÉVRY
Châteauneuf-en-Thymerais
Maintenon
Epernon
St. Arnoult
Arpajon
Corbeil-Essonnes
Bazoches-sur-Hoene
Senonches
Brétigny-sur-Orge
Mortagne-au-Perche
Longny-au-Perche
Digny
Dangers
Gallardon
Le Mêle sur Sarthe
Ballancourt
Dourdan
Ablis
Jouy
Étréchy
Soisy
Alençon
Rémalard
La Loupe
Courville
Chartres
Auneau
Milly-la-Forêt
Étampes
St Rémy du Val
Bellême
Champrond-en-Gatine
Sours
Voise
Maisse
Thivars
Mamers
Ouarville
Nogent-le-Rotrou
Thiron
Illiers-Combray
Allones
Monnerville
Méréville
La Hutte
St. Cosme-de-Vair
Dangeul
Marolles-les-Braults
L'Océane
Voves
Angerville
Sermaises
Malesherbes
La Chapelle la Reine
Nemours
Le Theil
Ymonville
Beaumont-sur-Sarthe
La Ferté-Bernard
Authon-du-Perche
Brou
Ballon
Bonnétable
Bonneval
Allaines
Janville
Toury
Puiseaux
Loir
Pithiviers
Bazoches-les-Gallerandes
La Bazoche-Gouet
Chapelle Royale
Tuffé
Montmirail
Orgères-en-Beauce
Beaumont-du-Gâtinais
Château Landon
Montfront
Ascoux
Courtalain
Châteaudun
Neuville-aux-Bois
Connerré
Vibraye
Droué
Patay
Artenay
Chilleurs-aux-Bois
Beaune-la-Rolande
L'Évêque
Huisne
LE MANS
Cloyes
Chevilly
Pannes
Bouloire
Mondoubleau
St. Peravy la-Colombe
Arnage
Circuit automobile
Parigné-l'Évêque
La Ferté Villeneuil
Loury
Ladon
Bellegarde
La Suze-sur-Sarthe
St. Calais
Fleury-les-Aubrais
Fay-aux-Loges
Canal d'Orléans
Le Grand-Lucé
Morée
Ouzouer-le-Marché
Orléans
St. Jean-de-Braye
Savigny-sur-Braye
Les Fontaines
La Chapelle
Meung-sur-Loire
St. Jean-le-B.
St. Denis-de-l'H.
Mardié
Châteauneuf-sur-Loire
Lorris
Cérans-Foulletourte
Ecommoy
Bessé-sur-Braye
Braye
Oucques
Messas
Olivet
Sandillon
Jargeau
Nogent-sur-Vernisson
Vendôme
Marchenoir
Baule
Cléry
Les Bordes
Tigy
Ouzouer-sur-Loire
Pontvallain
Trôo
Villetrun
Beaugency
Jouy-le-Potier
Mayet
L'homme
Montoire-sur-le-Loir
Villeromain
Tavers
Loire
Sully
Château-du-Loir
La-Chartre-sur-le-Loir
Pontijou
Mer
La Ferté

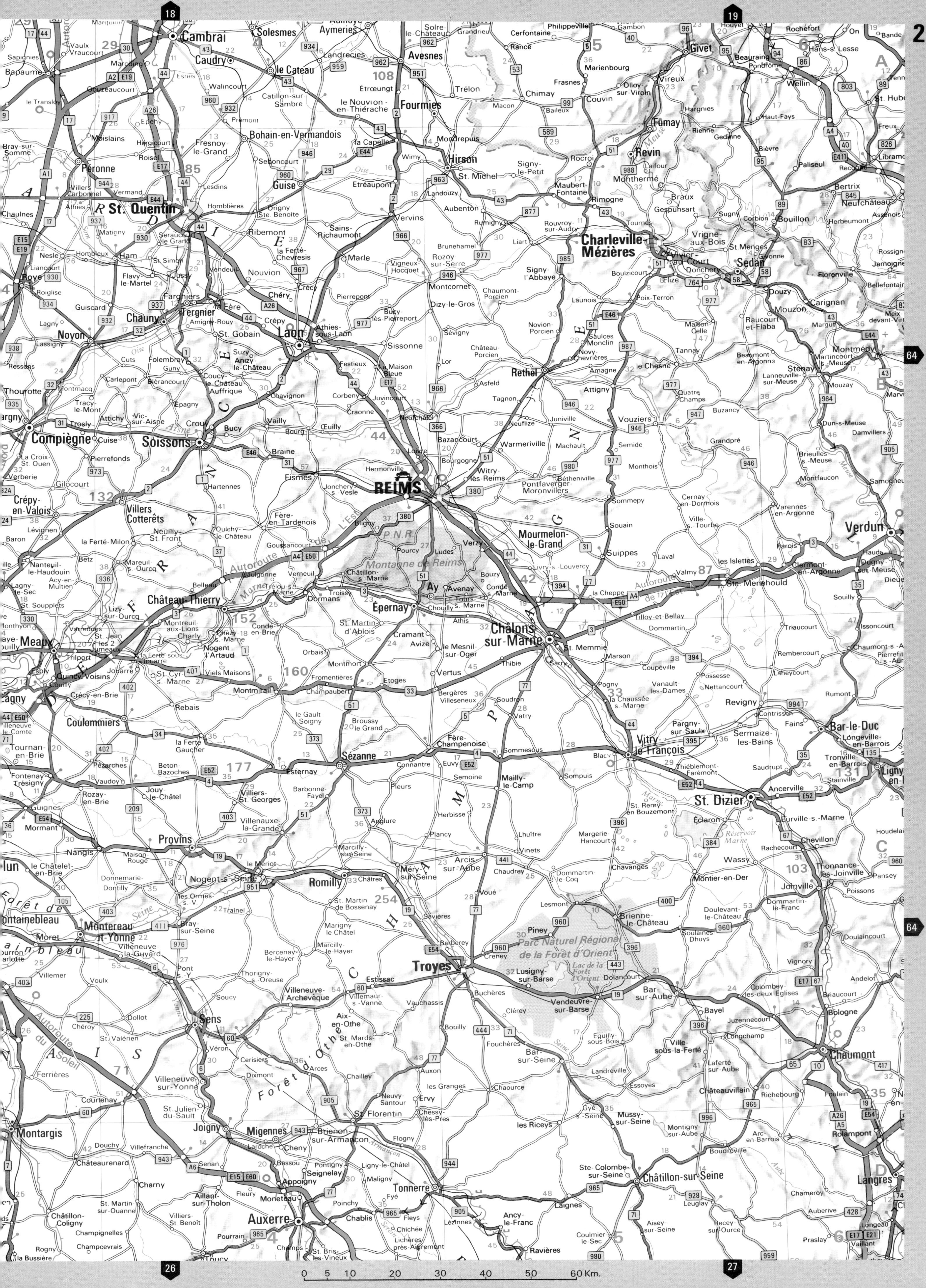

18
19
26
27
64
Cambrai
Solesmes
Caudry
le Cateau
Avesnes
Fourmies
Givet
Fumay
Revin
Hirson
Bohain-en-Vermandois
Guise
Péronne
St. Quentin
Vervins
Charleville-Mézières
Sedan
Bouillon
Chauny
Laon
Noyon
Rethel
Montmédy
Stenay
Compiègne
Soissons
Vouziers
REIMS
Villers Cotterêts
Verdun
Mourmelon-le-Grand
Suippes
Château-Thierry
Epernay
Ay
Châlons-sur-Marne
Ste. Menehould
Meaux
Montmirail
Coulommiers
Sézanne
Vitry-le-François
Bar-le-Duc
St. Dizier
Provins
Nogent-s-Seine
Romilly
Montereau
Troyes
Bar-sur-Aube
Chaumont
Sens
Joigny
St. Florentin
Tonnerre
Bar-sur-Seine
Châtillon-sur-Seine
Langres
Montargis
Auxerre
Autoroute de l'Est
Parc Naturel Régional de la Forêt d'Orient
Montagne de Reims
Forêt d'Othe
0 5 10 20 30 40 50 60 Km.

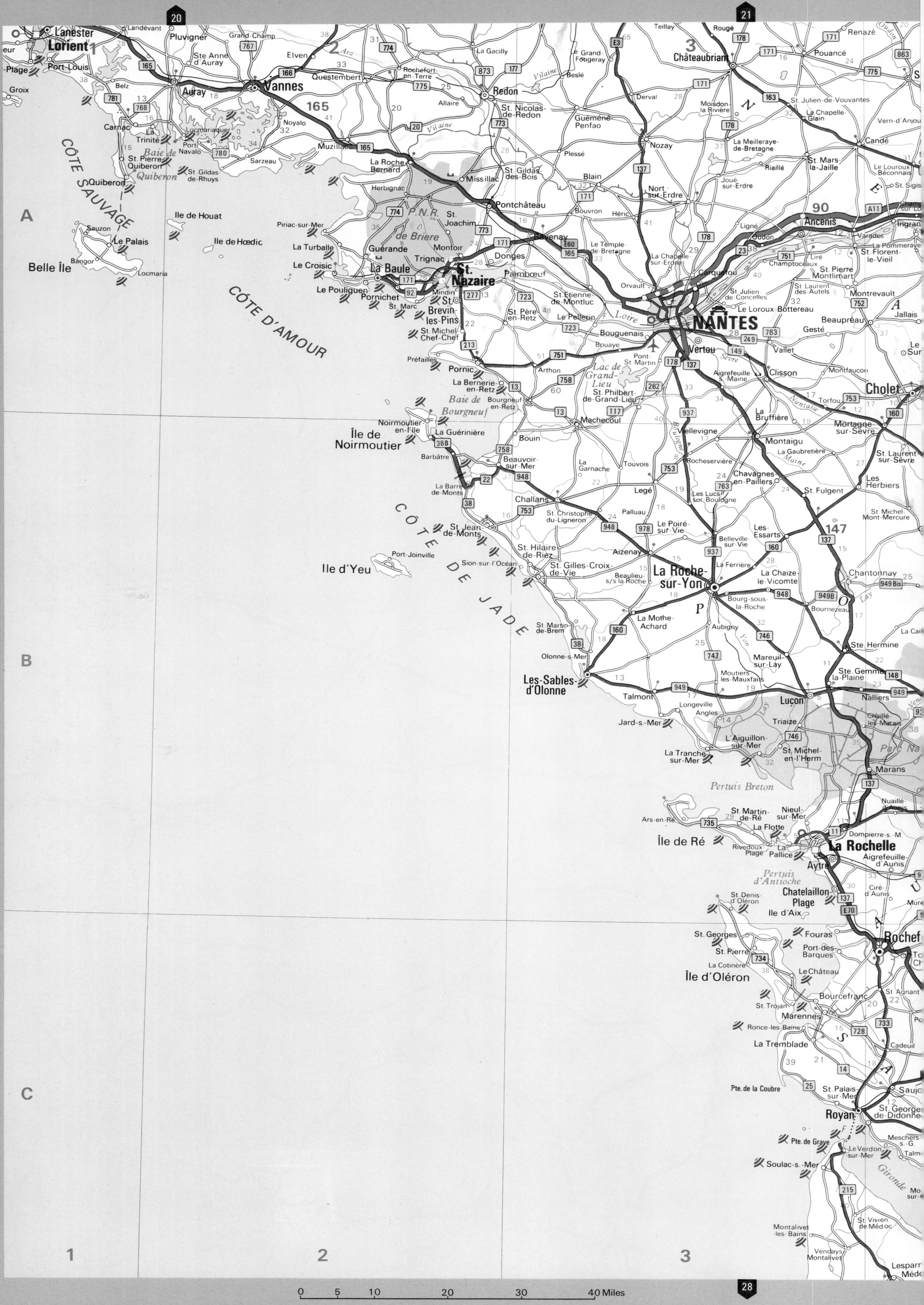

20 21

Lanester Landévant Pluvigner Grand-Champ Teillay Rougé Renazé
Lorient Elven 774 La Gacilly Le Grand-Fougeray E3 178 3 178 171 Pouancé 863
Plage Port-Louis 767 Ste Anne d'Auray 774 Rochefort-en-Terre 873 177 Vilaine Châteaubriant 171 171 St-Julien-de-Vouvantes 775
Groix 165 166 Vannes Questembert 775 Redon St Nicolas-de-Redon Derval Moisdon-la-Rivière 163 La Chapelle-Glain Vern-d'Anjou
Belz Auray 18 20 Allaire Guémené-Penfao Nozay 178 La Meilleraye-de-Bretagne St-Mars-la-Jaille Candé Le Louroux-Béconnais
781 13 165 165 20 Vilaine Plessé 137 Nort-sur-Erdre Joué-sur-Erdre Riaillé St-Sigis
768 Noyalo 41 La Roche-Bernard Blain 171 Bouvron Héric Ligné Oudon 90 Ancenis A11 Varades La Pommeraye St-Florent-le-Vieil Ingra
Carnac La Trinité Locmariaquer 32 Sarzeau Herbignac Missillac P.N.R. 773 St Gildas-des-Bois Savenay E60 Le Tèmple-de-Bretagne 29 Gudon 23 751 Liré Champtoceaux St-Pierre-Montlimart Montrevault
St Pierre Quiberon 780 Port-Navalo St Gildas-de-Rhuys de Brière St Joachim 171 165 E60 La Chapelle-sur-Erdre Carquefou 40 St-Julien-de-Concelles St-Laurent-des-Autels 752 Beaupréau Gesté A Jallais
Quiberon Quiberon Piriac-sur-Mer Guérande Montoir Donges Orvault NANTES 763 Geste
Belle Île Sauzon Île de Houat La Turballe Trignac St-Nazaire Pambœuf 723 St Etienne-de-Montluc Le Pellerin Bouguenais Vertou 149 24 9 Vallet Montfaucon Cholet
Le Palais Île de Hœdic Le Croisic La Baule 171 277 13 723 St Père-en-Retz Le Loroux-Bottereau 178 137 Sèvre Clisson 160
Bangor Locmaria Le Pouliguen 92 Pornichet St Marc St Michel-Chef-Chef 22 Arthon 758 Pont-St-Martin 262 St Philbert-de-Grand-Lieu 33 Torfou 753 Mortagne-sur-Sèvre
CÔTE SAUVAGE St Brevin-les-Pins 213 Préfailles Pornic 13 Bouaye 751 Lac de Grand-Lieu 60 117 937 La Bruffière 19 753 Les Herbiers 160
CÔTE D'AMOUR La Bernerie-en-Retz 13 Machecoul 40 Vieillevigne Montaigu La Gaubretière St-Michel-Mont-Mercure
Bourgneuf-en-Retz 13 758 Bouin La Garnache Touvois Rocheservière Chavagnes-en-Paillers St-Fulgent 147
Baie de Bourgneuf Noirmoutier-en-l'Île La Guérinière 38B 758 Beauvoir-sur-Mer La Garnache Legé Les Lucs-sur-Boulogne 763 24 Les Essarts
Île de Noirmoutier Barbâtre 948 Challans St Christophe-du-Lignéron Palluau 948 978 Le Poiré-sur-Vie 937 160 137 Chantonnay 949 Bis
CÔTE DE JADE La Barre-de-Monts 22 37 38 753 24 18 Belleville-sur-Vie La Roche-sur-Yon La Chaize-le-Vicomte 949B O
St Jean-de-Monts 16 Aizenay 15 La Ferrière Bourg-sous-la-Roche 948 Bournezeau 17 Lay
Île d'Yeu Port-Joinville St Hilaire-de-Riez St Gilles-Croix-de-Vie Beaulieu-s/s la Roche P Aubigny 32 746 Ste-Hermine
Sion-sur-l'Océan St Martin-de-Brem 160 18 La Mothe-Achard 25 747 Mareuil-sur-Lay 11 Ste-Gemme-la-Plaine 148
B 38 Olonne-s-Mer Moutiers-les-Mauxfaits 19 949 Nalliers 949
Les-Sables-d'Olonne 13 Talmont Longeville Angles 949 Luçon Chaillé-les-Marais 38 Parc Na
Jard-s-Mer Triaize 14 L'Aiguillon-sur-Mer 746 St-Michel-en-l'Herm 35 137
La Tranche-sur-Mer 32 Marans Nuaillé-d'Aunis
Pertuis Breton St Martin-de-Ré Nieul-sur-Mer 11 Dompierre-s.-M.
Ars-en-Ré 735 La Flotte St-Denis-d'Oléron La Pallice La Rochelle Aigrefeuille-d'Aunis 33
Île de Ré Rivedoux Plage Aytré 30 Ciré-d'Aunis Mure
Pertuis d'Antioche Châtelaillon-Plage 137
St-Denis-d'Oléron Île d'Aix E70 A
C St Georges Fouras Roche Rochef
St Pierre 734 Port-des-Barques To
La Cotinère Le Château Ch
Île d'Oléron St-Agnant 733 S
St Trojan Bourcefranc 20
Marennes 728
Ronce-les-Bains La Tremblade 39 21 14 A
Pte. de la Coubre 25 St Palais-sur-Mer Sauj
Royan St George-de-Didonne
Pte. de Grave Meschers-s.-G. Talm
Le Verdon-sur-Mer S
Soulac-s.-Mer Gironde
215 Montalivet-les-Bains Mo
St Vivien-de-Méd oc Lespar-en-Méd oc
Vendays-Montalivet

1 2 3

0 5 10 20 30 40 Miles

28

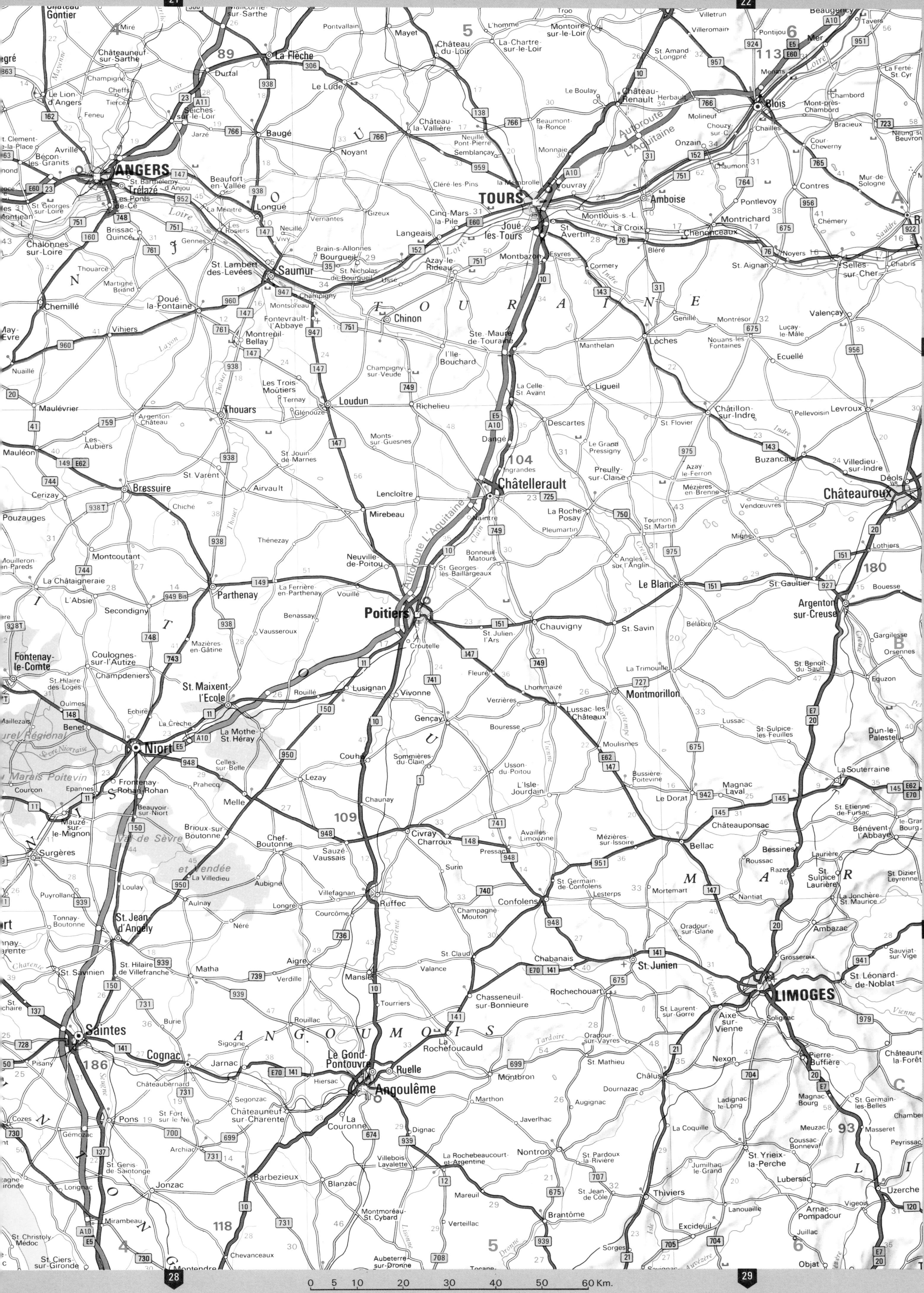

21 **22** **6** **A10**

Château-Gontier
égré
22
Chefs
Miré
Malicorne-sur-Sarthe
Pontvallain
Mayet
5
L'homme
Troo
Montoire-sur-le-Loir
Villetrun
Villeromain
Beaugency
Tavers
Pontijou
Mer
951

Châteauneuf-sur-Sarthe
89
La Flèche
306
Le Lude
La Chartre-sur-le-Loir
St-Amand-Longpré
957
924
113
E5 E60
Blois
Mont-près-Chambord
Chambord
723
58

Durtal
938
Champigné
863
Le Lion d'Angers
162
Tiercé
Feneu
23
A11
Seiches-sur-le-Loir
766
Jarzé
Baugé
766
Noyant
959
Château-la-Vallière
Neuillé-Pont-Pierre
Semblançay
Monnaie
la Membrolle
Château-Renault
34
Herbault
766
Molineuf
Onzain
152
Chouzy-sur-C
Chailles
765
Cour-Cheverny
Contres
Mur-de-Sologne

Avrillé
ANGERS
147
Trélazé
St-Barthélemy-d'Anjou
Beaufort-en-Vallée
Cléré-les-Pins
TOURS
Vouvray
A10
Amboise
Pontlevoy
956
Montrichard
Chémery
922
AR

E60
23
Les Ponts-de-Cé
952
45
Longué
938
Brain-s-Allonnes
Bourgueil
29
Cinq-Mars-la-Pile
E60
Joué-les-Tours
St-Avertin
Montlouis-s.-L
La Croix
Chenonceaux
675
St-Aignan
Selles-sur-Cher
Chabris

751
748
160
Brissac-Quincé
751
Gennes
St-Nicolas-de-Bourgueil
152
Azay-le-Rideau
751
Montbazon
Esvres
Cormery
Bléré
76
Noyers
16

Chalonnes-sur-Loire
761
Thouarcé
Saumur
35
Ussé
749
St-Maure-de-Touraine
Genillé
Montrésor
32
Luçay-le-Mâle
Valençay
956

Chemillé
960
Doué-la-Fontaine
947
Montsoreau
Chinon
TOURAINE
143
Loches
Nouans-les-Fontaines
Ecueillé
675

May-Evre
960
Vihiers
Fontevrault-l'Abbaye
Montreuil-Bellay
947
751
l'Ile-Bouchard
Manthelan
Ligueil
Châtillon-sur-Indre
Pellevoisin
Levroux

Nuaillé
938
147
Champigny-sur-Veude
749
Richelieu
La Celle-St-Avant
Azay-le-Ferron
Mézières-en-Brenne
143
Buzançais
Villedieu-sur-Indre
Déols

Maulévrier
759
Les Aubiers
Argenton-Château
Loudun
Glénouze
Monts-sur-Guesnes
E5
A10
Dangé
104
Ingrandes
Descartes
Le Grand-Pressigny
Preuilly-sur-Claise
975
Châteauroux

Mauléon
149
E62
St-Varent
St-Jouin-de-Marnes
Châtellerault
23
725
La Roche-Posay
Vendœuvres
Déols
20

744
Cerizay
Bressuire
Airvault
Chiché
Lencloître
Naintré
749
Pleumartin
Tournon-St-Martin
Angles-sur-l'Anglin
975
Mézières-en-Brenne
151
Lothiers

Pouzauges
Montcoutant
938
Thénezay
Mirebeau
Bonneuil-Matours
Crozant
St-Gaultier
927
180

Mouilleron-en-Pareds
744
La Châtaigneraie
149
Neuville-de-Poitou
10
St-Georges-lès-Baillargeaux
Le Blanc
151
Argenton-sur-Creuse
Bouesse

L'Absie
949 Bis
Parthenay
La Ferrière-en-Parthenay
Vouillé
Poitiers
Chauvigny
St-Savin
Belâbre
La Trimouille
St-Benoît-du-Sault
Gargilesse
Orsennes
B

Secondigny
938
Benassay
Croutelle
St-Julien-l'Ars
747
151
Eguzon

Fontenay-le-Comte
748
Mazières-en-Gâtine
Vausseroux
11
147
Fleuré
Lhommaizé
727
Montmorillon
St-Benoît-du-Sault
Dun-le-Palestel

743
Coulognes-sur-l'Autize
Champdeniers
St-Maixent-l'Ecole
Rouillé
150
Lusignan
Vivonne
741
Verrières
Lussac-les-Châteaux
Lussac
St-Sulpice-les-Feuilles
675

148
Echiré
11
La Crèche
26
10
Gençay
Bouresse
E62
Moulismes
675
La Souterraine

Benet
A10
Niort
E5
La Mothe-St-Héray
Couhé
Sommières-du-Clain
Usson-du-Poitou
147
Bussière-Poitevine
145
E62 E70

948
Celles-sur-Belle
950
31
Chaunay
L'Isle-Jourdain
Le Dorat
942
145
St-Etienne-de-Fursac

Frontenay-Rohan-Rohan
Praheoq
Lezay
1
Magnac-Laval
145
Bénévent-l'Abbaye
le-Grand-Bourg

Mauzé-le-Mignon
11
Melle
Sauzé-Vaussais
109
Civray
Charroux
741
Availles-Limouzine
Mézières-sur-Issoire
Châteauponsac
Bessines
Laurière
St-Dizier-Leyrenne

Surgères
150
Beauvoir-sur-Niort
Chef-Boutonne
948
Surin
Pressac
948
951
Bellac
Roussac
Razes
St-Sulpice-Laurière
La Jonchère-St-Maurice

Puyrolland
939
950
La Villedieu
Aubigné
Villefagnan
740
St-Germain-de-Confolens
Lesterps
Mortemart
147
Nantiat
M
ART
Ambazac
26

Tonnay-Boutonne
St-Jean-d'Angély
Loulay
Longré
Courcôme
Ruffec
Confolens
Champagne-Mouton
948
Oradour-sur-Glane
20
Grosséreix
941
Sauviat-sur-Vige

Néré
736
Aigre
Mansle
St-Claud
141
St-Junien
St-Léonard-de-Noblat

St-Hilaire-de-Villefranche
939
Matha
739
Verdille
Valance
Chabanais
E70
141
675
Rochechouart
Chasseneuil-sur-Bonnieure
St-Laurent-sur-Gorre
LIMOGES
979
Vienne

Saintes
150
731
Burie
Rouillac
10
Tourriers
141
La Rochefoucauld
Aixe-sur-Vienne
Solignac
Pierre-Buffière

728
Saintes
141
Cognac
Jarnac
Sigogne
Chasseneuil
699
Montbron
St-Mathieu
21
Nexon
704
Châtain
Châteauneuf-la-Forêt
C

Pisany
186
Pons
700
Châteauneuf-sur-Charente
E70
141
Le Gond-Pontouvre
Ruelle
Montbron
Châlus
20
E7

730
Cozes
737
Gémozac
Archiac
699
674
Angoulême
La Couronne
939
Dignac
Nontron
La Coquille
St-Yrieix-la-Perche
Magnac-Bourg
St-Germain-les-Belles
Chamber

Jonzac
731
Barbezieux
Blanzac
12
Mareuil
Javerlhac
675
St-Jean-de-Côle
Thiviers
Meuzac
93
Masseret
Peyrissac

118
731
46
Montmoreau-St-Cybard
Verteillac
Brantôme
939
5
Sorges
705
704
6
Lubersac
Vigeois
Uzerche
120

A10
E5
4
730
Mirambeau
Chevanceaux
708
Aubeterre-sur-Dronne
Tocane
27
21
Excideuil
Arnac-Pompadour
Juillac
Objat
E7 E20

28 **29**

0 5 10 20 30 40 50 60 Km.

Auxerre

Beaugency · Tigy · Ouzouer-sur-Loire · Chablis · Fleys
Mer · Tavers · Sully · Champignelles · Champcevrais · Pourrain · Toucy · St-Bris-les-Vineux
La Ferté-St-Aubin · Gien · Briare · Bonny-sur-Loire · Mézilles · St-Sauveur · Vermenton
Lamotte-Beuvron · Châtillon-sur-Loire · Beaulieu · Lavau · Coulanges-la-Vineuse
Argent-s-Sauldre · St-Amand-en-Puisaye · Bouhy · Entrains-sur-Nohain · Clamecy · Vézelay · Avallon
Aubigny-sur-Nère · Cosne · Donzy · Varzy · Tannay · Corbigny
Salbris · La Chapelle-d'Angillon · Sancerre · Pouilly-sur-Loire · Châteauneuf · Brinon-sur-Beuvron · Prémery
Romorantin · Neuvy-sur-Barangeon · Henrichemont · Les Aix-d'Angillon · la Charité-sur-Loire · Guérigny
Vierzon · Mehun-s-Y. · Bourges · Avord · Pougues-les-Eaux · Varennes-lès-Nevers · Nevers · St-Saulge
Valençay · Graçay · Massay · Quincy · Lury-sur-Arnon · Reuilly · St-Germain-du-Puy · Baugy · Fourchambault · Imphy · la Machine
Issoudun · Chârost · St-Florent-s-C. · Levet · Nérondes · la Guerche-sur-l'Aubois · St-Léger-de-Vignes · Cercy-la-Tour
Châteauroux · Déols · Châteauneuf-sur-Cher · Dun-sur-Auron · Blet · Sancoins · Magny-Cours · St-Pierre-le-Moûtier · Decize
Villedieu-sur-Indre · Ardentes · Mareuil-sur-Arnon · Lignières · Bruère-Allichamps · Charenton-du-Cher · Mornay · Lurcy-Lévis · Dornes · Charrin · Bourbon-Lancy
Argenton-sur-Creuse · Neuvy-St-Sépulchre · La Châtre · Châteaumeillant · Culan · Saulzais-le-Potier · Meaulne · Cérilly · Bourbon-l'Archambault · Couzon · Villeneuve-sur-Allier · Chalmoux
Eguzon · Aigurande · Ste-Sévère-sur-Indre · Préveranges · Estivareilles · Hérisson · Ygrande · Souvigny · Bressolle · Moulins · Yzeure · Diou · Dompierre-s-B.
Dun-le-Palestel · La Souterraine · Boussac · Treignat · Huriel · Montluçon · Doyet · Villefranche · Cosne-d'Allier · Tronget · St-Gérand-de-Vaux · Neuilly-le-Réal
Guéret · Bénévent-l'Abbaye · Ajain · Chambon-sur-Voueize · Quinssaines · Commentry · Bezenet · Voussac · St-Pourçain · Varennes-sur-Allier · Lapalisse
St-Vaury · Gouzon · Néris-les-Bains · Lapeyrouse · Montmarault · Chantelle · St-Gérand-le-Puy · St-Prix
Bourganeuf · Aubusson · Évaux-les-Bains · Montaigut · St-Éloy-les-Mines · Bellenaves · Brout-Vernet · Vichy · Cusset
Pontarion · Chénérailles · Marcillat-en-Combraille · Pionsat · Menat · Ébreuil · Bellerive · Gannat · St-Yorre
St-Léonard-de-Noblat · Felletin · Crocq · St-Avit · Les-Ancizes-Comps · Manzat · Châtelguyon · Combronde · Riom · Thiers
Eymoutiers · Auzances · Giat · Pontaumur · Bromont-Lamothe · Châtelguyon · Gerzat · Maringues · Puy-Guillaume · La Monnerie-le-Montel
Châteauneuf-la-Forêt · La Courtine-le-Trucq · Eygurande · Sauvagnat · CLERMONT-FERRAND · Beaumont · Royat · Cournon · Billom · Courpière
St-Germain-les-Belles · Millevaches · Bourg-Lastic · Rochefort-Montagne · Ceyrat · Veyre-Monton · Vic-le-Comte · Ollierges
Chamberet · La Bourboule · Le Mont-Dore · Murol · St-Nectaire · Champeix · Sugères · St-Amant-Roche-Savine
Treignac · Ussel · Tauves · Monts Dore 1886 · Chambon-s-Lac · Besse-en-Chandesse · Issoire · Sauxillanges · Ambert
Uzerche · Meymac · Bort-les-Orgues · Champs-sur-Tarentaine · Égliseneuve-d'Entraigues · St-Germain-Lembron · Auzat · Brassac-les-Mines · Arlanc
Seilhac · Corrèze · Neuvic · Condat · Marcenat · Ardes · Lempdes · Ste-Florine · Brioude · Usson-en-F. · La Chaise · Craponne

LIMOUSIN · BOURBONNAIS · NIVERNAIS · MASSIF · Parc Naturel Régional · du Livradois Forez · Monts du Forez

0 5 10 20 30 40 Miles

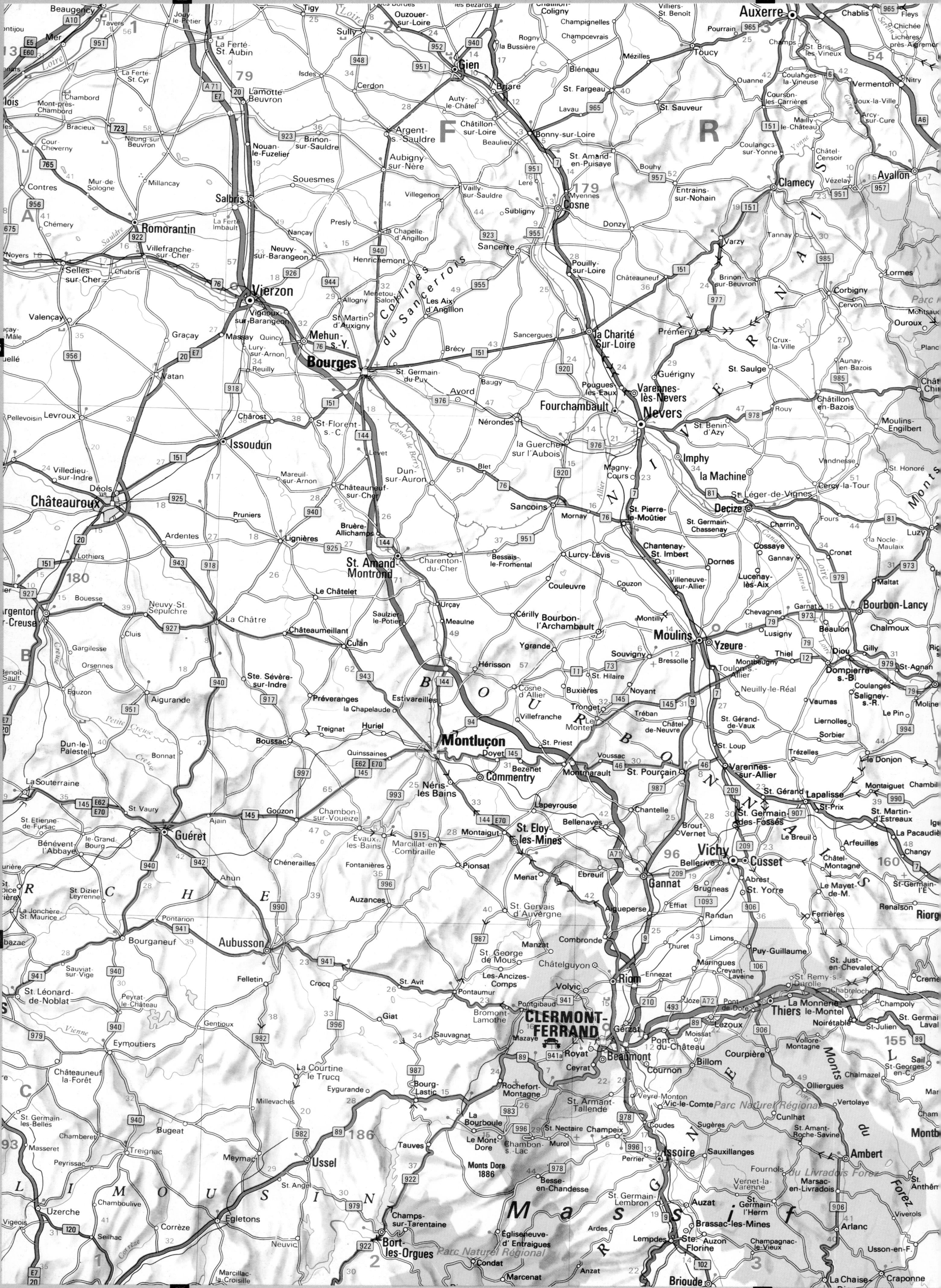

A   N   C   E

B   O   U   R   G   O   G   N   E

F   R   A   N   C   H   E — C   O   M   T   E

DIJON

BESANÇON

Chalon-sur-Saône

Mâcon

Bourg-en-Bresse

LYON

GENÈVE

Annecy

LAUSANNE

ST ETIENNE

Roanne

Montbard · Ancy-le-Franc · Laignes · Leuglay · Aignay-le-Duc · Auberive · Chalindrey · Fayl-Billot · Faverney · Baudoncourt · Melisey · Lure

Semur-en-Auxois · Vitteaux · Is-sur-Tille · Selongey · Longeau · Vaillant · Champlitte · Vesoul · St-Germain

Saulieu · Sombernon · Chenôve · Gevrey-Chambertin · Genlis · Auxonne · Gray · Pesmes · Pont-sur-Saône · Rioz · l'Isle-sur-le-Doubs

Arnay-le-Duc · Nuits-St-Georges · Dole · Ornans · Morteau · Clerval · Baume-les-Dames · Roulans

Beaune · Pommard · Meursault · Verdun-sur-le-Doubs · Auxonne · Dole · Arc-et-Senans · Quingey · Amancey · Levier · Pontarlier

Autun · Chagny · Santenay · Rully · Chalon-sur-Saône · Louhans · Lons-le-Saunier · Arbois · Poligny · Champagnole · Mouthe · Vallorbe

Le Creusot · Montceau-les-Mines · St-Vallier · Tournus · Cuisery · Beaurepaire-en-Bresse · Clairvaux-les-Lacs · Morez · Les Rousses · Morges

Paray-le-Monial · Charolles · Cluny · Mâcon · Cuiseaux · St-Amour · Oyonnax · St-Claude · Nyon · Thonon

La Clayette · Matour · Villefranche-s-Saône · Bourg-en-Bresse · Nantua · Bellegarde · Gex · Genève · Annemasse

Charlieu · Roanne · Belleville · Trévoux · Pont-d'Ain · Ambérieu-en-Bugey · Seyssel · Cruseilles · Annecy-le-Vieux · La Roche-s-Foron · Bonneville

Tarare · Anse · Neuville · Meximieux · Lagnieu · Hauteville-Lompnes · Culoz · Rumilly · Sevrier · Albertville

Feurs · l'Arbresle · Tassin-la-Demi-Lune · Lyon · Montluel · Belley · Aix-les-Bains · Chambéry · Ugine

Chazelles-s-L. · Oullins · St-Priest · Cremieu · Bourgoin-Jallieu · Le Bourget-du-Lac · Cognin · Montmélian · Allevard

St-Chamond · Rive-de-Gier · Givors · Vienne · St-Jean-de-Bournay · La Tour-du-Pin · Les Abrets · Pont-de-Beauvoisin · Voiron · Pontcharra

ST ETIENNE · La Ricamarie · Firminy · Le Chambon-Feugerolles · Le Péage-de-R. · Roussillon · St-Étienne-de-St-Geoirs · Voreppe · St-Laurent-du-Pont

0 5 10 20 30 40 50 60 Km.

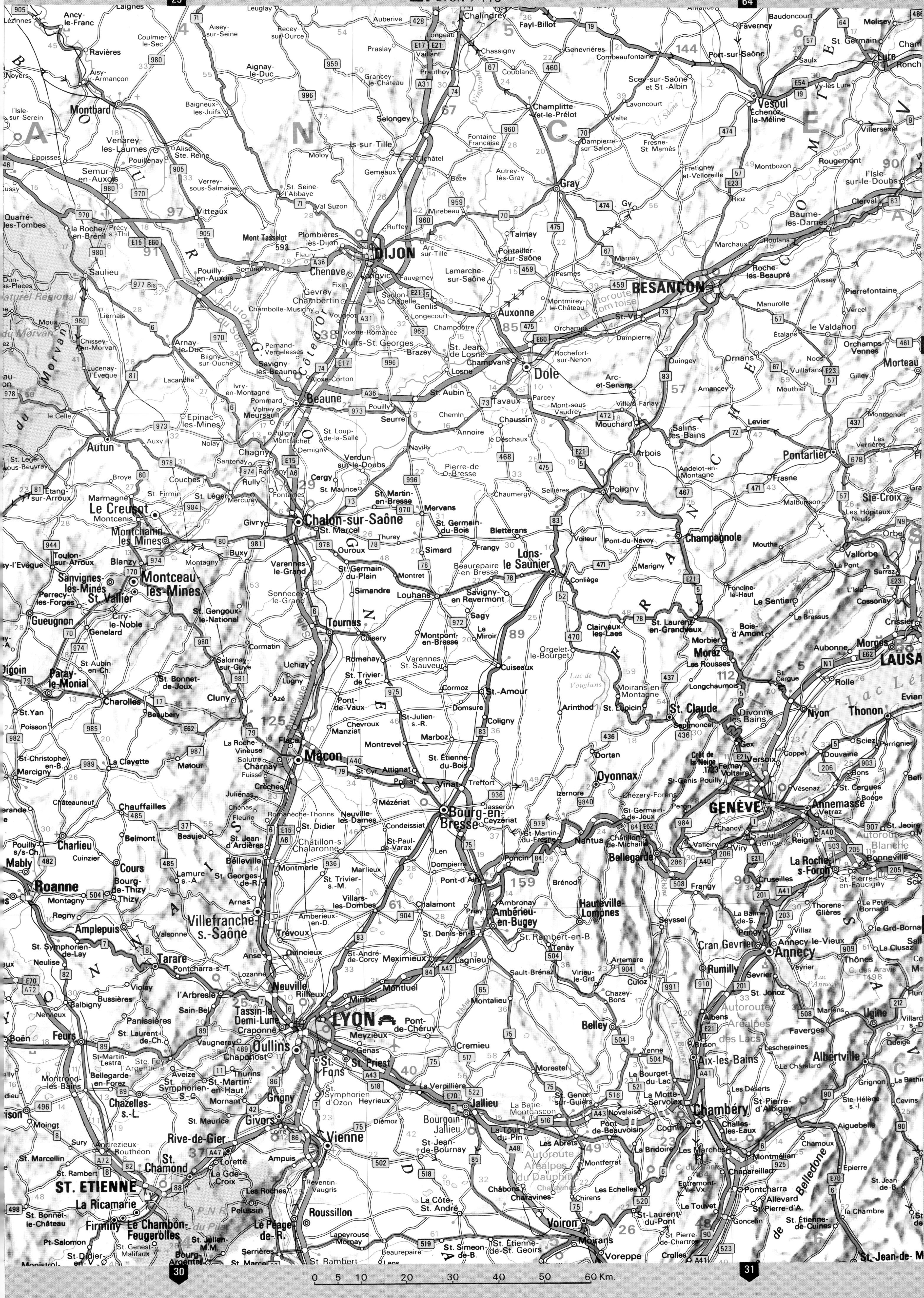

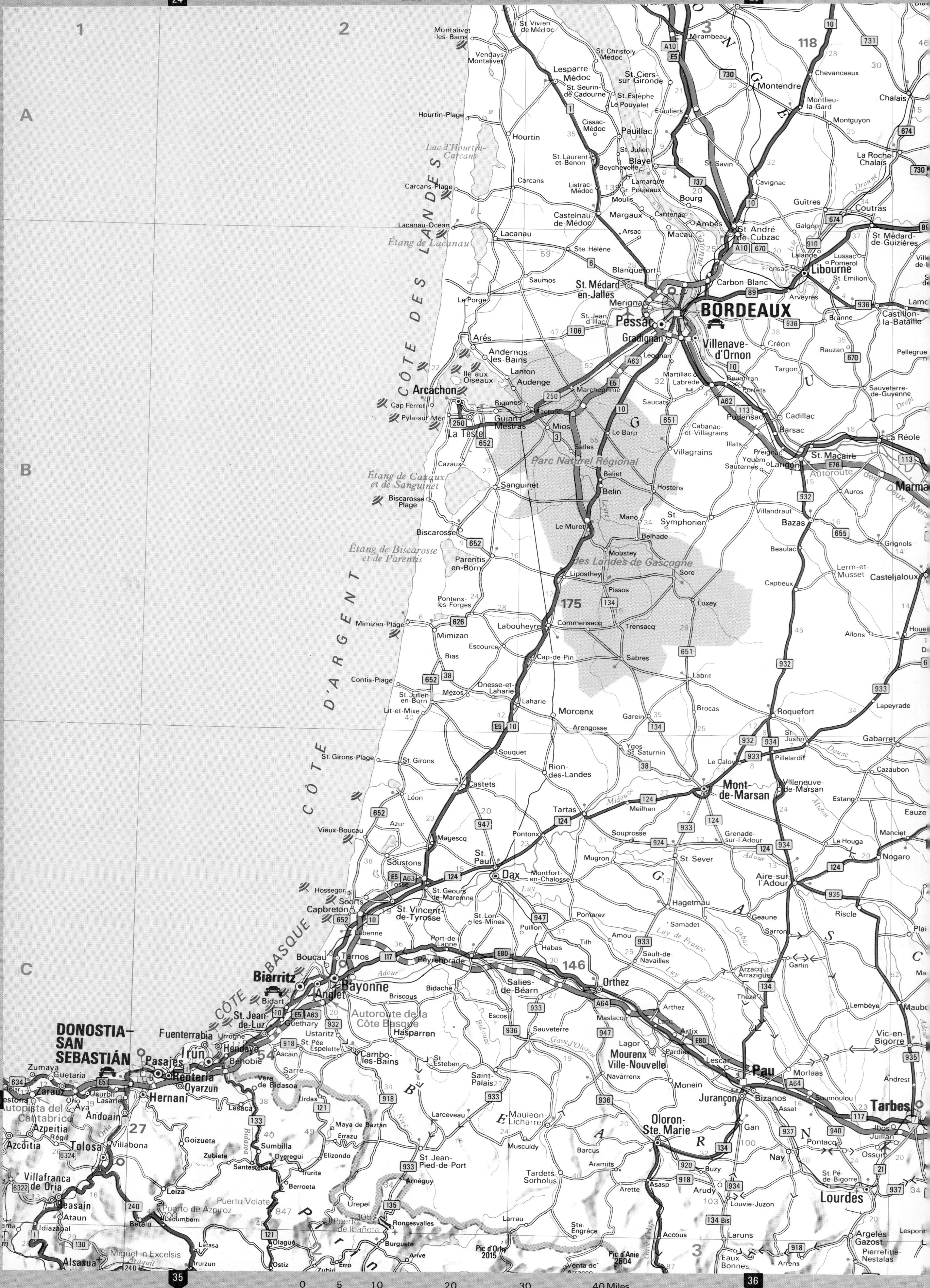

24

25

1

2

3

118

10

731

Montalivet-les-Bains

St Vivien de Médoc

Mirambeau

Chevanceaux

Chalais

Vendays Montalivet

St Christoly Médoc

A10

E5

730

Montendre

30

Lesparre-Médoc

St Ciers-sur-Gironde

Montlieu-la-Gard

Montguyon

674

Hourtin-Plage

St Seurin-de-Cadourne

St Cieux Le Pouyalet

Étauliers

La Roche Chalais

A

730

Hourtin

Lac d'Hourtin-Carcans

Pauillac

Cissac-Médoc

St Laurent-et-Benon

Blaye

Beychevelle

St Julien

St Savin

Cavignac

Guitres

Coutras

674

89

Carcans

Listrac-Médoc

Lamarque

Gr. Poujeaux

Bourg

137

Galgon

St Médard-de-Guizières

Carcans-Plage

Castelnau-de-Médoc

Margaux

Moulis

Cantenac

Ambès

St André-de-Cubzac

910

A10

670

Fronsac

Lussac Pomerol

Libourne

St Émilion

936

Lacanau-Océan

Lacanau

Ste. Hélène

Blanquefort

Saumos

St Médard-en-Jalles

Mérignac

Carbon-Blanc

Arveyres

89

Le Porge

St Jean d'Illac

BORDEAUX

Branne

Castillon-la-Bataille

936

Arès

Pessac

Gradignan

Villenave-d'Ornon

Créon

Rauzan

Pellegrue

Andernos-les-Bains

106

Léognan

10

Targon

670

B

Ile aux Oiseaux

Lanton

A63

Martillac Labrède

Beautiran

Portets

Sauveterre-de-Guyenne

Audenge

Marcheprime

605

Saucats

113

Cabanac-et-Villagrains

Podensac

Cadillac

Arcachon

Biganos

Facture

10

Le Barp

651

Illats

Barsac

La Réole

Cap Ferret

Gujan-Mestras

250

Mios

Preignac

Yquem Sauternes

St Macaire

655

Pyla-sur-Mer

La Teste

250

652

Salles

3

Villagrains

Langon

E76

Autoroute des Deux Mers

Marmande

Cazaux

Béliet

Hostens

Belin

St Symphorien

932

Auros

Bazas

Étang de Cazaux et de Sanguinet

Sanguinet

Le Muret

Mano

St Symphorien

Villandraut

Beaulac

Biscarosse Plage

Parc Naturel Régional

Mano

Belhade

655

Grignols

Biscarosse

652

Moustey

des Landes de Gascogne

Captieux

Lerm-et-Musset

Casteljaloux

Étang de Biscarosse et de Parentis

Parentis-en-Born

Liposthey

Pissos

Sore

Luxey

175

134

Pontenx-les-Forges

626

Labouheyre

Commensacq

Transacq

Sabres

651

932

Mimizan-Plage

Mimizan

Bias

Escource

Cap-de-Pin

933

Contis-Plage

652

38

Onesse-et-Laharie

Labrit

933

St Julien-en-Born

Mézos

Laharie

Morcenx

Brocas

Roquefort

Gabarret

Lit-et-Mixe

E5

10

Garein

134

932

934

St Justin

Cazaubon

Arengosse

Ygos-St-Saturnin

933

Pillelardit

St Girons-Plage

St Girons

Souquet

Rion-des-Landes

38

Le Caloy

Mont-de-Marsan

Villeneuve-de-Marsan

Estang

Eauze

Castets

Léon

Tartas

Meilhan

124

124

933

Grenade-sur-l'Adour

124

934

Le Houga

Nogaro

Manciet

Vieux-Boucau

652

Azur

947

Pontonx

124

Souprosse

924

12

Mugron

St Sever

Aire-sur-l'Adour

124

Magescq

Soustons

St Paul

Dax

Montfort-en-Chalosse

Hagetmau

935

Hossegor

E5

A63

Tosse

124

St Geours-de-Maremne

Mugron

Geaune

Riscle

Soorts

St Vincent-de-Tyrosse

St Lon-les-Mines

947

Pomarez

Samadet

Garlin

Capbreton

652

10

Labenne

Puyoo

Puillon

Amou

933

Sault-de-Navailles

Lembeye

Boucau

117

Port-de-Lanne

Habas

Tilh

Luy de France

Tarnos

Peyrehorade

E80

146

Maubourguet

Biarritz

Bidart

Anglet

Bayonne

Briscous

Bidache

Salies-de-Béarn

Orthez

A64

Arzacq-Arraziguet

134

Vic-en-Bigorre

C

Côte Basque

St Jean-de-Luz

Guéthary

932

Escos

Sauveterre

933

Maslacq

Thèze

DONOSTIA-SAN SEBASTIÁN

Fuenterrabia

Urrugne

Ustaritz

St Pée Espelette

Hasparren

936

947

E80

Lagor

Artix

Monein

935

Irun

Hendaye

918

Cambo-les-Bains

Larceveau

936

Mourenx Ville-Nouvelle

Lescar

Pau

Pasajes

Behobie

54

Ascain

Sarre

St Esteben

Navarrenx

634

E5

Renteria

Oyarzun

Vera de Bidasoa

Saint Palais

933

Monein

Juançon

Bizanos

Morlaas

A64

Tarbes

Zumaya

Guetaria

Urdax

121

Mauléon-Licharre

Oloron-Ste. Marie

Gan

940

117

35

Zarauz

Usurbil Aya

Andoain

133

Maya de Baztan

Errazu

Musculdy

Barcus

937

Ossun

St Pé-de-Bigorre

Azpeitia

Régil

6324

Goizueta

Sumbilla

Aramits

134

Pontacq

21

Tolosa

Villabona

Zubieta

Santesteban

Oyeregui

Elizondo

St Jean-Pied-de-Port

Tardets-Sorholus

920

Buzy

Nay

Villafranca de Oria

6322

Leiza

Ituren

Berroeta

Arnéguy

Arette

Asasp

918

Arudy

Louvie-Juzon

937

Lourdes

Beasain

Ataun

240

Puerto de Azpiroz

Lecumberri

Urepel

135

Larrau

Accous

134 Bis

Idiazábal

130

Látasa

121

Olagué

Roncesvalles

Burguete

Ste. Engrace

Laruns

Argeles-Gazost

Eaux Bonnes

Alsasua

240

San Miguel in Excelsis

Irurzun

Ostiz

Zubiri

Arive

Pic d'Orhy 2015

Pic d'Anie 2504

Arrens

Pierrefitte-Nestalas

27

Côte des Landes

Côte d'Argent

Côte Basque

Pyrénées

0 5 10   20   30   40 Miles

35

36

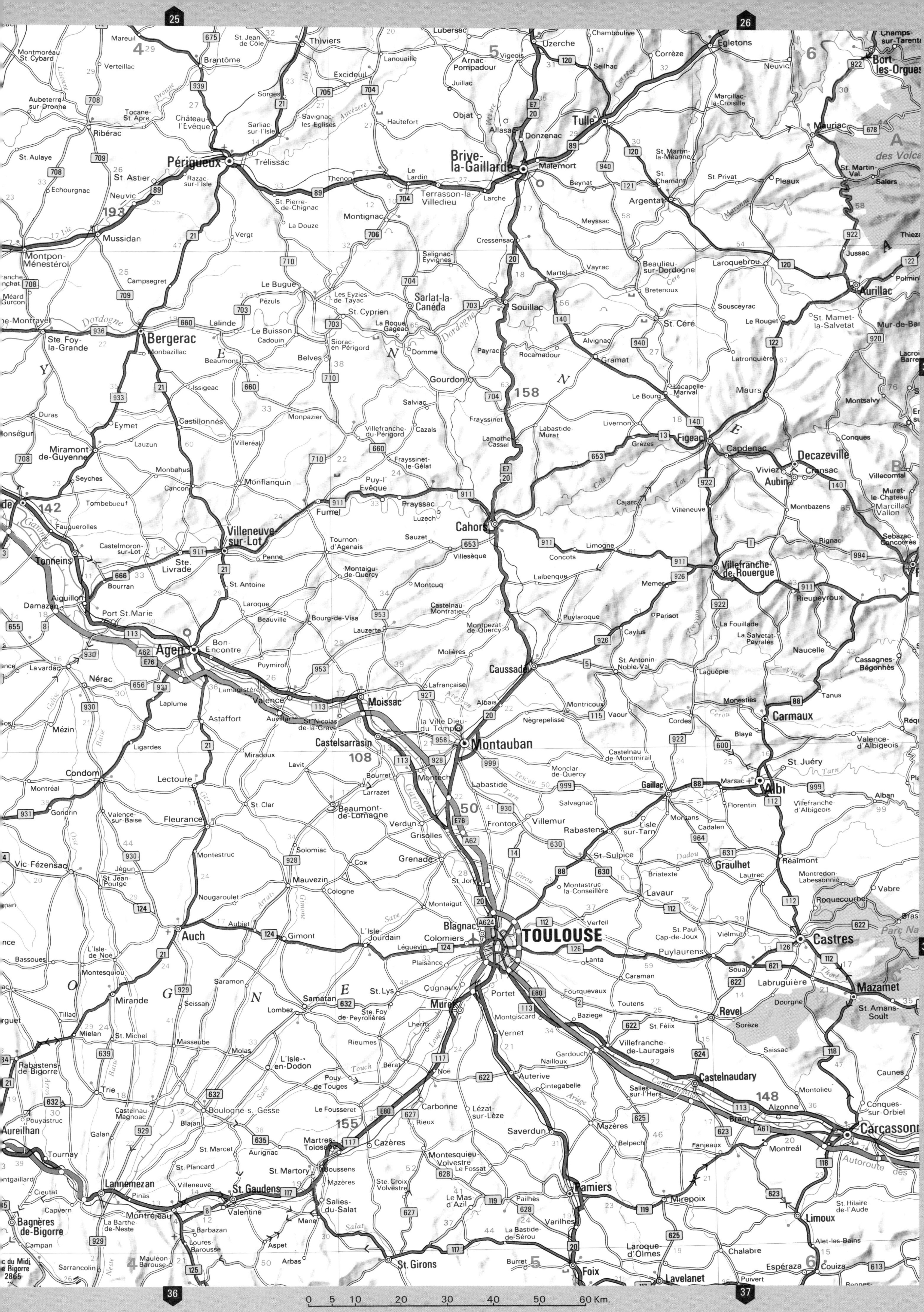

4 29
St Jean de Côle
Thiviers
Lubersac
Vigeois
Uzerche
Chamboulive
Corrèze
Egletons
Neuvic
5
120
Champs-sur-Tarentaine
6
922
Bort-les-Orgues
Mareuil
Montmoreau-St Cybard
Verteillac
675
Brantôme
Lanouaille
Arnac-Pompadour
Juillac
E7 20
Seilhac
Tulle
St Martin-la-Méanne
120
Marcillac-la-Croisille
30
Mauriac
678
St Martin-Val.
Salers
A des Volca
Aubeterre-sur-Dronne
708
Tocane-St Apre
939
Excideuil
Sorges
705
704
Hautefort
Objat
Allassac
Donzenac
89
120
St Chamant
940
Beynat
St Privat
Pleaux
922
Thieza
122
709
Ribérac
Château l'Evêque
21
Sarliac-sur-l'Isle
Savignac-les-Eglises
Brive-la-Gaillarde
Malemort
121
Argentat
Meyssac
Laroquebrou
120
Aurillac
920
Mur-de-Ba
708
St Astier
89
Razac-sur-l'Isle
Périgueux
Trélissac
Thenon
Le Lardin
Terrasson-la-Villedieu
Larche
Cressensac
Martel
Vayrac
Beaulieu-sur-Dordogne
Céré
Bretenoux
Souceyrac
St Mamet-la-Salvetat
Le Rouget
Conques
708
193
Neuvic
Echourgnac
St Pierre-de-Chignac
La Douze
Montignac
706
Salignac-Eyvignes
20
18
140
Souillac
St Céré
Alvignac
940
Rocamadour
Gramat
Latronquière
Maurs
Montsalvy
922
Mussidan
21
Vergt
710
Le Bugue
Les Eyzies-de-Tayac
Sarlat-la-Canéda
703
Le Bourg
Lacapelle-Marival
122
Montpon-Ménestérol
708
709
Campsegret
703
Pézuls
St Cyprien
La Roque Gageac
Domme
158
140
Figeac
13
Capdenac
Decazeville
B
Ste Foy-la-Grande
936
660
Lalinde
Le Buisson Cadouin
Siorac-en-Périgord
N
Payrac
Livernon
Grèzes
E
Aubin
Viviez
Cransac
Villecomtal
Bergerac
Monbazillac
Beaumont
Belves
Gourdon
653
922
Montbazens
Muret-le-Château
Marcillac-Vallon
933
21
Issigeac
660
Villeréal
Villefranche-du-Périgord
Cazals
Salviac
Fraysset
Lamothe-Cassel
E7 20
Rignac
994
Duras
Eymet
Castillonnès
Monpazier
Frayssinet-le-Gélat
Puy-l'Evêque
911
Prayssac
Concots
911
926
Villefranche-de-Rouergue
Rieupeyroux
911
Monségur
Miramont-de-Guyenne
708
Lauzun
660
710
22
Monflanquin
Fumel
Luzech
Cahors
653
Limogne
Caylus
922
Naucelle
Cassagnes-Bégonhès
142
Fauguerolles
Seyches
933
Cancon
Villeneuve-sur-Lot
Penne
Sauzet
Villesèque
Lalbenque
St Antonin-Noble-Val
La Salvetat-Peyralès
Sébazac-Concourès
Tonneins
Castelmoron-sur-Lot
911
Ste Livrade
21
Tournon-d'Agenais
Montaigu-de-Quercy
Montcuq
Memer
5
Parisot
926
La Fouillade
Laguépie
666
Bourran
St Antoine
Laroque
Bourg-de-Visa
953
Montpezat-de-Quercy
Puylaroque
922
Monestiés
Carmaux
88
Tanus
Viaur
Aiguillon
Damazan
113
Agen
Bon-Encontre
Puymirol
Molières
Caussade
Viaur
655
930
A62 E76
953
Lamagistère
Valence
113
Moissac
927
Lafrançaise
Albias
Montricoux
Vaour
Cordes
Blaye
600
Valence-d'Albigeois
Nérac
656
93
36
Astaffort
Auvillar
St Nicolas-de-la-Grave
la Ville Dieu-du-Temple
20
Négrepelisse
115
St Juéry
88
Albi
999
930
Mézin
Ligardes
21
Castelsarrasin
958
Montauban
999
Castelnau-de-Montmirail
Gaillac
88
Marsac
Florentin
112
Villefranche-d'Albigeois
Alban
931
Condom
Lectoure
Larrazet
113
928
Montech
Labastide
Salvagnac
Lisle-sur-Tarn
Montans
Cadalen
964
Valence-sur-Baise
Fleurance
Beaumont-de-Lomagne
108
Bourret
50
999
Monclar-de-Quercy
Villemur
Rabastens
St Sulpice
Graulhet
631
Réalmont
Montredon-Labessonnié
Vabre
Gondrin
Montestruc
928
Verdun
E76
Fronton
930
88
630
Briatexte
Lautrec
112
Roquecourbe
4
Vic-Fézensac
Jégun
St Jean-Poutge
930
Solomiac
Cox
Grisolles
A62
14
630
Lavaur
Agout
Parc Na
124
Nougaroulet
Mauvezin
Cologne
Grenade
St Jory
Montastruc-la-Conseillère
112
St Paul-Cap-de-Joux
Vielmur
622
Auch
124
Aubiet
L'Isle Jourdain
Montaigut
20
Blagnac
A624
112
TOULOUSE
Verfeil
Castres
126
112
Bassoues
O
L'Isle-de-Noé
Gimont
Léguevin
Colomiers
124
126
Lanta
Caraman
Soual
621
Labruguière
Mazamet
G
929
Saramon
N
Seissan
E
St Lys
632
Cugnaux
Muret
113
Portet
E80
Fourquevaux
Toutens
622
Dourgne
St Amans-Soult
Mirande
Mielan
St Michel
Masseube
Molas
L'Isle-en-Dodon
Samatan
Lombez
Ste Foy-de-Peyrolières
Rieumes
Lherm
Montgiscard
Vernet
Baziege
Gardouch
Naillou
Villefranche-de-Lauragais
624
Saissac
118
Revel
Sorèze
639
Trie
18
632
Castelnau Magnoac
635
Boulogne-s.-Gesse
Le Fousseret
117
Noé
622
Auterive
Cintegabelle
Salles-sur-l'Hers
148
Montolieu
Conques-sur-Orbiel
155
Martres-Tolosane
Cazères
Carbonne
Rieux
Lézat-de-Lèze
Saverdun
Mazères
625
Villefranche-de-Lauragais
623
Bram
A61
Carcassonne
34
Rabastens-de-Bigorre
21
632
Galan
929
St Marcel
Aurignac
Boussens
Mazères
628
Le Mas-d'Azil
628
119
Pailhès
Mirepoix
623
St Hilaire-de-l'Aude
Aureilhan
Tournay
St Plancard
St Martory
Ste Croix Volvestre
Montesquieu-Volvestre
Le Fossat
Varilhes
119
Laroque-d'Olmes
625
Limoux
Lannemezan
Pinas
Villeneuve
St Gaudens
117
Salies-du-Salat
627
Pamiers
Chalabre
Espéraza
613
Couiza
8
Valentine
Mane
La Bastide-de-Sérou
Foix
Lavelanet
Puivert
Bagnères-de-Bigorre
929
La Barthe-de-Neste
Barbazan
Loures-Barousse
Salat
Burret
20
125
Aspet
Arbas
117
St Girons
5
c du Midi e Bigorre 2865
Sarrancolin
Mauléon-Barousse

36   37

0 5 10   20   30   40   50   60 Km.

MASSIF CENTRAL

Major cities and towns:

ST. ETIENNE · La Ricamarie · Firminy · Le Chambon-Feugerolles · Bort-les-Orgues · Mauriac · Aurillac · Murat · St. Flour · Brioude · Massiac · Langeac · Le Puy · Yssingeaux · Espaly-St-Marcel · Langogne · Aubenas · Vals-les-Bains · Privas · Decazeville · Aubin · Rodez · Espalion · Marvejols · Mende · Villefort · Bessèges · Alès · La Grand-Combe · Uzès · Carmaux · Albi · Millau · St. Affrique · Lodève · Ganges · NÎMES · Castres · Mazamet · Béziers · Pézenas · Sète · MONTPELLIER · Lunel · St. Gilles · Aigues-Mortes · Carcassonne · Lézignan-Corbières · Narbonne · Limoux

Parc Naturel Régional des Volcans d'Auvergne
Parc National des Cévennes
Causse Méjean · Causse du Larzac · Monts d'Aubrac
Parc Naturel Régional du Haut Languedoc

CÔTE D'AMÉTHYSTE

Plomb du Cantal 1855
Col de Montmirat 1046
Col Notre-Dame 667

Oran · Tangier · Palma · Ibiza

0 5 10 20 30 40 Miles

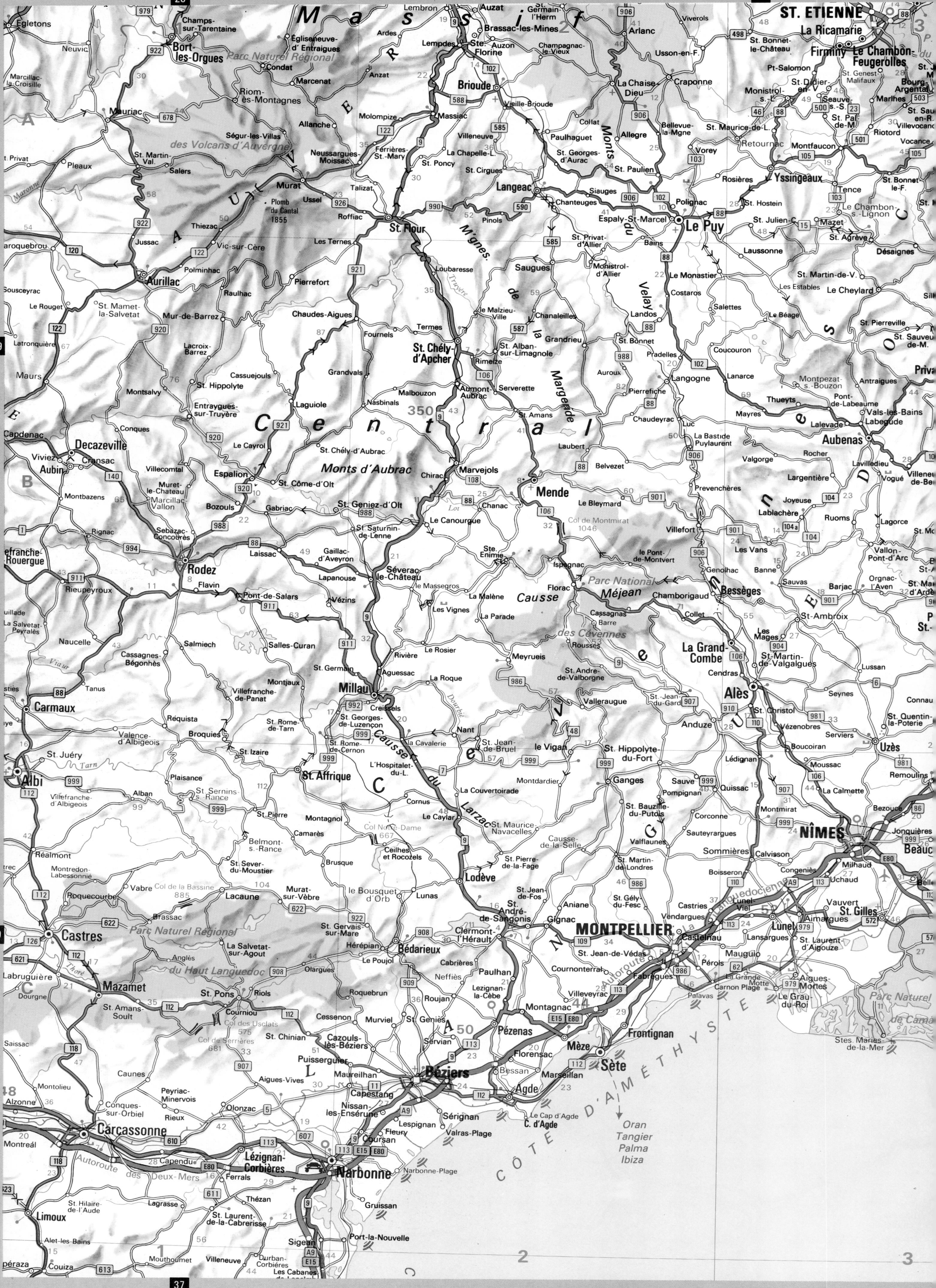

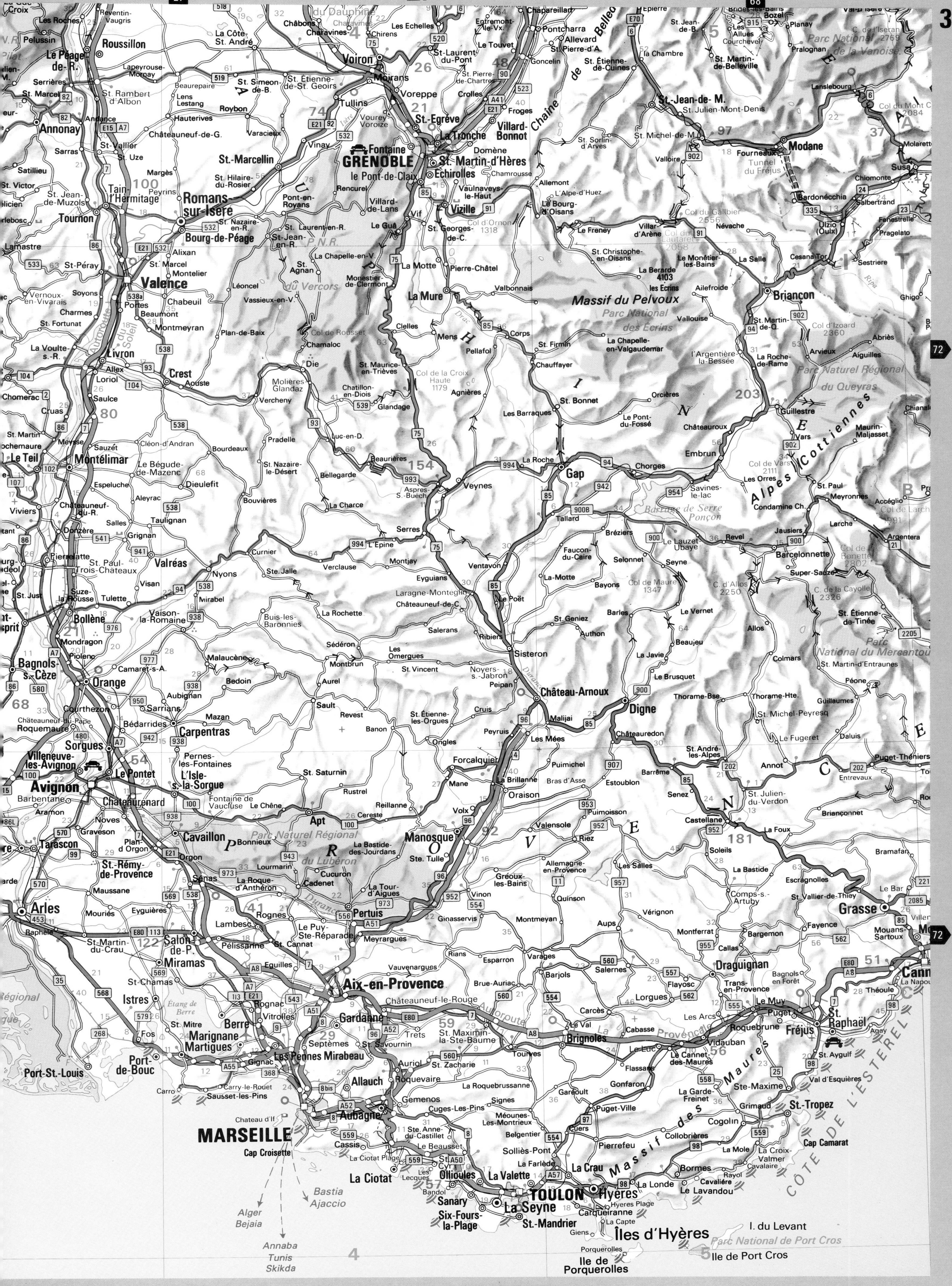
27
68
72
Roussillon
Le Péage-de-R.
Annonay
Tournon
Tain-l'Hermitage
Romans-sur-Isère
Bourg-de-Péage
Valence
St.-Marcellin
Voiron
Voreppe
St.-Egrève
GRENOBLE
Fontaine
St. Martin-d'Hères
Echirolles
le Pont-de-Claix
La Tronche
Vizille
Villard-Bonnot
St.-Jean-de-M.
Modane
Tunnel du Fréjus
Bardonécchia
Susa
Parc National de la Vanoise
Massif du Pelvoux
Parc National des Ecrins
La Mure
Briançon
Livron
Crest
Die
Gap
Guillestre
Embrun
Alpes Cottiennes
Parc Naturel Régional du Queyras
Montélimar
Le Teil
Valréas
Nyons
Bollène
Vaison-la-Romaine
Sisteron
Château-Arnoux
Digne
Barcelonnette
Orange
Carpentras
Avignon
Villeneuve-lès-Avignon
Le Pontet
Sorgues
Châteaurenard
Cavaillon
Apt
Manosque
Forcalquier
Parc Naturel Régional du Lubéron
Tarascon
St.-Rémy-de-Provence
Arles
Salon-de-P.
Pertuis
Aix-en-Provence
Istres
Miramas
Berre
Marignane
Martigues
Port-de-Bouc
Port-St.-Louis
Gardanne
Les Pennes Mirabeau
Allauch
Aubagne
MARSEILLE
Cap Croisette
Cassis
La Ciotat
Ollioules
Sanary
La Seyne
Six-Fours-la-Plage
St.-Mandrier
TOULON
La Valette
La Crau
Hyères
Îles d'Hyères
Ile de Porquerolles
Ile de Port Cros
I. du Levant
Parc National de Port Cros
Brignoles
Draguignan
Castellane
Grasse
Fréjus
St. Raphaël
St.-Tropez
Ste-Maxime
Cap Camarat
Massif des Maures
CÔTE DE L'ESTEREL
Parc National du Mercantour
Alger
Bejaia
Annaba
Tunis
Skikda
Bastia
Ajaccio
0 5 10 20 30 40 50 60 Km.

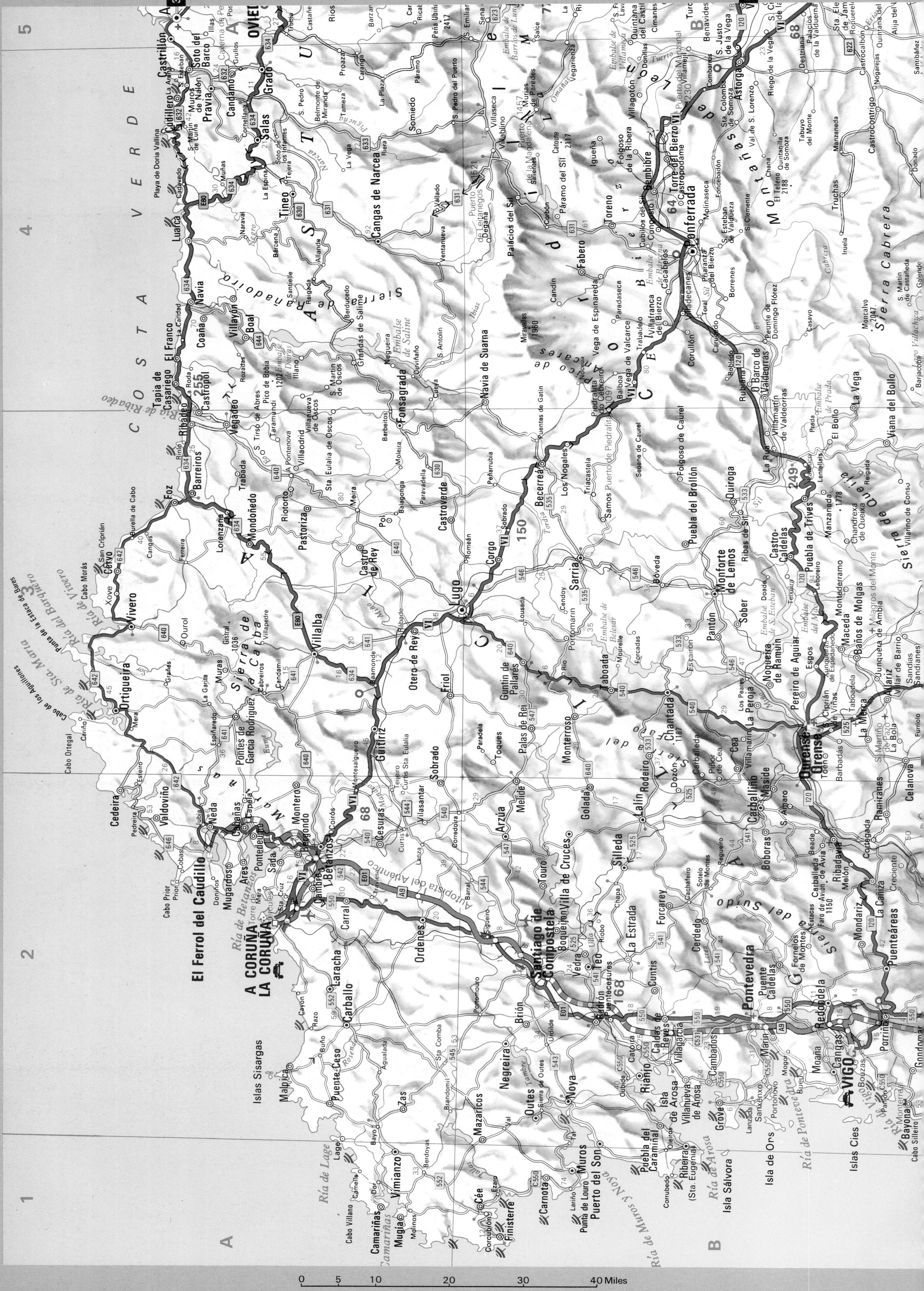

COSTA VERDE
A CORUÑA
LA CORUÑA
El Ferrol del Caudillo
Santiago de Compostela
Lugo
Ourense
Orense
Pontevedra
VIGO
Ponferrada
Astorga
Luarca
Ribadeo
Vivero
Ortigueira
Cedeira
Betanzos
Carballo
Finisterre
Camariñas
Muros
Noya
Villalba
Mondoñedo
Foz
Navia
Tineo
Cangas de Narcea
Grado
Pravia
Salas
Sarria
Monforte de Lemos
Chantada
Lalín
Carballino
Puenteáreas
Tuy
Bayona
Redondela
Cambados
Villagarcía de Arosa
Padrón
Ordenes
Melide
Palas de Rei
Becerrea
Fonsagrada
Villafranca del Bierzo
Bembibre
O Barco de Valdeorras
Puebla de Trives
Celanova
Ribadavia
Cabo Ortegal
Cabo Villano
Islas Sisargas
Islas Cíes
Isla de Arosa
Isla de Ons
Ría de Arosa
Ría de Pontevedra
Ría de Vigo
Ría de Muros y Noya
Sierra de Rañadoiro
Sierra Cabrera
Montañas de León
Autopista del Atlántico
Miño
Sil
0 5 10 20 30 40 Miles

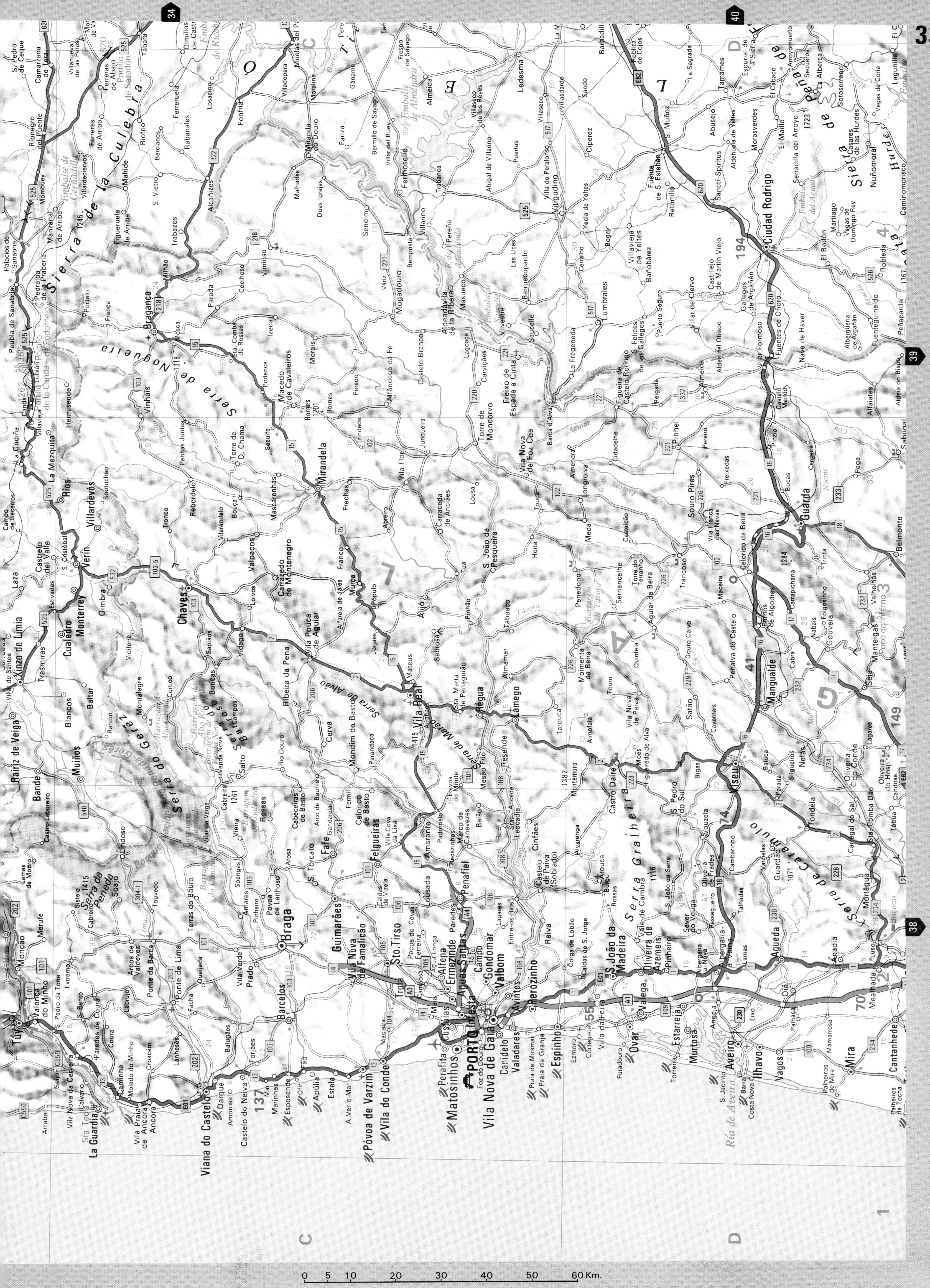

C O E

D I

Sierra de la Culebra
Serra de Nogueira
Bragança
Serra do Gerês
Parque Nacional da Peneda-Gerês

S. Pedro de Ceque
Rionegro del Puente
Mombuey
Villanueva de las Peras
Ferreras de Abajo
Olmillos de Castro
Embalse de Ricobayo
Fonfría
Villadepera
Muelas del Pan
Dueñas de Douro
Fermoselle
Bermillo de Sayago
Villar del Buey
Embalse de Almendra
Ledesma
La Sagrada
Barbadillo
El Maíllo
Sierra de Peña de Francia
Sierra de las Hurdes
Nuñomoral
Caminomorisco

525 621 620 525
La Gudiña
La Mezquita
Rios
Verín
Villardevós
Chaves
Monterrey
Cualedro
Xinzo de Limia
Rairiz de Veiga
Bande
Muiños
Montalegre
Boticas
Vila Pouca de Aguiar
Vidago
Mirandela
Macedo de Cavaleiros
Bragança
Vinhais
Vimioso
Miranda do Douro
Mogadouro
Torre de Moncorvo
Freixo de Espada à Cinta
Alfândega da Fé
Vila Flor
Vila Nova de Foz Côa
Pinhel
Almeida
Vilar Formoso
Fuentes de Oñoro
Ciudad Rodrigo
194
Guarda
Sabugal
Belmonte
Trancoso
Celorico da Beira
Mangualde
Viseu
Penalva do Castelo
Aguiar da Beira
Moimenta da Beira
Tabuaço
Lamego
Régua
Vila Real
Peso da Régua
Mateus
Amarante
Marco de Canaveses
Penafiel
Felgueiras
Fafe
Guimarães
Braga
Barcelos
Vila Verde
Ponte de Lima
Arcos de Valdevez
Monção
Valença do Minho
Tui
Viana do Castelo
Póvoa de Varzim
Vila do Conde
Matosinhos
PORTO
Vila Nova de Gaia
Espinho
Ovar
Aveiro
Ílhavo
Vagos
Mira
Cantanhede
Águeda
Luso
Bussaco
Mortágua
Tondela
Oliveira do Hospital
Nelas
Oliveira de Azeméis
S. João da Madeira
Santa Maria da Feira
Estarreja
Serra de Caramulo
Serra da Estrela
Serra do Marão
Serra do Alvão
Serra da Padrela

Ría de Aveiro

0 5 10 20 30 40 50 60 Km.

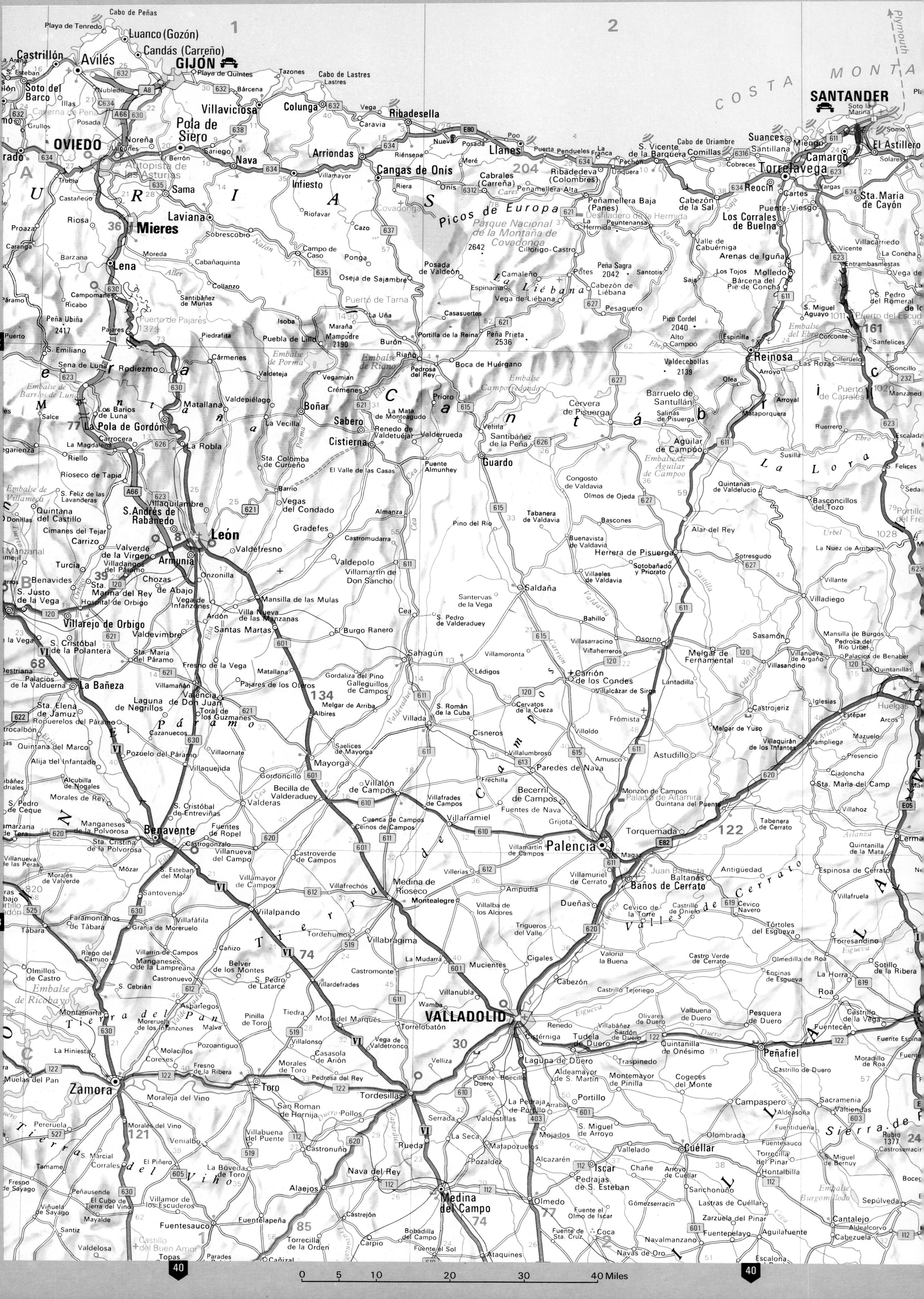

1　2

COSTA MONTA

Cabo de Peñas
Playa de Tenredo
Luanco (Gozón)
Candás (Carreño)
Castrillón　Avilés
GIJÓN
SANTANDER
Soto del Barco
Illas
Posada
Tazones
Playa de Quintes
Cabo de Lastres
Lastres
Suances
Santillana
Miengo
Somo
El Astillero
Bárcena
Vega
Ribadesella
S. Vicente de la Barquera
Comillas
Cobreces
OVIEDO
Pola de Siero
Nava
Colunga
Caravia
Nueva Posada
Llanes
Puerta Pendueles
La Franca
Pechón
Unquera
Torrelavega
Camargo
Noreña
Sariego
Infiesto
Arriondas
Villamayor
Cangas de Onís
Cabrales (Carreña)
Ribadedeva (Colombres)
Penamellera Alta
Peñamellera Baja (Panes)
Reocín
Sta. María de Cayón
Cartes
Vargas
Mieres
Sama
Laviana
Riofavar
Cazo
Ponga
Onís
Penamellera Baja
Desfiladero de la Hermida
Cabezón de la Sal
Los Corrales de Buelna
Villacarriedo
La Concha
Riosa
Moreda
Sobrescobio
Campo de Caso
Posada de Valdeón
Picos de Europa
Parque Nacional de la Montaña de Covadonga
Cilorigo-Castro
Camaleño
Peña Sagra
Santotis
Arenas de Iguña
Molledo
Vega de
Lena
Collanzo
Oseja de Sajambre
2642
Espinama
Vega de Liébana
Cabezón de Liébana
Los Tojos
Bárcena del Pie de Concha
S. Pedro
Cabañaquinta
Santibáñez de Murias
635
Puerto de Tarna
1490
Casasuertes
Pesaguero
S. Miguel Aguayo
Puerto del Escudo
Campomanes
Puerto de Pajares
1379
Isoba
La Uña
Maraña
Mampodre 2190
Portilla de la Reina
Peña Prieta 2536
Valdecebollas 2139
Alto Campoó
Corconte
Embalse del Ebro
161
Peña Ubiña 2417
Pajares
Piedrafita
Puebla de Lillo
Burón
Riaño
Boca de Huérgano
Pedrosa del Rey
Embalse Camporredondo
Barruelo de Santullán
Reinosa
Olea
Arroyal
S. Emiliano
Cármenes
Valdeteja
Vegamián
Crémenes
Prioro
Cervera de Pisuerga
Salinas de Pisuerga
Mataporquera
232
Sena de Luna
Rodiezmo
Matallana
Valdepiélago
Boñar
La Mata de Monteagudo
615
Velilla
Santibáñez de la Peña
Aguilar de Campoó
611
Ruerrero
Los Barios de Luna
La Vecilla
Sabero
Renedo de Valdetuéjar
Valderrueda
611
Congosto de Valdavia
Olmos de Ojeda
Embalse de Aguilar de Campoo
Quintanas de Valdelucio
Basconcillos del Tozo
La Pola de Gordón
Carrocera
La Robla
Sta. Colomba de Curueño
Barrio
Cistierna
Puente Almuhey
Guardo
Tabanera de Valdavia
Bascones
Alar del Rey
La Nuez de Arriba
Riello
Rioseco de Tapia
La Magdalena
Villaquilambre
621
El Valle de las Casas
615
Pino del Río
Buenavista de Valdavia
Herrera de Pisuerga
Sotresgudo
Villante
Villadiego
S. Andrés de Rabanedo
Vegas del Condado
Almanza
Saldaña
Villaeles de Valdavia
Sotobañado y Priorato
S. Feliz de las Lavanderas
Quintana del Castillo
Cimanes del Tejar
Valdefresno
Castromudarra
Santervás de la Vega
611
Villasarracino
Osorno
Sasamón
Carrizo
Valdepolo
Villamartín de Don Sancho
S. Pedro de Valderaduey
Bahillo
Villaherreros
122
Villanueva de Argaño
Turcia
Villadangos del Páramo
Onzonilla
Mansilla de las Mulas
Cea
Sahagún
Villamoronta
Carrión de los Condes
Frómista
Lántadilla
Melgar de Fernamental
120
Villasandino
Palacios de Benaber
Mansilla de Burgos
Pedrosa del Río Urbel
León
8
39
Sta. Marina del Rey
Chozas de Abajo
Armunía
Vega de Infanzones
Villa Nueva de las Manzanas
Gordaliza del Pino
Galleguillos de Campos
Lédigos
Cervatos de la Cueza
Villalcázar de Sirga
Villoldo
Castrojeriz
Iglesias
Estépar
Benavides
S. Justo de la Vega
Hospital de Orbigo
Ardón
S. Román de la Cuba
120
Villada
Cisneros
Melgar de Yuso
Astudillo
Arcos
Huelg
Villarejo de Orbigo
Valdevimbre
Santas Martas
Matallana
Melgar de Arriba
Villalumbroso
Frechilla
Paredes de Nava
Amusco
620
Ciadoncha
Presencio
Pampliega
S. Cristóbal de la Polantera
Sta. María del Páramo
Fresno de la Vega
Albires
613
Villalobón
615
Monzón de Campos
Villahoz
Sta. María del Camp
68
Pajares de los Oteros
Valencia de Don Juan
Becerril de Campos
Quintana del Puente
Villamañán
Laguna de Negrillos
Toral de los Guzmanes
Villalón de Campos
Fuentes de Nava
Villarramiel
Grijota
Tabanera de Cerrato
Villahoz
134
Saelices de Mayorga
Mayorga
Becilla de Valderaduey
Ceinos de Campos
Cuenca de Campos
610
Palencia
611
Baltanás
Espinosa de Cerrato
Villamartín de Campos
Torquemada
122
Palacios de la Valduerna
La Bañeza
Villaquejida
Villaornate
Gordoncillo
Valderas
612
Villerías
Villamuriel de Cerrato
Baños de Cerrato
Quintanilla de la Mata
Lerma
Sta. Elena de Jamuz
Ropuelos del Páramo
Pozuelo del Páramo
Cazanuecos
601
Valladolid direction
Dueñas
Cevico de la Torre
Cevico Navero
Antigüedad
Roa
Benavente
Castrogonzalo
S. Esteban del Molar
Villanueva del Campo
Castroverde de Campos
Medina de Rioseco
Montealegre
Villalba de los Alcores
Ampudia
Valles de Cerrato
Olmedilla de Roa
Sta. Cristina de la Polvorosa
Villanueva de las Peras
Morales de Valverde
Mózar
Santovenia
601
La Mudarra
Cigales
Valoria la Buena
Castro Verde de Cerrato
Tórtoles de Esgueva
Torresandino
Encinas de Esgueva
Villafáfila
Granja de Moreruelo
Tordehumos
519
Villabrágima
Mucientes
Cabezón
Castrillo Tejeriego
La Horra
Faramontanos de Tábara
Tábara
620
Villalpando
Cañizo
Belver de los Montes
Castromonte
Villanubla
Wamba
Valladolid
Renedo
Cistérniga
Olivares de Duero
Villabáñez de Duero
Valbuena de Duero
Pesquera de Duero
Castrillo de la Vega
Riego del Camino
Manganeses de la Lampreana
S. Pedro de Latarce
Villardefrades
Mota del Marqués
Torrelobatón
Peñafiel
Fuentecén
Embalse de Ricobayo
Montamarta
Moreruela de los Infanzones
Malva
Pinilla de Toro
Tiedra
Casasola de Arión
Sardón de Duero
Quintanilla de Onésimo
122
Fuente Espina
Olmillos de Castro
Castronuevo
612
Aspariegos
Tierra del Pan
Pozoantiguo
Villalonso
Vega de Valdetronco
Velliza
Laguna de Duero
Aldeamayor de S. Martín
Traspinedo
Cogeces del Monte
Castrillo de Duero
Moradillo de Roa
La Hiniesta
Coreses
Fresno de la Ribera
Morales de Toro
Pedrosa del Rey
Puente Boecillo
La Pedraja de Portillo
Portillo
Montemayor de Pililla
Campaspero
Sacramenia
Aldeasona
30
Zamora
Moraleja del Vino
Toro
Tordesillas
Serrada
Valdestillas
Arrabal
601
Cuéllar
Valtiendas
Sierra de
Pereruela
121
Morales del Vino
Venialbo
Villabuena del Puente
Casaseca
112
Rueda
La Seca
Matapozuelos
Mojados
S. Miguel del Arroyo
Cogeces de Iscar
Torrecilla del Pinar
Hontalbilla
Castroserracín
527
Tamame
S. Marcial
Corrales
El Piñero
La Bóveda de Toro
Castronuño
Nava del Rey
Pozaldez
Alcazarén
Chañe
Arroyo de Cuéllar
Pedrajas de S. Esteban
Sanchonuño
Zarzuela del Pinar
1377
Peñausende
630
Villamor de los Escuderos
Fuentesaúco
Alaejos
Siete Iglesias
Medina del Campo
Olmedo
Fuente el Olmo de Iscar
Íscar
Gómezserracín
Navas de Oro
Fuentepelayo
Aguilafuente
Cabezuela
Fuente de S. Cruz
Coca
Navalmanzano
Cantalejo
Aldealcorvo
Sepúlveda
Viñuela de Sayago
Mayalde
Santiz
Castillo del Buen Amor
Topas
Torrecilla de la Orden
Carpio
Bobadilla del Campo
85
74
Fuente el Sol
Ataquines
77
Navás de Oro
Escalona
112
Fresno de Sayago
Villamor de los Escuderos
Fuentesaúco
Fuentelapeña
Castrejón
Torrecilla de la Orden
Cañizal
Parades
Cañizal

0　5　10　20　30　40 Miles

3 4 5

ÑESA

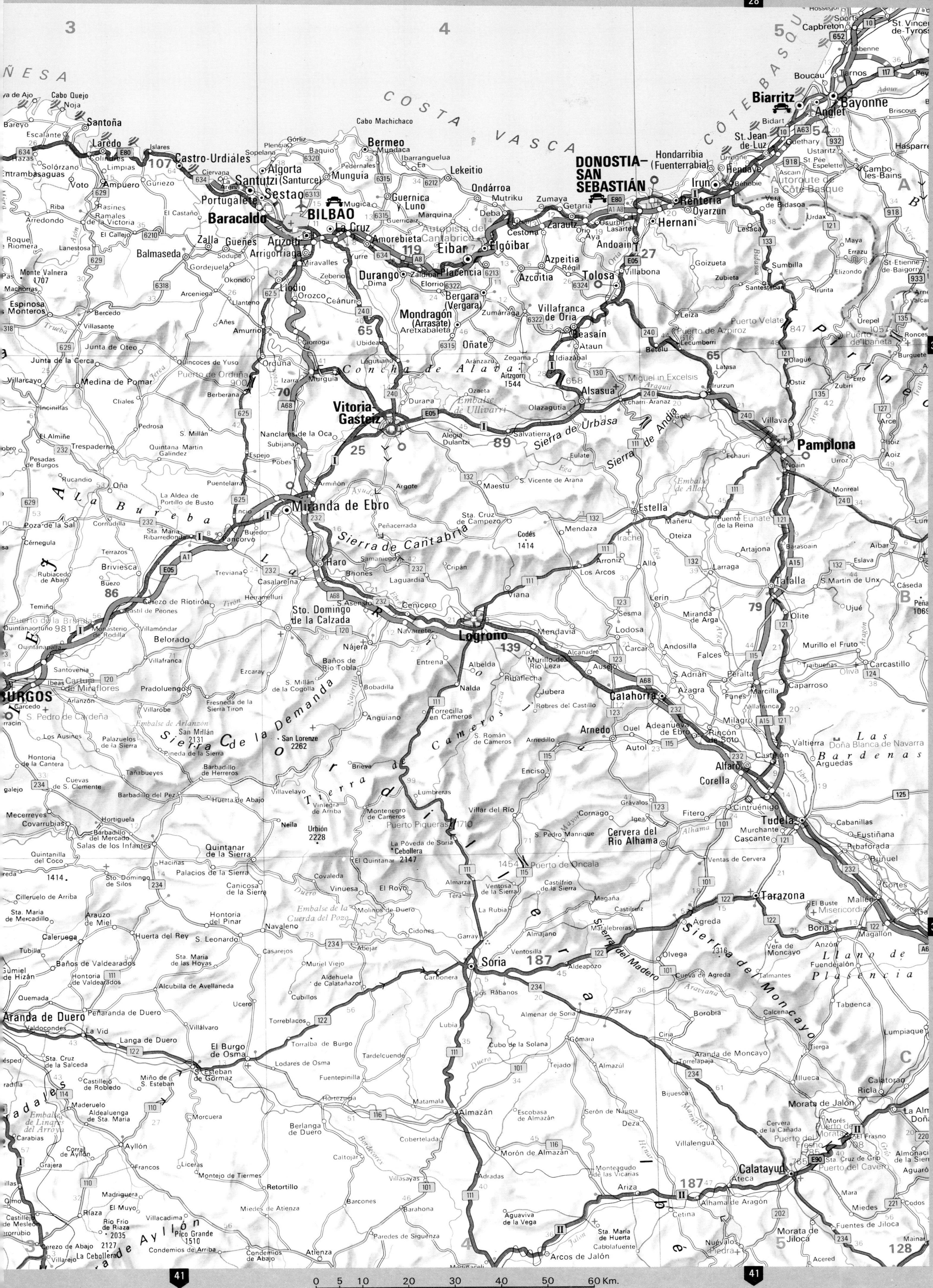

COSTA VASCA

CÔTE BASQUE

A

Cabo de Ajo Cabo Quejo Noja
Santoña
Escalante Laredo Islares
Castro-Urdiales
107
Castro-Urdiales
Solórzano Colindres Limpias
Voto Ampuero Gurlezo
Ramales de la Victoria
Rasines
Arredondo
Riba
Roque i Romera
Lanestosa
Espinosa de los Monteros
Monte Valnera 1707
Machorras

Plencia Górliz
Sopelana Baquio
Algorta Munguia
Santutzi (Santurce)
Portugalete Sestao
Baracaldo
BILBAO
La Cruz
Zalla Güenes
Arizoti Arrigorriaga
Balmaseda Sodupe
Gordejuela
Okondo Llanteno
Lludio Orozco Ceánuri
Amurrio

Bermeo Mundaca
Cabo Machichaco
Pedernales
Guernica y Luno
Mugica
Marquina
Amorebieta Eibar Elgóibar
Durango Placencia
Dima Elorrio
Bergara (Vergara)
Mondragón (Arrasate)
Oñate
Zumárraga
65

Ondárroa
Lekeitio
Mutriku Deba
Zumaya Getaria
Zarautz Orio
Cestona Aya
Azpeitia Régil
Azcoitia
Villafranca de Oria
Beasain Ataun
Tolosa
Villabona
27

DONOSTIA-SAN SEBASTIÁN
Hondarribia (Fuenterrabia)
Irun Rentería
Hernani Oyarzun
Andoain

Biarritz
Anglet Bayonne
St Vincent de Tyrosse
Boucau
Capbreton
54
St. Jean de-Luz Hendaye
Ascain

A63
652
117
933
918
121

Concha de Alava
Vitoria Gasteiz
70
Murguia
Nanclares de la Oca
Miranda de Ebro
25
Haro Brones
Sto. Domingo de la Calzada
86
Briviesca
Belorado
BURGOS

Sierra de Urbasa
Alsasua
Sierra de Andia
Pamplona
89
Villava
Estella
Sierra de Cantabria
Logroño
139
79
Tafalla
Olite

Soria
187
Tarazona
Tudela
Calatayud
128

0 5 10 20 30 40 50 60 Km.

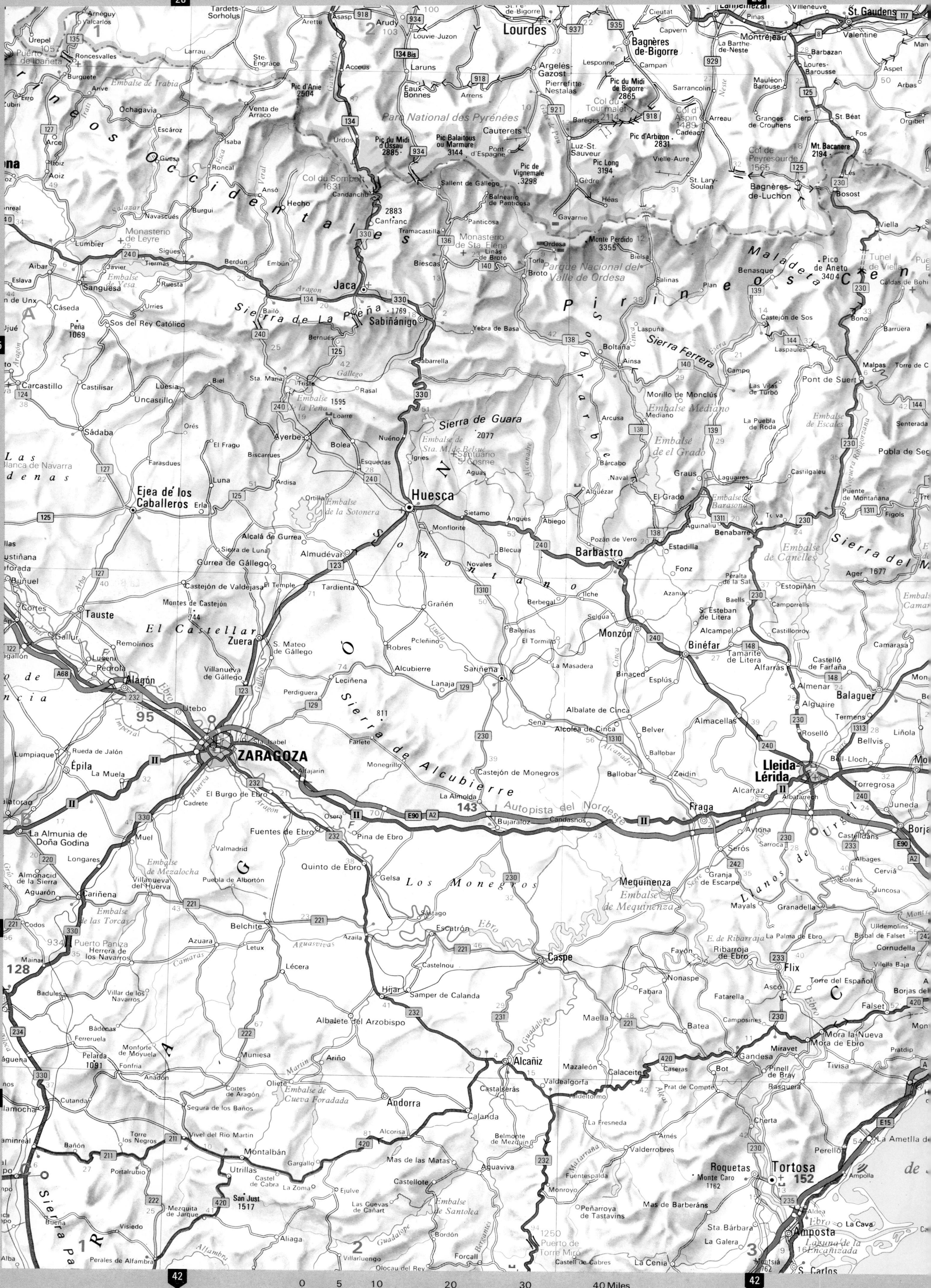

28 29

Pirineos Occidentales

Arnéguy · Valcarlos · Úrepel · Puerto de Ibañeta 1057 · Roncesvalles · Burguete · Arive · Arette · Asasp · Arudy · Louvie-Juzon · Tardets-Sorholus · Ste-Engrâce · Accous · St-Pé-de-Bigorre · Lourdes · Bagnères-de-Bigorre · Lannemezan · Villeneuve · St. Gaudens · Valentine · Montréjeau · Capvern · La Barthe-de-Neste · Barbazan · Loures-Barousse · Aspet · Arbas · Arreau · Granges-de-Crouhens · Cierp · St. Béat · Fos · Orgibet · Bosost · Viella

Larrau · Ste-Engrâce · Laruns · Argelès-Gazost · Pierrefitte-Nestalas · Eaux-Bonnes · Arrens · Cauterets · Luz-St-Sauveur · Barèges · Col du Tourmalet 2114 · Gèdre · Gavarnie · Héas · Pic du Midi de Bigorre 2865 · Pic d'Arbizon 2831 · Vielle-Aure · St. Lary-Soulan · Col du Peyresourde 1565 · Bagnères-de-Luchon · Mt. Bacanere 2194 · Lès · Col d'Aspin 1489 · Sarrancolin · Cadéac · Mauléon-Barouse

Ochagavía · Escároz · Venta de Arraco · Ansó · Hecho · Candanchú · Canfranc · Tramacastilla · Panticosa · Balneario de Panticosa · Ordesa · Bielsa · Benasque · Pico de Aneto 3404 · Tunel de Viella

Pic d'Anie 2504 · Col du Somport 1631 · Pic du Midi d'Ossau 2885 · Pic Balaitous ou Marmure 3144 · Pic de Vignemale 3298 · Pic Long 3194 · Monte Perdido 3355 · Maladeta 3409

Isaba · Roncal · Zubiri · Erro · Aoiz · Navascués · Burgui · Sigües · Salazar · Berdún · Embún · Jaca · Biescas · Torla · Broto · Linás de Broto · Monasterio de Sta. Elena · Parque Nacional del Valle de Ordesa · Plan · Salinas · Laspuña · Castejón de Sos · Bono · Barruera · Caldes de Bohi

Monasterio de Leyre · Lumbier · Aibar · Javier · Tiermas · Ruesta · Sos del Rey Católico · Bailó · Bernués · Sabiñánigo · Yebra de Basa · Boltaña · Ainsa · Morillo de Monclús · Arcusa · Naval · Graus · Laspaules · Malpas · Torre de C. · Pont de Suert · Embalse de Escales · Pobla de Se.

Sanguesa · Sangüesa · Embalse de Yesa · Urries · Sierra de La Peña 1769 · Sta. Maria · Triste · Jabarrella · Sierra Ferrera · Campo · Las Vilas de Turbó · La Puebla de Roda · Embalse Mediano · Embalse de el Grado · Senterada

Peña 1069 · Eslava · Caseda · Biel · Luesia · Orés · Loarre · Embalse de la Peña 1595 · Nueno · Sierra de Guara 2077 · Embalse de Sta. M. de Belsué · Santuario Cosme · Arcusa · Bárcabo · El Grado · Embalse Barasona · Tolva · Figols

Carcastillo · Castilisar · Sádaba · Uncastillo · Ayerbe · Bolea · El Frago · Biscarrués · Esquedas · Igries · Aguas · Alquézar · Laguarres · Castilgaleu · Puente de Montañana · Benabarre · Aguinaliu · Pozán de Vero · Peralta de la Sal · Baells · S. Esteban de Litera · Estopiñán

Ejea de los Caballeros · Erla · Luna · Ardisa · Ortilla · Embalse de la Sotonera · Huesca · Sietamo · Monflorite · Blecua · Angües · Abiego · Barbastro · Berbegal · Ilche · Fonz · Estadilla · Azanuy · Baells · Camporrells · Ager 1677 · Camarasa

Farasdues · Sierra de Luna · Alcalá de Gurrea · Almudévar · Novales · Granén · Selgua · Monzón · Alcampell · Castillonroy · Alguaire · Almenar · Balaguer

Gurrea de Gállego · El Temple · Tardienta · Pcleñino · Bailerías · El Tormillo · Binaced · Binéfar · Tamarite de Litera · Alfarràs · Almacellas · Camarasa · Rosselló · Liñola · Bellvís · Bell-lloch · Mollerussa

Buñuel · Tauste · Castejón de Valdejasa 744 · Montes de Castejón · Zuera · S. Mateo de Gállego · Robres · Sariñena · La Masadera · Albalate de Cinca · Belver · Alcarraz · Albatárrech · Juneda · Borjas

El Castellar · Remolinos · Villanueva de Gállego · Lecineña · Alcubierre · Lanaja · Sena · Alcolea de Cinca · Ballobar · Zaidin · Fraga · Serós · Aytona · Albages · Cerviá · Juncosa

Cortes · Gallur · Pedrola · Alagón · Utebo · Perdiguera · Farlete · Monegrillo · Castejón de Monegros · Ballobar · Granja de Escarpe · Mequinenza · Mayals · Granadella · Solerás

Sierra de Alcubierre · ZARAGOZA · Sta. Isabel · La Almolda · Autopista del Nordeste · E90 · A2 · Candasnos · Lleida-Lérida · Torregrosa

Épila · La Muela · El Burgo de Ebro · Cadrete · Osera · Fuentes de Ebro · Pina de Ebro · Bujaraloz · Serós · Sarroca · Castelldáns · Borjas

La Almunia de Doña Godina · Muel · Valmadrid · Quinto de Ebro · Gelsa · Embalse de Mezalocha · Villanueva del Huerva · Puebla de Albortón · Los Monegros · Mequinenza · Embalse de Mequinenza · E. de Ribarraja · La Palma de Ebro · Bisbal de Falset · Cornudella · Ulldemolins

Longares · Almonacid de la Sierra · Aguarón · Cariñena · Embalse de las Torcas · Belchite · Azaila · Escatrón · Caspe · Fayón · Ribarroja de Ebro · Flix · Ascó · Vilella Baja · Torre del Español

Codos · Herrera de los Navarros · Azuara · Letux · Lécera · Castelnou · Nonaspe · Fabara · Maella · Batea · Caseres · Calaceite · Gandesa · Mora la Nueva · Mora de Ebro · Miravet · Pratdip · Tivisa

Badules · Villar de los Navarros · Bádenas · Monforte de Moyuela 1091 · Fonfria · Muniesa · Ariño · Oliete · Alcañiz · Mazaleón · Valdealgorfa · Prat de Compte · Pinell de Bray · Rasquera

Ferreruela · Pelarda · Anadón · Albalete del Arzobispo · Castelserás · Calanda · Valdeltormo · Arnés · Cherta

Sierra Palomera · Cuevas de Aragón · Embalse de Cueva Foradada · Andorra · Alcorisa · Belmonte de Mezquin · La Fresneda · Valderrobres · Roquetas · Tortosa

Portalrubio · Torre los Negros · Bañón · Montalbán · Gargallo · Mas de las Matas · Aguaviva · Fuentespalda · Peñarroya de Tastavins · Mas de Barberáns · Monte Caro 1162 · Amposta

Mezquita de Jarque · San Just 1517 · Utrillas · Castel de Cabra · La Zoma · Ejulve · Las Cuevas de Cañart · Castellote · Monroyo · Bordón · Sta. Bárbara · La Cava · La Galera · St. Carles

Visiedo · Aguilar del Alfambra · Alba · Perales de Alfambra · Aliaga · Villarluengo · Olocau del Rey · Forcall · Castell de Cabres · La Cenia · Montsià

Sierra de Montaña · Embalse de Santolea · Puerto de Torre Miró · Morella · Encanizada

0 5 10 20 30 40 Miles

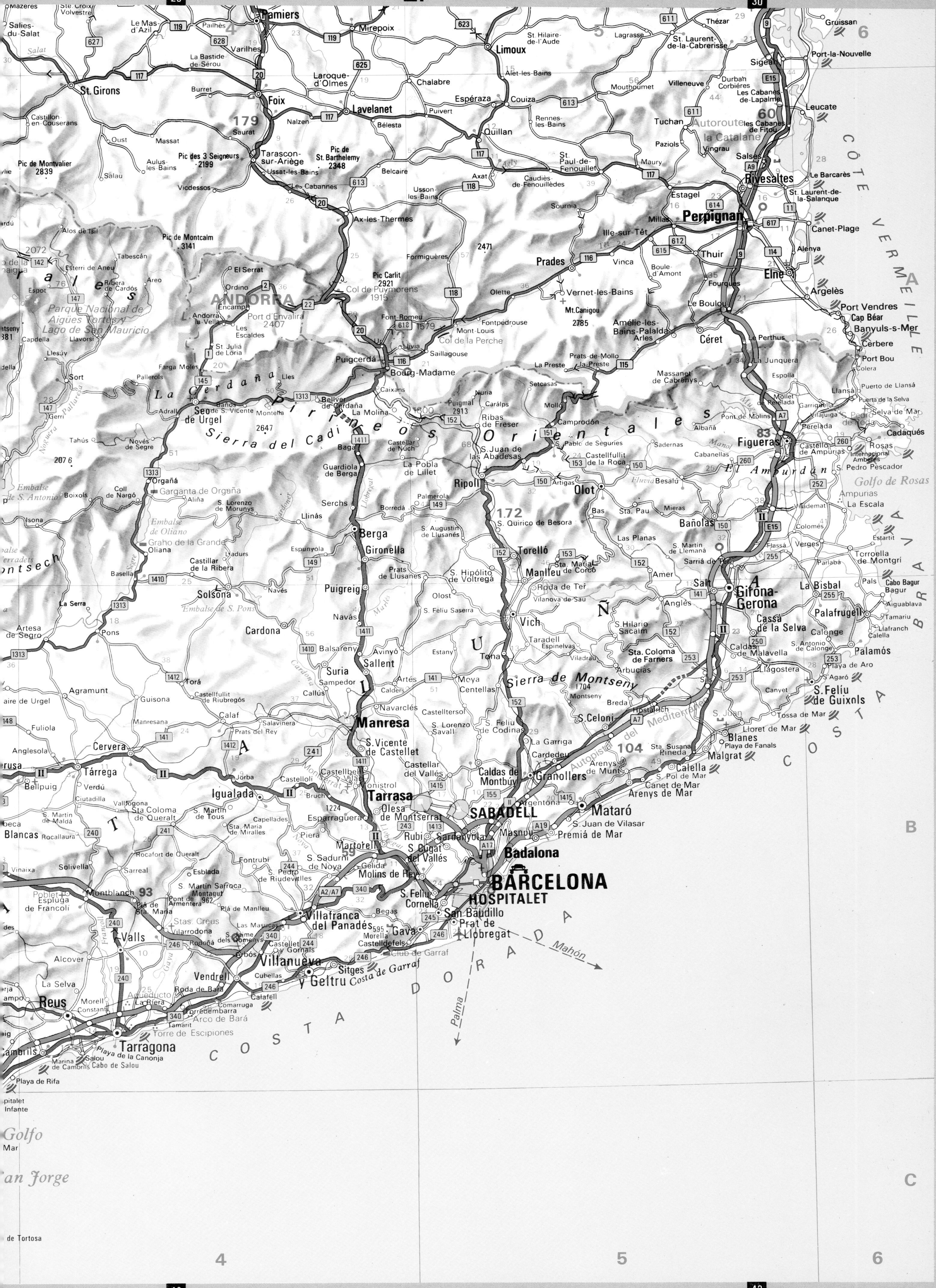

Pamiers
Mirepoix
Limoux
St. Girons
Foix
Lavelanet
Laroque-d'Olmes
Chalabre
Espéraza
Couiza
Quillan
Rennes-les-Bains
Tarascon-sur-Ariège
Ussat-les-Bains
Pic de Montvalier 2839
Pic des 3 Seigneurs 2199
Pic de St. Barthelemy 2348
Ax-les-Thermes
Pic de Montcalm 3141
Pic Carlit 2921
Col de Puymorens 1915
Font-Romeu
Mont-Louis
Col de la Perche
Puigcerdá
Bourg-Madame
Llivia
Saillagouse
ANDORRA
Encamp
Andorra la Vella
Port d'Envalira 2407
Les Escaldes
St Julià de Lòria
Parque Nacional de Aigües Tortes y Lago de San Mauricio
La Cerdaña
Seo de Urgel
Sierra del Cadí
Pirineos Orientales
Thézar
St. Laurent-de-la-Cabrerisse
Sigean
Port-la-Nouvelle
Gruissan
Leucate
Durban Corbières
Les Cabanes-de-Lapalme
Tuchan
Autoroute la Catalane
Salses
Rivesaltes
Le Barcarès
St. Laurent-de-la-Salanque
Estagel
Perpignan
Canet-Plage
Ille-sur-Têt
Thuir
Prades
Vinça
Elne
Argelès
Vernet-les-Bains
Mt.Canigou 2785
Amélie-les-Bains-Palalda
Arles
Céret
Le Boulou
Le Perthus
Port Vendres
Cap Béar
Banyuls-s-Mer
Cerbere
Port Bou
CÔTE VERMEILLE
La Junquera
Prats-de-Mollo la-Preste
Massanet de Cabrenys
Camprodón
Ribas de Freser
Puigmal 2913
Nuria
S. Juan de las Abadesas
Ripoll
Olot
Castellfullit de la Roca
Besalú
Figueras
Llansá
Selva de Mar
Cadaqués
Rosas
Castelló de Ampurias
Golfo de Rosas
L'Ampurdán
La Escala
Bañolas
Torroella de Montgrí
La Bisbal
Palafrugell
Girona-Gerona
Cassá de la Selva
Palamós
S.Feliu de Guixols
Tossa de Mar
Lloret de Mar
Blanes
Malgrat
COSTA BRAVA
Vich
Manlleu
Torelló
Tona
Sierra de Montseny
S.Celoni
Granollers
Mataró
Arenys de Mar
Calella
Berga
Gironella
Puigreig
Navás
Solsona
Cardona
Suria
Sallent
Manresa
Tarrasa
SABADELL
Badalona
BARCELONA
HOSPITALET
Prat de Llobregat
Castelldefels
Sitges
Villanueva y Geltru
Villafranca del Panadés
Martorell
Igualada
Cervera
Tárrega
Valls
Reus
Tarragona
Montblanch
Vendrell
Cambrils
Salou
COSTA DORADA
Mahón
Palma
Golfo de San Jorge
Agramunt
Pons
Organyá
Oliana
Tremp

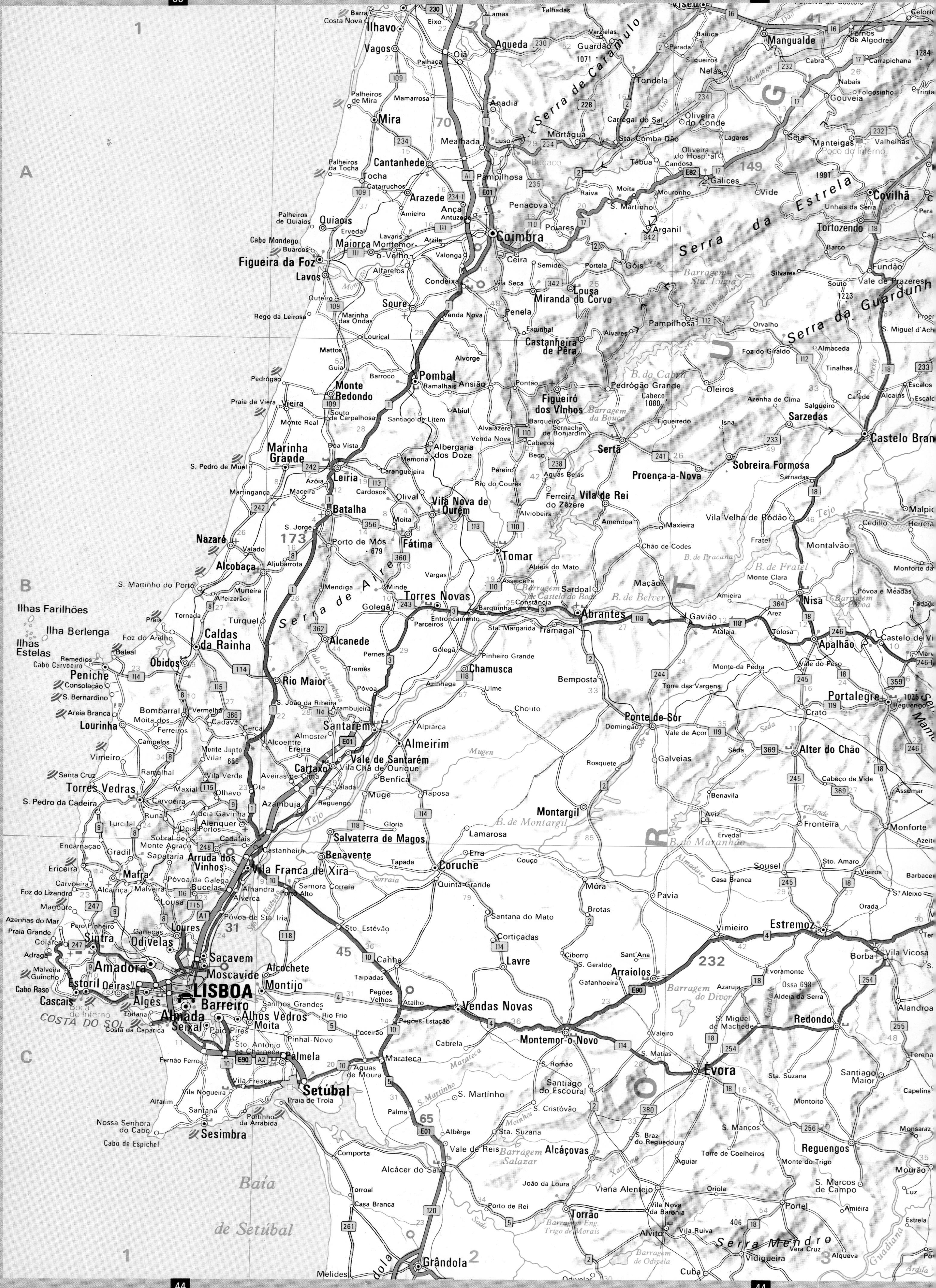

38

1

A

B

C

1

2

3

Serra de Caramulo

Serra da Estrela

Serra da Guardunha

Serra de Aire

Serra Mendro

Ílhavo
Vagos
Mira
Cantanhede
Palheiros de Mira
Mamarrosa
Tocha
Catarruchos
Arazede
Amieiro
Ançã
Antuzede
Quiaios
Maiorca Montemor-o-Velho
Figueira da Foz
Lavos
Cabo Mondego
Buarcos
Ervedal
Lavaris
Arzila
Valonga
Coimbra
Ceira
Condeixa
Vila Seca
Semide
Góis
Soure
Venda Nova
Lousã
Miranda do Corvo
Penela
Espinhal
Castanheira de Pêra
Rego da Leirosa
Marinha das Ondas
Louriçal
Alvorge
Ansião
Pombal
Monte Redondo
Ramalhais
Pontão
Pedrógão Grande
Oleiros
Praia da Viera
Vieira
Souto da Carpalhosa
Abiul
Alvaiázere
Barqueiro
Figueiró dos Vinhos
Figueiredo
Isna
Sarzedas
Monte Real
Boa Vista
Santiago de Litem
Memória
Albergaria dos Doze
Sernache de Bonjardim
Sertã
Sobreira Formosa
Marinha Grande
S. Pedro de Muel
Azóia
Leiria
Caranguejeira
Pereiro
Beco
Aguas Belas
Proença-a-Nova
Castelo Branco
Martingança
Maceira
Cardosos
Olival
Rio do Couros
Ferreira do Zêzere
Vila de Rei
Nazaré
Batalha
Vila Nova de Ourém
Alviobeira
Amendoa
Maxieira
Vila Velha de Ródão
Valado
Porto de Mós
Moita
Fátima
Chão de Codes
Fratel
Montalvão
Alcobaça
Aljubarrota
Vargas
Tomar
Aldeia do Mato
Mação
Monte Clara
Monforte
S. Martinho do Porto
Mendiga
Minde
Asseiceira
Sardoal
Amieira
Nisa
Murteira
Alfeizerão
Torres Novas
Barquinha
Constância
Póvoa e Meadas
Caldas da Rainha
Turquel
Golegã
Entroncamento
Sta. Margarida
Tramagal
Abrantes
Gavião
Atalaia
Tolosa
Apalhão
Castelo de Vide
Óbidos
Alcanede
Parceiros
Pernes
Tremês
Golegã
Pinheiro Grande
Monte da Pedra
Vale do Peso
Peniche
Rio Maior
Póvoa
Azinhaga
Chamusca
Ulme
Bemposta
Torre das Vargens
Portalegre
Crato
Bombarral
Vermelha
Cadaval
Cercal
Alcoentre
Almoster
Santarém
Alpiarça
Chouto
Ponte de Sôr
Vale de Açor
Alter do Chão
Lourinhã
Moita dos Ferreiros
Campelos
Monte Junto
Ereira
Vale de Santarém
Vila Chã de Ourique
Benfica
Muge
Raposa
Galveias
Sêda
Cabeço de Vide
Vimeiro
Santa Cruz
Ramalhal
Maxial
Olhavo
Cartaxo
Aveiras de Cima
Valada
Reguengo
Montargil
Benavila
Assumar
Torres Vedras
Carvoeira
Runa
Ota
Azambuja
Gloria
Lamarosa
Fronteira
Monforte
S. Pedro da Cadeira
Turcifal
Vilar
Aldeia Galega
Alenquer
Cadafais
Salvaterra de Magos
Erra
Móra
Aviz
Encarnação
Gradil
Dois Portos
Sobral de Monte Agraço
Castanheira
Benavente
Coruche
Couço
Pavia
Ericeira
Mafra
Arruda dos Vinhos
Vila Franca de Xira
Tapada
Quinta Grande
Brotas
Estremoz
Carvoeira
Alcainça
Malveira
Bucelas
Alhandra
Samora Correia
Porto Alto
Sto. Estêvão
Santana do Mato
Casa Branca
Sousel
Vieiros
Foz do Lizandro
Magoito
Lousa
Alverca
Loures
Póvoa de Sta. Iria
Corticadas
Vimieiro
Orada
Sto. Aleixo
Monforte
Azenhas do Mar
Pero Pinheiro
Canecas
Sintra
Colares
Odivelas
Sacavem
Alcochete
Canha
Lavre
Arraiolos
Évoramonte
Borba
Vila Viçosa
Adraga
Malveira da Serra
Amadora
Moscavide
Alenquer
Sant'Ana
S. Geraldo
Ciborro
Gafanhoira
Azaruja
Ossa
Malveira
Guincho
Estoril
Oeiras
LISBOA
Barreiro
Taipadas
Pegões
Velhos
Atalho
Vendas Novas
Valeiro
S. Miguel de Machede
Redondo
Cabo Raso
Algés
Almada
Seixal
Alhos Vedros
Moita
Rio Frio
Pegões-Estação
Poceirão
Cabrela
Montemor-o-Novo
S. Matias
Alandroal
Cascais
Costa do Sol
Trafaria
Costa da Caparica
Paio Pires
Pinhal-Novo
Maratega
S. Romão
Santiago do Escoural
Évora
Terena
Sto. António da Charneca
Palmela
Aguas de Moura
S. Martinho
S. Cristóvão
S. Braz do Reguedoura
Sta. Suzana
Santiago Maior
Fernão Ferro
Vila Fresca
Setúbal
Palma
Albèrge
Sta. Suzana
Torre de Coelheiros
Reguengos
Alfarim
Santana
Praia de Troia
Vale de Reis
Alcáçovas
Aguiar
Monte do Trigo
S. Marcos de Campo
Nossa Senhora do Cabo
Portinho da Arrabida
Sesimbra
Comporta
Alcácer do Sal
João de Loura
Viana Alentejo
Oriola
Amieira
Mourão
Cabo de Espichel
Torroal
Casa Branca
Porto de Rei
Vila Nova da Baronia
Portel
Luz
Melides
Grândola
Odivelas
Cuba
Vidigueira
Alvito
Vila Ruiva
Vera Cruz
Alqueva
Ardila

Ilhas Farilhões
Ilha Berlenga
Ilhas Estelas
Cabo Carvoeiro
Consolação
S. Bernardino
Areia Branca
Baleal
Remedios

Baía de Setúbal

B. do Cabril
Barragem Sta. Luzia
Barragem da Bouca
B. de Pracana
B. de Fratel
B. de Belver
B. de Castelo do Bode
Barragem do Divor
Barragem do Maranhão
B. de Montargil
Barragem Salazar
Barragem Eng. Trigo de Morais
Barragem de Odivelas

Mondego
Tejo
Sorraia
Sado

0   5   10   20   30   40 Miles

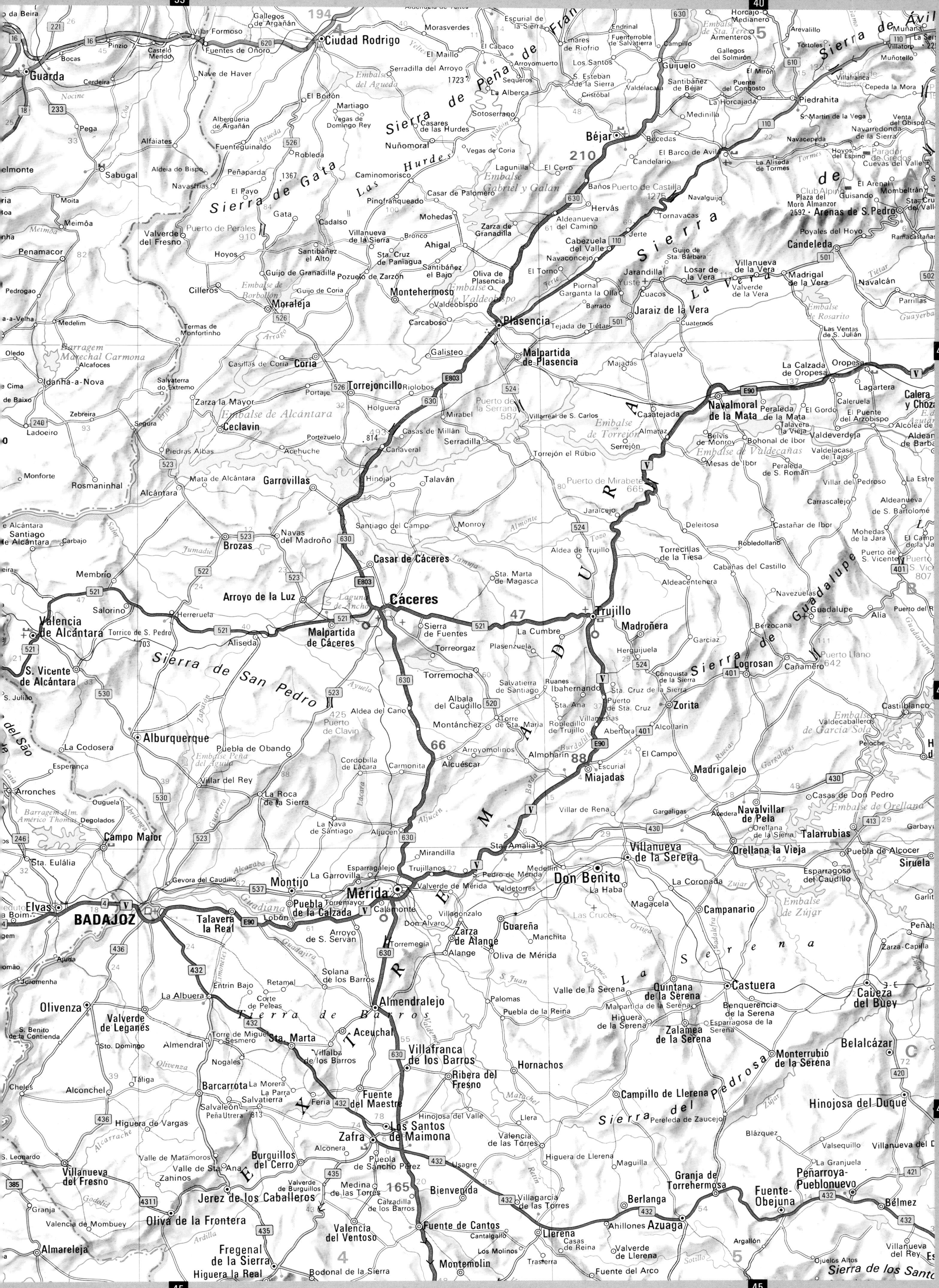

Sierra de Ávila
Sierra de Peña de Fran
Las Hurdes
Sierra de Gata
Sierra
de
La Vera

da Beira · 221 · 26 · 16 · Bocas · 16 · 45 · Pinzio · Castelo Merido · Vilar Formoso · Gallegos de Argañán · Moraverdes · Escurial de la Sierra · Endrinal · Horcajo · Embalse Mediano · Arevalillo · Sierra de Ávila · Muñana
Guarda · Cerdeira · Nave de Haver · 620 · Fuentes de Oñoro · Ciudad Rodrigo · El Maillo · El Cabaco · Limares de Riofrio · Fuenterroble de Salvatierra · Campillo · Armenteros · Tórtoles · Villatoro · 110 · La Ser
18 · 233 · Pega · Alfaiates · Aldea do Bispo · Peñaparda · Serradilla del Arroyo · 1723 · Sotoserrano · Guijuelo · Santibáñez de Béjar · El Mirón · 610 · Villafranca · Muñotello
25 · Moita · Meimôa · Sabugal · Navasfrias · 1367 · La Alberca · Cristóbal · Valdelacasa · Puente del Congosto · La Horcajada · Piedrahita
Penamacor · 82 · Gata · 84 · Caminomorisco · Embalse Gabriel y Galán · Béjar · Becedas · Navacepeda · La Mora · Navalguijo · Arenas de S. Pedro
Meimão · Moraleja · 526 · Hervás · 630 · Baños · Puerto de Castilla · 1275 · El Barco de Ávila · Candelario · Club Alpino · 2592 · Parador de Gredos

210

Plasencia · Malpartida de Plasencia · Navalmoral de la Mata · La Calzada de Oropesa · Oropesa · Calera y Choza
Coria · Torrejoncillo · Riolobos · Galisteo · Talayuela · Majadas
Ceclavin · 240 · Garrovillas · Casas de Millán · Serradilla · Embalse de Torrejón · Embalse de Valdecañas
Alcántara · Brozas · Navas del Madroño · Casar de Cáceres · Talaván · Monroy · Torrejón el Rubio · Serrejón
Valencia de Alcántara · Arroyo de la Luz · Cáceres · 47 · Trujillo · Madroñera · Guadalupe
S. Vicente de Alcántara · Malpartida de Cáceres · Sierra de Fuentes · La Cumbre · Logrosan · Cañamero
Alburquerque · Aldea del Cano · Montánchez · 66 · Miajadas · 88 · Madrigalejo · Talarrubias
Campo Maior · Villar del Rey · Aljucen · Don Benito · Villanueva de la Serena · Orellana la Vieja · Puebla de Alcocer
Elvas · BADAJOZ · Montijo · Mérida · Guareña · Don Álvaro · Castuera · Cabeza del Buey
Olivenza · Almendralejo · Alange · Oliva de Mérida · Valle de la Serena · Belalcázar
Barcarrota · Sta. Marta · Villafranca de los Barros · Hornachos · Campillo de Llerena · Hinojosa del Duque
Jerez de los Caballeros · Zafra · Los Santos de Maimona · Llerena · Granja de Torrehermosa · Peñarroya-Pueblonuevo · Bélmez
Oliva de la Frontera · Valencia del Ventoso · Fuente de Cantos · Montemolin · Azuaga · Fuente Obejuna

Sierra del Pedrosa
La Serena
Sierra de los Sant

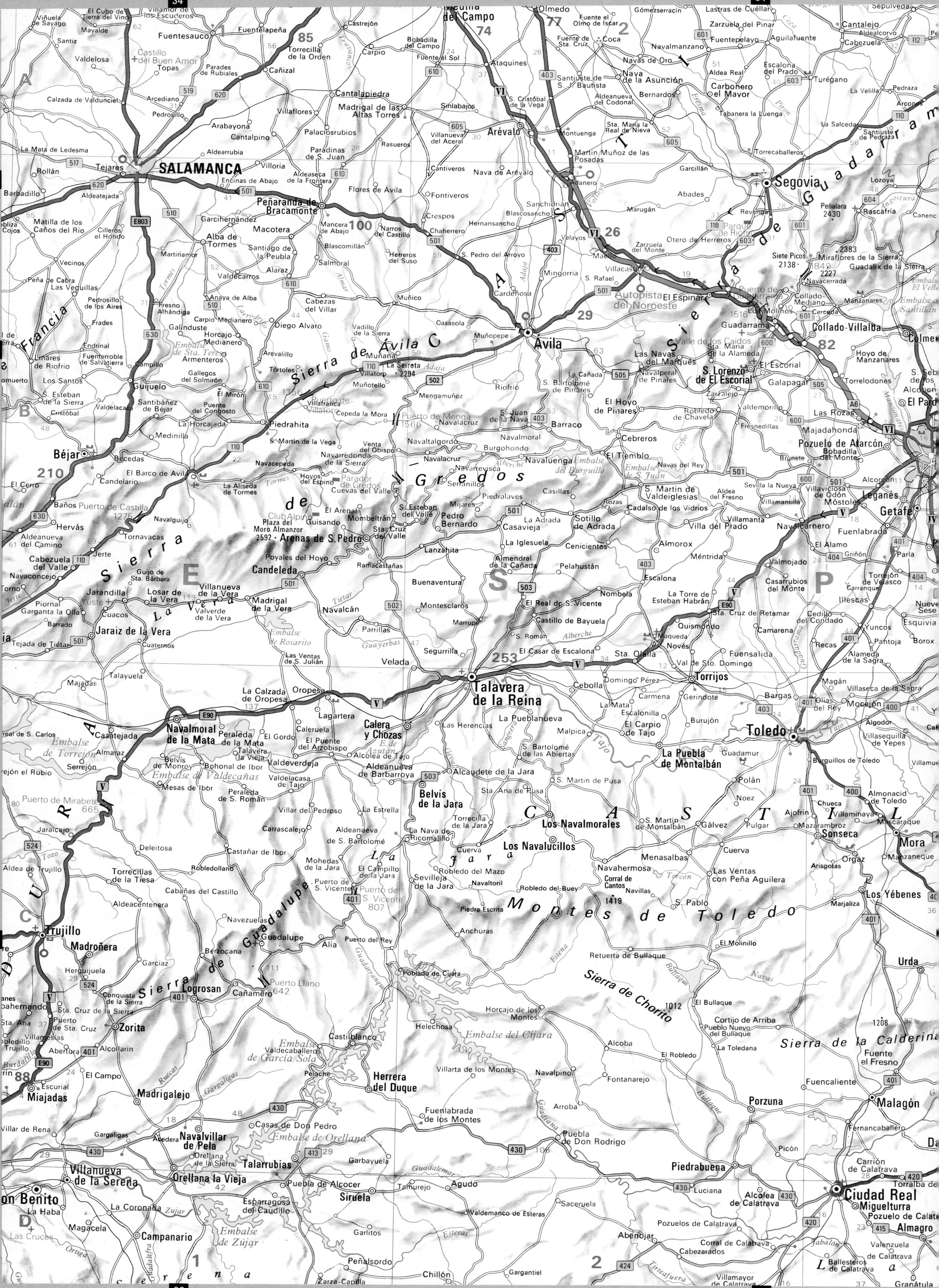
SALAMANCA
Medina del Campo
Olmedo
Segovia
Ávila
Arévalo
Peñaranda de Bracamonte
Alba de Tormes
Béjar
Guijuelo
Piedrahita
El Barco de Ávila
Arenas de S. Pedro
Candeleda
Jaraiz de la Vera
Talavera de la Reina
Navalmoral de la Mata
Oropesa
Calera y Chozas
Torrijos
Toledo
Sonseca
Mora
Los Yébenes
Illescas
Getafe
Leganés
Móstoles
Navalcarnero
Collado-Villalba
S. Lorenzo de El Escorial
Guadarrama
Las Navas del Marqués
El Tiemblo
Cebreros
Sotillo de Adrada
Belvís de la Jara
Los Navalmorales
Los Navalucillos
La Puebla de Montalbán
Trujillo
Madroñera
Logrosán
Guadalupe
Zorita
Miajadas
Madrigalejo
Herrera del Duque
Navalvillar de Pela
Orellana la Vieja
Talarrubias
Villanueva de la Serena
Don Benito
Campanario
Siruela
Puebla de Don Rodrigo
Piedrabuena
Porzuna
Malagón
Ciudad Real
Almagro
Urda
Sierra de Ávila
Sierra de Gredos
Sierra de Guadarrama
Sierra de Guadalupe
Montes de Toledo
Sierra de Chorito
Sierra de la Calderina
Sierra de Francia
Embalse de Valdecañas
Embalse de Rosarito
Embalse del Cíjara
Embalse de García Sola
Embalse de Orellana
Embalse de Zújar
Embalse de Torrejón
Autopista del Noroeste
Tajo
Alberche
Tiétar
Tormes
La Jara
La Vera
0 5 10 20 30 40 Miles

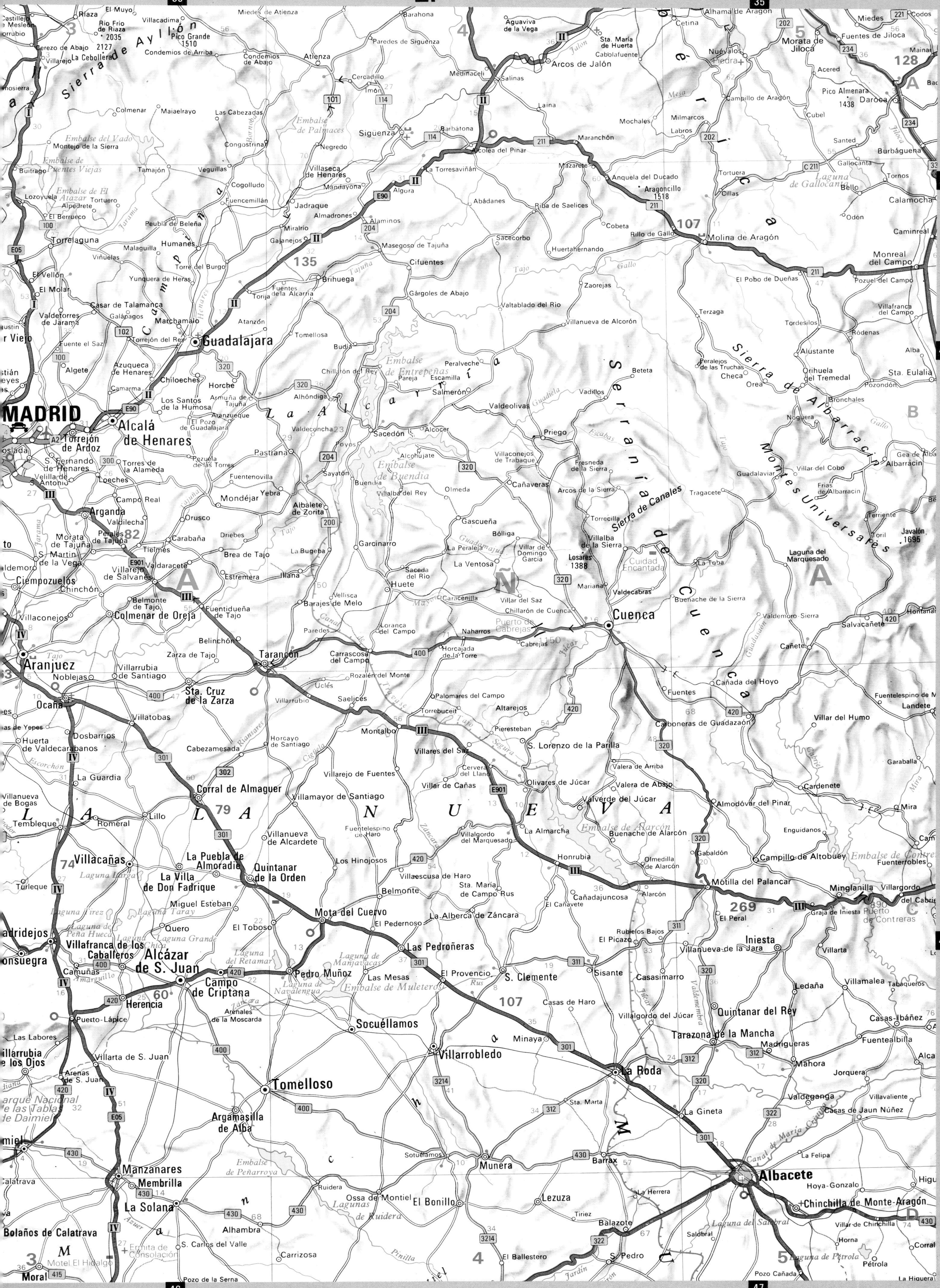

41

35 · 35 · 5 · 128 · 36 · 42 · B · A · C · 42

Sierra de Ayllón

El Muyo · Riaza · Villacadima · Miedes de Atienza · Barahona · Aguaviva de la Vega · Cetina · Alhama de Aragón · Miedes · Codos · 221
Río Frío de Riaza · 2035 · Pico Grande 1510 · Paredes de Sigüenza · Sta. María de Huerta · 202 · Nuévalos · Morata de Jiloca · 234 · Fuentes de Jiloca · Mainar
Cerezo de Abajo · Condemios de Arriba · Atienza · Medinaceli · Arcos de Jalón · Cabolafuente · Piedra · Acered · Daroca · 1438 · Pico Almenara · 128
La Cebollera · Condemios de Abajo · Cercadillo · Imón · Salinas · Laina · Campillo de Aragón · Cubel · Santed · Burbáguena
Colmenar · Maiaelrayo · Las Cabezadas · Siguenza · Barbatona · Marchantón · Mochales · Milmarcos · Labros · Odón · Gallocanta · Bello · Calamocha · 33
Embalse de Palmaces · 101 · 114 · Algora · La Torresaviñán · Mazarete · Anquela del Ducado · Tortuera · Cillas · Laguna de Gallocanta
Embalse del Vado · Montejo de la Sierra · 100 · Villaseca de Henares · Mandayona · Riba de Saelices · Aragoncillo 1518 · C 211 · Caminreal
Embalse de Buitrago · Tamajón · Veguillas · Cogolludo · Fuencemillán · Masegoso de Tajuña · Sacecorbo · Cobeta · Rillo de Gallo · 211 · Molina de Aragón · Monreal del Campo
Lozoyuela · Alpedrete · El Berrueco · Jadraque · Almadrones · Alaminos · Abádanes · Huertahernando · 107 · El Pobo de Dueñas · Pozuel del Campo
Torrelaguna · Humanes · Torre del Burgo · Brihuega · Cifuentes · Zaorejas · 211 · Terzaga · Villafranca del Campo
El Vellón · Malaguilla · Yunquera de Heras · Torija · Fuentes de la Alcarria · Gárgoles de Abajo · Valtablado del Río · Ródenas · Alba
El Molar · Viñuelas · Matchamalo · Atanzón · Tomellosa · Villanueva de Alcorón · Tordesillos
Casar de Talamanca · Galápagos · Guadalajara · 204 · Peralveche · Escamilla · Beteta · Peralejos de las Truchas · Checa · Orea · Orihuela del Tremedal
Valdetorres de Jarama · 102 · Torrejón del Rey · Azuqueca de Henares · Horche · Chillarón del Rey · Pareja · Salmerón · Vadillos · Alustante · Sta. Eulalia
Fuente el Saz · 100 · Chiloeches · 320 · Alhóndiga · Escamilla · Valdeolivas · Guadiela · Bronchales · Gea de Alba · Albarracín
Algete · Camarma · Los Santos de la Humosa · Armuña de Tajuña · Buendía · Priego · Torrecilla · Fresneda de la Sierra · Guadalaviar · Villar del Cobo · Frías de Albarracín
MADRID · Alcalá de Henares · El Pozo de Guadalajara · Valdeconcha · Sacedón · Alcocer · Villaconejos de Trabaque · Arcos de la Sierra · Noguera · Terriente
Torrejón de Ardoz · S. Fernando de Henares · Torres de la Alameda · Pezuela de las Torres · Pastrana · Sayatón · Alcohujate · Gascueña · Sierra de Canales · Tragacete · La Toba · Laguna del Marquesado
Velilla de S. Antonio · Loeches · Fuentenovilla · Yebra · Buendía · Villalba del Rey · Olmeda · Bólliga · Villalba de la Sierra · Javalón 1695
Arganda · Campo Real · Mondéjar · Albalete de Zorita · 200 · Villar de Domingo García · Losares 1388 · Ciudad Encantada · Buenache de la Sierra
Valdilecha · Orusco · Driebes · 82 · Garcinarro · La Peraleja · Torrecilla · Cuenca · Valdecabras · Valdemoro-Sierra
Morata de Tajuña · Carabaña · Brea de Tajo · La Bugeba · Saceda del Río · La Ventosa · Villar del Saz · Chillarón de Cuenca · Buenache de la Sierra
Perales de Tajuña · Tielmes · Estremera · Illana · Huete · Mariana · Cañete
S. Martín de la Vega · Valdaracete · Vellisca · Barajas de Melo · Loranca del Campo · Caracenilla · Naharros · Cabrejas · Salvacañete
Ciempozuelos · Villarejo de Salvanés · Belmonte de Tajo · Fuentidueña de Tajo · Paredes · Horcajada de la Torre · Puerto de Cabrejas · Fuentes · Cañada del Hoyo · Fuentelespino de M
Chinchón · Colmenar de Oreja · Zarza de Tajo · Tarancón · Carrascosa del Campo · Rozalén del Monte · 400 · 420 · Carboneras de Guadazaón · Landete
Villaconejos · Aranjuez · Noblejas · Villarrubia de Santiago · Uclés · Saelices · Torrebuceit · Altarejos · 420 · Villar del Humo
Ocaña · Sta. Cruz de la Zarza · Villarrubio · Pieresteban · S. Lorenzo de la Parilla · Valera de Arriba · Garaballa
Dosbarrios · Villatobas · Horcajo de Santiago · Montalbo · Villares del Saz · Cervera del Llano · Valera de Abajo · Cardenete · Mira
Huerta de Valdecarábanos · Cabezamesada · Villarejo de Fuentes · Villar de Cañas · Olivares de Júcar · Almodóvar del Pinar
La Guardia · 301 · 302 · Corral de Almaguer · Villamayor de Santiago · E901 · Valverde del Júcar · 320
Villanueva de Bogas · Lillo · 79 · Villanueva de Alcardete · Fuentelespino de Haro · La Almarcha · Embalse de Alarcón · Enguidanos · Embalse de Contreras
Tembleque · Romeral · 301 · Los Hinojosos · 420 · Villagordo del Marquesado · Buenache de Alarcón · 320 · Campillo de Altobuey · Fuenterrobles
Villacañas · La Puebla de Almoradiel · Quintanar de la Orden · Belmonte · Villaescusa de Haro · Honrubia · Olmedilla de Alarcón · Motilla del Palancar · Minglanilla · Villargordo
La Villa de Don Fadrique · Miguel Esteban · Sta. María de Campo Rus · Cañadajuncosa · Alarcón · Graja de Iniesta · Puerto de Contreras
Turleque · Laguna Taray · Mota del Cuervo · El Toboso · La Alberca de Záncara · El Cañavete · El Peral · Iniesta
Madridejos · Villafranca de los Caballeros · Quero · El Pedernoso · Las Pedroñeras · 311 · Rubielos Bajos · Villanueva de la Jara · Villarta
Consuegra · Alcázar de S. Juan · Laguna de Manjavacas · El Provencio · S. Clemente · Sisante · El Picazo · Casasimarro
Camuñas · 400 · 420 · Pedro Muñoz · Las Mesas · 107 · Casas de Haro · Villagordo del Júcar · Quintanar del Rey · Casas-Ibáñez
Herencia · 60 · Campo de Criptana · Arenales de la Moscarda · Minaya · 301 · Tarazona de la Mancha · Ledaña · Villamalea
Puerto-Lápice · 420 · Socuéllamos · Villarrobledo · La Roda · 320 · Mahora · Madrigueras · Fuentealbilla
Las Labores · Villarta de S. Juan · 400 · Sta. Marta · 24 · 312 · La Gineta · Valdeganga · Villavaliente
Villarrubia de los Ojos · Arenas de S. Juan · Tomelloso · Munera · 322 · Casas de Juan Núñez
Parque Nacional de las Tablas de Daimiel · Argamasilla de Alba · 400 · Sotuélamos · 430 · Barrax · La Felipa · Albacete · Chinchilla de Monte-Aragón
Manzanares · Membrilla · Ruidera · Ossa de Montiel · El Bonillo · Lezuza · La Herrera · Villar de Chinchilla · 430
La Solana · Alhambra · Lagunas de Ruidera · Tiriez · Balazote · Salobral · Horna · Corral
Bolaños de Calatrava · S. Carlos del Valle · Carrizosa · El Ballestero · S. Pedro · Pozo Cañada · Laguna de Pétrola · La Higuera
Moral · 415 · 3 · M · 4 · 322 · Pinilla · 5 · Laguna de Pétrola · Pétrola

La Alcarria · La Mancha Nueva · Serranía de Cuenca · Sierra de Albarracín · Montes Universales

46 · 0 5 10 20 30 40 50 60 Km. · 47

41
36
2
41
47
47

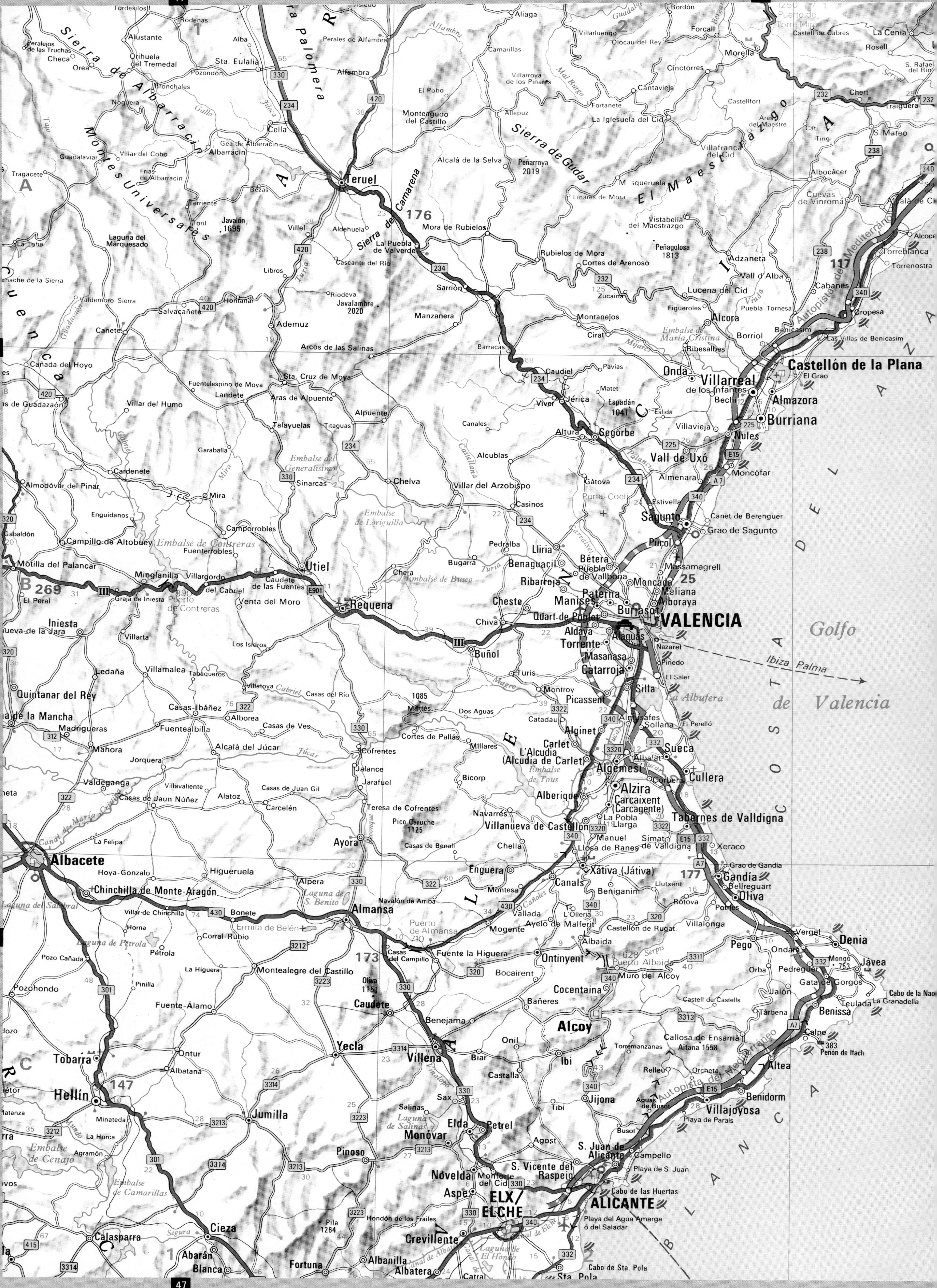

Sierra de Albarracín
Montes Universales
Sierra de Camarena
Sierra del Toro
Sierra de Gudar
El Maestrazgo
A
A
I
N
C
E
L
E
V
A
L
E
D
A
T
S
O
C
COSTA DEL MEDITERRÁNEO
COSTA BLANCA

Tordesillos
Ródenas
Alustante
Peralejos de las Truchas
Checa
Orea
Orihuela del Tremedal
Pozondón
Guadalaviar
Villar del Cobo
Frías de Albarracín
Tragacete
La Toba
Gea de Albarracín
Albarracín
Terriente
Toril
Bezas
Javalón 1695
Villel
Enguache de la Sierra
Valdemoro-Sierra
Cañada del Hoyo
Salvacañete
Cañete
Fuentes de Guadazaón
Cardenete
Almodóvar del Pinar
Enguidanos
Mira
Gabaldón
Campillo de Altobuey
Fuentelespino de Moya
Fuenterrobles
Motilla del Palancar
El Peral
Minglanilla
Villargordo del Cabriel
Iniesta
Cueva de la Jara
Villarta
Ledaña
Quintanar del Rey
Villamalea
Tabaqueros
Madrigueras
Mahora
Fuentealbilla
Jorquera
Alborea
Casas-Ibáñez
Casas del Río
Valdeganga
Villavaliente
Alcalá del Júcar
Casas de Ves
Casas de Juan Gil
Casas de Jaun Núñez
Alatoz
Carcelén
La Felipa
Albacete
Hoya-Gonzalo
Higueruela
Chinchilla de Monte-Aragón
Villar de Chinchilla
Bonete
Horna
Corral-Rubio
Pétrola
Pozo Cañada
La Higuera
Montealegre del Castillo
Fuente-Álamo
Pozohondo
Tobarra
Ontur
Albatana
Hellín
Minateda
La Horca
Agramón
Jumilla
Calasparra
Abarán
Blanca
Cieza
Fortuna
Albanilla
Albatera
Crevillente

Teruel
Cella
Sta. Eulalia
Alba
Alfambra
El Pobo
Perales de Alfambra
Visiedo
Aliaga
Villarluengo
Olocau del Rey
Forcall
Bordón
Morella
Camarillas
Cantavieja
Villarroya de los Pinares
Allepuz
Cañada de Benatanduz
La Iglesuela del Cid
Villafranca del Cid
Ares del Maestre
Benasal
Adzaneta
Vistabella del Maestrazgo
Peñagolosa 1813
Linares de Mora
Mosqueruela
Lucena del Cid
Figueroles
Puebla-Tornesa
Borriol
Alcora
Ribesalbes
Onda
Villarreal de los Infantes
Castellón de la Plana
El Grao
Almazora
Burriana
Nules
Moncófar
Vall de Uxó
Almenara
Canet de Berenguer
Grao de Sagunto
Sagunto
Puçol
Massamagrell
Meliana
Alboraya
Burjasot
VALENCIA
Nazaret
El Saler
La Albufera
El Perelló
Sollana
Sueca
Cullera
Tabernes de Valldigna
Xeraco
Grao de Gandía
Gandía
Bellreguart
Oliva
Villalonga
Vergel
Denia
Jávea
Cabo de la Nao
Benissa
Teulada
La Granadella
Calpe
Peñón de Ifach 383
Altea
Benidorm
Villajoyosa
Playa de Paraís
Campello
S. Juan de Alicante
Playa de S. Juan
Cabo de las Huertas
ALICANTE
ELX/ELCHE
Sta. Pola
Cabo de Sta. Pola

Mora de Rubielos
Rubielos de Mora
Cortes de Arenoso
Montanejos
Cirat
Zucaina
Caudiel
Pavias
Barracas
Viver
Jérica
Segorbe
Altura
Alcublas
Casinos
Villar del Arzobispo
Chelva
Bugarra
Pedralba
Chera
Lliria
Benaguacil
Bétera
Puebla de Vallbona
Ribarroja
Moncada
Paterna
Manises
Quart de Poblet
Chiva
Cheste
Buñol
Requena
Utiel
Caudete de las Fuentes
Venta del Moro
Graja de Iniesta
Puerto de Contreras
Embalse de Contreras
Los Isidros
Aldaya
Torrente
Masanasa
Catarroja
Turís
Silla
Picassent
Montserrat
Montroy
Real de Montroi
Alginet
Almusafes
Albalat
Algemesí
Alzira
Carcaixent (Carcagente)
La Pobla Llarga
Manuel
Simat de Valldigna
Alberique
Villanueva de Castellón
Navarrés
Chella
Anna
Énguera
Montesa
Canals
Xàtiva (Játiva)
Benigánim
Llutxent
Rótova
Montesa
Ayelo de Malferit
Vallada
Mogente
Albaida
Bocairent
Ontinyent
Muro del Alcoy
Cocentaina
Bañeres
Castell de Castells
Jalón
Tárbena
Orba
Pedreguer
Gata de Gorgos
Ondara
Pego
Orcheta
Relleu
Aitana 1558
Callosa de Ensarriá
Busot
Jijona
Tibi
Ibi
Castalla
Onil
Biar
Alcoy
Agost
Sax
Elda
Petrel
Monóvar
Pinoso
Yecla
Villena
Benejama
Caudete
Oliva 1151
Fuente la Higuera
Casas del Campillo
Almansa
Alpera
Navalón de Arriba
Ermita de Belén
Laguna de S. Benito
Ayora
Zarra
Teresa de Cofrentes
Pico Caroche 1125
Jarafuel
Jalance
Cofrentes
Bicorp
Dos Aguas
Cortes de Pallás
Millares
Embalse de Tous
Embalse del Generalísimo
Embalse de Loriguilla
Embalse de Buseo
Embalse de María Cristina
Novelda
Monforte del Cid
Aspe
S. Vicente del Raspeig
Monóvar
Hondón de los Frailes
Pila 1264
Salinas
Laguna de Salinas
Laguna del Saladar

Embalse de Cenajo
Embalse de Camarillas
Embalse del Sahúco
Laguna de Pétrola
Canal de María Cristina

Golfo de Valencia
Ibiza Palma
→ Ibiza Palma

0 5 10 20 30 40 Miles

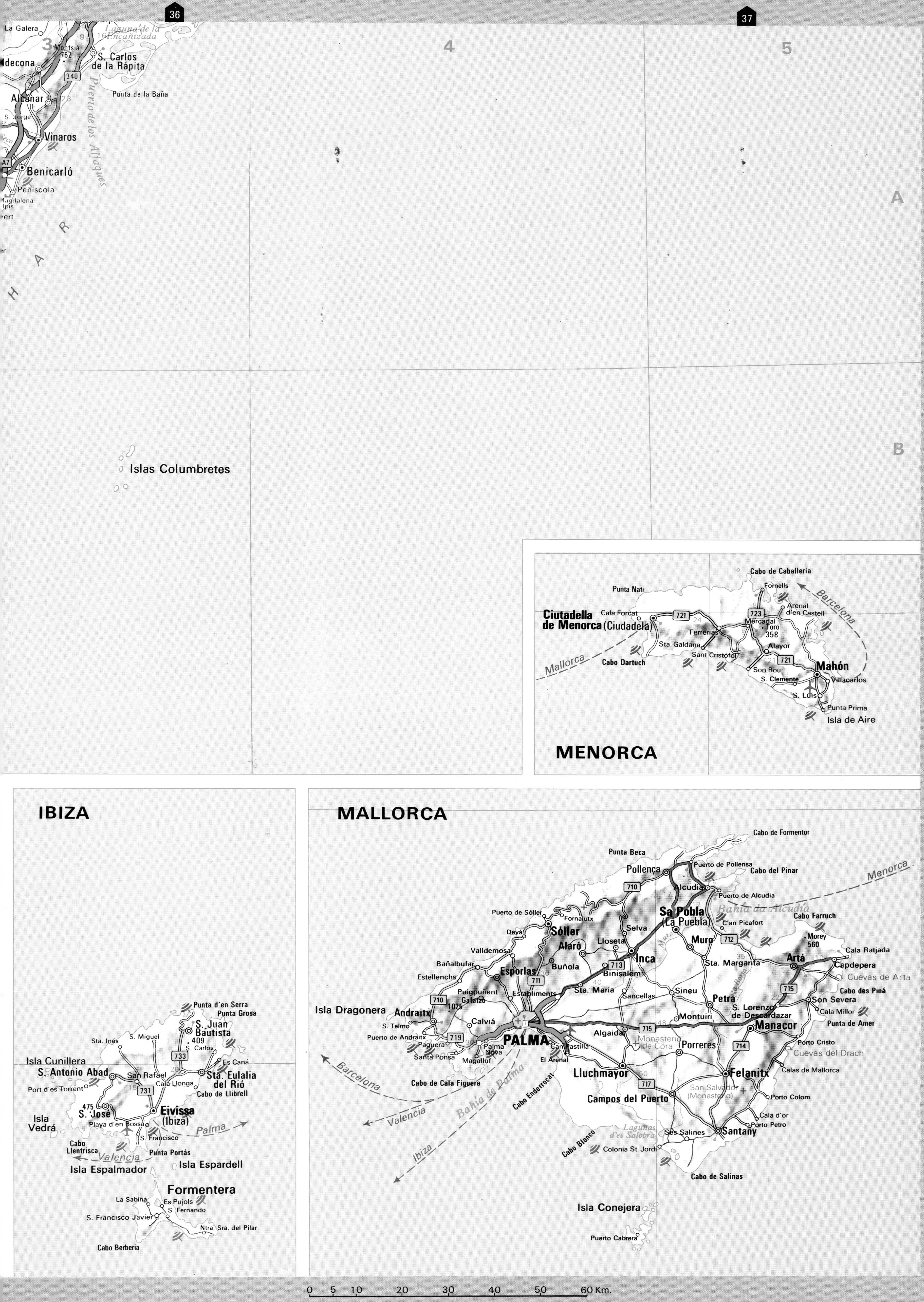

36 **37**

3 4 5

A

B

La Galera
Montsiá
762
S. Carlos
de la Rápita
Laguna de la
Encañizada
Alcanar
340
28
Punta de la Baña
decona
S. Jorge
Puerto de los Alfaques
Vinaros
A7
Benicarló
Peñíscola
Magdalena
Alpis
vert

M
A
R

Islas Columbretes

MENORCA

Cabo de Caballería
Punta Nati
Fornells
Arenal
d'en Castell
Ciutadella
de Menorca (Ciudadela)
Cala Forcat
721
723
Toro
358
Mercadal
Barcelona
Ferrerías
Alayor
Sta. Galdana
721
Mallorca
Cabo Dartuch
Sant Cristófol
Son Bou
Mahón
S. Clemente
Villacarlos
S. Luis
Punta Prima
Isla de Aire

IBIZA

Punta d'en Serra
Punta Grosa
S. Miguel
S. Juan
Sta. Inés
Bautista
409
S. Carlos
733
Es Caná
Isla Cunillera
S. Antonio Abad
San Rafael
Cala Llonga
Sta. Eulalia
Port d'es Torrent
731
del Rió
Cabo de Llibrell
Isla
Vedrá
475
S. José
Eivissa
Playa d'en Bossa
(Ibiza)
Cabo
S. Francisco
Palma
Llentrisca
Punta Portás
Valencia
Formentera
Isla Espalmador
Isla Espardell
La Sabina
Es Pujols
S. Fernando
S. Francisco Javier
Ntra. Sra. del Pilar
Cabo Berbería

MALLORCA

Cabo de Formentor
Punta Beca
Pollença
Puerto de Pollensa
Cabo del Pinar
710
Alcudia
17
Puerto de Alcudia
Puerto de Sóller
Fornalutx
Sa Pobla
Bahía de Alcudia
Deyá
Selva
(La Puebla)
C'an Picafort
Sóller
Lloseta
Cabo Farruch
Valldemosa
Alaró
Muro
Morey
712
560
Bañalbufar
Buñola
Inca
Sta. Margarita
Artá
Cala Ratjada
Estellenchs
713
Binisalem
Esporlas
Sta. Maria
Sineu
Petra
Cabo des Piná
Puigpuñent
711
Sancellas
715
Son Severa
Isla Dragonera
710
Establiments
S. Lorenzo
Cala Millor
Andraitx
1025
de Descardazar
Punta de Amer
Galato
Monturi
S. Telmo
Calviá
Algaida
715
Manacor
Puerto de Andraitx
719
Monastero
Porto Cristo
Paguera
de Cora
Porreres
714
Cuevas del Drach
Santa Ponsa
PALMA
Calas de Mallorca
Magaluf
Palma
Castilla
Nova
El Arenal
Felanitx
Barcelona
Lluchmayor
Cala d'or
San Salvador
Cabo de Cala Figuera
717
(Monastero)
Porto Colom
Valencia
Campos del Puerto
Cabo Enderrocat
Porto Petro
Ibiza
Bahía de Palma
Lagunas
Ses Salines
Santany
d'es Salobra
Cabo Blanco
Colonia St. Jordi
Cabo de Salinas

Isla Conejera

Puerto Cabrera

Menorca

0 5 10 20 30 40 50 60 Km.

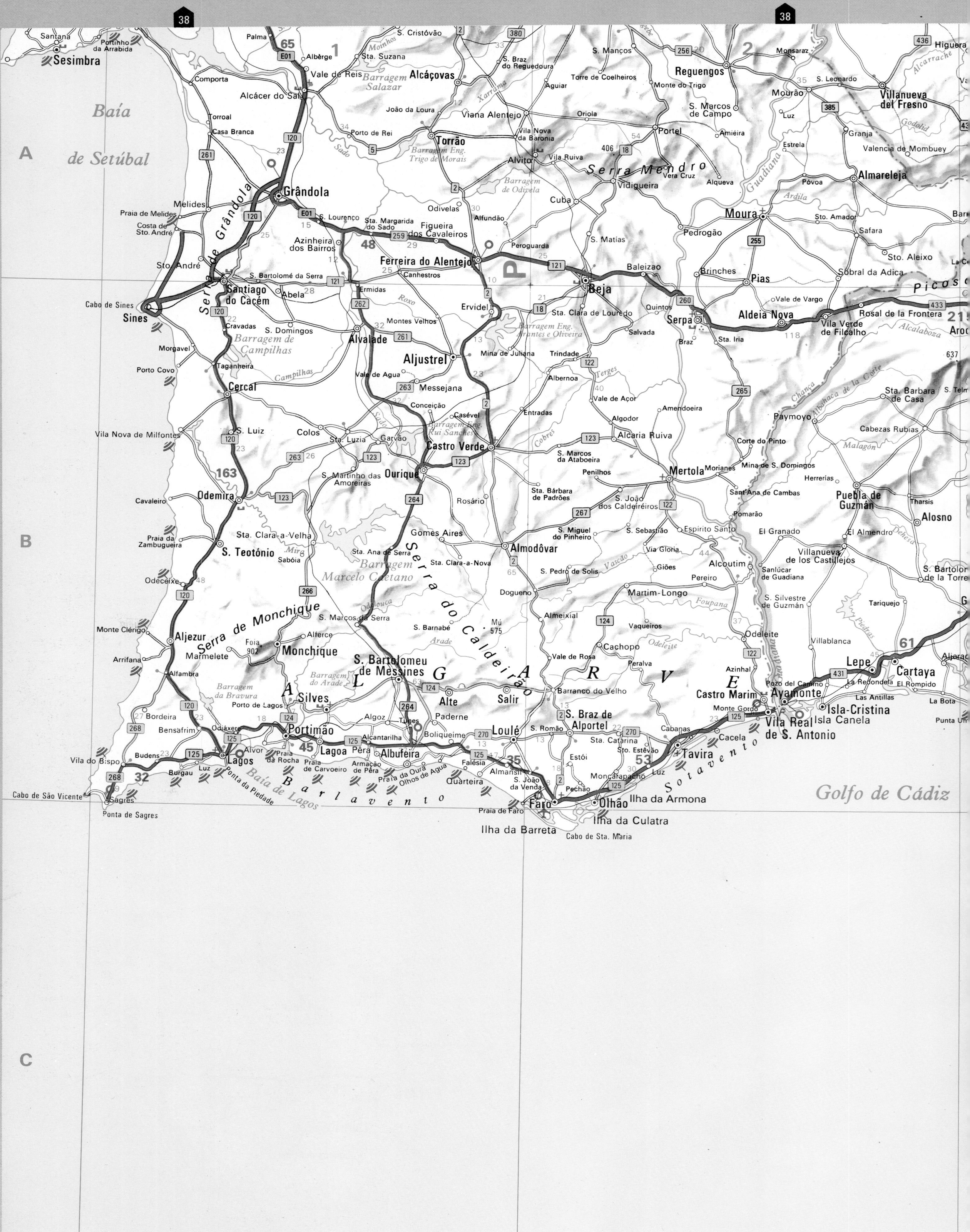

38

38

65
E01

Santana
Portinho da Arrabida
Sesimbra
Palma
Albèrge
Vale de Reis
1
Comporta
Alcácer do Sal
Torroal
Casa Branca
120
261

Baía de Setúbal

A

S. Cristóvão
Sta. Suzana
Alcáçovas
João da Loura
Porto de Rei
Torrão
Viana Alentejo
Vila Nova da Baronia
Barragem Eng. Trigo de Morais
Alvito
Vila Ruiva
Odivelas
Cuba
Barragem de Odivela
Vidigueira
Vera Cruz

Grândola
Melides
Praia de Melides
Costa de Sto. André
120
E01
S. Lourenço
Sta. Margarida do Sado
Figueira dos Cavaleiros
259
48
Peroguarda

Serra Mendro

380
S. Braz do Reguedoura
Torre de Coelheiros
Aguiar
Oriola
Portel
256
Reguengos
Monsaraz
S. Marcos de Campo
Luz
Amieira
Alqueva
Estrela
385
Valencia de Mombuey
Granja
Villanueva del Fresno
Godetil

Sto. André
S. Bartolomé da Serra
Santiago do Cacém
Abela
Ermidas
Canhestros
Ferreira do Alentejo
121
121
Roxo
262
Ervidel
P
121
Beja
Baleizao
Brinches
Pias
Sto. Aleixo
Sóbral da Adica
Almareleja
Moura
Pedrogão
255
Sto. Amador
Safara
Pôvoa
Picos

Cabo de Sines
Sines
120
Cravadas
S. Domingos
Montes Velhos
Alvalade
261
18
Sta. Clara de Lourêdo
Quintos
Serpa
260
Aldeia Nova
Salvada
Braz
Sta. Iria
Vale de Vargo
Rosal de la Frontera
Vila Verde de Filcalho
21
118
433
Aro

Morgavel
Porto Covo
Taganheira
Barragem de Campilhas
263
Aljustrel
Vale de Agua
Messejana
122
Albernoa
Vale de Açor
Algodor
Amendoeira
Paymoyo
Cabezas Rubias
Sta. Barbara de Casa
S. Tel
637

Cercal
Colos
Sta. Luzia
Garvão
263
123
Castro Verde
123
S. Marcos da Ataboeira
123
Alcaria Ruiva
Penilhos
Mertola
Corte do Pinto
Mina de S. Domingos
Herrerias
Puebla de Guzmán
Tharsis
Malagón

Vila Nova de Milfontes
120
S. Luiz
163
S. Martinho das Amoreiras
Ourique
264
Rosário
Sta. Bárbara de Padrões
267
S. João dos Caldeireiros
122
Moranes
Sant'Ana de Cambas
Alosno

Odemira
Cavaleiro
123
Gomes Aires
S. Miguel do Pinheiro
S. Sebastião
Espirito Santo
El Granado
Villanueva de los Castillejos
S. Bartolo de la Torre

B

Praia da Zambugueira
Sta. Clara-a-Velha
S. Teotónio
Sabóia
Sta. Ana de Serra
Sta. Clara-a-Nova
65
Almodôvar
Via Gloria
Alcoutim
Sanlúcar de Guadiana
S. Silvestre de Guzmán
Tariquejo

Serra do Caldeirão

Odeceixe
120
266
S. Pedro de Solis
Dogueno
Martim-Longo
124
Vaqueiros
Giões
Pereiro
Odeleite
Villablanca
61

Monte Clérigo
Aljezur
Serra de Monchique
Foia 902
S. Marcos da Serra
S. Barnabé
Mù 575
Vale de Rosa
Cachopo
Peralva
Azinhal
Lepe
Cartaya
La Redondela
El Rompido

Arrifana
Marmelete
Monchique
S. Bartolomeu de Messines
Arade
124
Alte
Salir
Barranco do Velho
Pozo del Camino
431
Las Antillas
La Bota

Alfambra
Barragem da Bravura
Barragem do Arade
A L G A R V E
Silves
124
270
Loulé
S. Braz de Alportel
270
Castro Marim
Monte Gordo
125
Ayamonte
Isla-Cristina
Isla Canela
Punta Um

Vila do Bispo
Budens
125
Lagos
Alvor
Portimão
45
Lagoa
Pêra
Albufeira
125
35
Paderne
Algoz
Boliqueime
Falésia
Almansil
S. João da Venda
Estói
Sta. Catarina
Sto. Estêvão
53
Tavira
Cacela
Cabanas
Vila Real de S. Antonio

Cabo de São Vicente
32
268
Burgau
Luz
Ponta da Piedade
Baía de Lagos
Praia da Rocha
Praia de Carvoeiro
Armação de Pêra
Olhos de Agua
Quarteira
Pechão
125
Olhão
Ilha da Armona

Sagres
Ponta de Sagres
B a r l a v e n t o
S o t a v e n t o
Faro
Praia de Faro
Ilha da Culatra
Ilha da Barreta
Cabo de Sta. Maria

Golfo de Cádiz

C

1
2

0   5   10   20   30   40 Miles

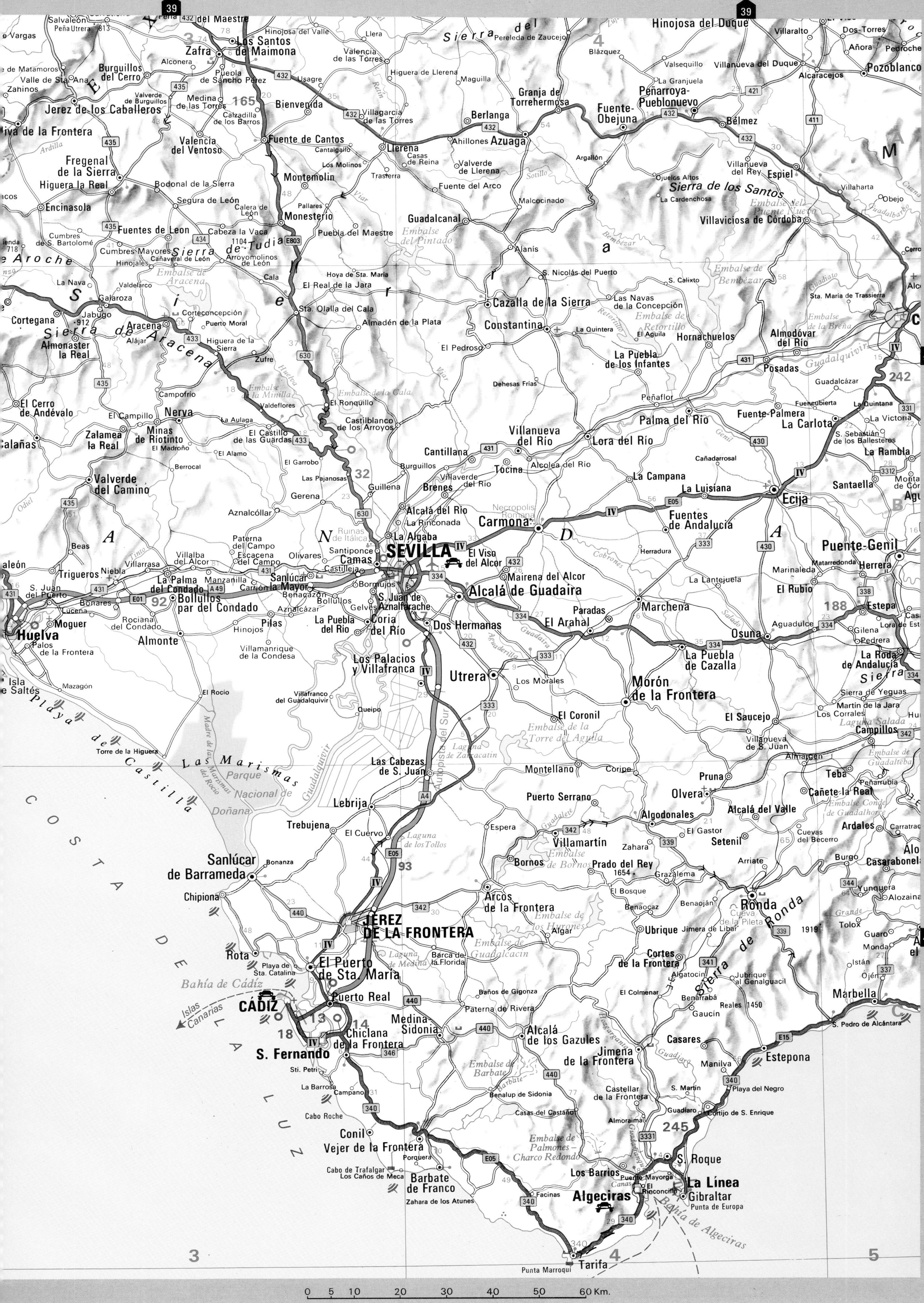

39 · 39 · 46 · 46

Huelva · SEVILLA · CÁDIZ · JEREZ DE LA FRONTERA · S. Fernando · Algeciras · Tarifa · La Línea · Gibraltar · Ronda · Marbella · Estepona

Zafra · Los Santos de Maimona · Jerez de los Caballeros · Fregenal de la Sierra · Encinasola · Aracena · Cortegana · Valverde del Camino · Moguer · Almonte · Sanlúcar de Barrameda · Chipiona · Rota · El Puerto de Sta. María · Puerto Real · Chiclana de la Frontera · Conil · Vejer de la Frontera · Barbate de Franco · Los Barros · S. Roque

Fuente-Obejuna · Peñarroya-Pueblonuevo · Bélmez · Espiel · Pozoblanco · Hinojosa del Duque · Villanueva del Duque

Cazalla de la Sierra · Constantina · Carmona · Écija · Puente-Genil · Osuna · Estepa · Marchena · Morón de la Frontera · La Puebla de Cazalla · Utrera · Dos Hermanas · Alcalá de Guadaira · Lebrija · Arcos de la Frontera · Villamartín · Olvera · Ronda

Escala: 0 5 10 20 30 40 50 60 Km.

3 · 4 · 5

40   41

1   2   3

39   45   45

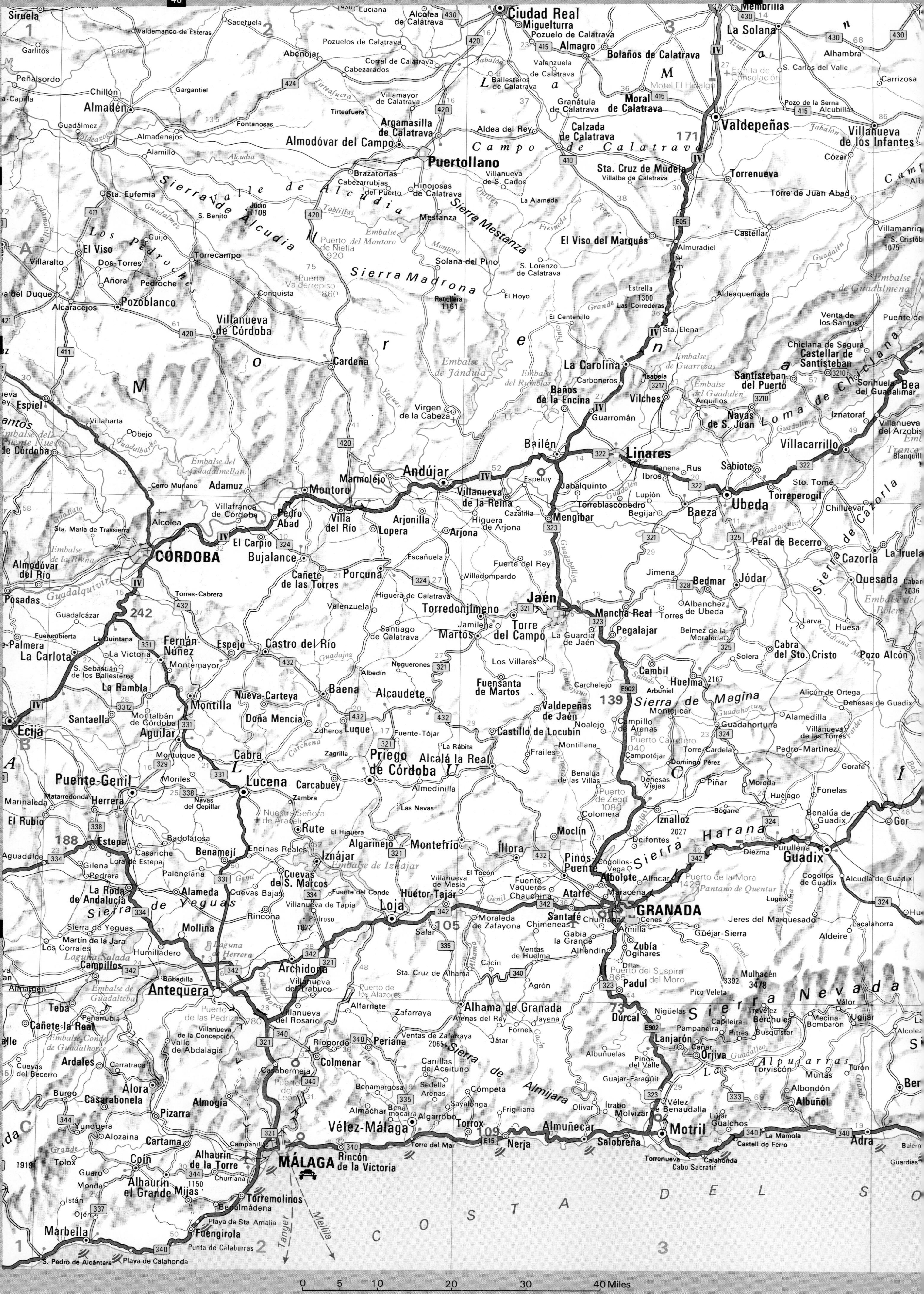

Ciudad Real · Miguelturra · Pozuelo de Calatrava · Almagro · Bolaños de Calatrava · La Solana · Alhambra · S. Carlos del Valle · Carrizosa · Membrilla

Siruela · Garlitos · Peñalsordo · Chillón · Almadén · Guadálmez · Valdemanco de Esteras · Saceruela · Luciana · Alcolea de Calatrava · Abenojar · Corral de Calatrava · Cabezarados · Villamayor de Calatrava · Argamasilla de Calatrava · Almodóvar del Campo · Granátula de Calatrava · Moral de Calatrava · **Valdepeñas** · Villanueva de los Infantes · Cózar

171 · Villaralto · Sta. Eufemia · El Viso · Dos-Torres · Añora · Pedroche · Torrecampo · S. Benito · Brazatortas · Cabezarrubias del Puerto · Hinojosas de Calatrava · Villanueva de S. Carlos · Mestanza · La Alameda · Sta. Cruz de Mudela · Villalba de Calatrava · Torrenueva · Torre de Juan Abad · Castellar · S. Cristóbal

Puertollano · Solana del Pino · S. Lorenzo de Calatrava · El Hoyo · El Viso del Marqués · Almuradiel · Aldeaquemada · Venta de los Santos · Puente de

Sierra de Alcudia · Valle de Alcudia · Sierra Mestanza · Sierra Madrona · Sierra Morena

Embalse del Montoro · Embalse de Guadalmena

Pozoblanco · Alcaracejos · Villanueva de Córdoba · Cardeña · Conquista · La Carolina · Carboneros · Isabela · Chiclana de Segura · Castellar de Santisteban · Santisteban del Puerto · Sorihuela del Guadalimar · Beas del Guadalimar

Espiel · Villaharta · Obejo · Cerro Muriano · Adamuz · Marmolejo · **Andújar** · Villanueva de la Reina · Espeluy · Jabalquinto · Baños de la Encina · Vilches · Guarromán · Navas de S. Juan · Iznatoraf · Villanueva del Arzobispo · Villacarrillo

Embalse del Guadalmellato · Embalse de Jándula · Embalse del Rumblar · Embalse de Guadalén · Embalse de Guarrizas

Bailén · **Linares** · Cañena · Rus · Ibros · Torreblascopedro · Begíjar · Sto. Tomé · Torreperogil · **Úbeda** · Chilluévar · Cazorla · La Iruela

Sta. María de Trassierra · Alcolea · Villafranca de Córdoba · Pedro Abad · Villa del Río · Arjonilla · Lopera · Arjona · Higuera de Arjona · Cazalilla · Mengíbar · Lupión · Sabiote · Quesada

CÓRDOBA · El Carpio · Bujalance · Cañete de las Torres · Porcuna · Escañuela · Villadompardo · Fuerte del Rey · **Jaén** · Mancha Real · Torres de Úbeda · Albanchez · Jimena · Bedmar · Jódar · Cabra del Sto. Cristo · Pozo Alcón

242 · Almodóvar del Río · Posadas · Guadalcázar · Fuencubierta · La Quintana · Torres-Cabrera · Valenzuela · Higuera de Calatrava · Torredonjimeno · Santiago de Calatrava · Martos · Jamilena · Torre del Campo · La Guardia de Jaén · Pegalajar · Larva · Huesa · Belmez de la Moraleda · Larva

Écija · Santaella · La Carlota · La Victoria · Fernán-Núñez · Montemayor · Espejo · Castro del Río · Albendín · Baena · Nueva-Carteya · Alcaudete · Negrones · Los Villares · Fuensanta de Martos · Valdepeñas de Jaén · Noalejo · Campillo de Arenas · Cambil · Huelma · Montejícar · Guadahortuna · Villanueva de las Torres · Pedro-Martínez · Gorafe

139 · Sierra de Magina · Alamedilla

La Rambla · S. Sebastián de los Ballesteros · Montalbán de Córdoba · Montilla · Doña Mencía · Zuheros · Luque · Fuente-Tójar · Castillo de Locubín · Montillana · Frailes · Benalúa de las Villas · Dehesas Viejas · Colomera · Piñar · Moreda · Huélago · Benalúa de Guadix · Fonelas · Gor

Aguilar · Monturque · Moriles · Cabra · Lucena · Carcabuey · Almedinilla · Zagrilla · Priego de Córdoba · La Rábita · Alcalá la Real · Puerto de Zegrí 1080 · Bogarre · Iznalloz · Deifontes · Purullena · **Guadix**

Puente-Genil · Matarredonda · Herrera · El Rubio · Badolatosa · Navas del Cepillar · Las Navas · El Higuera · Algarinejo · Montefrío · Íllora · Moclín · Cogollos-Vega · Pinos-Puente · Diezma · Alcudia de Guadix

188 · Estepa · Gilena · Lora de Estepa · Casariche · Palenciana · Benamejí · Encinas Reales · Iznájar · Fuente del Conde · Villanueva de Mesía · El Tocón · Fuente Vaqueros · Chauchina · Albolote · Maracena · Alfacar · Güéjar-Sierra · Jeres del Marquesado · Lacalahorra · Aldeire

334 · Aguadulce · La Roda de Andalucía · Alameda · Cuevas de S. Marcos · Cuevas Bajas · Rincona · Huétor-Tájar · Moraleda de Zafayona · Santafé · Cenes · Atarfe · **GRANADA** · Armilla · Gabia la Grande · Alhendín · Zubia · Ogíjares · Dílar · Padul · Nigüelas

Sierra de Yeguas · Martín de la Jara · Los Corrales · Mollina · Humilladero · Campillos · Fuente de Piedra · Pedroso 1022 · Salar · **Loja** · 105 · Chimeneas · Ventas de Huelma · Agrón · La Malahá · 73 · Dúrcal · Lanjarón · Órgiva · Sierra Nevada · Mulhacén 3392 · Pico Veleta 3478 · Trevélez · Bérchules · Mecina-Bombarón · Ugíjar

Teba · Cañete-la-Real · Peñarrubia · Bobadilla · **Antequera** · Archidona · Villanueva del Trabuco · Villanueva del Rosario · Sta. Cruz de Alhama · Puerto de los Alazores · Alfarnate · Zafarraya · Játar · Sierra de Tejeda · Canillas de Aceituno · Albuñuelas · Pinos del Valle · Cáñar · Pampaneira · Capileira · Pitres · Busquístar · Válor · Mecina

Embalse del Guadalhorce · Valle de Abdalajís · Villanueva de la Concepción · Riogordo · Colmenar · Periana · Benamargosa · Sedella · Sayalonga · Cómpeta · Frigiliana · Molvízar · Lújar · Albondón · Berja

Ardales · Carratraca · Álora · Almogía · Pizarra · Casarabonela · Casabermeja · Puerto del León · Benamocarra · Almáchar · Algarrobo · Torrox · Vélez de Benaudalla · Motril · Adra

344 · Burgo · Yunquera · Alozaina · Cártama · Coín · Alhaurín de la Torre · Churriana · Rincón de la Victoria · **Vélez-Málaga** · Torre del Mar · Nerja · Almuñécar · Salobreña · La Mamola · Castell de Ferro · Adra

337 · Tolox · Guaro · Monda · Istán · Ojén · Alhaurín el Grande · Mijas · **MÁLAGA** · 109 · Torrenueva · Cabo Sacratif · Calahonda

Marbella · S. Pedro de Alcántara · Playa de Calahonda · Fuengirola · Benalmádena · Torremolinos · Playa de Sta. Amalia · Punta de Calaburras

COSTA DEL SOL

Tanger · Melilla

0   5   10   20   30   40 Miles

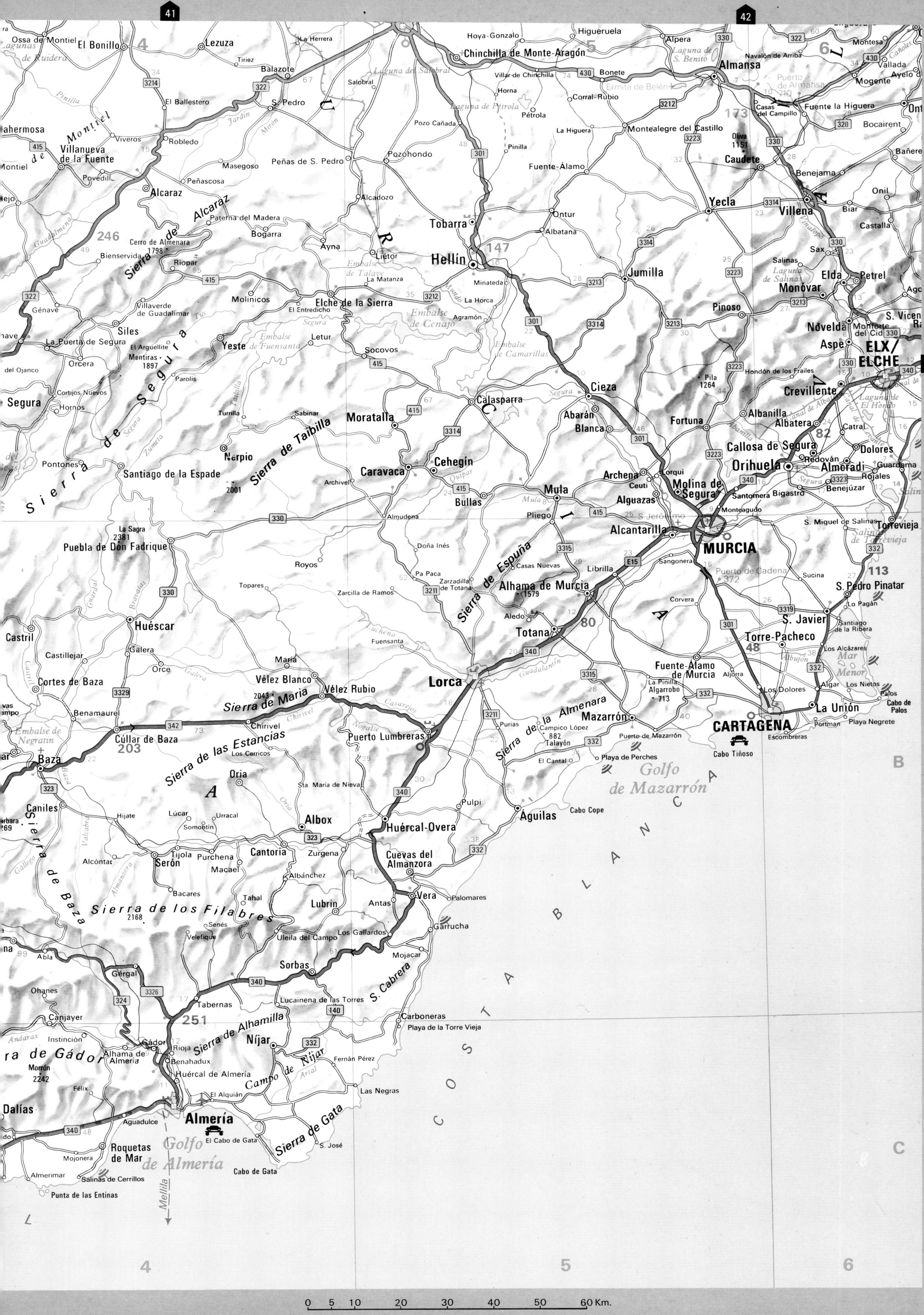

Ossa de Montiel · El Bonillo · 4 · Lezuza · La Herrera · Hoya-Gonzalo · Higueruela · Alpera · 330 · 322 · Montesa · Vallada
Laguna de Ruidera · Tiriez · Balazote · Salobral · Chinchilla de Monte-Aragón · 5 · Laguna de S. Benito · Navalón de Arriba · 430 · Ayelo
Pinilla · 3214 · S. Pedro · 322 · Villar de Chinchilla · 74 · Bonete · Almansa · Casas del Campillo · Fuente la Higuera · Mogente
ahermosa · Montiel · Viveros · Robledo · El Ballestero · Jardín · Mirón · Horna · Corral-Rubio · 3212 · Puerto de Almansa · 330 · 320 · Bocairent · Ont
415 · Villanueva de la Fuente · Masegoso · Peñas de S. Pedro · Pozohondo · Pétrola · Montealegre del Castillo · 3223 · Oliva 1151 · Caudete · 330 · Benejama · Onil · Bañere
Montiel · Alcaraz · Peñascosa · Alcadozo · Fuente-Álamo · La Higuera · 330 · Onil · Castalla
246 · Sierra de Alcaraz · Paterna del Madera · Tobarra · Ontur · Albatana · 3223 · 3314 · Yecla · Villena · Biar
Cerro de Almenara 1798 · Bogarra · Ayna · Liétor · Hellín · 147 · Jumilla · 3223 · Monóvar · Sax · 330 · Elda · Petrel
Bienservida · Riopar · 95 · La Matanza · Minateda · 3213 · Pinoso · 3213 · Novelda · S. Vicen
322 · Génave · Siles · Villaverde de Guadalimar · Molinicos · Elche de la Sierra · El Entredicho · La Horca · 3212 · Agramón · 301 · 3314 · Pila 1264 · Hondón de los Frailes · Aspe · ELX/ELCHE · 42
La Puerta de Segura · Yeste · Letur · Embalse de Cenajo · Embalse de Camarilla · 3223 · Crevillente · Albanilla · Albatera · 82 · Catral
Segura · El Arguellite Mentiras 1897 · Socovos · 415 · Fortuna · Callosa de Segura · Dolores
Cortijos Nuevos · Orcera · Parolís · Calasparra · Cieza · Abarán · Blanca · Orihuela · Redován · Almoradi · Rojales
Hornos · Turrilla · Sabinar · Moratalla · 3314 · Segura · 46 · 301 · Lorquí · 340 · 3323 · Benejúzar
Sierra de Segura · Nerpio · Sierra de Taibilla · Archivel · Cehegín · Caravaca · Mula · Archena · Ceutí · Molina de Segura · S. Miguel de Salinas · Torrevieja
Pontones · Santiago de la Espada 2001 · Bullas · 415 · Alguazas · Santomera · Bigastro
Sierra de Espuña · Almudena · Pliego · S. Jerónimo · Alcantarilla · Montagudo · Salinas de Torrevieja
La Sagra 2381 · Puebla de Don Fadrique · Doña Inés · 3315 · Librilla · E15 · MURCIA · 332
330 · Royos · Pa Paca · Zarzadilla de Totana · Alhama de Murcia 1579 · Casas Nuevas · Sangonera · Sucina · 113
Topares · Zarcilla de Ramos · 3211 · Aledo · Corvera · 301 · S. Pedro Pinatar · Lo Pagán
Huéscar · Galera · María · Fuensanta · Totana · 80 · 340 · Fuente-Álamo de Murcia · S. Javier · Santiago de la Ribera
Castril · Castillejar · Orce · Lorca · 3315 · Aljorra · La Pinilla Algarrobo 713 · Torre-Pacheco · 48 · Los Alcázares · Mar Menor
Cortes de Baza · 3329 · Vélez Blanco 2043 · Vélez Rubio · 3211 · Mazarrón · 332 · Los Dolores · Algar · Los Nietos · Cabo de Palos
Benamaurel · Sierra de María · Chirivel · Puerto Lumbreras · Purias · Sierra de la Almenara · Campico López 882 · La Unión
Embalse de Negratín · 342 · 73 · Cúllar de Baza · Los Cerricos · Talayón · 332 · Puerto de Mazarrón · CARTAGENA · Escombreras · Playa Negrete
Baza · 203 · Oria · 340 · El Cantal · Playa de Perches · Cabo Tiñoso · Portmán
323 · Caniles · Hijate · Lúcar · Urracal · Sta. María de Nieva · Pulpí · Golfo de Mazarrón · B
Sierra de Baza · Alcóntar · Tíjola · Purchena · Albox · 323 · Aguilas · Cabo Cope
Sierra de los Filabres 2168 · Serón · Macael · Zurgena · Huércal-Overa · 332
Bacares · Tahal · Albánchez · Cuevas del Almanzora · Vera
Senés · Lubrín · Antas · Palomares · Garrucha
Veleñque · Uleila del Campo · Los Gallardos · Mojácar
Abla · Sorbas · S. Cabrera
Gérgal · 340 · Lucainena de las Torres · Carboneras
324 · 3326 · Tabernas · 140 · Playa de la Torre Vieja
Ohanes · 251 · Sierra de Alhamilla · Las Negras
Canjáyar · Instinción · Gádor · Rioja · Níjar · Campo de Níjar · Fernán Pérez
Sierra de Gádor · Alhama de Almería · Benahadux · 332 · El Alquián
Morrón 2242 · Huércal de Almería
Félix · El Alquián
Dalías · ALMERÍA · El Cabo de Gata · Sierra de Gata · S. José
340 · Aguadulce · Golfo de Almería · Cabo de Gata
Roquetas de Mar · Mojonera · S. José
Almerimar · Salinas de Cerrillos · Punta de las Entinas

0 5 10 20 30 40 50 60 Km.

8 9 10 11 12 13 14 15 6 7 8

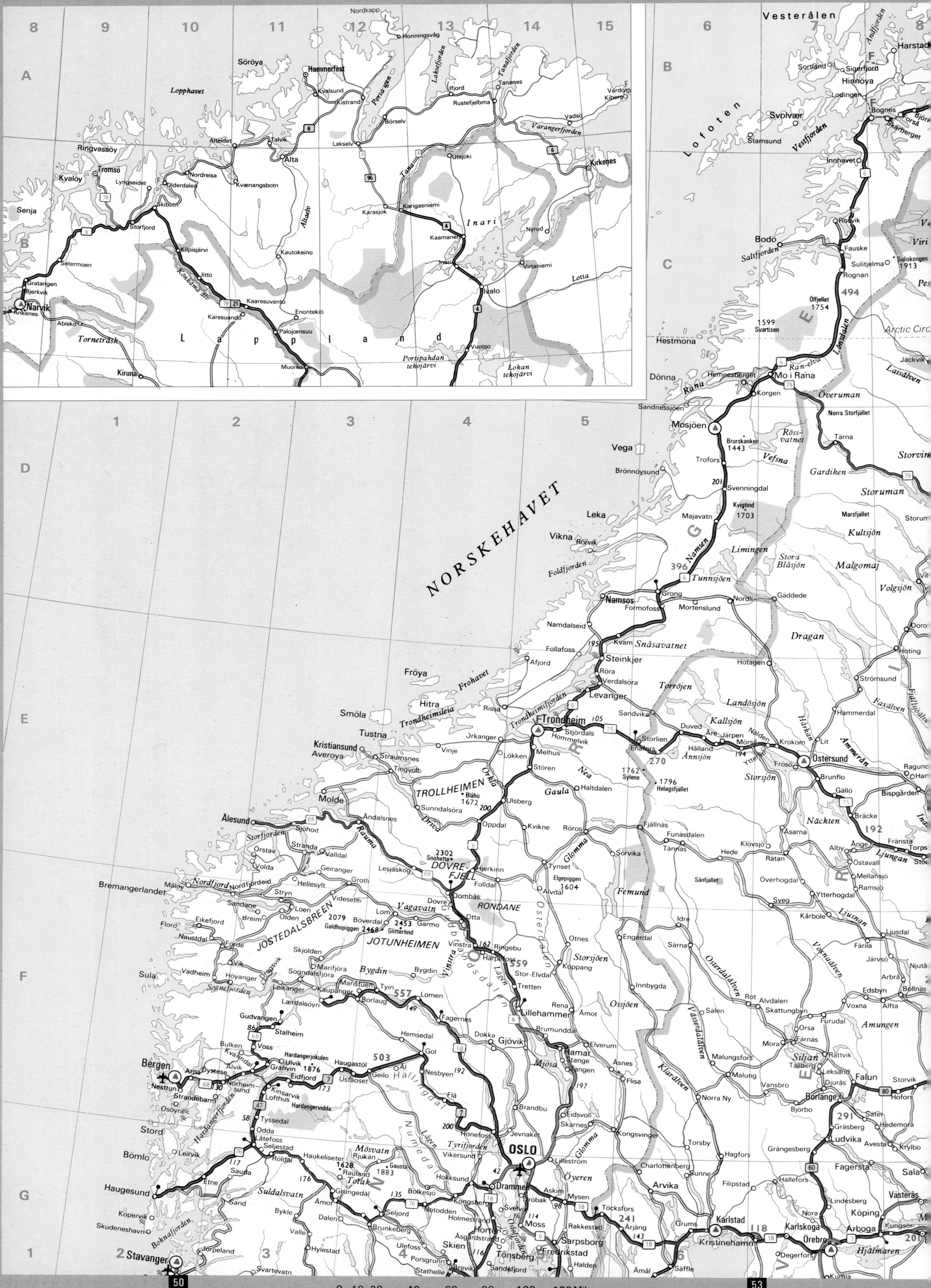

Nordkapp · Honningsvåg · Söröya · Hammerfest · Kvalsund · Kistrand · Ifjord · Rustefjelbma · Tananes · Vadso · Vardö · Kiberg · Kirkenes · Vangerfjorden · Börselv · Lakselv · Alta · Talvik · Alteidet · Porsangen · Lakselfjorden · Tana · Utsjoki · Karigasniemi · Karasjok · Kaamanen · Inari · Nyrud · Vitaniemi · Ivalo · Lotta

Ringvassöy · Tromsö · Kvalöy · Lyngseidet · Olderdalen · Nordreisa · Kvænangsbotn · Skiboth · Storfjord · Senja · Kilpisjärvi · Litto · Kautokeino · Setermoen · Gratangen · Bjerkvik · Narvik · Ankenes · Abisko · Torneträsk · Kiruna · Kaaresuvanto · Karesuando · Enontekiö · Palojoensuu · Muonio · Vuotso · Portipahdan tekojärvi · Lokan tekojärvi · Lappland · Lapland · 78 · 21 · 96 · 6 · 4

Lopphavet

Vesterålen region (upper right):

Vesterålen · Harstad · Andfjorden · Sortland · Sigerfjord · Hinnöya · Lödingen · Bognes · Svolvær · Lofoten · Stamsund · Vestfjorden · Innhavet · Rösvik · Bodö · Saltfjorden · Fauske · Sulitjelma 1913 · Sulingen · Rognan · Ölfjellet 1754 · 494 · 1599 Svartisen · Arctic Circle · Hestmona · Dönna · Hemnesberget · Mo i Rana · Rana · Rana-elva · Korgen · Överuman · Sandnessjöen · Norra Storfjället · Mosjöen · Brurskanken 1443 · Röss-vatnet · Tärna · Viri

NORSKEHAVET

Vega · Trofors · Vefsna · Gardiken · Storum... · Brönnöysund · Svenningdal · 201 · Kvigtind 1703 · Majavatn · Marsfjället · Storuman · Leka · Dragan · Vikna · Rörvik · Namsen · Limingen · Stora Blåsjön · Malgomaj · Volgsjön · 396 · Tunnsjöen · Gäddede · Foldfjorden · Namsos · Grong · Nordli · Hoting · Formofoss · Mortenslund · Namdalseid · 195 · Kvam · Snåsavatnet · Doro... · Follafoss · Steinkjer · Röra · Hotagen · Strömsund · Afjord · Verdalsöra · Törröjen · Landösjön · Faxälven · Fröya · Frohavet · Levanger · Sandvika · Hammerdal · Hitra · Smöla · Trondheimsleia · Rissa · Tustna · Trondheimsfjorden · Trondheim · 105 · Duved · Åre · Järpen · Nälden · Krokom · Lit · Stjördals · Hommelvik · Storlien · 75 · Mörsil · Undersåker · Östersund · Ragunda · O Han...

Kristiansund · Averöya · Straumsnes · Jörkanger · Orkanger · Vinje · Melhus · Ensätra · Hålland · 194 · Yttersjö · Froso · Brunflo · Tingvoll · Lökken · Stören · Nea · Gaula · Haltdalen · 1762 Sylene · 270 · Annsjön · Helagsfjället 1796 · Storsjön · Gällö · Bispgården · Molde · TROLLHEIMEN · Blåhö 1672 · Orkla · 200 · Sunndalsöra · Ulsberg · Kvikne · Röros · Fjällnäs · Funasdalen · Asarna · Bräcke · Näckten · 192 · Åndalsnes · Sjöholt · Ålesund · 69 · Storfjorden · Rauma · Drivs · Oppdal · Glomma · Sörvika · Klövsjö · Hede · Rätan · Ånge · Ostavall · Ljungan · Torps · Orstav · Stranda · Valldal · 2302 Snöhetta · DOVRE-FJELL · Hjerkinn · Folldal · Tynset · Elgepiggen 1604 · Femund · Sänfjället · Tännäs · Överhogdal · Volda · Geiranger · Lesjäskog · Grotli · 69 · Dovre · Dombås · RONDANE · Alvdal · Otnes · Engerdal · Idre · Särna · Sveg · Kårböle · Ytterhogdal · Ljusnan · Ramsjö · Mellansjö · Bremangerlandet · Målöy · Nordfjord · Nordfjordeid · Hellesylt · Stryn · Loen · Olden · Breim · Videseter · Vagavatn · Garmo · Otta · Osterdalen · Storsjöen · Koppang · Rot · Alvdalen · Ljusdal · Färila · Njutå... · Eikefjord · Florö · Naustdal · Sandane · Förde · Skjolden · 2079 Böverdal · 2453 Glittertind · 2468 Galdhopiggen · JOTUNHEIMEN · Vinstra · 162 · Ringebu · Stor-Elvdal · Innbygda · Ossjöen · Furudal · Orsa · Arbrå · Edsbyn · Bollnäs · Sula · Vadheim · Höyanger · Marifjöra · Sogndalsfjöra · Bygdin · Lom · Lågen · Harpefoss 559 · Tretten · Rena · Sälen · Osterdalälven · Järvsö · Sognefjorden · Leikanger · Kaupanger · 557 · Tyin · Lomen · Fagernes · Lillehammer · Åmot · Malungsfors · Mora · Farnäs · Rättvik · Amungen · Lärdalsöyri · Borlaug · 149 · Bygdin · Hernsedal · Dokka · Gjövik · Brumunddal · Elverum · Asnes · Siljan · Tällberg · Leksand · Djurås · Gudvangen · Stalheim · Gol · 68 · Hamar · Stange · Vangen · Mjösa · Flisa · Malung · Vansbro · Falun · Storvik · 86 · 68 · Voss · Hardangerjökulen · Haugastöl · 503 · Ål · Nesbyen · 192 · 197 · Norra Ny · Borlänge · Hofors · 80 · Bergen · Arna · Dystese · Ulvik · Granvin · 1876 · Eidfjord · Geilo · Hallingdal · Flå · Brandbu · Eidsvoll · Kongsvinger · Torsby · 291 · Säter · Hedemora · Nesttun · Norheim-sund · 7 · 173 · 7 · Hönefoss · Jevnaker · Skarnes · Charlottenberg · Sunne · Grängesberg · Fagersta · Sala · Strandbarm · Osöyro · 68 · 30 · Kinsarvik · Lofthus · Hardangervidda · 47 · Tyssedal · 58 · Numedal · Tyrifjorden · Vikersund · OSLO · Drammen · Lillestrom · Öyeren · Askim · Mysen · Arvika · Filipstad · Hällefors · Lindesberg · Köping · Västerås · Stord · Odda · Låtefoss · Seljestad · Mösvatn · Rjukan · 1628 · Gausta 1883 · Bölkeso · Hokksund · 42 · Dröbak · 98 · 114 · Moss · Rakkestad · Tocksfors · Grums · Karlstad · 118 · Karlskoga · Örebro · Arboga · Hjälmaren · Bömlo · Leirvik · Roldal · 78 · Totak · Haukeliseter · 176 · Grungedal · 135 · 76 · Notodden · Holmestrand · Svelvik · 241 · Kristinehamn · Degerfors · Haugesund · Sauda · Etne · Sand · Suldalsvatn · Åmot · Bykle · Dalen · Seljord · Brunkeberg · Ulefoss · Skien · 116 · Horten · Åsgardstrand · Sarpsborg · 143 · 18 · Kopervik · Skudeneshavn · Boknafjorden · Stavanger · 50 · Jörpeland · Hylestad · Valle · Svartevatn · Porsgrunn · Brevik · Stathelle · Tönsberg · Sandefjord · Larvik · Töcksfors · Fredrikstad · Halden · Åmål · Säffle · Kumla · Hjälmaren

50 · 53

0 10 20 40 60 80 100 120 Miles

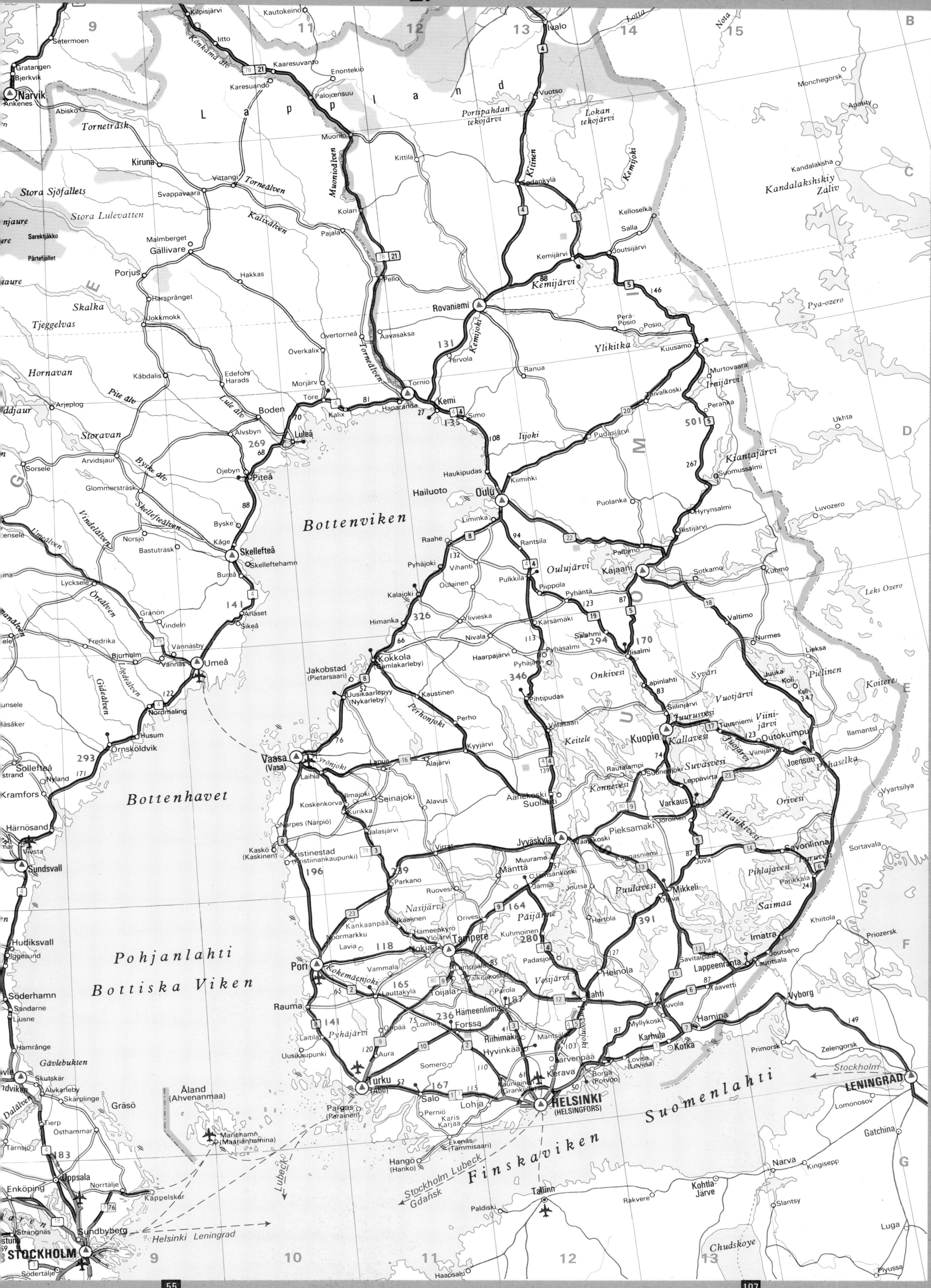
Lappland
Bottenviken
Bottenhavet
Pohjanlahti
Bottiska Viken
Suomenlahti
Finskaviken
Kandalakshskiy Zaliv
Narvik
Kiruna
Gällivare
Jokkmokk
Arvidsjaur
Boden
Luleå
Piteå
Skellefteå
Umeå
Örnsköldvik
Sundsvall
Hudiksvall
Söderhamn
Gävle
Uppsala
Enköping
Norrtälje
Sundbyberg
STOCKHOLM
Kilpisjärvi
Kautokeino
Karesuando
Muonio
Kittilä
Ivalo
Sodankylä
Kemijärvi
Salla
Rovaniemi
Tornio
Haparanda
Kemi
Oulu
Hailuoto
Raahe
Kajaani
Kokkola (Gamlakarleby)
Jakobstad (Pietarsaari)
Vaasa (Vasa)
Seinäjoki
Kristinestad (Kristiinankaupunki)
Pori
Rauma
Turku (Åbo)
Åland (Ahvenanmaa)
Mariehamn (Maarianhamina)
Tampere
Jyväskylä
Kuopio
Joensuu
Savonlinna
Mikkeli
Lahti
Heinola
Lappeenranta
Imatra
Kotka
Hamina
Porvoo
HELSINKI (HELSINGFORS)
Hangö (Hanko)
Tallinn
LENINGRAD
Vyborg
Narva
Oulujärvi
Päijänne
Saimaa
Pielinen
Stockholm
Helsinki Leningrad
Lubeck
Stockholm Lubeck Gdańsk

55

107

0 20 40 80 120 160 200 Km.

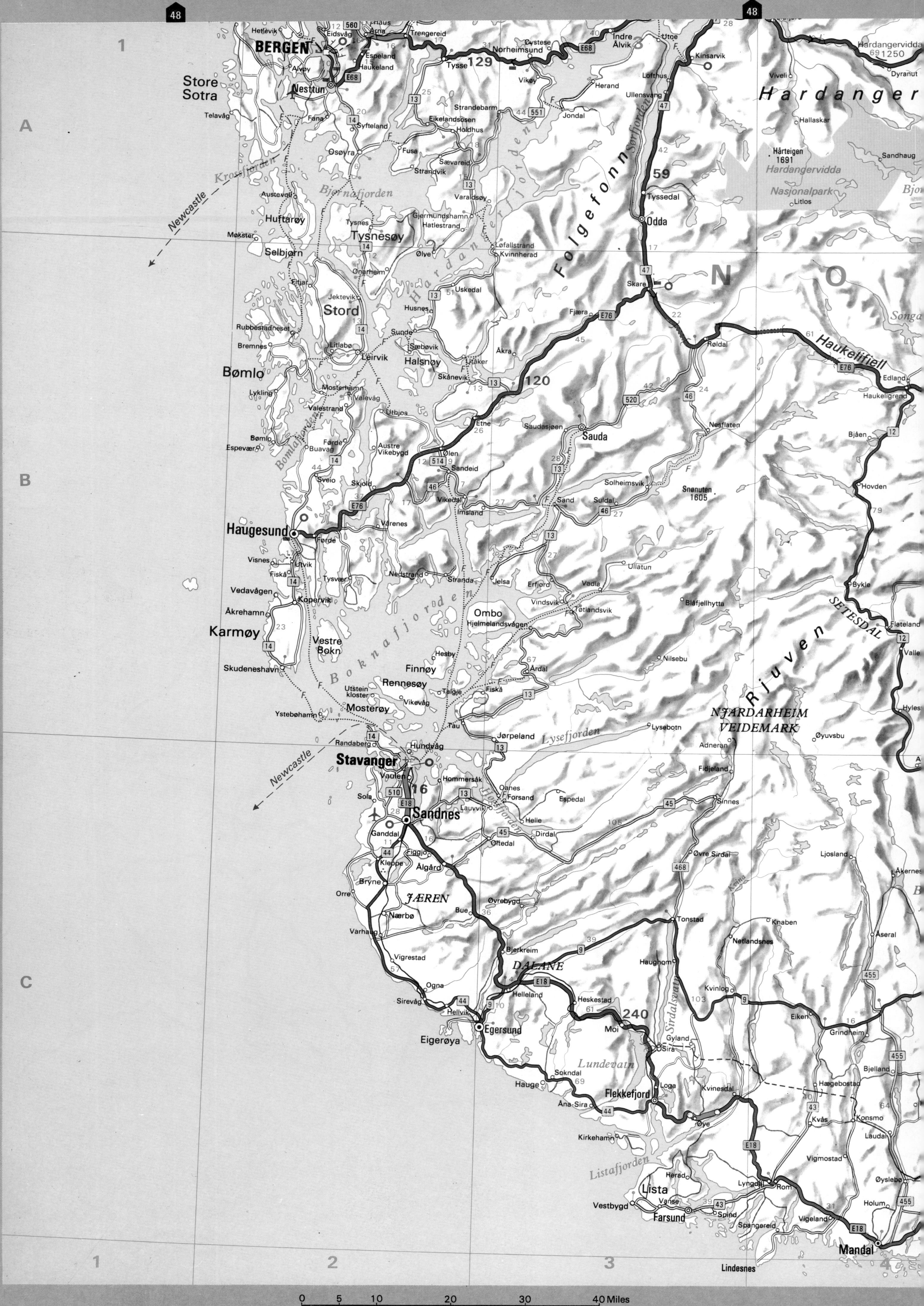

50

1

A

B

C

1   2   3   4

Store Sotra

Hetlevik
Eidsvåg
Haus
Trengereid
560
12
Øystese
40
Indre Ålvik
Utne
28
Hardangervidda
691 250

BERGEN
Arna
17
Norheimsund
E68
Kinsarvik
Lofthus
Viveli
Dyranut

Espeland
Haukeland
E68
16
31
Tysse **129**
Vikøy
Ullensvang
47
Herand
Hardanger
Hallaskar

Nesttun
25
13
Strandebarm
551
44
Jondal
42
Hårteigen 1691
Sandhaug

Telavåg
14
Syfteland
Eikelandsosen
Holdhus
Hardangervidda
Litlos

Fana
F
Osøyra
Fusa
Sævareid
Strandvik
59
Nasjonalpark
Bjø

Krossfjorden
Newcastle
Bjørnafjorden
Varaldsøy
Tyssedal
Songa

Austevoll
Gjermundshamn
Hatlestrand
Odda

Huftarøy
Tysnes
Ølve
Løfallstrand
Kvinnherad
17
N
O

Møkster
Hardangerfjorden
Onarheim
Skare
47
22

Selbjørn
Tysnesøy
14
Uskedal
Fjæra
E76
Røldal
61
Haukelifjell

Stord
Husnes
51
13
Åkra
45
E76
Edland

Rubbestadneset
Sunde
Skånevik
120
520
42
46
24
Nesflaten
Haukeligrend
12

Bremnes
Litlabø
Leirvik
Halsnøy
13
Etne
26
Saudasjøen
13
Snønuten 1605
Bjåen
Hovden

Bømlo
Lykling
Mosterhamn
Valevåg
Åker
Sauda
Solheimsvik
F
79

Valestrand
Utbjoa
Ølen
514
9
Sandeid
13
Sand
46
Suldal
27

Bømlo
Førde
Buavåg
Austre Vikebygd
14
2
46
Vikedal
Imsland
27
Blåfjellhytta

Espevær
Sveio
Skjold
E76
Vårenes
17
Stranda
Jelsa
Erfjord
Vadla
Nilsebu

Haugesund
Førde
3
13
27
Ullatun

Visnes
Litvik
Tysvær
Nedstrand
13
Vindsvik
Tøtlandsvik
Øvre
Setesdal

Fiskå
14
Ombo
Hjelmelandsvågen
Riuven
12

Vedavågen
Kopervik
Hesby
67
Ardal
Valle

Åkrehamn
23
Vestre Bokn
Finnøy
Fiskå
13
Flateland

Karmøy
14
Rennesøy
Talgje
Njardarheim
A

Skudeneshavn
Boknafjorden
Vikevåg
Veidemark
Lysebotn
Øyuvsbu

Utstein kloster
Mosterøy
Tau
Jørpeland
Lysefjorden
Adneram
Hyles

Ystebøhamn
14
Hundvåg
13
Fidjeland
B

Randaberg
Oanes
Forsand
Espedal
45
Sinnes

Stavanger
Vaulen
510
16
Hommersåk
13
Lauvvik
Helle
105
Akernes

Newcastle
Sola
E18
Sandnes
28
45
Dirdal
Øvre Sirdal
Ljosland

Ganddal
11
16
Øftedal
468

Figgjo
44
Ålgård
Åseral

Kleppe
Bryne
JÆREN
Øvrebygd
Tonstad
Netlandsnes
455

Orre
Nærbø
Bue
36
Bjerkreim
39
Haughom
Kvinlog

Varhaug
9
Kraina
103
Eiken
16
Grindheim

Vigrestad
DALANE
E18
9
43
Konsmo
64

Ogna
57
Helleland
Heskestad
61
240
Mol
455

Sirevåg
44
9
10
Gyland
Kvås
Laudal

Hellvik
Sokndal
Loga
Sira
43
Bjelland

Egersund
Lundevatn
Flekkefjord
Kvinesdal
Hægebostad

Eigerøya
Hauge
69
Åna-Sira
Øye
E18

Kirkeham
Herad
Rom
Øyslebø

Listafjorden
Lista
Vanse
Holum
455

Vestbygd
Farsund
Spind
Vigeland

Lindesnes
Spangereid
E18
Mandal

0   5   10   20   30   40 Miles

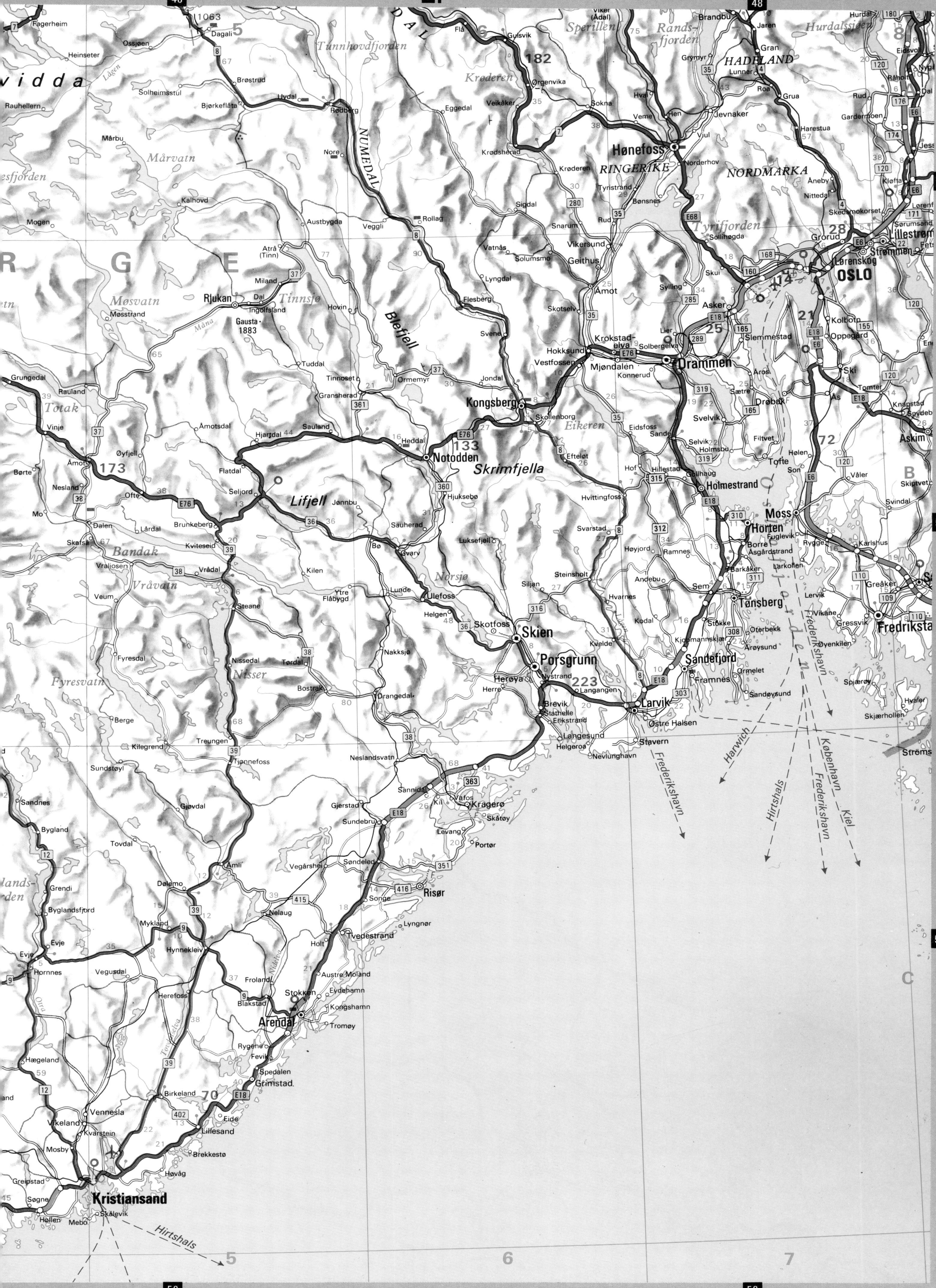
48
Fagerheim
1063
Dagali
Heinseter
Ossjøen
Flå
Gulsvik
Tunnhovdfjorden
Sperillen
Randsfjorden
Brandbu
Jaren
Hurdalssjøen
Hurdal
vidda
Solheimsstul
Brøstrud
Uvdal
Rødberg
Krøderen
182
Ørgenvika
Veikåker
Gran
HADELAND
Lunner
Grymyr
Roa
Grua
Eidsvoll
Råholt
Rauhellern
Bjørkeflåta
Eggedal
Sokna
Hval
Veme
Hen
Jevnaker
Viul
Harestua
Gardermoen
Mårbu
Mårvatn
NUMEDAL
Nore
Krødsherad
Hønefoss
RINGERIKE
Norderhov
NORDMARKA
Åneby
Kløfta
Nittedal
Tyristrand
Bønsnes
Kalhovd
Sigdal
Skedsmokorset
Lørenfjell
Mogen
Austbygda
Veggli
Rollag
Snarum
Rud
Tyrifjorden
Sollihøgda
Sørumsand
Grorud
Lillestrøm
Strømmen
Lørenskog
OSLO
28
Atrå (Tinn)
Vatnås
Solumsmo
Vikersund
Geithus
Skui
Miland
Møsvatn
Møsstrand
Rjukan
Dal
Ingolfsland
Tinnsjø
Gausta 1883
Hovin
Lyngdal
Flesberg
Åmot
Sylling
Asker
Blefjell
Svene
Skotselv
Krokstadelva
Hokksund
Vestfossen
Mjøndalen
Konnerud
Lier
Solbergelva
Drammen
Slemmestad
Kolbotn
Oppegård
Ski
Grungedal
Rauland
Totak
Tuddal
Tinnoset
Gransherad
Ørmemyr
Jondal
Kongsberg
Sætre
Drøbak
Åros
Tomter
Knapstad
Spydeberg
Vinje
Åmotsdal
Hjartdal
Sauland
Heddal
Skollenborg
Eikeren
Eidsfoss
Sande
Svelvik
Selvik
Holmsbu
Filtvet
Ås
Askim
Øyfjell
Notodden
133
Efteløt
Skrimfjella
Hof
Hillestad
Gullhaug
Holmestrand
Tofte
Hølen
Son
Våler
Skiptvet
Åmot
173
Børte
Nesland
Flatdal
Seljord
Lifjell
Jønnbu
Hjuksebø
Hvittingfoss
Moss
Horten
Svindal
Mo
Ofte
Brunkeberg
Sauherad
Svarstad
Borre
Fuglevik
Rygge
Karlshus
Dalen
Lårdal
Skafså
Kviteseid
Bandak
Bø
Gvarv
Luksefjell
Høyjord
Ramnes
Åsgårdstrand
Barkåker
Larkollen
Vraliosen
Vrådal
Vråvatn
Kilen
Norsjø
Steinsholt
Andebu
Sem
Tønsberg
Lervik
Greåker
Veum
Ytre Flåbygd
Lunde
Ulefoss
Siljan
Hvarnes
Steane
Helgen
Skotfoss
Skien
Kodal
Stokke
Oterbekk
Vikane
Gressvik
Fredrikstad
Fyresdal
Nissedal
Nakksjø
Porsgrunn
Kvelde
Kjøpmannskjær
Årøysund
Øyenkilen
Tørdal
Nisser
Sandefjord
Fyresvatn
Bostrak
Drangedal
Herøya
Herre
Nystrand
223
Langangen
Framnes
Ormelet
Sandøysund
Spjærøy
Berge
Brevik
Stathelle
Eikstrand
Larvik
Østre Halsen
Hvaler
Skjærhollen
Kilegrend
Treungen
Langesund
Helgeroa
Stavern
Nevlunghavn
Strømstad
Sundstøyl
Tjønnefoss
Neslandsvatn
Harwich
Frederikshavn
Hirtshals
København
Kiel
Sannidal
Kil
Vafos
Kragerø
Skåtøy
Sandnes
Gjøvdal
Gjerstad
Sundebru
Levang
Portør
Bygland
Tovdal
Vegårshei
Søndeled
Amli
Risør
Dølemo
Grendi
Byglandsfjord
Nelaug
Songe
Lyngnør
Mykland
Evje
Hynnekleiv
Holt
Tvedestrand
Hornnes
Vegusdal
Froland
Austre Moland
Herefoss
Blakstad
Stokken
Eydehamn
Kongshamn
Arendal
Tromøy
Hægeland
Rygene
Fevik
Spedalen
Grimstad
Birkeland
70
Vennesla
Vikeland
Kvarstein
Eide
Lillesand
Mosby
Brekkestø
Høvåg
Greipstad
Søgne
Kristiansand
Hollen
Mebø
Skålevik
56
52
53
B
C
5
6
7
8
E6
E18
E76

0 5 10 20 30 40 50 60 Km.

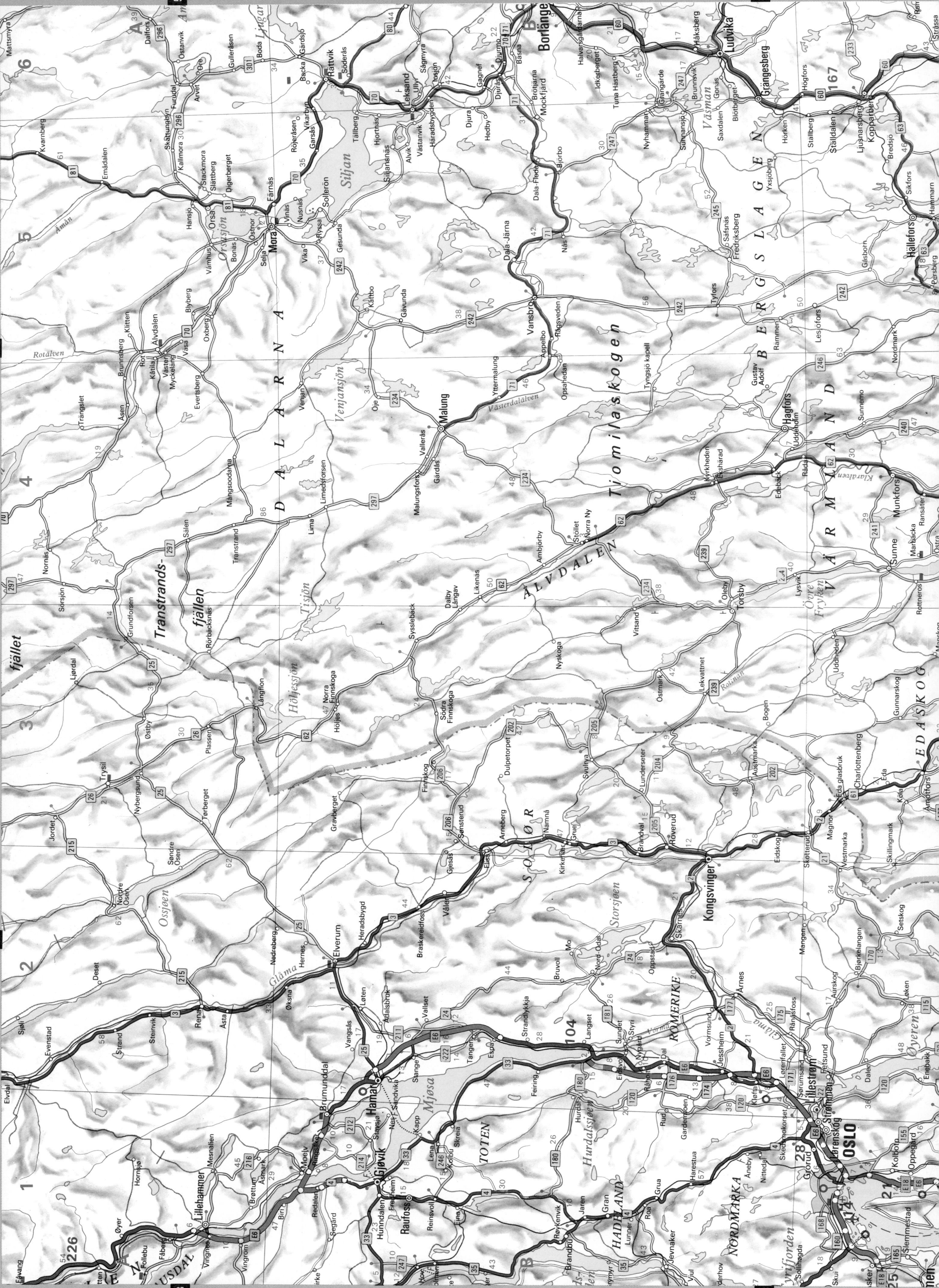

52

54 54

48 48

48 51

DALARNA

BERGSLAGEN

Tiomilaskogen

Älvdalen

VÄRMLAND

EDASKOG

SOLØR

ROMERIKE

TOTEN

HEDMARK

NORDMARKA

Transtrands-fjället

Mora
Orsa
Rättvik
Leksand
Siljan
Malung
Vansbro
Borlänge
Ludvika
Grängesberg
Hagfors
Munkfors
Sunne
Hällefors
Kongsvinger
Elverum
Hamar
Gjøvik
Lillehammer
Brumunddal
Raufoss
OSLO
Lillestrøm

Mjøsa
Storsjøen
Øyeren
Glåma
Rotälven
Åman
Ljøra
Össjöen
Tisjön
Höljessjön
Venjansjön
Orsasjön

0 5 10 20 30 40 Miles

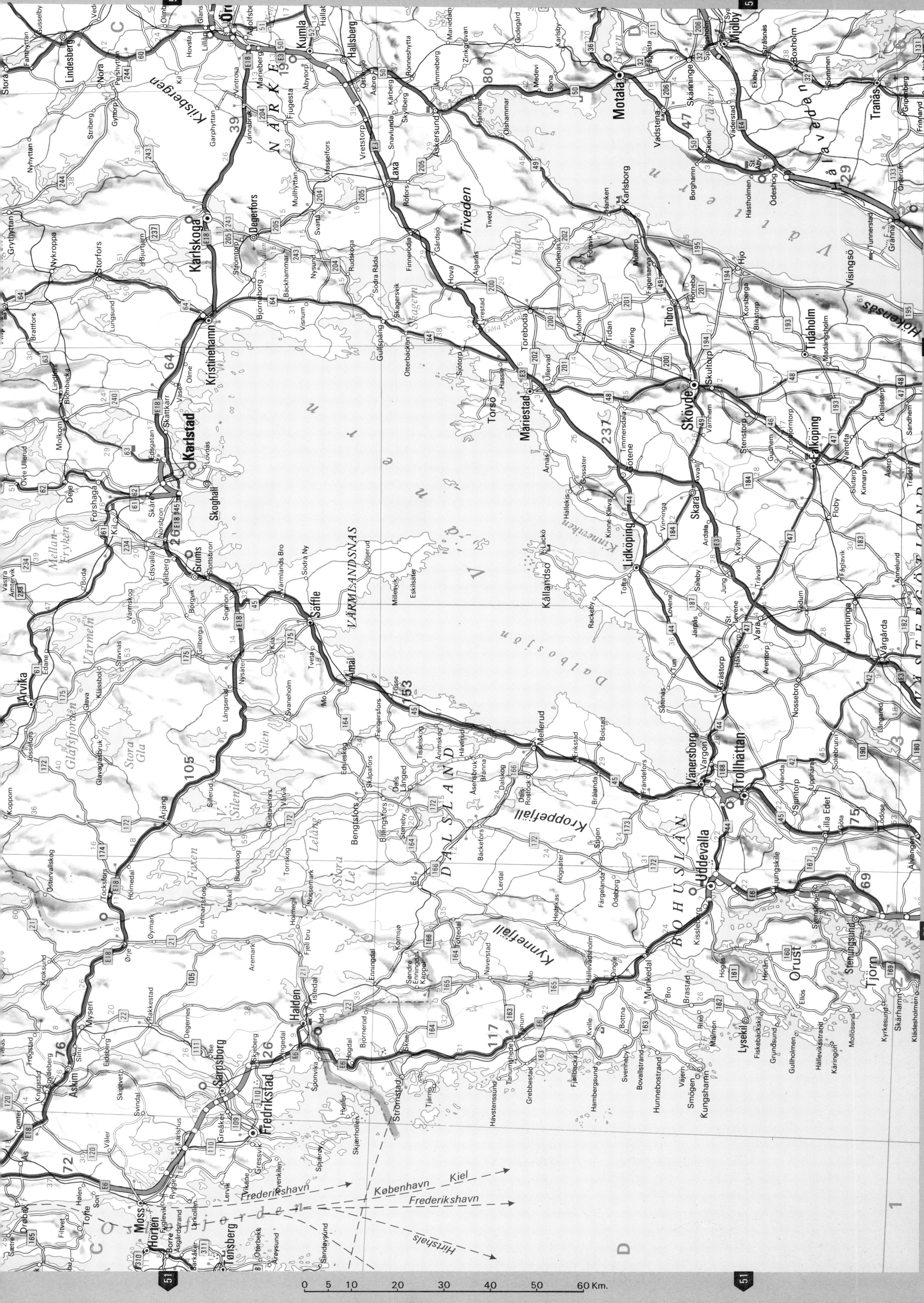

Lindesberg Nora Örebro Kumla Hallsberg Motala Skänninge Mjölby Tranås

NÄRKE Kilsbergen Laxa Tiveden Karlsborg Vadstena Borghamn Visingsö Hjo Hölavaden Höjentorp

Karlskoga Degerfors Hova Undenäs Tibro Hönebo Tidaholm Grännä

Kristinehamn Björneborg Gullspång Mariestad Skövde Skultorp Falköping

Karlstad Skoghall Torsö Götene Lidköping Skara Vara Herrljunga Vårgårda

Forshaga Grums Säffle VÄRMLANDSNÄS Kållandsö Läckö Vänern Kinnekulle

Arvika Åmål Mellerud Vänersborg Trollhättan Lilla Edet

Glafsfjorden Stora Gla Ö. Silen DALSLAND Bengtsfors Ed Uddevalla Ljungskile

Årjäng Foxen Stora Le Kroppefjäll Munkedal Orust Stenungsund Tjörn

Tocksfors Holmegil Kynnefjäll Lysekil Kungshamn

Halden Strömstad Grebbestad Fjällbacka

Sarpsborg Fredrikstad BOHUSLÄN

Moss Horten Tønsberg

Oslofjorden København Kiel Frederikshavn Hirtshals

Dalbosjön VÄSTERGÖTLAND

0 5 10 20 30 40 50 60 Km.

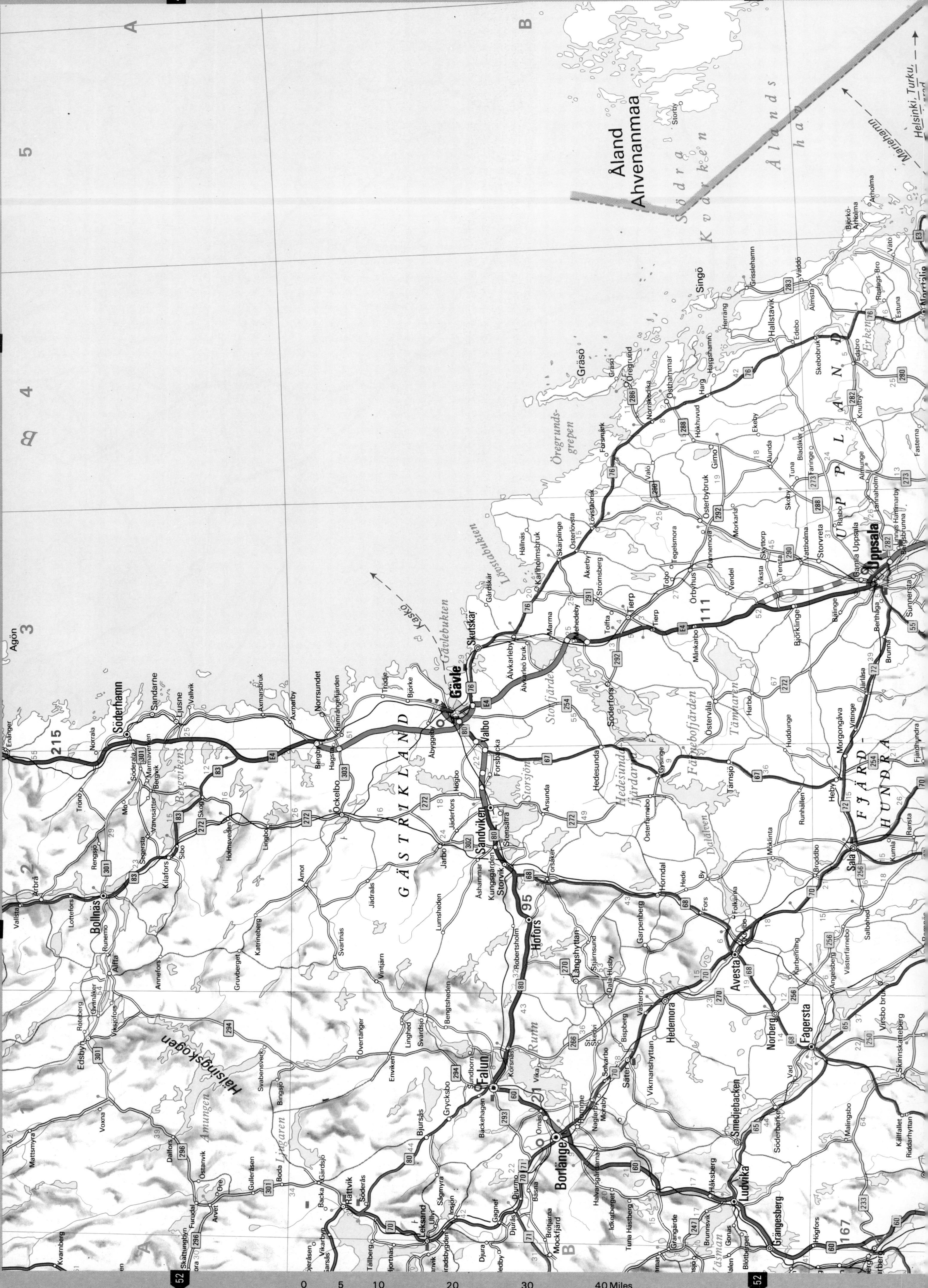

49 A B 49

B 4

5

49

3

Åland
Ahvenanmaa

Södra Kvarken

Ålands hav

Helsinki, Turku,
Mariehamn

Storby

Singö

Gräsö
Gräsö
Öregrund
Östhammar

Öregrundsgrepen

Herräng
Hallstavik
Hångshamn
Grisslehamn
Väddö
Björkö-Arholma
Vätö

Norrtälje

283

Bjöklinge

Estuna
Rådmansö-Bro

Edsbro
Älmsta

Forsmark
Hökhuvud
Ekeby

288

Norrskedika
Valö
286

Gimo
Alunda

76
Hållnäs
Skärplinge
Österlövsta

U P P L A N D

Karlholmsbruk
Gårdskär

Löfstabukten

Akerby
Strömsberg
Österbybruk
Morkarla

292
291

Skyttorp

Skutskär
Skutskär

Älvkarleö bruk
Älvkarleby

Tierp
Tierp
Tobo
Tegelsmora
Dannemora
Vattholma
Storvreta

290

Kaskö

Gävlebukten

Marma
Mehedeby

76

Tolfta

273

288

Viksta
Tensta

Gamla Uppsala

Uppsala

Gävle
Gävle

76
E4

Söderfors

292

Vendel
Orbyhus

Bälinge

Berthåga
Brunna
Sunnersta

255

Tierp

272

E4

111

52

Bergby
Hagsta
Norrsundet
Hamrångefjärden
Trödje
Björke

Valbo
Abyggeby

80

Storjärden

254

Hedesunda

Färnebofjärden

Tärnsjö

Harbo

Morgongåva
Vittinge

70

Axmarbruk
Axmarby

Storsjön

Forsbacka
Forsbäcka
Storsjön

67

Österfärnebo

Huddunge

272

Heby

F J Ä R D -

72

Agön
Enånger

Norrala
Söderhamn
Sandarne
Ljusne
Vallvik

215

Trönö
Mo
Söderala
Marmaverken
Bergvik
25

303

Ockelbo
Högbo

E4

83

272
272

Jäderfors

Sandviken
Kungsgården
Storvik
Stensätra

80

Rönäker

H U N D R A

Sala

256

Kumla
Ransta

Broddbo
Mölinta

Hede
By
Garpenberg

Saltbohed

Jädraås

302

68
Torsåker

Hofors

95

Robertsholm

Långshyttan

68

Avesta

Norberg

Fagersta

Bollnäs

301
83

Rengsjö
Segersta
Sibo
Kilafors

Lingbo
Holmsveden

26

Amot

Lumsheden

Jädraås

Vintjärn

270

Stjärnsund

Fors
Folkärna

Garpenberg

Karbenning
Ängelsberg
Västerfärnebo

Vikmanshyttan

250

Yttersbo bruk
Skinnskatteberg

H ä l s i n g s k o g e n

301

Edsbyn

294

296

Svartnäs

Bengtsheden

Svärdsjö
Linghed
Ornäs

Rum

266

Hedemora

68

70

Norberg

68

Fagersta

250

Amungen

Voxna

Dalfors
Ostanvik

Ore
Gullerasen

Bjursås
Sundborn

Falun

294

60

21

Säter

Smedjebacken

301

Ljusteran
Rättvik
Leksand

Gagnef
Djura

70
71

Borlänge

Ludvika

Grängesberg

60

167

Furudal

Boda
Gärdsjö

Insjön

Bäckehagen

Tuna Hästberg

Smedjebacken

Gränge

0 5 10 20 30 40 Miles

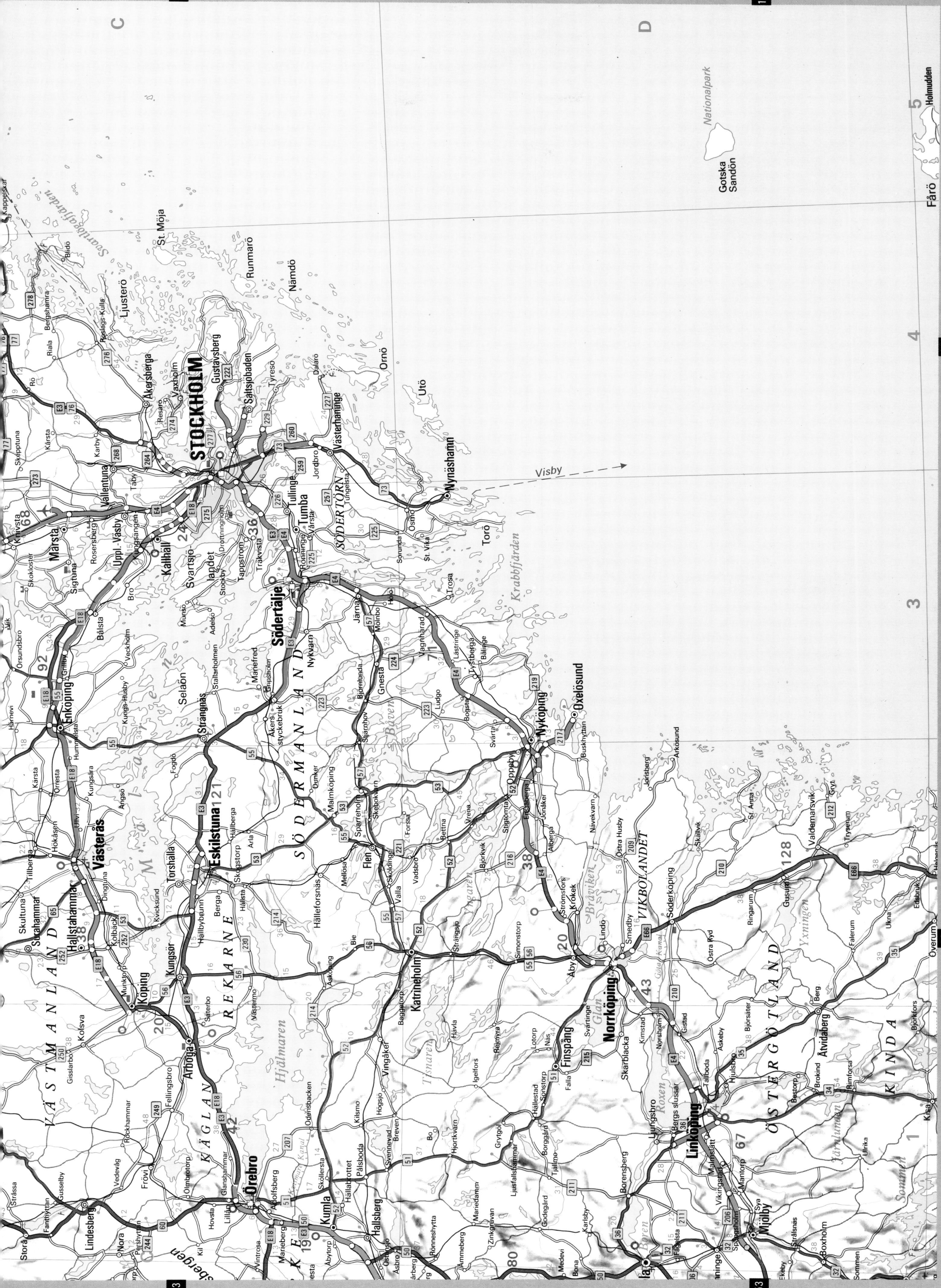
STOCKHOLM
Södertälje
Nynäshamn
Västerhaninge
Tumba
Tullinge
Märsta
Sigtuna
Enköping
Västerås
Eskilstuna
Strängnäs
Nyköping
Oxelösund
Norrköping
Linköping
Katrineholm
Flen
Gnesta
Trosa
Köping
Kungsör
Arboga
Örebro
Kumla
Hallsberg
Finspång
Söderköping
Åtvidaberg
Mjölby
Lindesberg
Hallstahammar
Surahammar
Vingåker
Nationalpark
Gotska Sandön
Fårö
Holmudden
Visby
Utö
Ornö
Nämdö
Runmarö
Ljusterö
St. Möja
Torö
SÖDERTÖRN
SÖDERMANLAND
VÄSTMANLAND
ÖSTERGÖTLAND
VIKBOLANDET
KINDA
REKARNE
KÄGLAN
Mälaren
Hjälmaren
Bråviken
Roxen
Yxningen
Krabbfjärden
Sommen

0 5 10 20 30 40 50 60 Km.

GÖTEBORG > 115

58 58 53 51

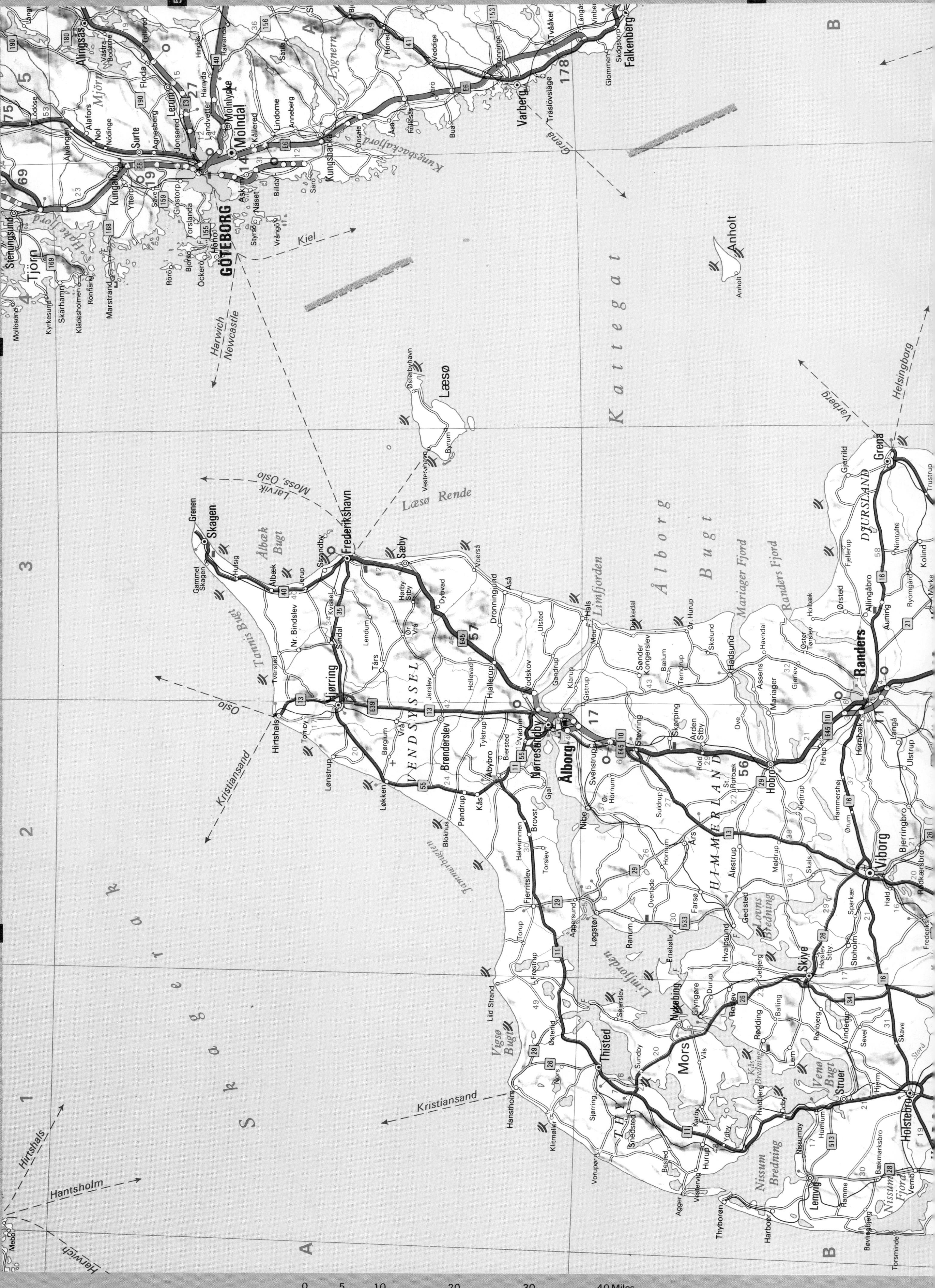
GÖTEBORG
Mölndal
Kungsbacka
Varberg
Falkenberg
Alingsås
Kungälv
Stenungsund
Tjörn
Marstrand
Anholt
Læsø
Kattegat
Skagerrak
Skagen
Grenen
Frederikshavn
Sæby
Hjørring
Hirtshals
Brønderslev
Nørresundby
Ålborg
Hobro
Randers
Grenå
Viborg
Skive
Thisted
Nykøbing
Mors
Struer
Holstebro
Lemvig
Hanstholm
Løgstør
Limfjorden
Ålborg Bugt
Mariager Fjord
Randers Fjord
Læsø Rende
Jammerbugten
Tannis Bugt
Ålbæk Bugt
VENDSYSSEL
HIMMERLAND
DJURSLAND
THY
Nissum Bredning
Venø Bugt
Vigsø Bugt
Kungsbackafjord
Harwich Newcastle
Kiel
Oslo
Larvik Moss, Oslo
Kristiansand
Hirtshals
Hantsholm
Harwich
Grenå
Varberg
Helsingborg
A
B
1
2
3
4
5

0 5 10 20 30 40 Miles

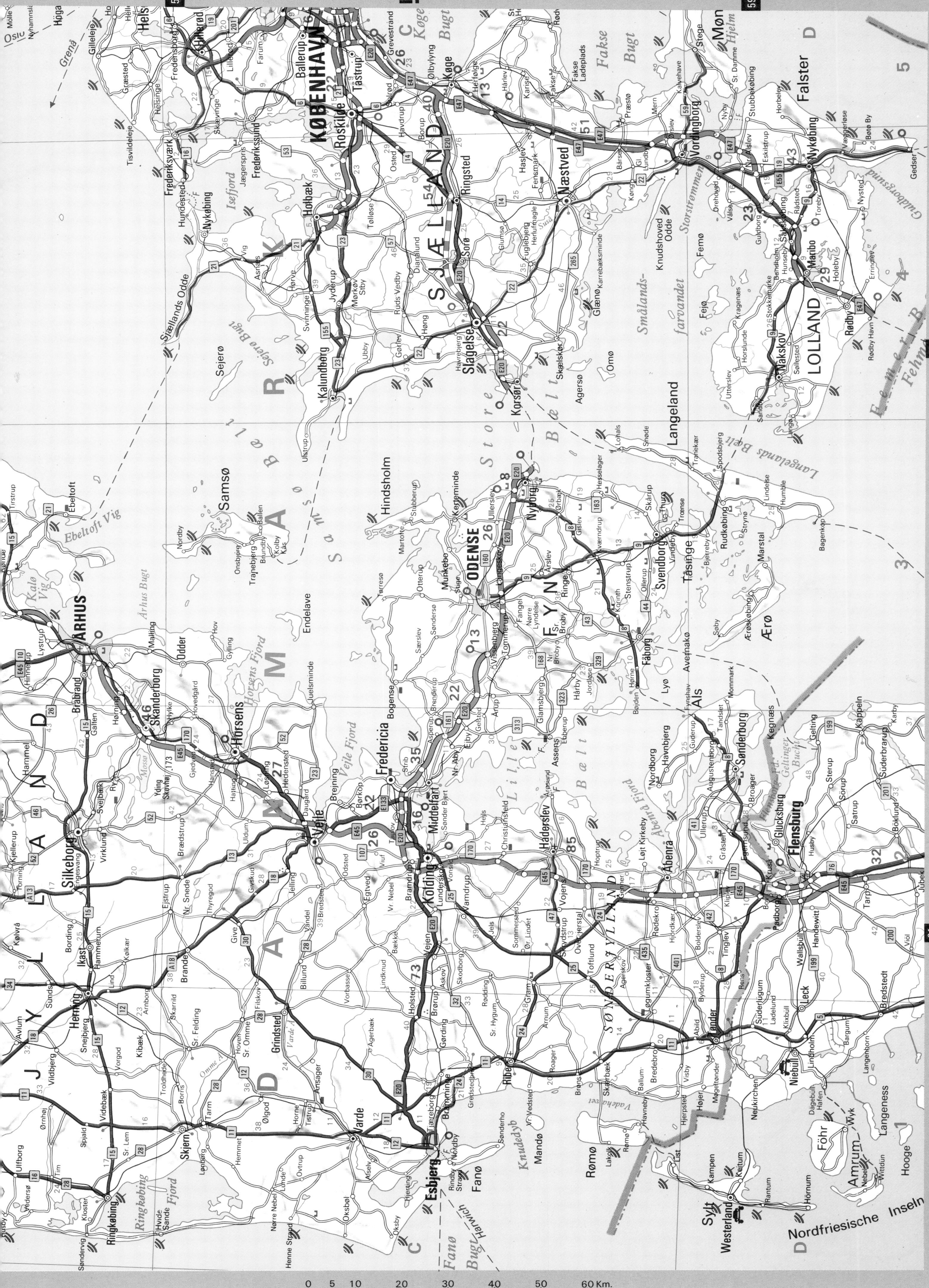
KØBENHAVN
Roskilde
Helsingør
Hillerød
Køge
Ringsted
Næstved
Vordingborg
Slagelse
Sorø
Holbæk
Kalundborg
Korsør
SJÆLLAND
LOLLAND
Falster
Nykøbing
Maribo
Nakskov
Rødby
Møn
Langeland
Rudkøbing
Svendborg
Nyborg
ODENSE
FYN
Faaborg
Assens
Middelfart
Fredericia
Vejle
Kolding
Haderslev
Åbenrå
Sønderborg
Als
Ærø
Flensburg
Niebüll
Tønder
Ribe
Esbjerg
Fanø
Rømø
Sylt
Westerland
Föhr
Amrum
Nordfriesische Inseln
Varde
Ringkøbing
Herning
Ikast
Silkeborg
Skanderborg
Horsens
ÅRHUS
Samsø
Grindsted
Odder
Ebeltoft
Hindsholm
Storstrømmen
Smålands-
farvandet
Fakse
Bugt
Køge
Bugt
Sejerø Bugt
Isefjord
Langelands Bælt
Lille Bælt
Store Bælt
Samsø Bælt
Vejle Fjord
Horsens Fjord
Ringkøbing Fjord
J Y L L A N D
D A N M A R K
SØNDERJYLLAND
0 5 10 20 30 40 50 60 Km.

106
106
55
53

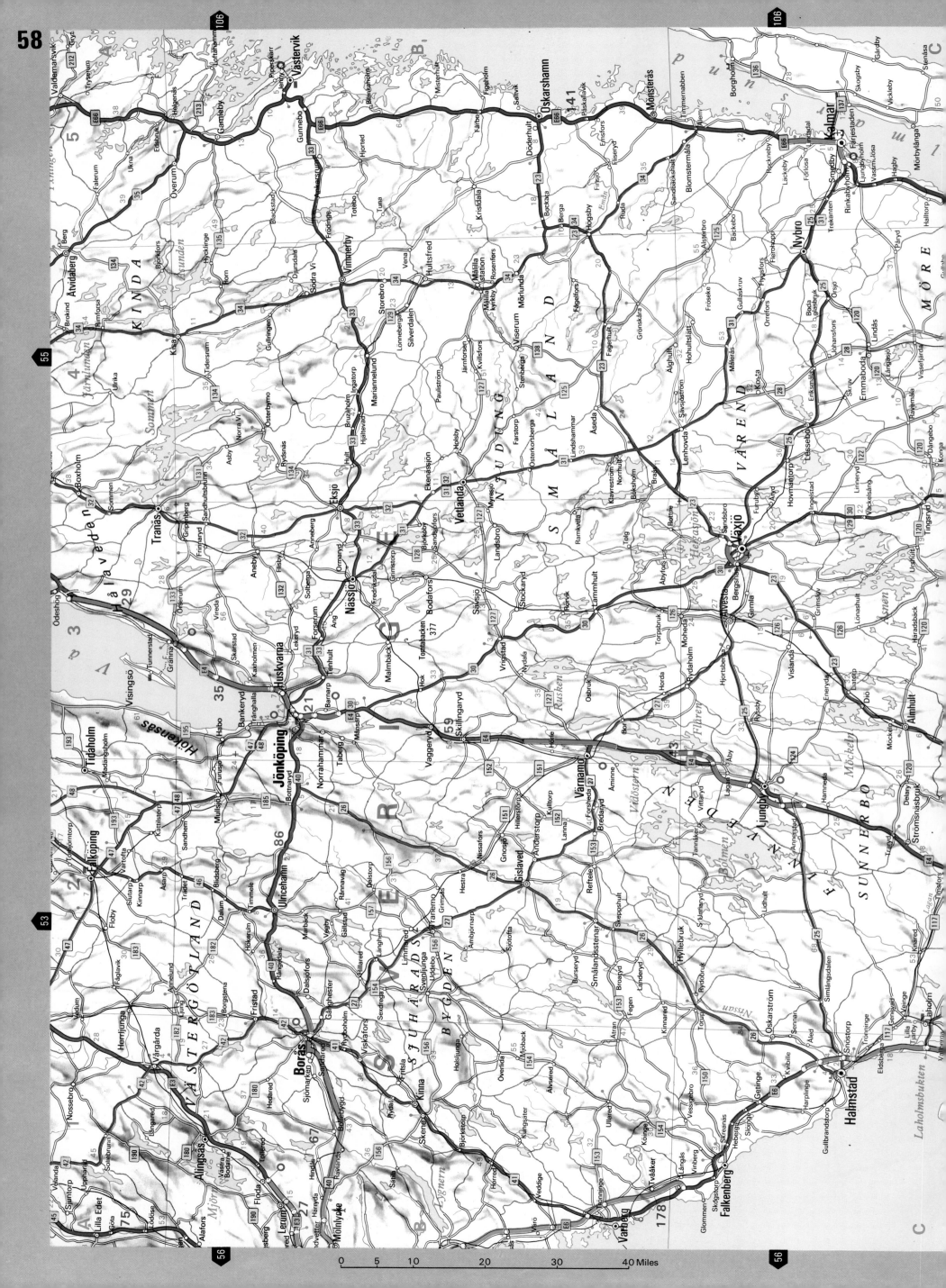

Västervik
Valdemarsvik
Gamleby
Åtvidaberg
Kisa
KINDA
Vimmerby
Hultsfred
Oskarshamn
Mönsterås
Kalmar
Färjestaden
Nybro
Emmaboda
Lessebo
Växjö
Alvesta
Ljungby
Älmhult
Tingsryd
Eksjö
Nässjö
Tranås
Vetlanda
Jönköping
Huskvarna
Gränna
Visingsö
Vättern
Tidaholm
Falköping
Ulricehamn
Borås
Alingsås
Lerum
Mölnlycke
Kinna
Skene
Varberg
Falkenberg
Halmstad
Laholm
Gislaved
Värnamo
Vaggeryd
Skillingaryd
SMÅLAND
NJUDUNG
VÄREND
SUNNERBO
FINNVEDEN
VÄSTERGÖTLAND
SJUHÄRADSBYGDEN
SVERIGE
Bolmen
Laholmsbukten
Nissan
Lagan

56
56

0 5 10 20 30 40 Miles

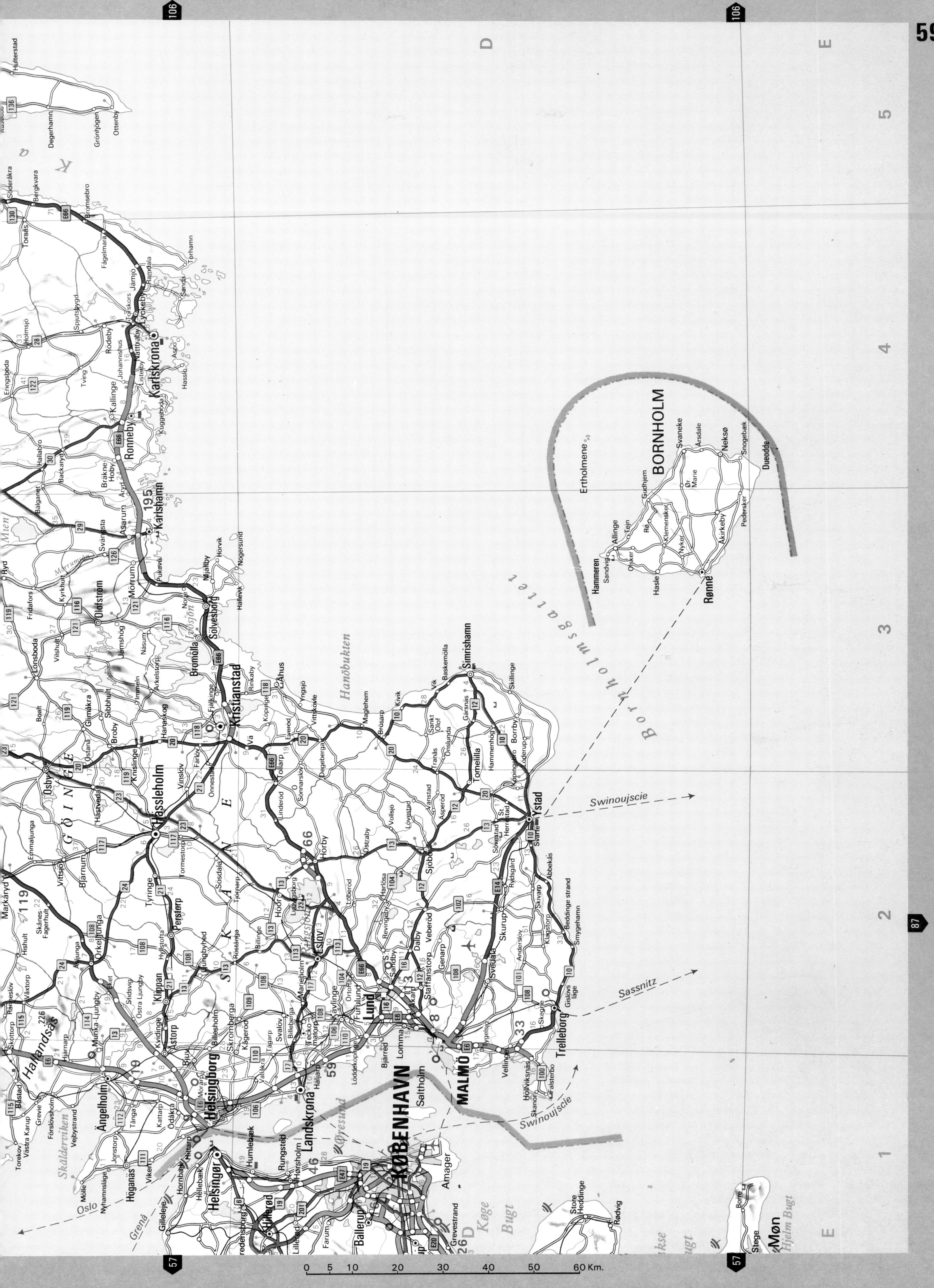
BORNHOLM
Rønne
Hasle
Allinge
Gudhjem
Svaneke
Nexø
Dueodde
Ertholmene
Hammeren
Bornholmsgattet
Hanöbukten
KØBENHAVN
MALMÖ
Helsingborg
Helsingør
Landskrona
Lund
Trelleborg
Ystad
Simrishamn
Kristianstad
Sölvesborg
Karlshamn
Ronneby
Karlskrona
Hässleholm
Ängelholm
Höganäs
Eslöv
Hörby
Tomelilla
Klippan
Perstorp
Osby
Olofström
Hillerød
Amager
Køge Bugt
Øresund
Skälderviken
Hallandsås
Swinoujscie
Sassnitz
Oslo
Grenå
Møn
Stege
Hjelm Bugt
Store Heddinge
Rødvig
GÖINGE
SKÅNE
0 5 10 20 30 40 50 60 Km.

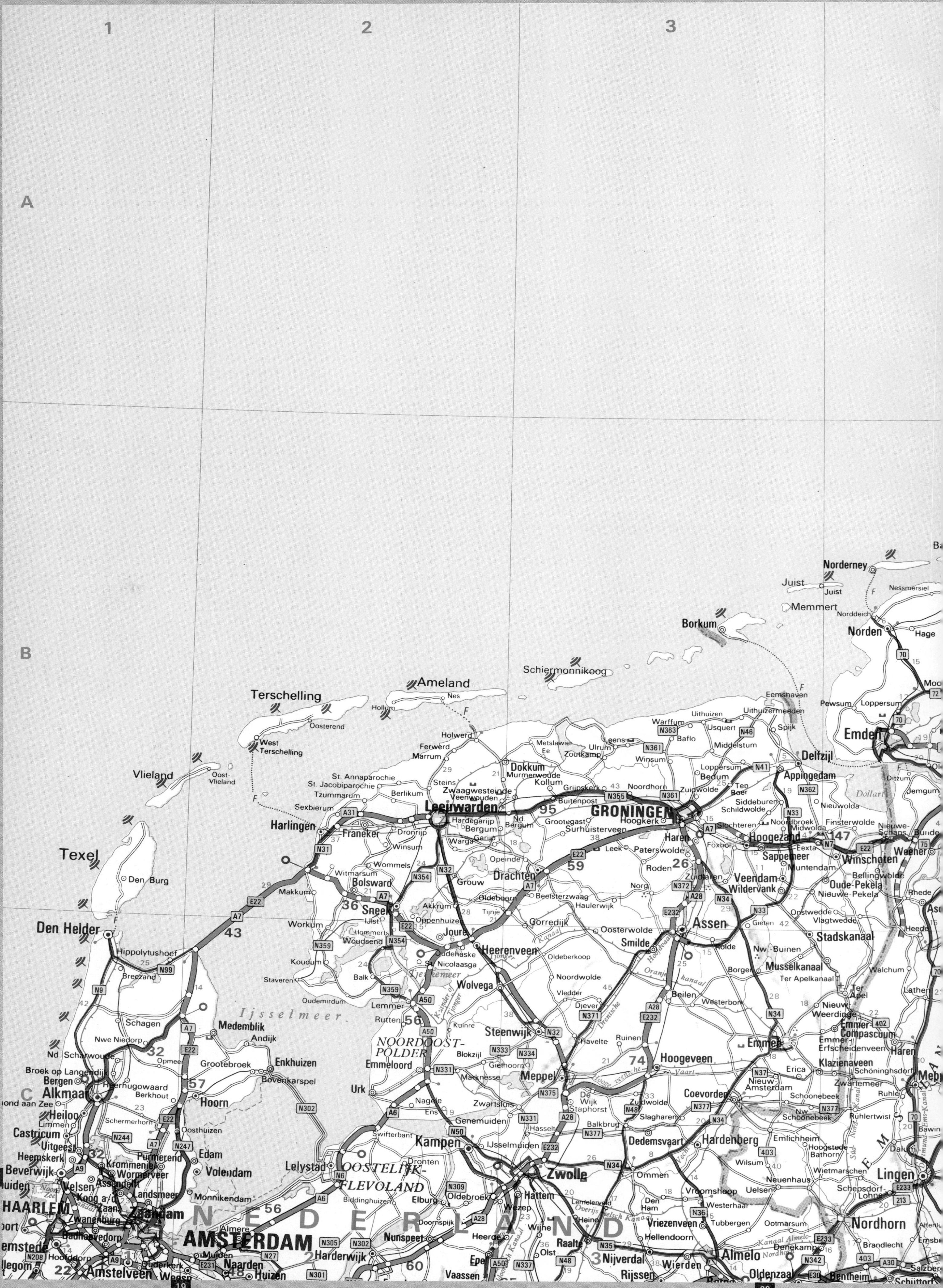

1

2

3

A

B

Norderney
Juist
Juist   Nessmersiel
Memmert   Norddeich
Borkum   Norden   Hage
E70   15
72   10
Schiermonnikoog   Eemshaven
Ameland   Uithuizen Uithuizermeeden Pewsum Loppersum
Terschelling   Nes   Holwerd   Warffum Usquert   Spijk
Oosterend   Ferwerd Metslawier N363 Baflo Middelstum   Emden
West   St. Annaparochie Marrum   Ee Ulrum Leens   N361   Delfzijl   E70
Terschelling   St. Jacobiparochie Dokkum Murmerwoude Zoutkamp Winsum Loppersum Bedum N41 Appingedam
Vlieland   Oost-   Tzummarum   Steins   Kollum   Grijpskerk Noordhorn Zuidwolde Ten N362 Ditzum Jemgum
Vlieland   Berlikum   Zwaagwesteinde 43   N355   Buitenpost   Boer   9   Dollart
Sexbierum   Veenwouden   Schildwolde
Harlingen Franeker Dronrijp Hardegarijp Bergum   Grootegast GRONINGEN Haren Slochteren Nieuwolda Finsterwolde Nieuwe-
N31   Winsum   Warga Garijp 18 Surhuisterveen 38 Hoogkerk A7 Foxhol Noordbroek Midwolda Schans Heede
Texel   Wommels   Opeinde Leek Paterswolde E22 Hoogezand N147 Weener
Den Burg   Grouw   Drachten   59   Roden 26 Zuidlaren Veendam Muntendam Bellingwolde 75
Witmarsum N354 N32 Oldeboorn Beetsterzwaag Norg N372 Wildervank Oude-Pekela Rhede
Makkum Bolsward A7 Akkrum Tijnje   A28 29 N33 Onstwedde
36 Sneek IJlst 28 Gorredijk   Assen Gieten 42 Vlagtwedde
Workum Oppenhuizen Joure Heerenveen Oosterwolde E232 Musselkanaal
Den Helder 43   Woudsend N354 Gorredijk Smilde Borger Ter Apelkanaal Walchum
Hippolytushoef Koudum St. Nicolaasga Oldeberkoop Beilen Westerbork 28 Ter Apel
N99 Balk Noordwolde Oranje kanaal Nieuw Lathen
Breezand Staveren Lemmer Vledder A28 Weerdinge 402
N9 Oudemirdum Rutten 56 Kuinre 45 N371 Emmen Emmer-
Schagen A7 Djever Steenwijk Havelte Ruinen 21 74 Compascuum
Medemblik Andijk NOORDOOST- N333 N334 N32 Hoogeveen N37 Klazienaveen Schoninghsdorf
32 Opmeer Grootebroek Enkhuizen POLDER Blokzijl Giethoorn Havelte Nieuw Erica Zwartemeer
Bovenkarspel Emmeloord N331 Marknesse Meppel Amsterdam Schoonebeek Ruhlertwist
Broek op Langendijk Urk Nagele N375 De 33 Coevorden Nw. N377
Alkmaar 57 Hoorn N302 Ens Zwartsluis Wijk Zuidwolde N48 Schoonebeek 20
Heiloo Schermerhorn Genemuiden Staphorst A28 Balkbrug N34 Emlichheim Lingen
Castricum Oosthuizen A6 Hasselt N331 Slagharen Hoogstede Bathorn E233 213
Uitgeest Swifterbant Kampen IJsselmuiden E232 Dedemsvaart Hardenberg 403
Heemskerk N244 A7 N247 Lelystad Dronten Ommen 14 Neuenhaus
Beverwijk A9 OOSTELIJK- Elburg Oldebroek N34 Vroomshoop Uelsen Nordhorn
Velsen Krommenie Wormerveer FLEVOLAND Hattem Den Wilsum 40 Wietmarschen E233
HAARLEM Zaandam Purmerend Edam Zwolle Ham N36 Vriezenveen Tubbergen Ootmarsum
Zaan Volendam NEDERLAND Doornspijk A28 Wijhe Hellendoorn Westerhaar Denekamp 403
AMSTERDAM Monnikendam N305 N302 Nunspeet Harderwijk 60 Epe A50 Olst N48 Nijverdal Wierden Almelo N342 Nordhorn
Amstelveen Naarden Huizen N301 Vaassen Raalte N35 29 Rijssen Oldenzaal A30 Bentheim
22   Denekamp Schüttorf

C

19

19   62

0   5   10   20   30   40 Miles

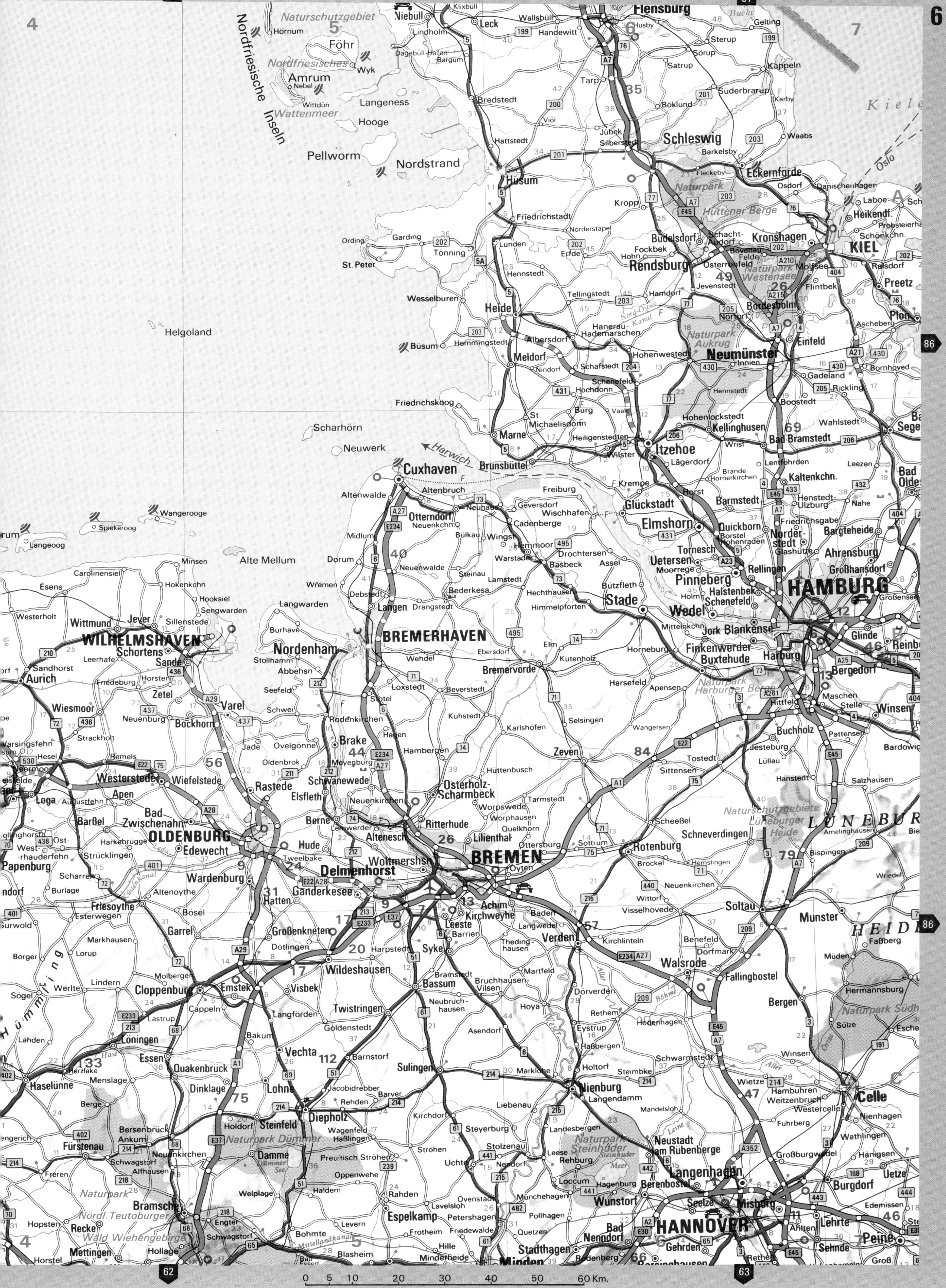

61

Helgoland

Nordfriesische Inseln · Nordfriesisches Wattenmeer · Naturschutzgebiet

Föhr · Amrum · Langeness · Hooge · Pellworm · Nordstrand

Niebüll · Leck · Klixbüll · Wallsbüll · Handewitt · Flensburg · Husby · Gelting · Kappeln

Schleswig · Eckernförde · KIEL · Kronshagen · Preetz · Plön

Rendsburg · Neumünster · Büdelsdorf · Bordesholm

Husum · Friedrichstadt · Heide · Meldorf · Marne · Büsum

Itzehoe · Glückstadt · Elmshorn · Pinneberg · Quickborn · Norderstedt · Ahrensburg

Cuxhaven · Brunsbüttel · Stade · Wedel · HAMBURG · Harburg · Bergedorf

BREMERHAVEN · Nordenham · Bremervörde · Zeven · Buchholz · LÜNEBURG

WILHELMSHAVEN · Jever · Wittmund · Aurich · Westerstede

OLDENBURG · Delmenhorst · BREMEN · Verden · Rotenburg · Soltau · Munster · HEIDE

Cloppenburg · Vechta · Diepholz · Sulingen · Nienburg · Walsrode · Fallingbostel · Bergen · Celle

Haselünne · Quakenbrück · Lohne · Bramsche · Minden · Stadthagen · Wunstorf · HANNOVER · Lehrte · Peine

Naturpark Dümmer · Naturpark Steinhuder Meer · Naturpark Südheide

0 5 10 20 30 40 50 60 Km.

60
DUSSELDORF > 113
KÖLN > 115
61
19

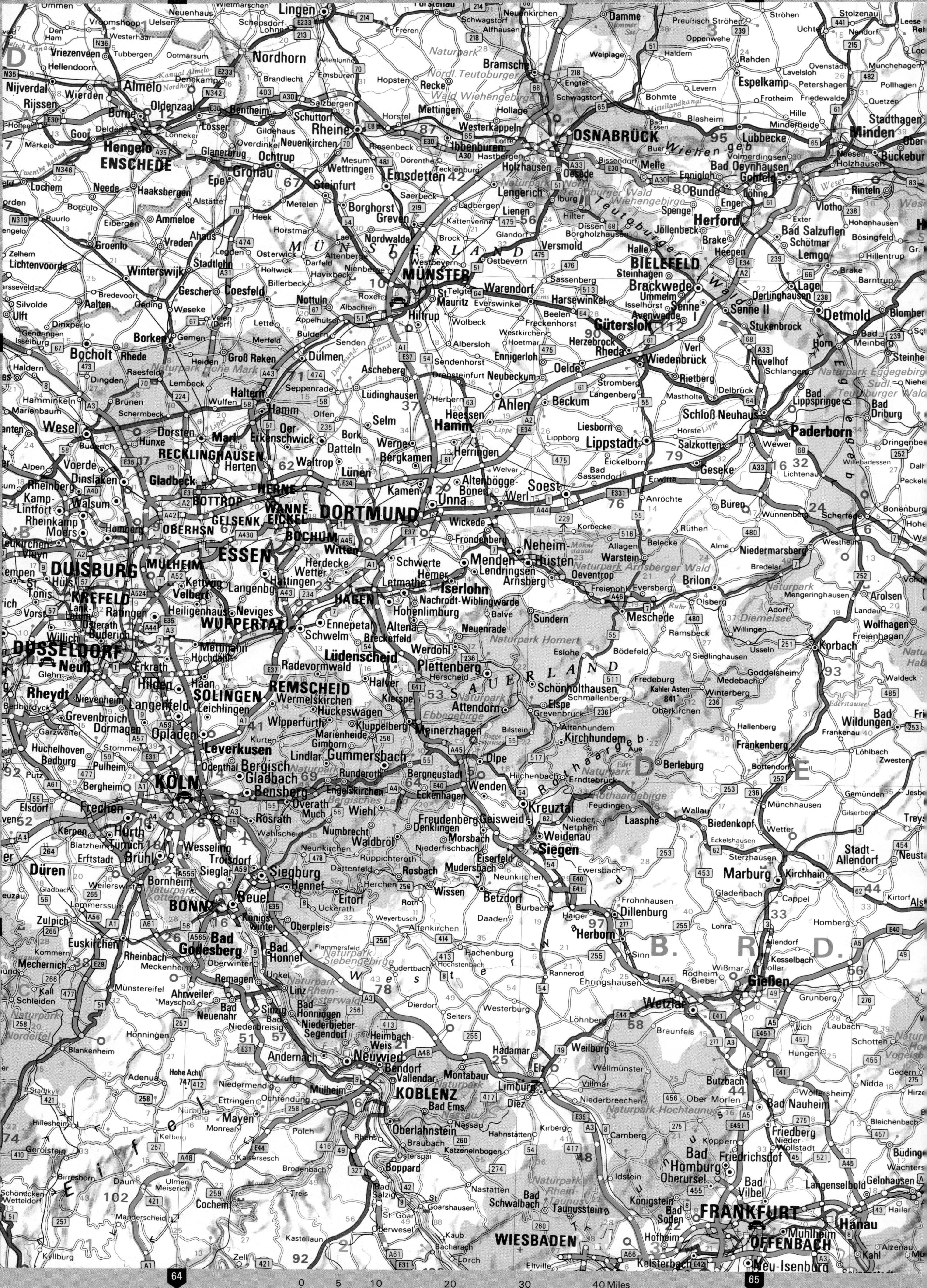
Lingen
Nordhorn
Almelo
Hengelo
ENSCHEDE
Rheine
Gronau
OSNABRÜCK
Minden
BIELEFELD
Herford
Detmold
Gütersloh
MÜNSTER
MÜNSTERLAND
Bocholt
Hamm
Paderborn
Lippstadt
Soest
DORTMUND
ESSEN
DUISBURG
BOCHUM
GELSENK.
OBERHSN
MÜLHEIM
HERNE
RECKLINGHAUSEN
Krefeld
DÜSSELDORF
WUPPERTAL
HAGEN
SOLINGEN
REMSCHEID
Lüdenscheid
Iserlohn
Arnsberg
SAUERLAND
Leverkusen
KÖLN
Bergisch Gladbach
Gummersbach
Siegen
BONN
Bad Godesberg
Düren
Marburg
Gießen
Wetzlar
Limburg
Neuwied
KOBLENZ
Eifel
Westerwald
WIESBADEN
FRANKFURT
OFFENBACH
Hanau
Bad Homburg
Naturpark Hochtaunus
Naturpark Rothaargebirge
Naturpark Ebbegebirge
Naturpark Homert
Naturpark Arnsberger Wald
Naturpark Siebengebirge
Naturpark Nordeifel
Naturpark Eggegebirge
Teutoburger Wald
Wiehengebirge
Rothaargebirge
B. R. D.

61 86 88

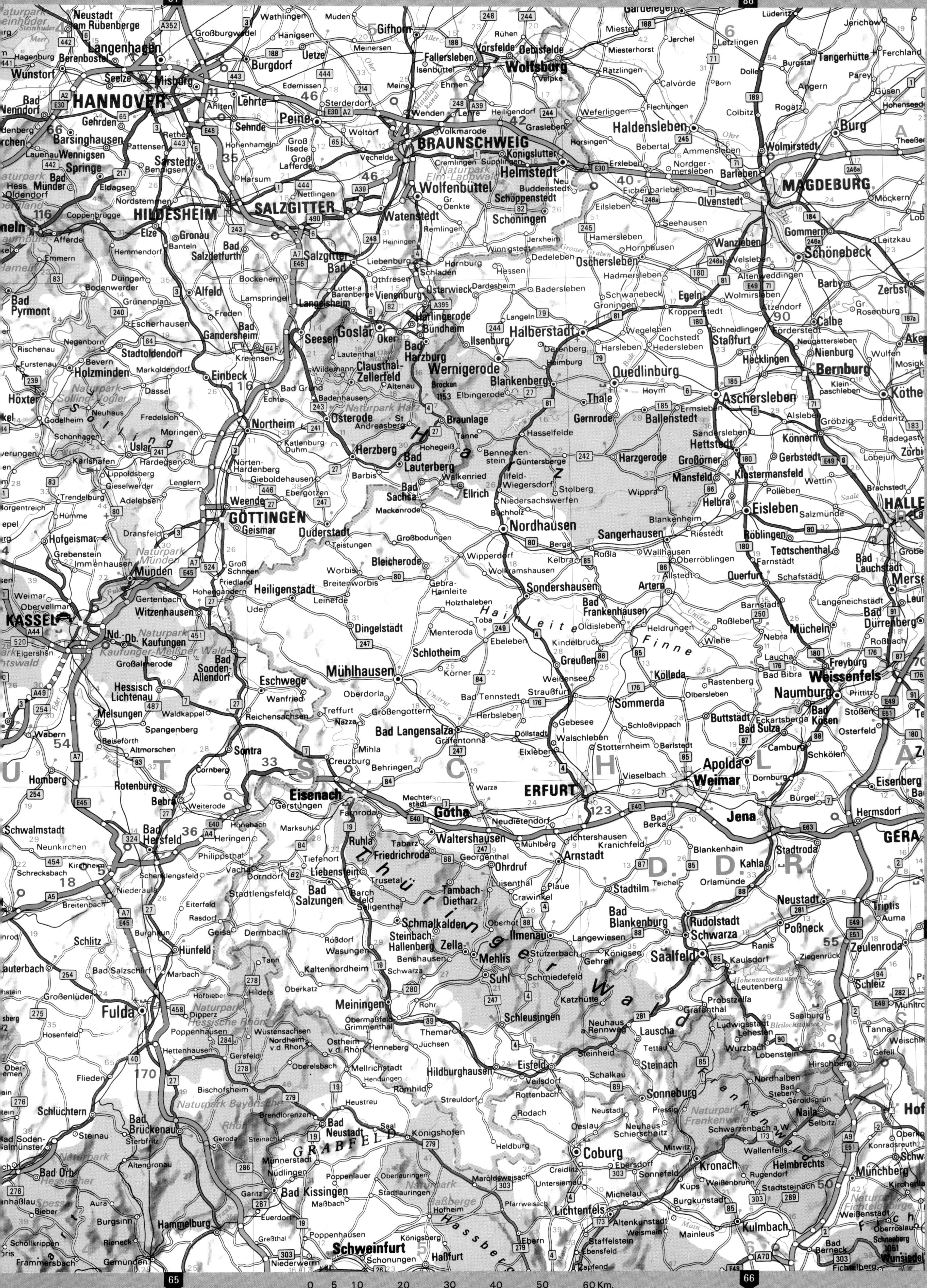

HANNOVER
Langenhagen
Wunstorf
Burgdorf
Lehrte
Peine
Gifhorn
Wolfsburg
Fallersleben
BRAUNSCHWEIG
Wolfenbüttel
SALZGITTER
HILDESHEIM
Helmstedt
Königslutter
Schöppenstedt
Schöningen
Haldensleben
MAGDEBURG
Burg
Wolmirstedt
Schönebeck
Oschersleben
Halberstadt
Wernigerode
Quedlinburg
Aschersleben
Bernburg
Staßfurt
Goslar
Bad Harzburg
Clausthal-Zellerfeld
Osterode
Northeim
Einbeck
Holzminden
Höxter
GÖTTINGEN
Duderstadt
Nordhausen
Sangerhausen
Eisleben
HALLE
Merseburg
Heiligenstadt
Sondershausen
Mühlhausen
Eschwege
KASSEL
Witzenhausen
Bad Langensalza
Sömmerda
Weissenfels
Naumburg
Apolda
Weimar
ERFURT
Gotha
Eisenach
Jena
GERA
Arnstadt
Ilmenau
Suhl
Meiningen
Saalfeld
Rudolstadt
Bad Hersfeld
Fulda
Hünfeld
Coburg
Kronach
Kulmbach
Bad Kissingen
Schweinfurt
Hammelburg
Lichtenfels
Hildburghausen
Sonneberg
Naila
Helmbrechts
Münchberg
Hof
Harz
Thüringer Wald
Frankenwald
GRABFELD
Hainleite
Finne
Solling
Naturpark Harz
Naturpark Hessische Rhön
Naturpark Bayerische Rhön
Naturpark Spessart
Naturpark Haßberge
Naturpark Frankenwald
Naturpark Fichtelgebirge
Naturpark Münden
Naturpark Kaufunger-Meißner Wald
Naturpark Elm-Lappwald
Naturpark Solling-Vogler
Brocken 1153
D. D. R.
DEUTSCHLAND

65 66

0 5 10 20 30 40 50 60 Km.

64

FRANCE

LUXEMBOURG

Luxembourg

Trier

SAARBRÜCKEN

METZ

NANCY

Verdun

Bar-le-Duc

Épinal

Colmar

MULHOUSE

STRASBOURG

Langres

Chaumont

Neufchâteau

Idar-Oberstein

Bastogne

0 5 10   20   30   40 Miles

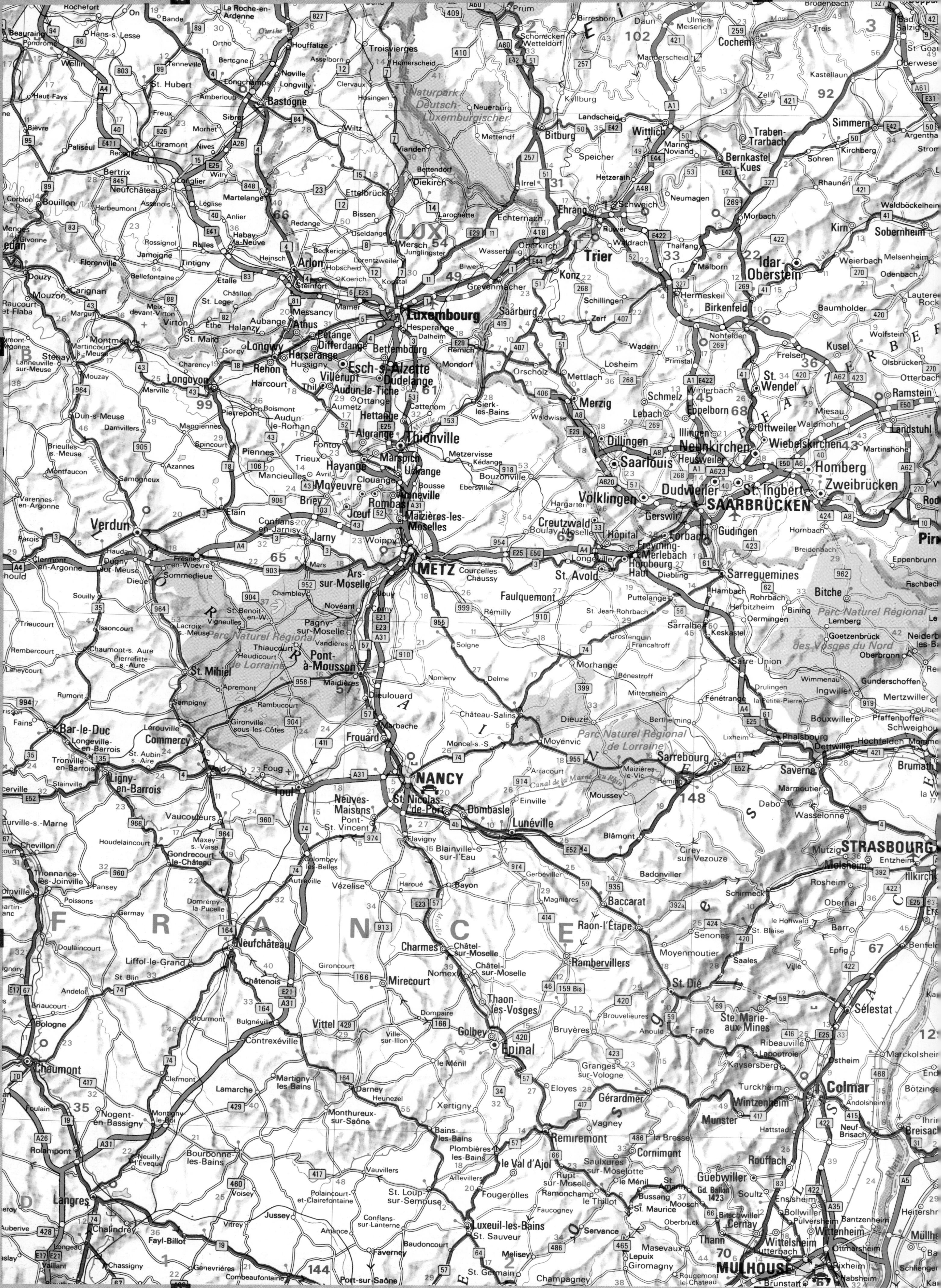

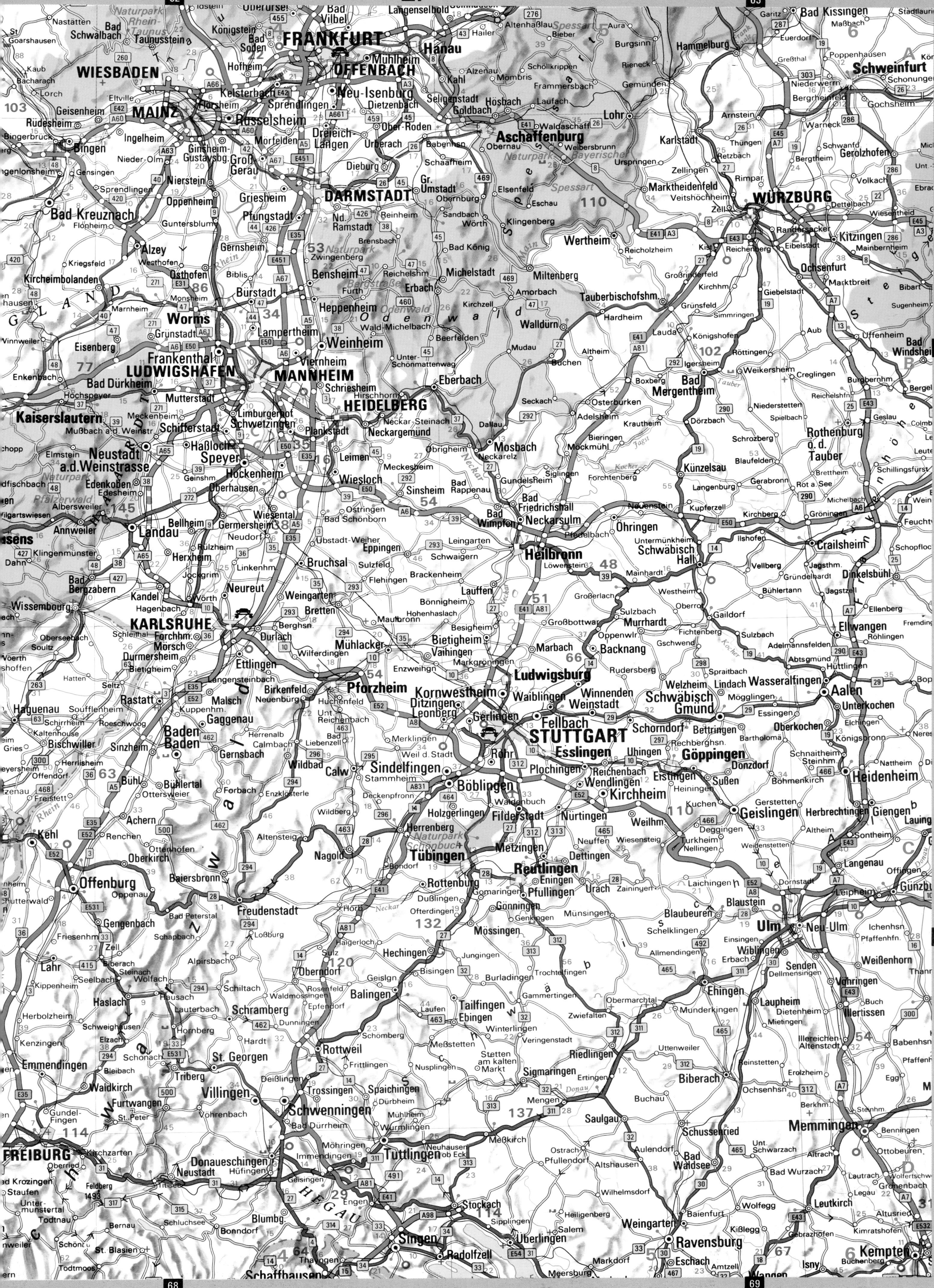

Road map covering the region between Frankfurt, Würzburg, Stuttgart, Karlsruhe and Freiburg.

Major cities and places shown include: FRANKFURT, OFFENBACH, Hanau, WIESBADEN, MAINZ, Rüsselsheim, DARMSTADT, Aschaffenburg, WÜRZBURG, Bad Kissingen, Schweinfurt, Worms, LUDWIGSHAFEN, MANNHEIM, HEIDELBERG, Kaiserslautern, Neustadt a.d. Weinstrasse, Speyer, Heilbronn, Schwäbisch Hall, Crailsheim, KARLSRUHE, Pforzheim, Ludwigsburg, STUTTGART, Esslingen, Göppingen, Heidenheim, Aalen, Baden-Baden, Calw, Sindelfingen, Böblingen, Kirchheim, Tübingen, Reutlingen, Geislingen, Offenburg, Freudenstadt, Rottweil, Balingen, Ulm, Neu-Ulm, Memmingen, FREIBURG, Donaueschingen, Tuttlingen, Villingen, Schwenningen, Sigmaringen, Biberach, Ravensburg, Kempten.

66

63   88

Schweinfurt · Poppenhausen · Niederwerrn · Schonungen · Königsberg · Haßfurt · Zeil · Ebern · Lichtenfels · Altenkunstadt · Burgkunstadt · Weismain · Mainleus · Kulmbach · Sokolov · Horni Slavkov · Hazlov · Lázne · Kynšperk · Ohří · Cheb

Bamberg · Memmelsdorf · Hollfeld · Bayreuth · Mistelbach · Bad Berneck · Schneeberg · Fichtelberg · Wunsiedel · Marktleuthen · Thierstein · Arzberg · Marktredwitz · Waldsassen

Naturpark Fichtelgebirge · Naturpark Steinwald · Mitterteich · Tirschenreuth · Mariánské Lázně

Forchheim · Adelsdorf · Höchstadt · Erlangen · Herzogenaurach · Neustadt · Eschenbach · Grafenwöhr · Auerbach · Pegnitz · Creußen · Kemnath · Windischeschenbach · Neustadt · Weiden · Waldthurn · Waidhaus · Vohenstrauß · Eslarn

FÜRTH · Zirndorf · NÜRNBERG · Lauf · Hersbruck · Hartmannshof · Sulzbach-Rosenberg · Amberg · Nabburg · Schwarzenfeld · Oberviechtach · Waldmünchen

Ansbach · Schwabach · Roth · Feucht · Altdorf · Neumarkt · Velburg · Schwandorf · Wackersdorf · Maxhütte-Haidhof · Cham · Roding

Dinkelsbühl · Gunzenhausen · Weißenburg · Ellingen · Berching · Beilngries · Dietfurt · Hemau · Regenstauf · REGENSBURG · Wörth · Straubing · Bogen

Nördlingen · Harburg · Donauwörth · Treuchtlingen · Pappenheim · Eichstätt · Kösching · Abensberg · Neustadt · Kelheim · Saal · Obertraubling · Straubing

Aalen · Ellwangen · Nattheim · Heidenheim · Dischingen · Rain · Neuburg · Ingolstadt · Manching · Geisenfeld · Mainburg · Rottenburg · Dingolfing · Landau

Günzburg · Burgau · Dillingen · Gundelfingen · Wertingen · Aichach · Schrobenhausen · Pfaffenhofen · Wolnzach · Au · Pfeffenhausen · Essenbach · Landshut · Vilsbiburg

AUGSBURG · Gersthofen · Friedberg · Haunstetten · Göggingen · Bobingen · Mering · Dasing · Markt Indersdorf · Moosburg · Geisenhausen · Gangkofen · Neumarkt St. Veit

Schwabmünchen · Königsbrunn · Maisach · Fürstenfeldbruck · Olching · Dachau · Oberschleißheim · Ismaning · Markt Schwaben · Erding · Dorfen · Töging · Neuötting · Altötting

Mindelheim · Buchloe · Landsberg · Germering · Gilching · Grafelfing · MÜNCHEN · Haar · Feldkirchen · Parsdorf · Hohenlinden · Haag · Waldkraiburg · Mühldorf

Bad Wörishofen · Türkheim · Penzing · Gauting · Unterhaching · Kirchseeon · Grafing · Ebersberg · Wasserburg · Altenmarkt · Trostberg

Kaufbeuren · Marktoberdorf · Schongau · Weilheim · Starnberg · Herrsching · Tutzing · Wolfratshausen · Holzkirchen · Bad Aibling · Rosenheim · Stephanskirchen · Traunstein

St. Mang · Peiting · Hohenpeißenberg · Penzberg · Benediktbeuern · Bad Tölz · Miesbach · Hausham · Schliersee · Rottach-Egern · Prien · Ruhpolding · Reichenhall

Murnau · Kochel · Lenggries · Bayrischzell · Bad Wiessee

0 5 10 20 30 40 Miles

69   70

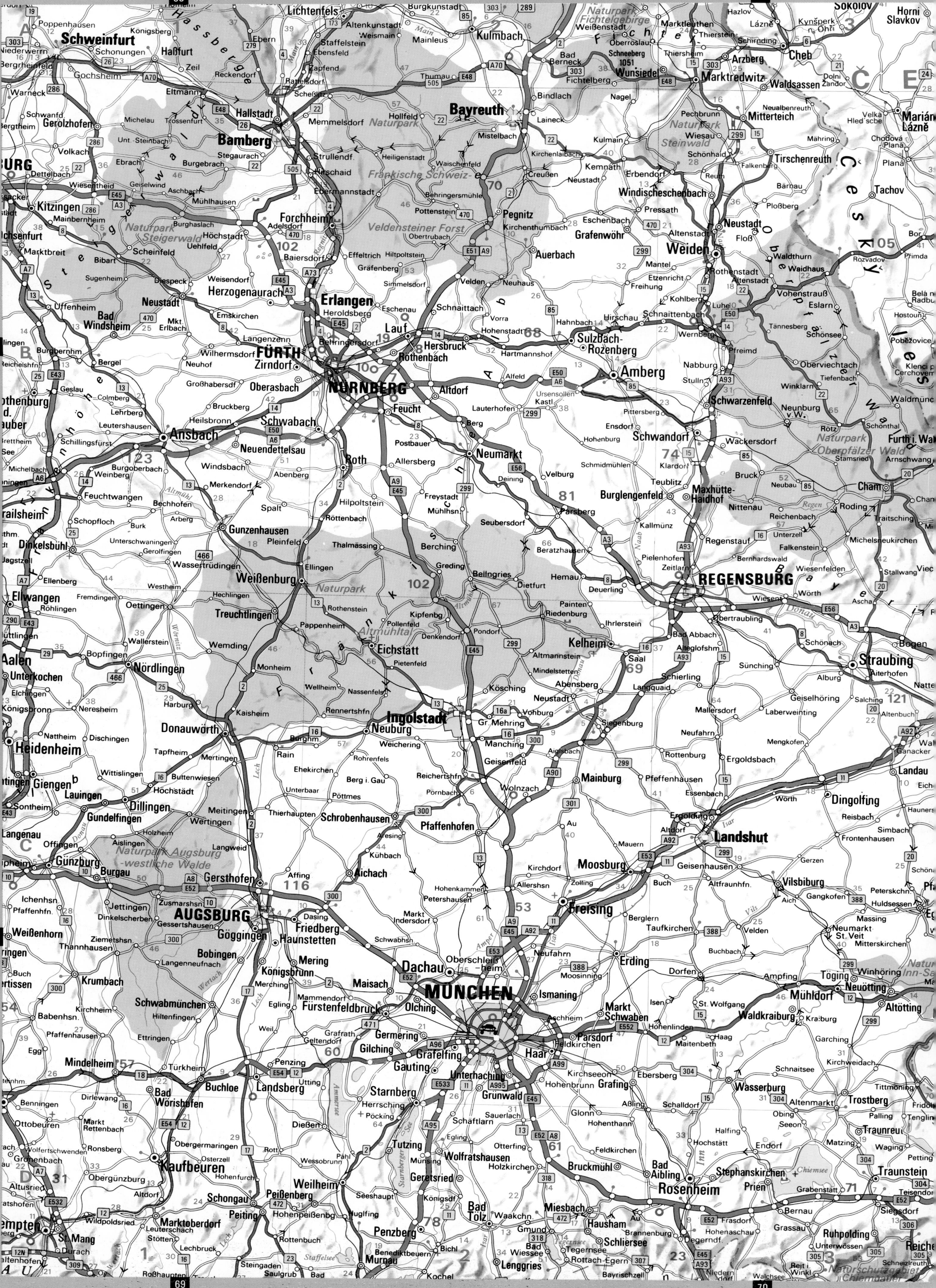

ČESKOSLOVENSKO

PRAHA

PLZEN

PASSAU

LINZ

SALZBURG

Rakovník · Kladno · Kbely · Horní Počernice · Sadská · Kolín · Přelouč · Tynec n. Labem

Beroun · Modřany · Říčany · Úvaly · Český Brod · Plaňany · Nové Dvory · Kutná Hora · Čáslav

Rokycany · Příbram · Benešov · Vlašim · Zruč n. Sázavou · Ledeč n. Sázavou · Světlá n. S. · Havlíčkův Brod

Nepomuk · Blatná · Milevsko · Tábor · Sezimovo-Ústí · Pacov · Pelhřimov · Humpolec · Jihlava

Klatovy · Sušice · Strakonice · Pisek · Bechyně · Soběslav · Veselí n. Luznicí · Jindřichův Hradec · Telč

Vodňany · Protivin · Týn n. Vltavou · Třeboň · Kardašova Řečice · Dačice

Prachatice · České Budějovice · Lišov · Trhové Sviny · Nové Hrady · České Velenice · Gmünd · Schwarzenau

Zwiesel · Grafenau · Freyung · Volary · Český Krumlov · Kaplice · Weitra · Zwettl

Regen · Deggendorf · Plattling · Passau · Schärding · Freistadt · Königswiesen · Grafenschlag

Vilshofen · Hauzenberg · Rohrbach · Bad Leonfelden · Pregarten · Zwettl · Waldhsn · Pochlarn · Melk

Simbach · Braunau · Ried i. Innkreis · Eferding · Leonding · Linz · Enns · Perg · Grein · Ybbs a.d. Donau · Amstetten

Wels · Traun · St. Valentin · Haag · Wolfsbach · Aschbach Markt · Wieselburg

Vöcklabruck · Kremsmünster · Sierning · Steyr · Bad Hall · Garsten · Waidhofen a.d. Ybbs · Purgstall · Scheibbs

Attnang-Puchheim · Lenzing · Gmunden · Kirchdorf a.d. Krems · Grünburg · Ternberg · Losenstein · Gaflenz · Ybbsitz · Opponitz

Bad Ischl · Ebensee · Großraming · Weyer · Göstling a.d. Ybbs · Lunz a. See · Mariazell

Totesgebirge · Sengsengebirge · Göstlinger Alpen

0 5 10 20 30 40 50 60 Km.

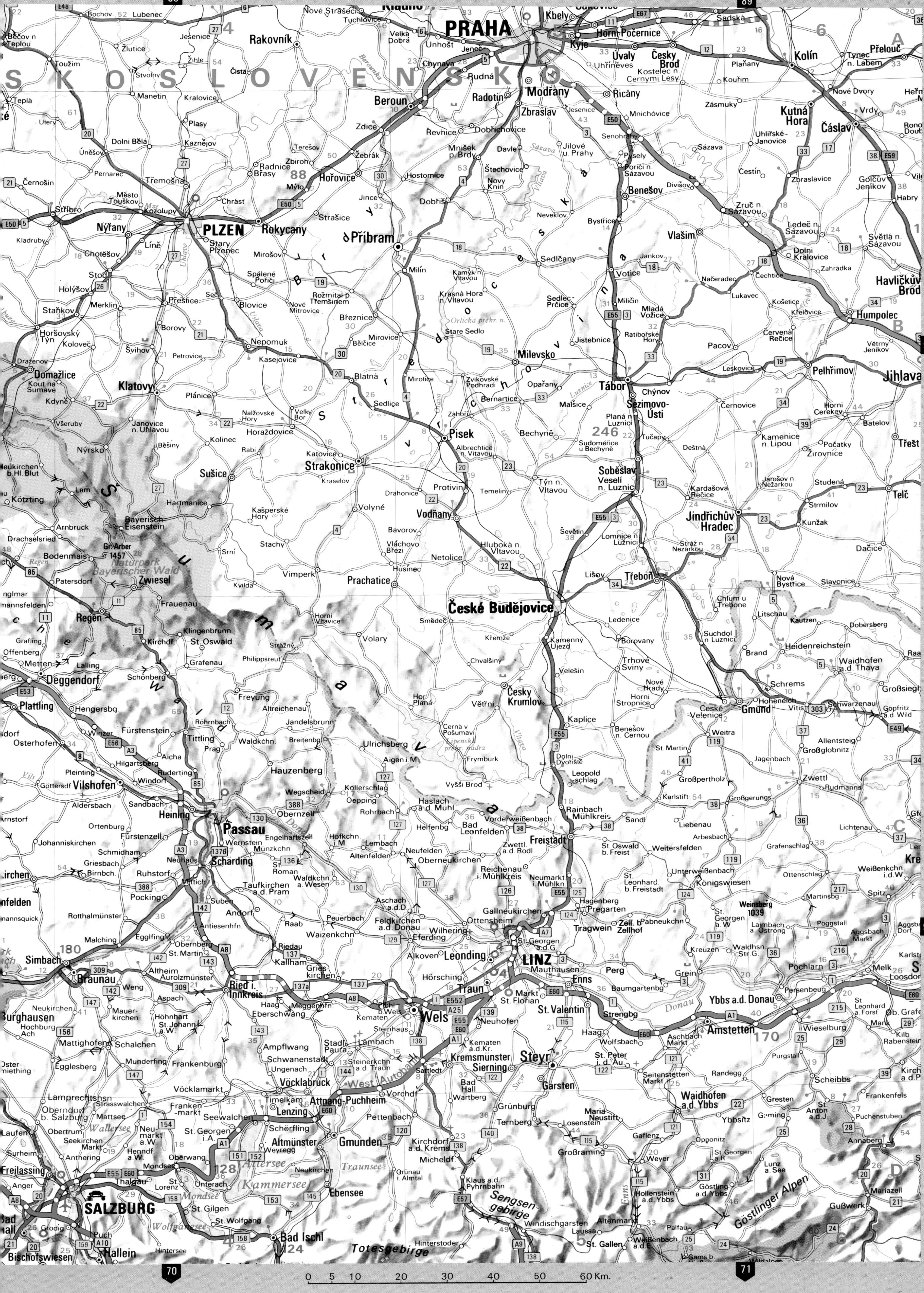

BASEL > 111
ZÜRICH > 123

64 65

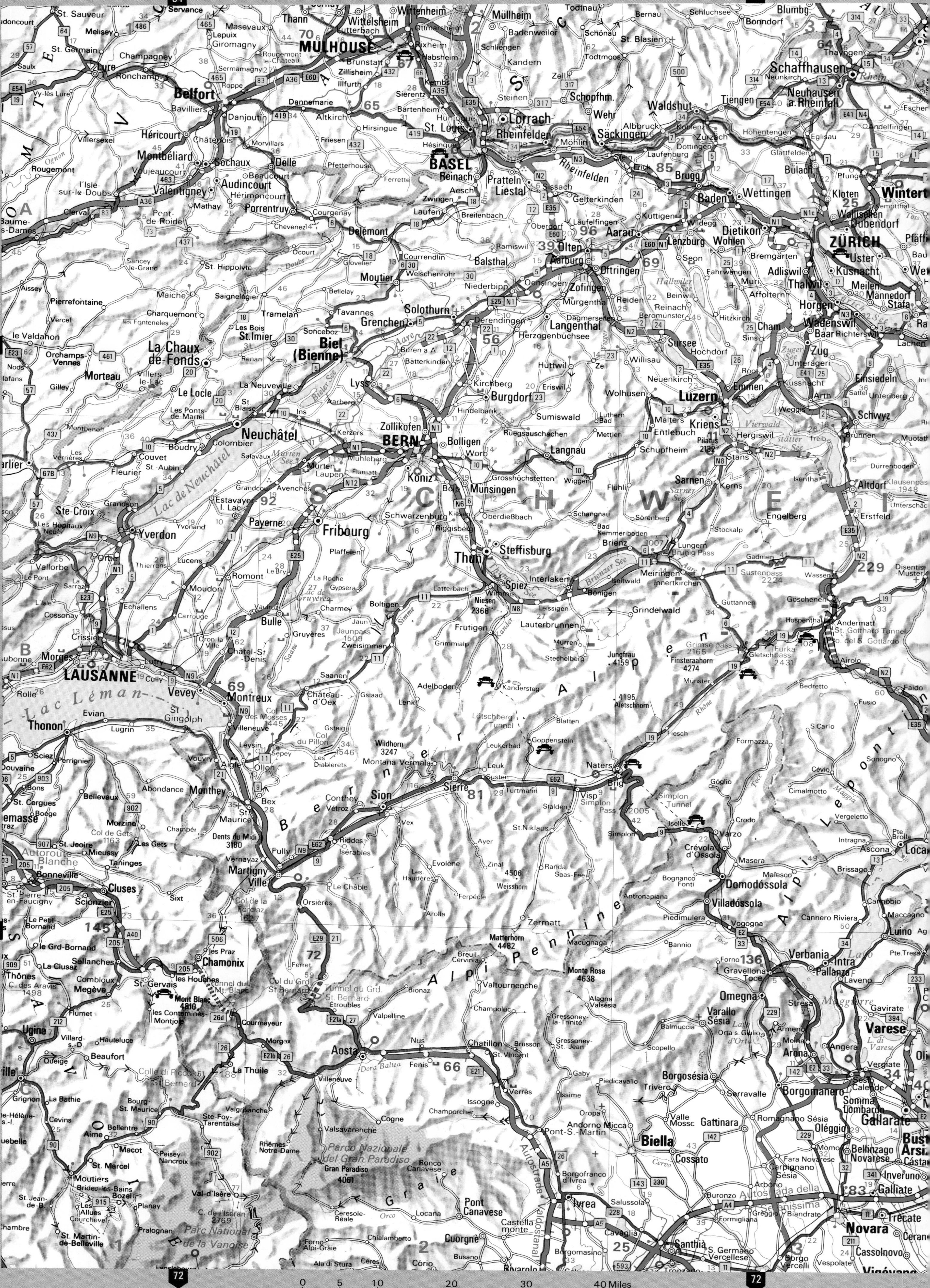
MULHOUSE
Belfort
Montbéliard
BASEL
Lörrach
Rheinfelden
Schaffhausen
Waldshut
ZÜRICH
Baden
Aarau
Olten
Solothurn
Biel (Bienne)
La Chaux-de-Fonds
Neuchâtel
BERN
Luzern
Zug
Fribourg
Thun
Interlaken
Lac de Neuchâtel
Yverdon
LAUSANNE
Vevey
Montreux
Lac Léman
Thonon
Sion
Sierre
Brig
Martigny
Chamonix
Mont Blanc 4810
Aosta
Matterhorn 4482
Monte Rosa 4638
Jungfrau 4159
Zermatt
Domodóssola
Verbania
Varese
Biella
Ivrea
Novara
Parco Nazionale del Gran Paradiso
Gran Paradiso 4061
Parc National de la Vanoise
S C H W E I Z
Berner Alpen
Alpi Pennine
Alpi Graie
Alpi Lepontine

27
72

0 5 10 20 30 40 Miles

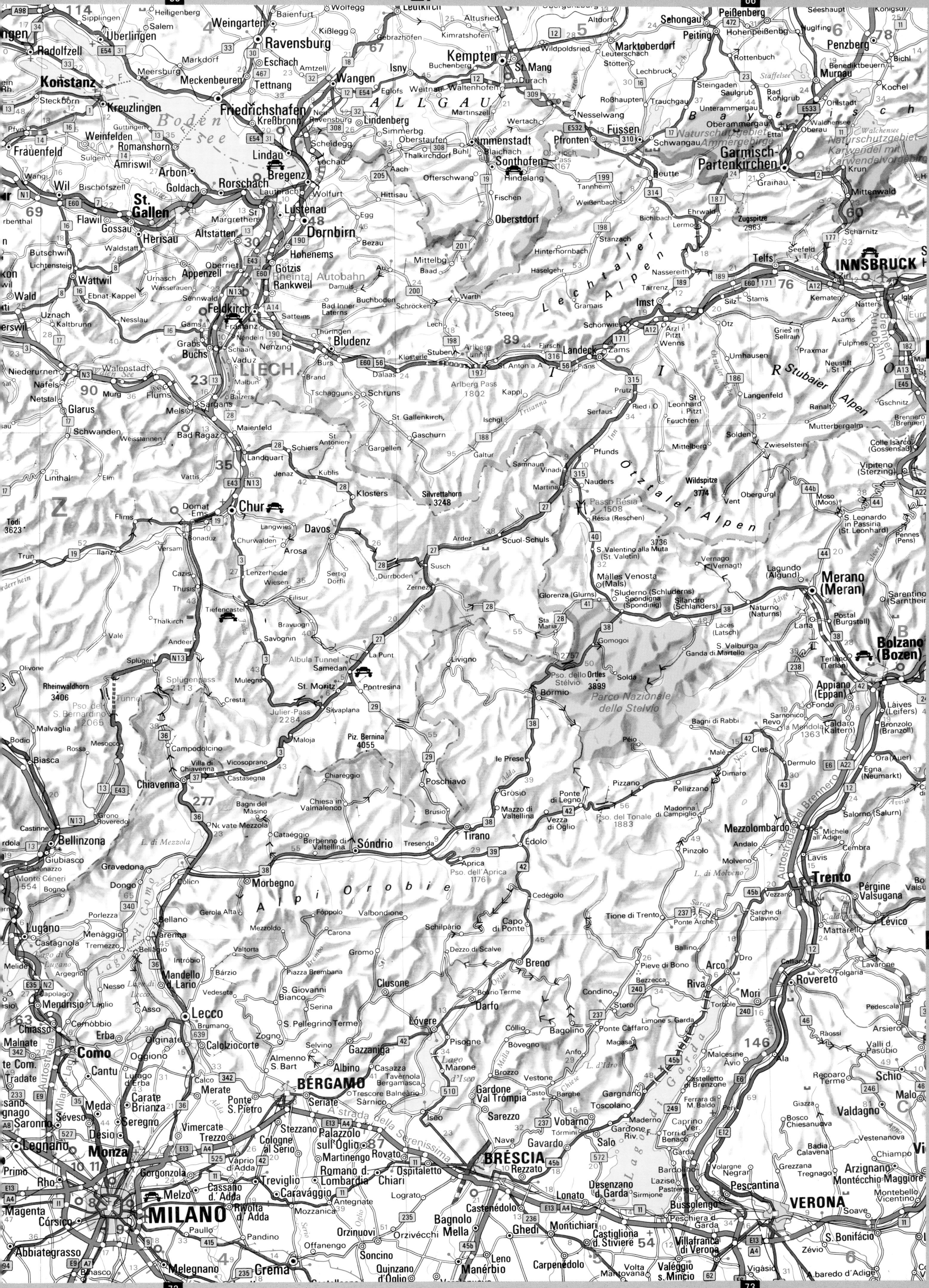
65
66
70
73
Heiligenberg
Salem
Sipplingen
Überlingen
Weingarten
Ravensburg
Baienfurt
Wolfegg
Leutkirch
Kißlegg
Gebrazhofen
Altusried
Kimratshofen
Kempten
St. Mang
Wildpoldsried
Leuterschach
Marktoberdorf
Stötten
Schongau
Peiting
Peißenberg
Hohenpeißenberg
Rottenbuch
Penzberg
Murnau
Kochel
Radolfzell
Konstanz
Steckborn
Kreuzlingen
Markdorf
Meersburg
Meckenbeuren
Eschach
Tettnang
Amtzell
Wangen
Isny
Buchenberg
Weitnau
Waltenhofen
Durach
Eglofs
ALLGAU
Martinszell
Friedrichshafen
Kreßbronn
Lindenberg
Simmerbg
Oberstaufen
Immenstadt
Blaichach
Bühl
Thalkirchdorf
Sonthofen
Hindelang
Oberjoch Pass
Wertach
Nesselwang
Roßhaupten
Trauchgau
Lechbruck
Füssen
Pfronten
Schwangau
Steingaden
Saulgrub
Bad Kohlgrub
Unterammergau
Oberammergau
Ettal
Oberau
Ohlstadt
Naturschutzgebiet Ammergebirge
Naturschutzgebiet Karwendel mit Karwendelvorgebirge
Walchensee
Garmisch-Partenkirchen
Grainau
Krun
Mittenwald
Bodensee
Weinfelden
Romanshorn
Frauenfeld
Sulgen
Amriswil
Arbon
Lindau
Bregenz
Scheidegg
Lochau
Aach
Ofterschwang
Wil
Bischofszell
Goldach
Rorschach
Lauterach
Wolfurt
Hittisau
Fischen
Oberstdorf
Reutte
Tannheim
Weißenbach
Lermoos
Ehrwald
Zugspitze 2963
Bichlbach
Scharnitz
Seefeld
St. Gallen
Flawil
Gossau
Herisau
Altstätten
Margrethen
Lustenau
Dornbirn
Egg
Bezau
Hohenems
Götzis
Rankweil
Rheintal Autobahn
Appenzell
Oberriet
Urnäsch
Wasserauen
Wattwil
Ebnat-Kappel
Lichtensteig
Bütschwil
Waldstatt
Mittelbg
Baad
Schrocken
Warth
Damüls
Buchboden
Hinterhornbach
Häselgehr
Stanzach
Lechtaler Alpen
Nassereith
Tarrenz
Imst
Telfs
INNSBRUCK
Kematen
Natters
Igls
Silz
Stams
Brenner Autobahn
Wald
Uznach
Kaltbrunn
Nesslau
Sennwald
Feldkirch
Frastanz
Satteins
Bad Inner-Laterns
Thüringen
Bludenz
Nenzing
Nendeln
Schaan
Vaduz
LIECH
Gams
Grabs
Buchs
Lech
Steeg
Gramais
Schönwies
Zams
Landeck
Pians
Flirsch
St. Anton a. A.
Stuben
Arlberg Tunnel
Arlberg Pass 1802
Klösterle
Dalaas
Wenns
Arzl i. Pitzt
Ötz
Umhausen
Gries in Sellrain
Praxmar
Fulpmes
Neustift i. St. T.
Stubaier Alpen
Axams
Niederurnen
Näfels
Netstal
Glarus
Walenstadt
Walen See
Murg
Flums
Mels
Sargans
Balzers
Malbun
Brand
Tschagguns
Schruns
Kappl
Ischgl
Serfaus
Prutz
Ried i. O.
St. Leonhard i. Pitzt
Feuchten
Längenfeld
Sölden
Zwieselstein
Ranalt
Gschnitz
Brennero (Brenner)
Mutterbergalm
Colle Isarco (Gossensaß)
Vipiteno (Sterzing)
Schwanden
Weisstannen
Bad Ragaz
Maienfeld
St. Gallenkirch
Gaschurn
Galtür
Gargellen
St. Antonien
Schiers
Landquart
Kublis
Klosters
Silvrettahorn 3248
Samnaun
Vinadi
Martina
Nauders
Pfunds
Ötztaler Alpen
Mittelberg
Wildspitze 3774
Vent
Obergurgl
Linthal
Elm
Vättis
Jenaz
Chur
Domat Ems
Flims
Tödi 3623
Passo Resia 1508
Resia (Reschen)
Moso (Moos)
S. Leonardo in Passiria (St. Leonhard)
Pennes (Pens)
Trun
Ilanz
Versam
Bonaduz
Langwies
Churwalden
Arosa
Davos
Ardez
Scuol-Schuls
S. Valentino alla Muta (St. Valetin)
Vernago (Vernagt)
Lagundo (Algund)
Merano (Meran)
Cazis
Thusis
Lenzerheide
Wiesen
Sertig Dörfli
Dürrboden
Susch
Zernez
Malles Venosta (Mals)
Glorenza (Glurns)
Sluderno (Schluderns)
Spondigna (Spondinig)
Silandro (Schlanders)
Naturno (Naturns)
Sarentino (Sarntheim)
Thalkirch
Tiefencastel
Filisur
Bravuogn
Savognin
Sta. Maria
Laces (Latsch)
Postal (Burgstall)
Lana
Valé
Andeer
Albula Tunnel
La Punt
Samedan
Livigno
Gomogoi
Ganda di Martello
S. Valburga
Terlano (Terlan)
Bolzano (Bozen)
Olivone
Splügen
Splügenpass 2113
Rheinwaldhorn 3406
Mulegns
St. Moritz
Pontresina
Pso. dello Stelvio
Ortles 3899
Solda
Appiano (Eppan)
Fondo
Läives (Leifers)
Tunnel
Pso. del S. Bernardino 2065
Cresta
Julier-Pass 2284
Silvaplana
Bórmio
Parco Nazionale dello Stelvio
Bagni di Rabbi
Sarnonico
Revo
Caldaro (Kaltern)
Bronzolo (Branzoll)
Malvaglia
Mesocco
Campodolcino
Maloja
Piz. Bernina 4055
Péio
Malè
Cles
Mendola 1363
Bodio
Rossa
Biasca
Villa di Chiavenna
Vicosoprano
Castasegna
Chiareggio
Le Prese
Dermulo
Ora (Auer)
Egna (Neumarkt)
Chiavenna
Poschiavo
Grosio
Pizzano
Pellizzano
Dimaro
Ponte di Legno
Bagni del Màsino
Chiesa in Valmalenco
Brusio
Mazzo di Valtellina
Vezza d'Oglio
Pso. del Tonale 1883
Madonna di Campiglio
Salorno (Salurn)
Castione
Grono
Roveredo
Novate Mezzola
Bellinzona
L. di Mezzola
Cataeggio
Berbenno di Valtellina
Sóndrio
Tresenda
Tirano
Édolo
Mezzolombardo
Andalo
S. Michele all'Adige
Giubiasco
Cadenazzo
Monte Céneri 554
Gravedona
Dongo
Bogno
Morbegno
Colico
Aprica
Pso. dell'Aprica 1176
Pinzolo
Molveno
L. di Molveno
Lavis
Trento
Pérgine Valsugana
Alpi Orobie
Cedégolo
Vezzano
Autostrada del Brennero
Lugano
Porlezza
Gerola Alta
Fóppolo
Valbondione
Tione di Trento
Sarche di Calavino
Lévico
Castagnola
Menággio
Bellano
Varenna
Mezzoldo
Carona
Capo di Ponte
Ponte Arche
Mattarello
Tremezzo
Bellagio
Valtorta
Schilpário
Gromo
Dezzo di Scalve
Ballino
Lago di Lugano
Melide
Argegno
Intróbio
Mandello d. Lario
Bárzio
Piazza Brembana
Breno
Pieve di Bono
Dro
Arco
Calliano
Lavarone
Folgaria
Mendrisio
Capolago
Nesso
Laglio
Vedeseta
S. Giovanni Bianco
Serina
Clusone
Boario Terme
Condino
Bezzecca
Riva
Nago
Mori
Rovereto
Chiasso
Cernóbbio
Asso
Lecco
S. Pellegrino Terme
Lóvere
Darfo
Storo
Limone s. Garda
Torbole
Pedescala
Malnate
Como
Erba
Olginate
Brumano
Calolziocorte
Zogno
Selvino
Gazzaniga
Pisogne
Cóllio
Bóvegno
Bagolino
Ponte Caffaro
Magasa
Malcesine
Àvio
Ala
Arsiero
Ràossi
Valli d. Pasúbio
Cantu
Oggiono
Almenno S. Bart
Albino
Casazza
Lago d'Iseo
Marone
Brozzo
Anfo
L. d'Idro
Tradate
Lurago d'Erba
Calco
BÉRGAMO
Tavernola Bergamasca
Trescore Balneario
Sárnico
Gardone Val Trómpia
Vestone
Castello di Brenzone
Recoaro Terme
Schio
Malo
Meda
Carate Brianza
Merate
Ponte S. Pietro
Seriate
Iseo
Casto
Barghe
Gargnano
Toscolano
Ferrara di M. Baldo
Lago di Garda
Giazza
Valdagno
Saronno
Séveso
Seregno
Vimercate
Trezzo
Stezzano
A'strada della Serenissima
Sarezzo
Vobarno
Maderno
Gardone Riv.
Caprino Ver.
Bosco Chiesanuova
Legnano
Désio
Monza
Cologne al Serio
Palazzolo sull'Oglio
Nave
Tórmini
Salò
Torri d. Benaco
Vestenanova
Badia Calavena
Chiampo
Gorgonzola
Vàprio d'Adda
Martinengo
Rovato
BRÉSCIA
Gavardo
Rezzato
Garda
Grezzana
Tregnago
Arzignano
Montécchio Maggiore
Rho
Cassano d'Adda
Treviglio
Romano d. Lombardia
Ospitaletto
Chiari
Bardolino
Lazise
Volargne
Negrar
Pescantina
Montebello Vicentino
Magenta
Córsico
MILANO
Melzo
Rivolta d'Adda
Caravággio
Antegnate
Lograto
Castenédolo
Lonato
Desenzano d. Garda
Sirmione
Pastrengo
Bussolengo
Peschiera d. Garda
VERONA
Soave
Paullo
Pandino
Mozzanica
Orzinuovi
Orzivécchi
Bagnolo Mella
Ghedi
Montichiari
Castiglione d. Stiviere
Villafranca di Verona
S. Bonifácio
Abbiategrasso
Offanengo
Soncino
Leno
Zévio
Binasco
Melegnano
Crema
Quinzano d'Oglio
Manérbio
Carpenédolo
Volta Mantovana
Valéggio s. Mincio
Vigasio
Albaredo d'Adige

0 5 10 20 30 40 50 60 Km.

66
67
69
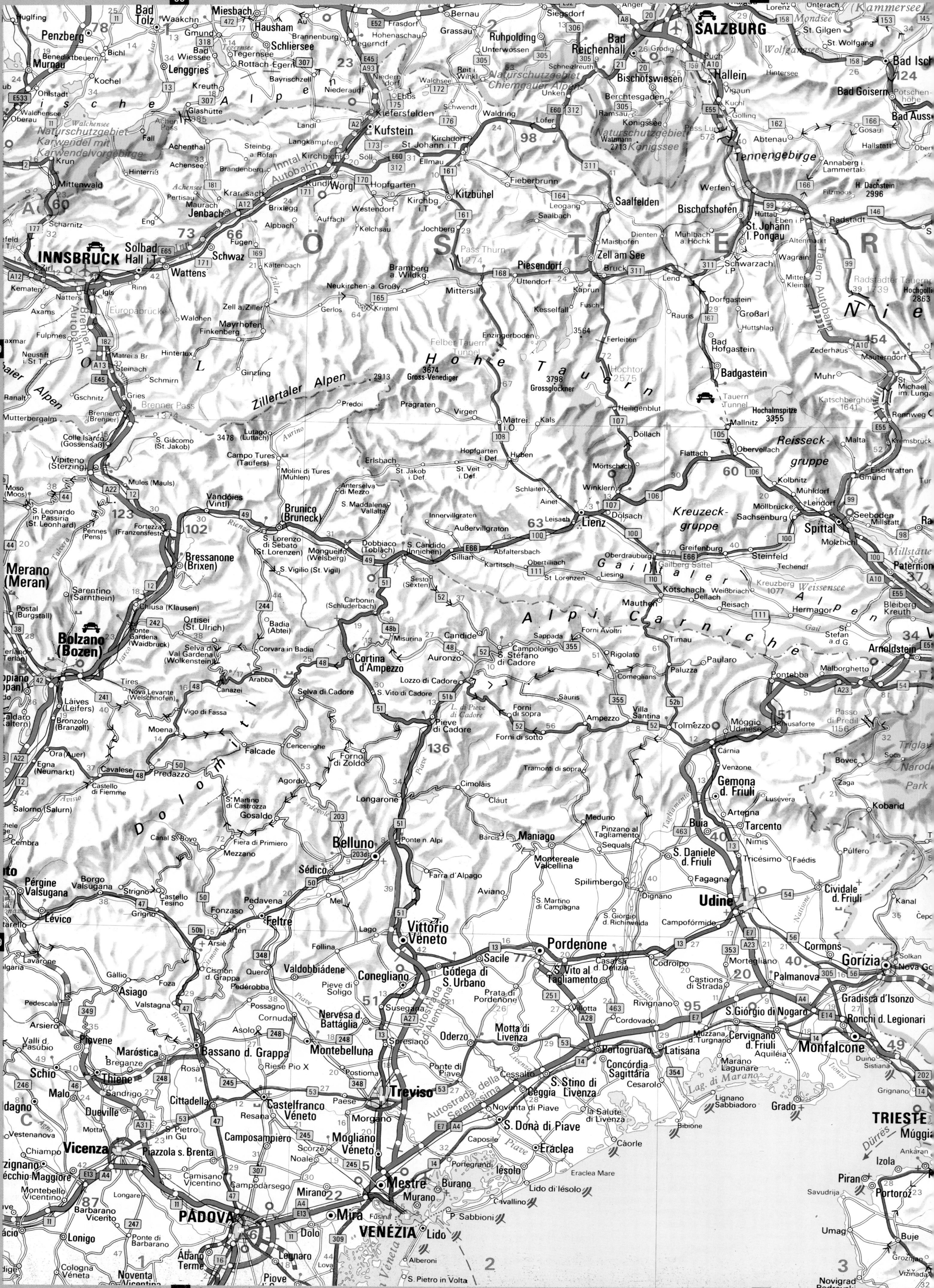
Penzberg
Murnau
Bad Tölz
Miesbach
Hausham
Schliersee
Lenggries
Tegernsee
Rottach-Egern
Bernau
Grassau
Ruhpolding
Siegsdorf
Bad Reichenhall
SALZBURG
Hallein
Bischofswiesen
Berchtesgaden
Königssee
St. Gilgen
St. Wolfgang
Mondsee
Bad Ischl
Bad Goisern
Bad Aussee
Hallstatt
Kochel
Walchensee
Mittenwald
Scharnitz
Kufstein
Kiefersfelden
Wörgl
Kundl
St. Johann i. T.
Kitzbühel
Jenbach
Schwaz
Solbad Hall i. T.
INNSBRUCK
Wattens
Tennengebirge
Bischofshofen
St. Johann i. Pongau
Werfen
Saalfelden
Zell am See
Mittersill
Piesendorf
Krimml
Zell a. Ziller
Mayrhofen
Bad Hofgastein
Badgastein
Radstadt
Spittal
Hohe Tauern
Gross-Venediger 3674
Grossglockner 3798
Zillertaler Alpen
Brenner Pass
Heiligenblut
Matrei i. O.
Lienz
Mallnitz
Hochalmspitze 3355
Obervellach
Reisseck-gruppe
Kreuzeck-gruppe
Sterzing (Vipiteno)
Bressanone (Brixen)
Brunico (Bruneck)
Dobbiaco (Toblach)
S. Cándido (Innichen)
Merano (Meran)
Bolzano (Bozen)
Ortisei (St. Ulrich)
Chiusa (Klausen)
Cortina d'Ampezzo
Gailtaler Alpen
Alpi Carniche
Kötschach
Hermagor
Arnoldstein
Tarvisio
Pontebba
Sappada
S. Stéfano di Cadore
Auronzo
Pieve di Cadore
Forni di sopra
Ampezzo
Tolmezzo
Moena
Predazzo
Cavalese
Canazei
Dolomiti
Agordo
Longarone
Belluno
Feltre
Sédico
Vittorio Veneto
Conegliano
Gemona d. Friuli
Tarcento
Maniago
S. Daniele d. Friuli
Spilimbergo
Udine
Cividale d. Friuli
Pordenone
Sacile
Codroipo
Palmanova
Gorízia
Monfalcone
Trieste
Pérgine Valsugana
Lévico
Borgo Valsugana
Asiago
Bassano d. Grappa
Marostica
Thiene
Schio
Vicenza
Cittadella
Castelfranco Véneto
Montebelluna
Treviso
Oderzo
Motta di Livenza
Portogruaro
Latisana
S. Donà di Piave
Jesolo
Caorle
Lignano Sabbiadoro
Grado
Mogliano Véneto
Mestre
Murano
Burano
VENÉZIA
Lido
Mira
Dolo
PADOVA
Abano Terme
Piove
Lonigo
Koper
Izola
Piran
Portorož
Umag
Lago di Marano
Tagliamento
Piave
Brenta

0 5 10 20 30 40 Miles

69
74
74

67
90
92

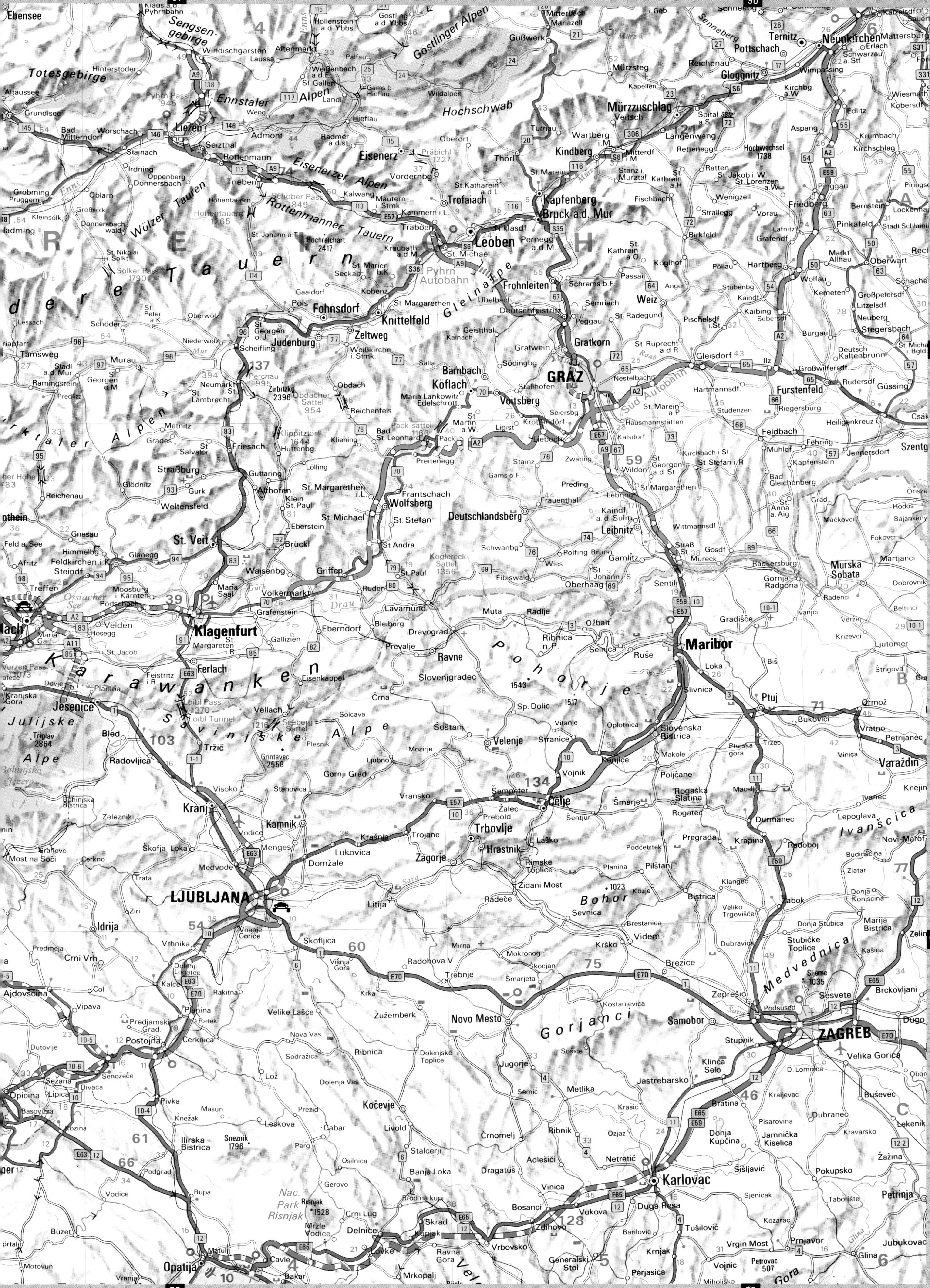
Ebensee
Sengsengebirge
Totesgebirge
Windischgarsten
Göstlinger Alpen
Hollenstein a.d. Ybbs
Mariazell
Gußwerk
Ternitz
Neunkirchen
Pottschach
Gloggnitz
Mürzzuschlag
Hochschwab
Ennstaler Alpen
Liezen
Admont
Eisenerz
Bad Mitterndorf
Rottenmann
Eisenerzer Alpen
Trieben
Kindberg
Kapfenberg
Bruck a.d. Mur
Trofaiach
Leoben
Rottenmanner Tauern
Wölzer Tauern
Hochreichart 2417
Niedere Tauern
Frohnleiten
Fohnsdorf
Knittelfeld
Judenburg
Zeltweg
Gleinalpe
Weiz
Gratkorn
GRAZ
Bärnbach
Köflach
Voitsberg
Fürstenfeld
Hartberg
Friedberg
Oberwart
Stegersbach
Gussing
Feldbach
Tamsweg
Murau
Gurktaler Alpen
Friesach
Wolfsberg
Deutschlandsberg
Leibnitz
St. Veit
Feldkirchen i.K.
Völkermarkt
Klagenfurt
Ferlach
Villach
Karawanken
Jesenice
Bled
Julijske Alpe
Triglav 2864
Radovljica
Kranj
Kamnik
Savinjske Alpe
Velenje
Slovenj Gradec
Ravne
Dravograd
Pohorje
Maribor
Ptuj
Murska Sobota
Gornja Radgona
Slovenska Bistrica
Celje
Trbovlje
Hrastnik
Zagorje
LJUBLJANA
Škofja Loka
Domžale
Idrija
Vrhnika
Postojna
Ajdovščina
Vipava
Sežana
Opicina
Ilirska Bistrica
Snežnik 1796
Kočevje
Ribnica
Novo Mesto
Gorjanci
Krško
Brežice
Samobor
ZAGREB
Velika Gorica
Karlovac
Varaždin
Čakovec
Krapina
Zabok
Medvednica
Sljeme 1035
Ivanščica
Sesvete
Jastrebarsko
Delnice
Opatija
Rijeka
Risnjak 1528
Nac. Park Risnjak
Vrbovsko
Duga Resa
Petrinja
Glina
Vojnić
Dugo Selo
Brckovljani

0 5 10 20 30 40 50 60 Km.

Parc National de la Vanoise
Pralognano-la-Vanoise
C. de l'Iseran
Lanslebourg
Col du Mont Cenis 2084
Modane
Tunnel du Fréjus
Bardonecchia
Ulzio (Oulx)
Cesana Tor.
Briançon
Col d'Izoard 2360
Arvieux
Aiguilles
Abriès
Parc Naturel Régional du Queyras
Guillestre
St. Paul
Meyronnes
Col de Larche 1991
Argentera
Barcelonnette
C. de la Cayolle 2326
St. Étienne-de-Tinée
Isola 2000
St. Martin-d'Entraunes
Parc National du Mercantour
St. Sauveur
St. Martin-Vésubie
Roqueb-Ilière
Tunnel under construction
Alpi Marittime
Colle di Tenda
Tende
St. Dalmas-de-T.
La Brigue
Fontan
Breil
Sospel
L'Escarène
Lucéram
Cannes
St. Raphaël
St. Aygulf
Agay
La Napoule
Théoule
Antibes
Golfe-Juan
Cap d'Antibes
Juan-les-Pins
Vallauris
Mougins
Mouans-Sartoux
Grasse
Vence
St-Laurent
Cagnes
NICE
Villeneuve
Beaulieu
Villefranche
St. Jean-Cap-Ferrat
MONACO
Monte Carlo
Cap d'Ail
Roquebrune-Cap-Martin
Menton
Ventimiglia
La Turbie
La Trinité Victor
Bordighera
San Remo
Ospedaletti
Taggia
Arma di Taggia
S. Lorenzo al Mare
Porto Maurízio
Impéria
Diano Marina
Marina di Andora
Alássio
Laiguéglia
Albenga
Ceriale
Borghetto S. Spirito
Loano
Pietra Ligure
Finale Ligure
Noli
Spotorno
Bergeggi
Vado Ligure
Savona
Albissola Marina
Celle Ligure
Varazze
Arenzano
Pegli
Voltri
Pra
GÉNOVA
Nervi
Recco
Camogli
S. Margherita L.

TORINO
Moncalieri
Chieri
Nichelino
Rivoli
Collegno
Venaria Reale
Settimo Torinese
Caselle Torinese
Alpignano
Almese
Condove
Susa
Bussoleno
Avigliana
Giaveno
Orbassano
Piossasco
Trana
Cumiana
Pinerolo
Perosa Argentina
Villar Perosa
Torre Péllice
Bóbbio Pellice
Luserna
Cavour
Barge
Bagnolo
Revello
Saluzzo
Verzuolo
Busca
Dronero
Caráglio
Cúneo
Boves
Borgo S. Dalmazzo
Demonte
Vinadio
Valdieri
Entrácque
Limone
Vernante
Robilante
Roccavione
Chiusa di Pésio
Frabosa Soprana
Villanova Mondovi
San Michele Mondovi
Mondovi
Ceva
Millésimo
Cárcare
Cairo Montenotte
Dego
Garéssio
Ormea
Ponte di Nava
Carmagnola
Racconigi
Savigliano
Fossano
Centallo
Genola
Carrù
Dogliani
Bene Magienna
Narzole
Alba
Bra
Cherasco
Diano d'Alba
Monforte d'Alba
Bossolasco
Murazzano
Carignano
Villastellone
Poirino
Villanova d'Asti
S. Damiano d'Asti
Canale
Sommariva d. Bosco
Canelli
Nizza Monferrato
Néive
Santo Stéfano Belbo
Bubbio
Bistagno
Acqui Terme
Vésime
Visone
Cortemilia
Monesiglio
Piana Crixia
Sassello
Pontinvrea
Spigno Monferrato
Molare
Ovada
Rossiglione
Campo Ligure
Masone
Busalla
Bolzaneto
Pontedécimo
Molássano

Chivasso
Crescentino
Trino
Casale Monferrato
Valenza
Alessándria
Tortona
Voghera
Rivanazzano
Sale
Montemagno
San Salvatore Monferrato
Felizzano
Quargnento
Oviglio
Castellazzo Bórmida
Basaluzzo
Novi Ligure
Serravalle Scrivia
Gavi
Arquata Scrivia
Rónco Scrivia
Cabella Ligure
Voltággio

Vercelli
S. Germano Vercellese
Livorno Ferrárs
Desana
Tronzano-Vercellese
Santhià
Cavaglià
Borgomasino
Novara
Trécate
Cerano
Abbiategrasso
Cassolnovo
Vespolate
Vigévano
Gambolò
Mortara
Róbbio
Garlasco
Pavia
Mede
Pieve d. Cáiro
Castelnuovo Scrivia

Golfo di Génova

Barcelona
Olbia
Arbatax
Palermo
Bastia
Calvi
Propriano
CÔTE D'AZUR
L'ESTEREL
Alpi Cottiennes
Parc Naturel Régional du Queyras
Appennino Ligure
Autostrada dei Fiori
Autostrada dei Vini

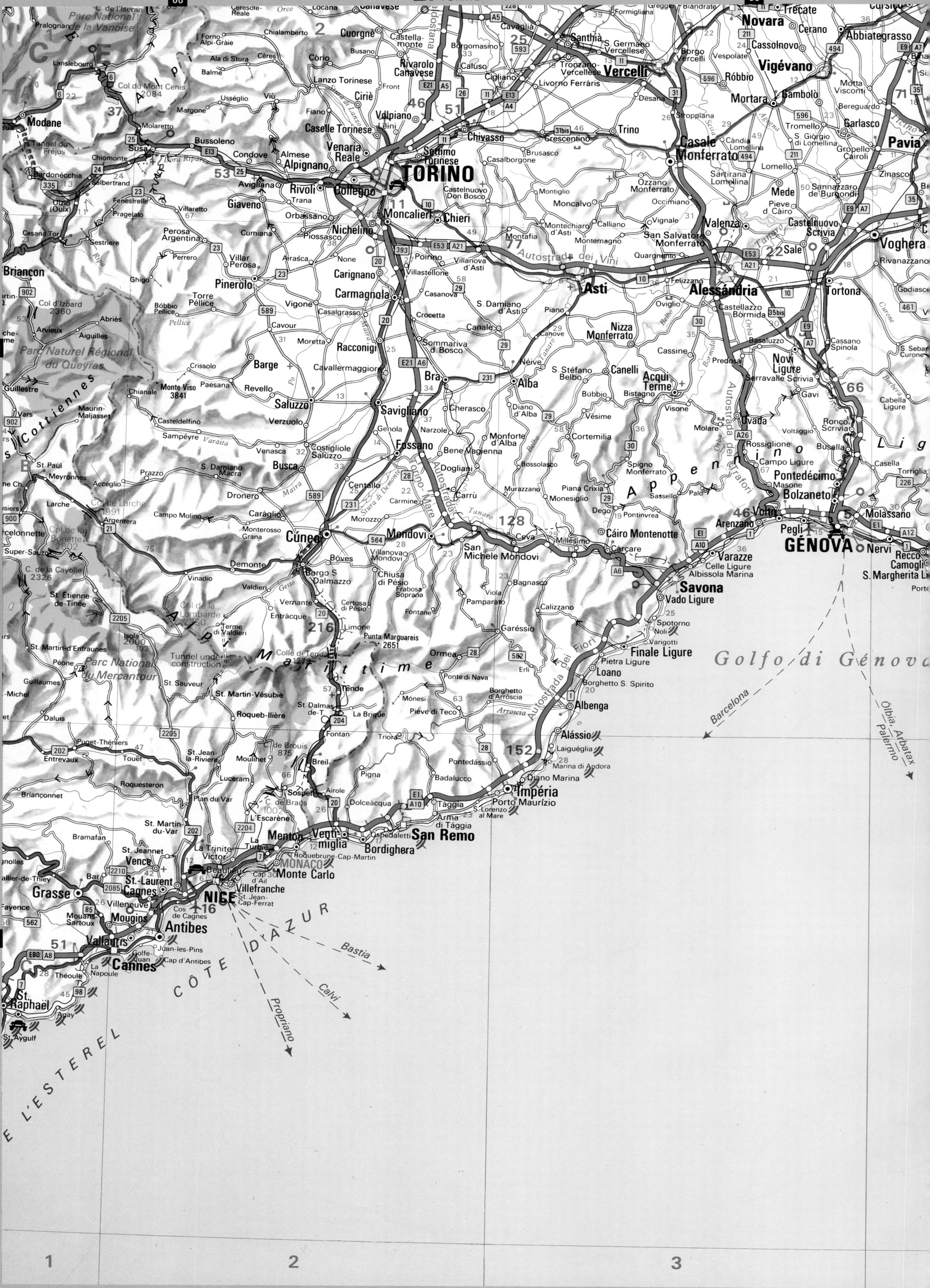

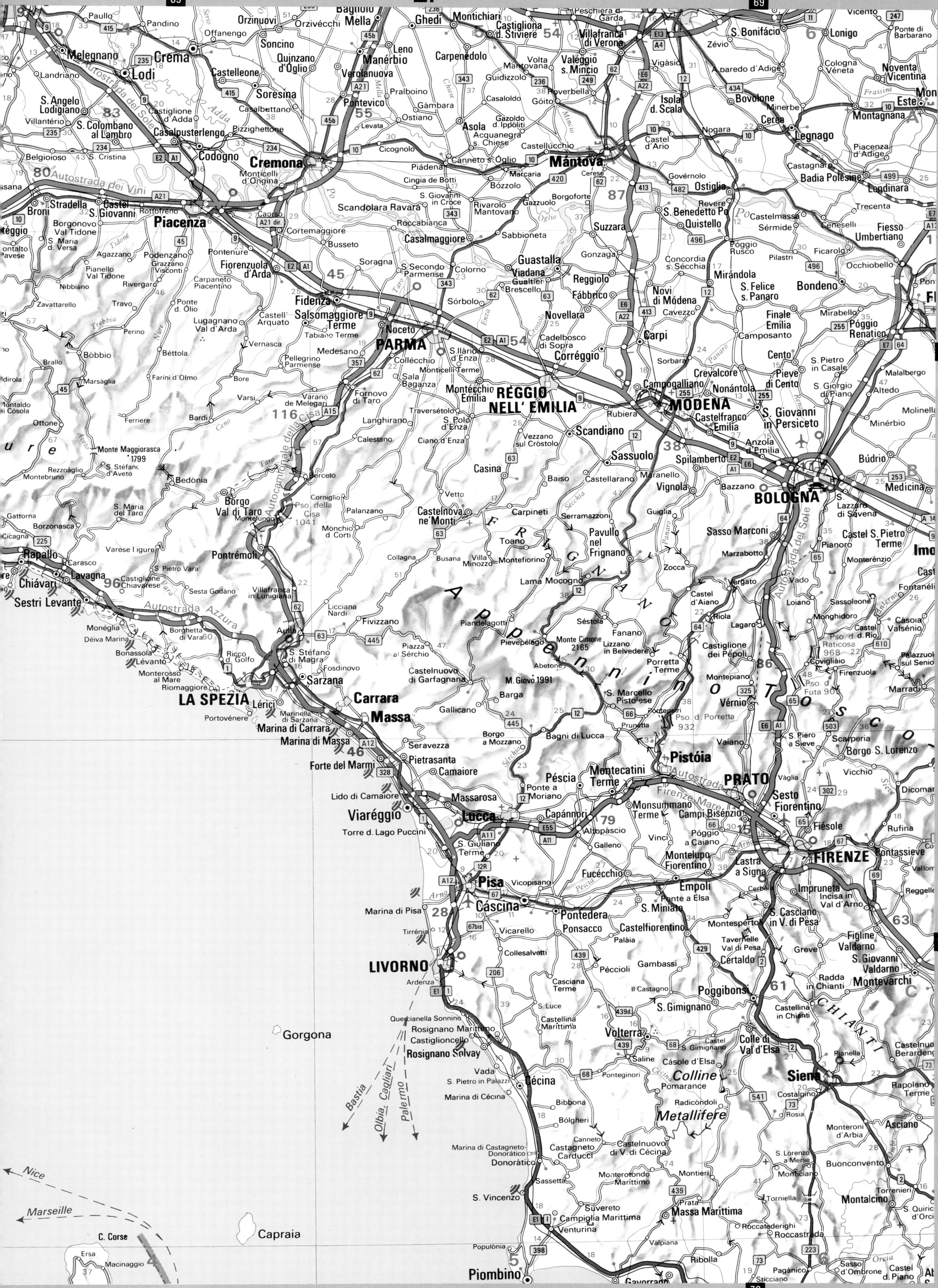

69   69   74

Paullo · Pandino · Orzinuovi · Orzivécchi · Mella · Ghedi · Montichiari · Castigliona d. Stiviere · 54 · Villafranca di Verona · Peschiera d. Garda · S. Bonifácio · Vicenzo · Lonigo · 6 · Ponte di Barbarano · 247

Offanengo · Soncino · Leno · Carpenédolo · Mantovana · Valéggio s. Mincio · Vigásio · Cologna Véneta · Noventa Vicentina · Montagnana · Este

Melegnano · Crema · Castelleone · Manérbio · Verolanuova · Guidizzolo · 249 · Roverbella · Isola d. Scala · Minerbe · Cerea · Legnago · Piacenza d'Adige

Lodi · Landriano · 235 · Soresina · Pontévico · 55 · Casaloldo · Gámbara · Gazolo d'Ippóliti · Castellucchio · MANTOVA · 420 · Cerese · Govérnolo · 413 · S. Benedetto Po · Castelmassa · Fiesso Umbertiano

S. Angelo Lodigiano · Castiglione d'Adda · Casalbuttano · Ostiano · Canneto s'Óglio · Bózzolo · Revere · Ostiglia · Sérmide · Ceneselli · Lendinara

Villantério · Codogno · Casalpusterlengo · CREMONA · Monticelli d'Ongina · Scandolara Ravará · Marcaria · S. Giovanni in Croce · Sabbioneta · Borgoforte · Suzzara · Quistello · Póggio Rusco · Pilastri · Ficarolo · 499 · Badia Polésine

S. Colombano al Lambro · 83 · Codogno · Piacenza · A21 dir. · Roccabianca · Casalmaggiore · 343 · Gonzaga · Guastalla · Concordia s. Sécchia · Mirándola · S. Félice s. Panaro · Bondeno · Occhiobello

Belgioioso · S. Cristina · Stradella · S. Giovanni · Rottofreno · Cortemaggiore · Busseto · Viadana · Gualtieri · Brescello · Reggiolo · Novi di Módena · Cavezzo · Cento · S. Pietro in Casale · Pieve di Cento · Malalbergo · Altedo

Broni · Borgonovo Val Tidone · Pontenure · Fiorenzuola d'Arda · Soragna · S. Secondo Parmense · Colorno · Fábbrico · Novellara · Campogalliano · Crevalcore · Nonántola · S. Giorgio di Piano · Molinella

Agazzano · Podenzano · Grazzano Visconti · Carpaneto Piacentino · 45 · Fidenza · Salsomaggiore Terme · 9 · Noceto · Sórbolo · Correggio · REGGIO NELL' EMILIA · MODENA · Castelfranco Emília · S. Giovanni in Persiceto · Minérbio · BUDRIO

Nibbiano · Rivergaro · Ponte d. Ólio · Castell' Arquato · Tabiano Terme · Medesano · Collécchio · S. Ilário d'Enza · Montecchio Emilia · Rubiera · Spilamberto · Anzola d'Emília · BOLOGNA · Medicina

Zavattarello · Travo · Vernasca · PARMA · Pellegrino Parmense · Fornovo di Taro · Sala Baganza · S. Polo d'Enza · Vezzano sul Cróstolo · Scandiano · Sassuolo · Bazzano · Vignola · Lázzaro di Sávena · Castel S. Pietro Terme · Imo

Bóbbio · Bardi · Varano de Melegari · A15 · Traversétolo · Ciano d'Enza · Casina · Castellarano · Maranello · Sasso Marconi · Pianoro · Monterénzio

Brallo · Ferriere · Borgo Val di Taro · Berceto · Pso. della Cisa 1041 · Calestano · Castelnova ne'Monti · Baiso · Serramazzoni · Pavullo nel Frignano · Zocca · Marzabotto · Monghidoro · Cásola Valsénio

Ottone · Monte Maggiorasca 1799 · S. Stéfano d'Aveto · Bedónia · Montelungo · Mónchio d'Corti · Palanzano · Toano · Montefiorino · Guiglia · Castel d'Aiano · Loiano · Castel d'Rio · Fontané

Rapallo · Chiávari · Sestri Levante · Varese Ligure · Pontrémoli · Villafranca in Lunigiana · Collagna · Busana · Villa Minozzo · Lama Mocogno · Séstola · Fanano · Riola · Lagaro · Vado · Vergato · Sassoleone · Palazzuolo sul Senio · Marradi

Lavagna · 96 · Castiglione Chiavarese · Sesta Godano · Licciana Nardi · Fivizzano · Piandelagotti · Monte Cimone 2165 · Lizzano in Belvedere · Porretta Terme · Castiglione dei Pépoli · Firenzuola · Pso. Futa 903

Monéglia · Déiva Marina · Bonassola · Borghetta di Vara · Aulla · Piazza al Sérchio · M. Giovo 1991 · Abetone · M. Marcello Pistoiese · Pso. di Porretta 932 · Raticosa 968 · Coviglíaio

Levanto · Monterosso al Mare · Riomaggiore · Ricco d. Golfo · S. Stéfano di Magra · Fosdinovo · Castelnuovo di Garfagnana · Barga · Gallicano · Prunetta · Pso. d. Porretta · Vaiano · S. Piero a Sieve · Scárperia · Borgo S. Lorenzo

LA SPEZIA · Lérici · Sarzana · CARRARA · MASSA · Borgo a Mozzano · Bagni di Lucca · PISTÓIA · PRATO · Váglia · Vicchio · Dicoman

Portovénere · Marinella di Sarzana · Marina di Carrara · Marina di Massa · Seravezza · Pietrasanta · Péscia · Montecatini Terme · Monsummano Terme · Campi Bisénzio · Sesto Fiorentino · Fiésole · Rufina

Forte del Marmi · Camaiore · Ponte a Moriano · Capánnori · Vinci · Póggio a Caiano · Fontassieve

Lido di Camaiore · Massarosa · LUCCA · Altopáscio · Galleno · Montelupo Fiorentino · Lastra a Signa · FIRENZE · Incisa in Val d'Arno · Reggello

Viaréggio · Torre d. Lago Puccini · S. Giuliano Terme · Galleno · Fucécchio · Empoli · Ponte a Elsa · S. Casciano in V. di Pesa · Figline Valdarno · S. Giovanni Valdarno · Montevarchi

PISA · Vicopisano · Cáscina · Pontedera · S. Miniato · Castelfiorentino · Montespertoli · Greve · Radda in Chianti · CHIANTI

Marina di Pisa · 28 · Vicarello · Ponsacco · Paláia · Tavernelle Val di Pesa · Certaldo · Castellina in Chianti · Castelnuovo Berardenga

Tirrénia · Collesalvetti · Péccioli · Gambassi · Poggibonsi · 61 · Castel d'Elsa

LIVORNO · Ardenza · Casciana Terme · Il Castagno · S. Gimignano · Cásole d'Elsa · Colle di Val d'Elsa · Pianella · 73

Gorgona · Quercianella Sonnino · Rosignano Marittimo · Castelnuova Marittima · Volterra · Saline · SIENA · Rapolano Terme

Castiglioncello · Vada · Pontegnori · Colline · Pomarance · Radicondoli · Rosia · Costalpino · Monteroni d'Arbia · Ásciano

Rosignano Solvay · S. Pietro in Palazzi · Cécina · Metallifere · Radicóndoli · Buonconvento · S. Lorenzo a Merse

Marina di Cécina · Bibbona · Bólgheri · Canneto · Castagneto Carducci · Montieri · S. Lorenzo a Merse · Montalcino · S. Quírico d'Orci

Marina di Castagneto Donorático · Donorático · Sassetta · Monterotondo Maríttimo · Prata · Roccastrada · Castel d. Piano

S. Vincenzo · Campiglia Maríttima · Suvereto · Massa Maríttima · Montieri · Torniella · Paganico · Sasso d'Ombrone

C. Corse · Ersa · Macinaggio · Capraia · Piombino · Populónia · Venturina · Valpiana · Ribolla · Sticciano · Gavorrano

Bastia · Olbia · Cagliari · Palermo · Nice · Marseille

VENEZIA · Lido · Lonigo · Dolo · Legnaro · Abano Terme · Monsélice · Este · Montagnana · Legnago · Cerea · Conselve · Chióggia · Sottomarina

Golfo di Venézia

Laguna Veneta

· Piove di Sacco · Bovolenta · Cavárzere · Loreo · Adria · Rovigo · Lendinara · Occhiobello · Bondeno · **FERRARA** · Copparo · Codigoro · Comácchio · Pomposa · Lido di Volano · Porto Garibaldi

Valli di Comácchio

· Argenta · Alfonsine · Mezzano · **RAVENNA** · Marina di Ravenna · Punta Marina · Lugo · Russi · **Imola** · **Faenza** · Castel Bolognese · **Forlì** · Cérvia · Cesenático · Bellária · **Cesena** · **Rimini** · Riccione · Cattólica · **SAN MARINO** · **Pésaro** · **Fano** · Urbino · Fossombrone · **Senigállia** · Falconara Maríttima · **ANCONA** · Iesi · Ósimo · Loreto · Recanati

· **FIRENZE** · Fiésole · Rufina · Pontassieve · Poppi · Bibbiena · **Arezzo** · Sansepolcro · Anghiari · Città di Castello · **Gúbbio** · Fabriano · Matélica · Camerino · Tolentino · **Macerata** · Corridónia · Montegranaro

· Montevarchi · Montepulciano · Chiusi · Città della Pieve · **PERUGIA** · Assisi · Spello · **Foligno** · Marsciano

0 5 10 20 30 40 Miles

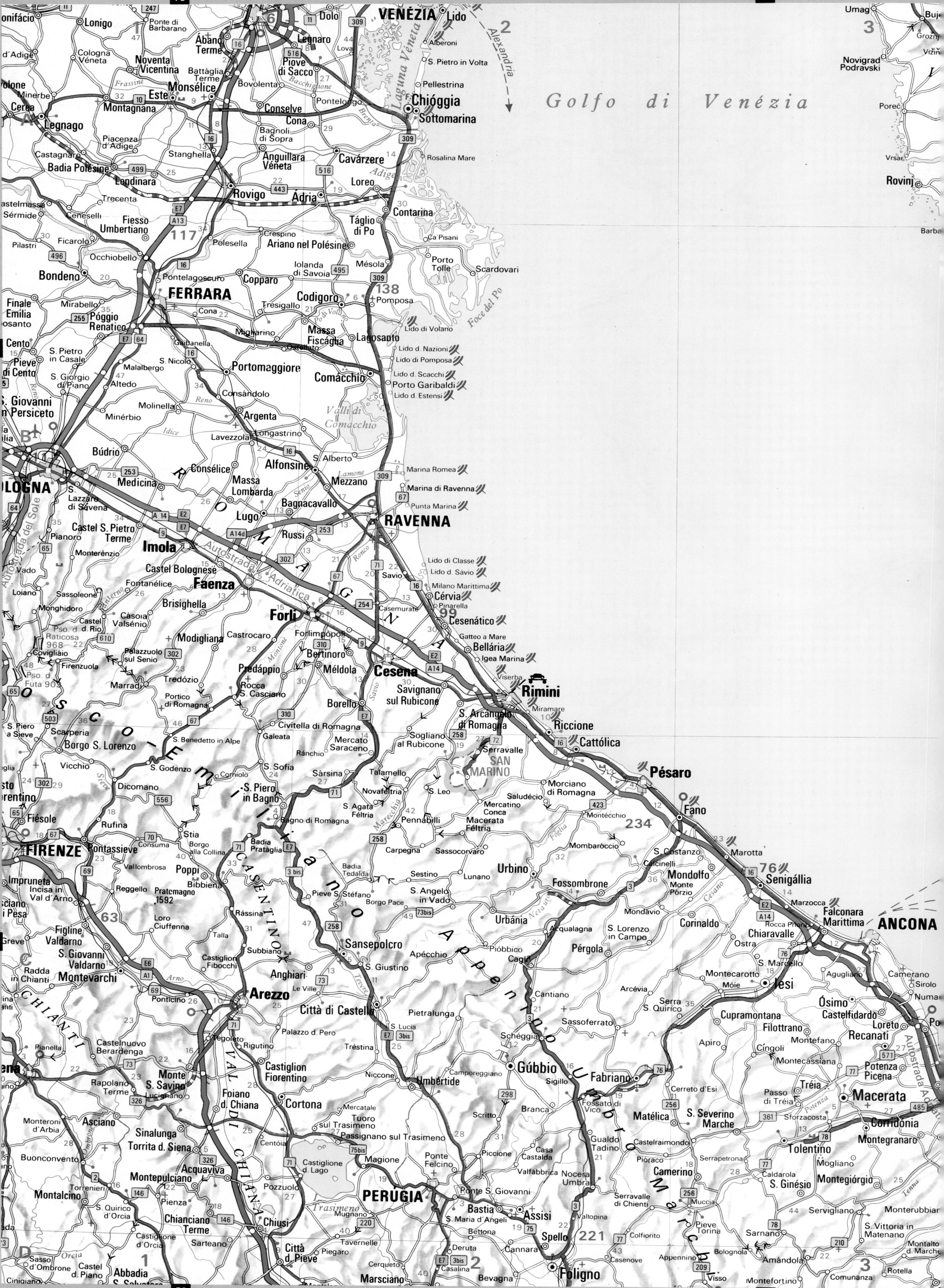

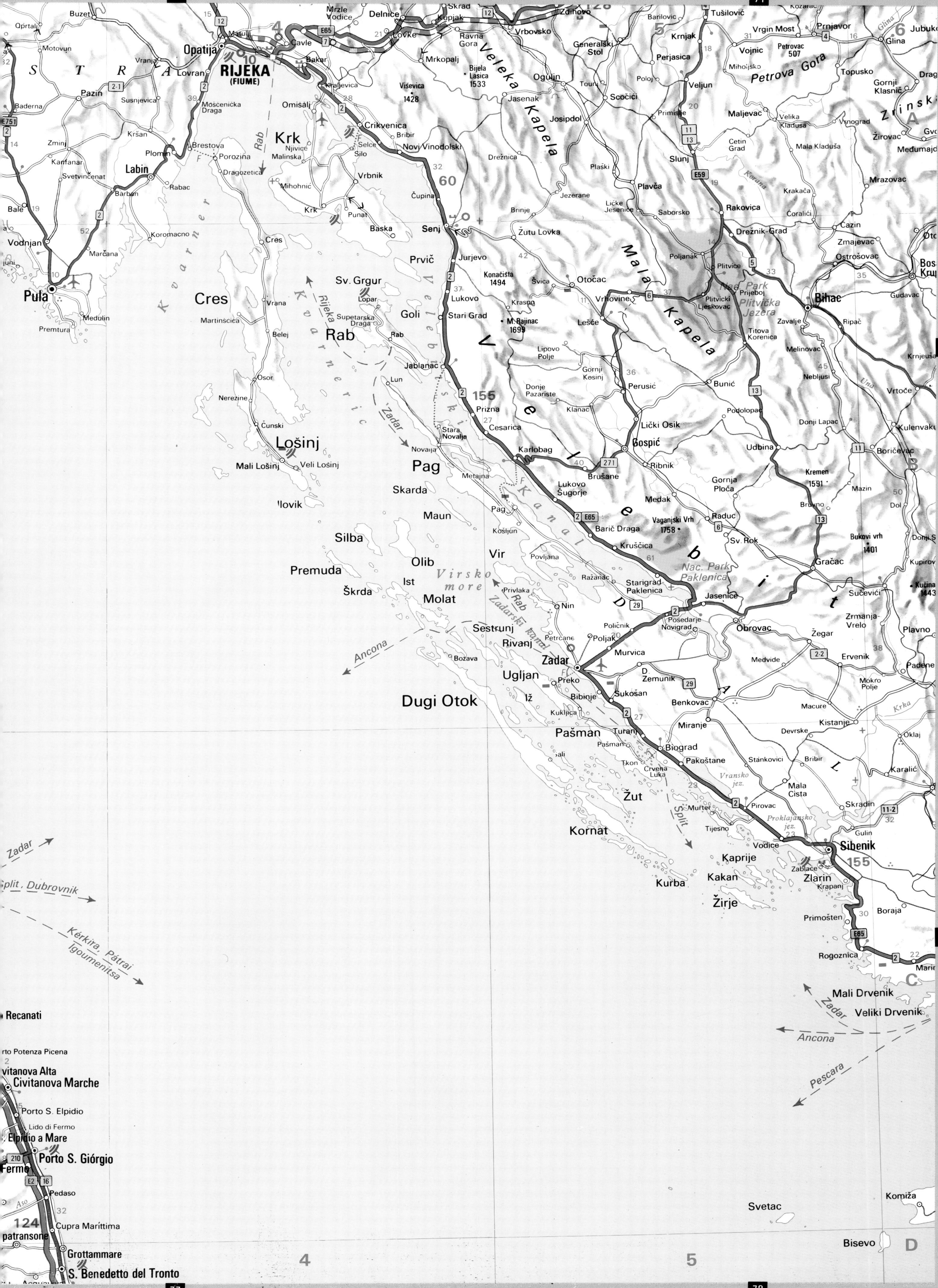

Buzet
Oprtalj
Motovun
Vranja
Lovran
Opatija
RIJEKA (FIUME)
Matulji
Čavle
Bakar
Kraljevica
Bribir
Crikvenica
Novi Vinodolski
Selce
Silo
Malinska
Njivice
Omišalj
Krk
Mihohnić
Vrbnik
Punat
Baška
Senj
Jurjevo
Lukovo
Stari Grad
Prvić
Sv. Grgur
Goli
Rab
Lopar
Supetarska Draga
Lun
Jablanac
Prizna
Cesarica
Karlobag
Pula
Medulin
Premtura
Cres
Martinšćica
Vrana
Belej
Osor
Nerezine
Čunski
Mali Lošinj
Veli Lošinj
Lošinj
Ilovik
Skarda
Maun
Silba
Olib
Premuda
Škrda
Ist
Molat
Vir
Povljana
Pag
Košljun
Novalja
Stara Novalja
Metajna
Nin
Privlaka
Vrsi
Ražanac
Sestrunj
Rivanj
Ugljan
Preko
Bibinje
Iž
Kukljica
Dugi Otok
Sali
Božava
Zadar
Murvica
Sukošan
Pašman
Tkon
Turanj
Biograd
Pakoštane
Žut
Crvena Luka
Kornat
Kurba
Kakan
Žirje
Kaprije
Zlarin
Krapanj
Primošten
Rogoznica
Šibenik
Vodice
Tijesno
Murter
Pirovac

Veleka Kapela
Mrzle Vodice
Delnice
Skrad
Lovke
Kopjak
Ravna Gora
Mrkopalj
Vrbovsko
Bijela Lasica 1533
Viševiča 1428
Ogulin
Jasenak
Drežnica
Brinje
Jezerane
Žutu Lovka
Otočac
Švica
Krasno
Konačišta 1494
M. Rajinac 1699
Lešće
Lipovo Polje
Donje Pazariste
Gornji Kosinj
Klanac
Perušić
Bunić
Lički Osik
Gospić
Ribnik
Brušane
Lukovo Šugorje
Medak
Barić Draga
Vaganjski Vrh 1758
Kruščica
Starigrad Paklenica
Nac. Park Paklenica
Jasenice
Posedarje Novigrad
Obrovac
Žegar
Zrmanja-Vrelo
Plavno
Medvide
Ervenik
Mokro Polje
Benkovac
Miranje
Kistanje
Devrske
Stankovci
Bribir
Mala Cista
Skradin
Proklajansko jez.
Gulin

Mala Kapela
Plaški
Plavča
Rakovica
Drežnik-Grad
Poljanak
Plitvice
Plitvička Jezera
Nac. Park Plitvička Jezera
Plitvički Ljeskovac
Vrhovine
Ličko Leskovac
Titova Korenica
Zavalje
Bihać
Ripač
Gudovac
Udbina
Donji Lapac
Nebljusi
Podolopac
Gornja Ploča
Kremen 1591
Bruvno
Mazin
Gračac
Bukovi vrh 1401
Kučina 1443
Sučevići
Plitvica

Slunj
Barilović
Tušilović
Vojnić
Petrova Gora
Petrova 507
Miholjsko
Veljun
Primišlje
Perjasica
Generalski Stol
Josipdol
Scočići
Tounj
Poloj
Saborsko
Jezerane
Krnjak
Vrgin Most
Prnjavor
Glina
Jubuk
Topusko
Gornji Klasnić
Maljevac
Velika Kladuša
Mala Kladuša
Cetin Grad
Vojnić
Drežnik-Grad
Cazin
Zmajevac
Ostrošovac
Bos. Krup
Krnjeuša
Vrtoče
Kulenvak
Boričevac
Dol
Kupirovo
Padene
Karalić
Oklaj
Zrinski
Žirovac
Medumajdan

Pazin
Baderna
Kršan
Zminj
Kanfanar
Svetvinčenat
Barban
Rabac
Labin
Plomin
Brestova
Porozina
Dragozetica
Koromacno
Vodnjan
Bale
Marčana

Ancona
Zadar
Split, Dubrovnik
Kérkira Pátrai Igoumenitsa
Recanati
Porto Potenza Picena
Civitanova Alta
Civitanova Marche
Porto S. Elpidio
Elpidio a Mare
Porto S. Giórgio
Fermo
Pedaso
Cupra Maríttima
patransone
Grottammare
S. Benedetto del Tronto
Pescara
Mali Drvenik
Veliki Drvenik
Svetac
Biševo
Komiža

0 5 10   20   30   40   50   60 Km.

76

Campiglia Maríttima
Venturina
Massa Maríttima
Roccatederighi
Roccastrada
S. Quírico d'Orcia
Pienza
Chianciano Terme
Chiusi
Trasimeno
Mugnano
Bastia
S. Maria d'Angeli
Assisi
Populònia
Valpiana
Ribolla
Paganico
Sticciano
Scalo
Montepescali
Batignano
Sasso d'Ombrone
Castel d. Piano
Abbadia S. Salvatore
Radicòfani
Piazze
Sarteano
Tavernelle
Città d. Pieve
Piegaro
Cerqueto
Marsciano
Deruta
Collepepe
Bevagna
Spello
Cannara
Montefalco
Piombino
Follónica
Gavorrano
Vetulònia
Campagnático
Cinigiano
Arcidosso
Piancastagnáio
S. Casciano d. Bagni
Monteleone d'Orvieto
Ficulle
Venanzo
Fratta Todina
Bastardo
Cavo
Rio Marina
Porto Azzurro
Castiglione della Pescáia
Grosseto
Istia d'Ombrone
Terme di Roselle
Arcille
Cana
S. Caterina
S. Fiora
Roccalbegna
Castell' Azzara
Acquapendente
Orvieto
Baschi
Prodo
Capretta
Todi
Massa Martana
S. Giácomo
Spoleto
Elba
Marina di Grosseto
Principina a Mare
Ríspecia
Scansano
Samprugnano
Saturnia
Onano
Sorano
Pitigliano
S. Lorenzo Nuovo
Bolsena
Bagnorégio
Guardea
San Gemini
Terni
ARCIPELAGO TOSCANO
Marina di Alberese
Magliano in Toscana
Manciano
Látera
Grotte di Castro
Lago di Bolsena
Montefiascone
Zepponami
Attigliano
Amélia
Narni
Fonteblanda
Talamone
Albinia
Orbetello Scalo
Capalbio
Farnese
Ischia di Castro
Canino
Marta
Valentano
Arlena di Castro
Tuscánia
Viterbo
Begnaia
Soriano nel Cimino
Orte
Otrícoli
Contigliano
Porto San Stefano
Orbetello
Port' Ercole
Montalto di Castro
Vetralla
Caprarola
Cívita Castellàna
Ronciglione
Magliano Sabina
Poggio Mirteto
Gíglio
Gíglio Porto
Giannutri
Monte Romano
Ibis
Blera
Capránica
Sutri
Nepi
Bassano di Sutri
Trevignano Romano
Campagnano di Roma
Fara in Sabina
Tarquínia
Allumiere
Tolfa
Manziana
Bracciano
L. di Bracciano
Anguillara Sabazia
Ríano
Capena
Monte Libretti
Palombara Sabina
Marina di Tarquínia
Civitavécchia
San Marinella
San Severa
Cervéteri
la Storta
Guidónia
Tívo
Mentana
Golfo Aranci, Ólbia
Arbatax
Cágliari
Ladispoli
Palidoro
Tomba di Nerone
Città d. Vaticano
ROMA
Torrenova
Finocc
Maccarese
Fregene
Frasca
Fiumicino
Acília
Marino
Lido di Ostia
Decima
Albano Laziale
Genzano di Roma
Pomézia
Lanuvio
Tor Vaiánica
Aprília
Císte di La
Lavinio-Lido di Enea
Lido di Cincinnato
Nettun
Ánzio

ARCIPELAGO
TOSCANO

M A R E   T I R R E N O

0 5 10 20 30 40 Miles

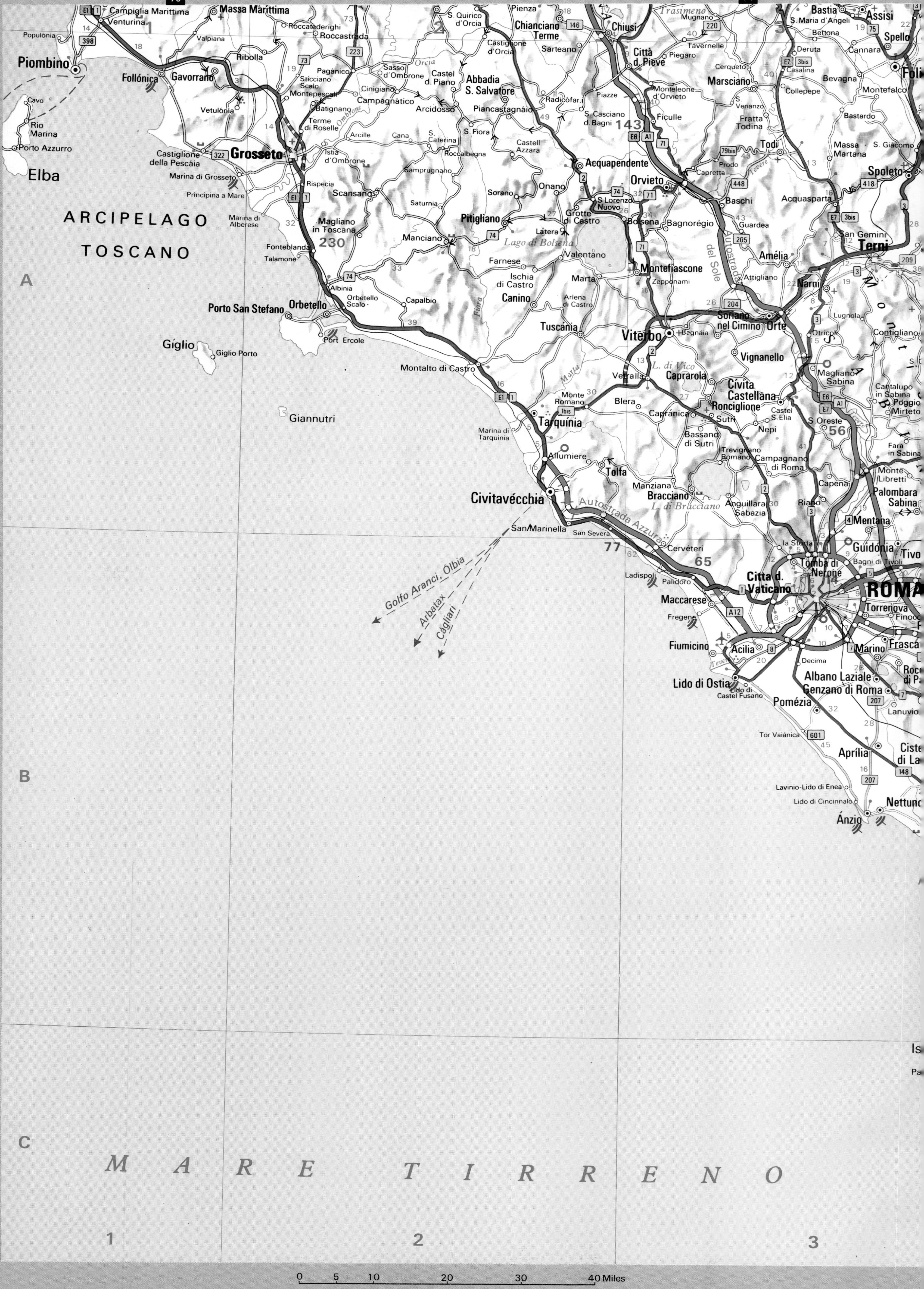

Colfiorito Pieve Torina Sarnano Servigliano S. Vittoria in Matenano 124 Cupra Maríttima 5 A
Casenove Appennino Bolognola Amándola Montalto d. Marche Ripatransone Grottammare
Visso Montefortino Comunanza Rotella S. Benedetto del Tronto
Montemónaco Offida Acquaviva Picena Porto d'Ascoli
Sellano Castelsantángelo Ascoli Piceno Martinsicuro Alba Adriatica
Triponzo Nórcia M. Vettore 2476 Roccafluvione Acquasanta Terme S. Egidio alla Vibrata Tortoreto Lido
Piedipaterno sul Nera Cascia Civita Amatrice Valle Castellana Civitella di Tronto Giulianova
Monteleone di Spoleto Accúmoli Campli Mosciano S. Angelo
Ferentillo Posta M. Gorzano 2455 Roccapassa Montório al Vomano Téramo Notaresco Pineto
Cantalice Terminillo Borbona Montereale Tossicia Bisenti Silvi Marina
Cittaducale Antrodoco Nereto Castiglione Messer Raimondo Citta Sant'Angelo Pescara
Gran Sasso d'Italia Isola d. Gr. Sasso d'It. Penne Spoltore Francavilla al Mare
M. Corno 2914 Pianella Chieti Lido Riccio Ortona
Castel del Monte Pagánica Chieti Scalo Miglianico San Vito Chietino
Preturo L'Aquila Catignano Lanciano Fossacésia Lido di Casalbordino
Vigliano Castiglione Subéquo Bariscianó Alanno Scafa Orsogna Castel Frentano Paglieta
Tornimparte Demetrio ne Vestini Navelli Pópoli Guardiagrele Casalbordino Vasto
Fiamignano Borgorose Rocca di Mezzo Pratola Peligna Cásoli Atessa S. Salvo Marina
Magliano de Marsi Celano Raiano Sulmona M. Amaro 2795 Bomba Gissi San Salvo Termoli
Ovindoli Castelvecchio Subéquo Pescina Lama dei Peligni Colledimezzo Cupello Montenero di Bisáccia Campomar
Scurcola Marsic. Avezzano Corcumello Gioia dei Marsi Anversa d'Abruzzi Palena Villa Santa Maria Castiglione Messer Marino Guglionesi Portocannone Palata
Carsoli Tagliacozzo Capistrello Villalago Scanno Pescocostanzo Capracotta Montefalcone nel Sánnio S. Martino in Pénsilis
Ciciliano Luco dei Marsi Trasacco Pso. di Diavolo Roccaraso Agnone Castelmáuro Larino
Subiaco M. Tarino 1959 Collelongo Parco Nazionale d'Abruzzo Pescasseroli Villetta Barrea Triento Casacalenda
San Vito Romano Civitella Roveto Nuovo Balsorano Vecchio Castel di Sangro Petrella Tifernina Santa Croce di Magliano
Genazzano Piglio Guarcino San Donato Val di Comino Alfedena Carovilli Bagnoli del Trigno
Valmontone Anagni Fiuggi Sora S. Biágio Saracinisco Isérnia Frosolone Matrice Campobasso Celenza Valfortore
Artena Alatri Véroli Isola del Liri Colli a Volturno Carpinone Ielsi Gambatesa
Colleferro Ferentino Arpino Atina Macchiagodena Baranello Riccia
Carpineto Romano Arce S. Elia Fiumerapido Monteroduni Vinchiaturo S. Bartolomeo in Galdo
Ceccano Roccasecca M. Cáiro 1669 Pástena M. Miletto 2050 Basélice
Frosinone Roccagorga Aquino Cassino Venafro Capriati a Volturno Boiano Cercemaggiore Colle Sannita
Castro dei Volsci Ceprano Pontecorvo Cervaro Sesto Campano Pratella Piedimonte d'Alife Sepino Montefalcone
Amaseno Pico Mignano Monte Lungo Guardiarégia Morcone S. Marco dei Cavoti
Priverno Sonnino Lenola Espéria S. Giorgio a Liri Vairano Scalo Alife Cusano Mutri Pontélandolfo
Pontínia Monti Ausoni M. delle Fate Fondi Ausónia Roccamonfina Pietravairano Cerreto Sannita Buonalbergo
Latina Monti Lepini Terme di Súio Gióia Sannita Guárdia Sanframondi Pesco Sannita
M. Semprevisa 1536 Castelforte Dragoni Amorosi Ariano Irpino
Sermoneta Sezze Monti Aurunci M. Petrella 1533 Minturno Sessa Aurunca Pietramelara Alvignano Telese Solopaca Paduli Montecalvo Irpino
Sabáudia Terracina Itri Castelforte Teano Alvignano S. Ágata de Goti Montesarchio
Sperlonga Carola Sparanise Pignataro Maggiore M. Taburno 1393 Benevento
Fórmia Gaeta Báia Domizia Capua Prana di Caiazzo Caiazzo Cervinara S. Giorgio del Sannio Grotta
Mondragone S. Maria Cápua Vétere Caserta Maddaloni Arienzo M. Avella 1591 Montemiletto Pratola Serra
Cancello ed Arnone Casal di Principe Maddaloni Baiano Altavilla Irpina Aripalda Torella dei Lombardi
Castel Volturno Aversa Marcianise Acerra Marigliano Cicciano Nola Avellino Volturara Irpina
Golfo di Gaeta Pinetamare Giugliano S. Antimo Afragola S. Anastasia Palma Mercato S. Severino Montella
Lido di Licola Marano Casoria M. Vesuvio 1277 Ottaviano Sarno Solofra Contrada le Croci Acerno 843
e Ponziane Zannone NÁPOLI A3 Pórtici Pompei Scafati Nocera Montecorvi Rovella
Ponza Pozzuoli Resina Torre del Greco Pagani SALERNO
Ventotene Bácoli Prócida Torre Annunziata M. S. Angelo 1443 Cava de' Tirreni Pontecagnano Ebo
Forío Castellammare di Stábia Gragnano Vietri sul Mare
Casamicciola Terme Ischia Vico Equense Meta Battipaglia
Golfo di Nápoli Sorrento Positano Amalfi Golfo di
Anacapri Massa Lubrense Marina d. Caritone Pta. Campanella Praiano Altavilla Silentina

Split Cágliari Palma

0 5 10 20 30 40 50 60 Km.

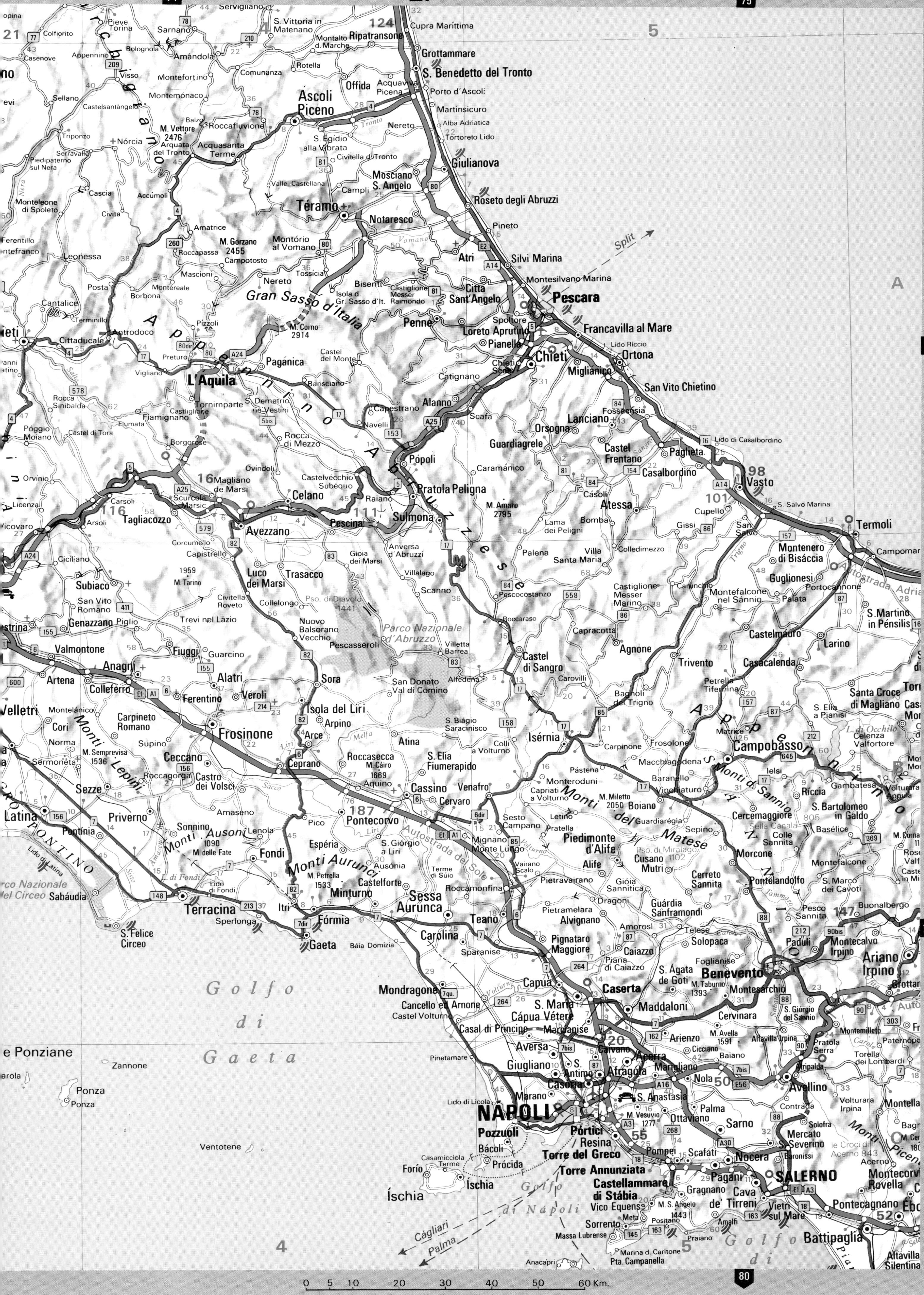

B

77

Svetac
Komiza
Korculanski kanal
Vela Luka
Blato
Prigradica
Smokvica
Brna
Korčula
Bisevo
Lastrovski ka
Dubrovnik →
Sušac
Ublí
Lastovo

J A D R A N S K O M

Isole Trémiti

M A R

Lido di Casalbordino
16
98
Vasto
A14
101
16
S. Salvo Marina
San Salvo
86
157
14
Termoli
Montenero di Bisáccia
6
Campomarino
Guglionesi
Portocannone
87
Palata
48
30
Montefalcone nel Sánnio
Castelmáuro
28
50
Autostrada Adriatica
S. Martino in Pénsilis
Chiéuti
16 ter.
16
Larino
E2
Serracapriola
85
Apricena
Lago di Lésina
Lésina
Poggio Imperiale
14
Casacalenda
22
46
157
87
S. Paolo di Civitate
28
89
Santa Croce di Magliano
S. Elia a Pianisi
Torremaggiore
Casalnuovo Monterotaro
Castelnuovo della Dáunia
San Severo
160
160
Sannicandro Gargánico
San Marco in Lamis
Rignano Gargánico
Lago di Varano
Ischitella
Vico del Gargano
Rodi Gargánico
Manacore
Peschici
20
Carpino
56
Cagnano Varano
Pugnochiuso
36
Báia d. Zágare
Mattinata
San Giovanni Rotondo
15
Monte Sant'Angelo
Vieste
Campobásso
645
Monti d'Sánnio
Ielsi
Ríccia
Gambatesa
9
Cercemaggiore
805
S. Bartolomeo in Galdo
Baselice
Colle Sannita
Sella Canala
369
Morcone
Montefalcone
M. Cornacchia 1152
Tróia
Biccari
Celenza Valfortore
Motta Montecorvino
Volturara Appula
Lucera
17
FÓGGIA
A14
TAVOLIERE
Carapelle
Zapponeta
Lido di Siponto
Manfredónia
CAPITANATA
Margherita di Savóia
Trinitápoli
545
159
132
Pontelandolfo
S. Marco dei Cavoti
Roseto Valfortore
Castelfranco in Miscano
Giardinetto
160
Orta Nova
Castellúccio de Sau
161
Stornara
Stornarella
57
S. Ferdinando di Púglia
16
Barletta
170dir
Trani
Biscéglie
Molfetta
72
Pesco Sannita
88
147
212
90bis
47
Buonalbergo
Orsara di Púglia
90
Bovino
Savignano di Púglia
Deliceto
Monteleone di Púglia
Áscoli Satriano
Cerignola
Canosa di Púglia
93
A14
98
Andria
E2
Giovinazzo
S. Spirito
Corato
Terlizzi
75
Bitonto
BARI
Paduli
77
Montecalvo Irpino
Ariano Irpino
Villanova d. Battista
Accadia
Candela
E56
15
98
Minervino Murge
378
Ruvo di Púglia
170dir
170
Palo del Colle
96
Modugno
Capurso
Adélfia
Benevento
Montesarchio
31
88
Grottaminarda
129
A16
Autostrada dei due Mari
Rocchetta S. António
93
Posta Piana
42
97
13
170
Bitetto
Sannicandro di Bari
S. Giórgio del Sánnio
90
Carife
303
Vallata
Bisáccia
Lacedónia
Melfi
Lavello
Montemilone
20
Spinazzola
378
97
Toritto
Acquaviva delle Fonti
Cervinara
7bis
Altavilla Irpina
Paternópoli
Frigento
Aquilonia
Rapolla 12
M. Vulture 1327
Rionero in Vúlture
Venosa
168
Palazzo S. Gervásio
Genzano di Lucánia
12
96
Cassano delle Murge
Gióia del Colle
100
Atripalda
Pratola Serra
Montemiletto
303
Andretta
S. Angelo dei Lombardi
28
Calitri
Ripacándida
Atella
Forenza
93
Oppido Lucano
96
271
Altamura
Santéramo in Colle
21
Avellino
E56
Solofra
Montella
Lioni
Teora
Ruvo del Monte
Acerenza
Bradano
169
Cancellara
Váglio Basilicata
99
18
Gravina in Púglia
14
E58
Sarno
88
Mercato S. Severino
Montecorvino Rovella
Bagnoli Irpino
165
Pescopagano
91
Laviano
S. Fele
Bella
Avigliano
Pietragalla
Oppido Lucano
Irsina
Nocera
32
Baronissi
Acerno
Calabritto
Muro Lucano
Picerno
Tolve
Tricárico
Grassano
Matera
175
Cava Tirreni
SALERNO
A3
Campagna
Contursi
S. Gregorio Magno
Picerno
Potenza
407
Tito
92
Trivigno
1143
Grássano
Gróttole
S. Giuliano
Laterza
Castellaneta
Vietri sul Mare
163
Pontecagnano Éboli
52
Buccino
55
Pso. d. Crocella
109
Battipaglia
Altavilla Silentina
Serre
Auletta
2
19 ter.
Vietri di Potenza
Caggiano
M. Alburno
3
Ginosa

0 5 10 20 30 40 Miles

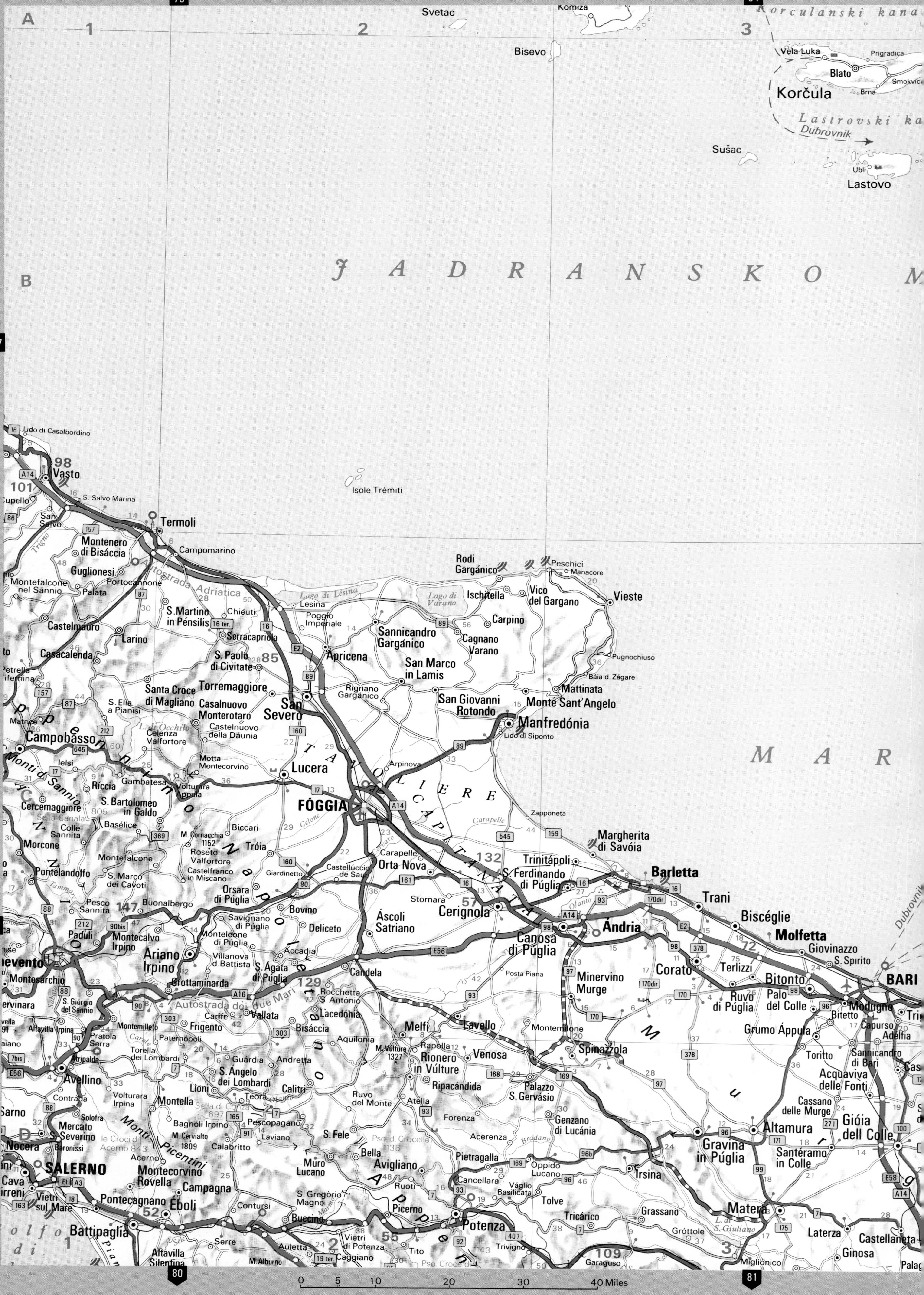

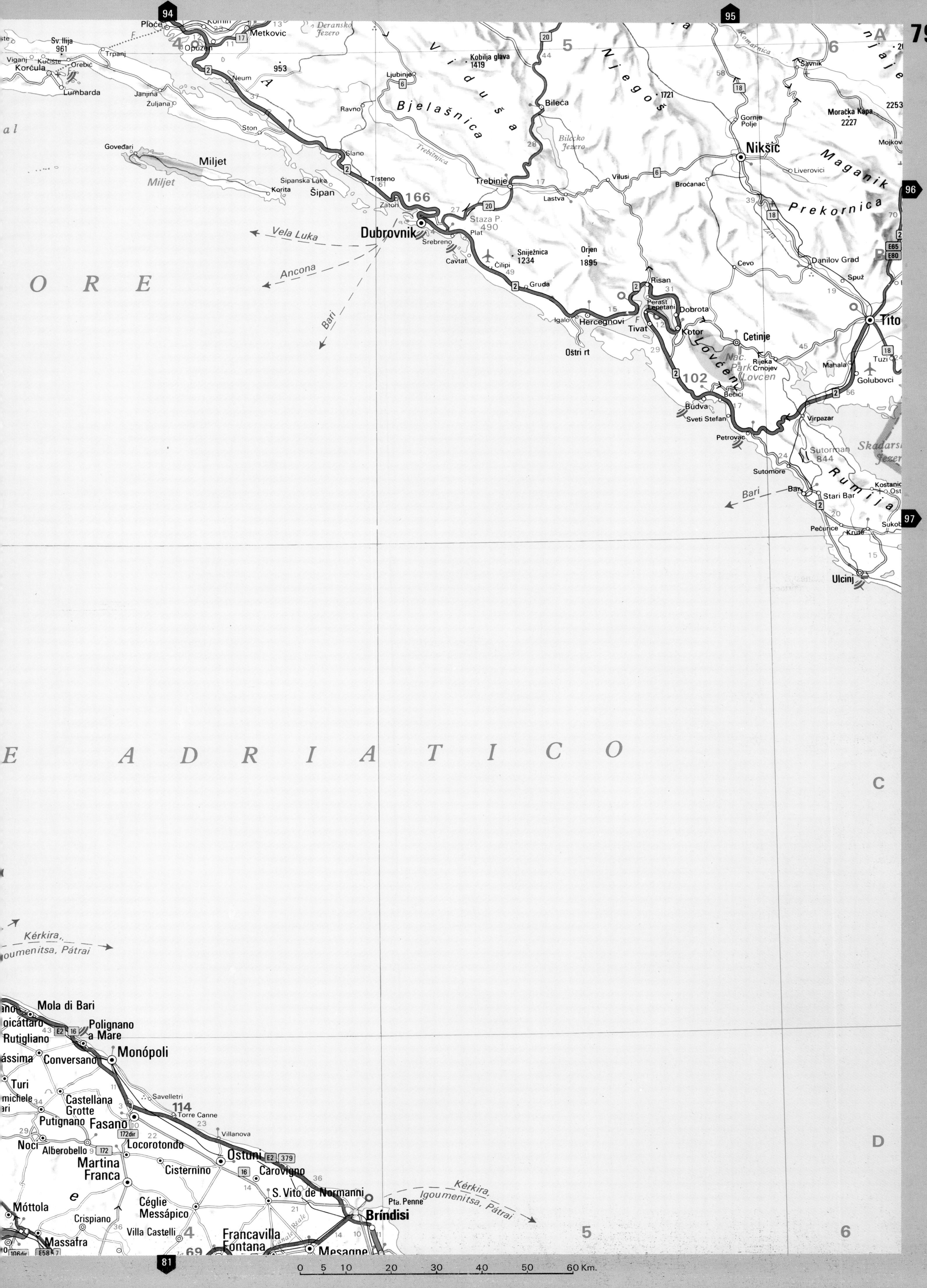

Ploče
Komin
Metković
Sv. Ilija 961
Opuzen
Trpanj
Kučište
Korčula
Orebić
Neum
Janjina
Žuljana
953
Lumbarda
Ston
Korita
Govedari
Miljet
Miljet
Sipanska Luka
Šipan
Trsteno
Slano
Zaton
166
Dubrovnik
Srebreno
Plat
Staza P. 490
Cavtat
Čilipi
Gruda
Vela Luka
Ancona
Bari

Deransko Jezero
Ljubinje
Ravno
Vidusa
Bjelašnica
Kobilja glava 1419
Trebišnjica
Trebinje
Lastva
Bileća
Bilecko Jezero
Snježnica 1234
Orjen 1895
Vilusi
Brocanac
Risan
Perast
Lepetani
Igalo
Herceghovi
Tivat
Kotor
Dobrota
Ostri rt
Lovćen
Nac. Park Lovćen
Rijeka Crnojev
Cetinje
Becici
Budva
Sveti Stefan
Petrovac
Sutomore
Bar
Stari Bar
Bari
Virpazar
Pečurice
Krute
Sukot
Ulcinj

Njegos
Savnik
Moracka Kapa 2253
Mojkov
Gornje Polje
Nikšić
Liverovici
Maganik
Prekornica
Danilov Grad
Cevo
Spuz
Tito
Mahala
Tuzi
Golubovci
Skadars Jezero
Sutorman 844
Rumija
Kostanic

E65 E80

O R E
E A D R I A T I C O

Kérkira, oumenitsa, Pátrai

Mola di Bari
oicáttaro
Polignano a Mare
Rutigliano
Monópoli
Conversano
Turi
michele
Castellana Grotte
Putignano
Fasano
Savelletri
Torre Canne
Noci
Alberobello
Locorotondo
Villanova
Martina Franca
Cisternino
Ostuni
Carovigno
Céglie Messápico
S. Vito de Normanni
Mótola
Crispiano
Villa Castelli
Massafra
Francavilla Fontana
Mesagne
Bríndisi
Pta. Penne
Kérkira, Igoumenitsa, Pátrai

114
172dir
172
E2 379
E58

0 5 10   20   30   40   50   60 Km.

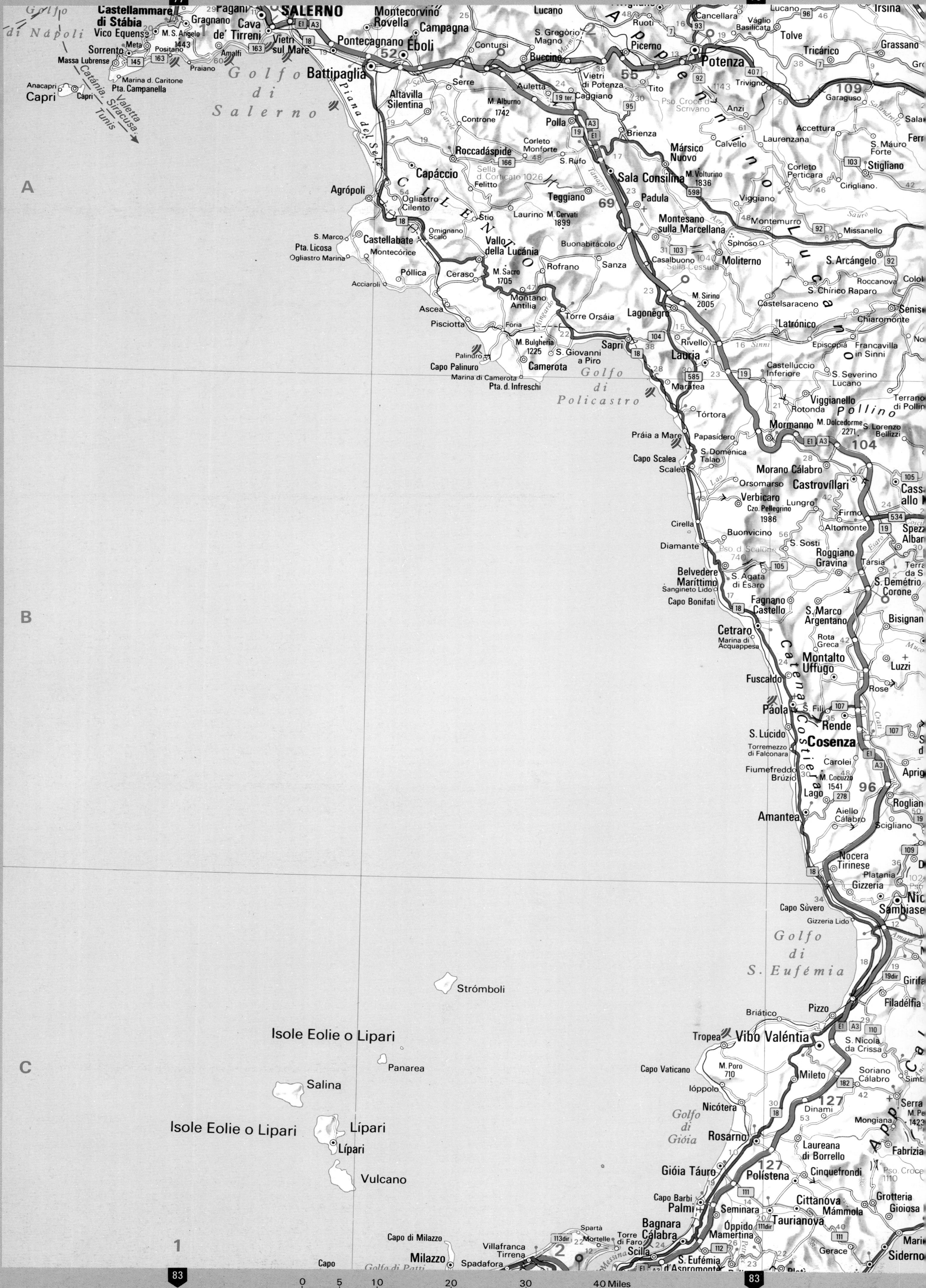

Golfo di Nápoli

Castellammare di Stábia
Gragnano
Pagani
SALERNO
Montecorvino Rovella
Lucano
Cancellara
Váglio Basilicata
Irsina

Vico Equense
M.S. Angelo
Cava de' Tireni
Vietri sul Mare
Pontecagnano
Campagna
S. Gregório Magno
Ruoti
Tolve
Tricárico
Grassano

Sorrento
Meta
Positano
1443
Amalfi
Eboli
Picerno
Potenza
407
S. Mauro Forte

Massa Lubrense
Marina d. Caritone
Pta. Campanella
Praiano
60
Battipaglia
52
Buccino
Vietri di Potenza
Tito
55
Trivigno
1143
Garaguso
109

Anacapri
Capri
Capri
Catánia-Syracusa-Tunis
Valletta
Golfo di Salerno
Altavilla Silentina
Serre
Auletta
24
Caggiano
95
19 ter.
30
Anzi
Accettura
Laurenzana
103
Stigliano

Capri
Piana del Sele
Roccadáspide
Corleto Monforte
S. Rúfo
Polla
A3
Brienza
Mársico Nuovo
Calvello
Corleto Perticara
Cirigliano
Ferr

Agrópoli
Ogliastro Cilento
166
48
Sella d Conticato 1026
Felitto
Teggiano
19
Padula
598
M. Volturino 1836
Viggiano
Montemurro
46
Missanello

Ogliastro Scalo
CILENTO
Laurino
M. Cervati 1899
69
23
Montesano sulla Marcellana
48
Sauro
92
62

S. Marco
Castellabate
Montecórice
Stio
Vallo della Lucánia
Buonabitácolo
Casalbuono
Spinoso
Moliterno
S. Arcángelo
92

Pta. Licosa
Ogliastro Marina
Póllica
Ceraso
M. Sacro 1705
Rofrano
Sanza
31
103
Sella-Cessuta
Roccanova
Colol

Acciaroli
47
Montano Antilia
M. Sirino 2005
Castelsaraceno
S. Chírico Raparo
Latrónico
Chiaromonte
Senis

Ascea
Foria
Lagonegro
Latrónico

Pisciotta
Mingardo
Torre Orsáia
22
104
15
Rivello
Sinni
Episcopiá
Francavilla in Sinni

Palinuro
M. Bulgheria 1225
S. Giovanni a Piro
Sapri
18
38
Lauria
16
Castellúccio Inferiore
S. Severino Lucano

Capo Palinuro
Camerota
585
Maratea
23
19
Viggianello
Terrano di Pollin

Marina di Camerota
Pta. d. Infreschi
Golfo di Policastro
28
30
Rotonda
Pollino
Terrano

Tórtora
Mormanno
M. Dolcedorme 2271
S. Lorenzo Bellizzi

Práia a Mare
Papasidero
21
E1
A3
104

Capo Scalea
S. Doménica Talao
Scalea
Morano Cálabro
Castrovíllari
Cassallo M

Orsomarso
Verbicaro
Czo. Pellegrino 1986
Lungro
Firmo
534
Spez Alban

Cirella
Buonvicino
56
Altomonte
19

Diamante
Pso. d Scalon 740
S. Sosti
Roggiano Gravina
Társia
S. Deméttrio Corone

Belvedere Maríttimo
S. Agata di Ésaro
105
Bisignan

Sangineto Lido
Fagnano Castello
S. Marco Argentano
Rota Greca
42
Muco

Capo Bonifati
18
Montalto Uffugo
Luzzi

Cetraro
Marina di Acquappesa
Rose

Fuscaldo
107
Rende
Cosenza
107

Páola
S. Fili
Carolei
E1
A3
Aprig

S. Lúcido
Torremezzo di Falconara
M. Cocuzzo 1541
96

Fiumefreddo Brúzio
48
Lago
278
Roglian
19

Amantea
Aiello Cálabro
Scigliano
109

Nocera Tirinese
18
Platania
Gizzeria
Nic
Sambiase

Capo Súvero
Gizzeria Lido
34
102

Golfo di S. Eufémia
19dir
Girifa

Strómboli
Briático
Pizzo
Filadélfia

Isole Eolie o Lipari
Tropea
S. Nicola da Crissa
E1
A3
110
Vibo Valéntia

Panarea
Capo Vaticano
M. Poro 710
Mileto
182
Soriano Cálabro
Simb

Salina
Ióppolo
Nicótera
30
Dinami
127
42

Isole Eolie o Lipari
Lípari
Lípari
Golfo di Gióia
18
Mongiana
M. Pe 1423

Vulcano
Rosarno
Laureana di Borrello
Fabriz

Gióia Táuro
111
Polístena
Cinquefrondi
110

Capo di Milazzo
Spartà
Capo Barbi
Palmi
Cittànova
Mámmola
Grotteria
Gioia

Villafranca Tirrena
Torre di Faro
Mortelle
Bagnara Cálabra
Seminara
Óppido Mamertina
Taurianova
40
111

Capo
Milazzo
Spadafora
2
Messina
Scilla
112
Geraça
Mari

Golfo di Patti
113dir
S. Eufémia d'Aspromonte
23
Sidern

0   5   10   20   30   40 Miles

Matera
L. di S.Giuliano
3
175
7
Laterza
Castellaneta
Ginosa
Migliònico
17
Montescaglioso
Pomàrico
Bradano
43
47
106
Bernalda
175
Pisticci
407
Craco
Montalbano Iónico
Tursi
598
otondella
Policoro
Rocca Imperiale
123
Montegiordano Marina
106
43
Capo Spúlico
Amendolara
Marina di Amendolara
rchiara Calàbria
92
Trebisacce
6
Sibari
106
26
Capo Trionto
igliano Calàbro
Rossano
106
177
33
Sila Greca
48
Longobucco
Cropalati
Mandatorìccio
Cariati
108ter
Bocchigliero
42
Crúcoli
Campana
Pta. Fiumenicà
Pta. Alice
Cirò
Cirò Marina
Umbriàtico
52
L.di Cecita
177
Camigliatello Silano
33
Botte Donato
1930
Savelli
S. Nicola del 'Alto
Stróngoli
ano
107
108ter
Sila
Lorica
S. Giovanni in Fiore
Arvo
Caccuri
L. d'Arvo
Cotronei
Vitravo
Neto
arenti
M A R C H E S A T O
27
S. Severina
107
S.d'Ascione
1884
L. Ampollino
Petìlia Policastro
109
Roccabernarda
eria nelli
Villaggio Mancuso
Sila Piccola
M. Femminamorta
1740
46
Scandale
atura
Carlópoli
Taverna
Mesoraca
109
23
Crotone
Petronà
errastretta
26
Sersale
Capo Colonna
ro
43
Crópani
Cutro
106
109bis
Tiriolo
32
Isola di Capo Rizzuto
Catanzaro
Bótricello
16
19b
le Castella
Capo Rizzuto
80
26
19
Catanzaro Lido
181
Bórgia
Squillace
Lido di Squillace
Olivadi
16
Pta. d. Staletti
182
106
Soverato
Golfo di Squillace
Chiaravalle Centrale
28
Badolato runo
Guardavalle
Stilo
110
Monasterace Marina
ulónia
Pta. Stilo
37
ccella Iónica
Gioiosa Iónica
3

Martina Franca
Cisternino
16
Carovigno
36
S. Vito de Normanni
Pta. Penne
Móttola
4
14
21
Kérkira, Igoumenítsa, Pátrai
5
Crispiano
Céglie Messápico
Villa Castelli
Bríndisi
Palagiano
Massafra
36
Francavilla Fontana
14
10
Mesagne
106dir
E58
7
Montemésola
69
Oria
Latiano
S. Pietro Vernótico
27
Casalabate
106
19
172
Grottáglie
9
PENISOLA
Torre S. Susanna
Cellino S. Marco
Torchiarolo
34
TÁRANTO
Cheradi
13
Monteparano
Fragagnano
23
Érchie
S. Dónaci
Squinzano
23
Trepuzzi
S. Cataldo
Capo S. Vito
S. Giórgio Iónico
7ter
Sava
Guagnano
7ter
543
Lecce
611
Talsano
Lizzano
Mandúria
S. Pancrazio Salentino
Sálice Salentino
Campi Salentina
16
Monteroni di Lecce
Pulsano
Torricella
40
47
Véglie
Leverano
S. Césario di Lecce
Vérnole
S. Foca
Lido Silvana
Avetrana
Marúggio
174
101
Léquile
Calimera
Torre dell' Orso
Mélendugno
Golfo di Táranto
Porto Cesareo
Copertino
28
24
Soleto
Martano
35
Nardò
101
Cutrofiano
Galatina
16
Otranto
173
Capo d'Otranto
Galátone
S. Maria al Bagno
13
Alézio
Collepasso
Máglie
Uggiano la Chiesa
Gallípoli
Parábita
275
Poggiardo
Casarano
Ruffano
Nociglia
Diso
S. Cesárea Terme
Taviano
Rácale
Miggiano
50
Castro Marina
274
48
Taurisano
38
Tricase
50
Ugento
Alessano
Presicce
Marina di Novàglie
Gagliano del Capo
Castrignano del Capo
Léuca
Capo S. Maria di Léuca

0 5 10 20 30 40 50 60 Km.

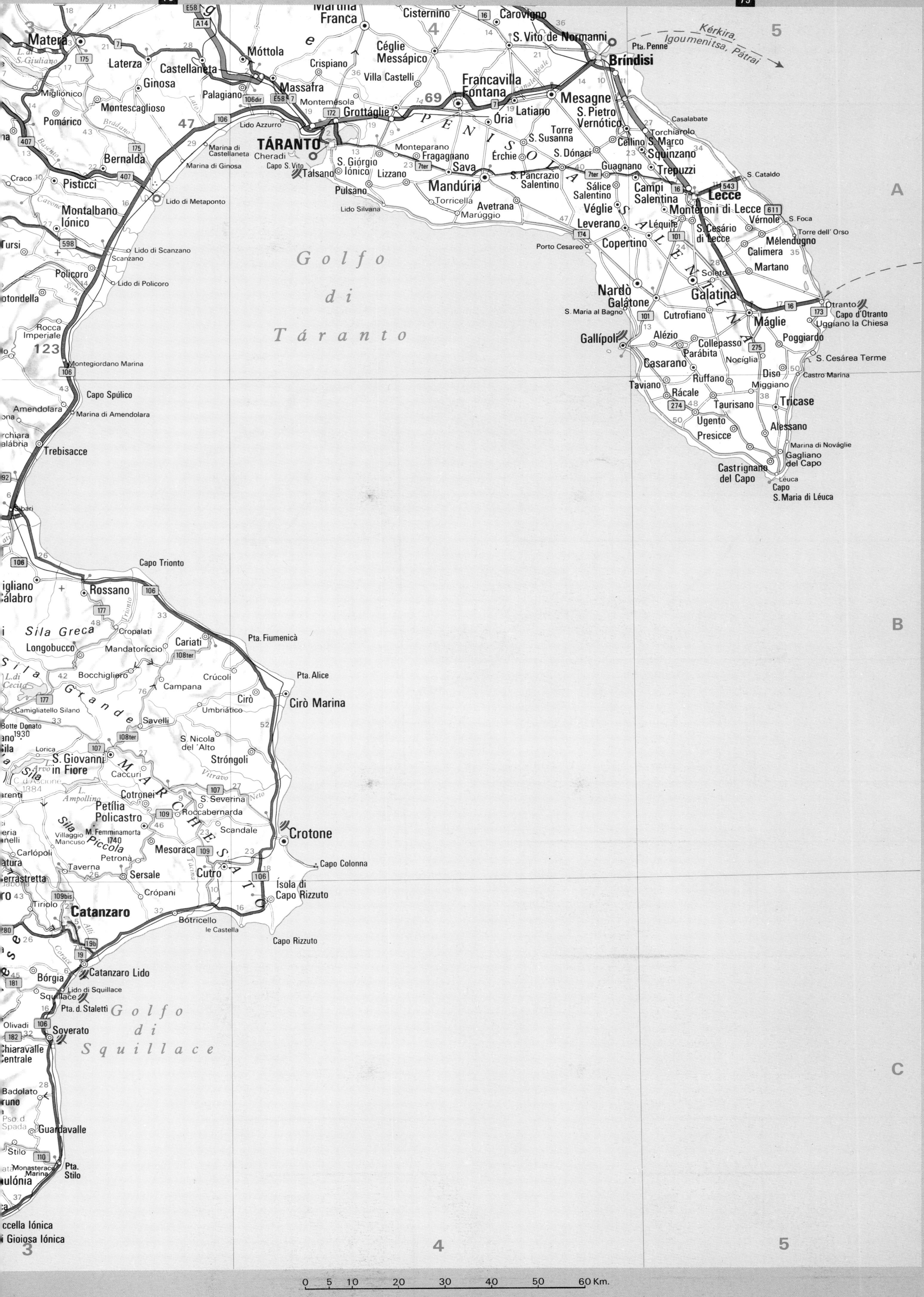

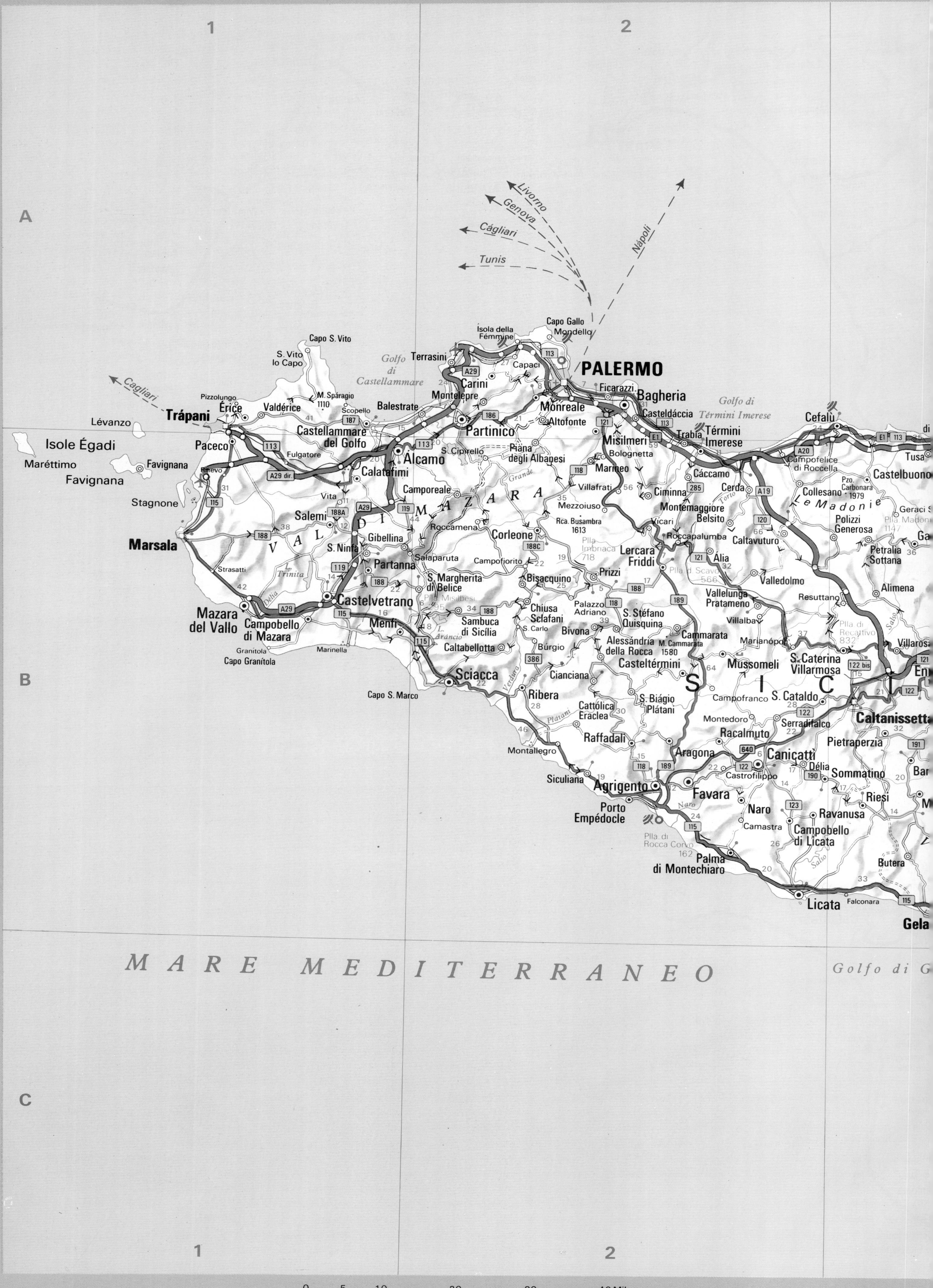

1 2

A

Livorno
Genova
Cágliari
Tunis
Nápoli

Capo S. Vito
S. Vito lo Capo
Golfo di Castellammare
Terrasini
Ísola della Fémmine
Capo Gallo
Mondello

Cágliari
Pizzolungo
Érice
Valdérice
M. Spáragio 1110
Scopello
Balestrate
A29
Capaci
27
113
PALERMO
Lévanzo
Trápani
Carini
Montelepre
Ficarazzi
Bagheria
Golfo di Términi Imerese
Cefalù
Paceco
113
Castellammare del Golfo
186
Mónreale
Casteldáccia
Trabía
Términi Imerese
E1
24
E1 113
Isole Égadi
Fulgatore
113
Alcamo
S. Ciprello
Piana degli Albanesi
Altofonte
121
113
A20
Maréttimo
Favignana
A29 dir.
Calatafimi
Misilmeri
Bolognetta
E1
59
Campofelice di Roccella
Castelbuono
Favignana
Rilievo
115
Camporeale
Grande
Villafrati
Marineo
Cáccamo
285
A19
Le Madonie
Tusa
Stagnone
31
Vita
188A
V A L   D I   M A Z A R A
Mezzoiuso
Ciminna
Cerda
Collesano
Pzo. Carbonara 1979
Geraci S.
Marsala
188
Salemi
12
A29
119
44
Roccamena
Rca. Busambra 1613
Vicari
Montemaggiore Belsito
120
Polizzi Generosa
1147
Ga
Strasatti
42
Trinita
Gibellina
Corleone
188C
Plla Imbriaca 718
Roccapalumba
Caltavuturo
Valledolmo
Petralia Sottana
36
119
S. Ninfa
Salaparuta
Campofiorito
22
19
Lercara Friddi
121
Alia
Alimena
14
188
Partanna
S. Margherita di Belice
5
Plla d. Scavo 566
Vallelunga Pratameno
189
Resuttano
Plla di Recattivo 832
Villaros
121
Mazara del Vallo
A29
188
22
Menfi
48
34
188
Chiusa Sclafani
Palazzo Adriano
39
Prizzi
118
S. Stéfano Quisquina
Villalba
Marianópoli
37
Villaros
Campobello di Mazara
115
Sambuca di Sicília
S. Carlo
Bisacquino
25
Alessándria della Rocca
M. Cammarata 1580
Cammarata
64
Mússomeli
S. Caterina Villarmosa
122 bis
115
En
Granitola
Capo Granítola
Marinella
Arancio
Caltabellotta
Bivona
Búrgio
386
Casteltérmini
Campofranco
S. Cataldo
28
122
Caltanissetta
Capo S. Marco
Sciacca
22
Cianciana
Verdura
191
Montedoro
Serradifalco
22
Ribera
28
Plátani
S. Biágio Plátani
Racalmuto
Pietraperzia
122
640
Cattólica Eraclea
30
6
Canicattì
Délia
Sommatino
20
Bar
46
Montallegro
Raffadali
15
Aragona
22
Castrofilippo
17
190
17
Riesi
M
Siculiana
19
118
189
Agrigento
Favara
123
Naro
Ravanusa
Porto Empédocle
Naro
Camastra
Plla di Rocca Corvo
162
24
Campobello di Licata
26
Butera
Palma di Montechiaro
20
Salto
33
Licata
Falconara
115
Gela

B

C

M A R E   M E D I T E R R A N E O

Golfo di G

1 2

0   5   10   20   30   40 Miles

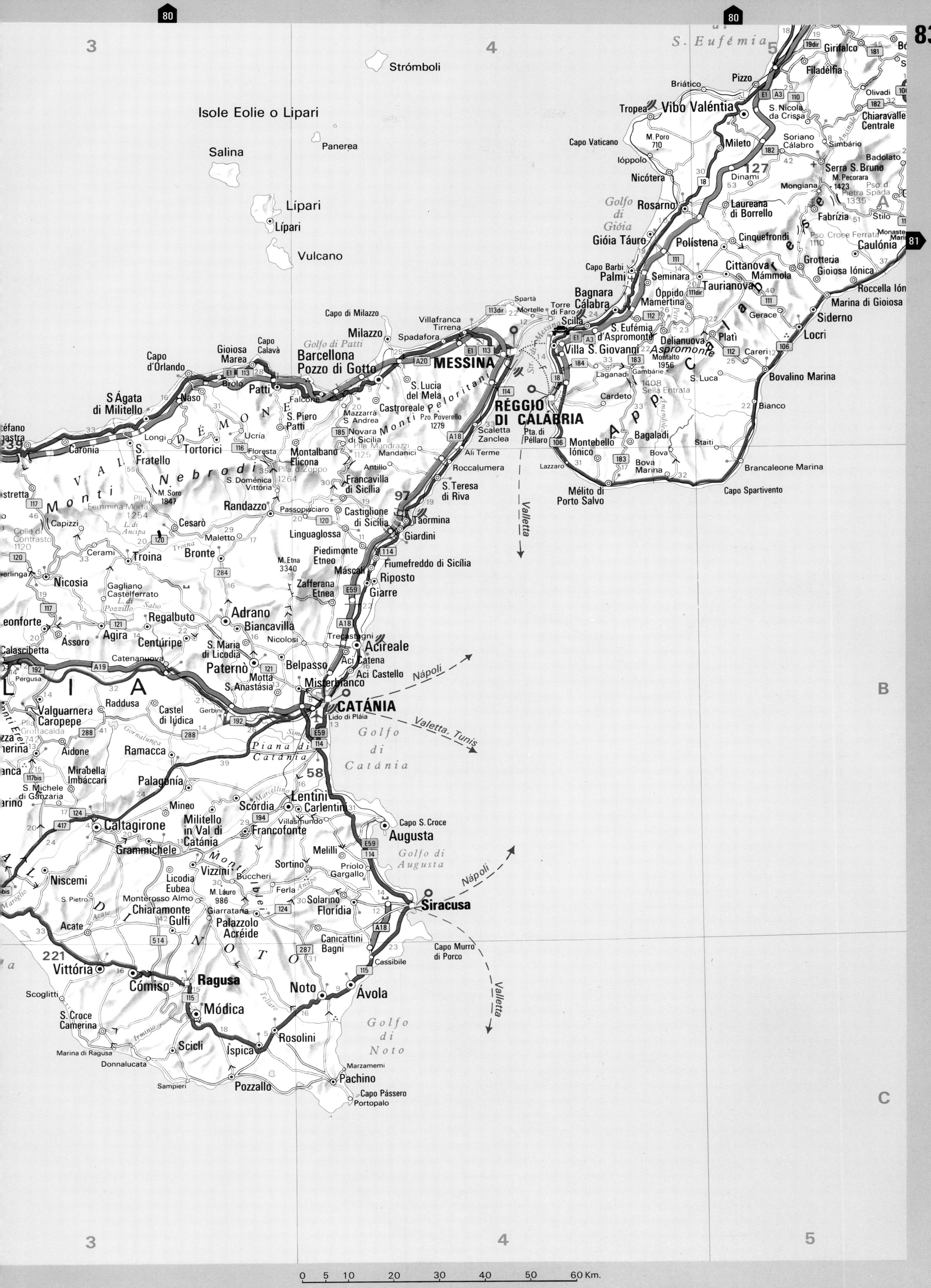

3   4   5

S. Eufémia

Strómboli

Isole Eolie o Lipari

Salina   Panerea

Lípari

Lípari

Vulcano

Girifalco
Filadélfia
Olivadi
Briático   Pizzo
Tropea   Vibo Valéntia   S. Nicola   Chiaravalle
da Crissa   Centrale
Capo Vaticano   M. Poro   Mileto   Soriano   Simbário
710   Cálabro   Serra S. Bruno
Ióppolo   Dinami   Mongiana   M. Pecorara   Pso. d.
Nicótera   127   1423   Pietra Spada
Rosarno   Laureana   1335
Golfo   di Borrello   Fabrízia   Stilo
di   Gióia Táuro   Cinquefrondi   Grotteria   Monaste.
Gióia   Polistena   Gioiosa Iónica   Marí.
Capo Barbi   Seminara   Cittanòva   Mámmola   Roccella Ión.
Palmi   Táurianova   Gerace   Marina di Gioiosa
Bagnara   Óppido   Siderno
Spartà   Cálabra   Mamertina   Delianuova   Platì   Careri   Locri
Mortelle   Scilla   S. Eufémia   Aspromonte   S. Luca
Capo di Milazzo   Torre   d'Aspromonte   1956   Bovalino Marina
di Faro   Villa S. Giovanni   Laganadi   Gàmbarie
Milazzo   Villafranca   Lagánadi   Sella Entrata   Bianco
Golfo di Patti   Tirrena   RÉGGIO   1408   Bova
Barcellona   Spadafora   DI CALABRIA   Cardeto
Pozzo di Gotto   S. Lucia   Pta. di   Montebello   Bova   Brancaleone Marina
Gioiosa   del Mela   Péllaro   Iónico   Marina
Marea   Capo Calavà   Castroreale   Scaletta   Capo Spartivento
Capo   Falcone   S. Andrea   Zanclea
d'Orlando   Brolo   Mélito di
S Ágata   Patti   S. Piero   Mazzara   Ali Terme   Valletta   Porto Salvo
di Militello   Naso   Patti   S. Andrea   Roccalumera   Lazzaro
Ucria   Novara   97
Caronia   Longi   Montalbano   di Sicilia   S. Teresa
D É M O N E   Floresta   Elicona   Mandanici   di Riva
S.   Tortorici   Pizzo di Zoppo   Giardini
tèfano   Fratello   Nebrodi   S. Doménica   1125   Mandrazzi
astra   M. Soro   Vittória   Francavilla
stretta   1847   di Sicília
Monti   Feminna Morta   Castiglione   Taormina
1254   di Sicília
117   Capizzi   L. di   Passopisciaro   Giardini
Randazzo   Ancipa   120   Linguaglossa
Cesarò   114   Fiumefreddo di Sicília
Cerami   Maletto   Piedimonte   Riposto
Colle di   120   Etneo
Contrasto   Troina   Bronte   Máscali
1120   M. Etna   Zafferana   Giarre
Nicosia   Gagliano   3340   Etnea
Castelferrato   Adrano   Giarre
117   L. di   Nicolosi   Giarre
Pozzillo   Biancavilla
eonforte   121   S. Maria   Trecastagni
Regalbuto   di Licodia   Aci Catena
Agira   Centúripe   S. Anastásia   Acireale
Ássoro   Paternò   Belpasso   Aci Castello
Calascibetta   Catenanuova   A19   Motta   Misterbianco
L I A   192   S. Anastásia   CATÁNIA
Valguarnera   A19   Gerbini   Lido di Pláia
Pergusa   Caropepe   Raddusa   192   Golfo
ti Ere   288   Castel   di
erina   Aidone   di Iúdica   288   Catánia
nca   Ramacca   Piana di
S. Michele   Mirabella   Catánia   58
di Ganzaria   Imbáccari   Palagonía   Marcellino
rino   117bis   Mineo   Lentini
124   Scórdia   Carlentini
Caltagirone   194
417   Militello   Villasmundo
Grammichele   in Val di   Francofonte   Augusta
Niscemi   Catánia   Capo S. Croce
S. Pietro   Vizzini   Melilli   Golfo di
Licodia   E59   Augusta
Eubea   M. Láuro   Sortino   Priolo
Monterosso Almo   986   Bucheri   Gargallo   Nápoli
Chiaramonte   Ferla
Gulfi   Giarratana   Solarino   Siracusa
Acate   124   Floridia   A18
221   Palazzolo   Canicattini   Capo Murro
Vittória   Acréide   Bagni   di Porco
Cómiso   514   Cassibile
Ragusa   115   Valletta
Scoglitti   115   Noto
Módica   Ávola
S. Croce   Golfo
Camerina   Scicli   Rosolini   di
Marina di Ragusa   Íspica   Noto
Donnalucata   Marzamemi
Sampieri   Pachino
Pozzallo   Capo Pásser
Portopalo

Nápoli

Valetta. Tunis

MESSINA

Gólfo di Augusta

Golfo di Catánia

3   4   5

0 5 10   20   30   40   50   60 Km.

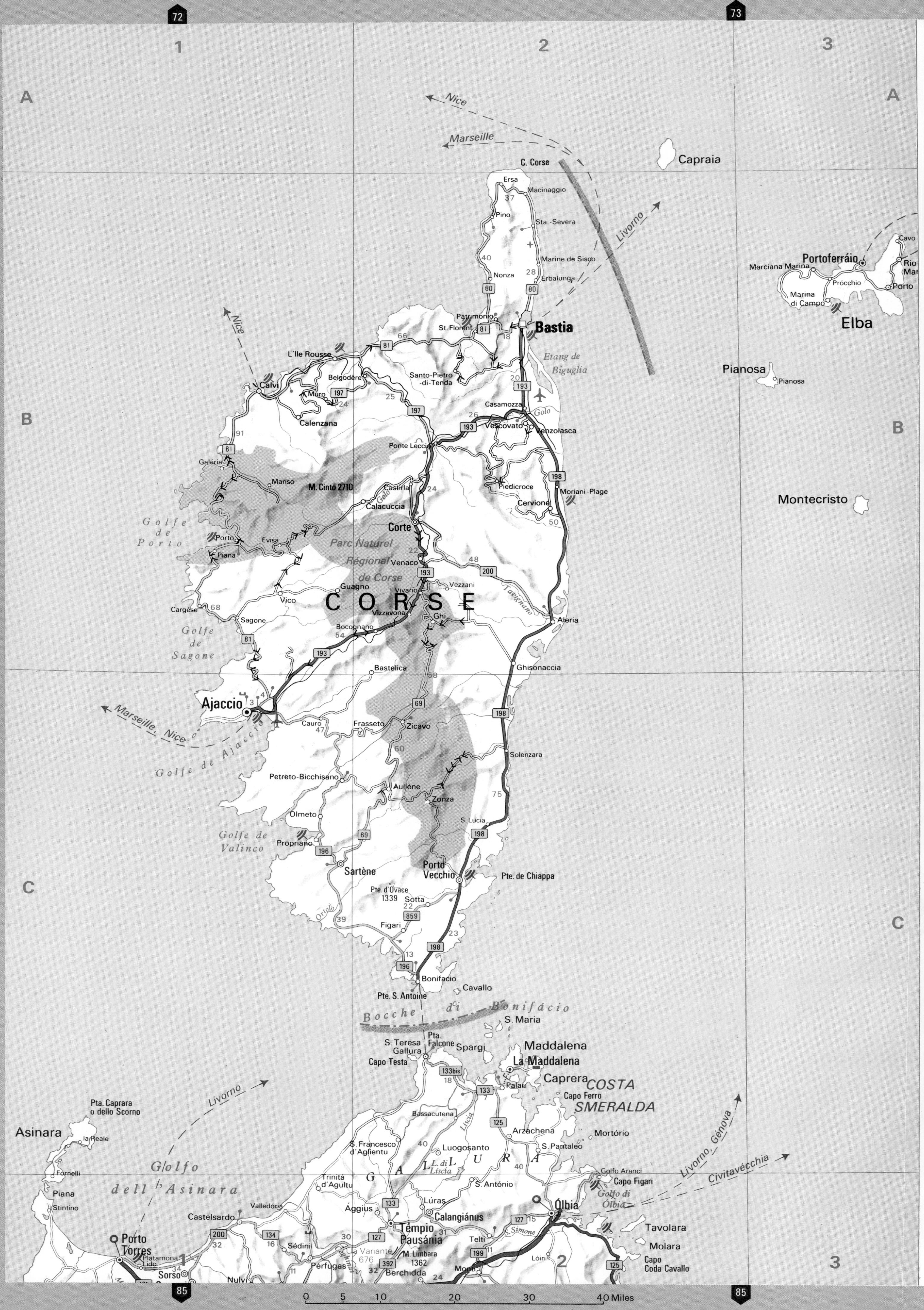

72   73

1   2   3

A   A

Nice

Marseille

C. Corse

Capraia

Ersa

Macinaggio

37

Pino

Sta.-Severa

Livorno

40

Marine de Sisco

28

Cavo

Rio Mar

Nonza

Erbalunga

Marciana Marina

Portoferráio

Patrimonio

Prócchio

Porto

St.Florent

81

Bastia

Marina di Campo

Elba

18

66

81

Etang de Biguglia

L'Île Rousse

193

Belgodère

Santo-Pietro-di-Tenda

20

Casamozza

Pianosa

B   Calvi   Muro   197   B

24

Calenzana

25

197

26

Golo

Vescovato

Venzolasca

91

Pianosa

81

193

Piedicroce

198

Galéria

Ponte Leccia

Moriani-Plage

Montecristo

Manso

M. Cintó 2710

Castirla

24

Cervione

Calacuccia

50

Golo

Golfe de Porto

Corte

Porto

Evisa

Parc Naturel Régional de Corse

22

48

200

Piana

Venaco

193

Vezzani

Guagno

Vivario

C O R S E

Vico

Vizzavona

Ghi

Aléria

Cargèse

68

Sagone

Bocognano

54

Golfe de Sagone

81

Bastelica

193

58

Marseille, Nice

Ajaccio

3

69

Ghisonaccia

Cauro

47

Frasseto

Zicavo

Golfe de Ajaccio

198

60

Solenzara

Petreto-Bicchisano

Aullène

75

Zonza

Olmeto

S. Lucia

Golfe de Valinco

Propriano

69

198

196

C   Sartène   Porto Vecchio   C

Pte. de Chiappa

Pte. d'Ovace 1339

Sotta

22

Ortolo

859

39

Figari

23

198

13

196

Bonifacio

Cavallo

Pte. S. Antoine

B o c c h e   d' i   B o n i f á c i o

S. Maria

Pta. Falcone

S. Teresa Gallura

Spargi

Maddalena

COSTA

Capo Testa

133bis

La Maddalena

Caprera

SMERALDA

18

133

Palau

Capo Ferro

Bassacutena

125

Livorno, Génova

Arzáchena

Mortório

Civitavécchia

Pta. Caprara o dello Scorno

S. Francesco d'Aglientu

40

Luogosanto

S. Pantaleo

Asinara

la Reale

S. António

40

Golfo Aranci

Capo Figari

Piana

G o l f o   d e l l' A s i n a r a

G   A   L   L   L. di   U   R   A

Golfo di Ólbia

Stintino

Fornelli

G   A   Líscia

Lúras

Capo Figari

Trinità d'Agultu

Porto Vorres

Castelsardo

200

Valledória

133

Aggius

Calangiánus

127

15

Ólbia

Tavolara

Platamona Lido

134

Sédini

127

Témpio Pausánia

31

Telti

199

S. Simone

Molara

34

16

30

Variante

M.Limbara

11

Capo Coda Cavallo

Sorso

Pérfugas

392

676

1362

Lóiri

2

125

Nulvi

11

32

Berchidda

Mont

24

3

0   5   10   20   30   40 Miles

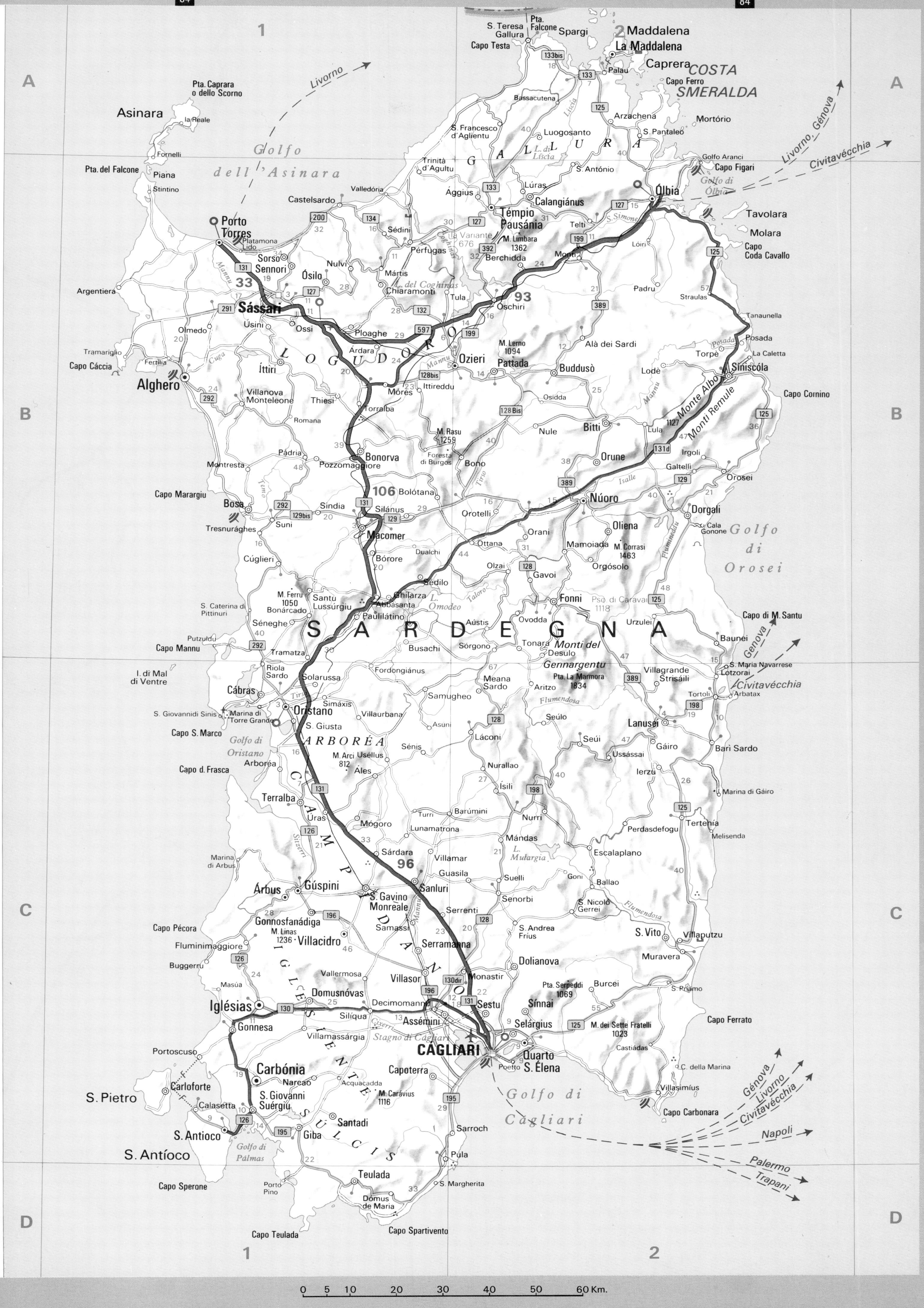

1

Livorno

Pta. Caprara o dello Scorno

Asinara

la Reale

Fornelli

Pta. del Falcone

Piana

Stintino

Golfo dell'Asinara

S. Teresa Gallura

Pta. Falcone

Spargi

Maddalena

La Maddalena

Capo Testa

Caprera

COSTA SMERALDA

Capo Ferro

133bis

18

133

7

125

Bassacutena

Arzachená

Mortório

S. Pantaleo

Golfo Aranci

Livorno, Génova

Civitavécchia

S. Francesco d'Agliéntu

Luogosanto

S. António

Capo Figari

Golfo di Ólbia

GALLURA

40

G

Valledória

Trinità d'Agultu

Ággius

133

Lúras

Calangiánus

Tempio Pausánia

Telti

Ólbia

Tavolara

Molara

Castelsardo

200

134

Sédini

127

127

M. Limbara 1362

31

Monti

199

15

Capo Coda Cavallo

32

30

392

Berchidda

24

Lóiri

125

Porto Torres

131

Platamona Lido

3

Pérfugas

Mártis

L. del Coghinas

Una Variante 676

32

Tula

Óschiri

Padru

Straulas

57

Sorso Sennori

19

Nulvi

Chiaramonti

132

16

14

199

21

Padru

Sássari

291

11

Ósilo

127

11

28

 Plaoghe

597

16

Alà dei Sardi

389

LOGUDORO

33

Óssi

29

Árdara

24

M. Lerno 1094

12

Posada

Tanaunella

Posada

Torpè

La Caletta

Olmedo

20

Úsini

Ítrri

20

Ózieri

Pattada

Buddusò

Lodè

Siniscóla

Argentiera

Cuga

Villanova Monteleone

Thiesi

Ittireddu

128bis

14

Osidda

25

Capo Cornino

Alghero

292

Romana

Torralba

128 Bis

Nule

Bitti

Lula

1127

Monti Remule

125

36

Capo Cáccia

Fertília

24

Pádria

Pozzomaggiore

M. Rasu 1259

Foresta di Burgos

Bono

38

Orune

131d

Irgoli

Galtelli

129

Orosei

Montresta

48

39

Bonorva

40

Núoro

40

Dorgali

Bosa

292

Sindia

106

Bolótana

Orotelli

Orani

Oliena

M. Corrasi 1463

Cala Gonone

Golfo di Orosei

Tresnurághes

129bis

20

Suni

129

Silánus

29

Ottana

31

Mamoiada

Orgósolo

Cúglieri

16

Macomer

Bórore

20

Dualchi

44

Olzai

Sédilo

128

Gavoi

Fonni

Psò. di Caravai 1118

48

125

S. Caterina di Pittinuri

M. Ferru 1050

Santu Lussúrgiu

Ghilarza

Abbasanta

L. Omodeo

Ovodda

Urzulei

Capo di M. Santu

Putzu Idu

Séneghe

Paulilátino

Taloro

Aústis

Tonara

Baunei

Génova

Capo Mannu

292

Tramatza

Busachi

Sórgono

Monti del Desulo

Gennargentu

47

Villagrande Strisáili

S. Maria Navarrese

Civitavécchia

Lotzorai

Arbatax

I. di Mal di Ventre

Riola Sardo

Solarussa

Fordongiánus

Meana Sardo

Pta. La Marmora 1834

389

15

Tortoli

19

10

Cábras

3

Simáxis

Samugheo

Aritzo

198

4

S. Giovanni di Sinis

Marina di Torre Grande

Oristano

Villaurbana

Asuni

Seúlo

Lanusei

Bari Sardo

Capo S. Marco

S. Giusta

ARBORÉA

16

Sénis

Láconi

Seúi

47

Gáiro

Capo d. Frasca

Arboréa

M. Arci Uséllus 812

Áles

Nurallao

27

Ísili

198

Ussássai

Ierzu

26

Marina di Gáiro

Terralba

131

Turri

Barúmini

Nurri

Perdasdefogu

125

Tertenía

Uras

126

Mógoro

Lunamatrona

Mándas

Escalaplano

Melisenda

21

Sárdara

96

Villamar

L. Mulargia

Goni

Ballao

40

Árbus

Gúspini

Sanluri

Guasila

Suelli

S. Nicolò Gerrei

Marina di Arbus

196

S. Gavino Monreale

Serrenti

128

Flumendosa

Gonnosfanádiga

M. Linas 1236

Villacidro

46

Samassi

23

20

Senorbi

S. Andrea Frius

S. Vito

Villaputzu

Fluminimaggiore

Serramanna

Dolianova

Muravera

Buggerru

126

24

Vallermosa

Villasor

130dir

Monastir

Pta. Serpeddi 1069

Burcei

S. Priamo

Masúa

Domusnóvas

196

Villamassárgia

Decimomannu

13

31

Sestu

Sinnai

Capo Ferrato

Iglésias

130

Silíqua

Assémini

Selárgius

M. dei Sette Fratelli 1023

Castiádas

Gonnesa

CÁGLIARI

Quarto S. Élena

Portoscuso

Carlofort

19

Carbónia

Nareao

Capoterra

Poetto

C. della Marina

Génova

Livorno

S. Pietro

Calasetta

S. Giovanni Suérgiú

Acquacadda

M. Carávius 1116

Villasimíus

Civitavécchia

10

126

14

195

Golfo di Cágliari

Capo Carbonara

Napoli

S. Antioco

195

Giba

Santadi

Sarroch

Palermo

S. Antíoco

Golfo di Pálmas

22

Pula

Trapani

Capo Sperone

Porto Pino

Teulada

S. Margherita

Capo Teulada

Dómus de Maria

Capo Spartivento

1

2

SARDEGNA

SULCIS

IGLESIENTE

CAMPIDANO

93

0 5 10   20   30   40   50   60 Km.

57

57

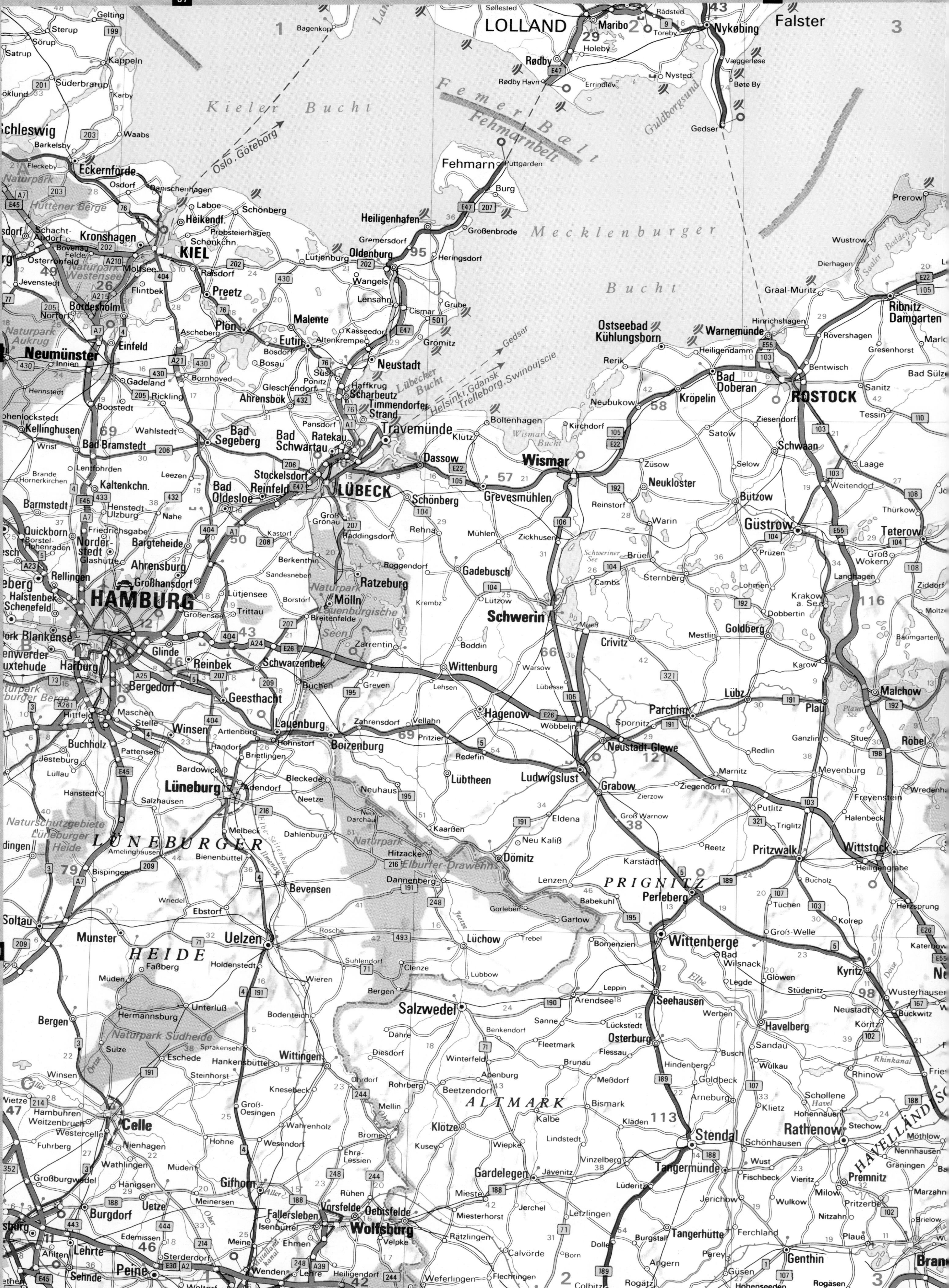

LOLLAND
Falster
Maribo
Nykøbing
Rødby
Rødby Havn
Nysted
Holeby
Errindlev
Væggerløse
Bøtø By
Gedser

1
2
3

Kieler Bucht
Femer Bælt
Fehmarnbelt
Mecklenburger Bucht
Lübecker Bucht

Gelting
Sterup
Sörup
Satrup
Kappeln
Süderbrarup
Karby
Öklund
Barkelsby
Schleswig
Waabs
Eckernförde
Osdorf
Danischenhagen
Laboe
Heikendf.
Schönberg
Schönkchn.
Probsteierhagen
Fehmarn
Burg
Püttgarden
Heiligenhafen
Gremersdorf
Großenbrode
Fleckeby
Naturpark
Hüttener Berge
Schacht-Audorf
Bovenau
Osterrönfeld
Felde
Bordesholm
Nortorf
Kronshagen
Mölfsee
Flintbek
KIEL
Raisdorf
Preetz
Plön
Eutin
Malente
Altenkrempe
Heringsdorf
Oldenburg
Wangels
Lensahn
Cismar
Grube
Grömitz
Neustadt
Scharbeutz
Timmendorfer Strand
Travemünde
Neumünster
Einfeld
Innien
Gadeland
Bornhöved
Rickling
Hennstedt
Kellinghusen
Wahlstedt
Leezen
Bad Segeberg
Bad Bramstedt
Brande-Hörnerkirchen
Kaltenkchn.
Henstedt-Ulzburg
Bad Oldesloe
Reinfeld
LÜBECK
Stockelsdorf
Bad Schwartau
Ratekau
Dassow
Schönberg
Wismar
Grevesmühlen
Klütz
Boltenhagen
Rerik
Kühlungsborn
Ostseebad
Warnemünde
Heiligendamm
Bad Doberan
ROSTOCK
Graal-Müritz
Rövershagen
Gresenhorst
Ribnitz-Damgarten
Bad Sülze
Sanitz
Tessin
Laage
Schwaan
Bützow
Güstrow
Teterow
Prerow
Wustrow
Dierhagen
Bentwisch
Neubukow
Kröpelin
Satow
Ziesendorf
Kirchdorf
Neukloster
Warin
Sternberg
Brüel
Zickhusen
Gadebusch
Rehna
Mühlen
Schönberg
Raddingsdorf
Roggendorf
Ratzeburg
Mölln
Gr. Gronau
Kastorf
Berkenthin
Sandesneben
Borstorf
Breitenfelde
Naturpark
Lauenburgische Seen
Zarrentin
Boddin
Wittenburg
Hagenow
Schwerin
Crivitz
Goldberg
Lübz
Plau
Malchow
Röbel
Parchim
Spornitz
Wöbbelin
Neustadt-Glewe
Ludwigslust
Grabow
Ziegendorf
Putlitz
Meyenburg
Marnitz
Karow
Krakow a. See
Dobbertin
Langhagen
Groß Wokern
HAMBURG
Blankenese
Harburg
Glinde
Reinbek
Bergedorf
Schwarzenbek
Geesthacht
Büchen
Lauenburg
Boizenburg
Winsen
Stelle
Maschen
Buchholz
Jesteburg
Lüllau
Hanstedt
Lüneburg
Adendorf
Bardowick
Salzhausen
Bleckede
Neuhaus
Neetze
Dahlenburg
Neu Darchau
Hitzacker
Dannenberg
Lübtheen
Redefin
Eldena
Neu Kaliß
Dömitz
Lenzen
Karstädt
Reetz
Pritzwalk
Wittstock
Heiligengrabe
Buchholz
Herzsprung
Kyritz
Wusterhausen
Neustadt
Buckwitz
Havelberg
Sandau
Wittenberge
Bad Wilsnack
Perleberg
PRIGNITZ
Lüchow
Trebel
Clenze
Bergen
Lübbow
Salzwedel
Bomenzien
Arendsee
Seehausen
Lückstedt
Werben
Osterburg
Goldbeck
Arneburg
Stendal
Tangermünde
Tangerhütte
Rathenow
Premnitz
Milow
HAVELLÄNDISCHE
Genthin
Brandenburg
Uelzen
Munster
Faßberg
Holdenstedt
Wieren
Suhlendorf
Wittingen
HEIDE
LÜNEBURGER
Soltau
Bispingen
Bevensen
Ebstorf
Rosche
Unterlüß
Hermannsburg
Naturpark Südheide
Eschede
Hankensbüttel
Steinhorst
Knesebeck
Wahrenholz
Brome
Klötze
Kalbe
Gardelegen
Mieste
Kläden
Bismark
ALTMARK
Diesdorf
Winterfeld
Apenburg
Beetzendorf
Rohrberg
Mellin
Kusey
Lindstedt
Vinzelberg
Wolfsburg
Oebisfelde
Vorsfelde
Fallersleben
Isenbüttel
Gifhorn
Uetze
Celle
Hambühren
Westercelle
Wathlingen
Burgdorf
Lehrte
Peine
Haldensleben
Weferlingen
Calvörde
Flechtingen
Colbitz
A7
A1
A24
A20
A23
A39
E45
E47
E26
E22
E55
E30

63
88
61
61

0 5 10   20   30   40 Miles

4   Ø S T5 E R S Ø E N6

A

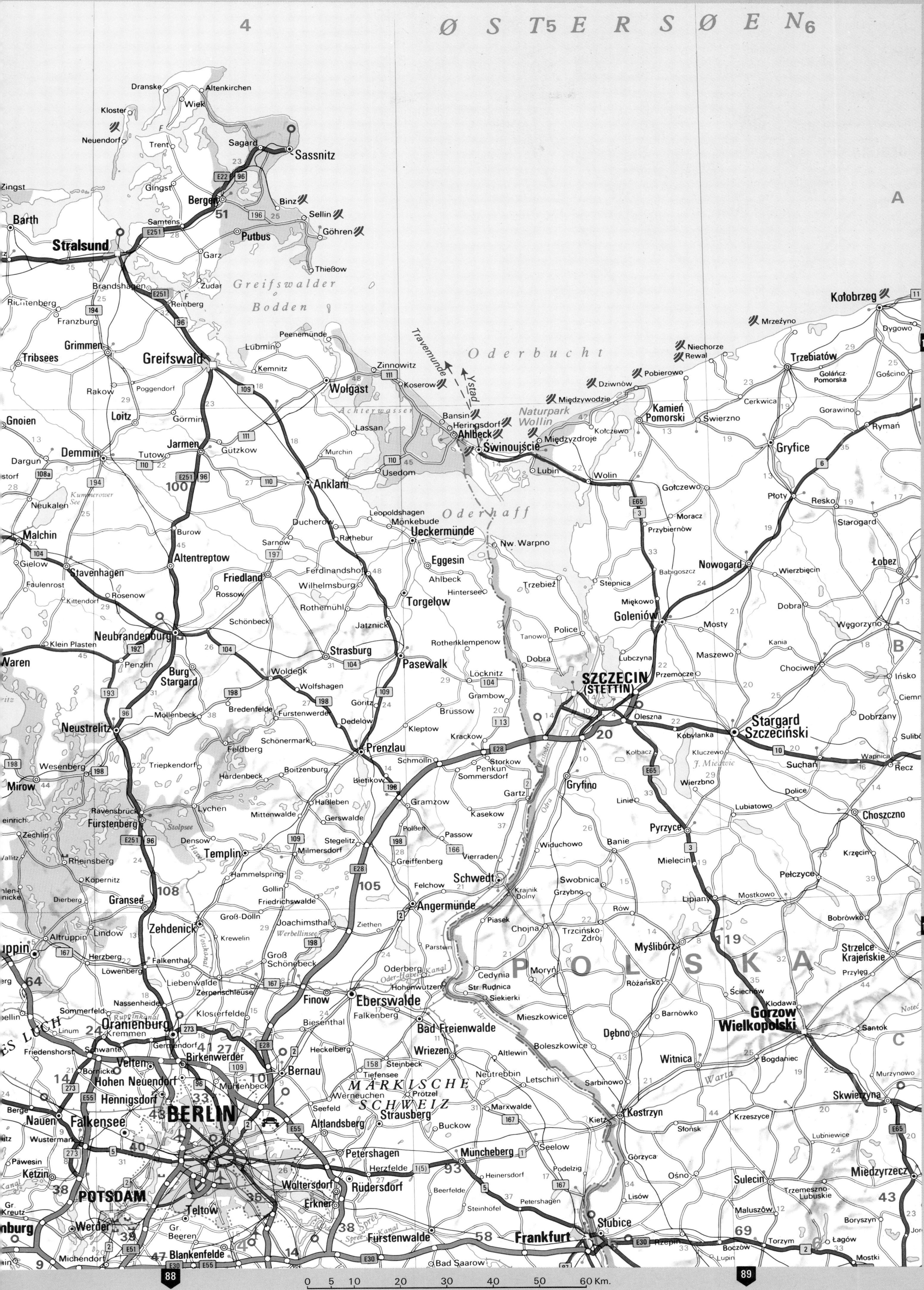

Ø S T E R S Ø E N

Dranske
Altenkirchen
Kloster
Wiek
Neuendorf
Trent
Sagard
Sassnitz
Zingst
Gingst
Bergen
Binz
Barth
51 E22 96 196 25 Sellin
Samtens
Putbus
Göhren
E251 28 Garz
Stralsund
Thießow
Brandshagen
Zudar
Kołobrzeg 11
Richtenberg 25 E251 F Reinberg
Franzburg 194 96 Greifswalder Mrzeżyno Dygowo
Bodden
Grimmen E251 Niechorze Kołobrzeg
Tribsees 96 Rewal
Lubmin Oderbucht Pobierowo Trzebiatów 29
Greifswald Travemünde Golańcz Gościno
Kemnitz Pomorska
Rakow 109 Peenemünde Ystad Dziwnów Cerkwica 19
Gnoien Poggendorf 48 Zinnowitz 111 Koserow Kamień Swierzno
Loitz Görmin Pomorski
Demmin Jarmen Koserow Naturpark Gryfice
Dargun 110 Tutow Gutzkow Bansin Wollin Świerzno 6
108a Heringsdorf 42 Kołczewo Gorawino
Neukalen 194 Ahlbeck Międzyzdroje 13 19 Rymań
Malchin E251 96 110 110 Świnoujście Wolin 16
Anklam 14 Lubin 22 Gołczewo Płoty Resko 19 17
Gielow Burow Usedom 45 E65 Moracz Starogard
Stavenhagen 104 Leopoldshagen 3 Przybiernów 19
Faulenrost Sarnow Mönkebude Oderhaff 33
Rosenow 197 Ucker münde Nw. Warpno Babigoszcz Nowogard Wierzbięcin
Neubrandenburg Ferdinandshof Eggesin Nw. Warpno Dobra
Klein Plasten 197 Wilhelmsburg 48 Trzebież Stepnica Mosty Węgorzyno
Waren 104 Friedland Ahlbeck Miękowo Kania 18
Penzlin Rossow Hintersee Police Maszewo Chociwel Ińsko
Burg Schönbeck Torgelow Tanowo Police Lubczyna Przemocze 20
Stargard 198 Rothemühl Dobra Ciemn
Neustrelitz 96 Woldegk Jatznick Rothenklempenow SZCZECIN 25 Dobrzany
193 Mollenbeck Strasburg Pasewalk Löcknitz (STETTIN) Sulibó
Wolfshagen 104 104 Kobylanka Stargard 10
Mirow Bredenfelde Göritz Grambow Oleszna 22 Szczeciński 20
198 198 Furstenwerder 24 109 Brussow 1 13 E65 Kluczewo Suchań Recz 14
Feldberg Dedelow Krackow E28 Kołbacz J. Miedwie Wierzbno Wapnica
Wesenberg Schönermark Storkow 20 Dolice Wapnica
Triepkendorf Prenzlau Penkun Gryfino Linie 33 Lubiatowo Choszczno
Hardenbeck Schmölln Sommersdorf Krzęcin
Lychen Boitzenburg 14 Gartz Banie E65 Pyrzyce Krzęcin
Ravensbrück Hasleben Bietikow 196 Gramzow Kasekow 37 Widuchowo 3 Mielecin 19 Pełczyce 39
Fürstenberg Mittenwalde Gerswalde Polßen Passow Mostkowo Bobrówko
Zechlin E251 96 Densow 109 Stegelitz 198 Swobnica Lipiany Strzelce
Rheinsberg Templin Milmersdorf 166 Vierraden Krajeńskie
Köpernitz 108 Hammelspring E28 Greiffenberg Schwedt Grybno Row Myślibórz Przyłęg
Gollin 105 Felchow Krajnik 119 Ściechów POLSKA
Dierberg Gransee Friedrichswalde Dolny Piasek Trzcińsko- 35
Altruppin Groß-Dölln 21 Chojna Zdrój 22 Gorzow Santok
Ruppin Lindow 13 Herzberg Joachimsthal Ziethen 2 Parstein Cedynia Moryń Różańsko Klodawa Wielkopolski Noteć
64 167 Krewelin Oderberg Kanal 44 Przyłęg
Löwenberg 198 Groß Oder-Havel Kanal Barnówko Witnica Bogdaniec 25
Sommerfeld Falkenthal Schönebeck Mieszkowice Murzynowo
18 Liebenwalde Zerpenschleuse 167 Hohenwutzen Boleszkowice 43 Skwierzyna
Zehdenick Finow Str. Rudnica Dębno E65
Oranienburg 273 Klosterfelde Eberswalde Siekierki Witnica Warta
Kremmen 15 Biesenthal Falkenberg Bad Freienwalde Altlewin Kostrzyn Lubniewice Skwierzyna
Linum 24 27 E28 Heckelberg Wriezen Altwriezen Krzeszyce Słońsk
Friedenshorst Schwante Germendorf 2 11 Neutrebbin Letschin Sarbinowo 21
Bornicke 109 Bernau 158 Steinbeck Marxwalde 24
14 Velten Hohen Neuendorf 101 Tiefensee MÄRKISCHE Protzel Görzyca Ośno
273 Birkenwerder 96 Mühlenbeck SCHWEIZ Strausberg Buckow 167 Seelow Lubniewice 43
Berge Hennigsdorf 43 Seefeld Altlandsberg Sulęcin
Nauen Falkensee BERLIN 2 E55 Petershagen Międzyrzecz
Wustermark 40 Münche berg 1(5) Heinersdorf 93 Trzemeszno Lubuskie
Päwesin 273 5 Woltersdorf Herzfelde Podelzig 167 Lubuskie
Ketzin 38 POTSDAM Petershagen E65
Gr. Kreutz Teltow Rüdersdorf Steinhöfel Lisów 37
Werder 34 Erkner Beerfelde Słubice
enburg E51 Gr. Spree 58 Frankfurt 69 Torzym Łagów
9 Michendorf 47 Blankenfelde Beeren Fürstenwalde Spree-Oder-Kanal E30 Rzepin 2 Boczów 33 Mostki
E55 14 Bad Saarow Sulecin

0 5 10 20 30 40 50 60 Km.

106
106

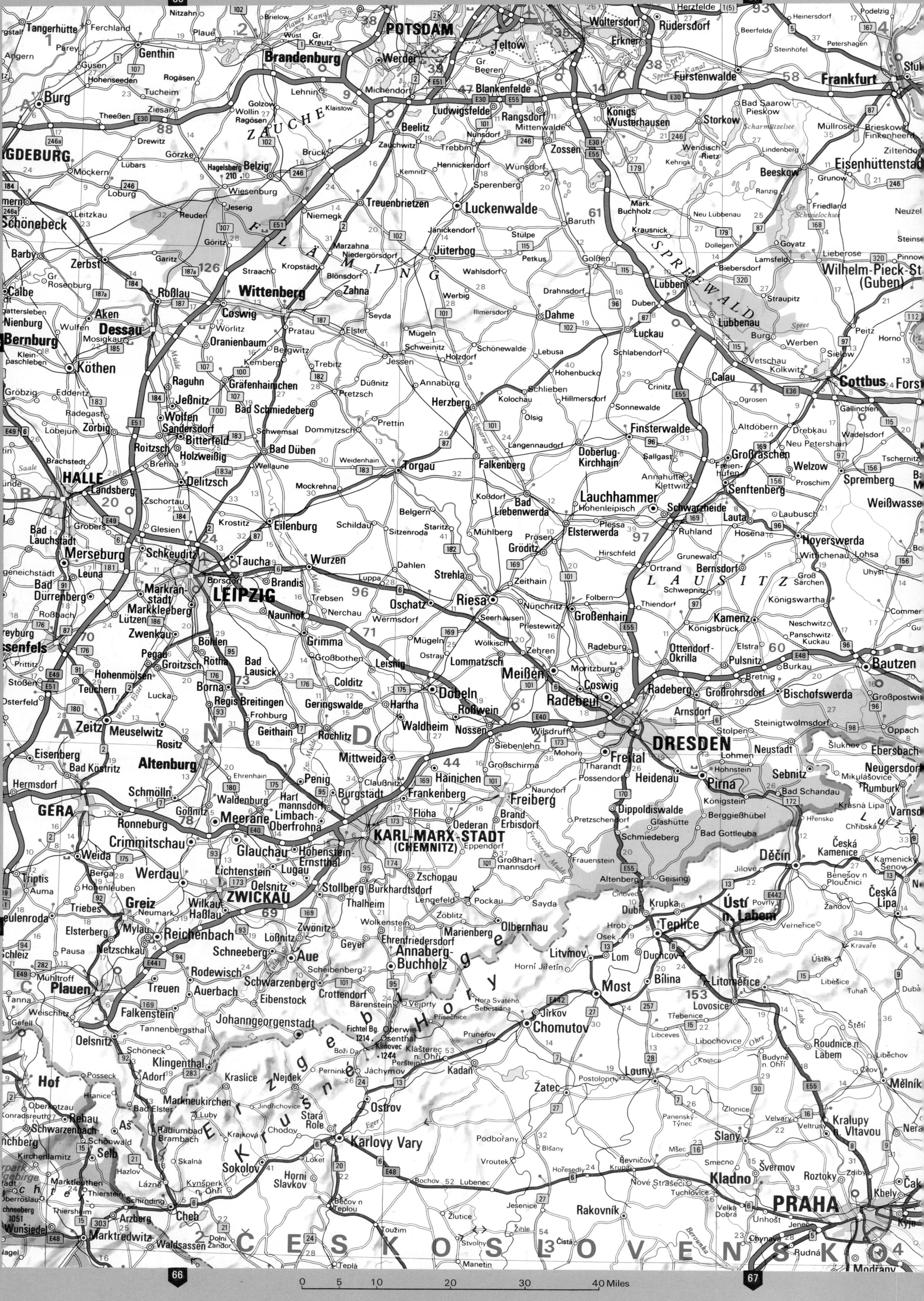

POTSDAM
Brandenburg
Frankfurt
MAGDEBURG
Burg
Genthin
Schönebeck
Zerbst
Dessau
Köthen
Bernburg
Wittenberg
Coswig
Treuenbrietzen
Luckenwalde
Jüterbog
Beelitz
Ludwigsfelde
Blankenfelde
Zossen
Königs Wusterhausen
Storkow
Beeskow
Eisenhüttenstadt
Lübben
Lübbenau
SPREEWALD
Wilhelm-Pieck-St. (Guben)
Calau
Cottbus Forst
Spremberg
Senftenberg
Lauchhammer
Finsterwalde
Herzberg
Bad Liebenwerda
Elsterwerda
Hoyerswerda
LAUSITZ
Kamenz
Bautzen
Bischofswerda
DRESDEN
Radebeul
Meißen
Riesa
Großenhain
Oschatz
Torgau
Eilenburg
HALLE
Merseburg
LEIPZIG
Markkleeberg
Wurzen
Grimma
Döbeln
Freital
Pirna
Bad Schandau
Děčín
Česká Kamenice
Česká Lípa
Ústí n. Labem
Teplice
Most
Bílina
Litoměřice
Chomutov
Karlovy Vary
Žatec
Louny
KARL-MARX-STADT (CHEMNITZ)
Freiberg
Flöha
Frankenberg
Hainichen
Mittweida
Burgstädt
Glauchau
Meerane
Zwickau
Werdau
Crimmitschau
Reichenbach
Plauen
Greiz
Gera
Altenburg
Zeitz
Naumburg
Weißenfels
Borna
Colditz
Rochlitz
Penig
Limbach-Oberfrohna
Hohenstein-Ernstthal
Lichtenstein
Lugau
Oelsnitz
Stollberg
Aue
Schneeberg
Schwarzenberg
Johanngeorgenstadt
Klingenthal
Adorf
Markneukirchen
Bad Elster
Selb
Hof
Marktredwitz
Cheb
Sokolov
Kraslice
Nejdek
Ostrov
Jáchymov
Kadaň
Klášterec n. Ohří
Jirkov
Duchcov
Lovosice
Roudnice n. Labem
Mělník
Kralupy n. Vltavou
Kladno
Slaný
Rakovník
PRAHA
ČESKOSLOVENSKO
ERZGEBIRGE
Krušné Hory
FLÄMING
ZAUCHE
Annaberg-Buchholz
Marienberg
Olbernhau
Zöblitz
Zschopau
Oederan
Brand-Erbisdorf
Dippoldiswalde
Altenberg
Geising
Glashütte
Bad Gottleuba
Berggießhübel
Königstein
Sebnitz
Neugersdorf
Ebersbach
Rumburk
Krásná Lípa

ČESKOSLOVENSKO

0 5 10 20 30 40 Miles

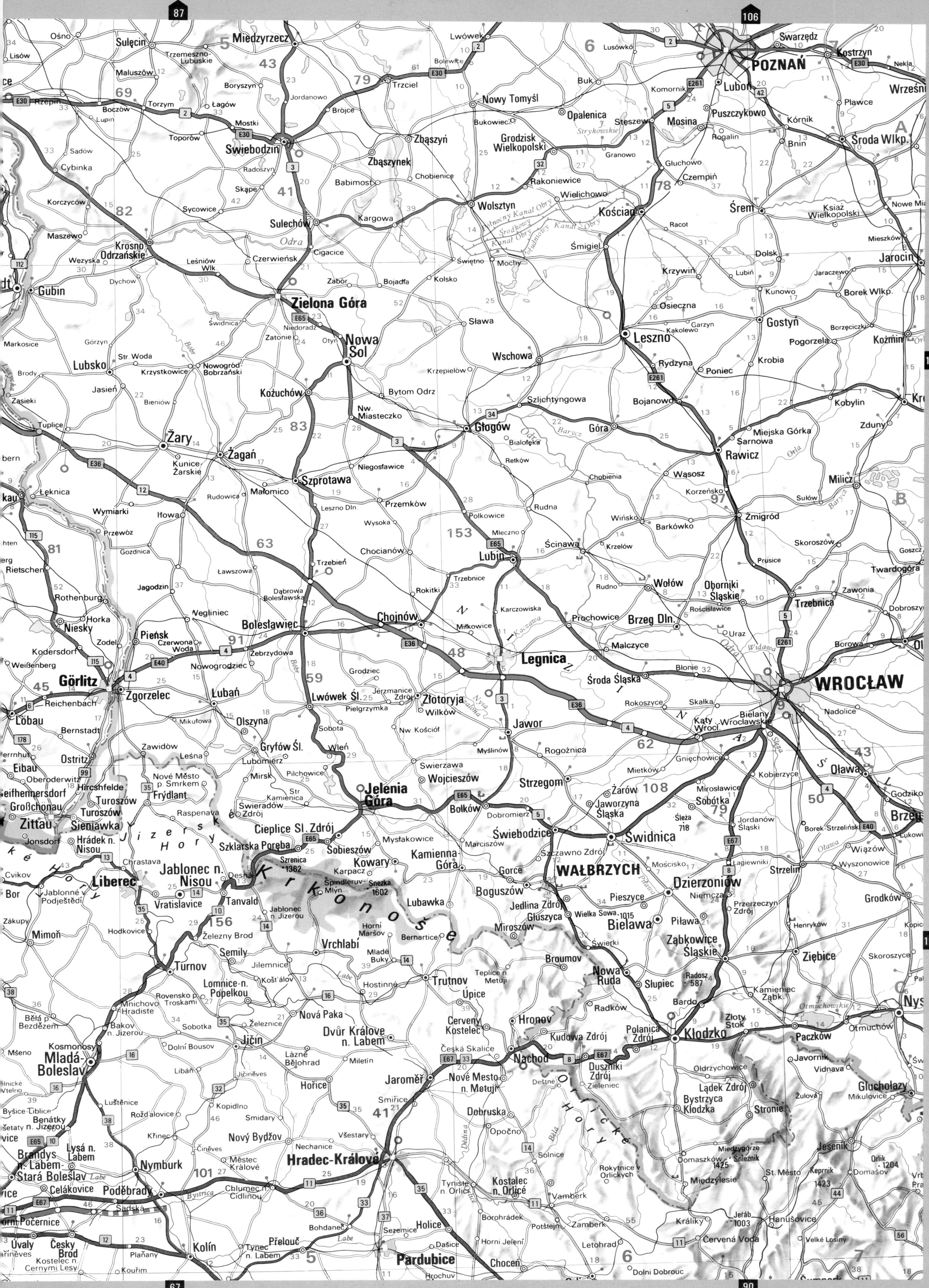

Ośno · Sulęcin · Trzemeszno-Lubuskie · Międzyrzecz · Lwówek · Lusówko · POZNAŃ · Swarzędz · Kostrzyn · Nekla · Września

Lisów · Maluszów · Boryszyn · Trzciel · Nowy Tomyśl · Buk · Komorniki · Luboń · Plewce · Środa Wlkp.

Rzepin · Torzym · Łagów · Jordanowo · Brójce · Bukowiec · Opalenica · Steszew · Mosina · Puszczykowo · Kórnik · Bnin

Cybinka · Sadów · Mostki · Świebodzin · Zbąszyń · Grodzisk Wielkopolski · Granowo · Głuchowo · Rogalin · Mieszków

Korzyców · Sycowice · Radoszyn · Skąpe · Babimost · Wolsztyn · Rakoniewice · Wielichowo · Kościan · Śrem · Książ Wielkopolski · Jarocin

Maszewo · Krosno Odrzańskie · Leśniów Wlk. · Czerwieńsk · Sulechów · Kargowa · Świętno · Mochy · Śmigiel · Lubiń · Dolsk · Borek Wlkp.

Gubin · Dychów · Zabór · Bojadła · Kolsko · Sława · Krzywiń · Osieczna · Garzyn · Gostyń · Koźmin

Lubsko · Zielona Góra · Niedoradz · Otyń · Nowa Sól · Wschowa · Leszno · Rydzyna · Poniec · Pogorzela · Borzęciczki

Brody · Zasieki · Jasień · Bieniów · Kożuchów · Nw. Miasteczko · Bytom Odrz. · Szlichtyngowa · Bojanowo · Rawicz · Kobylin · Zduny · Milicz

Żary · Żagań · Szprotawa · Głogów · Góra · Sarnowa · Miejska Górka · Korzeńsko · Sułów

Tuplice · Kunice Żarskie · Niegosławice · Przemków · Polkowice · Rudna · Wińsko · Barkówko · Żmigród · Prusice · Twardogóra

Łęknica · Wymiarki · Iłowa · Małomice · Leszno Dln. · Wysoka · Chobienia · Krzelów · Ścinawa · Wołów · Oborniki Śląskie · Trzebnica

Przewóz · Gozdnica · Trzebień · Chocianów · Lubin · Rudno · Malczyce · Brzeg Dln. · Uraz · Borowa

Rothenburg · Horka · Jagodzin · Dąbrowa Bolesławska · Rokitki · Trzebnice · Prochowice · Rościsławice · Zawonia · Dobroszyce

Niesky · Węgliniec · Bolesławiec · Chojnów · Milkowice · Karczowiska · Środa Śląska · Błonie · WROCŁAW

Pieńsk · Czerwona Woda · Zebrzydowa · Nowogrodziec · Grodziec · Jerzmanice Zdrój · Legnica · Rokoszyce · Skałka · Bielany Wrocławskie · Nadolice

Görlitz · Zgorzelec · Lubań · Lwówek Śl. · Złotoryja · Wilków · Jawor · Kąty Wrocł. · Oława

Reichenbach · Olszyna · Sobota · Nw. Kościół · Rogoźnica · Mietków · Kobierzyce · Godzikowice

Löbau · Bernstadt · Zawidów · Gryfów Śl. · Wleń · Świerzawa · Strzegom · Żarów · Jaworzyna Śląska · Sobótka · Jordanów Śląski · Brzeg

Eibau · Mirsk · Lubomierz · Pilchowice · Wojcieszów · Myślinów · Ślęza · Borek Strzeliński

Oberoderwitz · Nové Město p. Smrkem · Świeradów Zdrój · Kamienica · Jelenia Góra · Bolków · Dobromierz · Mirosławice · Świdnica · Wiązów

Hirschfelde · Frýdlant · Raspenava · Szklarska Poręba · Sobieszów · Mysłakowice · Marciszów · Szczawno Zdrój · Mościsko · Łagiewniki · Strzelin

Zittau · Sieniawka · Cieplice Śl. Zdrój · Kowary · Kamienna Góra · Świebodzice · WAŁBRZYCH · Dzierżoniów · Niemcza · Wyszonowice

Jonsdorf · Hrádek n. Nisou · Chrastava · Jablonec n. Nisou · Szrenica · Śnieżka · Gorce · Boguszów · Pieszyce · Przerzeczyn Zdrój · Grodków

Liberec · Vratislavice · Tanvald · Špindlerův Mlýn · Lubawka · Jedlina Zdrój · Wielka Sowa · Bielawa · Piława · Ząbkowice Śląskie · Henryków

Mimoň · Hodkovice · Železný Brod · Jablonec n. Jizerou · Horní Maršov · Bernartice · Mirószów · Głuszyca · Świerki · Ziębice · Skoroszyce

Semily · Vrchlabí · Mladé Buky · Broumov · Nowa Ruda · Słupiec · Radoszów · Kamieniec Ząbk. · Nysa

Turnov · Lomnice n. Popelkou · Jilemnice · Teplice n. Metují · Radków · Bardo · Paczków · Otmuchów

Mnichovo Hradiště · Rovensko p. Troskami · Nová Paka · Hostinné · Úpice · Trutnov · Hronov · Kudowa Zdrój · Polanica Zdrój · Kłodzko · Złoty Stok

Kosmonosy · Sobotka · Železnice · Dvůr Králové n. Labem · Červený Kostelec · Česká Skalice · Náchod · Duszniki Zdrój · Lądek Zdrój · Javornik · Vidnava

Mladá Boleslav · Jičín · Dolní Bousov · Miletín · Nové Mesto n. Metují · Zieleniec · Bystrzyca Kłodzka · Stronie · Głuchołazy · Žulová

Bakov n. Jizerou · Libáň · Jičíněves · Hořice · Jaroměř · Deštné · Międzygórze · Śnieżnik · Mikulovice

Benátky n. Jizerou · Kopidlno · Nový Bydžov · Dobruška · Opočno · Solnice · Rokytnice v Orlických · Domaszków · St. Město · Keprnik · Domašov

Brandýs n. Labem-Stará Boleslav · Lysá n. Labem · Rožďalovice · Křinec · Nechanice · Všestary · Dobrušná · Kostelec n. Orlicí · Międzylesie · Jeseník · Orlík

Nymburk · Městec Králové · HRADEC KRÁLOVÉ · Tyniště n. Orlicí · Vamberk · Červená Voda · Velké Losiny

Celákovice · Poděbrady · Chlumec n. Cidlinou · Bohdaneč · Sezemice · Holice · Horní Jelení · Letohrad · Králíky · Jeřáb · Hanušovice

Úvaly · Český Brod · Planany · Kolín · Přelouč · Chvaletice · PARDUBICE · Choceň · Potštejn · Zámberk · Grodziszcze

Kostelec n. Černými Lesy · Kouřim · Tynec n. Labem · Dašice · Borohrádek · Dolní Dobrouč · Hrochův

0 5 10 20 30 40 50 60 Km.

Kolín · Přelouč · Bohdaneč · Sezemice · Holice · Borohrádek · Potštejn · Žamberk · Králíky · Jeřáb 1003 · Hanušovice · Karlovice · Krnov · Nowa Cerekiew

Tynec n. Labem · Nové Dvory · Heřmanův Městec · Pardubice · Hrochuv Týnec · Dašice · Horni Jelení · Usti n Orlici · Letohrad · Červená Voda · Velké Losiny · Šumperk · Rýmařov · Bruntál · Horni Benešov · Leskovec · Opava

Čáslav · Vrdy · Ronov n. Doubravou · Slatiňany · Chrudim · Chrast · Luže · Vysoké Mýto · Choceň · Lanškroun · Štíty · Bludov · Zábřeh · Libina · Bridličná · Vitkov · Hrade

Chotěboř · 139 · Hlinsko · Krouna · Herálec · Svratka · Polička · Litomyšl · Česká Třebová · Třebovice · Třebařov · Mohelnice · Unicov · Litovel · Sternberk · Město Libavá · Fulnek · Odry

Havlíčkův Brod · Humpolec · Přibyslav · Zdírec n. Doubravou · Nové Město n. Moravě · Žďár n. Sázavou · Olešnice · Bystřice n Pernštejnem · Letovice · Konice · Slatinice · Olomouc · Velké Bystřice · Hranice · Lipnik · Přerov · Bystřice p. Hostýnem

Pelhřimov · Jihlava · Větrný Jeníkov · Polná · Sázava · Bobrová · Moravec · Kunštát · Boskovice · Kostelec na Hané · Prostějov · Tovačov · Kojetín · Kroměříž · Hulin · Holešov · Gottwaldov

Telč · Třešť · Stonařov · Okřísky · Velké Meziříčí · 87 · Velká Bíteš · Tišnov · Kuřim · Blansko · Rájec Jestřebí · Brodek · 77 · Vyškov · Slavkov u. Brna · Otrokovice · Kvitkovice · Napajedla · Staré Město · Uherské Hradiště

Třebíč · Vladislav · Náměšť n. Oslavou · Říčany · Rosice · BRNO · Líšeň · Slapanice · Bučovice · Nesovice · Kyjov · Kunovice · Uherský Brod

Moravské Budějovice · 163 · Jaroměřice n. Rokytnou · Oslavany · Ivančice · Modřice · Rajhrad · Židlochovice · Dambořice · Žarovice · Veselí

Znojmo · Jevišovice · Višňové · Miroslav · Moravský Krumlov · Pohořelice · Vranovice · Hustopeče · Velké Pavlovice · Čejč · Dubňany · Hodonín · Skalica

Retz · Langau · Jaroslavice · Mikulov · Lednice · Valtice · Břeclav · Holíč · Senica · Myjava

Eggenburg · Haugsdorf · Laa a.d. Thaya · Staatz Poysdorf · 124 · Poysbrunn · Neudorf · Hohenau · Malacky · Senica · Brezová

Hollabrunn · Ziersdf. · Mistelbach a.d.Z · Ladendf. · Schrick · Zistersdorf · Vel'ké Leváre · 138 · Gajary

Krems a.d. Donau · Stockerau · Korneuburg · Wolkersdorf · Angern · Malacky · Stupava · Pezinok · Modra · Trnava

St. Pölten · Herzogenburg · Tulln · Klosterneuburg · WIEN · Schwechat · Hainburg · BRATISLAVA · Senec · Galanta

Perchtoldsdorf · Mödling · Brunn a. Gebirge · Maria Lanzendf. · Fischamend Markt · Bruck a.d. Leitha · Petronell · Kittsee · Rusovce · Šamorín · Dunajská Streda

Baden · Traiskirchen · Guntramsdorf · Ebreichsdorf · 83 · Parndf. · Neusiedl am See · Hegyeshalom · Mosonmagyaróvár

Bad Vöslau · Berndorf · Weigelsdorf · Purbach a.S. · Gols · Nickelsdf. · Dunakiliti

Wiener Neustadt · 52 · 65 · Eisenstadt · Neusiedler See · Podersdf. · Mosonszentjános · Győr

Neunkirchen · Mattersburg · Marz · Sopron · Fertörakos · Pamhagen · Györszentiván

Mürzzuschlag · Gloggnitz · Pottschach · Wimpassing · Kóphaza · Rábca · Ménfösanz

0 5 10 20 30 40 Miles

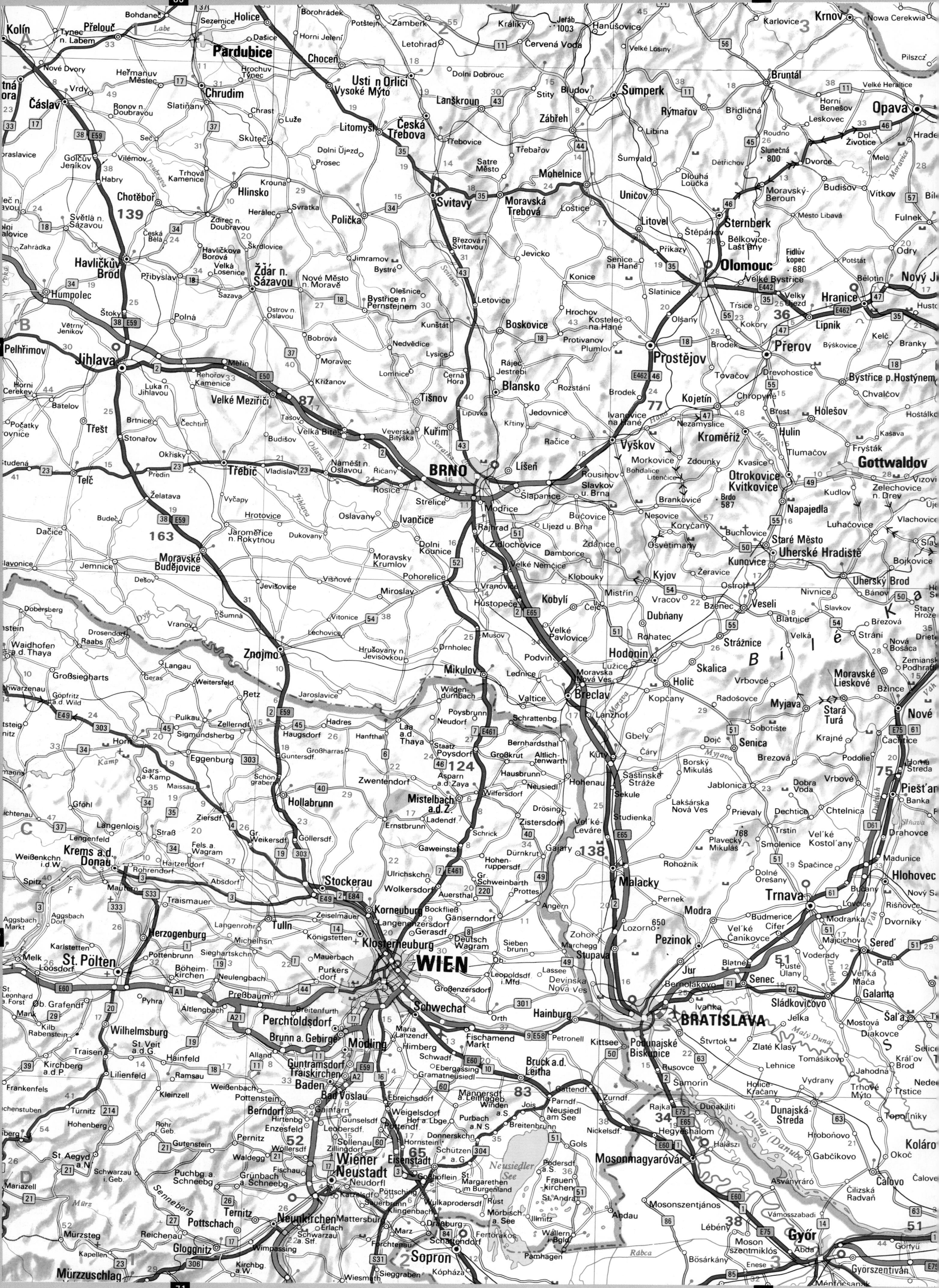

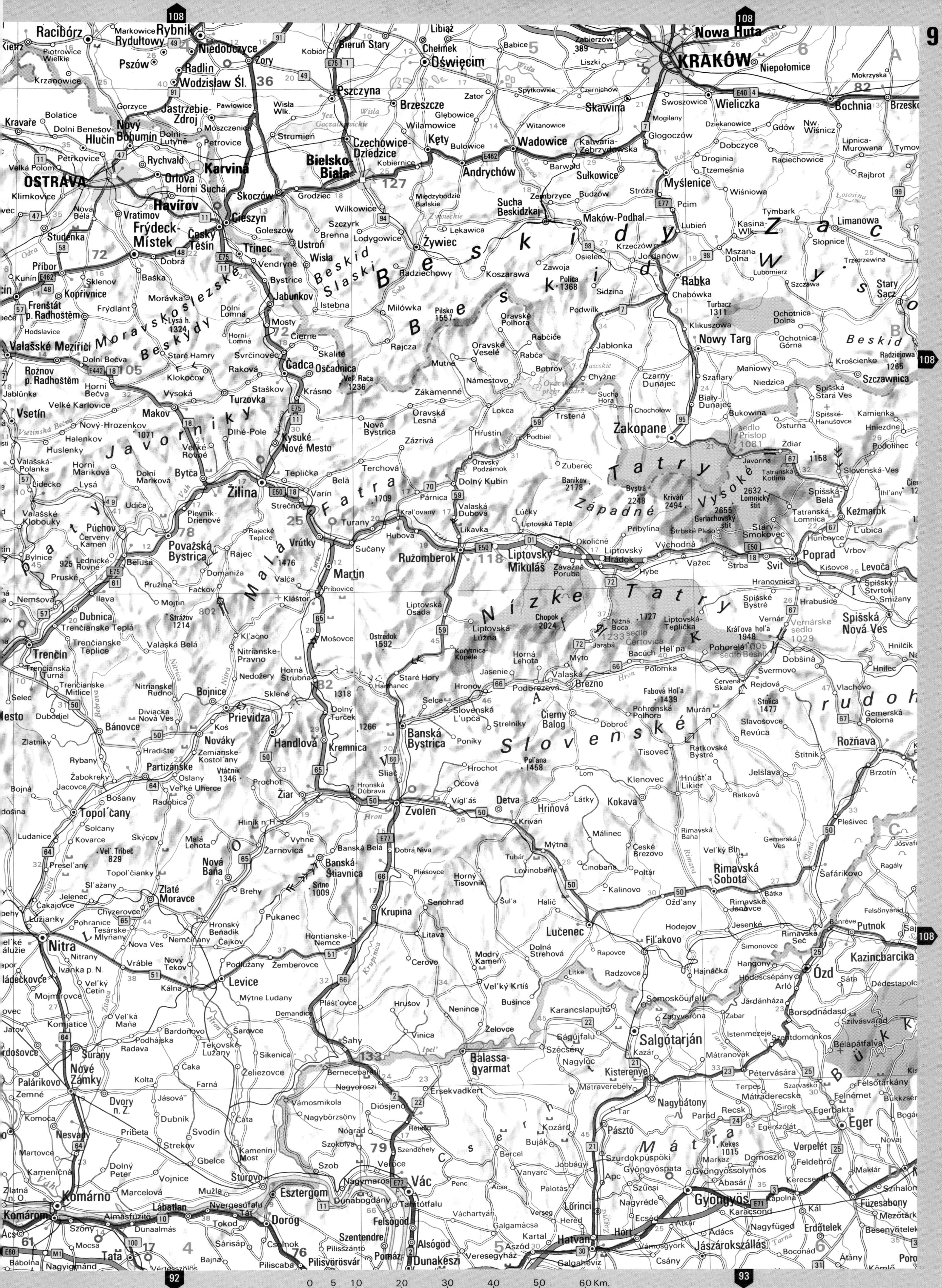

108 108
Racibórz Rybnik Nowa Huta
KRAKÓW Niepołomice
Wodzisław Śl. Pszczyna Oświęcim Wieliczka Bochnia
Bielsko Brzeszcze Czechowice-Dziedzice Wadowice Kalwaria-Zebrzydowska Myślenice
Biala Andrychów Kęty Sułkowice
OSTRAVA Karvina Cieszyn Żywiec Maków-Podhal. Rabka
Frýdek-Místek Český Těšín Třinec Beskid Slaski Beskidy Zawoja Nowy Targ Beskid
Příbor Skoczów Wisła B e s k i d y Zakopane Szczawnica
Frenštát p. Radhoštěm Čadca Oravské T a t r y
Valašské Meziříčí Beskydy Kysucké Nové Mesto Námestovo Západné Vysoké
Rožnov p. Radhoštěm Javorníky Turzovka Nová Bystrica Dolný Kubín Zuberec
Vsetín Makov Žilina Malá Fatra Ružomberok Liptovský Mikuláš Poprad Levoča
Púchov Považská Bystrica Martin Nízke Tatry Spišská Nová Ves
Trenčín Dubnica Prievidza Banská Bystrica S l o v e n s k é rudoh
Bojnice Handlová Kremnica Brezno Rožňava
Topol'čany Nováky Zvolen Detva Rimavská Sobota
Nitra Banská Štiavnica Krupina Lučenec Ózd Kazincbarcika
Levice Salgótarján Eger
Nové Zámky Balassa-gyarmat Mátra Gyöngyös
Komárno Esztergom Vác Hatvan

0 5 10 20 30 40 50 60 Km.

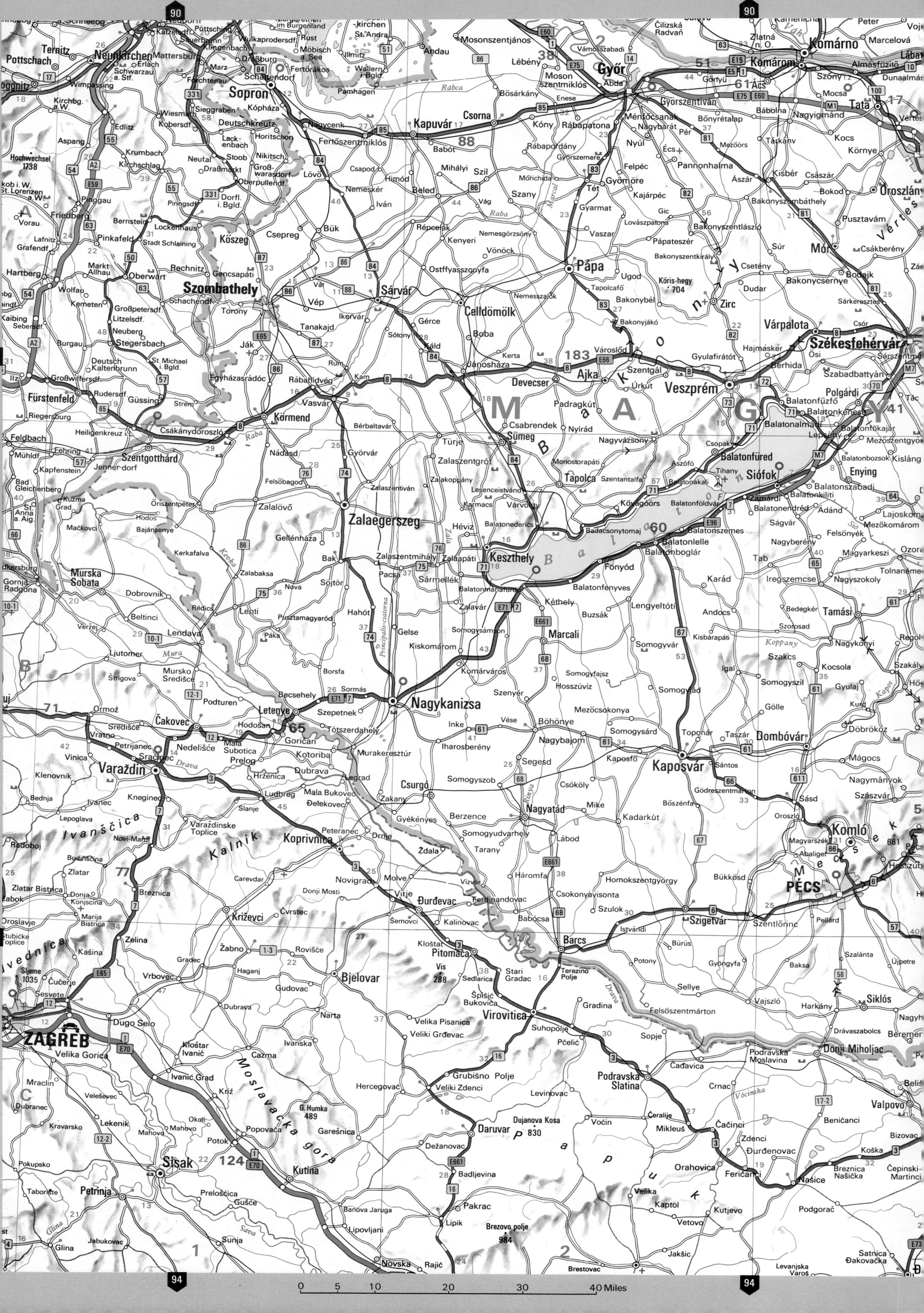
Neunkirchen
Ternitz
Pottschach
Mattersburg
Sopron
Kapuvár
Csorna
Mosonszentjános
Andau
Lébény
Moson szentmiklós
Győr
Abda
Komárno
Komárom
Ács
Tata
Oroszlány
Mór
Kisbér
Pannonhalma
Pápa
Zirc
Várpalota
Székesfehérvár
Veszprém
Ajka
Devecser
Celldömölk
Sárvár
Szombathely
Kőszeg
Bük
Oberwart
Pinkafeld
Hartberg
Fürstenfeld
Güssing
Körmend
Vasvár
Szentgotthárd
Jennersdorf
Zalaegerszeg
Sümeg
Tapolca
Keszthely
Hévíz
Balatonfüred
Siófok
Fonyód
Balatonlelle
Balatonboglár
Enying
Tamási
Marcali
Nagykanizsa
Letenye
Lenti
Lendava
Murska Sobota
Čakovec
Varaždin
Kaposvár
Dombóvár
Komló
Pécs
Szigetvár
Barcs
Siklós
Harkány
Nagyatád
Csurgó
Koprivnica
Đurđevac
Križevci
Bjelovar
Virovitica
Pitomača
Slatina
Daruvar
Zagreb
Sisak
Petrinja
Kutina
Pakrac
Lipik
Našice
Donji Miholjac
Valpovo
Balaton
Bakony
Mecsek
Papuk
Moslavačka gora
Kalnik
Ivanščica
Drava
Mura
Rába
Sava
Dunaj
0 5 10 20 30 40 Miles

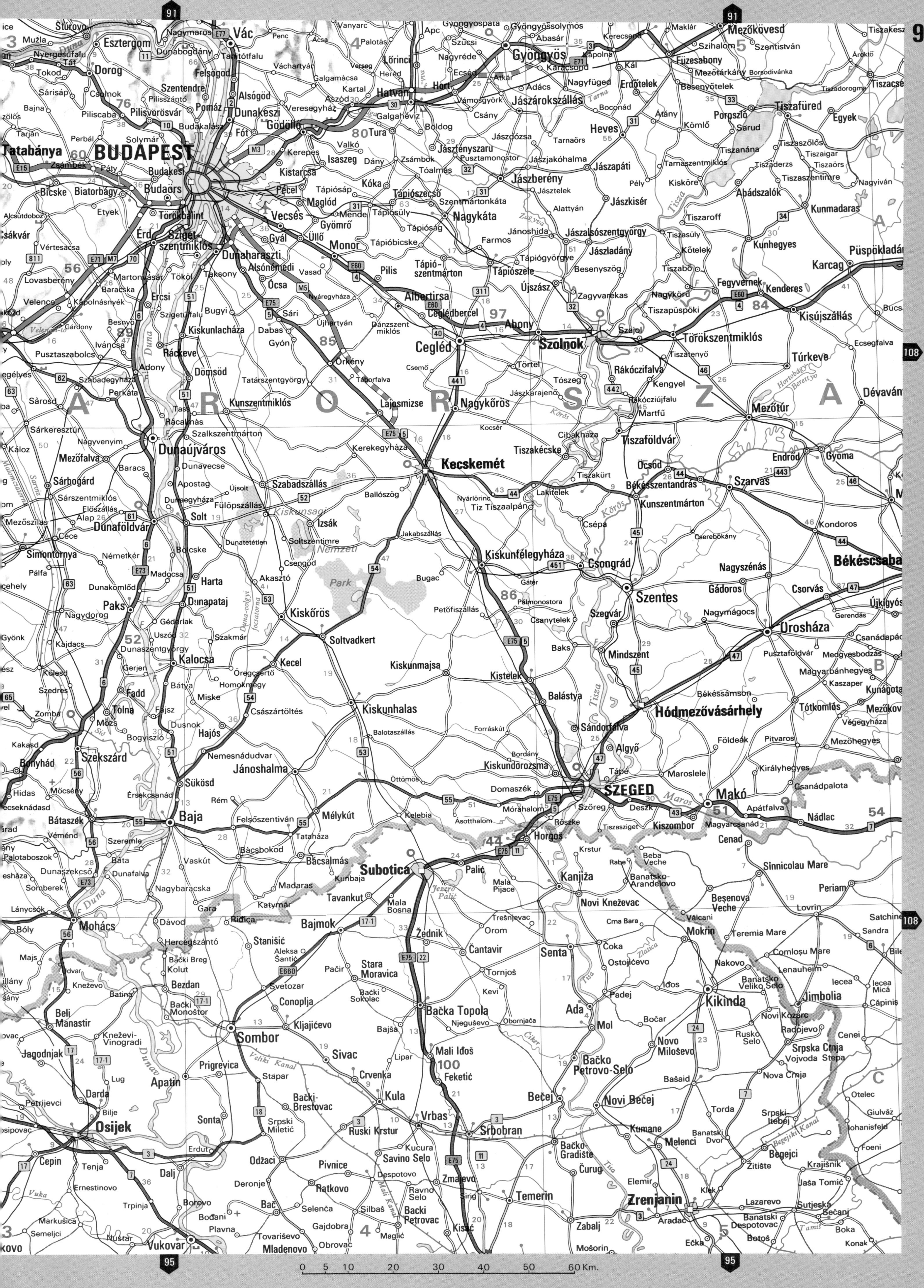
91
Štúrovo
Mužla
Esztergom
Nagymaros
Vác
Dunabogdány
Tahitótfalu
Nyergesújfalu
Tát
Dorog
Tokod
Felsőgöd
Szentendre
Alsógöd
Sárisáp
Csolnok
Pilisszántó
Pomáz
Dunakeszi
Bajna
Piliscaba
Pilisvörösvár
Budakalász
Fót
Tarján
Perbál
Solymár
Tatabánya
BUDAPEST
Zsámbék
Páty
Budakeszi
Budaörs
Bicske
Biatorbágy
Törökbálint
Etyek
Alcsútdoboz
Érd
Szigetszentmiklós
Vértesacsa
Dunaharaszti
Alsónémedi
Martonvásár
Tököl
Taksony
Lovasberény
Baracska
Ercsi
Velence
Kápolnásnyék
Szigetújfalu
Bugyi
Gárdony
Besnyő
Iváncsa
Kiskunlacháza
Ráckeve
Pusztaszabolcs
Adony
Dömsöd
Szabadegyháza
Perkáta
Sárosd
Tass
Rácalmás
Kunszentmiklós
Sárkeresztúr
Nagyvenyim
Dunaújváros
Szalkszentmárton
Káloz
Mezőfalva
Baracs
Dunavecse
Sárbogárd
Apostag
Sárszentmiklós
Előszállás
Alap
Dunaegyháza
Solt
Fülöpszállás
Mezőszilas
Cece
Dunaföldvár
Bölcske
Simontornya
Németkér
Pálfa
Madocsa
Harta
Dunakömlőd
Paks
Dunapataj
Nagydorog
Gyönk
Kajdacs
Gerjen
Dunaszentgyörgy
Kalocsa
Kolesd
Szedres
Fadd
Tolna
Zomba
Mözs
Bogyiszló
Fajsz
Dusnok
Hajós
Kakasd
Bonyhád
Szekszárd
Mőcsény
Hidas
Érsekcsanád
Sükösd
Bátaszék
Baja
Vémend
Szeremle
Báta
Dunaszekcső
Dunafalva
Somberek
Palotabozsok
Lánycsók
Mohács
Bóly
Majs
Dávod
Hercegszántó
Nagybaracska
Gara
Bački Breg
Kolut
Bezdan
Kneževo
Batina
Bački Monoštor
Beli Manastir
Kneževi Vinogradi
Jagodnjak
Darda
Bilje
Osijek
Petrijevci
Lug
Apatin
Sonta
Prigrevica
Sombor
Stapar
Kljajićevo
Conoplja
Svetozar
Bački Brestovac
Srpski Miletić
Erdut
Dalj
Cepin
Tenja
Ernestinovo
Trpinja
Borovo
Bođani
Plavna
Vukovar
Markušica
Semeljci
Nuštar
Odžaci
Deronje
Bač
Tovariševo
Mladenovo
Obrovac
Gajdobra
Selenča
Silbaš
Maglić
Bački Petrovac
Kisač
Pivnice
Ratkovo
Despotovo
Ravno Selo
Zmajevo
Sirig
Temerin
Savino Selo
Kucura
Ruski Krstur
Vrbas
Kula
Crvenka
Sivac
Srbobran
Feketić
Mali Iđoš
Lipar
Bajša
Njegoševo
Bačka Topola
Bački Sokolac
Stara Moravica
Pačir
Aleksa Šantić
Stanišić
Bajmok
Ridica
Madaras
Katymár
Bácsbokod
Bácsalmás
Tataháza
Kunbaja
Tavankut
Mala Bosna
Subotica
Palić
Mala Pijace
Žednik
Čantavir
Orom
Trešnjevac
Tornjoš
Kevi
Senta
Ada
Mol
Oborniača
Bačko Petrovo Selo
Bečej
Novi Bečej
Kumane
Melenci
Bačko Gradište
Čurug
Elemir
Zrenjanin
Aradac
Zabalj
Mošorin
Ečka
Klek
Lazarevo
Banatski Despotovac
Botoš
Sutjeska
Sečanj
Boka
Konak
Jaša Tomić
Krajišnik
Žitište
Begejci
Banatski Dvor
Torda
Srpski Itebej
Nova Crnja
Bašaid
Novo Miloševo
Rusko Selo
Bočar
Padej
Idoš
Ostojićevo
Čoka
Crna Bara
Novi Kneževac
Kanjiža
Horgoš
Martonoš
Krstur
Rabe
Beba Veche
Banatsko Aranđelovo
Valcani
Mokrin
Kikinda
Nakovo
Banatsko Veliko Selo
Jimbolia
Novi Kozarc
Radojevo
Srpska Crnja
Vojvoda Stepa
Lenauheim
Comloşu Mare
Teremia Mare
Lovrin
Sânnicolau Mare
Periam
Beşenova Veche
Sinnicolau Mare
Cenad
Nădlac
Apátfalva
Magyarcsanád
Makó
Kiszombor
Deszk
Szőreg
Röszke
Tiszasziget
SZEGED
Tápé
Algyő
Maroslele
Királyhegyes
Csanádpalota
Földeák
Pitvaros
Mezőhegyes
Végegyháza
Mezőkovácsháza
Tótkomlós
Kunágota
Kaszaper
Magyarbánhegyes
Medgyesbodzás
Pusztaföldvár
Orosháza
Csanádapáca
Gerendás
Újkígyós
Csorvás
Gádoros
Nagymágocs
Nagyszénás
Békéscsaba
Kondoros
Szarvas
Cserebökény
Békésszentandrás
Öcsöd
Endrőd
Gyoma
Dévaványa
Mezőtúr
Túrkeve
Ecsegfalva
Kisújszállás
Kenderes
Fegyvernek
Karcag
Püspökladány
Kunmadaras
Kunhegyes
Abádszalók
Tiszaszentimre
Nagyiván
Tiszaszőlős
Tiszaigar
Tiszaörs
Tiszaderzs
Tiszanána
Sarud
Poroszló
Tiszafüred
Egyek
Tiszacsege
Tiszadorogma
Mezőtárkány
Borsodivánka
Szihalom
Füzesabony
Szentistván
Mezőkövesd
Maklár
Kerecsend
Kál
Kápolna
Erdőtelek
Besenyőtelek
Átány
Heves
Kömlő
Tarnaszentmiklós
Kisköre
Tiszaroff
Tiszasüly
Kőtelek
Tiszabő
Nagykörű
Tiszapüspöki
Törökszentmiklós
Tiszatenyő
Kengyel
Rákóczifalva
Rákócziújfalu
Martfű
Tiszaföldvár
Cibakháza
Tiszakécske
Tiszakürt
Lakitelek
Tiszaalpár
Nyárlőrinc
Kunszentmárton
Csépa
Csongrád
Szentes
Szegvár
Mindszent
Hódmezővásárhely
Békéssámson
Sándorfalva
Balástya
Kistelek
Baks
Csanytelek
Pálmonostora
Gátér
Kiskunfélegyháza
Petőfiszállás
Bugac
Kiskunmajsa
Forráskút
Bordány
Kiskundorozsma
Domaszék
Mórahalom
Ásotthalom
Kelebia
Öttömös
Mélykút
Jánoshalma
Balotaszállás
Kiskunhalas
Kisszállás
Felsőszentiván
Rém
Nemesnádudvar
Császártöltés
Miske
Homokmégy
Bátya
Öregcsertő
Kecel
Soltvadkert
Kiskőrös
Szakmár
Akasztó
Csengőd
Soltszentimre
Dunatetétlen
Izsák
Szabadszállás
Kecskemét
Kerekegyháza
Ballószög
Jakabszállás
Nagykőrös
Kocsér
Lajosmizse
Tatárszentgyörgy
Táborfalva
Örkény
Csemő
Cegléd
Ceglédbercel
Abony
Szolnok
Szajol
Tószeg
Jászkarajenő
Törtel
Albertirsa
Dánszentmiklós
Újhartyán
Dabas
Gyón
Sári
Nyáregyháza
Pilis
Monor
Ócsa
Vasad
Gyál
Üllő
Vecsés
Gyömrő
Mende
Maglód
Pécel
Kistarcsa
Isaszeg
Kerepes
Gödöllő
Veresegyház
Galgahévíz
Tura
Valkó
Dány
Zsámbok
Tóalmás
Kóka
Tápiószecső
Tápiósáp
Tápiósüly
Tápióság
Tápióbicske
Tápiószentmárton
Tápiószele
Tápiógyörgye
Farmos
Nagykáta
Szentmártonkáta
Jászberény
Jásztelek
Jászfényszaru
Pusztamonostor
Jászjakóhalma
Jászapáti
Jászdózsa
Jászkisér
Alattyán
Jánoshida
Jászalsószentgyörgy
Jászladány
Besenyszög
Újszász
Zagyvarékas
Tarnaörs
Boldog
Hatvan
Aszód
Kartal
Verseg
Galgamácsa
Váchartyán
Penc
Acsa
Palotás
Lőrinci
Heréd
Hort
Ecséd
Atkár
Csány
Vámosgyörk
Adács
Jászárokszállás
Nagyfüged
Boconád
Gyöngyös
Nagyréde
Szűcsi
Apc
Vanyarc
Gyöngyöspata
Gyöngyössolymos
Abasár
Karácsond
A R O R S Z Á G
Duna
Tisza
Maros
Kőrös
Zagyva
Tarna
Sió
Kiskunsági Nemzeti Park
Veliki Kanal
Mali Kanal
Begejski Kanal
Zlatica
Čik
Vuka
Drava
Velencei-tó
Jezero Palić
108
95
0 5 10 20 30 40 50 60 Km.

1

2

Glina · Jabukovac · Lipik · Brezovo polje 984 · Vetovo · Satnica Đakovačka · Đak

Glina · Sunja · Sava · Lipovljani · Jakšic · Mika

Dragotina · Zrinska gora · Novska · Rajić · Cernik · Brestovac · Slavonska Požega · Pleternica · Ruševo · Trnava · Andrijevci · Velika Kopanica · Stria · Vrpolje

A · Kostajnica · Živaja · Jasenovac · Okučani · Nova Gradiška · Staro Petrovo Selo · Batrina · Brodski Stupnik · Sibinj · Slavonski Brod · Svilaj

Varoška Rijeka · Dvor · Bosanska Kostajnica · Dubica · Orahovo · Bosanska Gradiška · Orubica · Davor · Slavonski Kobaš · Kaniža · Novo Selo · Donja Bebrina · Donja Dubica · Bosanska Krupa

Mrazovac · Bosanka Novi · Blagaj · Prosara · Vrbaška · Razboj · Srbac · Polje · Botajica · Podnovlje · Bosanski Samac · Modriča

Kozara Nac. Park · Gornji Podgradci · Nova Topola · Derventa · Kulina · Modran · Mirinci · Kožuhe · Kotorsko · Gradačac

Stijena · Otoka · Agići · Ljubija · Prijedor · Kozarac · Lisina 978 · 847 · Laktaši · Velika Ilova · Lišnja · Prnjavor · Osinja · Dragolovci · Lukavica · Srnice

Bosanska Krupa · Tomašica · Ivanjska · Bistrica · Banja Luka · Jošavka · 357 · Doboj · Gračanica

Stari Majdan · Stratinska · Čelinac · Šnjegotina · Teslić · Vrućica · V. Ostravica 917 · Miričin

75 · Sanski Most · Čaplje · Jagare · Krupa · Javorani · Kotor Varoš · Borci · Maslovare · Očauš 1383 · Maglaj · Soko

Krnjeuša · 1480 · Lušci Palanka · Vrhpolje · Mrkonjić Grad · Skender Vakuf · Borja planina · Žepče · Zavidovići

Vrtoče · Gornje Ratkovo · 1338 · 1430 · Manjača 1360 · Banovići Selo

Kulen Vakuf · Bosanski Petrovac · Jasenovac · Ključ · Čađavica · Barevo · Vranduk · Tvrtkovac 1304 · Ribnica

B · Osječenica 1795 · Kolunić · Mrkonjić Grad · Jezero · Turbe · Travnik · Tetovo · Zenica · Lipnica 1458 · Vareš

Donji Srb · Drvar · Vrbljani · Baraći · Šipovo · Jajce · Novi Travnik · Kakanj · Zgošća

Kučina Kosa 1443 · 1650 Vijenac · Preodac · Rore · Vitorog 1907 · Donji Vakuf · Kruščica · Busovača · Breza

Plavno · Strmica · Bosansko Grahovo · Glamoč · 14 · Bugojno · Fojnica · Gromiljak · Visoko · Vogošća · SA

Knin · Vrbnik · Kijevo · Crni Lug · Kurljaj 1593 · Kupres · Gornji Vakuf · Idovac 1956 · Kiseljak · Kobila Glava 625 · Ilijaš · 16

Šator 1872 · Golja 1891 · Cincar · Kreševo · Ilidža · SAR

Troglav 1913 · Donji-Rujani · Priluka · Donji Malovan · Maklen 1123 · Prozor · Rumboci · Tarčin · Hadžići · Hrasnica · Trek Na

Drniš · Kričke · Maovice · Vrlika · Kozanci · Livno · Jezero Šćit · Lisin 1744 · Bradina · 18

Siverić · Kljake · Svilaja 1509 · Hrvace · Obrovac Sinjski · Podhum · Duvno · Ljubuša · Jablaničko Jezero · Konjic · Bjelašnica 2067 · Trn

Nevest · Kladnice · Muć · Sinj · Brnaze · Konj 1849 · Prisoje · Midena 907 · V. Vran 2074 · Ostrožac · Preni

Primorski Dolac · Trilj · Kamensko · Aržano · Čvrsnica · Blidinje Jezero · Jablanica · 115 · Glavatičevo · Kalinovik

Prapatnica · Kaštel Stari · Klis · Dugopolje · Ugljane · Vir · V. Vlajno 1780 · Crni vrh

75 · D. Seget · Solin · Blato · Lovreč · Studenci · Posušje · Kočerin · Potoci · Obalj

C · Trogir · Split · Krila · Gata · Grabovac · Imotski · Sovići · Lištica · Vrapčići · Brasina 1897 · Ulog

Čiovo · Dugi Rat · Omiš · Brela · Zagvozd · Grude · Drinovci · Mostar · Snijeznica 1262 · Zovi Do · Gac

Šolta · Supetar · Postira · Baška Voda · Makarska · 1314 · Kozica · Vitina · Ljubuški · Blagaj · Buna · Nevesinje · Bjelašnic

Milna · Nerežišća · 130 · Tučepi · Podgora · Vrgorac · Crveni Grm · Čitluk · Kifino Selo

Brac · Sumartin · Drvenik · Gradac · Čapljina · Rečice · Baba 1737

Hvar · Starigrad · Jelsa · Selca · Sv. Ilija 961 · Kučišće · Ploče · Komin · Gabela · Stolac · Kobilja glava 1419

Vis · Šćedro · Korčulanski kanal · Sućuraj · Metković · Bregava · Deranjsko Jezero

Vela Luka · Korčula · Orebić · Trpanj · Opuzen · Neum · 953 · Hutovo · Ljubinje

78 · 79

0 5 10 20 30 40 Miles

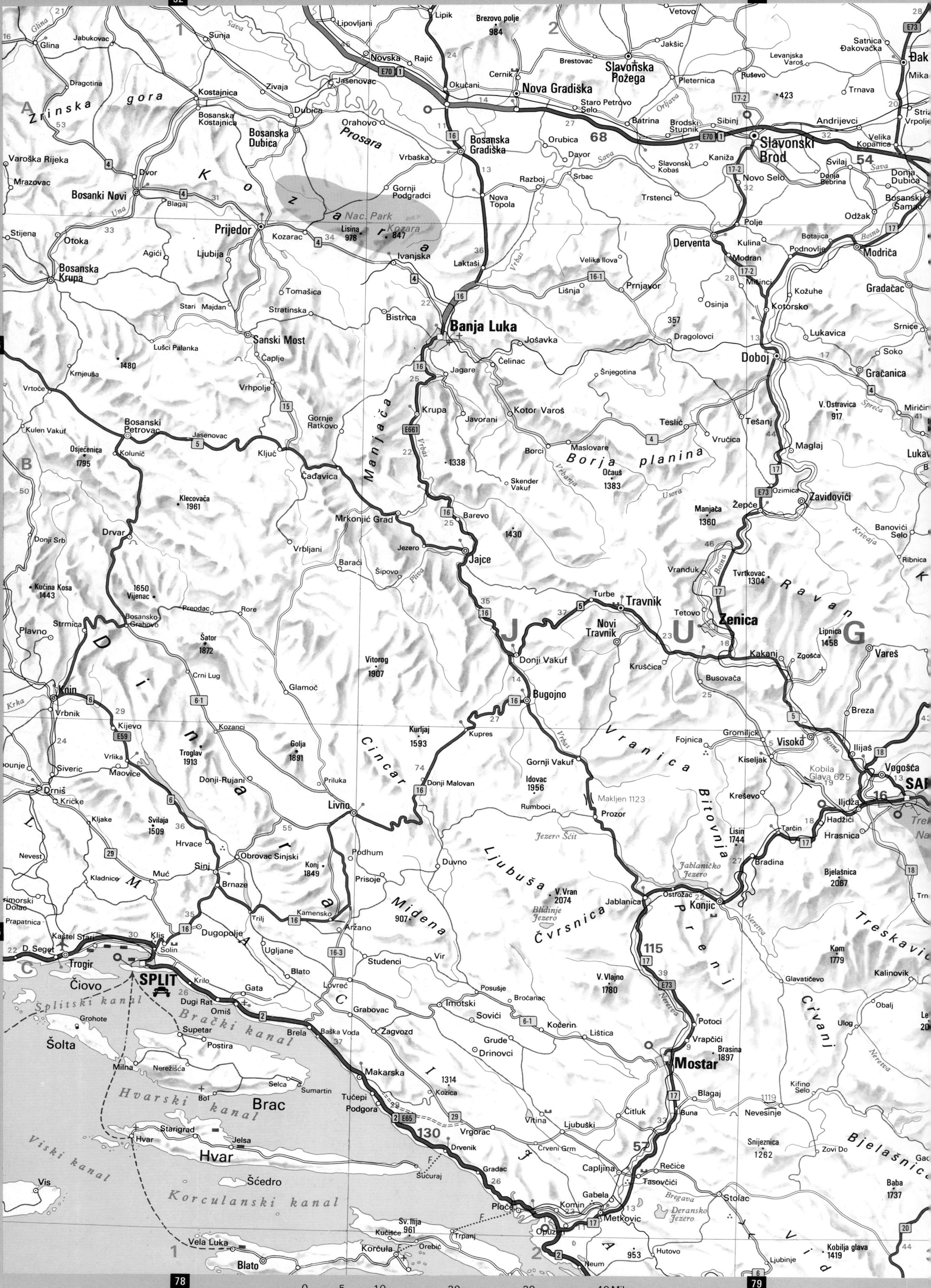

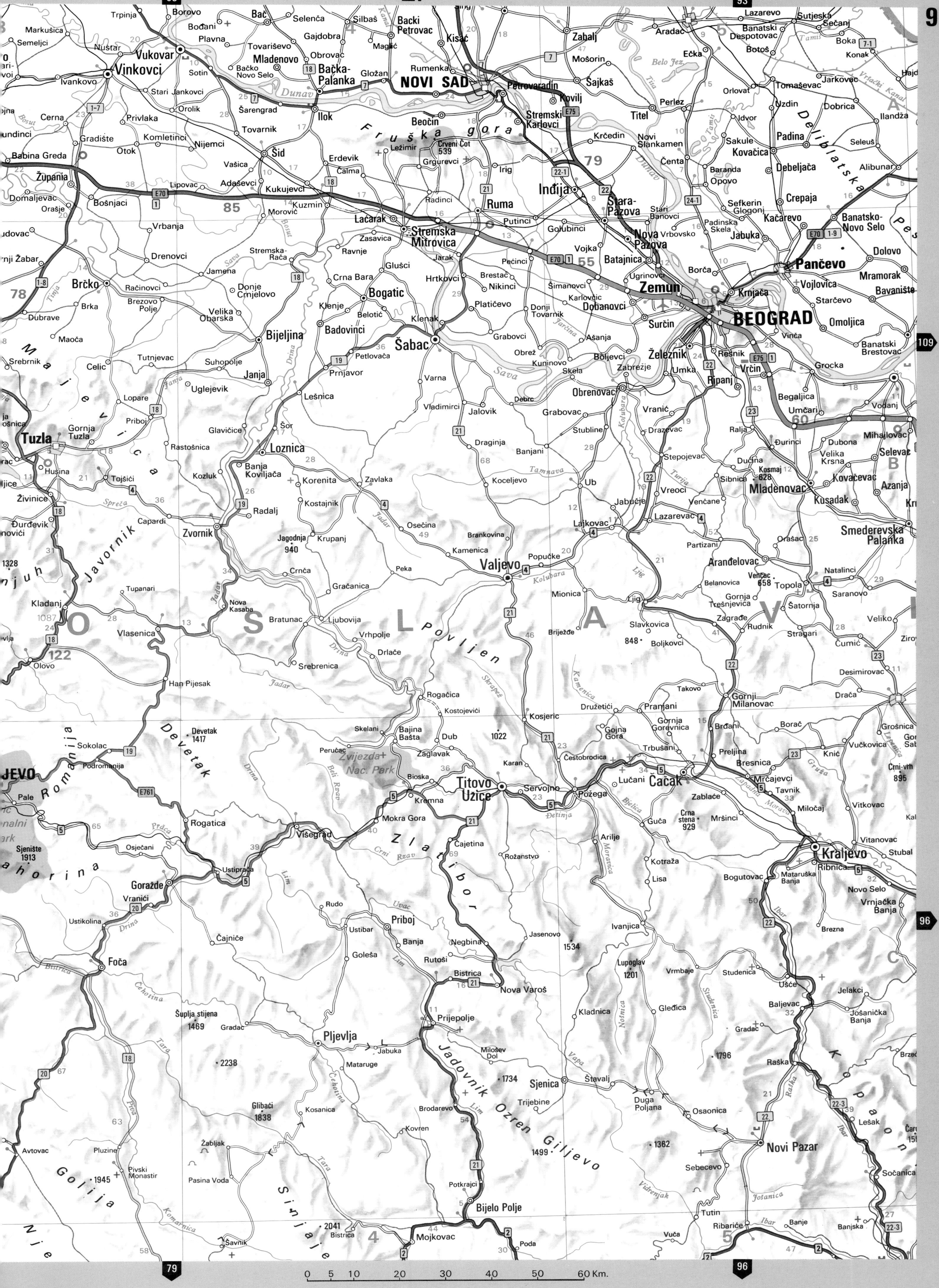

Markušica · Trpinja · Borovo · Bođani · Bač · Selenča · Silbaš · Bački Petrovac · Žabalj · Aradac · Banatski Despotovac · Sutjeska · Sečanj · Lazarevo

Semelji · Nuštar · Plavna · Gajdobra · Kisač · Mošorin · Boka · Konak · Botoš · Belo Jez. · Ečka

Vukovar · Vinkovci · Ivankovo · Sotin · Bačko Novo Selo · Bačka-Palanka · Mladenovo · Obrovac · Maglić · Rumenka · NOVI SAD · Petrovaradin · Šajkaš · Kovilj · Titel · Perlez · Orlovat · Tomaševac · Jarkovec · Uzdin · Dobrica · Ilandža

Cerna · Stari Jankovci · Orolik · Šarengrad · Ilok · Beočin · Stremski Karlovci · Krčedin · Novi Slankamen · Idvor · Sakule · Padina · Seleuš

Gradište · Komletinci · Nijemci · Šid · Erdevik · Fruška gora · Crveni Čot 539 · Ležimir · Grgurevci · Irig · Čenta · Baranda · Opovo · Kovačica · Debeljača · Alibunar

Babina Greda · Županja · Domaljevac · Orašje · Bošnjaci · Lipovac · Adaševci · Kukujevci · Kuzmin · Morović · Radinci · Ruma · Inđija · Stara Pazova · Stari Banovci · Sefkerin · Glogonj · Kačarevo · Banatsko Novo Selo · Crepaja

Brčko · Račinovci · Brezovo Polje · Jamena · Drenovci · Crna Bara · Stremska-Rača · Ravnje · Glušci · Jarak · Pećinci · Brestač · Nikinci · Platičevo · Šimanovci · Karlovčić · Dobanovci · Nova Pazova · Vrbovsko · Jabuka · Pančevo · Mramorak

Dubrave · Maoča · Celić · Donje Crnjelovo · Velika Obarska · Klenje · Belotić · Klenak · Donji Tovarnik · Ašanja · Zemun · Surčin · BEOGRAD · Krnjača · Starčevo · Bavanište · Omoljica

Srebrnik · Husina · Bijeljina · Badovinci · Šabac · Grabovci · Obrež · Kuninovo · Skela · Boljevci · Železnik · Umka · Rešnik · Vrčin · Grocka · Banatski Brestovac

Tuzla · Gornja Tuzla · Priboj · Uglejvik · Petlovača · Prnjavor · Varna · Debrc · Grabovac · Obrenovac · Vranić · Draževac · Ripanj · Begaljica · Vodanj

Živinice · Lopare · Glavičice · Šor · Lešnica · Vladimirci · Jalovik · Stubline · Stepojevac · Draževac · Ralja · Đurinci · Dubona · Velika Krsna · Mihajlovac · Selevac

Đurđevik · Rastošnica · Loznica · Draginja · Banjani · Ub · Jabučje · Vreoci · Sibnica · Kosmaj 628 · Kovačevac · Azanja · Smederevska Palanka

Kladanj · Tupanari · Caparde · Banja Koviljača · Korenita · Kostajnik · Zavlaka · Koceljevo · Tamnava · Lazarevac · Belanovica · Arandjelovac · Natalinci · Topola · Saranovo

Olovo · Vlasenica · Radalj · Zvornik · Jagodnja 940 · Krupanj · Crnča · Osečina · Brankovina · Kamenica · Popučke · Lig · Vencac 658 · Gornja Trešnjevica · Zagrade · Rudnik · Cumić · Veliko · Zirovo

Nova Kasaba · Bratunac · Ljubovija · Vrhpolje · Gračanica · Peka · Valjevo · Mionica · Ljig · Slavkovica · Boljkovci · Stragari · Drača

Srebrenica · Drlače · Povlen · Briježde · 848 · Takovo · Gornji Milanovac · Desimirovac

Han Pijesak · Rogačica · Kostojevići · Kosjerić · Družetići · Pranjani · Brdani · Borač · Grošnica

Devetak 1417 · Skelani · Bajina Bašta · Dub · 1022 · Čestobrodica · Gornja Gorevnica · Preljina · Bresnica · Knić · Crni-vrh 895 · Gornji Sab

Sokolac · Podromanija · Perućac · Zvijezda Nac. Park · Bioska · Karan · Gojna Gora · Trbušani · Lučani · Čačak · Zablaće · Mrčajevci · Tavnik · Miločaj · Vitkovac

Pale · Rogatica · Titovo Užice · Kremna · Servojno · Požega · Guča · Crna stena 929 · Mršinci

Sjenište 1913 · Osječani · Višegrad · Mokra Gora · Čajetina · Arilje · Kraljevo · Ribnica · Stubal

Goražde · Ustiprača · Zlatibor · Rožanstvo · Kotraža · Bogutovac · Mataruška Banja · Novo Selo · Vrnjačka Banja

Vraniči · Rudo · Uvac · Priboj · Ivanjica · Lisa · Baljevac · Jošanička Banja

Ustikolina · Banja · Negbina · Jasenovo · 1534 · Lupoglav 1201 · Vrmbaje · Studenica · Gledica · Gradac · Ušće · Jelakci

Foča · Čajniče · Goleša · Rutoši · Bistrica · Nova Varoš · Kladnica · Duga Poljana · Osaonica · Lešak

Šuplja stijena 1469 · Gradac · Prijepolje · Pljevlja · Jabuka · Milošev Dol · Sjenica · Štavalj · 1362 · Raška · Novi Pazar

2238 · Glibaći 1838 · Kosanica · Brodarevo · Mataruge · 1734 · Trijebine · 1499 · Sebecevo · 1796 · Tutin

Avtovac · Pluzine · Žabljak · Pasina Voda · Potkrajci · Bijelo Polje · Mojkovac · Poda · Vuča · Banja

2041 · Bistrica · Ribariće · Banjska

Goljja · Pivski Monastir 1945 · Šavnik · Sočanica

Tara · Drina · Lim · Sava · Dunav · Kolubara · Zapadna Morava · Ibar

0 5 10 20 30 40 50 60 Km.

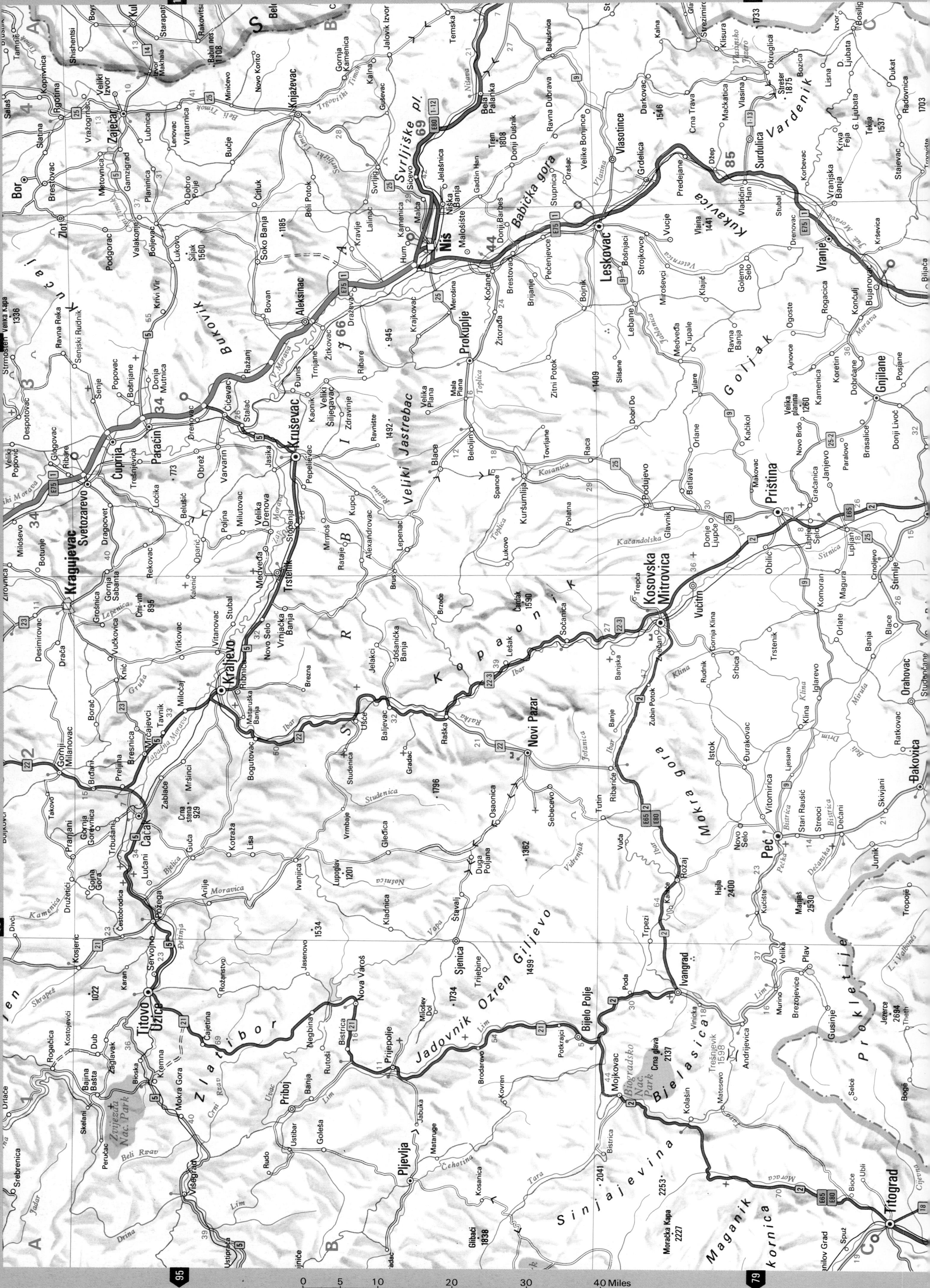

Salaš · Šarbanovci · Starapati · Rakovitsa · S · B · C

Slatina · Zaječar · Zagrađe · Izvor · Makhala · Babin nos 1108 · Veliki Izvor · Novo Korito · Knjaževac · Gornja Kamenica · Kalna · Jalovik Izvor · Temska · 7

Bor · Brestovac · Mitovnica · Gamzigrad · Planinica · Lenovac · Minićevo · Belji · Potok · Gornji Timok · Gušević · Svrljiške pl. · I-12 · Bela Palanka · Babušnica · Zlot · Podgorac · Valakonje · Boljevac · Lukovo · Šiljak 1560 · 1185 · Soko Banja · Bovan · Svrljig · Niška Banja · Niš · 44 · Donji Dušnik · Ravna Dubrava · Vlasotince · 1546 · Crna Trava · Surdulica 85 · Vranjska Banja · Vranje

Ravna Reka · Senjski Rudnik · Krivi Vir · Ražanj · Aleksinac · E75 · Draževac · Hum · Malošište · Kočane · Brestovac · Pečenjevce · Leskovac · Bošnjaci · Strojkovce · Vučje · Golemo Selo · Bujanovac

Despotovac · Senje · Popovac · Donja Mutnica · Cićevac · Stalać · Kruševac · Kaonik · 66 · Ribare · 945 · Prokuplje · Žitorađa · Belolin · Mala Plana · Slišane · Lebane · Medveda · Tupale · Ravna Banja · Ainovce · Gnjilane

Velika Drenova · Jasika · Pepeljevac · Zdravinje · Ravnište · 1492 · Velika Plana · Blace · Kuršumlija · Lukovo · Topli Do · Podujevo · Novo Brdo · Gračanica · Priština · E65 · E80

Svetozarevo · Kragujevac · Dragovet · Dragocevac · 40 · Rekovac · Oparić · Ratare · Kupci · Alexandrovac · Lepenac · Brus · Brzeće · Čadak 1590 · Kosovska Mitrovica · Vučitrn · Lipljan · Štimlje

Knić · Gruža · Vitanovac · Novo Selo · Vrnjačka Banja · Trstenik · Stopanja · Breznica · Jelakci · Jošanička Banja · Kopaonik · Lešak · Ibar · Banjska · Klina · Srbica · Orahovac

Kraljevo · Ribnica · Mrčajevci · Miločaj · Studenica · Ušće · Baljevac · Raška · Sočanica · Zubin Potok · Rudnik · Iglarevo · Studenčane

Gornji Milanovac · Preljina · Brdani · Čačak · Zablaće · Crna stena 929 · Kotraža · Lisa · Gledica · Vrmbaje · 1796 · Gradac · Novi Pazar · Ibar · Tutin · Banje · Istok · Đurakovac · Klina · Mirusa · Bakovica

Lučani · Guča · Bjelica · Ivanjica · Lupoglav 1201 · Osaonica · Sebecevo · Novo Selo · E65 · E80 · Vitomirica · Peć · Dečane · Junik

Družetići · Gojna Gora · Arilje · Moravica · 1362 · Duga Poljana · Vuča · Rožaj · Hajla 2400 · Magjaš 2530 · Kučište

Čestobrodica · Užice · Sjenica · Kladnica · 1534 · Štavalj · Ozren Giljevo 1499 · Vidrenjak · Ivangrad · Plav · Murino · Brezojevice · Prokletije

Kosjerić · Sevojno · Titovo Užice · Zlatibor · Jasenovo · Trijebine · Miočev Dol 1734 · Jadovnik · Bijelo Polje · Vinicka · Andrijevica · Gusinje · Jezerce 2634

Rožanstvo · Negbina · Bistrica · Nova Varoš · Prijepolje · Potkrajci · Brodarevo · 54 · Poda · Crna glava 2137 · Bjelasica · Trešnjevik 1598 · Matesevo · Kolašin

Karan · Kremna · Mokra Gora · Priboj · Banja · Lim · Jabuka · Maruge · Mojkovac · Biogradsko Nac. Park · 44

Bajina Bašta · Bioska · Zlatibor · Uvac · Goleša · Pljevlja · Ćehotina · Glibaci 1838 · Sinjevina · Maganik · Moračka Kapa 2227 · Titograd · E65 · E80

Srebrenica · Skelani · Perućac · Zvijezda Nac. Park · Beli Rzav · Rudo · Bistrica · Tara · 2041 · Kosanica · 2253

Ustiprača · Višegrad · Drina · Lim · Ko · kornica · Morača · Bioce · Spuž

0 5 10 20 30 40 Miles

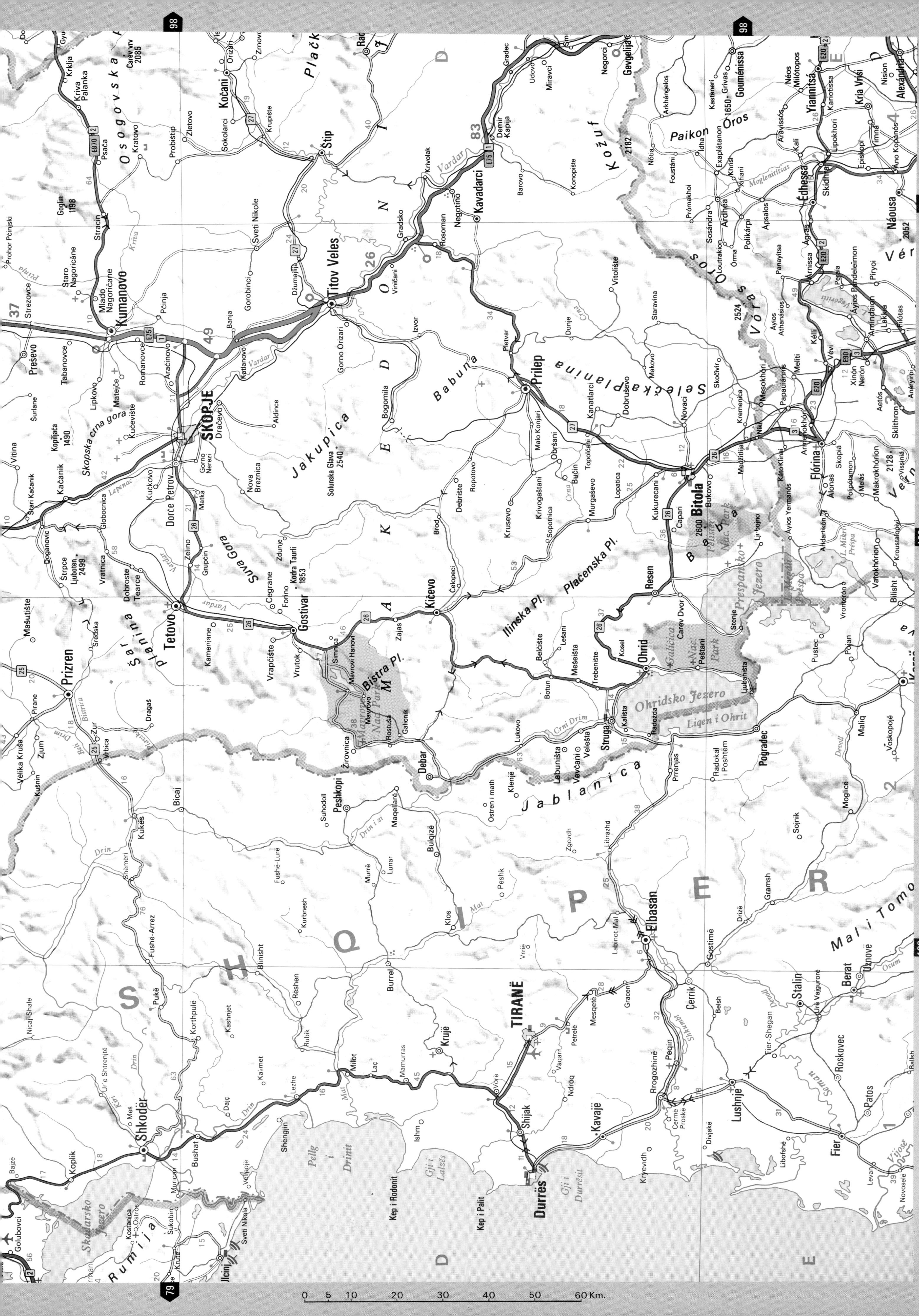

SKOPJE
TIRANË
Prizren
Tetovo
Gostivar
Kičevo
Kumanovo
Titov Veles
Štip
Kočani
Kavadarci
Prilep
Bitola
Resen
Ohrid
Struga
Debar
Peshkopi
Kukës
Shkodër
Durrës
Kavajë
Elbasan
Pogradec
Lushnje
Fier
Berat
Stalin
Çerrik
Burrel
Krujë
Shijak
Flórina
Édhessa
Náousa
Yiannitsá
Goumenissa
Gevgelija
Preševo
Ohridsko Jezero
Liqen i Ohrit
Prespansko Jezero
Jakupica
Babuna
Šar Planina
Suva Gora
Bistra Pl.
Jablanica
Ilinska Pl.
Plaćenska Pl.
Selečka planina
Kožuf
Paikon Óros
Osogovska
Skopska crna gora
Mali i Tomorrit
Vardar
Drin
Crni Drim
Pellg i Drinit
Gji i Lalzës
Gji i Durrësit
Kep i Rodonit
Kep i Palit
0 5 10 20 30 40 50 60 Km.

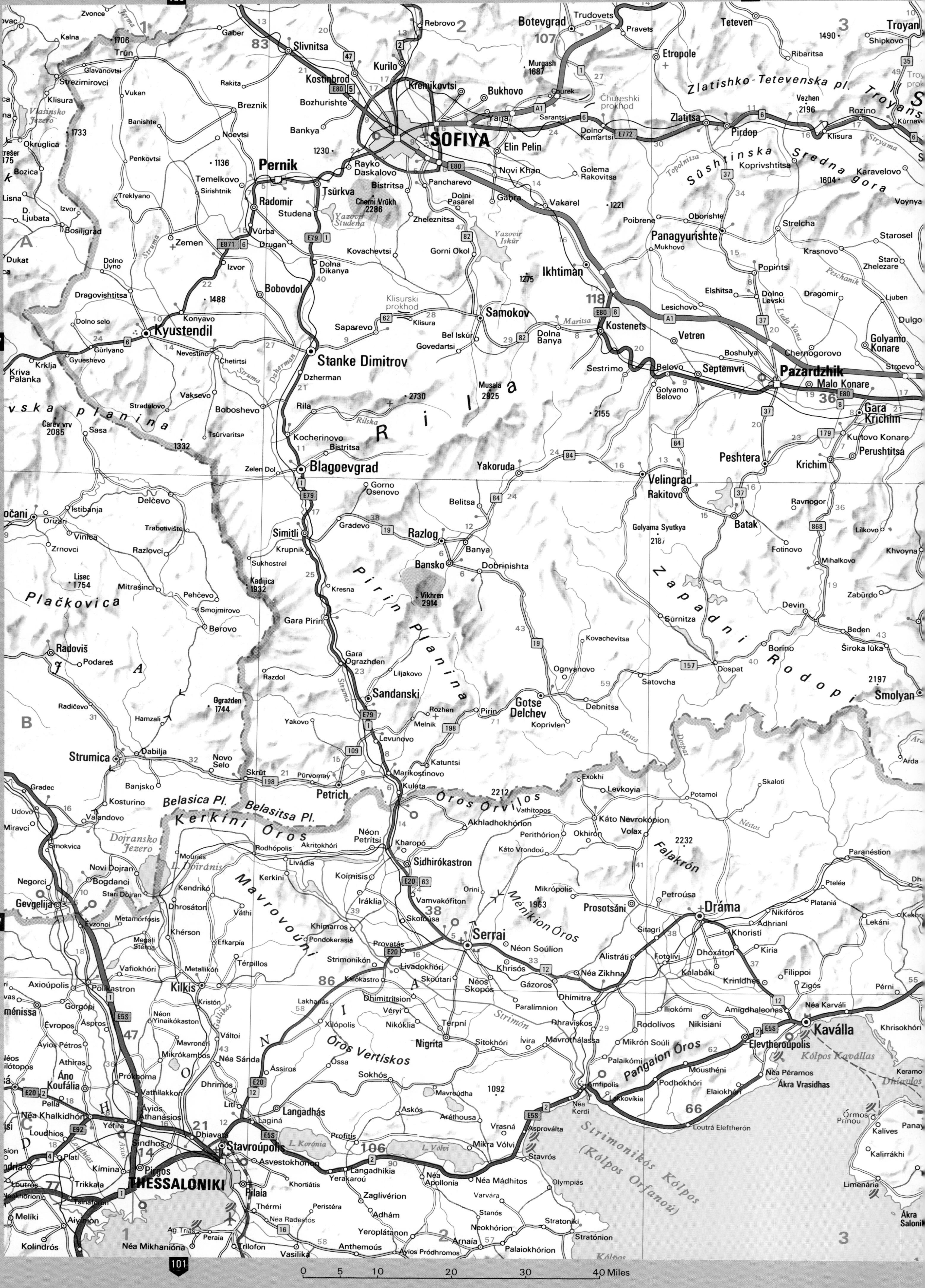

109
109

Zvonce · Kalna · 1706 Trůn · Glavanovtsi
Strezimirovtsi · Klisura · Vukan · Banishte
Okruglica · 1733 · Penkovtsi · Noevtsi · Bankya
Bozica · 1375 · D. Ljubata · Izvor
Lisna · Dukat · Dolno Uyno

Gaber · Rakita · Breznik · Bozhurishte
20 · Slivnitsa · 83 · Kurilo · Kostinbrod
E80 · Rayko Daskalovo · Bistritsa
Pernik · Tsŭrkva · Studena · Cherni Vrŭkh 2286
Radomir · Vŭrba · Drugan · Dolna Dikanya
E871 · Zemen · Izvor · E79 · Bobovdol
1488 · Konyavo · Saparevo

Rebrovo · Botevgrad · Trudovets · Pravets · Teteven · Troyan
Kremikovtsi · Bukhovo · Churek · Chukarski · Etropole · 1490 · Shipkovo
Murgash 1687 · Yana · Sarantsi · Zlatitsa · Vezhen 2196 · Rozino · Kŭrnul
SOFIYA · Elin Pelin · Novi Khan · Dolno Kamŭrtsi · Pirdop · Klisura
Zlatishko-Tetevenska pl. · Sŭshtinska Sredna gora · Koprivshtitsa · 1604 · Karavelovo

Pancharevo · Golema Rakovitsa · Poibrene · Oborishte · Panagyurishte · Strelcha · Starosel
Dolni Pasarel · Vakarel · 1221 · Mukhovo · Krasnovo · Staro Zhelezare
Zheleznitsa · Gabra · Ikhtiman · 118 · Lesichovo · Elshitsa · Dolno Levski · Dragomir · Ljuben
Gorni Okol · Samokov · Kostenets · E80 · Vetren · Boshulya · Chernogorovo · Golyamo Konare
Klisurski prokhod · Bel Iskŭr · Dolna Banya · Sestrimo · Belovo · Septemvri · Pazardzhik · Malo Konare
Govedartsi · 82 · 2730 · Golyamo Belovo · 37 · Stroevo · Gara Krichim
Musala 2925 · Rila · RILA · 2155 · Peshtera · Kurtovo Konare · Perushtitsa

Kyustendil · Nevestino · Stanke Dimitrov · Dzherman · Kocherinovo · Bistritsa
Gŭrlyano · Chetirtsi · Vaksevo · Boboshevo · Rila · Zelen Dol · Blagoevgrad
Kriva Palanka · Krklja · Stradalovo · Tsŭrvaritsa · Gorno Osenovo · Yakoruda · Velingrad · Rakitovo · Ravnogor
Carev vrv 2085 · Sasa · 1332 · Gradevo · Belitsa · 84 · Golyama Syutkya 2186 · Batak · Lilkovo
Razlog · Banya · Krichim · Khvoyna

Istibanja · Delcevo · Simitli · Krupnik · Razlog · Bansko · Dobrinishta · Zapadni Rodopi · Devin · Beden
Orizari · Trabotivište · Sukhostrel · Kresna · Vikhren 2914 · Kovachevitsa · Sŭrnitsa · Borino · Široka lŭka
Vinica · Razlovci · Kadijica 1932 · Gara Pirin · Pirin Planina · Ognyanovo · Satovcha · Dospat · 2197 · Smolyan
Plačkovica · Pehčevo · Gara Ograzhden · Liljakovo · Sandanski · Gotse Delchev · Debnitsa
Lisec 1754 · Mitrašinci · Smojmirovo · Razdol · Rozhen · Pirin · Koprivlen
Radoviš · Podareš · Berovo · Ograzden 1744 · Yakovo · Melnik · 198
Radičevo · Hamzali · Novo Selo · Levunovo · Katuntsi · Skaloti

Strumica · Dabilja · Skrŭt · Pŭrvomay · Marikostinovo · Kulata · Óros Órvilos · Levkoyia · Potamoí · Arda
Banjsko · 198 · Petrich · 2212 · Vathitopos · Akhladokhórion · Arda
Gradec · Kosturino · Belasica Pl. · Belasitsa Pl. · Néon Petritsi · Kharopó · Káto Nevrokópion · Volax · 2232
Udovo · Miravci · Valandovo · Kerkíni Óros · Rodhópolis · Sidhirókastron · Perithórion · Okhiró · Paranéstion
Smokvica · Dojransko Jezero · Mouriés · Livádia · Koimísis · E20 · Orini · Mikrópolis · Petroúsa
Novi Dojran · Bogdanci · L. Dóïranis · Kerkíni · Iráklia · Vamvakófiton · Ménikion Óros · Prosotsáni · Dráma
Negorci · Stari Dòjran · Kendrikó · Váthi · Skotoúsa · 1963 · Sitagri · Khoristí
Gevgelija · Metamórfosis · Dhrosáton · Khimarros · Provatás · Néon Soúlion · Alistráti · Fotolívi · Dhoxáton · Kíria
Evzonoi · Megáli Stérna · Khérson · Pondokerasiá · Serrai · Khrisós · Néa Zíkhna · Kálabáki · Filippoi · Zigós · Pérni
Axioúpolis · Efkarpia · Strimonikón · Livadokhóri · Gázoros · Dhímitra · Iliokómi · Krinldhes
Pòlikastron · Vafiokhóri · Metallikó · Néos Skopós · Paralímnion · Dhravískos · Rodolívos · Nikisiani · Kaválla
Gorgópi · Kilkis · 86 · Kalókastro · Skoútari · Dhimitrítson · Véryi · Sitokhóri · Ívira · Mavrothálassa · Mikrón Soúli · Amigdhaleónas · Néa Karváli
Évropos · Aspros · Kristón · Lakhanás · Xilópolis · Nikóklia · Terpní · Nigrita · Palaiokómi · Loutrá Eleftherón · Khrisokhóri
Áyios Pétros · Athíras · Néon Yinaikókaston · E5S · Mavronéri · Sokhós · Aréthousa · Varvára · Pangaíon Óros · Elevtheroúpolis · 62
Áno Koufália · Pella · Vathílakkon · Dhrimós · Lití · Askós · Mavroúdha · 1092 · Amfípoli · Mousthéni · Néa Péramos · Ákra Vrasidhas
Néa Khalkidhón · Ayios Athanásios · Laginá · Langadhás · Profítis · L. Koróni · Néa Kerdí · Podhokhóri · Elaiokhóri · Órmos Prínou
Loudhios · Yéfira · Dhiavatá · Stavroúpolis · Asvestokhórion · Langadhíkia · L. Vólvi · Stavrós · Strimonikós Kólpos · Prínos · Kalíves
Sindhos · Pláti · Kímina · Pílaia · Khortiátis · Yerakaroú · Néa Apollonía · Néa Mádhitos · Olympiás · Kólpos Orfanoú · Kalirrákhi
THESSALONIKI · Trikkala · Thérmi · Peristéra · Adhám · Zaglivérion · Néa Radhestós · Varvára · Stratoníki · Stratónion · Limenária
Melíki · Aiyínion · Ag. Triás · Peraía · Trílofon · Anthemoús · Yeroplátanon · Arnaía · Áyios Pródhromos · Palaiokhórion · Ákra Saloni
Kolindrós · Néa Mikhanióna · Vasilika

0 · 5 · 10 · 20 · 30 · 40 Miles

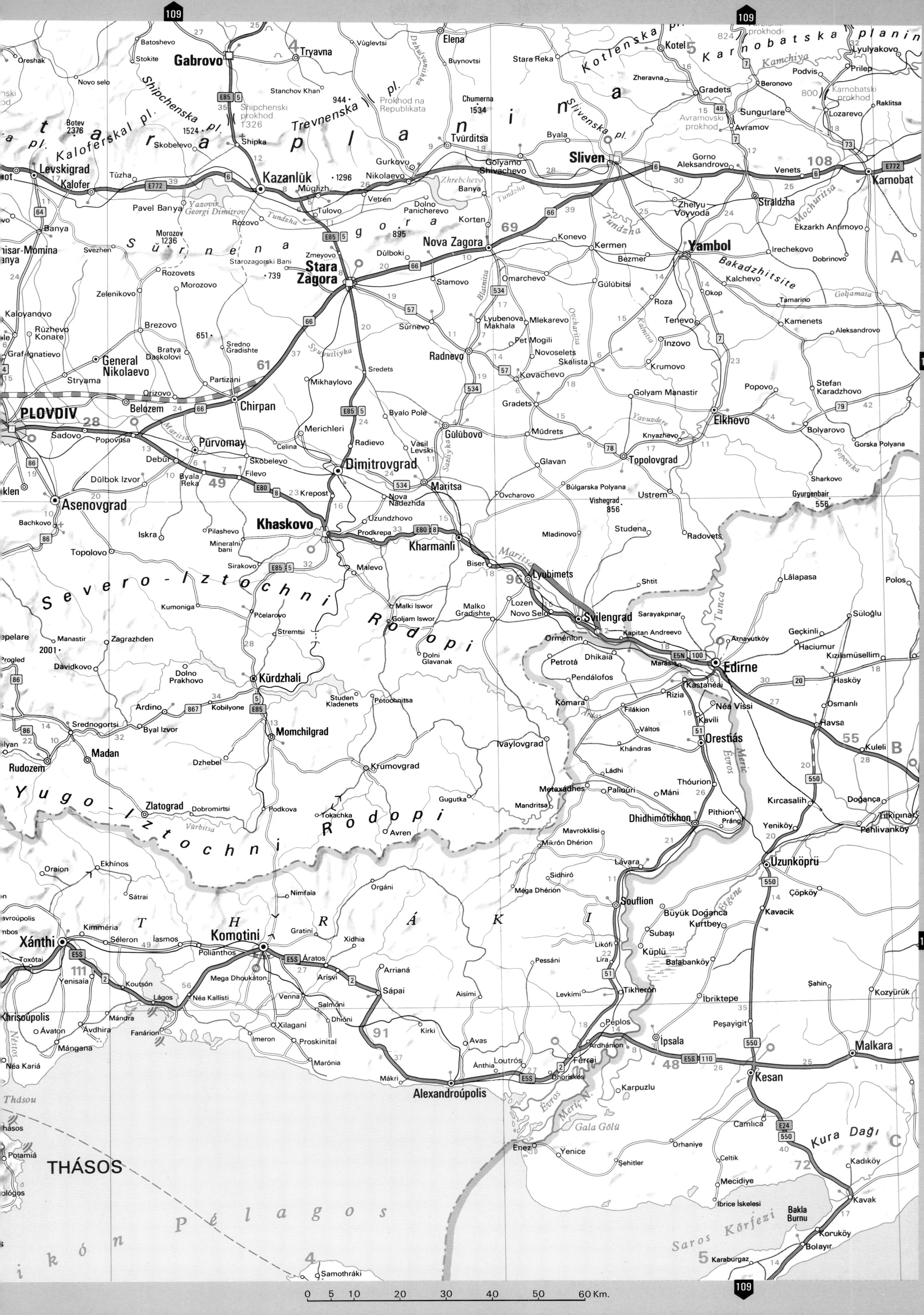

Oreshak
Batoshevo
Stokite
Novo selo
Gabrovo
Tryavna
Vŭglevtsi
Elena
Buynovtsi
Stara Reka
Kotel
Zheravna
Yulyakovo
Podvis
Prilep
Beronovo
Raklitsa
Kotlénska pl.
Karnobatska planin
Kamchiya
824
Gradets
5
Karnobatski prokhod
800
4
Stanchov Khan
944
Chumerna
1534
Prokhod na Republikata
Shipchenska pl.
Shipchenski prokhod 1326
Skobelevo
Shipka
1524
Tvŭrditsa
Golyamo Shivachevo
Sliven
Gorno Aleksandrovo
15
48
Avramovski prokhod
Sungurlare
Lozarevo
Avramov
73
Slivenska pl.
E85 5
E772 39
Levskigrad
Kalofer
Tŭzha
Kazanlŭk
1296
Mŭglizh
Gurkovo
Nikolaevo
Byala
7
Zhelyu Voyvoda
Venets
108
Straldzha
Karnobat
E772
Botev 2376
Kaloferskal pl.
Pavel Banya
Yazovir Georgi Dimitrov
Rozovo
Tulovo
Vetrén
Dolno Panicherevo
Korten
66
39
Ekzarkh Antimovo
6 30
Banya
Svezhen
Morozov 1236
Starozagorski Bani
Zmeyuva
Dŭlboki
Nova Zagora
Konevo
Kermen
Bezmer
Gŭlŭbitsi
Kalchevo
Yambol
Irechekovo
Dobrinovo
A
Sŭrnena
gora
Stara Zagora
739
895
66
10
Stamovo
Sŭrnevo
Omarchevo
Roza
Tenevo
Inzovo
Tamarino
Kamenets
Aleksandrovo
Golyamata
Zeleninovo
Morozov
57
Lyubenova Makhala
Mlekarevo
Pet Mogili
Novoselets
Skálista
Krumovo
Stefan Karadzhovo
Kaloyanovo
Brezovo
651
Sredno Gradishte
20
Sredets
534
57
Kovachevo
Golyam Manastir
Popovo
Rŭzhevo Konare
Bratya Daskolovi
37
61
Radnevo
14
Gradets
15
Yavuzdere
Graf Ignatievo
General Nikolaevo
Partizani
19
534
79
42
Stryama
Orizovo
Mikhaylovo
Gŭlŭbovo
Mŭdrets
Elkhovo
Bolyarovo
PLOVDIV
28
Belozem
Chirpan
66
Byalo Pole
Gradets
78
Glavan
17
Knyazhevo
Gorska Polyana
Sadovo
Popovitsa
13
Merichleri
Radievo
Vasil Levski
Topolovgrad
11
Sharkovo
Pŭrvomay
Celina
24
534
Gyurgenbair 556
Debŭr
Skobelevo
Dimitrovgrad
Ovcharovo
Bŭlgarska Polyana
Ustrem
Dŭlbok Izvor
Byala Reka
Filevo
49
E80 8
Krepost
Maritsa
534
Vishegrad 856
Asenovgrad
20
16
Nova Nadezhda
Mladinovo
Radovets
Bachkovo
86
Khaskovo
Úzundzhovo
15
Studena
Topolovo
Prodkrepa
33
E80 8
Kharmanli
Severo-Iztochni
Iskra
Pilashevo
Mineralni bani
Biser
18
Lyubimets
Shtit
Lâlapasa
Polos
Sirakovo
E85 5
32
Málevo
96
Lozen
Novo Selo
Sarayakpınar
Süloğlu
Kumoniga
Pčelarovo
Rodopi
Malki Iswor
Malko Gradishte
Svilengrad
Kapitan Andreevo
Geçkinli
Haciumur
Kızılamüsellim
2001
Zagrazhden
Stremtsi
Goljam Iswor
Orménion
E5N 100
Edirne
Progled
Davidkovo
28
Dolni Glavanak
Dhikaía
Marásia
18
20
Haskövy
Dolno Prakhovo
Kürdzhali
Petrotá
Pendálofos
Rízia
Kastanéai
Osmanlı
86
5
E85
Studen Kladenets
Potochnitsa
Kómara
Filákion
Néa Vissi
20
Srednogortsi
Byal Izvor
867
Kobilyone
13
Momchilgrad
Ivaylovgrad
Khándras
51
Kavili
Orestiás
Havsa
55
Madan
14
Dzhebel
Ládhi
Thóurion
Máni
26
Kırcasalih
Doğança
B
Rudozem
Krúmovgrad
Yugo-
Zlatograd
Dobromirtsi
Podkova
Gugutka
Mandritsa
Dhidhimótikhon
Pithion
Prángi
Yeniköy
Péhlivanköy
Tikipinar
Vŭrbitsa
Tokachka
Avren
Mavrokklisi
Mikrón Dhérion
21
Lávara
Uzunköprü
Oraion
Ekhínos
Sidhiró
550
Çöpköy
Sátrai
Nimfaia
Orgáni
Méga Dhérion
Souflion
Büyük Doğança
Kavacik
T
H
R
Á
K
I
Kurtbey
Xánthi
Kimméria
Séleron
Iasmos
Komotini
Gratini
Xídhia
Pessáni
Küplü
Subaşı
Lira
Balabanköy
Şahin
E5S
Polianthos
Árátos
E5S
Likófi
Kozyürük
111
Yenisaia
2
Koutsón
Mega Dhoukáton
Arisví
2
Arrianá
Sápai
Aisimi
Levkími
Tikherón
İbriktepe
Peşayigit
Lágos
Néa Kallísti
Venna
Salmóni
Kirki
Avas
35
Khrisoúpolis
Ávaton
Ávdhira
Fanárion
Xilaganí
Dhióni
Imeron
91
Máriá
37
Proskinitaí
Peplos
İpsala
550 110
Kesan
48
E5S
Néa Kariá
Mángana
Marónia
Ánthia
Loutrós
Ádhrian
Karpuzlu
Malkara
11
Mákri
Dhoriskés
2
Férrai
Alexandroúpolis
E5S
Thásou
Camlıca
E24 550
Kura Daği
Thásos
72
THÁSOS
Enez
Yenice
Gala Gölü
Şehitli
Celtik
Kadıköy
Mecidiye
Orhaniye
ikón Pélagos
Saros Körfezi
Korüköy
Karaburgaz
Bakla Burnu
Kavak
Bolayır
4
5
Samothráki

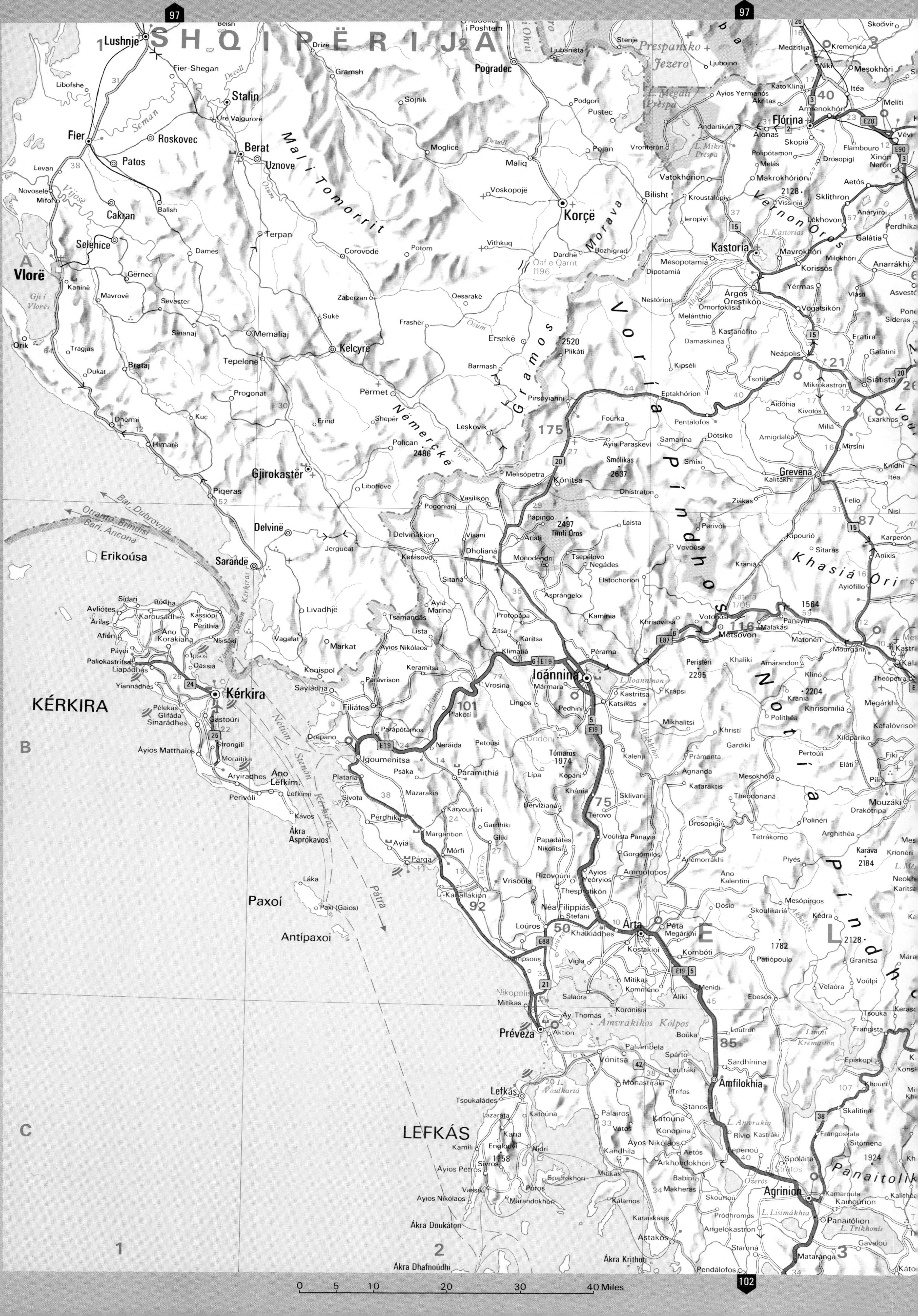
97
SHQIPËRIJA
Lushnje
Fier-Shegan
Libofshë
Stalin
Fier
Roskovec
Patos
Berat
Uznove
Levan
Novoselë
Mifol
Cakran
Ballsh
Mali Tomorrit
Selenice
Terpan
Vlorë
Kaninë
Gërnec
Dames
Corovodë
Potom
Mavrovë
Sevaster
Gji i Vlorës
Orik
Tragjas
Sinanaj
Memaliaj
Suke
Zaberzan
Këlcyrë
Frashër
Dukat
Brataj
Tepelenë
Përmet
Progonat
Dhërmi
Kuç
Erind
Sheper
Nëmerçkë
Himarë
Poliçan 2486
Gjirokastër
Piqeras
Libohove
Delvinë
Jergucat
Sarandë
Bar, Dubrovnik
Otranto, Brindisi
Bari, Ancona
Erikoúsa
Livadhje
Vagalat
Markat
Konispol
Gramsh
Drizë
Sojnik
Pogradec
Moglicë
Maliq
Voskopojë
Korçë
Vithkuq
Qesarakë
Ersekë
Barmash
Leskovik
Morava
Gramos
Bozhigrad
Qaf e Qarrit 1196
Podgori
Pustec
Pojan
Ljubaništa
Stenje
Prespansko Jezero
Ljubojno
L. Megáli Préspa
L. Mikrí Préspa
Vrontérón
Bilisht
Kato Klinai
Akritas
Áyios Yermanós
Flórina
Álonas
Andartikón
Skopiá
Armenokhóri
Vatokhórion
Kroustalópiyi
Ieropiyi
Polipótamon
Melás
Makrokhórion
Vernon Óros
2128
Vissiniá
Kastoriá
L. Kastorias
Mesopotamiá
Dipotamiá
Mavrokhóri
Korissós
Nestórion
Árgos Orestikón
Omorfoklisiá
Melánthio
Kastanófito
Damaskinéa
Kipséli
Neápolis
Vória Píndhos
2520 Plikáti
Pirsoyianni
Eptakhórion
Fourka
Áyia Paraskevi
Samarína
Smólikas 2637
Kónitsa
Melisópetra
Dhistraton
Grevená
Pogoniani
Vasilikón
Pápingo
2497 Tímfi Óros
Áristi
Laista
Perivóli
Delvinákion
Visani
Kerásovo
Dholianá
Monodéndri
Tsepélovo
Negádes
Vovousa
Elatochorion
Sitariá
Aspràngeloi
Katara 1705
Áyia Marina
Protopapa
Kaminia
Tsamandás
Lista
Zitsa
Karitsa
Khrisovitsa
Vótonosi
Métsovon
Áyios Nikólaos
Klimatiá
Pérama
Keramitsa
Ioánnina
L. Ioanninon
Vrosina
Mármara
Kastritsa
Krápsi
Katsikás
Parávrison
Sayiádha
Filiátes
Plakotí
Lingos
Pedhini
Peristéri 2295
Dhodoni
Khalíki
Amárandon
Drépano
Parapótamos
Igoumenitsa
Neraída
Petoúsi
Tómaros 1974
Kopáni
Kalenji
Mikhalitsi
Plataria
Psáka
Paramithiá
Lipa
Khánia
Sivota
Mazarakiá
Karvounári
Sklivani
Pérdhika
Gardhiki
Dervizianá
Térovo
Ayiá
Margaríton
Gliki
Papadátes
Nikolitsi
Voúlista Panayiá
Gorgómilos
Párga
Mórfi
Áyios Yeóryios
Ammotopos
Rizovoúni
Vrisoúla
Thesprotikón
Kanallákion
Néa Filippiás
Stefáni
Loúros
Khalkiádhes
Árta
Péta
Kostakioí
Vigla
Kompóti
Mitikas
Kommeno
Aliki
Menidi
Nikopolis
Salaóra
Koronisia
Ay. Thomás
Préveza
Áktion
Amvrakikós Kólpos
Boúka
Paliambela
Vónitsa
Spárto
Loutráki
Monastiráki
Amfilokhía
Lefkás
Tsoukaládes
L. Voulkaria
Lazaráta
Katoúna
Trifos
Stános
Karyá
Englouvi
Nidri
Pálairos
Vatos
Katouna
Konopina
L. Amvrakia
Rivio
Kastráki
Kamili
Áyios Nikólaos
Kandhila
Aetós
Arkhondokhóri
Spoláita
Stratos
1158
Áyios Pétros
Sivros
Vassiki
Poros
Spartokhóri
Babini
Makherás
L. Ozeros
Agrínion
Marandokhóri
Kálamos
Skourtou
Kamaroula
Kainourion
Karaiskákis
Próðhromos
L. Lisimákhia
Panaitólion
L. Trikhonis
Astakós
Angelokastron
Stamná
Gavalou
Matarańga
Ákra Doukáton
Ákra Dhafnoúdhi
Ákra Krithoti
Pendálofos
KÉRKIRA
Sidari
Ródha
Avliótes
Arilas
Karousádhes
Kassiópi
Perithia
Afión
Áno Korakiána
Páyoi
Nissáki
Paliokastritsa
Liapádhes
Ipsos
Dassiá
Yiannádhes
Kérkira
Pélekas
Glifáda
Sinarádhes
Gastoúri
Strongilí
Áyios Matthaíos
Moraitika
Aryirádhes
Áno Lefkím.
Lefkimi
Perivóli
Kávos
Ákra Asprókavos
Nótion Stenón Kérkiras
Láka
Paxoí
Paxi (Gaios)
Antípaxoi
Pátra
LEFKÁS
E L L A S
Skočivir
Medžitlija
Kremenica
Niki
Mesokhóri
Itéa
Meliti
Vévi
Flambouro
Xinón Nerón
Drosopigi
Aetós
Sklíthron
Anáryiroi
Lékhovon
Perdhika
Galátia
Milokhóri
Anarrákhi
Yérmas
Vlásti
Asvestó
Vogatsikón
Eratira
Galatini
Siátista
Tsotilion
Mikrokastron
Aidónia
Kivotós
Éxarkhos
Pentálofos
Dótsiko
Amigdaléa
Milia
Mirsini
Smíxi
Knidhi
Kalitákhi
Ziákas
Felio
Nisí
Karperón
Kipourió
Sitarás
Anixis
Kraniá
Khasiá Óri
Ayiófillo
1564
Panayiá
Malakási
Matonéri
Mourgáni
Kastraki
Kalabaka
Theópetra
Klinó
2204
Kraniá
Khrisomiliá
Megárkhi
Polithéa
Kefalóvrison
Khristi
Gardiki
Xilopáriko
Prámanta
Pertoúli
Fíki
Agnanda
Eláti
Pili
Mesokhóra
Kataráktis
Theodorianá
Mouzáki
Drakótripa
Drosopigi
Polinéri
Tetrákomo
Arghithéa
Anemorrákhi
Piyés
Karáva 2184
Kriónéri
Áno Kalentini
Mesópirgos
Dósio
Skoulikariá
Kédra
Notía Píndhos
1782
Patiópoulo
2128
Granitsa
Velaóra
Voúlpi
Ebesós
Tsouka
Frangista
Limni Kremaston
Episkopí
Loutron
Sardhinina
Khouni
Skalitina
Frangóskala
Sitómena
1924
Panaitolikó
Kalithéa
E19
E20
E87
E88
E90
1
2
3
A
B
C
102
0 5 10 20 30 40 Miles

THESSALONIKI

Stavroúpolis · Pílaia · Thérmi · Panórama · Langadhás · Nigríta · Amfípolis · Stavrós · Olympiás · Ierissós · Amoliani · Néa Mádhitos · Poliyiros · Simantra · Néa Moudhaniá · Kassándra · Sithonía · Toróni · Sikiá · Ákra Palioúri · Ákra Ámbelos

Édhessa · Yiannitsá · Véroia · Náousa · Ptolemaís · Kozáni · Kateríni · Litókhoron · Leptokaria · Platamón · Elassón · Tírnavos · Tríkala · Lárisa · Kardhítsa · Fársala · Almirós · Vólos · Velestínon · Zagorá · Skíathos · Skópelos · Alónnisos

Kallídhromon · Lamía · Amfissa · Delfoi · Khalkís · EVIA · Orhomenós · Thermaïkós Kólpos · Pagasitikós Kólpos · Vórios Evvoïkós Kólpos · Ólimpos 2917 · Óros Óssa 1978 · Óros Óthris · Parnassós 2457

0 5 10 20 30 40 50 60 Km.

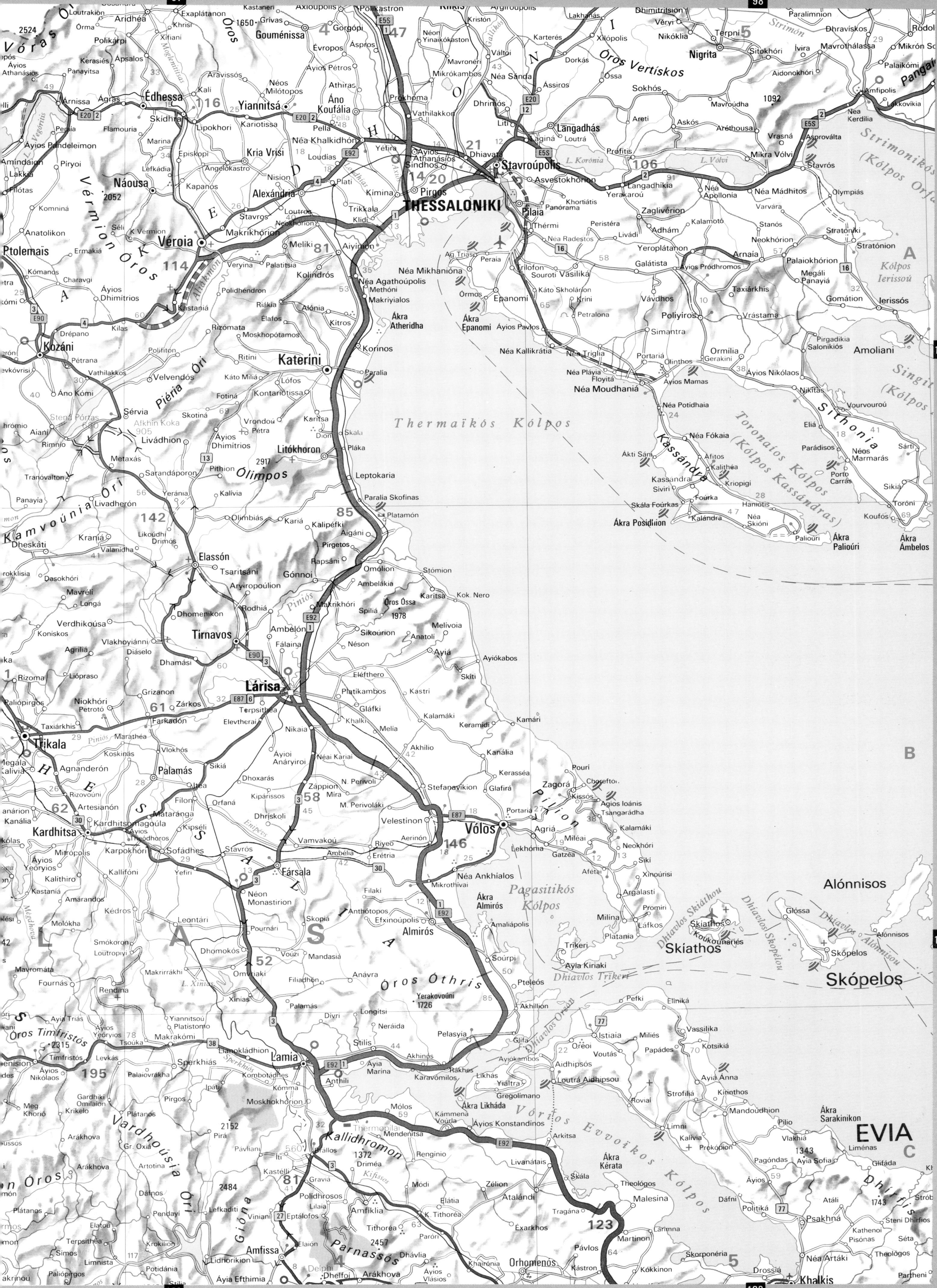

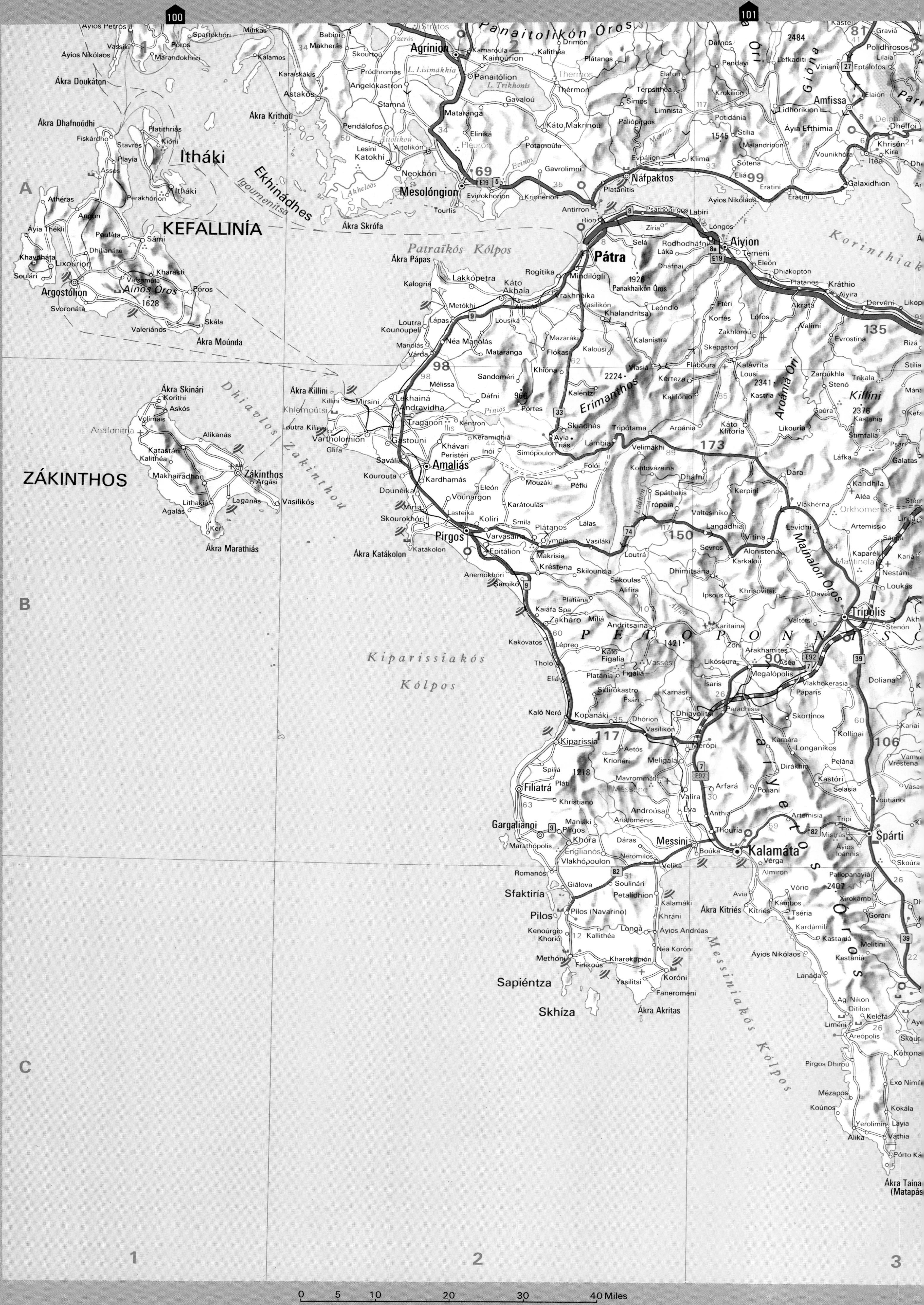
100
101
KEFALLINÍA
Itháki
ZÁKINTHOS
Ekhinádhes
Igoumenítsa
Argostólion
Lixoúrion
Aínos Óros
1628
Áyios Pétros
Spartokhóri
Vassilikí
Áyios Nikólaos
Mitikas
Póros
Marandokhóri
Kálamos
Ákra Doukáton
Ákra Dhafnoúdhi
Fiskárdho
Kióni
Stavrós
Plátithriás
Ássos
Athéras
Angón
Ayía Thékli
Pouláta
Sámi
Perakhórion
Dhilinata
Khavdháta
Soulári
Valsamáta
Kharákti
Póros
Svoronáta
Skála
Valeriános
Ákra Moúnda
Ákra Skinári
Koríthi
Askós
Volímais
Anafonítria
Alikanás
Katastári
Kalithéa
Makhairádhon
Zákinthos
Argási
Laganás
Vasilikós
Lithakiá
Agalás
Kerí
Ákra Marathiás
Dhiavlos Zakínthou
Agrinion
Panaitolikón Óros
Mesolóngion
Astakós
Ákra Krithotí
Ákra Skrófa
Patraïkós Kólpos
Ákra Pápas
Náfpaktos
Antírrion
Ríon
Pátra
Aíyion
Panakhaikón Óros
1926
Ákra Killíni
Killíni
Kyllíni
Mirsíni
Lekhainá
Andravídha
Vartholomión
Gastoúni
Amaliás
Erímanthos
2224
Kalávrita
Aroania Óri
2341
Killíni
2376
Pírgos
Ákra Katákolon
Katákolon
Olympía
Tripolis
Mainalon Óros
P E L O P O N N I S O S
Kiparissiakós Kólpos
Kiparissía
Filiatrá
Gargaliánoi
Pílos
Pilos (Navarino)
Sfaktiría
Methóni
Sapiéntza
Skhíza
Koróni
Ákra Akritas
Messiniakós Kólpos
Messíni
Kalamáta
Megalópolis
Spárti
Taïyetos Óros
2407
Areópolis
Ákra Taínaron (Matapás)
Amfissa
Gióna
Delphi
Itéa
Korinthiakós Kólpos
Dervéni
E19
E92
E55
A
B
C
1
2
3
0 5 10 20 30 40 Miles

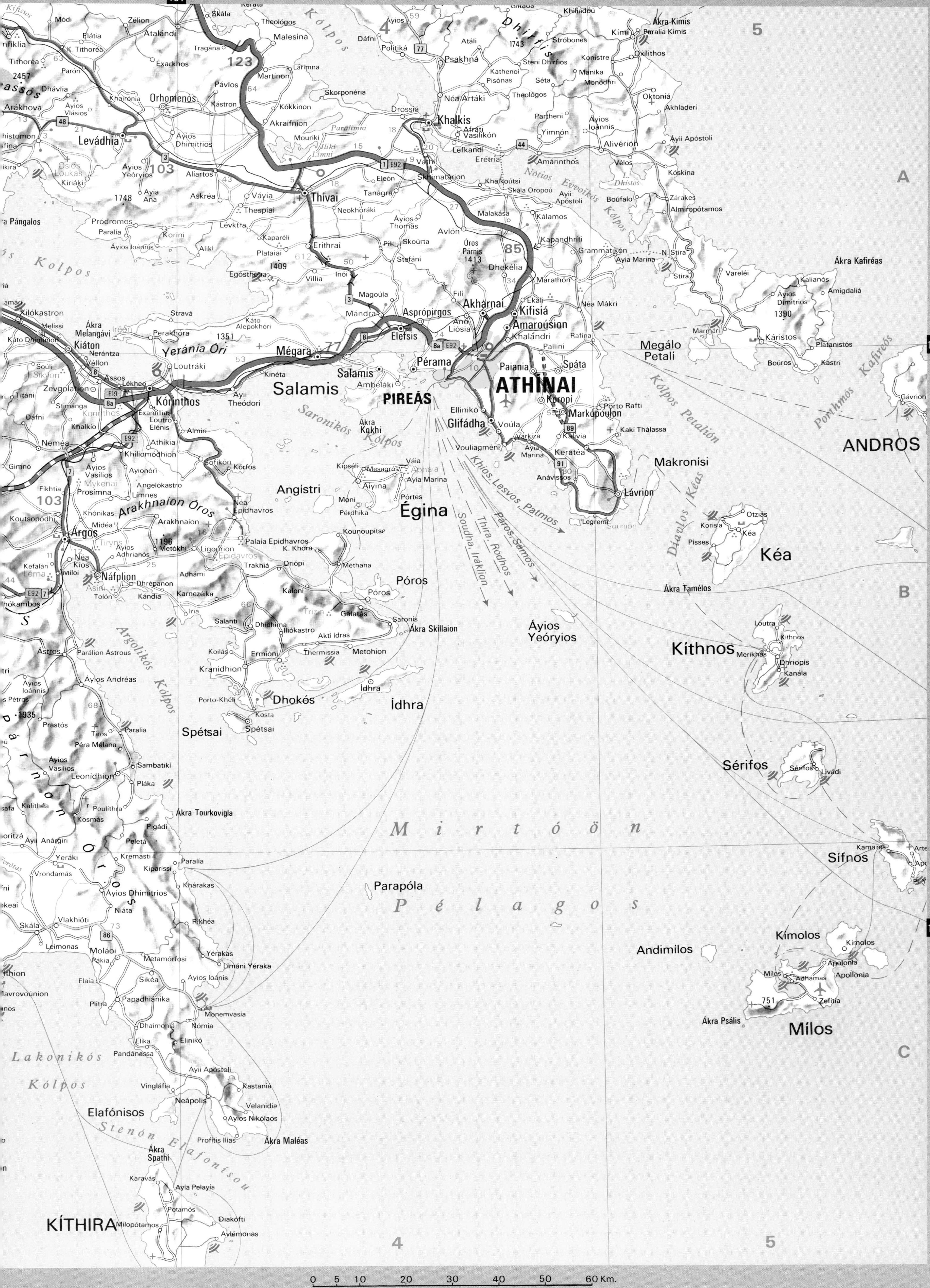

Módi · Zélion · Skála · Kerata · Theológos · Gflfadla
Elátia · K. Tithoréa · Atalándi · Malesina · Dáfni · Áyios · 59 · Khiliadoú
Tithoréa · 63 · Tragána · Theológos · Politiká · Strobones · Kimi
2457 · Parôri · Exarkhos · Martinon · 77 · Psakhná · Kathenoí · Konistre · Oxilithos
Arákhova · Khairónia · Pávlos · Kókkinon · Drossiá · Steni Dhirfíos · Manika · Akhladeri
Dhávlia · Orhomenós · Kástron · 64 · Akraifnion · Mouriki · Khalkis · Parthení · Oktoniá
Áyios Vlásios · 123 · Afráti · Áyios · Yimnón · Seta
Levádhia · Aliartos · Áyios Dhimítrios · Vasilikón · Theológos · Áyios Ioánnis · Aliverion
Osiós Loukás · 103 · Áskrea · Váyia · 18 · Skhimatárion · Lefkandi · Amárinthos · Vélos · Kóskina
Kiriáki · 1748 · Thespiaí · Thivai · Tanágra · E92 · Erétria · Khalkoútsi · Skála Oropoú
Ayía Ana · Lévktra · Neokhoráki · Áyios Thomás · Avlón · Áyii Apóstoli · Boúfalo · Zárakes
Pródromos · Kaparéli · Pláti · Skoúrta · Óros Párnis 1413 · Kápandhriti · N. Stíra
Áyios Ioánnis · Erithraí · 1409 · Stefáni · Dhekélia · Grammatikón · Ayía Marína · Stíra
Aliki · Plataiaí · 612 · Fili · 34 · Marathón · Varéli
Strava · Egósthena · Inói · Magoúla · Áno Liósia · Néa Mákri · Kalianós · Amigdaliá
Ákra Melangávi · Perakhóra · 1351 · Mándra · Aspropirgos · Akharnai · Ekáli · Áyios Dhimítrios 1390
Kiáton · Neránza · Yerána Óri · Mégara · Elefsís · Kifisiá · Amaroúsion · Rafína · Marmári
Assos · Loutráki · Kinéta · Pérama · Khalándri · Pallini · Károstos · Platanistós
Zevgolatió · Kórinthos · Salamis · Ayii Theódori · Áyios Kókhi · Athínai · Paianía · Spáta · Megálo Petalí
Examília · Saronikós Kólpos · Pireás · Ellinikó · Koropí · Gávrion · Boúros · Kástri
Khalkio · Athikia · Almiri · Ambélaki · Glifádha · Voúla · Markópoulon · ANDROS
Neméa · Khiliomódhion · Aíyina · Váfa · Aphaía · Varkiza · Kaki Thálassa
Fikhtia · Áyios Vasílios · Angístri · Móni · Ayía Marína · Keratéa · Makronísi
Mykénai · Prosímna · Perdhika · Pórtes · Anávissos · Lávrion · Kéa
Arakhnaíon Óros · Néa Epídhavros · Égina · Legrená · Sounion · Kéa
Khónikas · Arakhnaíon · Kounoupítsa · Korísia · Otziás
Árgos · Mídea · Tiryns · Palaiá Epídhavros · Pisses
Néa Kíos · Áyios Adhrianós · Ligoúrion · Áyios Yeóryios · Kíthnos
Náfplion · Dhrépanon · Methana · Póros · Ákra Tamélos · Loútra · Kíthnos
Asíni · Tolón · Kándia · Póros · Dhriopís · Kanála · Merikhás
Astros · Iria · Salantí · Galatás · Saronís · Mírtóön
Parálion Ástrous · Dhidhíma · Iliókastro · Ákra Skillaion · Ayios Yeóryios · Sérifos · Livádi
Áyios Andréas · Ermioni · Thermissia · Metohion
Kranidhion · Idhra · Kímolos · Kímolos
Áyios Petros · Koilás · Ídhra
Kalithéa · Porto-Khéli · Dhokós · Milos · Adhámas · Apollónia
Prastós · Kosta · Spétsai · Andimílos · Zefíria
Tiros · Paralia · Spétsai · Ákra Psális · Mílos
Péra Mélana · Ákra Tourkovigla · 751
Áyios Vasílios · Leonídhion · Pláka · Mírtóön Pélagos · Sífnos
Kremasti · Kiparíssi · Paralia · Parapóla
Pigádi · Peletá · Kímolos
Yeráki · Rikhéa · Kímolos
Vrondamás · Khárakas · Apolónia
Áyios Dhimítrios · Niáta · Mílos
Skála · Vlakhiôti · Yérakas · Apollónia
Leímonas · Metamórfosi · Limáni Yéraka · Milos · Adhámas
Moláoi · Sikéa · Áyios Ioánis · Zefíria
Elaía · Plitra · 751
Papadhiánika · Ákra Psális
Mavrovoúnion · Monemvasía
Dhaimoniá · Nómia
Elinikó · Mílos
Lakonikós Kólpos · Pandánassa
Kólpos · Elafónisos · Neápolis · Velanidia · Profítis Ilías · Áyios Nikólaos
Stenón Elafonísou · Ákra Maléas
Ákra Spathí · KÍTHIRA
Karavás · Ayia Pelayía
Potamós · Milopótamos · Diakófti · Avlémonas

0 5 10 20 30 40 50 60 Km.

103
109
103

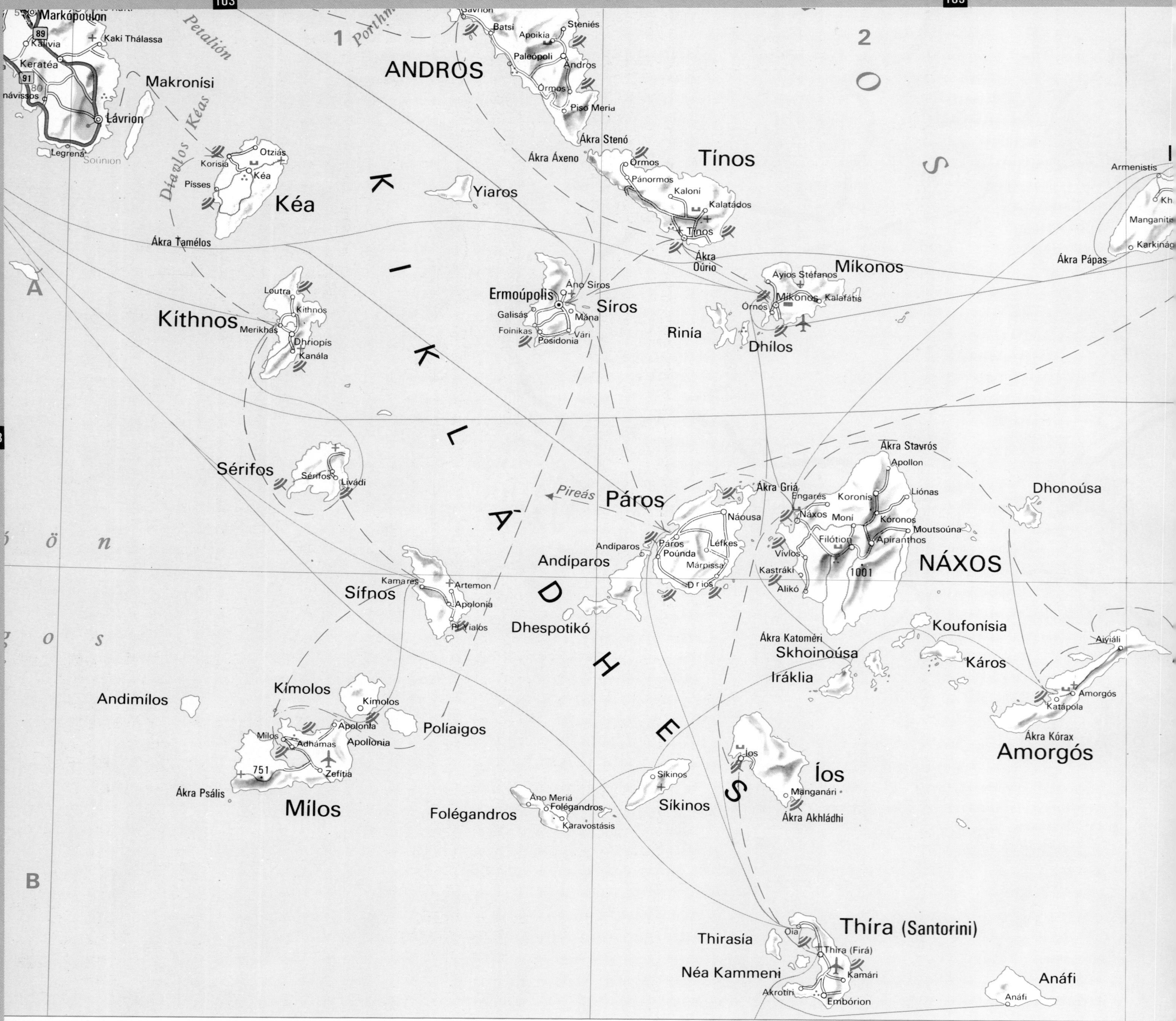
ANDROS
Batsi
Steniés
Apoikia
Paleópoli
Ándros
Órmos
Piso Meriá
Markópoulon
Kaki Thálassa
Kalívia
Keratéa
Lávrion
Legrená
Soúnion
Makronísi
Petalión
Dhiavlos Kéas
1
Porthmós
2
Akra Stenó
Ákra Áxeno
Tínos
Órmos
Pánormos
Kalloni
Kalatádos
Tínos
Ákra Oúrio
Armenistís
Manganitis
Karkinágri
Ákra Pápas
Otziás
Korisía
Kéa
Pisses
Kéa
K
Yiaros
Ákra Tamélos
A
Loutra
Kíthnos
Kíthnos
Merikhás
Dhriopís
Kanála
I
Ermoúpolis
Áno Síros
Síros
Galisás
Mána
Foinikas
Vári
Posidonía
Míkonos
Áyios Stéfanos
Míkonos
Kalafátis
Órnos
Rinía
Dhílos
K
Sérifos
Sérifos
Livádi
L
Pireás
Páros
Ákra Stavrós
Apollon
Ákra Griá
Engarés
Koronis
Liónas
Dhonoúsa
Náxos
Moni
Kóronos
Moutsoúna
Náousa
Filótion
Apíranthos
Andíparos
Páros
Lefkes
Poúnda
Vivlos
Andíparos
Márpissa
Kastráki
1001
NÁXOS
Á
Kamares
Artemon
Sífnos
Apolonía
Dríos
Alikó
Platis Yialós
D
Dhespotikó
Koufonísia
Ákra Katoméri
Skhoinoúsa
Káros
Aiyiáli
H
Iráklia
Kímolos
Kímolos
Andimílos
Apolonía
Milos
Adhámas
Apollonía
Polýaigos
E
Amorgós
Katápola
Ákra Kórax
Amorgós
751
Zefíria
Íos
Síkinos
Íos
Ákra Psális
Mílos
Áno Meriá
Folégandros
Síkinos
Manganári
S
Folégandros
Karavostásis
Ákra Akhládhi
B
Thirasía
Oía
Thíra (Santorini)
Thíra (Firá)
Néa Kammeni
Kamári
Anáfi
Akrotíri
Embórion
Anáfi

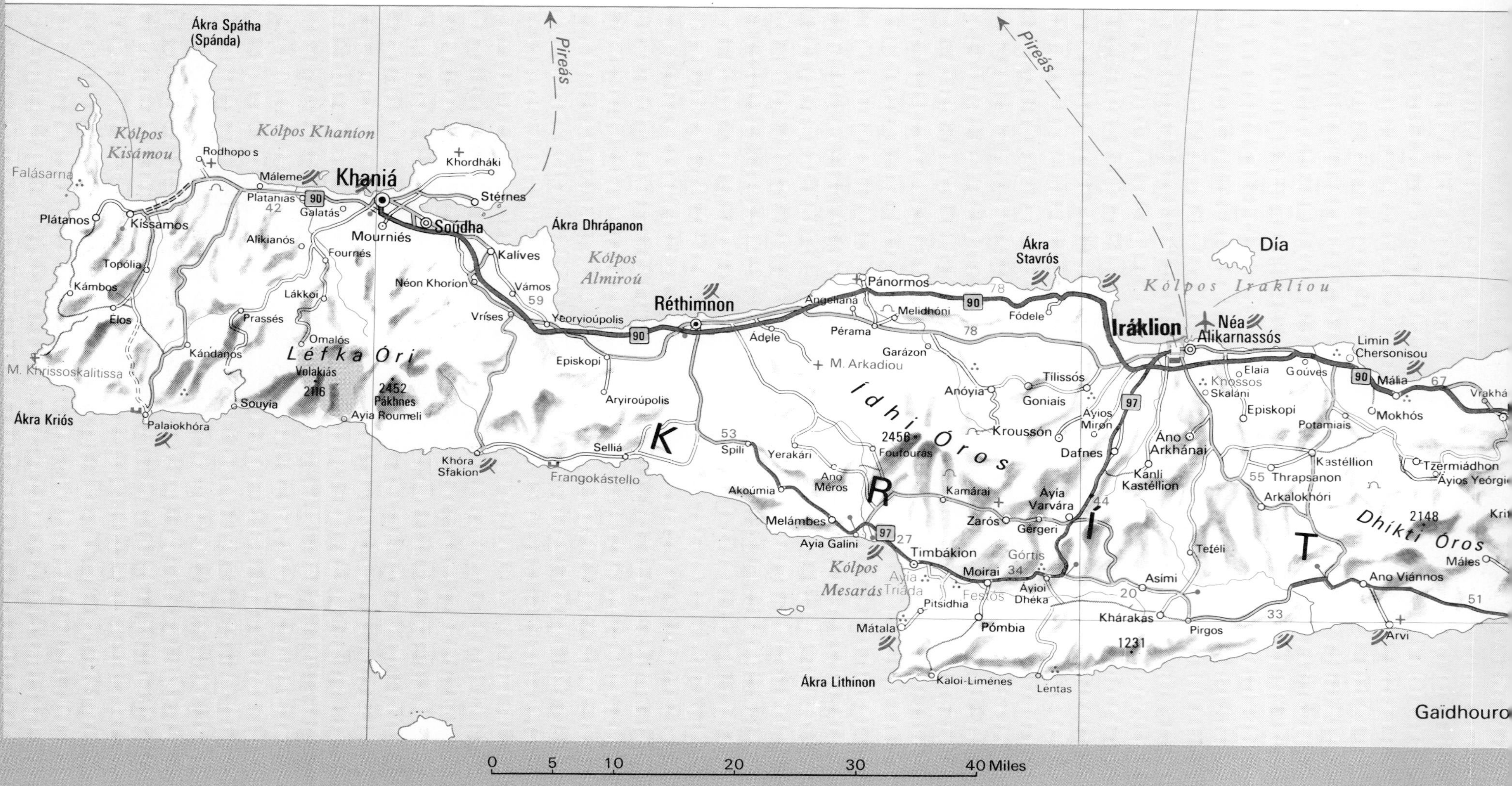
Ákra Spátha (Spánda)
Pireás
Pireás
Kólpos Kisámou
Kólpos Khaníon
Falásarna
Rodhopós
Khordháki
Máleme
Khaniá
Platanias
90
Stérnes
Plátanos
Kissamos
Galatás
42
Soúdha
Ákra Dhrápanon
Alikianós
Mourniés
Topólia
Fournés
Kalíves
Kólpos Almiroú
Ákra Stavrós
Día
Kámbos
Néon Khorion
Vámos
Pánormos
Kólpos Irakliou
Lákkoi
59
Réthimnon
Angeliana
90
78
Elos
Prassés
Vrises
Yeoryioúpolis
Melidhóni
Fódele
Iráklion
Néa Alikarnassós
Omalós
90
Adele
Pérama
78
Límin Chersonísou
M. Khrissoskalítissa
Kándanos
Léfka Óri
Episkopí
M. Arkadiou
Garázon
Elaia
Goúves
Mália
Vrakhá
Volakiás
2116
2452
Pákhnes
Tilissós
Knossós
90
67
Ákra Kriós
Soúyia
Ayia Roumeli
Argiroúpolis
Anóyia
Goniais
Skaláni
Episkopí
Mokhós
Palaiokhóra
Ídhi Óros
Áyios Mirón
97
Potamiais
53
2456
Krousson
Spili
Foufoúras
Áno Arkhánai
Kastéllion
Tzermiádhon
Sellía
K
Yerakári
Dafnes
Kanlí Kastéllion
55
Thrapsanon
Áyios Yeóryios
Khóra Sfakion
Frangokástello
Akoúmia
Áno Méros
Kamárai
R
Ayia Varvára
44
Arkalokhóri
Dhíkti Óros
2148
Melámbes
Zarós
Gérgeri
Í
T
Ayia Galíni
97
27
Timbákion
Górtis
Teféli
Máles
Kólpos Mesarás
Ayía Triada
Moírai
34
Áyioi Dhéka
Asími
Áno Viánnos
Festós
Pitsidhia
20
51
Mátala
Pómbia
Khárakas
Pírgos
33
1231
Árvi
Ákra Líthinon
Kaloi Liménes
Léntas
Gaïdhouronísi
0
5
10
20
30
40 Miles

3

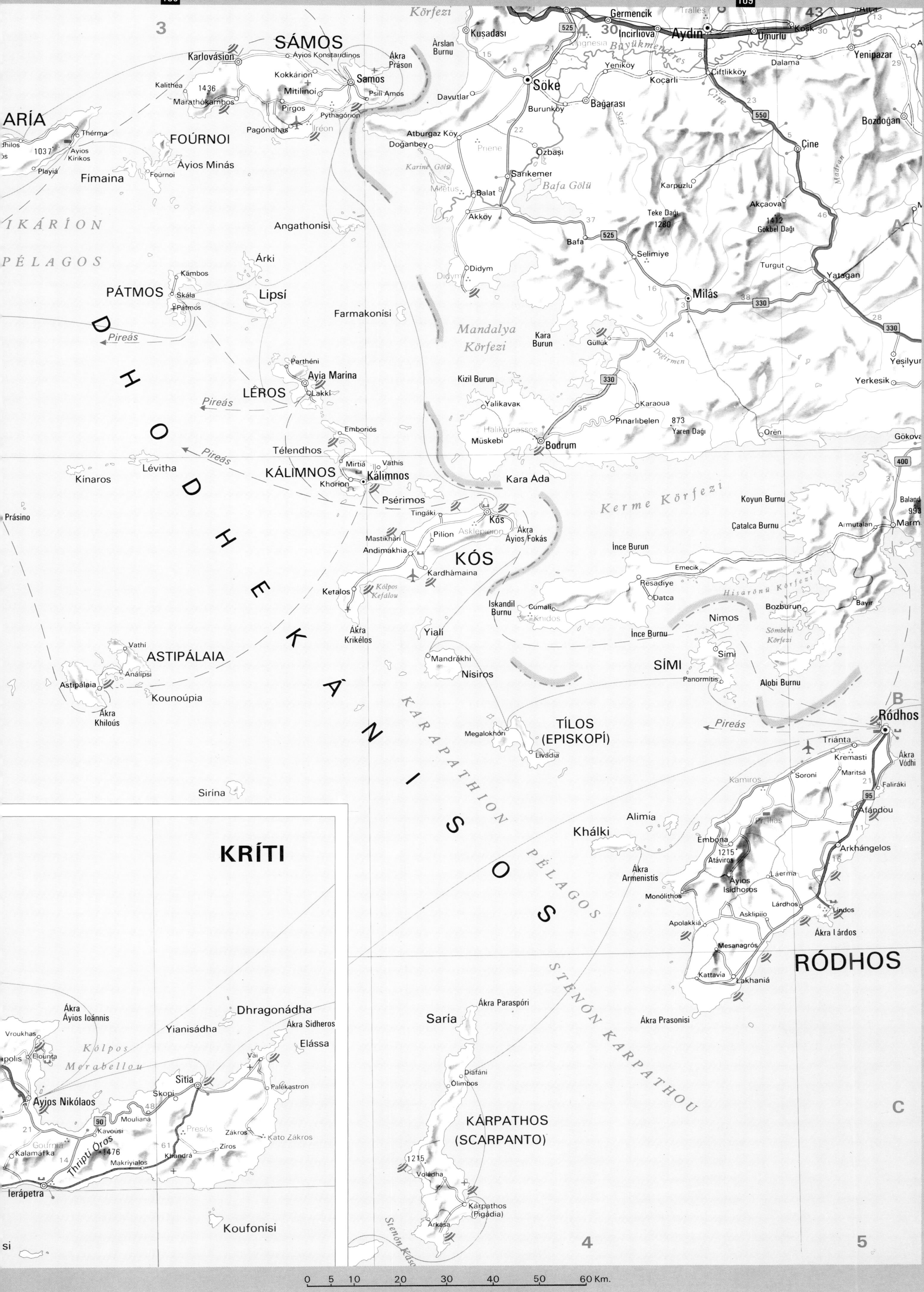

SÁMOS

Karlovásion
 Áyios Konstandínos
Kokkárion
Mitilínoi
Samos
Kalithéa   1436
Marathókambos   Pirgos   Psilí Amos
Pagóndhas   Iréon   Pythagórion
Ákra Práson

Germencik   Tralles
Köşk   43   13
Kuşadası   Incirliova   Aydın
Árslan   Umurlu   Köşk   5
Burnu   525   30
Magnesia
Davutlar   Yeniköy   Dalama   Yenipazar   29
Söke   Kocarli   Çiftlikköy   8   Bozdoğan
Burunköy   550
Bağarası   Çine   23
Atburgaz Köy   Özbaşı   5   Çine
Doğanbey   Priene   Karpuzlu   550
Sarıkemer   Akçaova   46
Bafa Gölü   Teke Dağı   1412
Balat   1280   Gökbel Dağı
Miletus   Bafa   525
Akköy   Selimiye   Turgut   Yatağan   28
Didim   16   Milás   38   330
Didyma   330
Kara   330
Burun   Yeşilyur
Güllük   14
Mandalya   Yerkesik
Körfezi   Değirmen
Kızıl Burun   330
Yalikavak   35   Karaoua
Halikarnassos   Pınarlıbelen   873
Müskebi   Yaren Dağı   Ören
Bodrum

ARÍA   Thérma
Áyios   Kámbos
Kiríkos   PÁTMOS   Árki
1037   Skála
Pláyiá   Pátmos   Lipsí
Fimaina   Foúrnoi   Farmakonisi

FOÚRNOI
Áyios Minás

IKÁRION
PÉLAGOS   Angathonisi

Kara Ada

D   Kerme Körfezi   Koyun Burnu   Baland
H   Çatalca Burnu   Armutalan   99
O   İnce Burun   Marm
Emboriós   Emecik   Hisarönü Körfezi
Partheni   Télendhos   Reşadiye   Bozburun
Ayia Marina   Mirtiá   Vathis   Datça   Knidos   Bayır
LÉROS   Khorion   Kálimnos   Nimos
Lakki   Kálimnos   Psérimos   İskandil   Cumalı   İnce Burnu   Sömbeki
Pireás   Tingáki   Burnu   Knidos   Körfezi
Kinaros   Lévitha   Kós   Símí   Símí
Prásino   Kós   Ákra   SÍMI
Pireás   Mastikhári   Áyios Fokás   Panormítis   Alobi Burnu
Pilion   Asklepieion   B
Andimakhia   KÓS   Ródhos
Kardhámaina   Triánta
Ketalos   Kólpos   Kremasti   Ákra
ASTIPÁLAIA   Kefálou   Yialí   Maritsá   21   Vódhi
Vathí   Ákra   Mandráki   Kamiros   Soroni   Faliráki
Análipsi   Krikélos   Nísiros   Alimia   Soroni   95
Astipálaia   Kounoúpia   Khálki   Embona   Aliándou
Ákra   TÍLOS   1215   Áyios   Arkhángelos
Khiloús   (EPISKOPÍ)   Átáviros   Isídhoros   Láerma
Megalokhóri   Ákra   Monólithos   11
Sirína   Livádia   Armenístis   Apolakkiá   Asklipiío   Lárdhos   Lindos
RÓDHOS   Ákra Lárdos
Mesanagrós
Ákra   Kattaviá   Lákhaniá
Paraspóri   Ákra Lárdos

KRÍTI

Saría   Ákra Prasonisi

Ákra
Áyios Ioánnis   Dhragonádha
Vroukhas   Yianisádha   Ákra Sidheros   C
Elounta   Elássa
Kólpos   Vái
Merabéllou   Skopí
Ayios Nikólaos   Sitiá   Palékastron   Diafáni
90   Moulianá   Ólimbos
21   Kavoúsi   Presós   Zákros
Kalamáfka   1476   Khandrá   Kato Zákros   KÁRPATHOS
Gourniá   Thripti Oros   Makriyialós   61   Ziros   1215   (SCARPANTO)
Ierápetra   14   Voládha
si   Koufonísi   Karpathos   (Pigádia)
 Árkasa

DHODHEKÁNISOS

KARPATHION PÉLAGOS

STENÓN KARPÁTHOU

STENÓN KÁSO

0 5 10   20   30   40   50   60 Km.

4   5

48   49

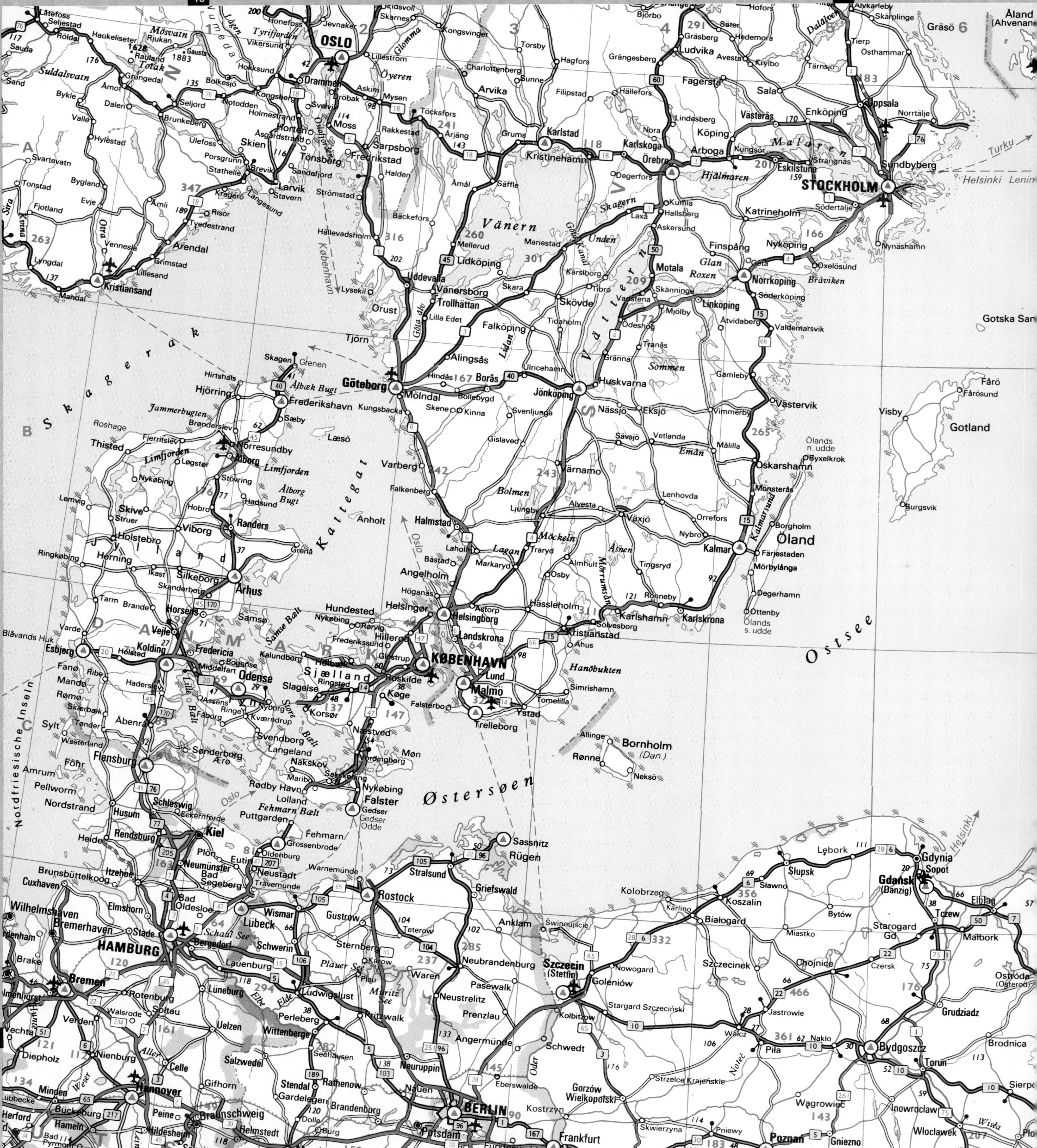

OSLO   **STOCKHOLM**   Uppsala   Norrköping   Linköping   Örebro   Karlstad   Västerås

Drammen   Skien   Larvik   Arendal   Kristiansand

Vänern   *Vättern*   Jönköping   Växjö   Kalmar   *Öland*   *Gotland*   Visby

Göteborg   Borås   Halmstad   Helsingborg   Kristianstad   Karlskrona

Kattegat   Frederikshavn   Hjørring   Aalborg   Randers   Viborg   Århus   Herning

Esbjerg   Kolding   Fredericia   Odense   *Sjælland*   **KØBENHAVN**   Malmö   Ystad

Flensburg   Schleswig   **Kiel**   Husum   Neumünster   Lübeck   Rødby

Østersøen   **Bornholm** (Dan.)   Rønne   Nykøbing   Falster   Gedser

Rostock   Stralsund   *Rügen*   Sassnitz   Greifswald   Wismar   Schwerin

HAMBURG   **Bremen**   Wilhelmshaven   Bremerhaven   Lüneburg   Celle

Hannover   Braunschweig   Magdeburg   **BERLIN**   Potsdam   Frankfurt

Kassel   Göttingen   Halle   **LEIPZIG**   **DRESDEN**   Erfurt   Weimar   Jena

Karl-Marx-Stadt (Chemnitz)   Zwickau   Gera   Plauen   Hof

FRANKFURT   Fulda   Coburg

Szczecin (Stettin)   Gdańsk (Danzig)   Gdynia   Sopot   Słupsk   Koszalin

Poznań   Bydgoszcz   Toruń   Grudziądz   **ŁÓDŹ**   Wrocław   Cottbus

Neubrandenburg   Prenzlau   Eberswalde   Gorzów Wielkopolski   Zielona Góra

61   63   108

0 10 20 40 60 80 100 120 Miles

Somero

Turku 52 (Åbo) 167 115 110
Salo 1
Pargas (Parainen)
Pernió
Lohja
Karis Karjaa
Ekenäs (Tammisaari)
Hangö (Hanko)
Mariehamn Maarianhamina

Järvenpää
Kerava
Kauniainen
Grankulla 50
HELSINKI (HELSINGFORS)

Lovisa (Loviisa)
Borgå (Porvoo)

Primorsk
Zelengorsk
LENINGRAD 12
Petrokrepost
Lomonosov
Kolpino
Tosno
Gatchina
189
Novaya Ladoga
Budogoshch
Chudovo

Stockholm
Suomenlahti
Finskaviken

10 11 12 13

Narva
Kingisepp
Slantsy
Luga
Novgorod
Shimsk
Plyussa
231
Valday

A

Tallinn
Paldiski
Rakvere
Kohtla-Järve
Chudskoye
Ozero

Haapsalu
ESTONIAN S.S.R.
Virtsu
Pärnu
Tartu
Valga
Pskov
Porkhov
Staraya Russa

Hiiumaa
Saaremaa
Kingisepp

B

Rizhskiy
Zaliv
Mazirbe
Ventspils
Talsi
Tukums
Riga
LATVIAN S.S.R.
Daugava
Rezekne
Ostrov
Opochka
Loknya
Velikiye Luki

Österjön

Kuldiga
Saldus
Jelgava

Liepaja
Mažeikiai

Nevel
Verkhnedvinsk
Daugavpils
Polotsk
Zap. Dvina

C

Plunge
Telšiai
Šiauliai
Panevėžys
Šeduva
Palanga
Klaipeda
LITHUANIAN S.S.R.
Kedainiai
Ukmerge
Lepel
Vitebsk
109 694
Orsha
Dnepr

Šilute
Taurage
Nemunas
Sovetsk
Kaunas
Vilnius

R.S.F.S.R.
Kaliningrad
Chernyakhovsk
Gusev
Kapsukas (Mariyampole)
Molodechno
BYELORUSSIAN S.S.R.
Borisov
Orsha
212
Mogilev
Krichev

Goldap
Suwalki
Lida
MINSK
Stolbcy
Sozh

zbark rmiński
Bartoszyce
Olsztyn
Szczytno
Ełk
Augustów
Grodno
Mosty
184
Slutsk
Bobruysk
Zhlobin
D

77
Mława
Ostrołęka
Łomża
18
Białystok
101
Volkovysk
349
Slonim
Baranovichi
Kalinkovitch
Gomel

7 289
Ostrów Maz.
196
Pułtusk
Białowieza
Bereza
114
U. S. S. R.
Luninets
Mozyr

132
Płońsk
95
WARSZAWA
Sochaczew
2 30
Siedlce
92
202 117
Biała Podlaska
30
51 1
Kobrin
Pinsk
Pripyat

K A
Otwock
Łuków
Brest
Pripyat
Dubrovitsa
Ovruch
Kiyevskoye

138
Grójec
Garwolin
132
17
163
Vladimir Volynskiy
Kovel
Korosten
Vdkhr.

67 8
Rawa Maz.
102
Pilica
7 7
Radom
Puławy
Kurów
31
Włodawa
Kovel

omaszów Maz.
Skarżysko-Kamienna
Starachowice
Otwiec Świętokrzyski
Kraśnik
Chełm
Krasnystaw
86
Lutsk
Rovno
526
Novograd Volinskiy
84
KIEV (KIYEV) 13
133 12

191
Kielce
Sandomierz
Tarnobrzeg
Szczebrzeszyn
17
Zamość
202 59
Tomaszów
Biłgoraj
Styr
45
9 10 11 12
Zhitomir
Vasilkov

7 8

E

0 20 40 80 120 160 200 Km.

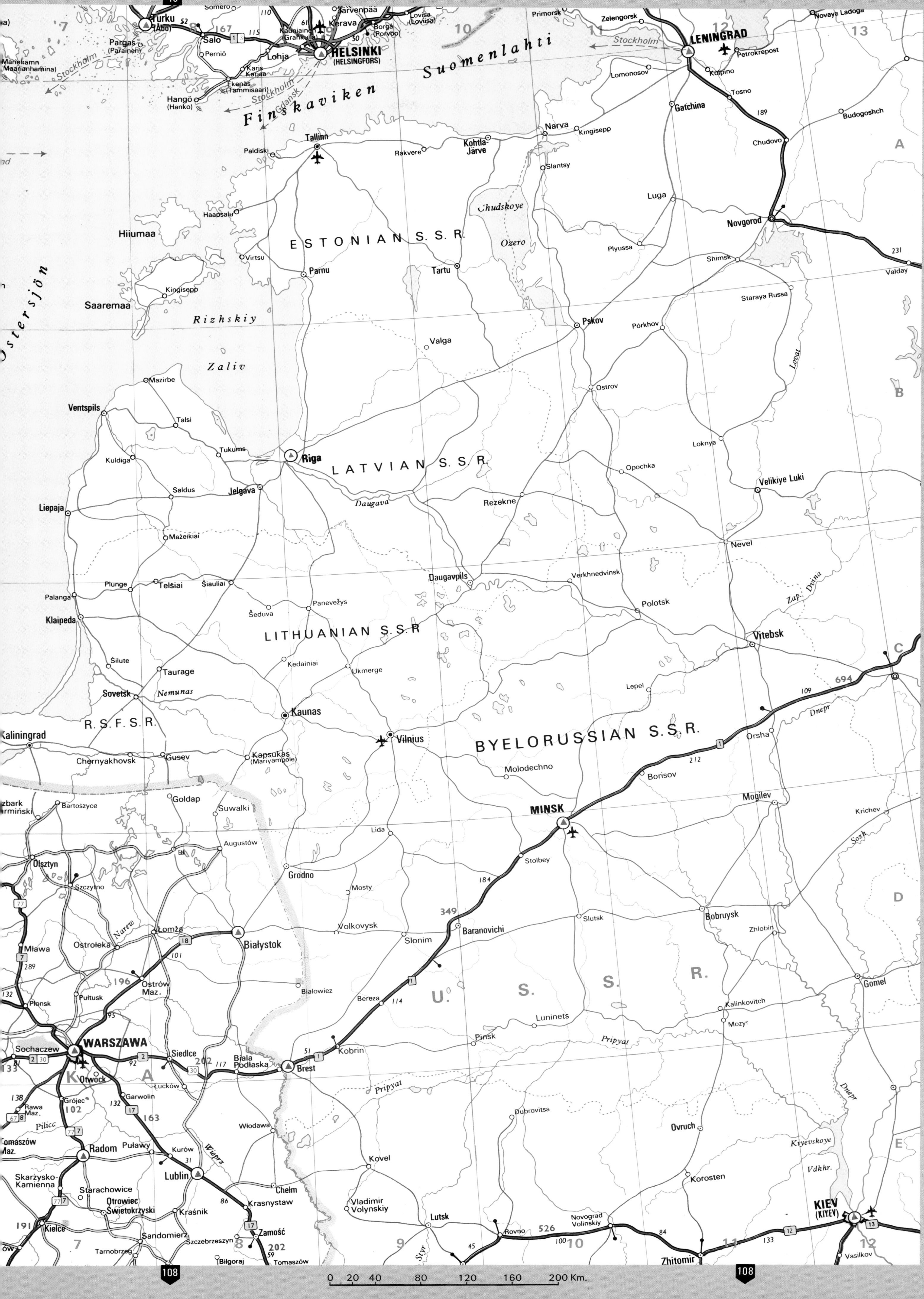

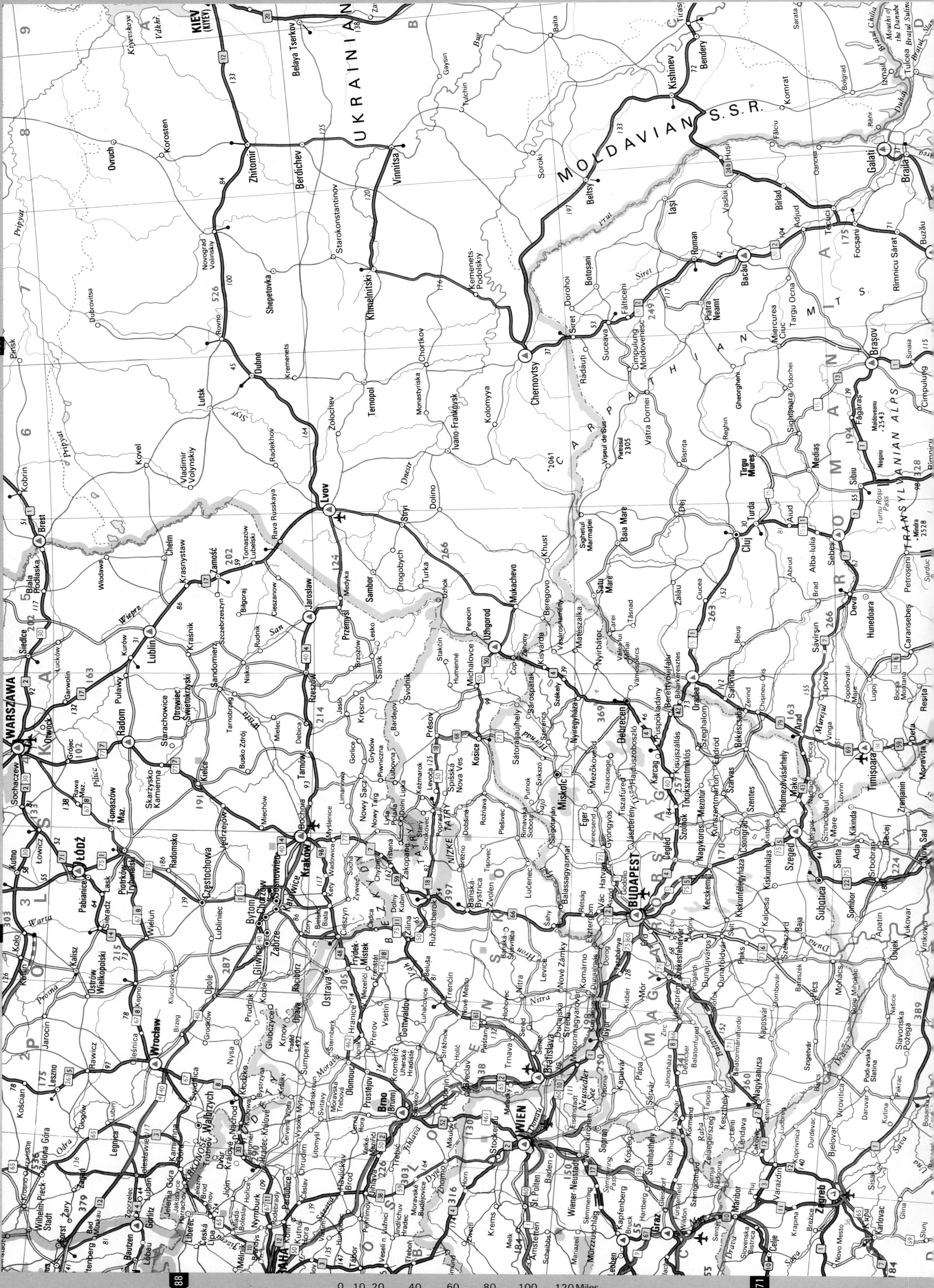

UKRAINIAN
MOLDAVIAN S.S.R.
CARPATHIAN MTS.
TRANSYLVANIAN ALPS
KIEV (KIYEV)
Zhitomir
Berdichev
Vinnitsa
Belaya Tserkov
Kishinev
Bendery
Beltsy
Lvov
Rovno
Lutsk
Dubno
Ternopol
Chernovtsy
Ivano-Frankovsk
Uzhgorod
Mukachevo
Brest
WARSZAWA
Lublin
Radom
Kielce
Łódź
Częstochowa
Kraków
Katowice
Wrocław
Opole
Ostrava
Brno (Brünn)
Olomouc
WIEN
Bratislava
BUDAPEST
Debrecen
Miskolc
Košice
Prešov
Szeged
Kecskemét
Győr
Graz
Maribor
Zagreb
Pécs
Subotica
Oradea
Cluj
Arad
Timișoara
Sibiu
Brașov
Iași
Bacău
Galați
Brăila
Focșani
Danube
Dnestr
Prut
Wisła
Warta
Odra
0 10 20 40 60 80 100 120 Miles

107
106
88
71

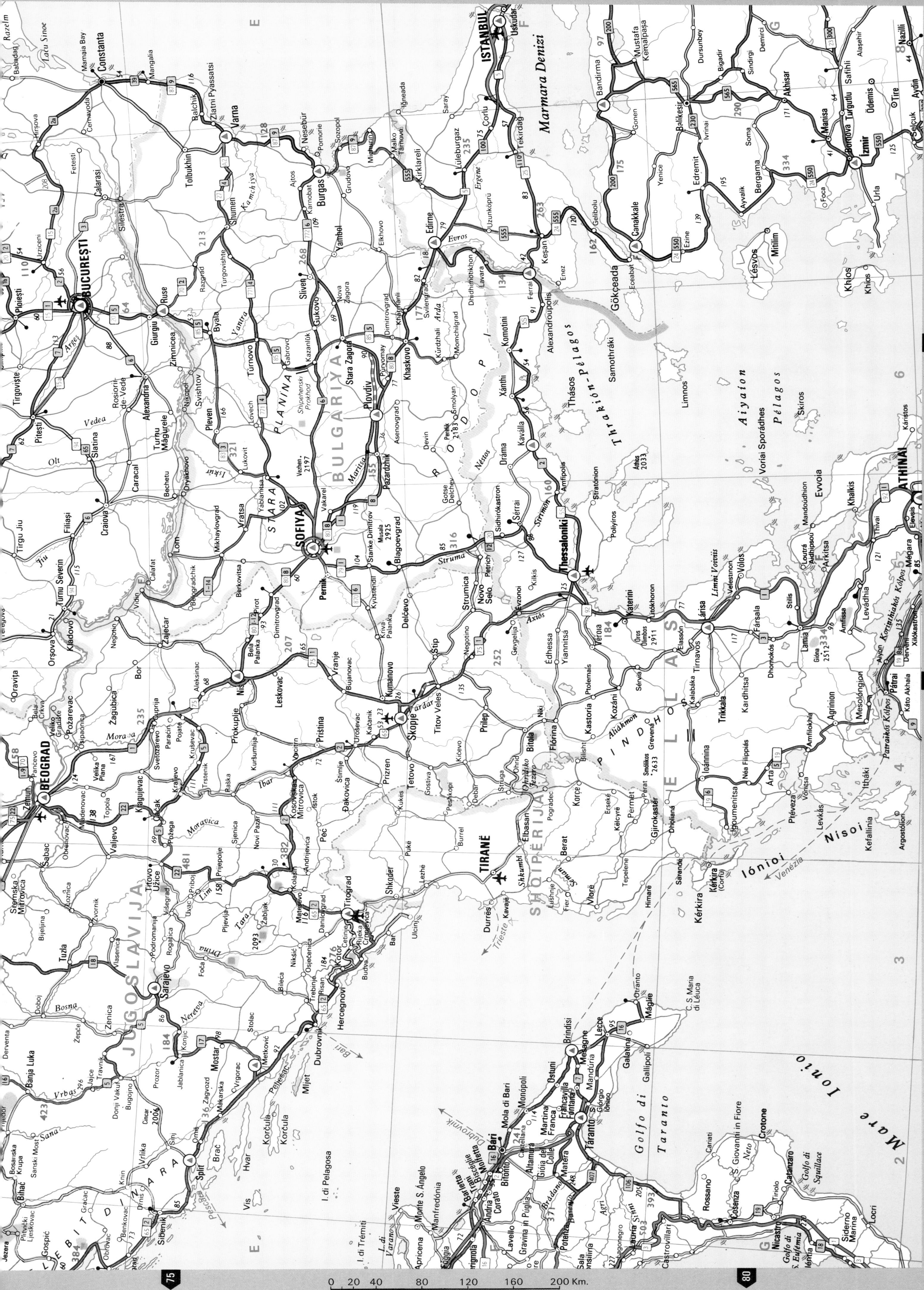
BEOGRAD
SOFIYA
BUCUREȘTI
ISTANBUL
ATHINAI
TIRANË
Thessaloniki
Skopje
Sarajevo
Constanța
Varna
Burgas
Plovdiv
Bari
Brindisi
Taranto
Split
Dubrovnik
İzmir
Marmara Denizi
BULGARIYA
JUGOSLAVIJA
SHQIPËRIJA
Golfo di Taranto
Mare Ionio
0 20 40 80 120 160 200 Km.

104
102
75
80

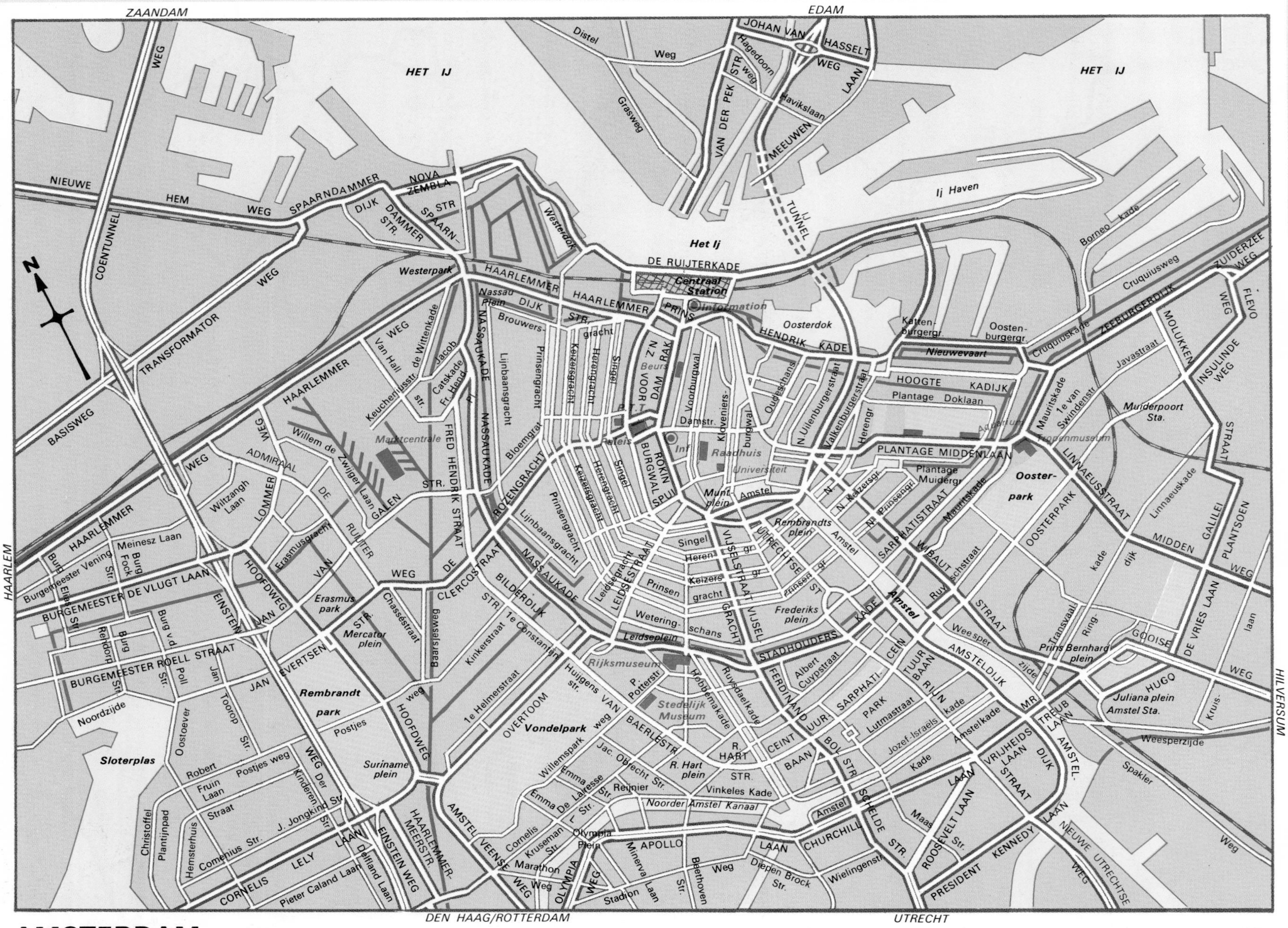
ZAANDAM
EDAM
HET IJ
Het IJ
Ij Haven
TUNNEL
Centraal Station
Information
DE RUIJTERKADE
Westerpark
Oosterdok
Nieuwevaart
Oosterpark
Vondelpark
Rijksmuseum
Stedelijk Museum
Rembrandt park
Sloterplas
Amstel
HAARLEM
HILVERSUM
DEN HAAG/ROTTERDAM
UTRECHT
0
1 Km.
2 Km.

AMSTERDAM

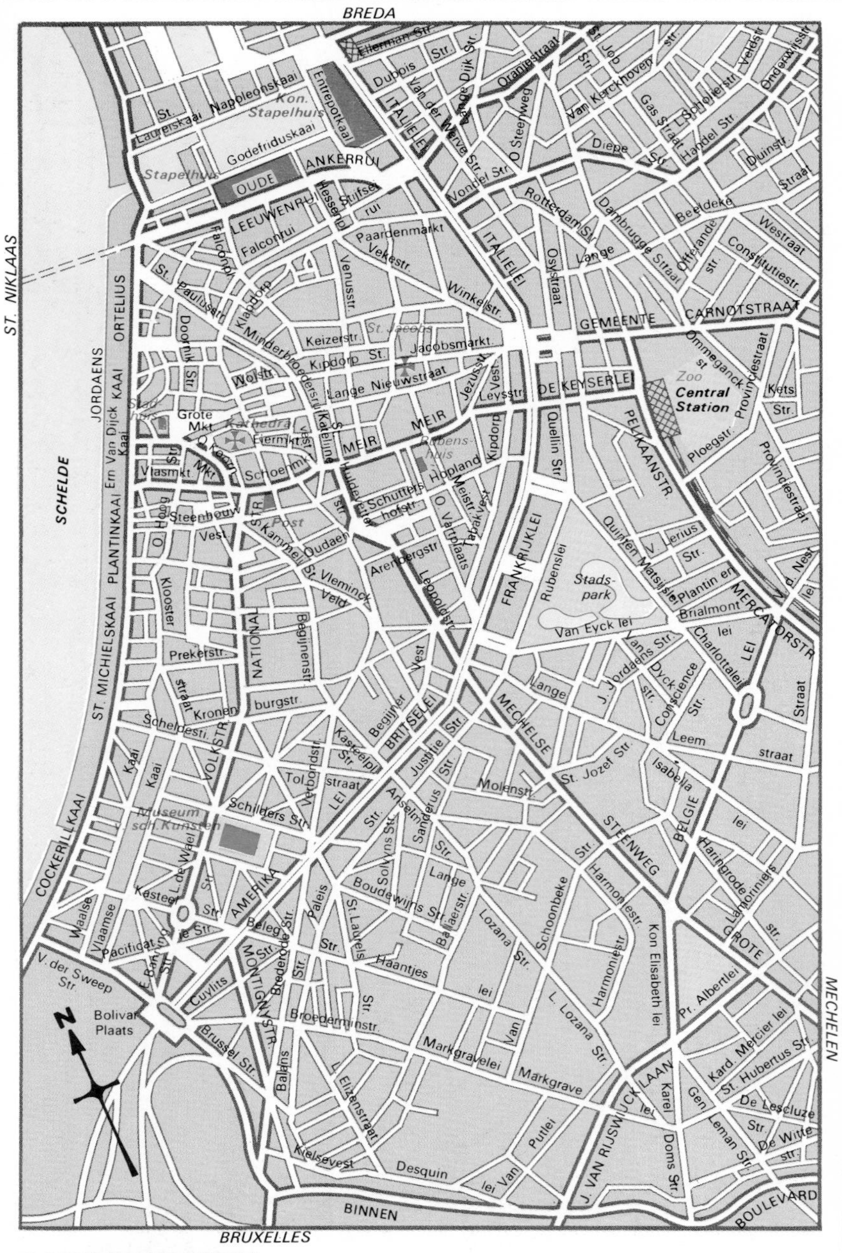
BREDA
ST. NIKLAAS
SCHELDE
Central Station
Zoo
Stads-park
MECHELEN
BRUXELLES
0
500 m.
1 Km.

ANTWERPEN

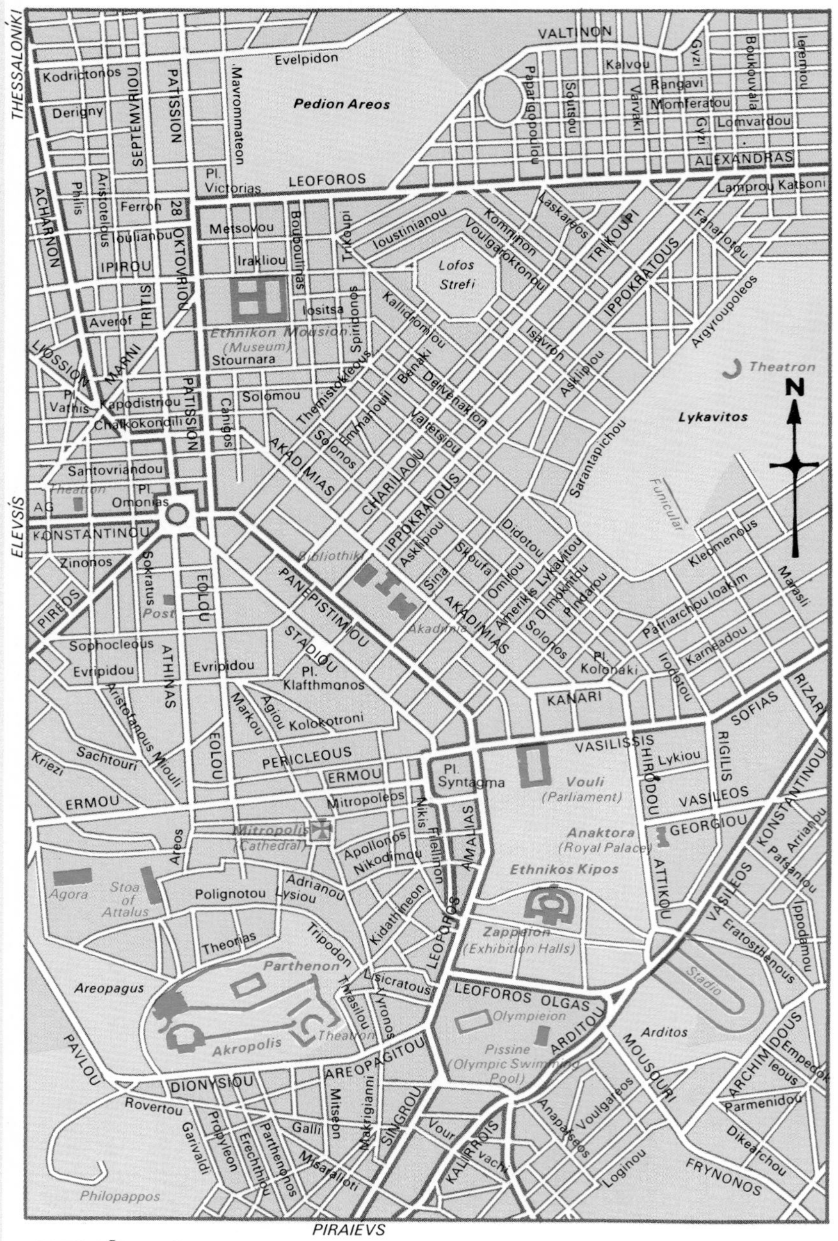
THESSALONIKI
ELEVSÍS
PIRAIEVS
Pedion Areos
Lykavitos
Akropolis
Parthenon
Vouli (Parliament)
Ethnikos Kipos
Pl Syntagma
Pl Omonias
Areopagus
Philopappos
0
500 m.
1 Km.

ATHÍNAI

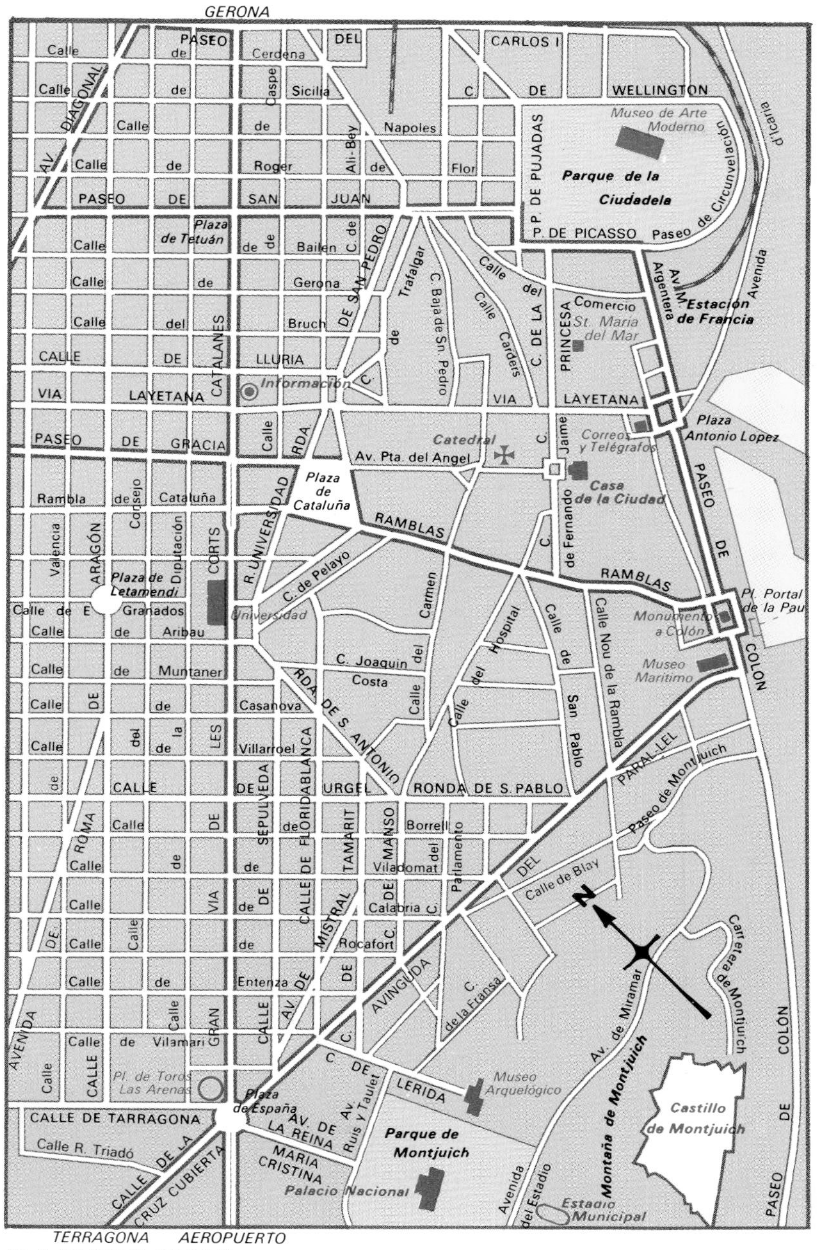

BARCELONA

0   500 m.

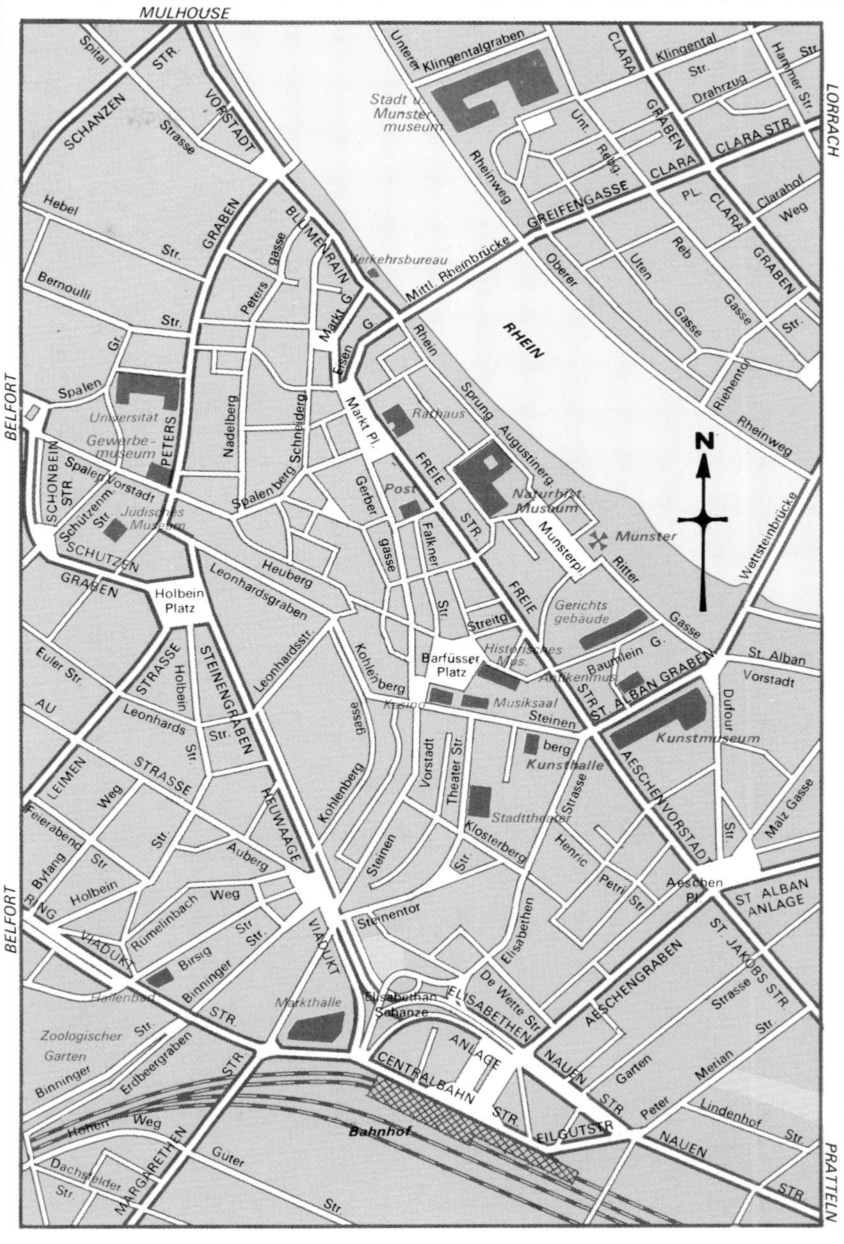

BASEL

0   500 m.

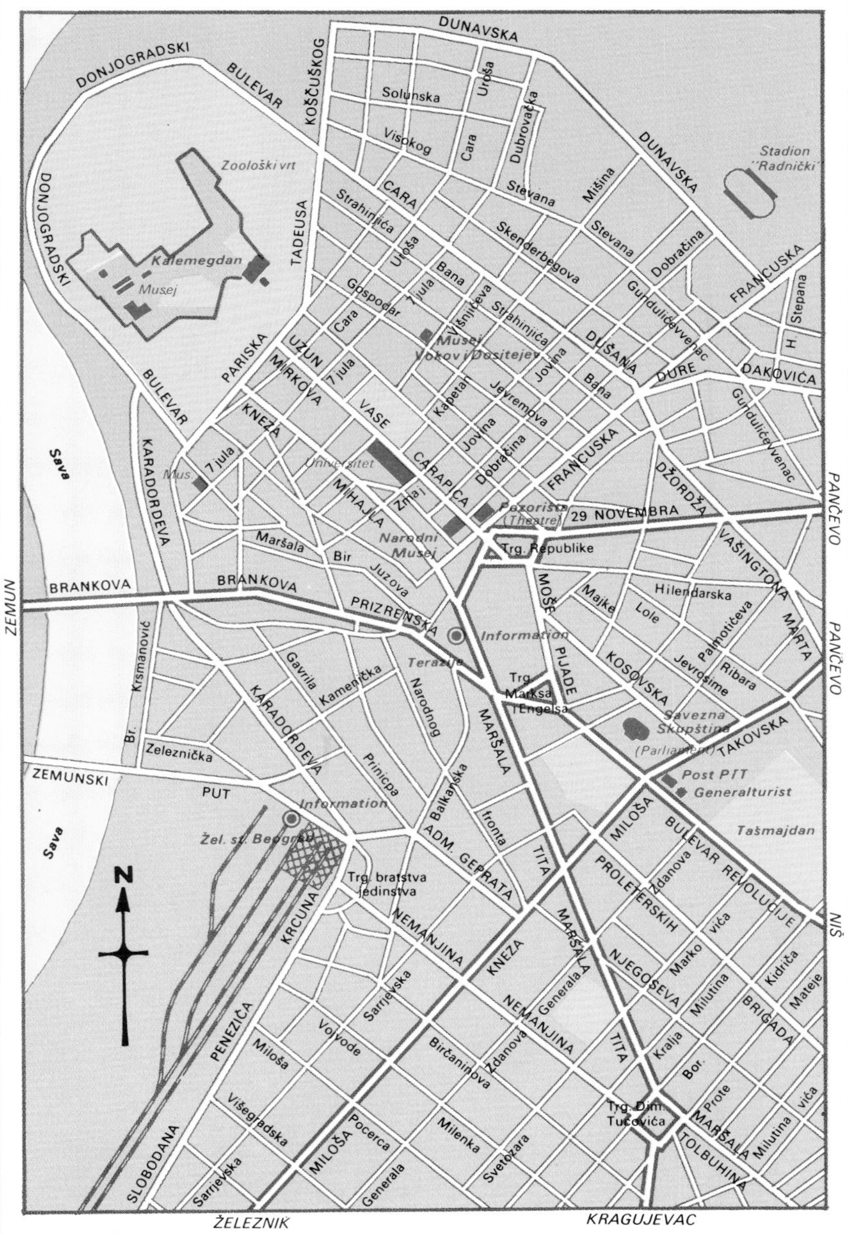

BEOGRAD

0   500 m.   1 Km.

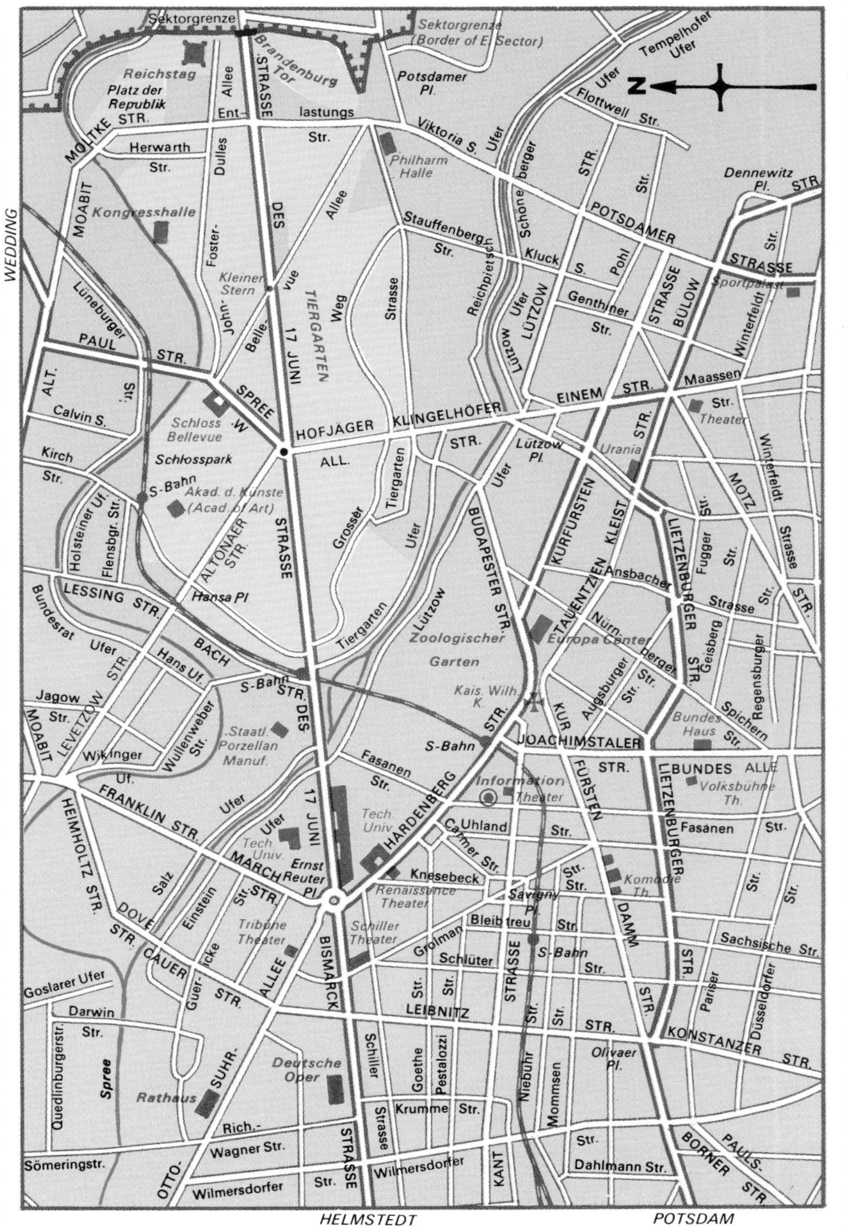

BERLIN

0   1 Km.

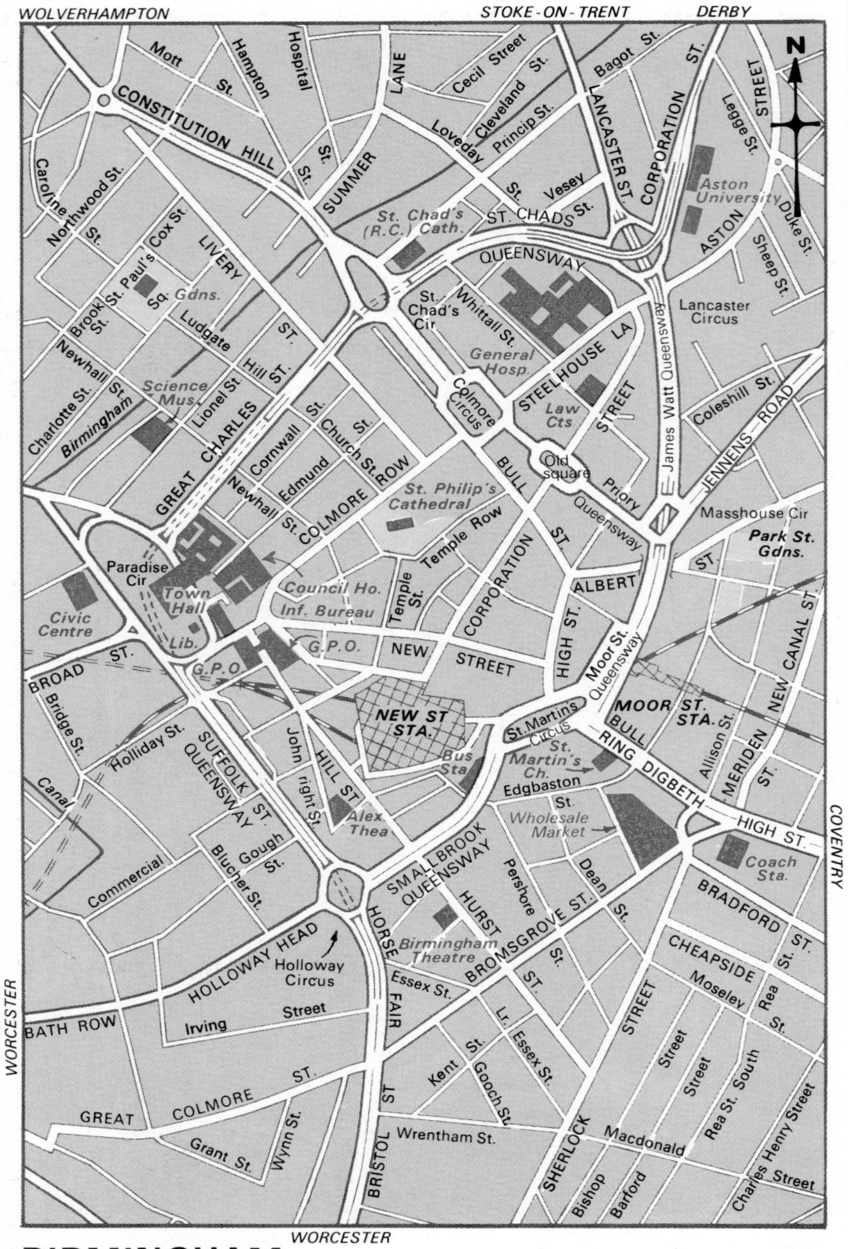

BIRMINGHAM

0   500 m.

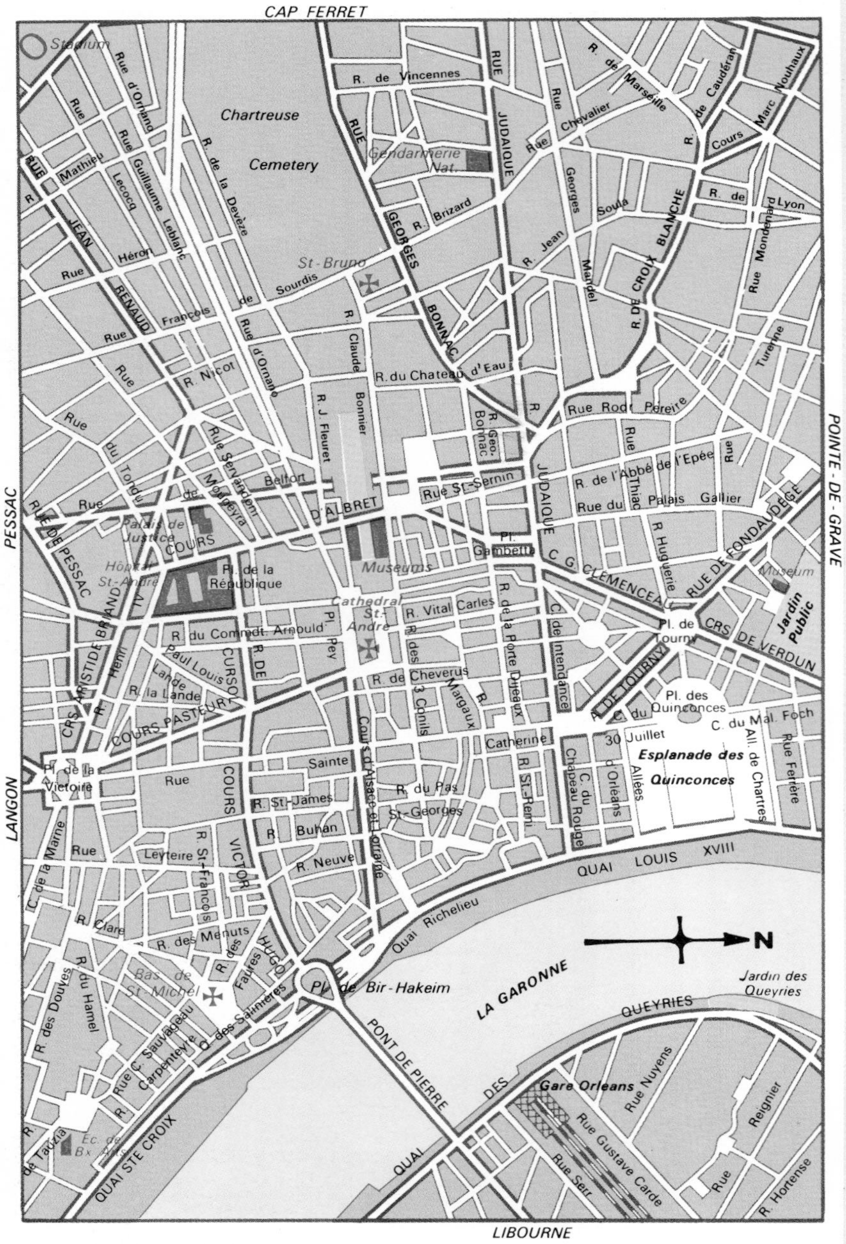

BORDEAUX

0   500 m.   1 Km.

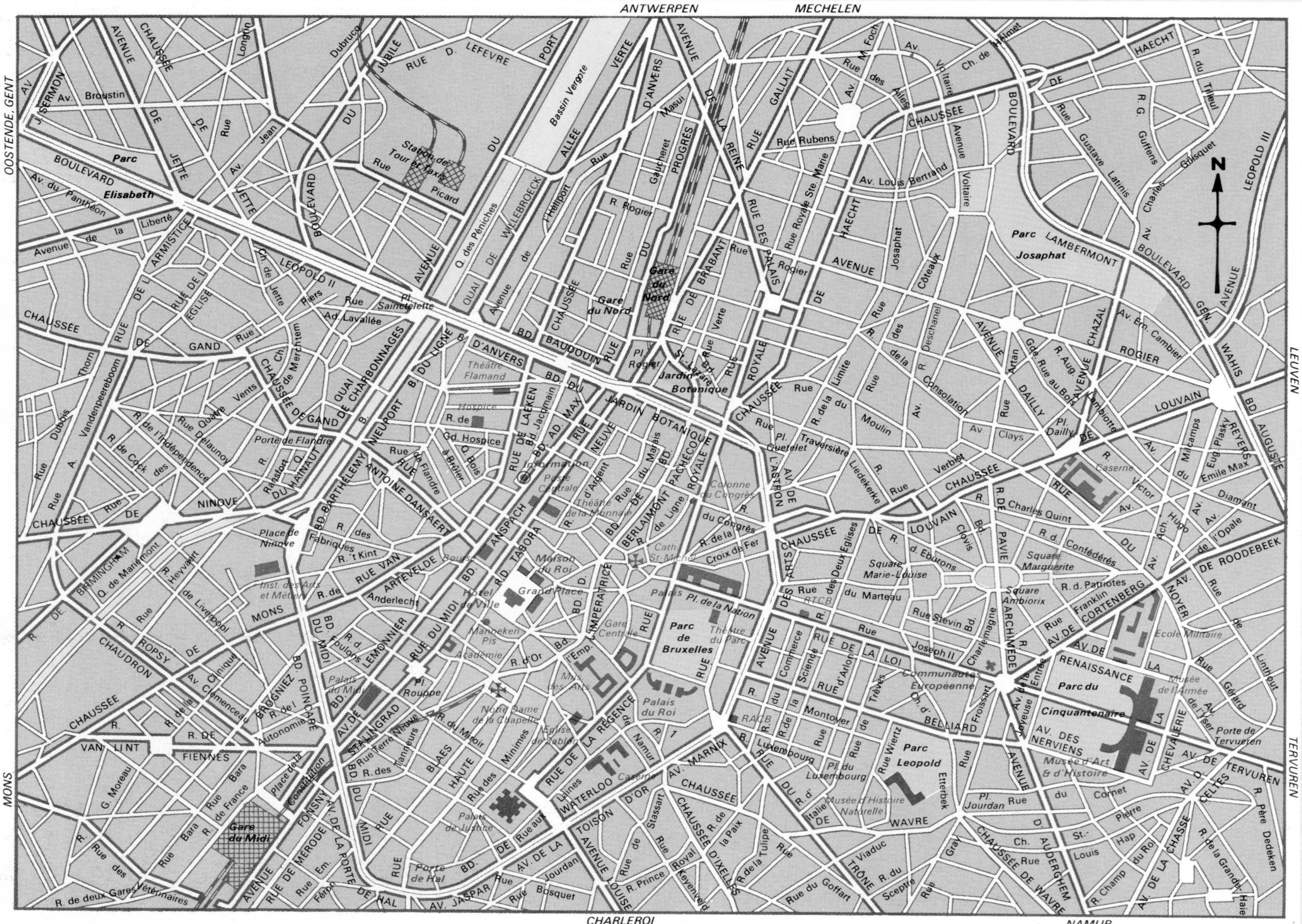

BRUXELLES

0   500 m.   1 Km.

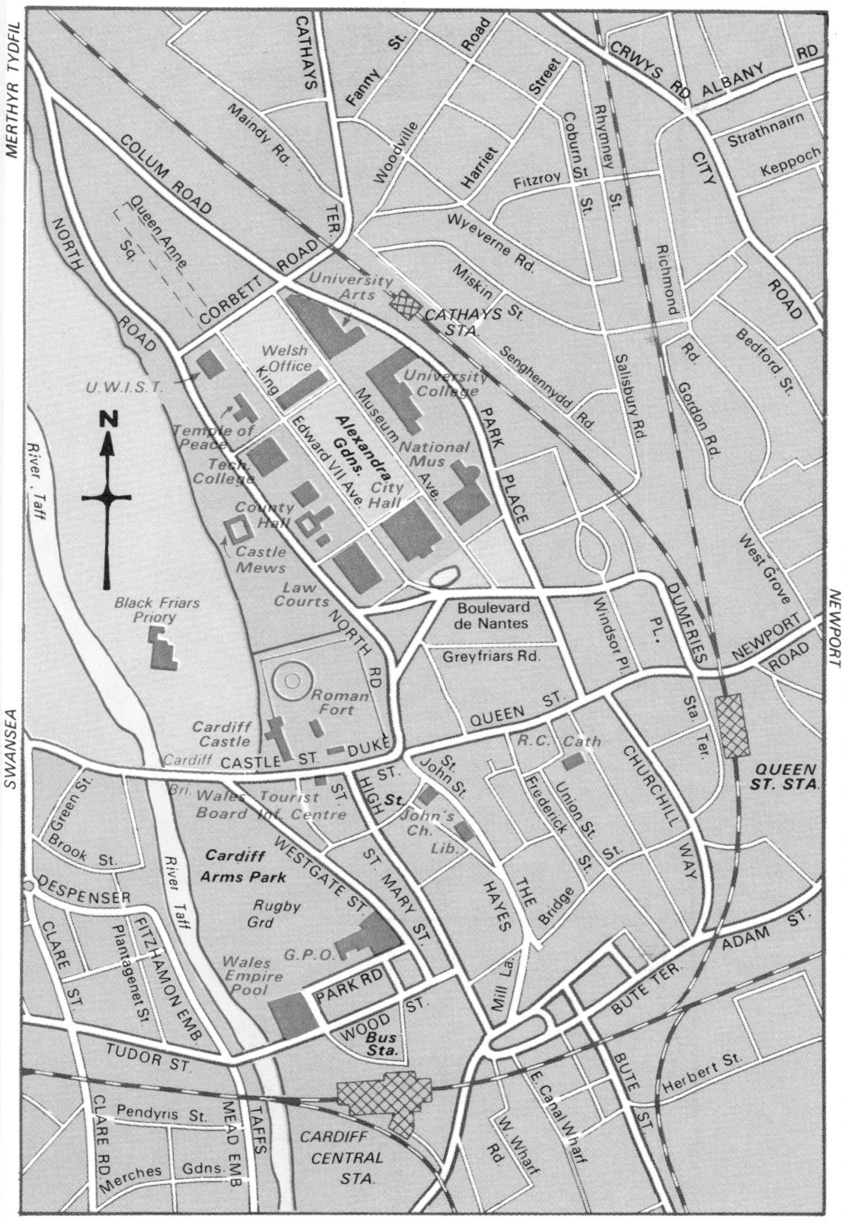

CARDIFF 0   500 m.

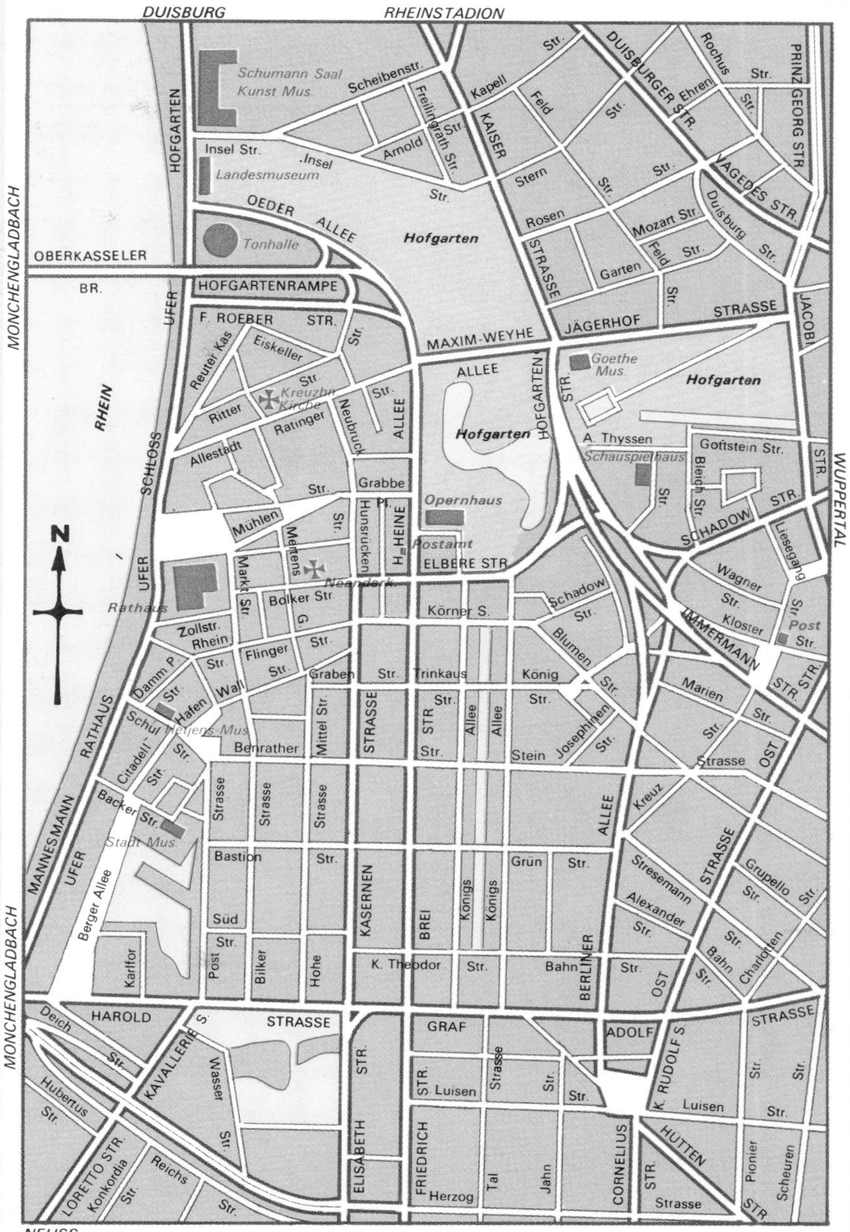

DUSSELDORF 0   500 m.

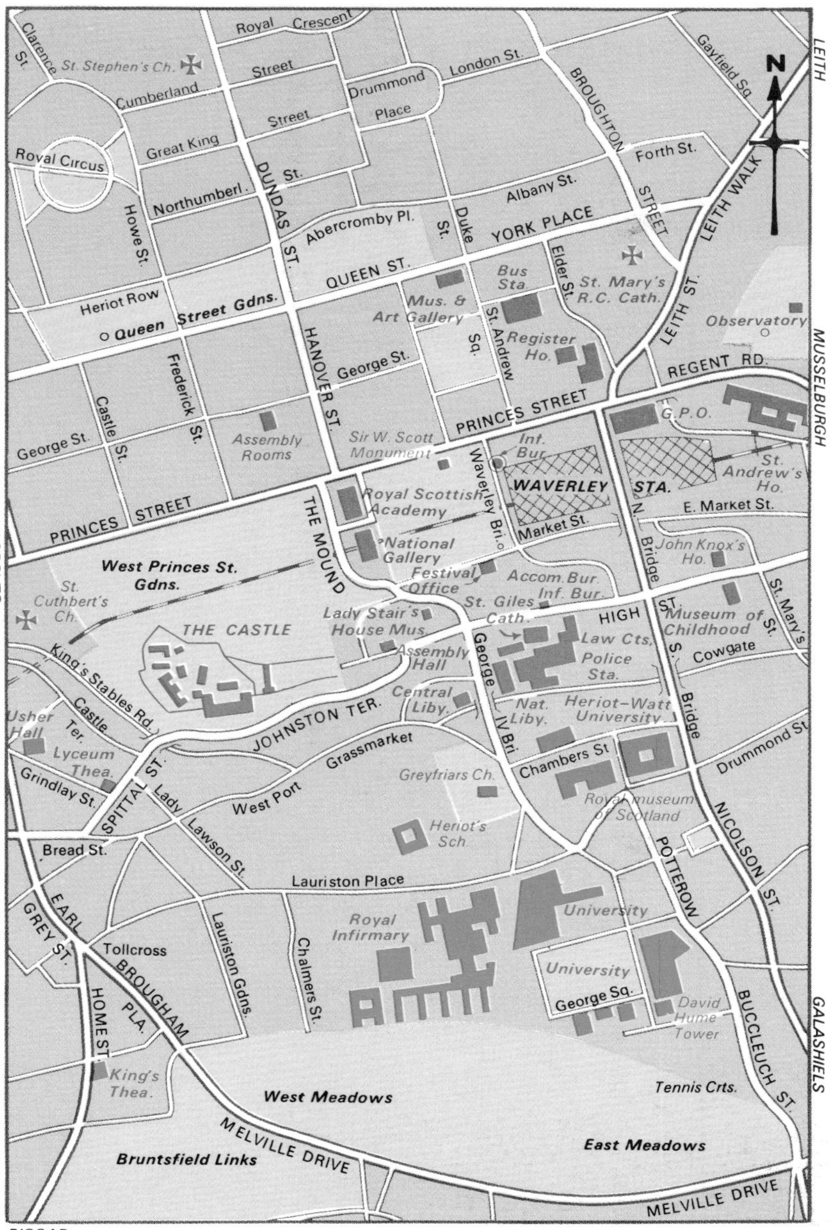

EDINBURGH 0   500 m.

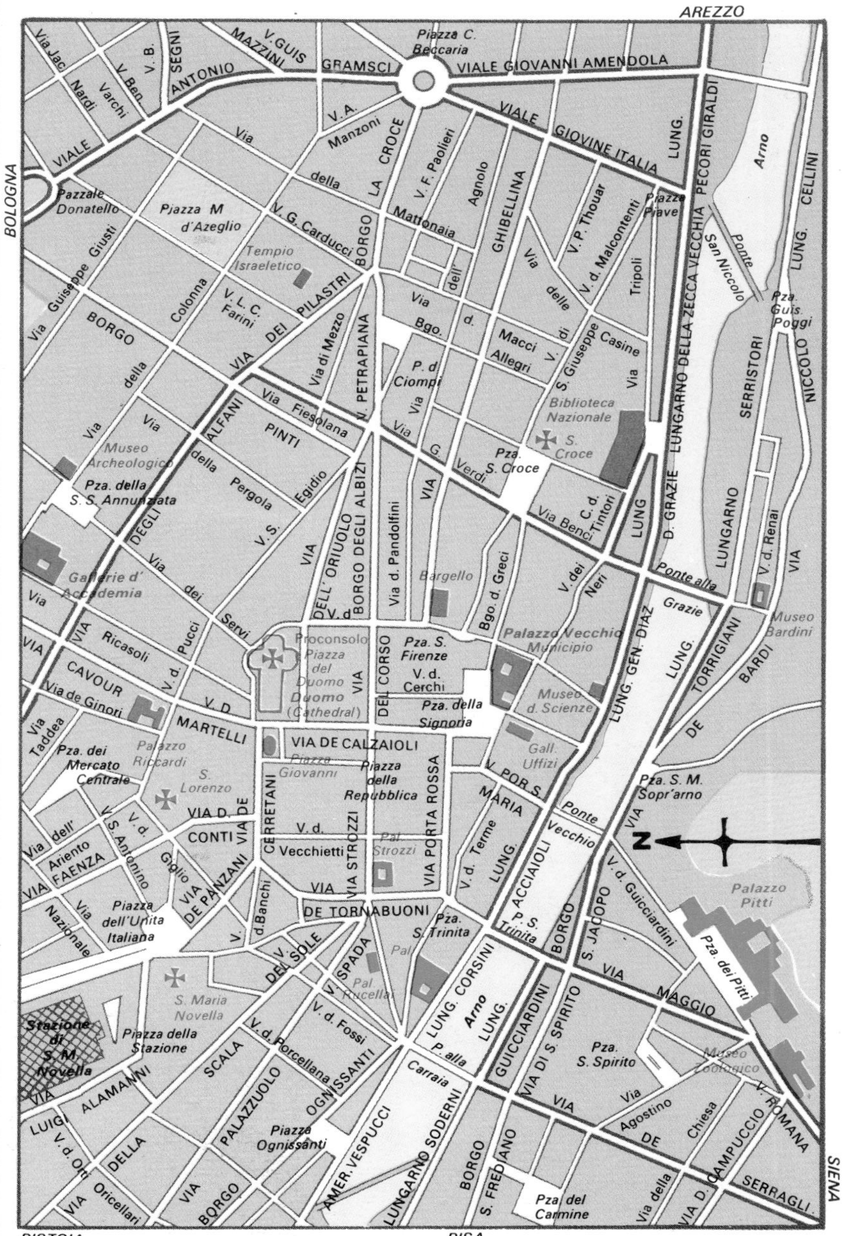

FIRENZE 0   500 m.

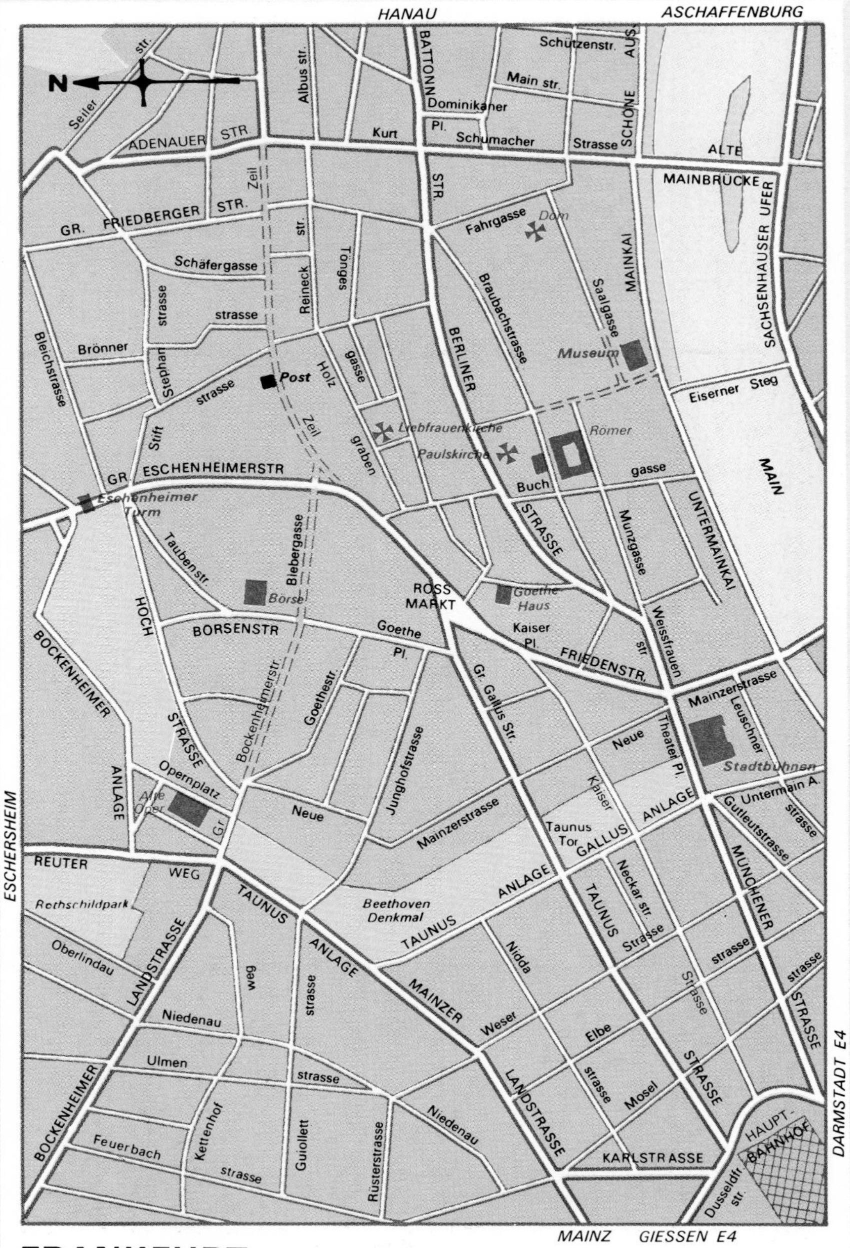

FRANKFURT 0 ____ 500 m.

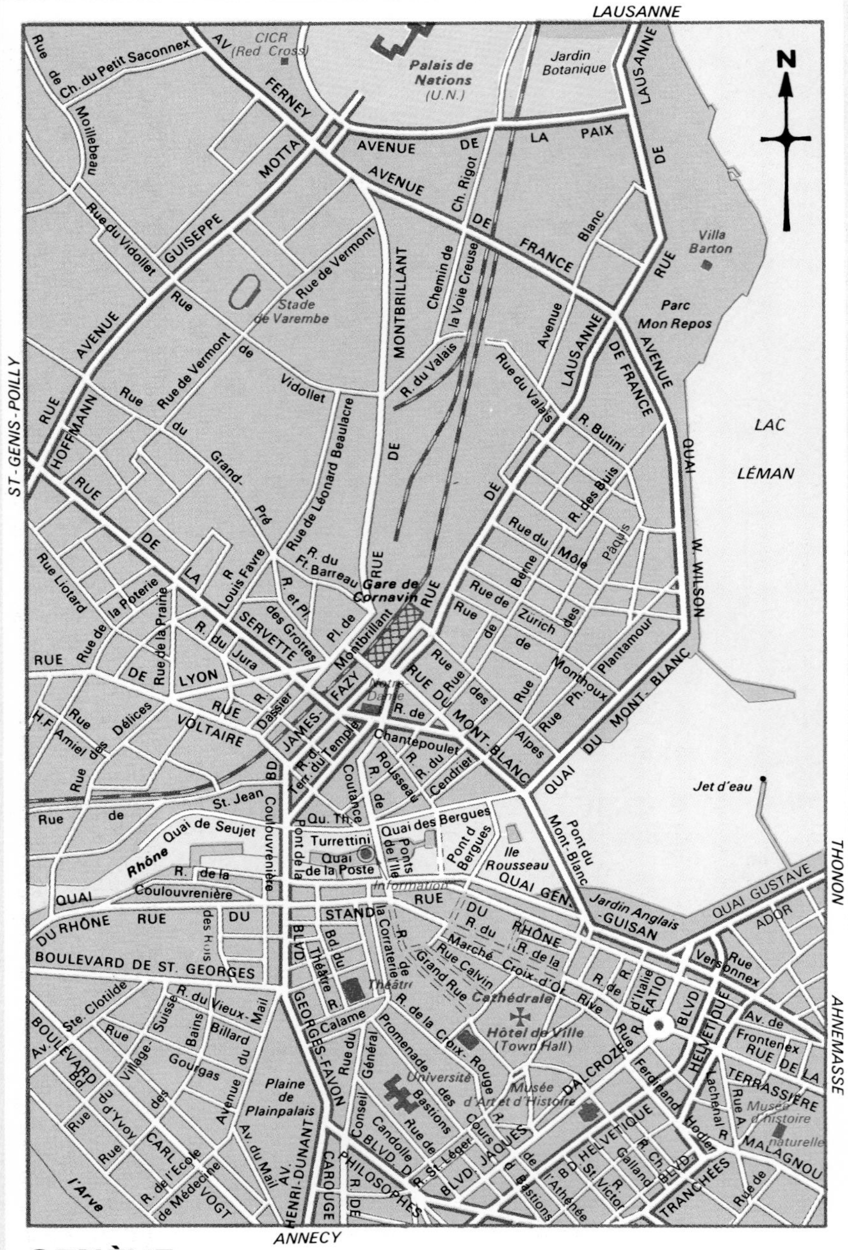

GENÈVE 0 ____ 500 m. ____ 1Km.

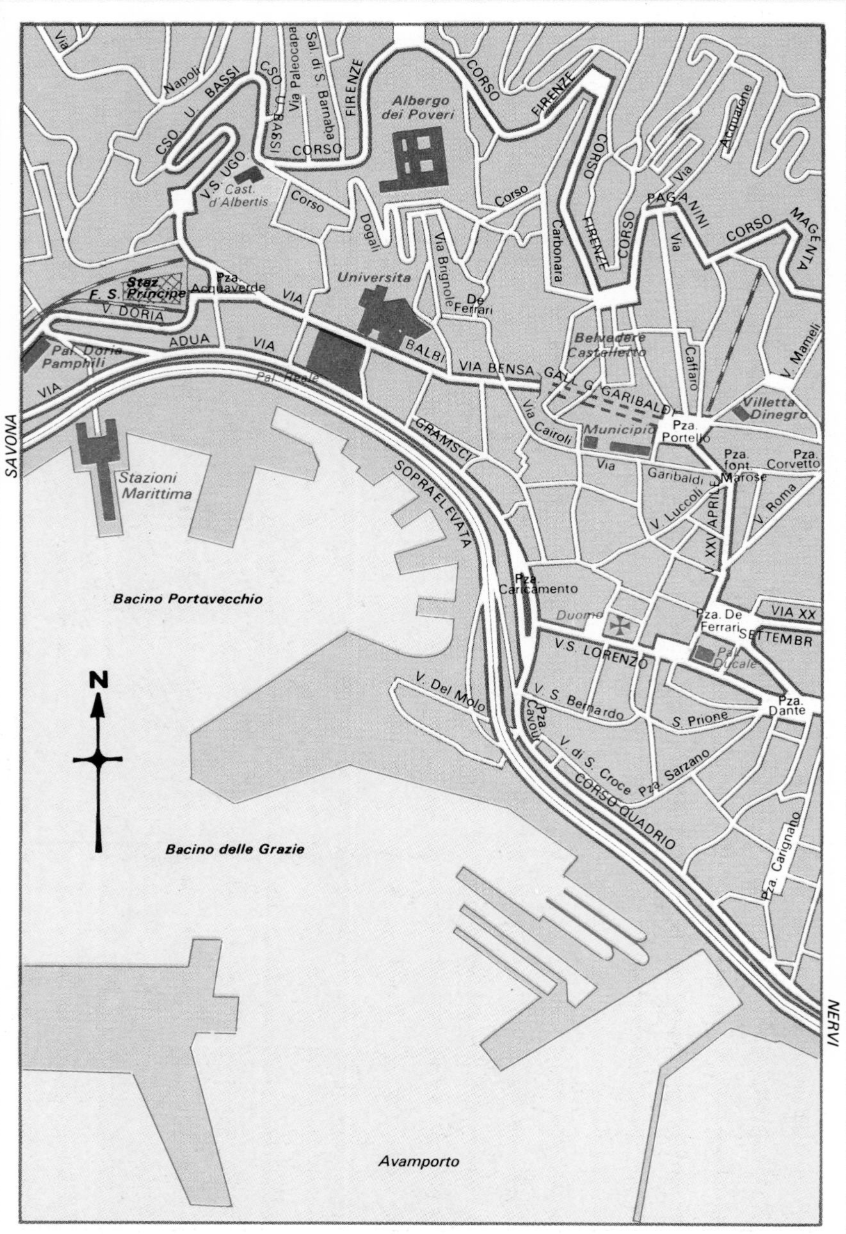

GÉNOVA 0 ____ 500 m. ____ 1Km.

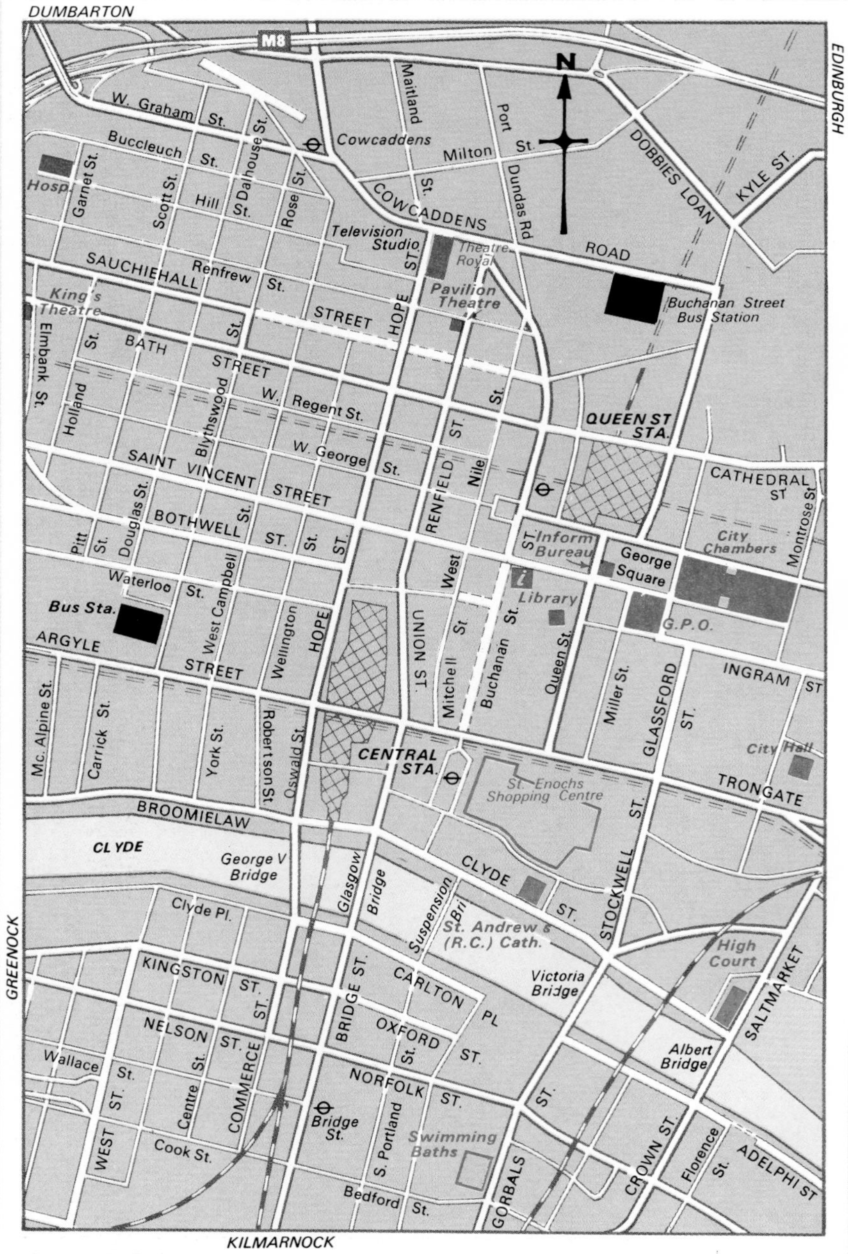

GLASGOW 0 ____ 500 m. ____ 1Km.

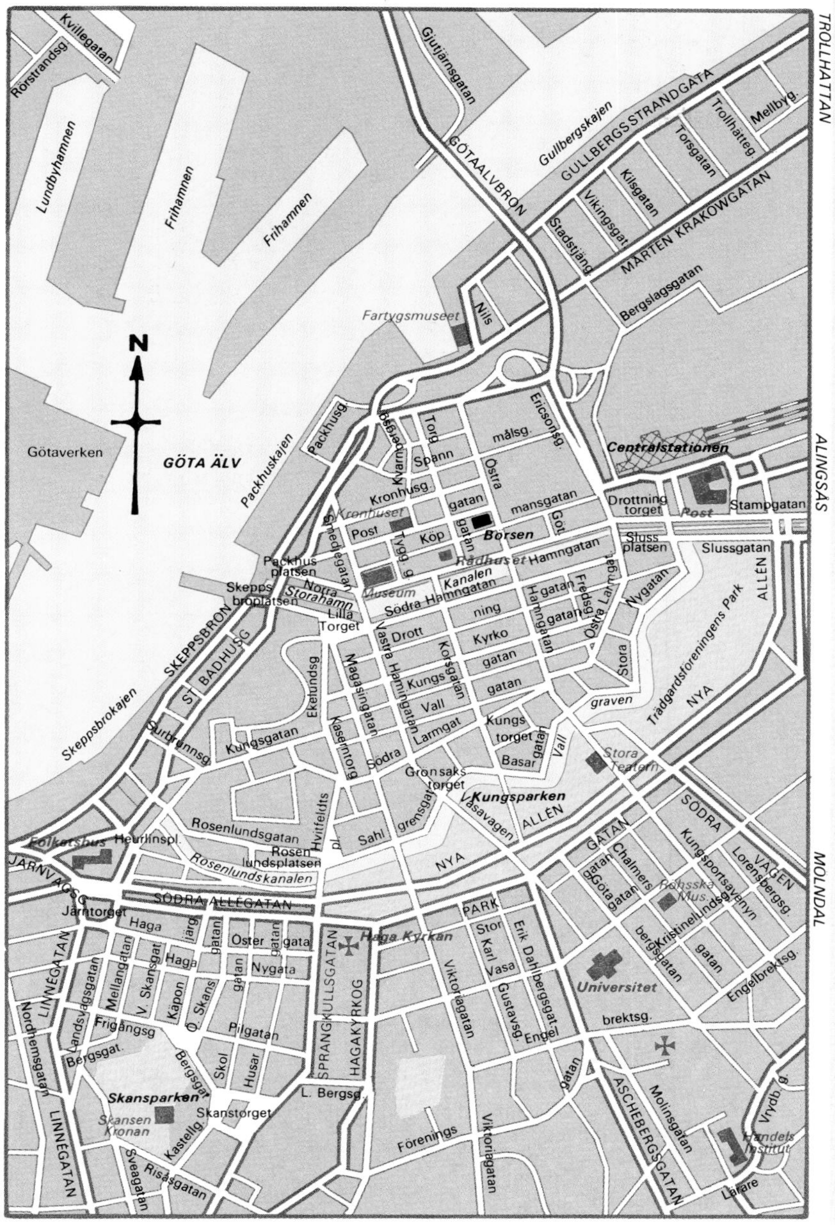

GÖTEBORG   0   500 m.   1 Km.

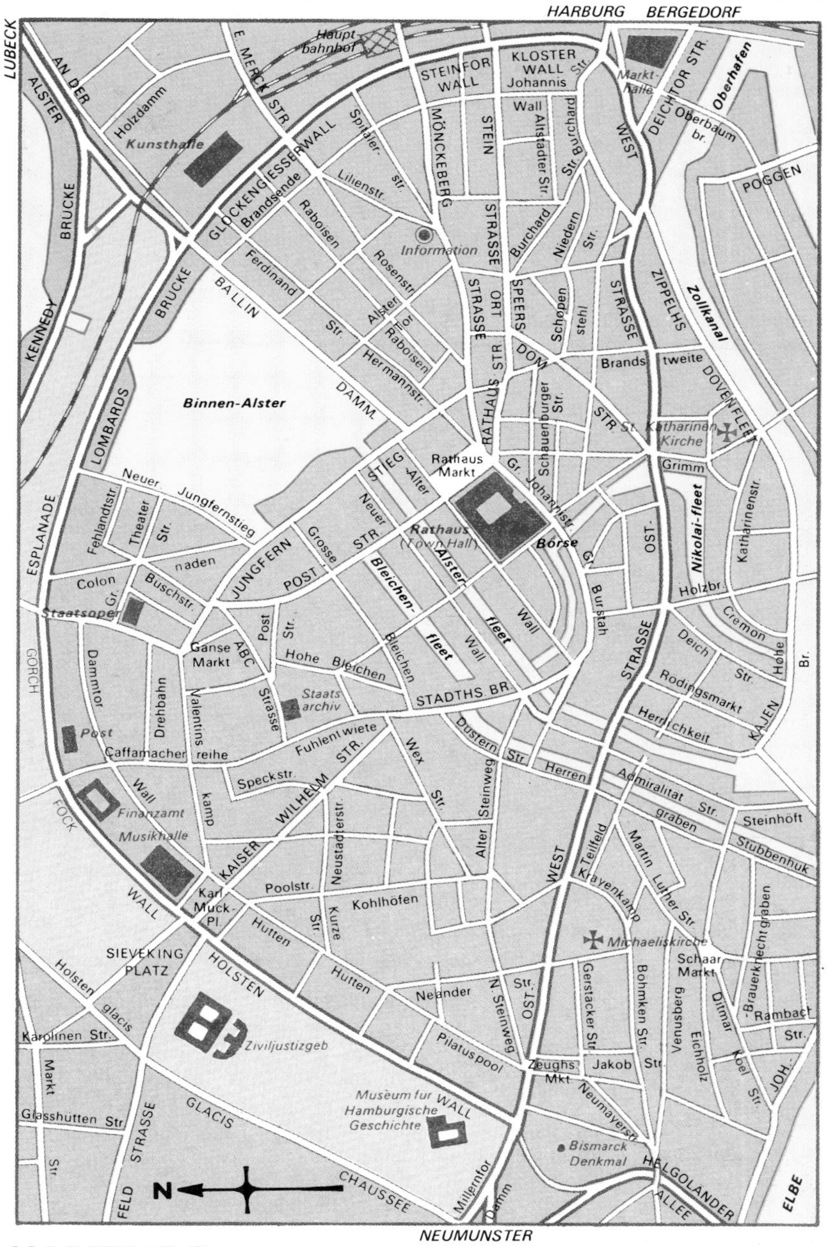

HAMBURG   0   500 m.   1 Km.

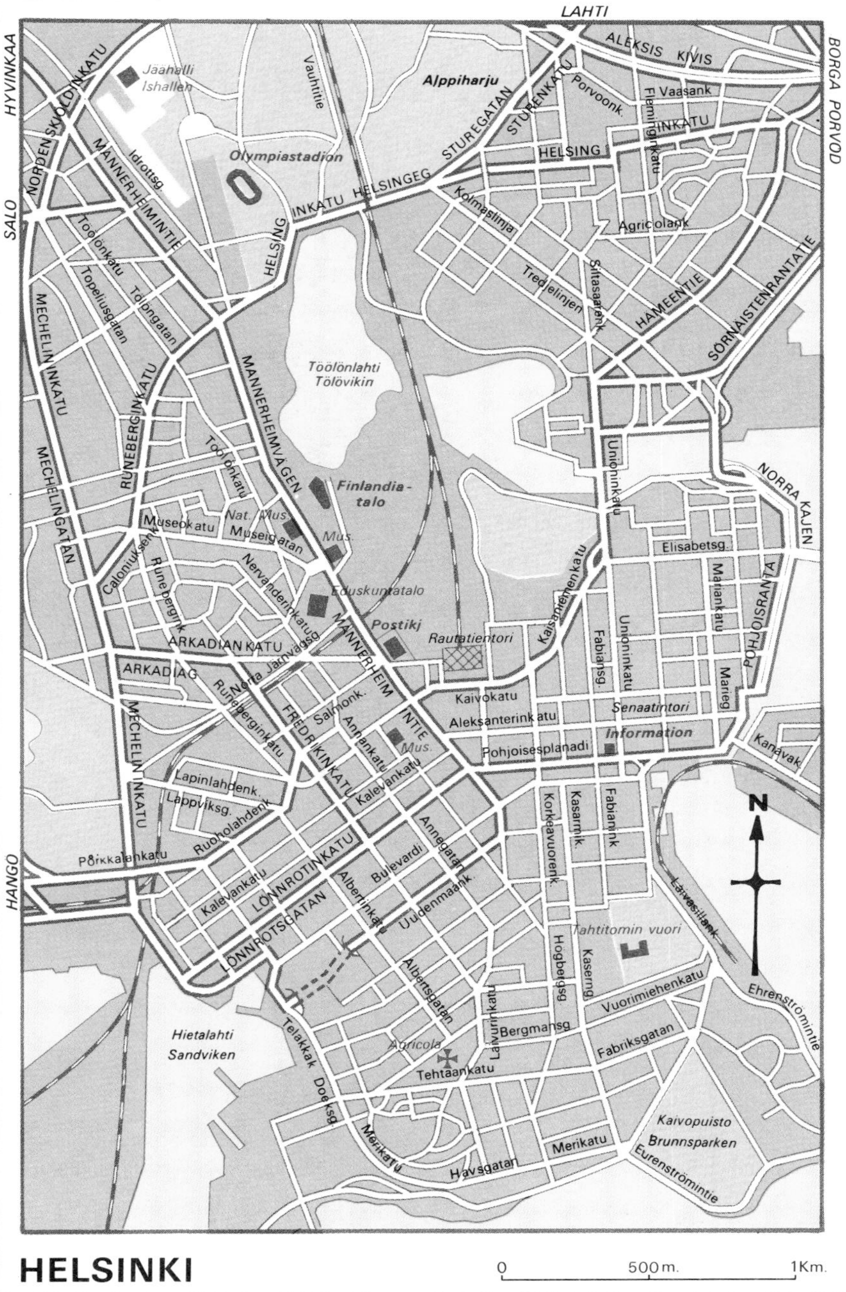

HELSINKI   0   500 m.   1 Km.

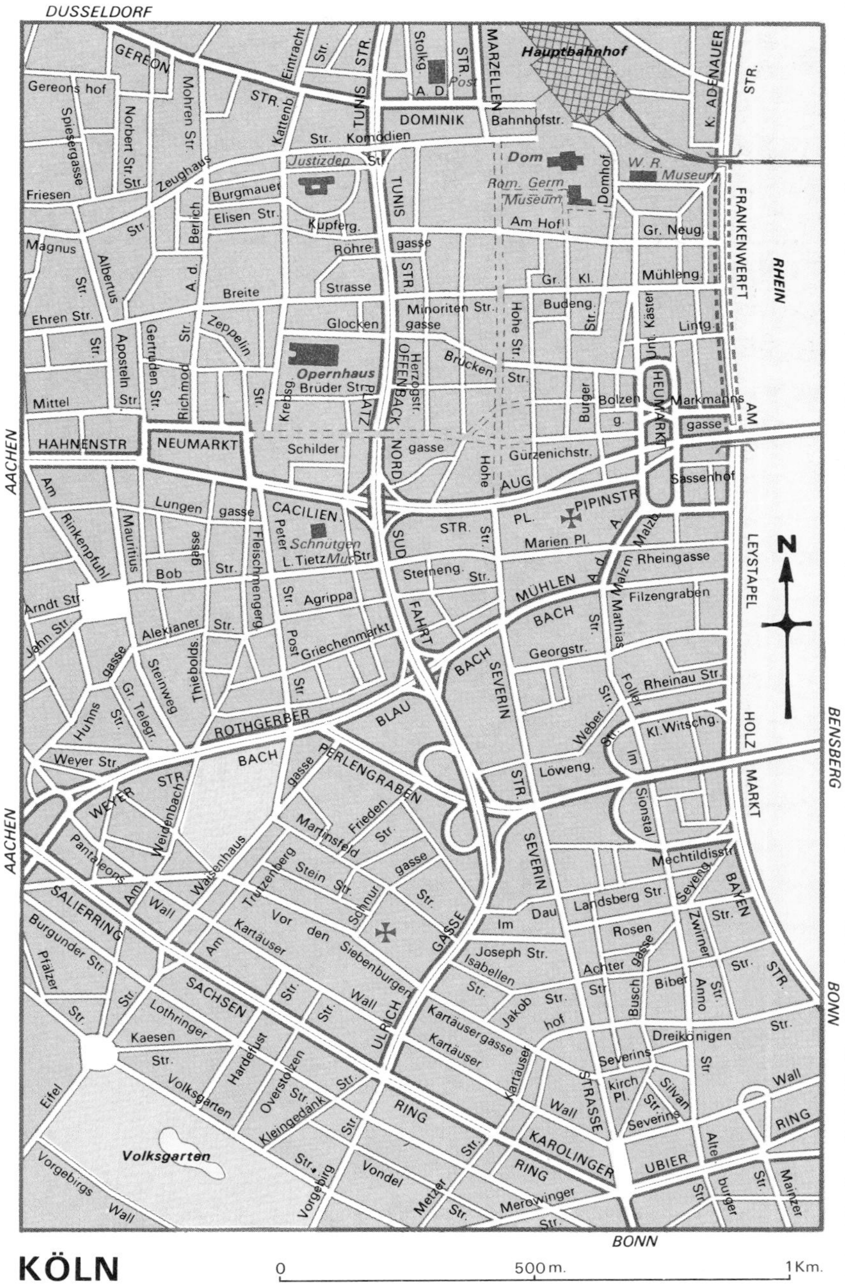

KÖLN   0   500 m.   1 Km.

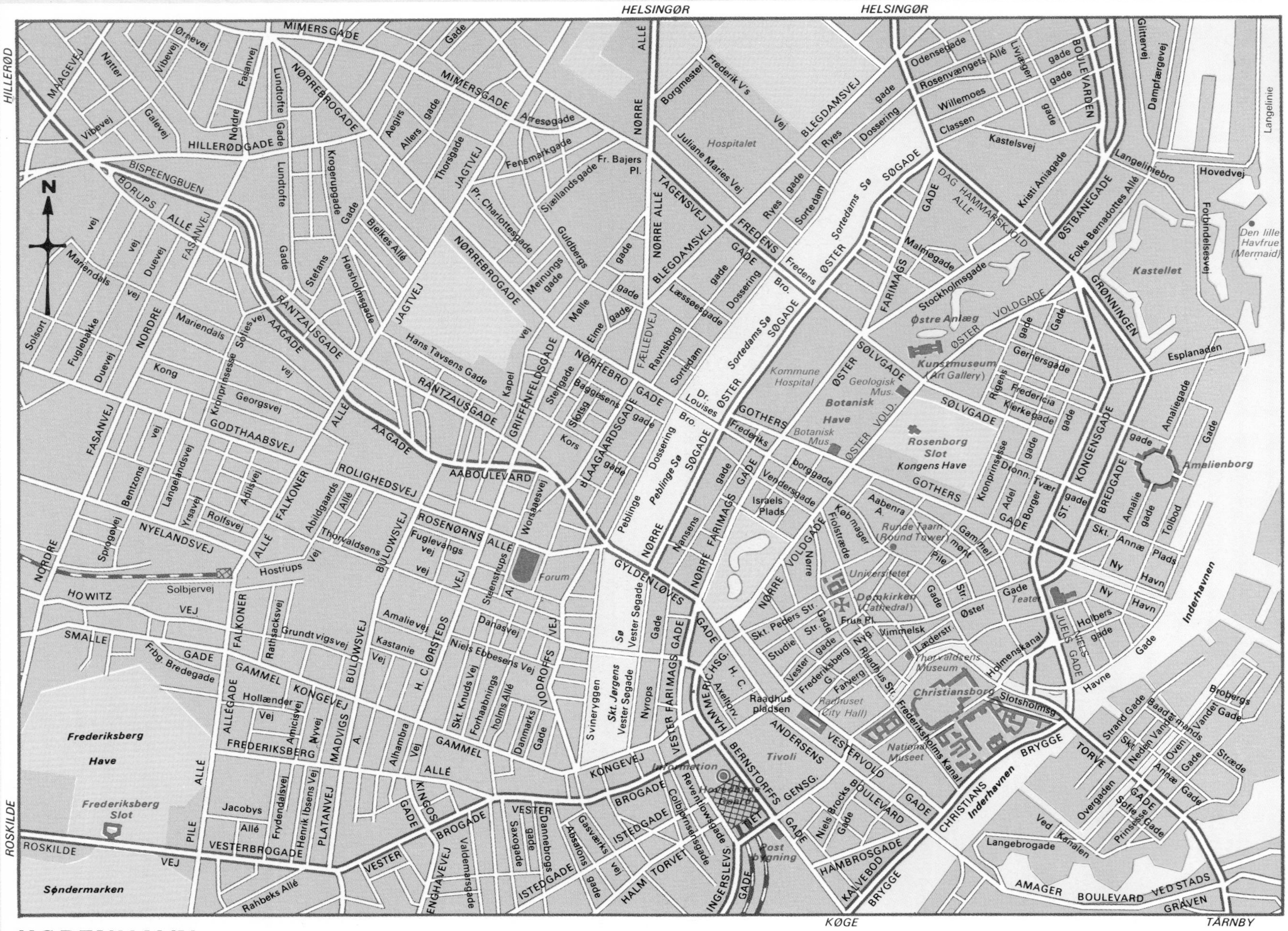

KØBENHAVN

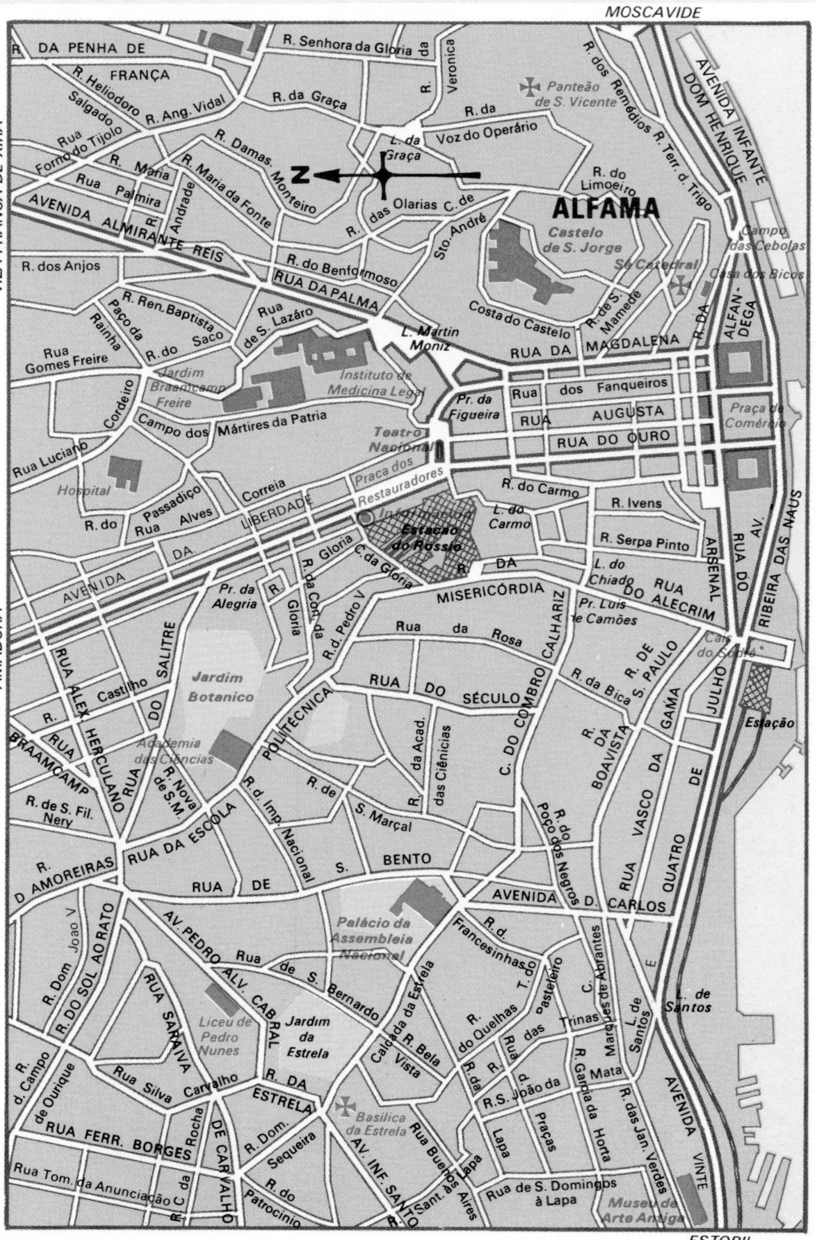

LISBOA

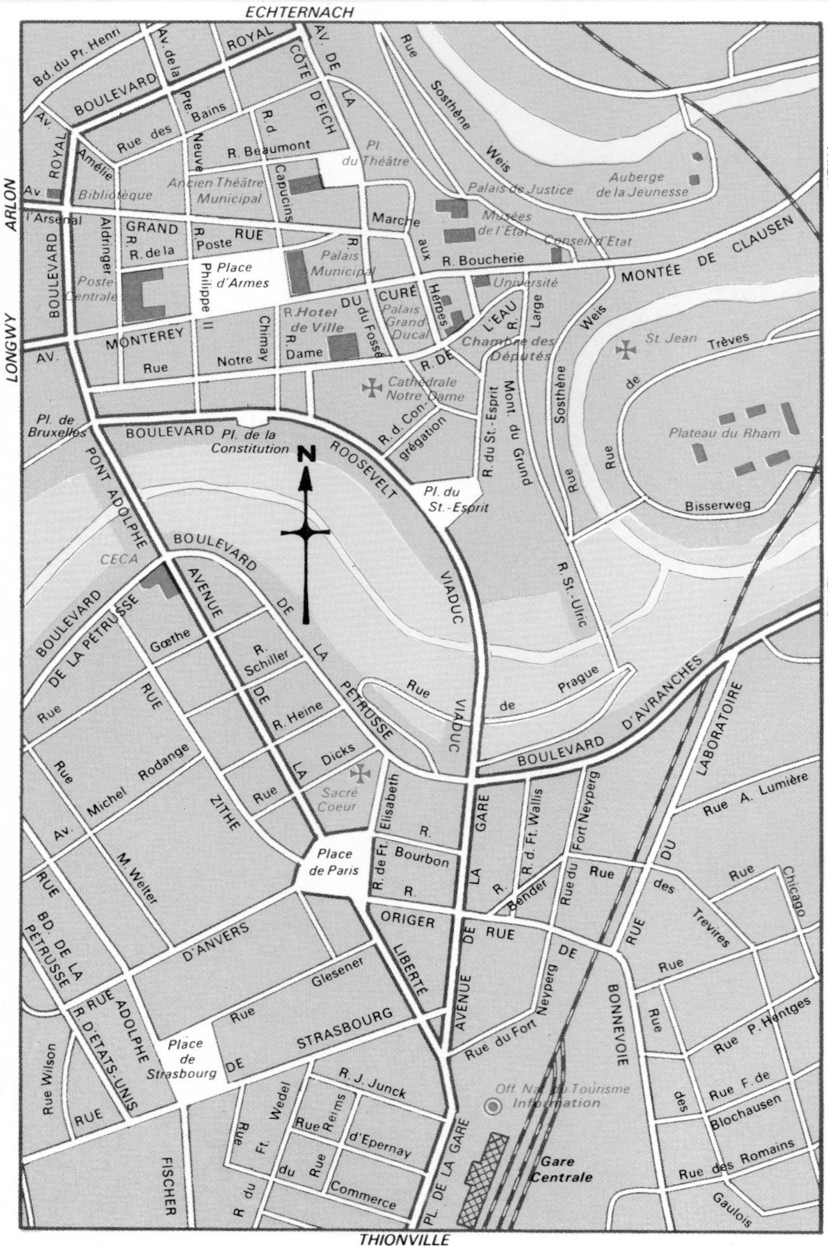

LUXEMBOURG

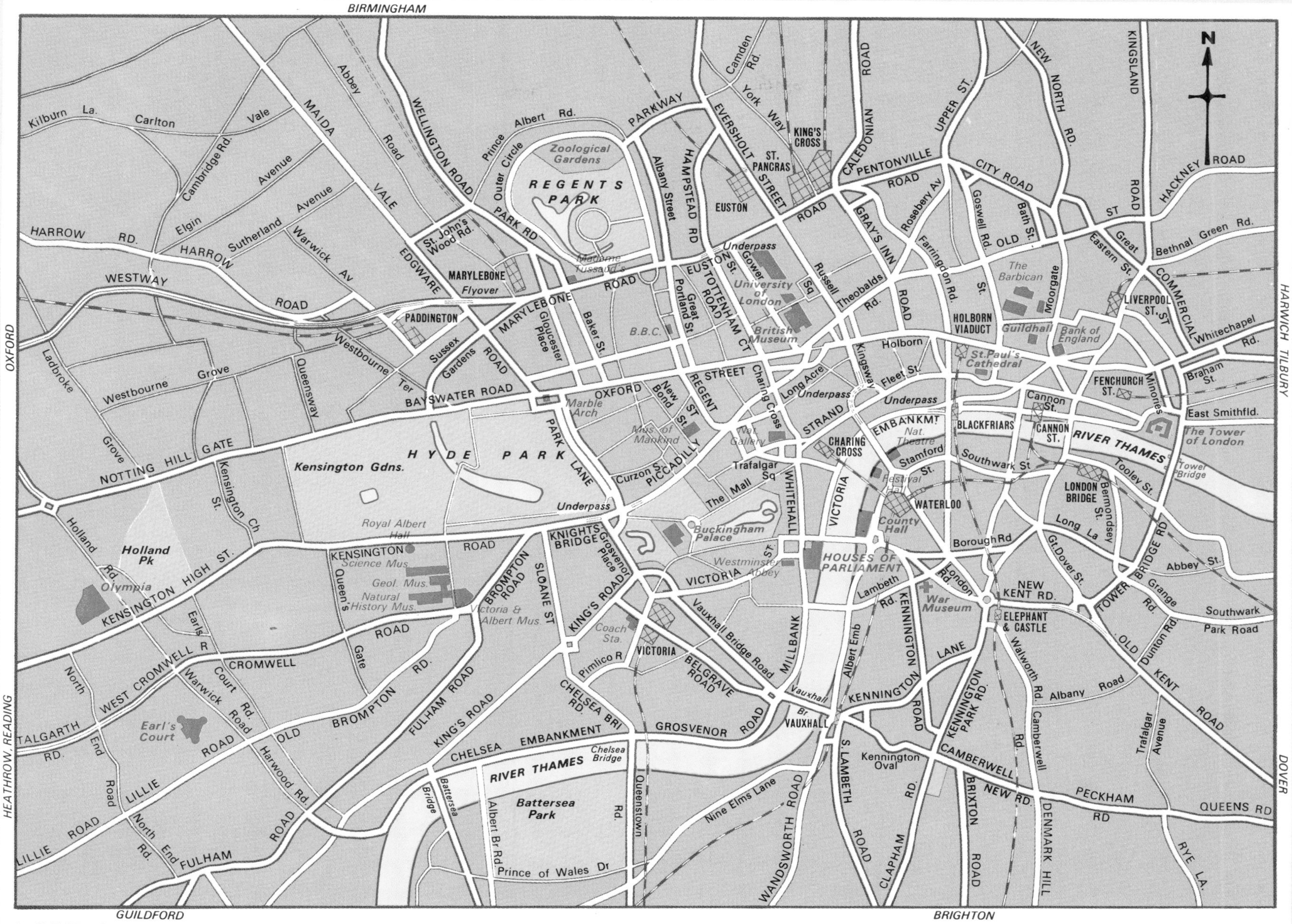
BIRMINGHAM
OXFORD
HEATHROW, READING
GUILDFORD
BRIGHTON
HARWICH TILBURY
DOVER
N
Kilburn La.
Carlton
Vale
MAIDA
Abbey
Road
WELLINGTON ROAD
Cambridge Rd
Avenue
VALE
Prince Albert Rd.
Outer Circle
Zoological Gardens
REGENTS PARK
PARKWAY
Camden Rd.
York Way
KING'S CROSS
ST. PANCRAS
EUSTON
HAMPSTEAD RD
EVERSHOLT STREET
Albany Street
CALEDONIAN ROAD
PENTONVILLE ROAD
UPPER ST.
NEW NORTH RD.
KINGSLAND ROAD
HACKNEY ROAD
CITY ROAD
HARROW RD.
Elgin Avenue
Sutherland Avenue
HARROW
Warwick Av
St. John's Wood Rd.
PARK RD
EDGWARE ROAD
WESTWAY
ROAD
MARYLEBONE
Flyover
Madame Tussaud's
Gloucester Place
Baker St.
EUSTON ROAD
Great Portland St.
TOTTENHAM CT. RD.
Underpass
Gower St.
University of London
British Museum
B.B.C.
Russell Sq.
GRAY'S INN ROAD
Rosebery Av
Goswell Rd.
Bath St.
OLD ST.
Great Eastern St.
Bethnal Green Rd.
COMMERCIAL ST.
Whitechapel Rd.
Farringdon Rd
Theobalds Rd.
The Barbican
Moorgate
LIVERPOOL ST.
HOLBORN VIADUCT
Guildhall
Bank of England
Holborn
St. Paul's Cathedral
Fleet St.
Kingsway
Long Acre
PADDINGTON
Westbourne Ter
Sussex Gardens
Ladbroke Grove
Westbourne Grove
Queensway
BAYSWATER ROAD
OXFORD STREET
New Bond St.
REGENT ST.
Charing Cross Rd.
Marble Arch
Mus. of Mankind
Nat. Gallery
STRAND
Underpass
EMBANKMENT
Nat. Theatre
BLACKFRIARS
CANNON ST.
Cannon St.
FENCHURCH ST.
Minories
Braham St.
East Smithfld.
The Tower of London
Tower Bridge
RIVER THAMES
NOTTING HILL GATE
HYDE PARK
Kensington Gdns.
PARK LANE
Curzon St.
PICCADILLY
Trafalgar Sq
The Mall
CHARING CROSS
Stamford St.
Southwark St.
LONDON BRIDGE
Tooley St.
Kensington Ch St.
Holland Rd.
Holland Pk
Olympia
KENSINGTON HIGH ST.
Royal Albert Hall
KENSINGTON
Science Mus.
Geol. Mus.
Natural History Mus.
Queen's Gate
ROAD
Underpass
KNIGHTS BRIDGE
Grosvenor Place
Buckingham Palace
WHITEHALL
VICTORIA
Festival Hall
County Hall
WATERLOO
Borough Rd
Long La
Bermondsey St.
TOWER BRIDGE RD
Abbey St.
Westminster Abbey
HOUSES OF PARLIAMENT
VICTORIA ST.
Lambeth Rd.
London Rd.
War Museum
NEW KENT RD.
ELEPHANT & CASTLE
Gt. Dover St.
Grange Rd
Southwark Park Road
BROMPTON ROAD
SLOANE ST
KING'S ROAD
Victoria & Albert Mus.
Earls Court Rd
CROMWELL ROAD
Coach Sta.
VICTORIA
Vauxhall Bridge Road
MILLBANK
Albert Emb
KENNINGTON ROAD
LANE
KENNINGTON PARK RD.
Walworth Rd.
Albany Road
OLD KENT ROAD
Dunton Rd
North End Rd.
WEST CROMWELL R
Warwick Rd
Pimlico R
BELGRAVE ROAD
Vauxhall
KENNINGTON
TALGARTH RD.
Earl's Court
BROMPTON ROAD
OLD
FULHAM ROAD
KING'S ROAD
CHELSEA BRI RD
GROSVENOR ROAD
Br.
VAUXHALL
Camberwell Rd.
Trafalgar Avenue
CHELSEA EMBANKMENT
Chelsea Bridge
RIVER THAMES
Kennington Oval
CAMBERWELL NEW RD.
PECKHAM RD
QUEENS RD
Harwood Rd
LILLIE ROAD
Battersea Bridge
Battersea Park
Albert Br. Rd
Queenstown Rd
Nine Elms Lane
S. LAMBETH ROAD
WANDSWORTH ROAD
CLAPHAM RD.
BRIXTON ROAD
DENMARK HILL
RYE LA
FULHAM
ROAD
Prince of Wales Dr
0 500 m. 1 Km. 2 Km.

LONDON

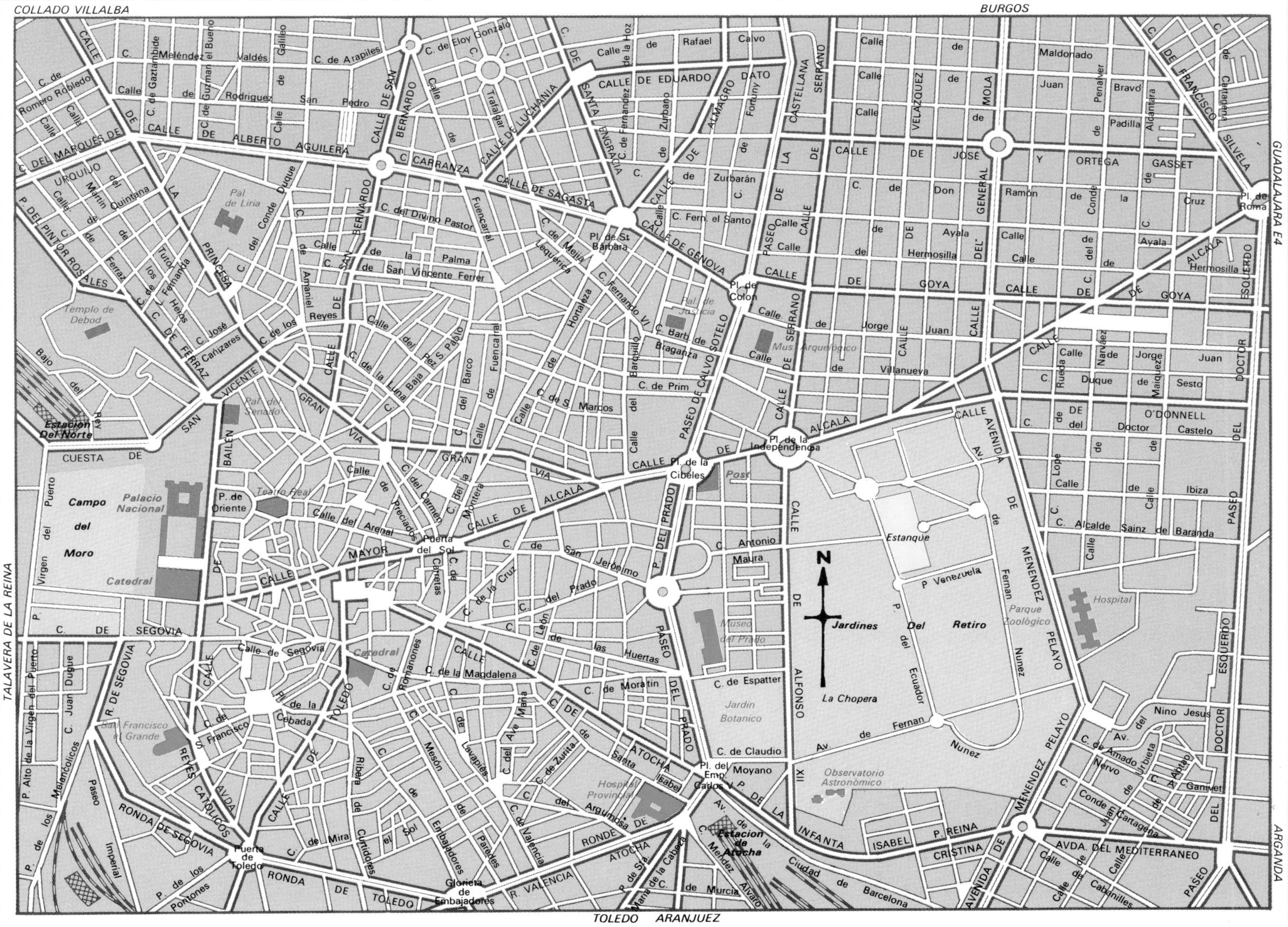
COLLADO VILLALBA
BURGOS
GUADALAJARA E4
ARGANDA
TALAVERA DE LA REINA
TOLEDO ARANJUEZ
C. Meléndez Valdés
Galileo
C. de Arapiles
C. de Eloy Gonzalo
Calle de Rafael Calvo
Maldonado
Juan Bravo
C. de Romero Robledo
C. de Gaztambide
C. de Guzmán el Bueno
Rodriguez San Pedro
CALLE DE EDUARDO DATO
CASTELLANA
SERRANO
VELAZQUEZ
MOLA
Penalver
Alcantara
C. DE FRANCISCO SILVELA
C. de Cartagena
CALLE ALBERTO AGUILERA
C. CARRANZA
CALLE DE LUCHANA
CALLE DE SAN BERNARDO
CALLE DE SANTA ENGRACIA
C. de Fernández de la Hoz
Zurbano
ALMAGRO
Fortuny
Padilla
C. DEL MARQUÉS DE URQUIJO
Martín Quintana
LA PRINCESA
Pal. de Liria
C. del Conde Duque
CALLE DE SAGASTA
Fuencarral
Trafalgar
CALLE DE JOSÉ Y ORTEGA GASSET
C. de Zurbarán
C. Fern. el Santo
PASEO DE LA CASTELLANA
Don Ramon de la Cruz
GENERAL
Pl. de Roma
P. DEL PINTOR ROSALES
C. del Divino Pastor
Pl. de St. Bárbara
CALLE DE GENOVA
Ayala
Hermosilla
Palma
San Vicente Ferrer
C. de Mejía Lequerica
C. Fernando VI
Pl. de Colón
CALLE DE GOYA
ALCALA
C. de Ferraz
Tutor
C. de Fernanda
Luisa Hervás
Templo de Debod
C. de José Cañizares
C. de Amaniel
Reyes
C. de Sta. Bárbara
Calle del Pez
Calle de la Luna
Pal. de Justicia
C. Barbara de Braganza
Mus. Arqueológico
Jorge Juan
Villanueva
Lista
Narváez
Maiquez
Duque de Sesto
C. de Prim
C. de S. Marcos
Hortaleza
PASEO DE CALVO SOTELO
Bajo del Rey
Estación Del Norte
CUESTA DE SAN VICENTE
GRAN VIA
BAILÉN
Pal. del Senado
Pl. de la Independencia
CALLE DE O'DONNELL
Doctor Castelo
ALCALA
Pl. de la Cibeles
Post
Campo del Moro
Palacio Nacional
P. de Oriente
Teatro Real
Calle del Arenal
C. del Carmen
Preciados
Montera
CALLE DE ALCALA
Ibiza
C. Alcalde Sainz de Baranda
Estanque
Virgen del Puerto
Catedral
CALLE MAYOR
Puerta del Sol
C. de Carretas
C. de la Cruz
C. de San Jerónimo
C. Antonio Maura
P. Venezuela
Hospital
P. DEL PRADO
Jardines Del Retiro
Parque Zoológico
Museo del Prado
C. DE ALFONSO XII
MENENDEZ PELAYO
DOCTOR ESQUERDO
P. C. DE SEGOVIA
Calle de Segovia
Catedral
C. de Toledo
C. de León
C. de las Huertas
C. de Moratín
C. de la Magdalena
C. de Espatter
Jardín Botánico
La Chopera
P. del Ecuador
Av de Fernan Nunez
C. de Claudio Moyano
Nino Jesus
C. de Amado Nervo
C. de Urbieta
C. de Ganivet
C. Conde de Cartagena
San Francisco el Grande
Pl. de la Cebada
CALLE DE TOLEDO
C. de Embajadores
C. de Lavapiés
C. de Mesón de Paredes
Ribera de Curtidores
C. de Mira el Sol
ATOCHA
C. de Santa Isabel
C. del Argumosa
Hospital Provincial
Observatorio Astronómico
Pl. del Emp. Carlos V
Estación de Atocha
P. DE LA INFANTA ISABEL
P. REINA CRISTINA
AVENIDA DE MENENDEZ
AVDA. DEL MEDITERRANEO
Calle de los Cabanilles
PASEO
P. Alto de la Virgen del Puerto
C. Juan Duque
C. Molinocolos
Paseo Imperial
RONDA DE SEGOVIA
Puerta de Toledo
REYES CATOLICOS
RONDA DE TOLEDO
RONDE DE VALENCIA
Glorieta de Embajadores
C. de Valencia
ATOCHA
Av. Ciudad de Barcelona
C. de Murcia
Méndez Alvaro
P. de los Pontones
0 500 m. 1 Km.

MADRID

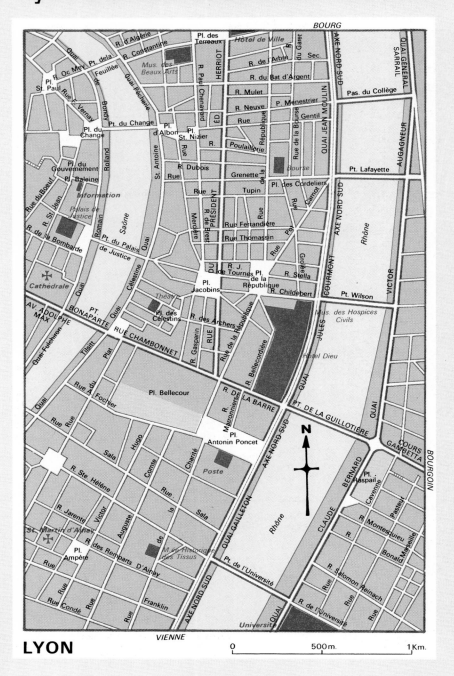

LYON

0   500 m.   1 Km.

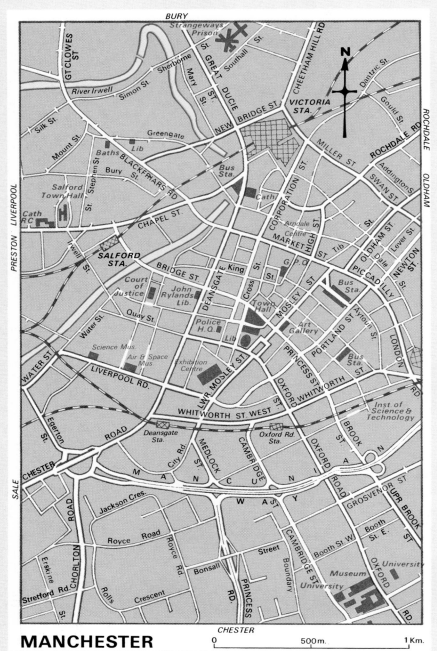

MANCHESTER

0   500 m.   1 Km.

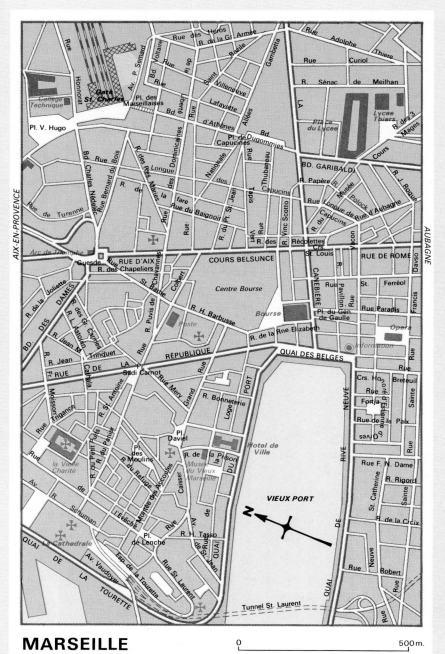

MARSEILLE

0   500 m.

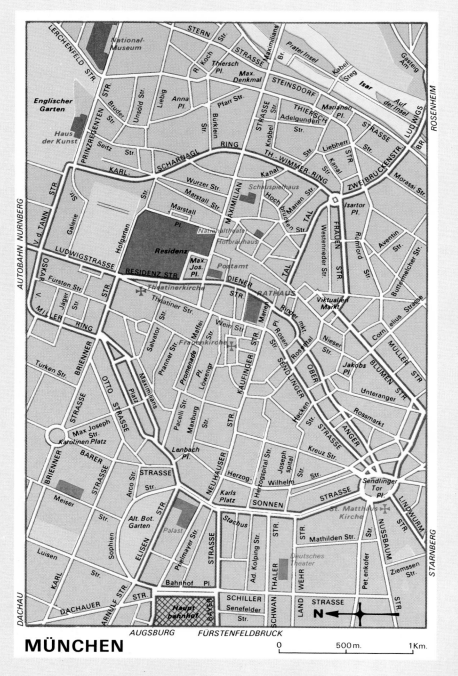

MÜNCHEN

0   500 m.   1 Km.

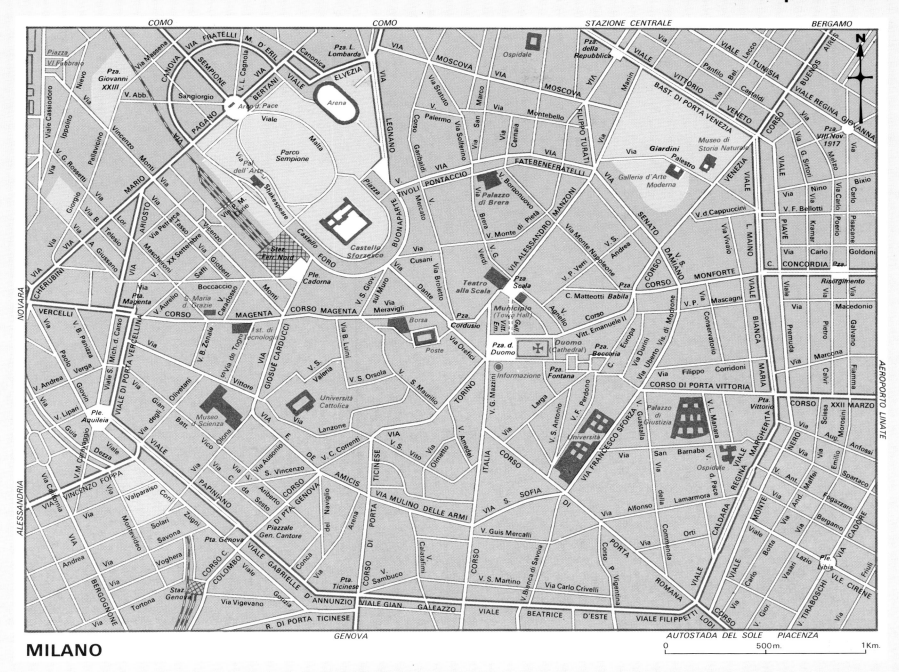
COMO
COMO
STAZIONE CENTRALE
BERGAMO
NOVARA
ALESSANDRIA
AEROPORTO LINATE
GENOVA
AUTOSTADA DEL SOLE
PIACENZA
N
Piazza VI Febbraio
Pza. Giovanni XXIII
Via Massena
CANOVA
VIA SEMPIONE
Arco d. Pace
Pza. L. Lombarda
Canonica
M. D'ERIL
VIA FRATELLI
V. L. Cagnola
BERTANI
VIALE ELVEZIA
Arena
Viale Malta
Parco Sempione
Via Pal dell'Arte
Shakespeare
Castello Sforzesco
Staz. Ferr. Nord
Ple. Cadorna
FORO BUONAPARTE
LEGNANO
VIA MOSCOVA
Ospidale
Pza. della Repubblica
VIALE VITTORIO VENETO
BAST. DI PORTA VENEZIA
VIALE TUNISIA
Panfilo
Castaldi
VIALE REGINA GIOVANNA
Pza. VIII Nov. 1917
Giardini Palestro
Museo di Storia Naturale
Galleria d'Arte Moderna
Via Montebello
FILIPPO TURATI
Manin
Corso Garibaldi
Palermo
Via Solferino
Via Statuto
FATEBENEFRATELLI
V. Borgonuovo
Palazzo di Brera
Via Brera
V. Monte di Pietà
VIA ALESSANDRO MANZONI
Via Monte Napoleone
V.d.Cappuccini
SENATO
Teatro alla Scala
Pza. Scala
Municipio (Town Hall)
Pza. Cordusio
Borsa
Poste
Via Orefici
Pza. d. Duomo
Duomo (Cathedral)
Informazione
Pza. Beccaria
Pza. Fontana
Vitt. Emanuele II
C. Matteotti
Babila
CORSO MONFORTE
CORSO DI PORTA VITTORIA
Palazzo di Giustizia
Università
VIA FRANCESCO SFORZA
Ospidale
Pta. Vittoria
REGINA MARGHERITA
C. CONCORDIA
Risorgimento
Macedonio
Pza. Missori
CORSO MAGENTA
Pta. Magenta
S. Maria d. Grazie
St. di Tecnologia
Museo d. Scienza
Università Cattolica
Lanzone
VIA GIOSUÈ CARDUCCI
VIALE DI PORTA VERCELLINA
Ple. Aquileia
VIALE PAPINIANO
VIA VINCENZO FOPPA
Valparaiso
Solari
Savona
Pta. Genova
Staz. Genova
Piazzale Gen. Cantore
VIALE GABRIELE D'ANNUNZIO
VIALE GIAN GALEAZZO
VIALE BEATRICE D'ESTE
VIALE FILIPPETTI
VIA MULINO DELLE ARMI
AMICIS
TICINESE
CORSO DI PORTA TICINESE
Pta. Ticinese
CORSO ITALIA
VIA S. SOFIA
V. Guis Mercalli
CORSO DI PORTA ROMANA
Via Carlo Crivelli
Pta. Romana
Ple. Libia
VLE. CIRENE
V. TIRABOSCHI
CADORE
R. DI PORTA TICINESE
LODI
CORSO XXII MARZO
0
500m.
1Km.

MILANO

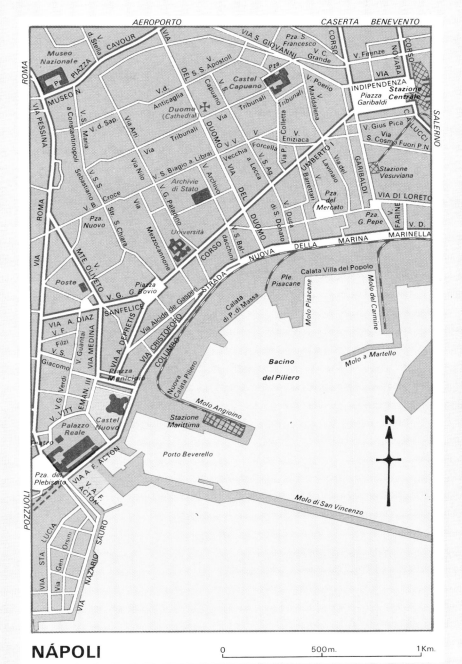
AEROPORTO
CASERTA
BENEVENTO
ROMA
SALERNO
POZZUOLI
Museo Nazionale
PIAZZA CAVOUR
MUSEO N.
VIA PESSINA
VIA S. GIOVANNI
Castel Capuano
Duomo (Cathedral)
VIA DUOMO
INDIPENDENZA
Piazza Garibaldi
Stazione Centrale
Stazione Vesuviana
GARIBALDI
VIA DI LORETO
UMBERTO I
Pza. del Mercato
Pza. G. Pepe
Archivio di Stato
Università
Pza. Nuovo
Mezzocannone
CORSO
VIA NUOVA DELLA MARINA
MARINELLA
Piazza Bovio
Poste
SANFELICE
MTE. OLIVETO
VIA A. DEPRETIS
Via Alcide de Gasperi
VIA CRISTOFORO COLOMBO
VIA A. DIAZ
VIA MEDINA
Piazza Municipio
Castel Nuovo
Palazzo Reale
Teatro
Pza. del Plebiscito
VIA A. F. ACTON
Calata Villa del Popolo
Molo Pisacane
Molo del Carmine
Ple. Pisacane
Molo a Martello
Bacino del Piliero
Molo Angioino
Stazione Marittima
Porto Beverello
Molo di San Vincenzo
VIA NAZARIO SAURO
STA. LUCIA
N

NÁPOLI

0 500m. 1Km.

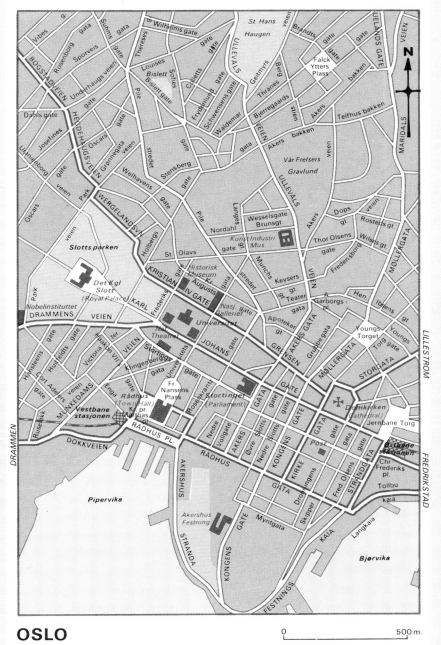
St. Hans Haugen
ULLEVÅLS
Falck Ytters Plass
BOGSTADVEIEN
HEGDEHAUGSVEIEN
Dahls gate
Bislett
WERGELANDSVEIEN
Slottsparken
Det Kgl Slott (Royal Palace)
KARL JOHANS GATE
KRISTIAN IV GATE
Historisk Museum
Universitet
Nat. Theatret
Nasj. Galleriet
Kunst Industri Mus.
Vår Frelsers Gravlund
St. Olavs
Nobelinstituttet
DRAMMENSVEIEN
Stortinget (Parliament)
Fr. Nansens Plass
Rådhus (Town Hall)
Vestbane stasjonen
RÅDHUS PL.
DOKKVEIEN
Pipervika
AKERSHUS STRANDA
Akershus Festning
KONGENS GATE
Domkirken (Cathedral)
Jernbane Torg
Østbane stasjonen
Chr. Frederiks pl.
Tollbu
Bjørvika
Youngs Torget
STORGATA
MØLLERGATA
GRENSEN
DRAMMEN
LILLESTRØM
FREDRIKSTAD
MARIDALS
N

OSLO

0 500m.

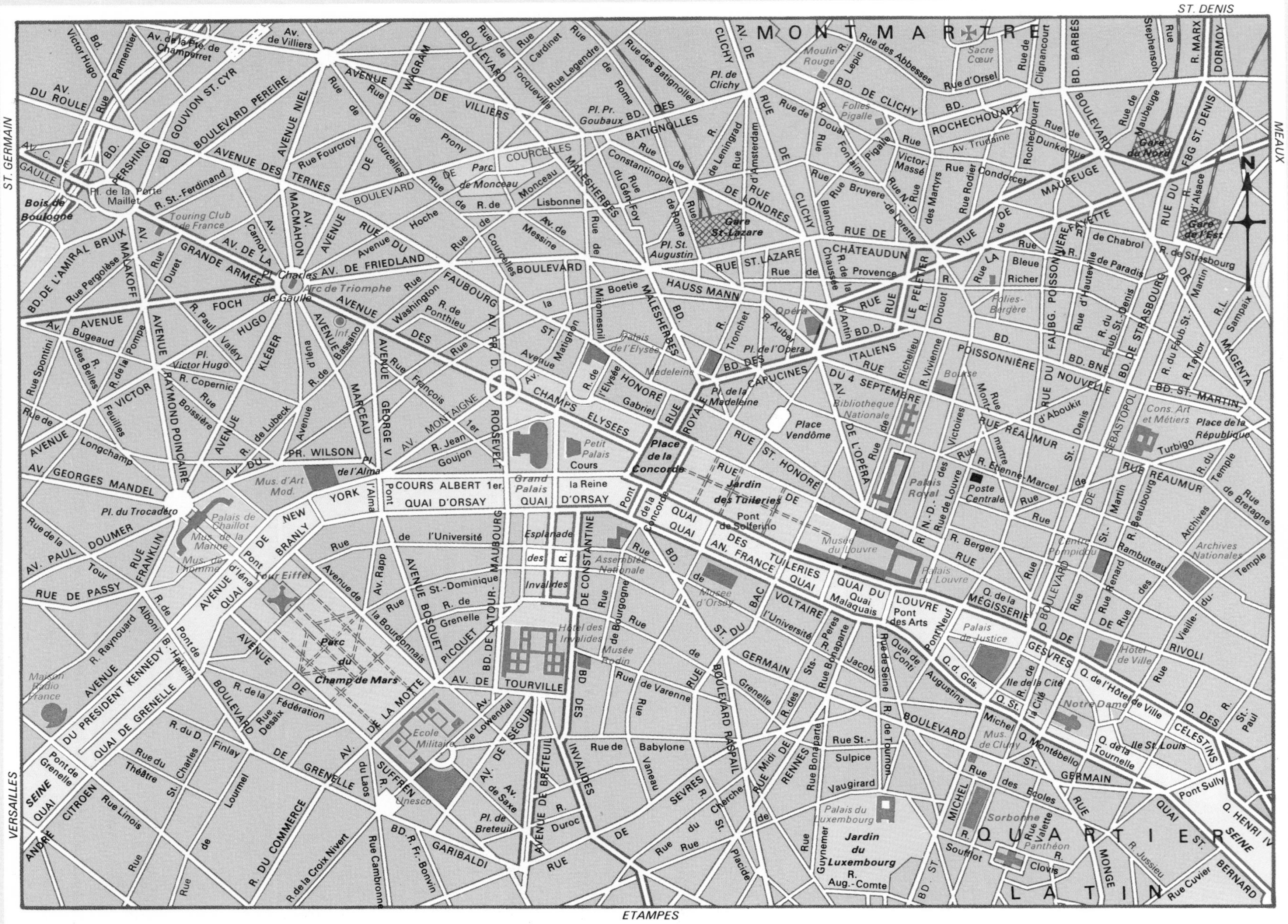
ST. DENIS
MEAUX
ETAMPES
VERSAILLES
ST. GERMAIN
MONTMARTRE
QUARTIER LATIN
Bois de Boulogne
Pl. Charles de Gaulle
Arc de Triomphe
AVENUE DES CHAMPS ELYSEES
Place de la Concorde
Jardin des Tuileries
Place Vendôme
Opéra
Gare St-Lazare
Gare du Nord
Gare de l'Est
Musée du Louvre
Palais Royal
Poste Centrale
Pl. du Trocadéro
Palais de Chaillot
Tour Eiffel
Parc du Champ de Mars
Ecole Militaire
Unesco
Hôtel des Invalides
Musée Rodin
Assemblée Nationale
Grand Palais
Petit Palais
Esplanade des Invalides
Ile de la Cité
Notre Dame
Ile St. Louis
Palais de Justice
Hôtel de Ville
Centre Pompidou
Archives Nationales
Place de la République
Jardin du Luxembourg
Palais du Luxembourg
Sorbonne
Panthéon
Mus. de Cluny
BOULEVARD HAUSSMANN
QUAI D'ORSAY
BOULEVARD ST. GERMAIN
BOULEVARD RASPAIL
RUE DE RIVOLI
BD. DE SEBASTOPOL
RUE REAUMUR
N
PARIS

0 500m. 1Km.

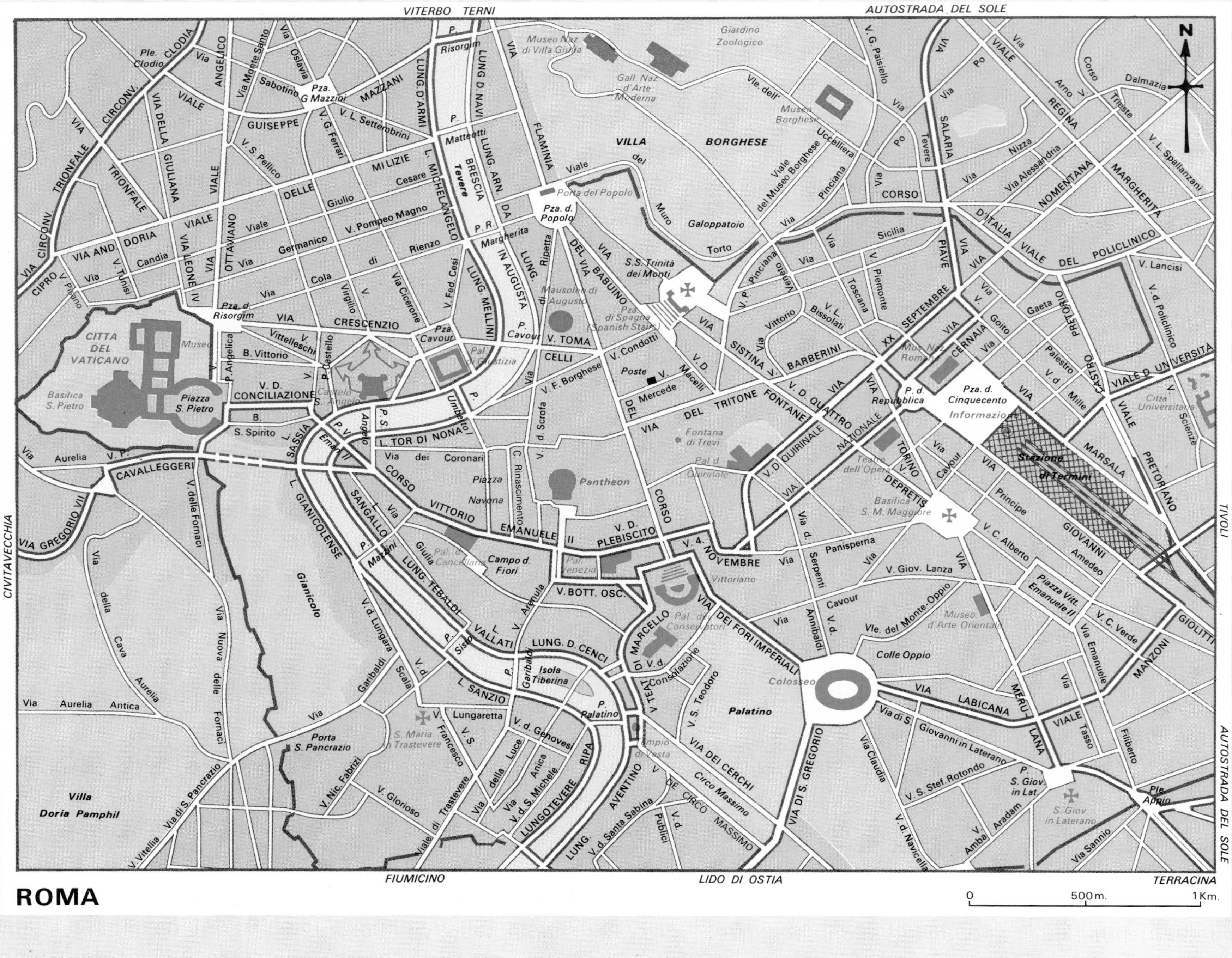
VITERBO TERNI
AUTOSTRADA DEL SOLE
CIVITAVECCHIA
TIVOLI
FIUMICINO
LIDO DI OSTIA
TERRACINA
VILLA BORGHESE
Giardino Zoologico
Gall. Naz. d'Arte Moderna
Museo Naz. di Villa Giulia
Museo Borghese
Galoppatoio
Pza. d. Popolo
Porta del Popolo
S.S. Trinità dei Monti
Pza. di Spagna (Spanish Stairs)
Mausoleo di Augusto
CITTA DEL VATICANO
Basilica S. Pietro
Piazza S. Pietro
Museo
Castello S. Angelo
Pza. Cavour
Pal. di Giustizia
Pantheon
Fontana di Trevi
Pal. d. Quirinale
Teatro dell'Opera
Pza. d. Repubblica
Pza. d. Cinquecento
Informazioni
Stazione di Termini
Basilica S. M. Maggiore
Mus. Naz. Romano
Campo d. Fiori
Pal. Farnese
Pal. Venezia
Piazza Navona
Vittoriano
Pal. d. Conservatori
Colosseo
Palatino
Circo Massimo
Isola Tiberina
S. Maria in Trastevere
Porta S. Pancrazio
Gianicolo
Villa Doria Pamphil
S. Giov. in Laterano
Ple. Appio
Museo d'Arte Orientale
Citta Universitaria
VIA DEL CORSO
VIA VENETO
VIA NAZIONALE
VIA DEI FORI IMPERIALI
CORSO VITTORIO EMANUELE II
N
ROMA

0 500m. 1Km.

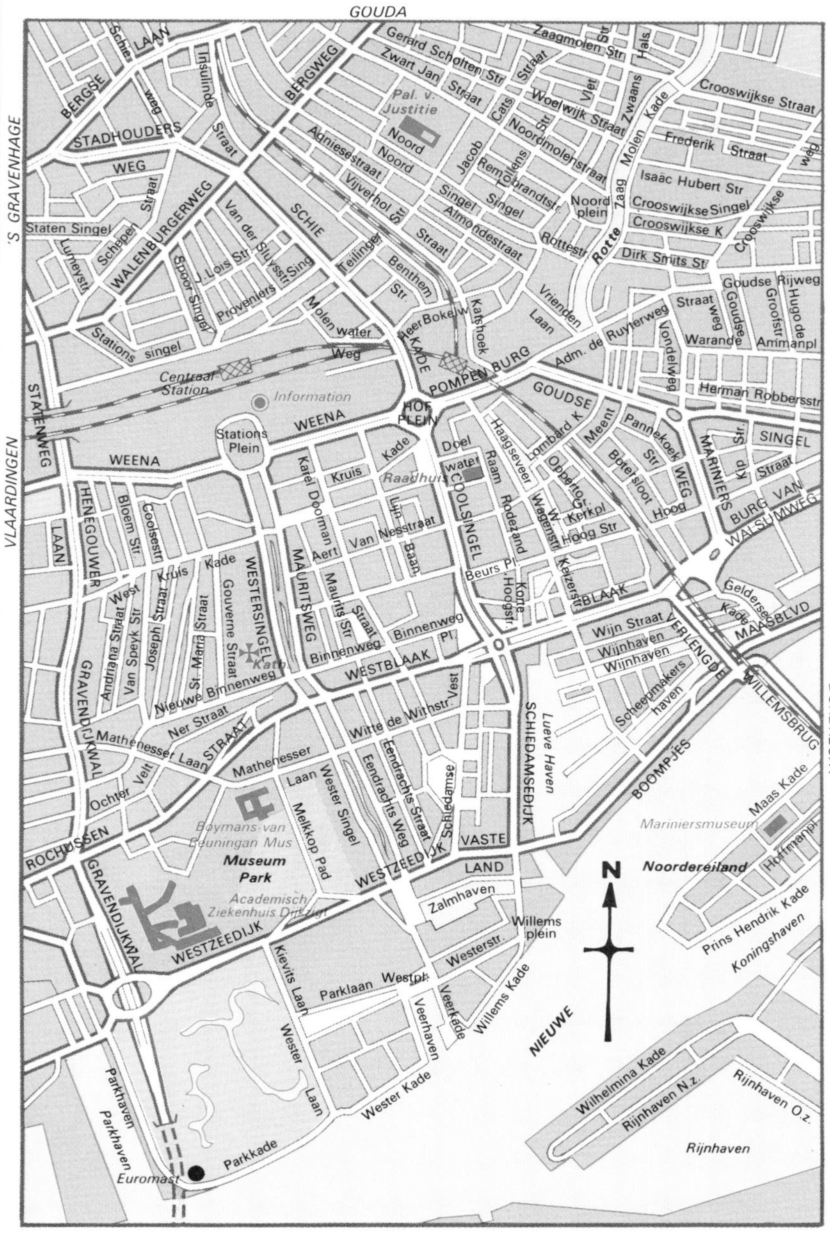

ROTTERDAM   0   500 m.   1 Km.

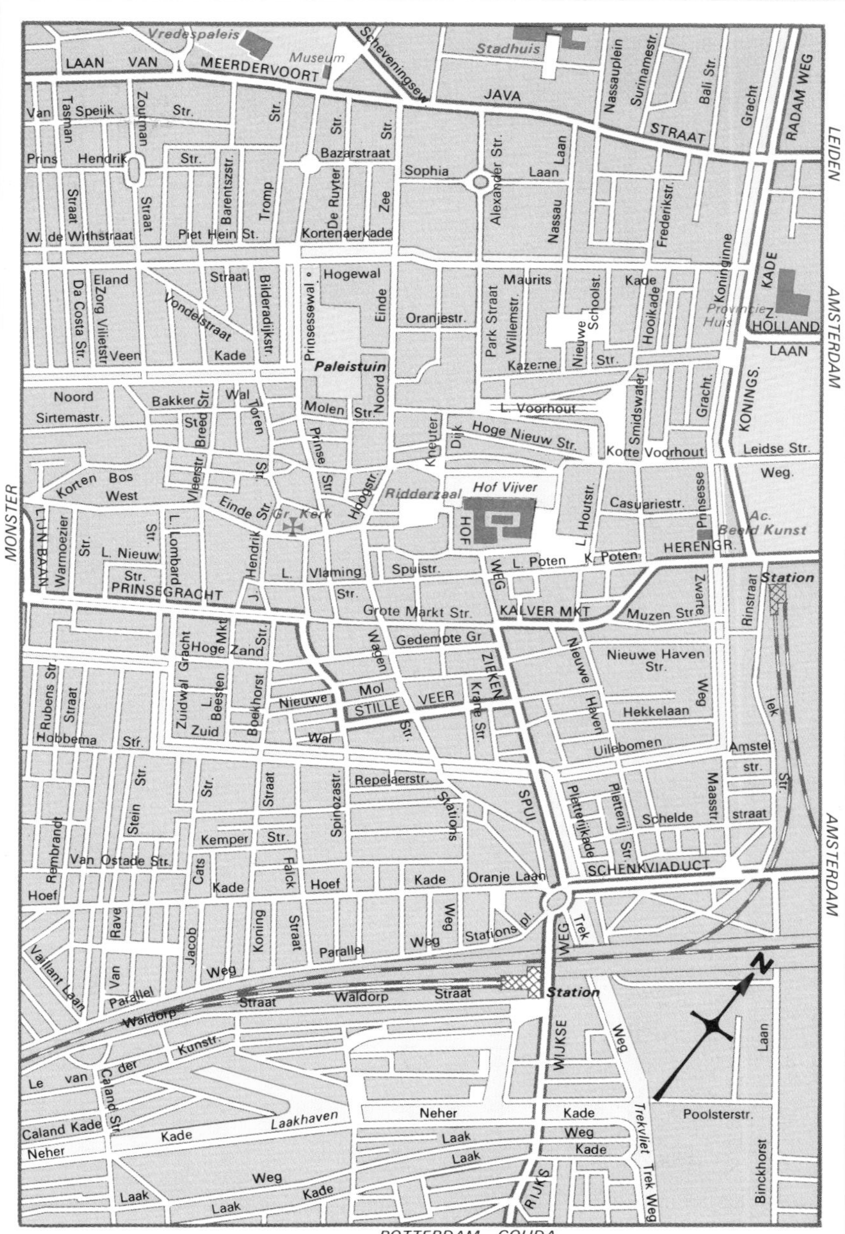

'S GRAVENHAGE   0   500 m.   1 Km.

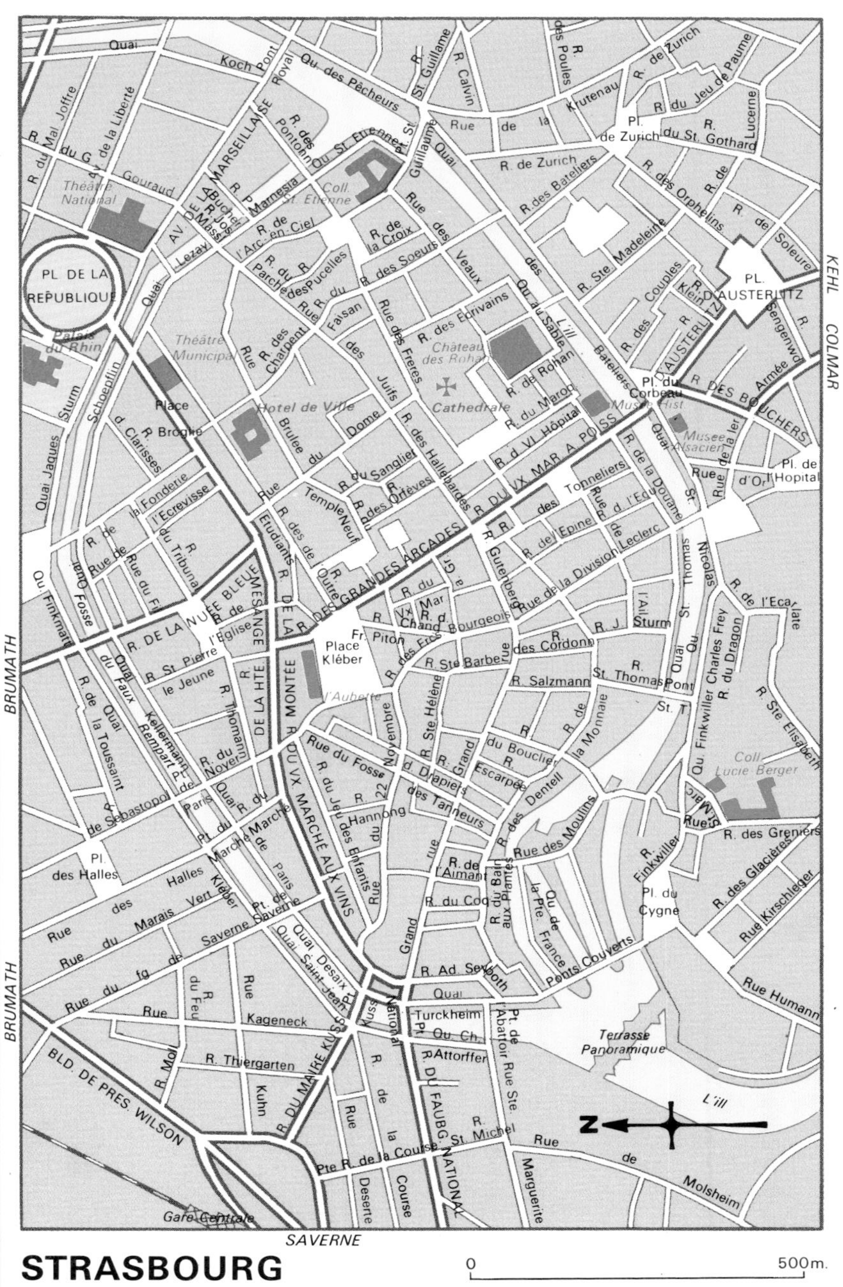

STRASBOURG   0   500 m.

TORINO   0   500 m.   1 Km.

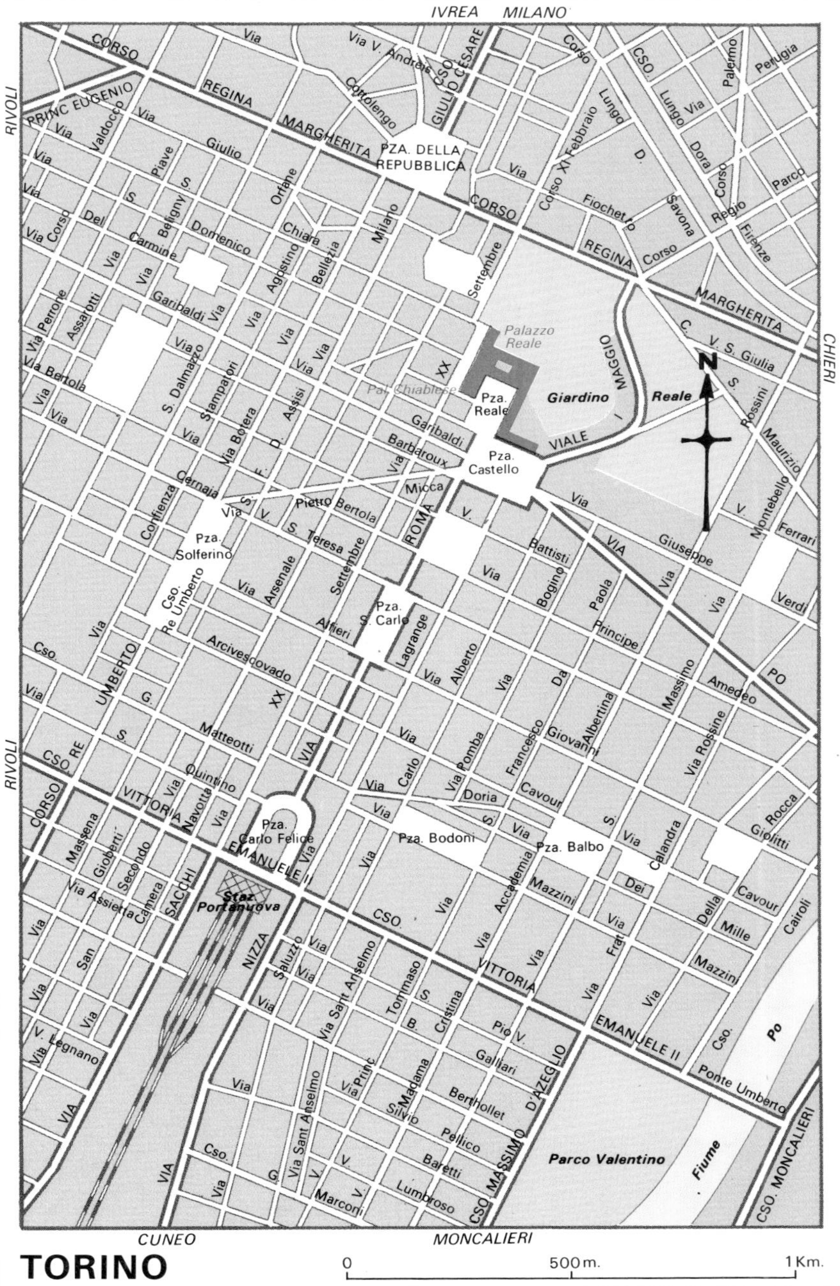

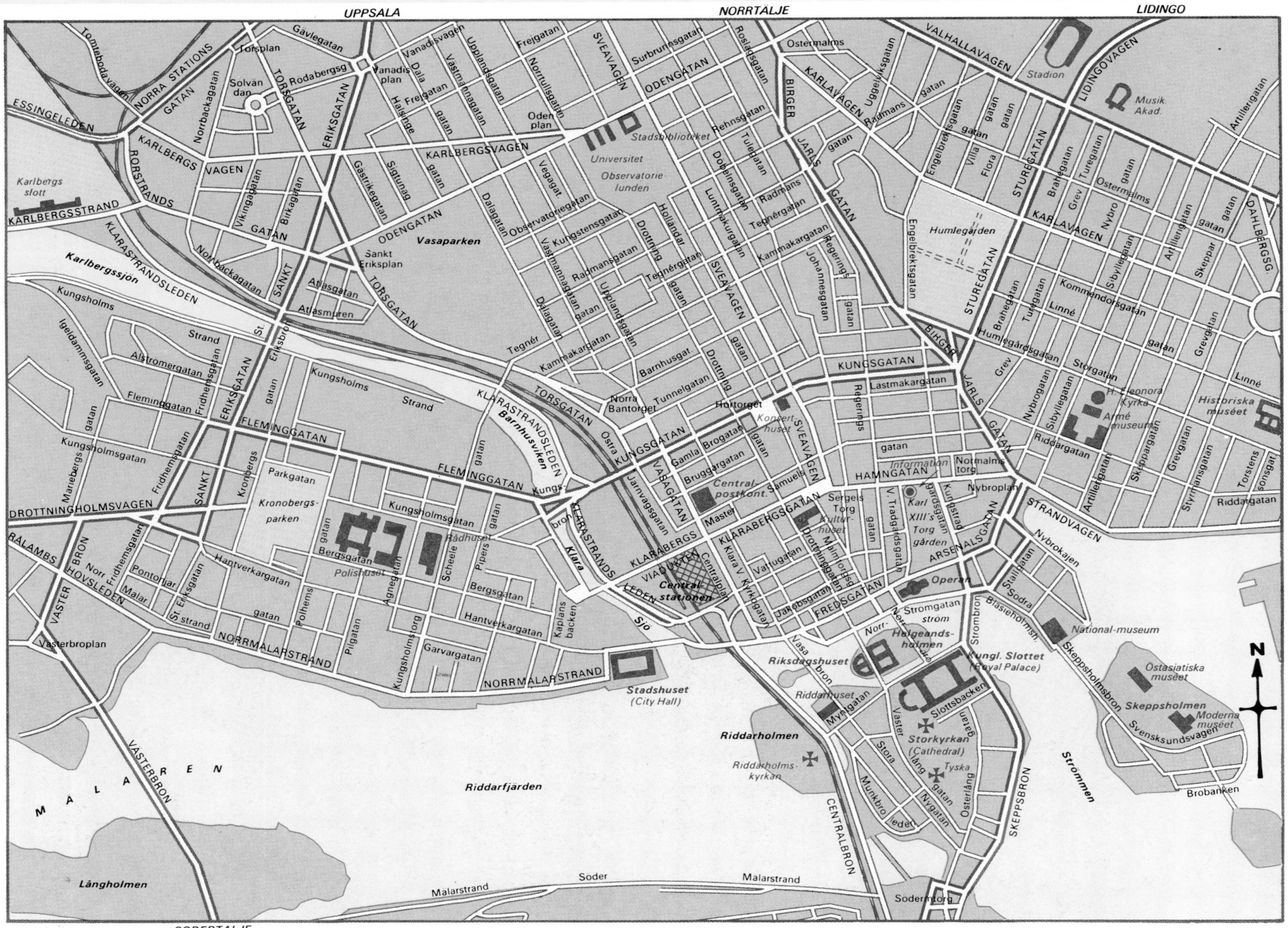
UPPSALA
NORRTÄLJE
LIDINGO
SODERTALJE
ESSINGELEDEN
NORRA STATIONS GATAN
TORSGATAN
ERIKSGATAN
KARLBERGSVÄGEN
ODENGATAN
SVEAVÄGEN
BIRGER JARLS GATAN
VALHALLAVÄGEN
LIDINGOVÄGEN
Stadion
Musik Akad.
Karlbergs slott
KARLBERGSSTRAND
Karlbergssjön
KLARASTRANDSLEDEN
Vasaparken
Sankt Eriksplan
Universitet
Observatorie lunden
Stadsbiblioteket
Humlegården
STUREGATAN
KARLAVÄGEN
DAHLBERGSG.
KUNGSGATAN
Kungsholms Strand
FLEMINGGATAN
DROTTNINGHOLMSVÄGEN
Kronobergs-parken
Parkgatan
Kungsholmsgatan
Rådhuset
Polishuset
Hantverkargatan
Norr Mälar strand
NORRMALARSTRAND
Stadshuset (City Hall)
Vasterbroplan
VÄSTERBRON
Centralstationen
Central-postkont.
Hötorget
Konserthuset
Hamngatan
Sergels Torg
Kulturhuset
Karl XII:s Torg
Kungsträdgården
STRANDVÄGEN
Nybroplan
Operan
Riksdagshuset
Helgeandsholmen
Kungl. Slottet (Royal Palace)
National-museum
Östasiatiska museet
Skeppsholmen
Moderna museet
Riddarholmen
Riddarholms-kyrkan
Riddarhuset
Storkyrkan (Cathedral)
Tyska kyrkan
Riddarfjärden
Strömmen
M A L A R E N
Långholmen
Malarstrand
Soder
Södermalmstorg
CENTRALBRON
SKEPPSBRON
Historiska museet
H. Eleonora Kyrka
Armé museum
Stromgatan
Brobanken
N

STOCKHOLM

0 500m. 1Km.

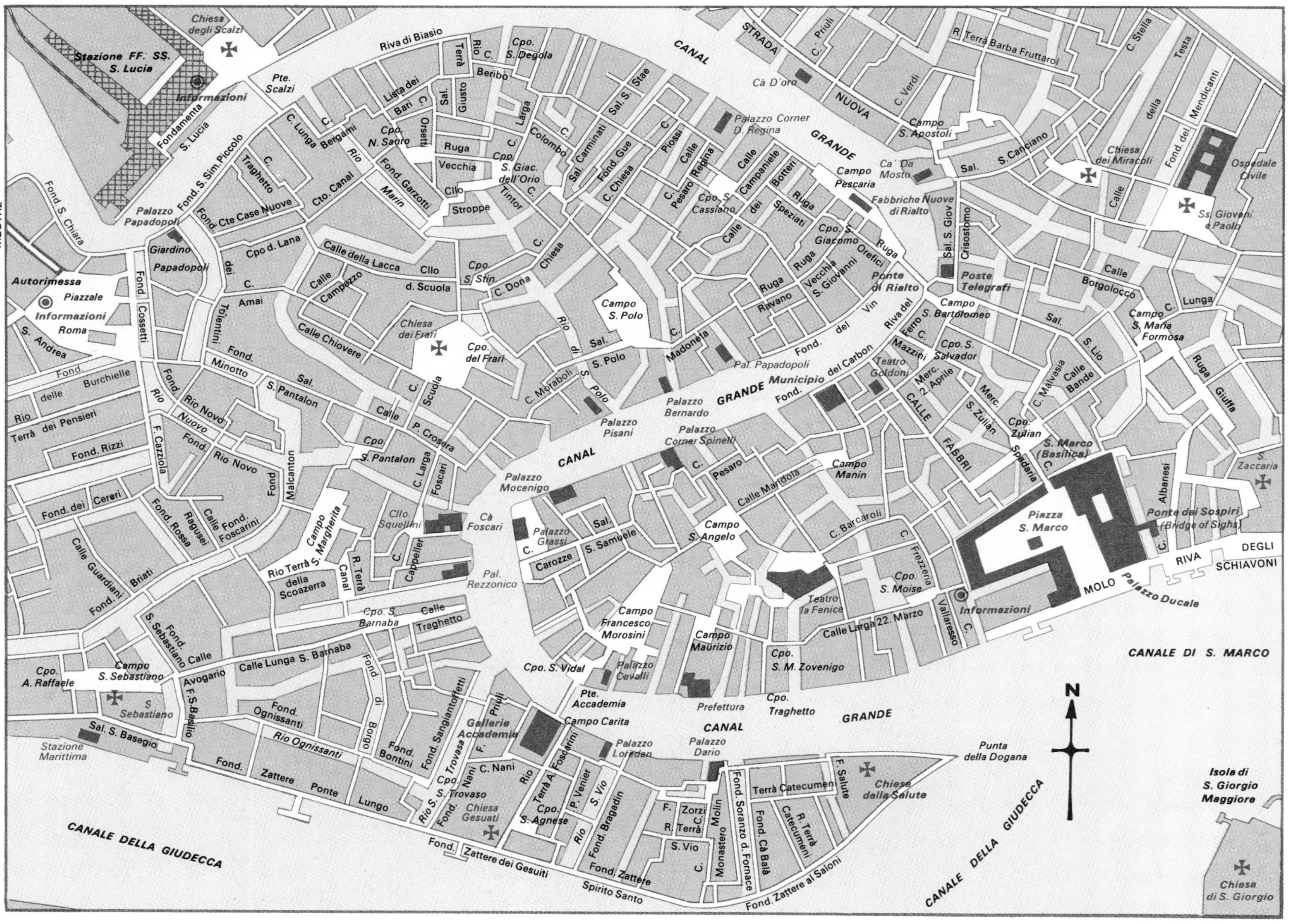
Chiesa degli Scalzi
Stazione FF. SS. S. Lucia
Informazioni
Pte. Scalzi
Riva di Biasio
Fondamenta S. Lucia
MESTRE
Autorimessa
Piazzale Roma
Giardino Papadopoli
Palazzo Papadopoli
CANAL GRANDE
STRADA NUOVA
Cà D'oro
Palazzo Corner D. Regina
Campo S. Apostoli
Chiesa dei Miracoli
Ospedale Civile
Ss. Giovanni e Paolo
Campo Pescaria
Fabbriche Nuove di Rialto
Ponte di Rialto
Poste Telegrafi
Campo S. Bartolomeo
Campo S. Polo
Chiesa dei Frari
Cpo. del Frari
Campo S. Maria Formosa
Palazzo Pisani
Palazzo Bernardo
Palazzo Corner Spinelli
Municipio
Teatro Goldoni
Cpo. S. Zulian
S. Marco (Basilica)
Piazza S. Marco
Ponte dei Sospiri (Bridge of Sighs)
Palazzo Ducale
RIVA DEGLI SCHIAVONI
MOLO
Informazioni
CANALE DI S. MARCO
Campo Manin
Campo S. Angelo
Teatro la Fenice
Calle Larga 22. Marzo
Cà Foscari
Palazzo Mocenigo
Palazzo Grassi
Pal. Rezzonico
Campo S. Margherita
Campo Francesco Morosini
Campo Maurizio
Cpo. S. M. Zovenigo
Palazzo Cavalli
Pte. Accademia
Gallerie Accademia
Campo Carita
Palazzo Loredan
Palazzo Dario
Chiesa della Salute
Punta della Dogana
Chiesa Gesuati
Campo S. Sebastiano
Cpo. A. Raffaele
Stazione Marittima
Fond. Zattere
CANALE DELLA GIUDECCA
Isola di S. Giorgio Maggiore
Chiesa di S. Giorgio
N

VENÉZIA

0 500m.

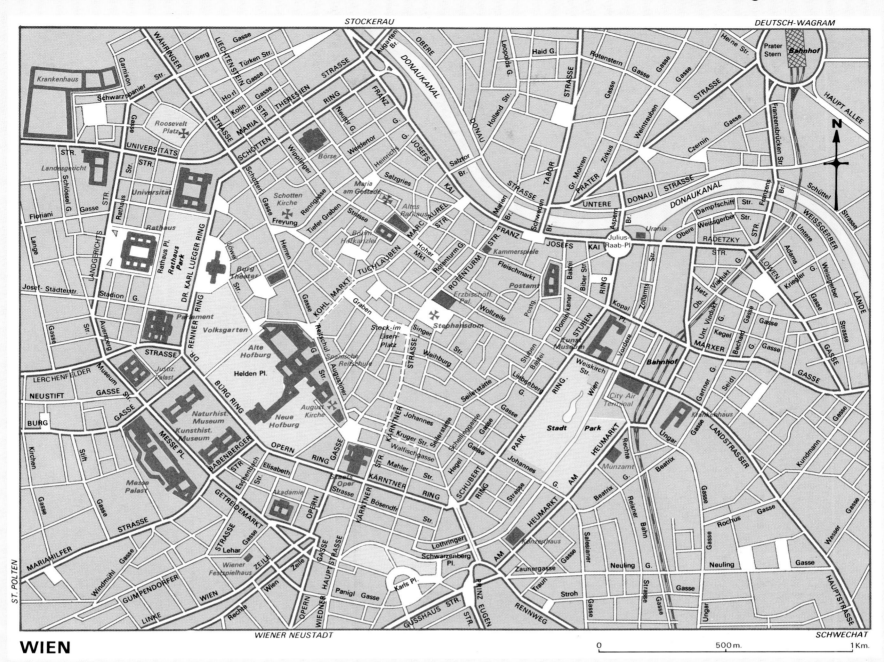
STOCKERAU
DEUTSCH-WAGRAM
ST. POLTEN
WIENER NEUSTADT
SCHWECHAT
DONAUKANAL
Prater Stern
Bahnhof
HAUPT ALLEE
Krankenhaus
Roosevelt Platz
Universität
Rathaus
Rathaus Park
DR. KARL LUEGER RING
Burg Theater
Volksgarten
Parlament
Alte Hofburg
Helden Pl.
Neue Hofburg
Naturhist. Museum
Kunsthist. Museum
Messe Palast
Börse
Schotten Kirche
Freyung
Maria am Gestade
Altes Rathaus
Stephansdom
Stock-im Eisen-Platz
Graben
Spanische Reitschule
August. Kirche
Staats Oper
Akadamie
Karls Pl.
Schwarzenberg Pl.
Stadt Park
City Air Terminal
Bahnhof
Urania
Julius-Raab-Pl.
Kammerspiele
Postamt
Erzbischöfl. Pal.
Kunst Museum
Münzamt
Konzerthaus
Wiener Festspielhaus
Krankenhaus
KÄRNTNER RING
OPERN RING
BURG RING
SCHUBERT RING
PARK RING
STUBEN RING
LANDSTRASSER HAUPTSTRASSE
MARIAHILFER STRASSE
PRINZ EUGEN STR.
RENNWEG
0
500 m.
1 Km.

WIEN

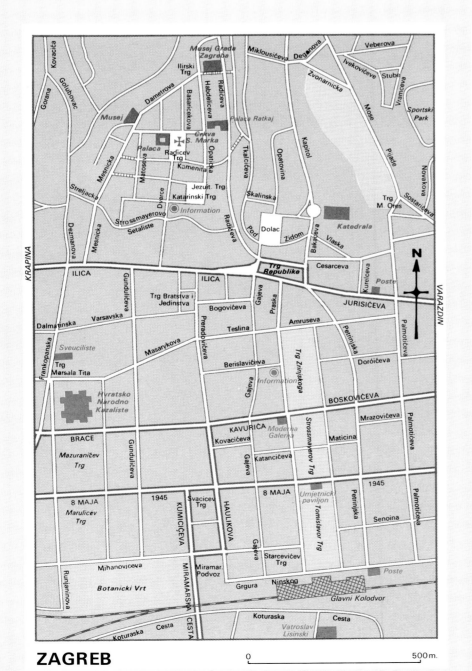
KRAPINA
VARAZDIN
Muzej Grada Zagreba
Ilirski Trg
Muzej
Palaca Ratkaj
Crkva S. Marka
Palaca
Radicev Trg
Katarinski Trg
Jezuit. Trg
Information
Dolac
Katedrala
Trg M. Ores
Trg Republike
ILICA
Poste
Sveuciliste
Trg Marsala Tita
Hrvatsko Narodno Kazaliste
Trg Zrinjskoga
Information
Moderna Galerija
Strossmayerov Trg
Mazuranićev Trg
Marulicev Trg
Umjetnicki paviljon
Tomislavov Trg
Starcevićev Trg
Miramar. Podvoz
Botanicki Vrt
Glavni Kolodvor
Vatroslav Lisinski
Poste
Sportski Park
0
500 m.

ZAGREB

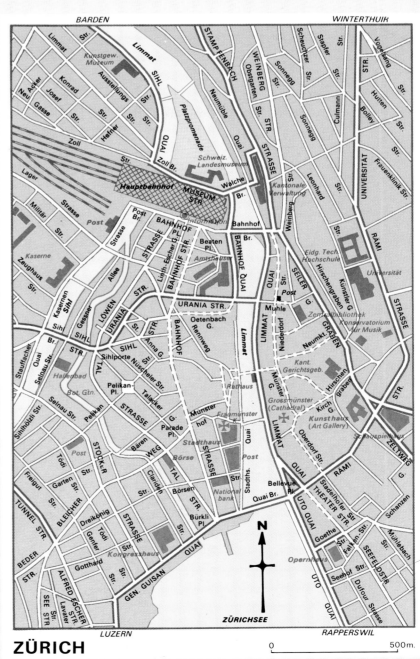
BARDEN
WINTERTHUR
LUZERN
RAPPERSWIL
Limmat
Sihl
Kunstgew. Museum
Platzpromenade
Schweiz. Landesmuseum
Hauptbahnhof
Information
Kantonale Verwaltung
Post
Kaserne
Zeughaus
Beaten Pl.
Amtshause
Eidg. Tech. Hochschule
Universität
Zentralbibliothek
Konservatorium für Musik
Kant. Gerichtsgeb.
Rathaus
Fraumünster
Grossmünster (Cathedral)
Kunsthaus (Art Gallery)
Schauspielhaus
Hallenbad
Bot. Gtn.
Post
Stadthaus
Börse
Post
National bank
Bürkli Pl.
Bellevue Pl.
Kongresshaus
Opernhaus
ZÜRICHSEE
BAHNHOF STR.
UTO QUAI
GEN. GUISAN QUAI
0
500 m.

ZÜRICH

INDEX

GB	F		D	I	GB	F		D	I
Austria	Autriche	**A**	Österreich	Austria	Greece	Grèce	**GR**	Griechenland	Grecia
Albania	Albanie	**AL**	Albanien	Albania	Hungary	Hongrie	**H**	Ungarn	Ungheria
Andorra	Andorre	**AND**	Andorra	Andorra	Italy	Italie	**I**	Italien	Italia
Belgium	Belgique	**B**	Belgien	Belgio	Ireland	Irlande	**IRL**	Irland	Irlanda
Bulgaria	Bulgarie	**BG**	Bulgarien	Bulgaria	Liechtenstein	Liechtenstein	**FL**	Liechtenstein	Liechtenstein
Switzerland	Suisse	**CH**	Schweiz	Svizzera	Luxembourg	Luxembourg	**L**	Luxemburg	Lussemburgo
Czechoslovakia	Tchécoslovaquie	**CS**	Tschechoslowakei	Cecoslovacchia	Monaco	Monaco	**MC**	Monaco	Monaco
West Germany	Allemagne-Ouest	**D**	Bundesrepublik Deutschland	Germania-Occidente	Norway	Norvège	**N**	Norwegen	Norvegia
East Germany	Allemagne-Est	**DDR**	Deutsche Demokratische Republik	Germania-Oriente	Netherlands	Pays-Bas	**NL**	Niederlande	Paesi Bassi
					Portugal	Portugal	**P**	Portugal	Portogallo
					Poland	Pologne	**PL**	Polen	Polonia
Denmark	Danemark	**DK**	Dänemark	Danimarca	Rumania	Roumanie	**RO**	Rumänien	Romania
Spain	Espagne	**E**	Spanien	Spagna	San Marino	Saint-Marin	**RSM**	San Marino	San Marino
France	France	**F**	Frankreich	Francia	Sweden	Suède	**S**	Schweden	Svezia
United Kingdom	Royaume Uni	**GB**	Großbritannien und Nordirland	Regno Unito	Finland	Finlande	**SF**	Finnland	Finlandia
					Soviet Union	Union Soviétique	**SU**	Sowjetunion	Unione Sovietica
					Turkey	Turquie	**TR**	Türkei	Turchia
Gibraltar	Gibraltar	**GBZ**	Gibraltar	Gibilterra	Yugoslavia	Yougoslavie	**YU**	Jugoslawien	Jugoslavia

A

80 Buonvicino I B2
70 Burano I C2
62 Burbach D C3
15 Burbage GB B6
85 Burcei I C2
49 Bureå S D10
32 Burella de Cabo E A3
62 Büren D B3
68 Büren an der Aare CH A2
15 Burford GB B6
61 Burg D B6
88 Burg, *Cottbus* DDR B4
63 Burg, *Magdeburg* DDR A6
87 Burg Stargard DDR B4
109 Burgas BG E7
71 Burgau A A6
66 Burgau D C1
44 Burgau P B1
65 Burgberheim D B6
68 Burgdorf CH A2
61 Burgdorf D C7
66 Burgebrach D B1
63 Bürgel DDR C6
17 Burgess Hill GB D2
13 Burgh le Marsh GB B6
66 Burghaslach D B1
63 Burghaum D C4
67 Burghausen D C3
9 Burghead GB C5
82 Búrgio I B2
63 Burgkunstadt D C6
66 Burglengenfeld D B3
45 Burgo E C5
33 Burgo P D2
66 Burgoberbach D B1
40 Burgohondo E B2
35 Burgos E B3
65 Burgsinn D A5
88 Burgstädt DDR C2
63 Burgstall DDR A6
62 Burgsteinfurt D A2
106 Burgsvik S B6
36 Burguete E A1
36 Burgui E A2
45 Burguillos E B4
40 Burguillos de Toledo E C3
39 Burguillos del Cerro E C4
61 Burhave D B5
25 Burie F C4
42 Burjaso E B2
66 Burk D B1
88 Burkau DDR B4
88 Burkhardsdorf DDR C2
65 Burladingen D C5
61 Burlage D B4
13 Burley in Wharfedale GB B4
9 Burness GB A6
5 Burnfoot IRL A4
16 Burnham Market GB B3
17 Burnham-on-Crouch GB C3
15 Burnham-on-Sea GB B5
13 Burnley GB B3
11 Burnmouth GB C5
11 Burntisland GB B4
34 Burón E A1
68 Buronzo I C3
87 Burow DDR B4
8 Burrafirth, *Shetland Is.* GB
8 Burravoe, *Shetland Is.* GB
97 Burrel AL D2
11 Burrelton GB B4
6 Burren IRL A2
37 Burret F A4
42 Burriana E B2
14 Burry Port GB B3
69 Burs A A4
58 Burseryd S B2
65 Bürstadt D B4
12 Burton GB A3
13 Burton Agnes GB A5
15 Burton Bradstock GB C5
16 Burton Latimer GB B2
13 Burton upon Trent GB C4
4 Burtonport IRL B3
40 Burujón E C2
105 Burunkoy TR A4
92 Bürüs H C2
17 Burwash GB D3
9 Burwick GB B6
12 Bury GB B3
16 Bury St. Edmunds GB B3
85 Busachi I B1
72 Busalla I B3
73 Busana I B5
72 Busano I A2
72 Busca I B2
86 Busch DDR C2
97 Bushat AL D1
17 Bushey GB C2
5 Bushmills GB A5
91 Bušince CS C5
55 Buskhyttan S D2
42 Busot E C2
94 Busovača YU B2
46 Busquistar E C3
64 Bussang F D2
73 Busseto I B5
25 Bussière-Poitevine F B5
27 Bussières F C4
69 Bussolengo I C5
72 Bussoleno I A2
19 Bussum NL A5
69 Busto Arsizio I C3
61 Büsum D A5
82 Butera I B3
19 Butgenbach B C6
69 Bütschwil CH A4
66 Buttenwiesen D C1
12 Buttermere GB A2
6 Buttevant IRL B3
63 Buttstädt DDR B6
62 Butzbach D C3
61 Bützfleth D B6
86 Bützow DDR B2
26 Buxières F B2
61 Buxtehude D B6
13 Buxton GB B4
27 Buxy F B4
99 Buynovtsi BG A4
99 Büyük Doganca TR B5
25 Buzancais F B6
23 Buzancy F B5
108 Buzău RO D7
71 Buzet YU C3
92 Buzsák H B2
28 Buzy F C3
15 Bwlch GB B4
54 By S B2
99 Byal Izvor BG B4
109 Byala, *Ruse* BG E6
99 Byala, *Sliven* BG A5
99 Byala Reka BG A4
99 Byalo Pole BG A4
106 Bydgoszcz PL D6
16 Byfield GB B1
48 Bygdin N F4
51 Bygland N C4
51 Byglandsfjord N C4
50 Bykle N B4
12 Bylchau GB B2
57 Bylderup DK D2
36 Bylie F A3
91 Bylnice CS B4
56 Byrum DK A3
89 Byšice Liblice CS C4
49 Byske S D10
90 Býškovice CS B3
90 Bystré CS B2
91 Bystrice, *Stredočeský* CS B4
67 Bystřice, *Stredočeský* CS B5
90 Bystřice n Pernstejnem CS B2
90 Bystřice p. Hostýnem CS B3
89 Bystrzyca Klodzka PL C6
91 Bytča CS B4
108 Bytom PL A3
89 Bytom Odrz PL B5
106 Bytów PL C5
106 Byxelkrok S B5
90 Bzenic CS C3
90 Bzince CS C3

C

43 C'an Pastilla, *Mallorca* E
43 C'an Picafort, *Mallorca* E
74 Ca'Pisani I B2
38 Cabacos P B2
28 Cabanac-et-Villagrains F B3
34 Cabañaquinta E A1
32 Cabañas E A2
44 Cabanas P B2
41 Cabañas de Yepes E C3
39 Cabañas del Castillo E B5
37 Cabanellas E A5
42 Cabanes E A3
35 Cabanillas E B5
71 Cabar YU C4
31 Cabasse F C5
33 Cabeceiras de Basto P C2
38 Cabeço de Vide P B3
72 Cabella Ligure I B4
39 Cabeza del Buey E C5
45 Cabeza la Vaca E A3
41 Cabezamesada E C3
40 Cabezarados E D2
46 Cabezarrubias del Puerto E A2
40 Cabezas del Villar E B1
44 Cabezas Rubias E B2
34 Cabezón E C2
34 Cabezón de la Sal E A2
34 Cabezón de Liébana E A2
34 Cabezuela E C3
39 Cabezuela del Valle E A5
41 Cabolfuenta E A4
21 Cabourg F A5
46 Cabra E B2
33 Cabra P D3
46 Cabra del Sto. Cristo E B3
9 Cabrach GB C5
34 Cabrales (Carreña) E A2
85 Cábras I C1
33 Cabreiro P C2
32 Cabreiros E A3
41 Cabrejas E B4
38 Cabrela P C2
30 Cabrières F C2
32 Cacabelos E B4
95 Čačak YU C5
82 Cáccamo I B2
81 Caccuri I B3
44 Cacela P B2
39 Cáceres E B4
32 Cachafeiro E B2
44 Cachopo P B2
90 Cachtice CS C3
46 Cacin E B3
92 Čačinci YU C2
38 Cadafais P C1
29 Cadalen F C6
39 Cadalso E A4
7 Cadamstown IRL A4
37 Cadaques E A6
38 Cadaval P B1
32 Cadavedo E A4
94 Čadavica, *Bosna i Hercegovina* YU B1
92 Cadavica, *Hrvatska* YU C2
91 Čadca CS B4
36 Cadéac F A3
73 Cadelbosco di Sopra I B5
69 Cadenazzo CH B3
61 Cadenberge D B6
31 Cadenet F C4
24 Cadeuil F C4
28 Cadillac F B3
45 Cádiz E C3
15 Cadnam GB C6
29 Cadouin F B4
36 Cadrete E B2
21 Caen F A5
13 Caenby Corner GB B5
12 Caergwrle GB B2
12 Caernarfon GB B1
15 Caerphilly GB B4
12 Caersws GB C2
80 Caggiano I A2
74 Cagli I C2
85 Cágliari I C2
78 Cagnano Varano I C2
7 Caher IRL B4
6 Cahercornish IRL B3
6 Cahermore IRL C1
6 Cahersiveen IRL C1
29 Cahors F B5
77 Caiazzo I B5
10 Cairnoch GB B3
10 Cairnryan GB D2
72 Cáiro Montenotte I B3
16 Caister-on-Sea GB B4
13 Caistor GB B5
77 Caivano I C5
37 Caixans E A4
29 Cajarc F B5
95 Cajetina YU C4
91 Čajkov CS C4
95 Čajniče YU C4
91 Čaka CS C4
91 Čakajovce CS C4
92 Čakovec YU B1
88 Čakovice CS C4
100 Cakran AL A1
45 Cala E B3
43 Cala d'Or, *Mallorca* E
43 Cala Foreat, *Menorca* E
85 Cala Gonone I B2
43 Cala Llonga, *Ibiza* E
43 Cala Millor, *Mallorca* E
43 Cala Ratjada, *Mallorca* E
78 Calabritto I D2
36 Calaceite E B3
84 Calacuccia F B2
37 Calaf E B4
109 Calafat RO E5
37 Calafell E B4
46 Calahonda E C3
35 Calahorra E B5
18 Calais F C1
36 Calamocha E C1
39 Calamonte E C4
45 Calañas E B3
36 Calanda E C2
85 Calangiánus I B2
109 Calarasi RO D7
43 Calas de Mallorca, *Mallorca* E
83 Calascibetta I B3
85 Calasetta I C1
47 Calasparra E A5
82 Calatafimi I B1
35 Calatayuo E C5
35 Calatorao E C5
88 Calau DDR B3
63 Calbe DDR B6
35 Calcena E C5
69 Calco I C4
69 Caldaro (Kaltern) I B6
74 Caldarola I C3
38 Caldas da Rainha P B1
36 Caldas de Bohi E A3
37 Caldas de Malavella E B5
37 Caldas de Montbúy E B5
32 Caldas de Reyes E B2
33 Caldas de San Jorge P D2
33 Caldas de Vizela P C2
40 Caldaso de los Vidrios E B2
11 Calder GB C4
12 Calder Bridge GB A2
37 Calders E B4
5 Caledon GB B5
37 Calella, *Barcelona* E B5
37 Calella, *Gerona* E B6
84 Calenzana F B1
45 Calera de León E A3
40 Calera y Chozas E C2
35 Caleruega E C3
40 Caleruela E C1
73 Calestano I B5
10 Calgary GB B1
81 Calimera I A5
78 Calitri I D2
72 Calizzano I B3
20 Callac F B2
7 Callan IRL B4
10 Callander GB B3
31 Calles F C5
72 Calliano, *Piemonte* I A3
69 Calliano, *Trentino Alto Adige* I C6
14 Callington GB C3
42 Callosa de Ensarriá E C2
47 Callosa de Segura E A6
4 Callow IRL C2
37 Callús E B4
95 Čalma YU A4
65 Calmbach D C4
15 Calne GB B6
69 Calolziocorte I C4
37 Calonge E B6
90 Čalovec CS D3
90 Čalovo CS D3
42 Calpe E C3
15 Calshot GB C6
82 Caltabellotta I B2
83 Caltagirone I B3
82 Caltanissetta I B3
82 Caltavuturo I B2
35 Caltojar E C4
72 Caluso I A2
33 Calvario E C2
80 Calvello I A2
84 Calvi F B1
43 Calviá, *Mallorca* E
30 Calvisson F C3
63 Calvörde DDR A6
65 Calw D C4
46 Calzada de Calatrava E A3
40 Calzada de Valdunciel E A1
39 Calzadilla de los Barros E C4
73 Camaiore I C5
36 Camarasa E B3
40 Camarena E B2
30 Camarès F C1
20 Camaret F B1
31 Camaret-sur-Aigues F B3
34 Camargo E A3
42 Camarillas E A2
32 Camariñas E A1
41 Camarma E B3
33 Camarzana de Tera E B4
45 Camas E B3
82 Camastra I B2
8 Camb, *Shetland Is.* GB
32 Cambados E B2
33 Cambarinho P D2
62 Camberg D C3
17 Camberley GB C2
46 Cambil E B3
11 Cambo GB C6
28 Cambo-les-Bains F C2
14 Camborne GB C2
18 Cambrai F C3
32 Cambre E A2
16 Cambridge GB B3
37 Cambrils E B4
86 Cambs DDR B2
63 Camburg DDR B6
5 Camdonagh IRL A4
34 Cameleño E A2
14 Camelford GB C3
32 Camello E A1
74 Camerano I C3
74 Camerino I C3
80 Camerota I A2
81 Cami Salentina I A5
81 Camigliatello Silano I B3
33 Caminha P C2
39 Caminomorisco E A4
70 Camisano Vicentino I C1
99 Camlica TR C5
11 Cammachmore GB A5
82 Cammarata I B2
72 Camogli I B4
7 Camolin IRL B5
20 Camors F C3
78 Campagna I D2
29 Campan F C4
81 Campana I B3
39 Campanario E C5
46 Campanillas E C2
45 Campano E C3
34 Campaspero E C2
9 Campbelltown GB C4
10 Campbeltown GB C2
76 Campegnano di Roma I A3
42 Campello E C2
38 Campelos P B1
73 Campi Bisénzio I C6
47 Campico López E B5
73 Campiglia Marittima I C5
40 Campillo E B1
41 Campillo de Altobuey E C5
41 Campillo de Aregón E A5
46 Campillo de Arenas E B3
39 Campillo de Llerena E C5
46 Campillos E B2
77 Campli I A4
36 Campo E A3
33 Campo P C2
33 Campo de Bacerros E B3
34 Campo de Caso E A1
41 Campo de Criptana E C3
72 Campo Ligure I B3
39 Campo Maior P B3
72 Campo Molino I B2
41 Campo Real E B3
70 Campo Tures (Taufers) I B1
77 Campobasso I B5
82 Campobello di Licata I B2
82 Campobello di Mazara I B1
70 Campodársego I C1
69 Campodolcino I B4
82 Campofelice di Roccella I B2
82 Campofiorito I B2
70 Campofómide I B3
82 Campofranco I B2
45 Campofrio E B3
73 Campogalliano I B5
70 Campolongo I B2
34 Campomanes E A1
78 Campomarino I C2
82 Camporeale I B2
74 Camporeggiano I C2
36 Camporrells E B3
42 Camporrobles E B1
33 Campos P C3
43 Campos del Puerto, *Mallorca* E
33 Camposa P C2
70 Camposampiero I C1
73 Camposanto I B6
36 Camposines E B3
46 Campotéjar E B3
77 Campotosto I A4
37 Camprodon E A5
29 Campsegret F B4
11 Camptown GB C5
41 Camuñas E C3
76 Cana I A2
41 Cañada del Hoyo E C5
41 Cañadajuncosa E C4
45 Cañadarrosal E B4
109 Canakkale TR F7
72 Canale I B2
70 Canale San Bovo I B1
42 Canales E B2
42 Canals E C2
40 Cañamero E C1
46 Cañar E C3
45 Cañate la Real E C4
39 Cañaveral E B4
45 Cañaveral de León E A3
41 Cañaveras E B4
70 Canazie I B1
21 Cancale F B4
78 Cancellara I D2
77 Cancello ed Arnone I B4
29 Cancon F B4
33 Canda E B4
32 Candamil E A3
32 Candamo E A4
36 Candanchu E A2
34 Candás (Carreñn) E A1
36 Candasnos E B3
24 Candé F A3
78 Candela I C2
39 Candelario E A5
36 Candesnos E B3
70 Candide I B2
32 Candin E B4
38 Candosa P A3
11 Candy GB B5
72 Canelli I B3
46 Canena E A3
42 Canet de Berenguer E B2
37 Canet de Mar E B5
37 Canet-Plage F A6
41 Cañete E B5
46 Cañete de las Torres E B2
36 Canfranc E A2
32 Cangas, *Lugo* E A3
32 Cangas, *Pontevedra* E B2
32 Cangas de Narcea E A4
34 Cangas de Onis E A1
38 Canha P C2
44 Canhestros P A1
82 Canicatti I B2
83 Canicattini Bagni I B4
35 Canicosa de la Sierra E C3
33 Canidelo P C2
47 Caniles E B4
46 Canillas de Aceituno E C2
76 Canino I A2
21 Canisy F A4
40 Cañizal E A1
34 Cañizo E C1
47 Canjayer E B4
74 Cannara I D2
68 Cánnero Riviera I B3
72 Cannes F C2
73 Canneto I C5
73 Canneto sul Oglio I A5
9 Cannich GB C4
15 Cannington GB B4
68 Cannobio I B3
13 Cannock GB C4
11 Canonbie GB C5
78 Canosa di Púglia I C3
72 Canove I B3
76 Canpagnático I A2
40 Cantalapiedra E A1
34 Cantalejo E C3
45 Cantalgallo E A3
77 Cantalice I A3
40 Cantalpino E A1
76 Cantalupo in Sabina I A3
38 Cantanhede P A2
42 Cantavieja E A2
93 Čantavir YU C4
28 Cantenac F A3
17 Canterbury GB C4
74 Cantiano I C2
45 Cantillana E B4
40 Cantiveros E B2
47 Cantoria E B4
69 Cantu I C4
29 Canus F B6
17 Canvey GB C3
22 Cany-Barville F B1
37 Canyet E B5
70 Cáorle I C2
73 Caorso I A4
72 Cap d'Ail F C2
72 Cap d'Antibes F C2
28 Cap-de-Pin F B3
28 Cap Ferret F B2
80 Capáccio I A2
82 Capaci I A2
76 Capalbio I A2
73 Capánnori I C5
95 Capardi YU B3
97 Capari YU D3
35 Caparroso E B5
28 Capbreton F C2
37 Capdella E A4
29 Capdenac F B6
43 Capdepera, *Mallorca* E
40 Capeda la Mora E B1
17 Capel GB C2
12 Capel Curig GB B2
32 Capela E A2
38 Capelins P C3
37 Capellades E B4
76 Capena I A3
30 Capendu F C1
30 Capestang F C2
77 Capestrano I A4
46 Capileira E C3
38 Capinha P A3
77 Capistrello I B4
83 Capizzi I B3
94 Čaplje YU B1
94 Capljina YU C2
83 Capo d'Orlando I A3
69 Capo di Ponte I B5
70 Caposile I C2
85 Capoterra I C1
62 Cappel D C3
61 Cappeln D C5
11 Cappercleuth GB C4
7 Cappoquin IRL B4
77 Capracotta I B5
76 Capránica I A3
76 Caprarola I A3
76 Capretta I A3
80 Capri I A1
77 Capriati a Volturno I B5
69 Caprino Veronese I C5
28 Captieux F B3
77 Capua I B5
78 Capurso I C3
29 Capvern F C4
41 Carabaña E B3
35 Carabias E C3
109 Caracal RO D6
41 Caracenilla E B4
72 Caráglio I B2
37 Carálps E A5
29 Caraman F C5
77 Caramánico I A5
32 Caranga E A4
38 Caranguejeira P B2
108 Caransebes RO D5
20 Carantec F B2
78 Carapelle I C2
73 Carasco I B4
69 Carate Brianza I C4
47 Caravaca E A5
69 Caravággio I C4
34 Caravia E A1
39 Carbajo E B3
32 Carballeda E B3
32 Carballeda de Avia E B2
32 Carballiño E B2
32 Carballo E A2
14 Carbis Bay GB C2
28 Carbon-Blanc F B3
47 Carboneras E B5
41 Carboneras de Guadazaón E C5
40 Carbonero el Mayor E A2
46 Carboneros E A3
85 Carbónia I C1
70 Carbonin (Schluderbach) I B2
29 Carbonne F C5
7 Carbury IRL A5
39 Carcaboso E A4
46 Carcabuey E B2
42 Carcaixent E B2
28 Carcans F A2
28 Carcans-Plage F A2
35 Carcar E B5
72 Cárcare I B3
30 Carcassonne F C1
35 Carcastillo E B5
35 Carcedo E B3
42 Carcelén E B1
31 Carcès F C5
46 Carchelejo E B3
39 Carciaz E B5
37 Cardedeu E B5
46 Cardeña E A2
42 Cardenete E B1
40 Cardeñosa E B2
83 Cardeto I A4
15 Cardiff GB B4
14 Cardigan GB A3
37 Cardona E B4
38 Cardosos P B2
108 Carei RO C5
21 Carentan F A4
21 Carentoir F C3
83 Careri I A5
72 Caréssio I B3
97 Carev Dvor YU D2
92 Carevdar YU B1
11 Carfraemill Hotel GB C5
84 Cargese F B1
20 Carhaix-Plouguer F B2
38 Caria P A3
81 Cariati I B3
78 Carife I C2
23 Carignan F B6
72 Carignano I B2
36 Cariñena E B1
82 Carini I A2
8 Carinish GB C1
32 Cariño E A3
12 Cark GB A3
83 Carlentini I B4
23 Carlepont F B4
42 Carlet E B2
5 Carlingford IRL B5
11 Carlisle GB D5
85 Carloforte I C1
81 Carlópoli I B3
11 Carlops GB C4
7 Carlow IRL B5
8 Carloway GB B2
16 Carlton GB B1
11 Carluke GB C4
72 Carmagnola I B2
14 Carmarthen GB B3
40 Carmena E C2
34 Cármenes E B1
72 Carmine I B2
45 Carmona E B4
39 Carmonita E B4
29 Carmoux F B6
24 Carnac F A1
7 Carnew IRL B5
12 Carnforth GB A3
70 Cárnia I B3
5 Carnlough GB B5
12 Carno GB C2
30 Carnon Plage F C2
32 Carnota E B1
11 Carnoustie GB B5
11 Carnwarth GB C4
80 Carolei I B3
77 Carolina I B4
61 Carolinensiel D B4
21 Carolles F B4
69 Carona I B4
83 Caronia I A3
79 Carovigno I D4
77 Carovilli I B5
73 Carpaneto Piacentino I B4
74 Carpegna I C2
73 Carpenédolo I A5
31 Carpentras F B4
73 Carpi I B5
68 Carpignano Sésia I C3
73 Carpineti I B5
77 Carpineto Romano I B4
78 Carpino I C2
77 Carpinone I B5
40 Carpio E A1
40 Carpio Medianero E B1
24 Carquefou F A3
31 Carqueiranne F C5
33 Carraceda de Anciães P C3
4 Carracstle IRL C3
32 Carral E A2
73 Carrara I B5
40 Carrascalejo E C1
41 Carrascosa del Campo E B4
46 Carratraca E C2
33 Carrazedo de Montenegro P C3
9 Carrbridge GB C5
38 Carregal do Sal P A2
4 Carrick IRL B3
4 Carrick on Shannon IRL C3
7 Carrick-on-suir IRL B4
5 Carrickart IRL A4
7 Carrickbeg IRL B4
5 Carrickboy IRL C4
5 Carrickfergus GB B6
5 Carrickmacross IRL C5
6 Carrigaholt IRL B2
6 Carrigahorig IRL A3
6 Carrigaline IRL C3
5 Carrigallen IRL C4
6 Carrigtwohill IRL C3
45 Carrión E B3
40 Carrión de Calatrava E C3
34 Carrión de los Condes E B2
34 Carrizo E B1
46 Carrizosa E A4
31 Carro F C4
34 Carrocera E B1
11 Carronbridge GB C4
68 Carronge CH B1
21 Carrouges F B5
72 Carrù I B2
31 Carry-le-Rouet F C4
5 Carryduff GB B6
77 Carsoli I A4
10 Carspairn GB C3
11 Carstairs GB C4
47 Cartagena E B6
46 Cartama E C2
38 Cartaxo P B2
44 Cartaya E B2
15 Carterton GB B6
34 Cartes E A2
32 Carucedo E B4
33 Carviçães P C4
18 Carvin F C2
38 Carvoeira, *Lisboa* P B1
38 Carvoeira, *Lisboa* P C1
90 Čáry CS C3
38 Casa Branca, *Portalegre* P C3
38 Casa Branca, *Setúbal* P C2
74 Casa Castalda I C2
46 Casabermeja E C2
77 Casacalenda I B5
77 Casal di Principe I B4
81 Casalabate I A5
35 Casalareina E B4
77 Casalbordino I A5
72 Casalborgone I A2
80 Casalbuono I A2
72 Casale Monferrato I A3
72 Casalgrasso I B2
76 Casalina I A3
73 Casalmaggiore I B5
78 Casalnuovo Monterotaro I C2
73 Casaloldo I A5
73 Casalpusterlengo I A4
78 Casamássima I D3
77 Casamicciola Terme I C4
84 Casamozza F B2
72 Casanova I B2
39 Casar de Cáseres E B4
39 Casar de Palomero E A4
41 Casar de Talamanca E B3
46 Casarabonela E C2
81 Casarano I A5
35 Casarejos E C4
45 Casares E C4
39 Casares de las Hurdes E A4
46 Casariche E B2
40 Casarrubios del Monte E B2
70 Casarsa d. Delizia I C2
42 Casas de Benall E B2
40 Casas de Don Pedro E C1
41 Casas de Haro E C4
42 Casas de Jaun Núñez E B1
42 Casas de Juan Gil E B1
39 Casas de Millán E B4
45 Casas de Reina E A4
42 Casas de Ves E B1
42 Casas del Campillo E C2
45 Casas del Castaño E C4
42 Casas del Rio E B1
42 Casas-Ibáñez E B1
47 Casas Nuevas E B5
41 Casasimarro E C4
40 Casasola E B2
34 Casasola de Arion E C1
34 Casasuertes E A2
39 Casatejada E B5
40 Casavieja E B2
32 Casayo E B4
69 Casazza I C4
38 Cascais P C1
35 Cascante E B5
42 Cascante del Rio E A1
77 Cascia I A4
73 Casciana Terme I C5
73 Cáscina I C5
36 Cáseda E A1
72 Casella I B4
72 Caselle Torinese I A2
74 Casemurate I B2
74 Casenova I D2
36 Caseras E B3
39 Cáseres E B4
77 Caserta I B5
44 Casével P B1
7 Cashel IRL B4
40 Casillas E B2
39 Casillas de Coria E B4
73 Casina I B5
42 Casinos E B2
90 Čáslav CS B1
74 Casola Valsénio I B1
73 Cásole d'Elsa I C6
77 Casoli I A5
77 Casória I C5
36 Caspe E B2
37 Cassa de la Selva E B5
30 Cassagnas F B2
30 Cassagnes-Bégonhès F B1
80 Cassano allo Lónio I B3
69 Cassano d'Adda I C4
78 Cassano delle Murge I D3
68 Cassano Magnago I C3
72 Cassano Spinola I B3
18 Cassel F C2
83 Cassíbile I C4
72 Cassine I B3
77 Cassino I B4
31 Cassis F C4
72 Cassolnovo I A3
30 Cassuejouls F B1
73 Castagnaro I A6
73 Castagneto Carducci I C5
69 Castagnola CH B3
73 Castalbuttano I A4
42 Castalla E C2
36 Castalserás E C2
40 Castañar de Ibor E C1
34 Castañedo E A1
38 Castanheira de Pêra P A2
68 Cástano Primo I C3
69 Castasegna CH B4
19 Casteau B C4
77 Casteforte I B4
72 Castéggio I B4
33 Casteição P D3
30 Casteinau F C2
35 Castejón E B5
36 Castejón de Monegros E B2
36 Castejón de Sos E A3
36 Castejón de Valdejasa E B2
74 Castel Bolognese I B1
76 Castel d. Piano I A2
73 Castel d'Aiano I B6
73 Castel d'Ario I A5
36 Castel de Cabra E C2
77 Castel del Monte I A4
83 Castel di Licodia I B3
74 Castel di Rio I B1
77 Castel di Sangro I B5
77 Castel di Tora I A3
77 Castel Frentano I A5
73 Castel San Gimignano I C6
73 Castel San Giovanni I A4
74 Castel San Pietro Terme I B1
77 Castel Volturno I B4
82 Castelbuono I B3
82 Casteldáccia I A2
72 Casteldelfino I B2
74 Castelfidardo I C3
73 Castelfiorentino I C5
73 Castelfranco Emilia I B6
78 Castelfranco in Miscano I C2
70 Castelfranco Véneto I C1
28 Casteljaloux F B4
73 Castell Arquato I B4
76 Castell Azzera I A2
42 Castell de Cabres E A3
42 Castell de Castells E C2
46 Castell de Ferro E C3
37 Castell y Vilar E B4
68 Castella-Monte I C2
80 Castellabate I A1
82 Castellammare del Golfo I A1
77 Castellammare di Stábia I C5
79 Castellana Grotte I D4
31 Castellane F C5
78 Castellaneta I D3
46 Castellar E A3
45 Castellar de la Frontera E C4
46 Castellar de Santisteban E A3
37 Castellar del Vallés E B5
73 Castellarano I B5
72 Castellazzo Bórmida I B3
36 Castelldans E B3
73 Castelleone I A4
37 Castellet y Gornals E B4
69 Castelletto di Brenzone I C5
42 Castellfort E A2
37 Castellfullit de la Roca E A5
37 Castellfullit de Ruibregós E B4
73 Castellina Marittima I C5
37 Castello de Ampurias E A6
36 Castelló de Farfaña E B3
70 Castello di Feimme I B1
70 Castello Tesino I B1
37 Castelloli E B4
42 Castellón de la Plana E B2
42 Castellón de Rugat E C2
36 Castellote E C2
37 Castelltersol E B5
73 Castellúcchio I A5
78 Castellúccio de Sauri I C2
80 Castelluccio Inferiore I A3
73 Castelmassa I A6
73 Castelmáuro I B5
29 Castelmoron-sur-Lot F B4
28 Castelnau-de-Médoc F A3
29 Castelnau-de-Montmirail F C5
29 Castelnau-Magnoac F C4
29 Castelnau-Montratier F B5
29 Castelnaudary F C5
36 Castelnou E B2
73 Castelnova ne'Monti I B5
74 Castelnuovo Berardenga I C1
78 Castelnuovo della Dáunia I C2
73 Castelnuovo di Garfagnana I B5
73 Castelnuovo di V. di Cécina I C5
72 Castelnuovo Don Bosco I A2
72 Castelnuovo Scrivia I B3
33 Castelo Branco, *Bragança* P C4
38 Castelo Branco, *Castelo Branco* P B3
33 Castelo de Paiva (Sobrado) P C2
38 Castelo de Vide P B3
33 Castelo do Neiva P C2
33 Castelo Mendo P D4
74 Castelraimondo I C3
74 Castelruovo Terme I C1
77 Castelsantángelo I A4
80 Castelsaraceno I A3
85 Castelsardo I B1
29 Castelsarrasin F B5
82 Casteltérmini I B2
77 Castelvecchio Subéquo I A4
82 Castelvetrano I B1
69 Castenédolo I C5
28 Castets F C2
85 Castiádas I C2
74 Castiglion Fibocchi I C1
74 Castiglion Fiorentino I C1
69 Castigliona d. Stiviere I C5
73 Castiglioncello I C5
73 Castiglione Chiavarese I B4
73 Castiglione d'Adda I A4
74 Castiglione d'Orcia I C1
73 Castiglione dei Pepoli I B6
74 Castiglione del Lago I C2
76 Castiglione della Pescaia I A1
83 Castiglione di Sicília I B4
77 Castiglione Messer Marino I B5
35 Castil de Peones E B3
40 Castilblanco E C1
45 Castilblanco de los Arroyos E B3
35 Castilfrio de la Sierra E C4
36 Castilgaleu E A3
37 Castillar de la Ribera E A4
45 Castilleja E B3
47 Castillejar E B4
33 Castillejo de Martin Viejo E D4
35 Castillejo de Mesleón E C3
35 Castillejo de Robledo E C3
36 Castillisar E A1
40 Castillo de Bayuela E B2
46 Castillo de Locubin E B3
37 Castillon-en-Couserans F A4
28 Castillon-la-Bataille F B3
29 Castillonnés F B4
36 Castillonroy E B3
35 Castilruiz E C4
69 Castinne CH B4
70 Castions di Strade I C3
84 Castirla F B2
16 Castle Acre GB B3
15 Castle Cary GB B5
16 Castle Donington GB B1
11 Castle Douglas GB D4
4 Castlebar IRL C2
5 Castlebellingham IRL C5
5 Castleblayney IRL B5
7 Castlebridge IRL B5
7 Castlecomer IRL B4
5 Castlederg GB B4
11 Castlefaim GB B5
5 Castlefinn IRL B4
13 Castleford GB B4
6 Castleisland IRL B2
6 Castlemaine IRL B2
6 Castlemartyr IRL C3
5 Castlepollard IRL C4
4 Castlerea IRL C3
11 Castleside GB D6
9 Castletown, *Highland* GB B5
12 Castletown, *I. of Man* GB A1
7 Castletown IRL B4
6 Castletown Bearhaven IRL C2
6 Castletownroche IRL B3
5 Castlewellan GB B6
77 Castliglione I A4
69 Casto I C5
34 Castrejón E C1
33 Castrelo del Valle E B3
29 Castres F C6
60 Castricum NL C1
30 Castries F C2
81 Castrignano del Capo I B5
47 Castril E B4
34 Castrillo de Duero E C3
34 Castrillo de la Vega E C3
34 Castrillo de Onieio E C2
34 Castrillo Tejeriego E C2
32 Castrillón E A5
32 Castro-Caldelas E B3
33 Castro Daire P D3
32 Castro de Rey E A3
77 Castro dei Volsci I B4
46 Castro del Rio E B2
44 Castro Marim P B2
81 Castro Marina I B5
35 Castro-Urdiàles E A3
44 Castro Verde P B1
34 Castro Verde de Cerrato E C2
32 Castrocabón E B5
74 Castrocaro I B1
32 Castrocontrigo E B4
82 Castrofilippo I B2
34 Castrogonzaio E B1
34 Castrojeriz E B2
34 Castromonte E C1
34 Castromudarra E B1
34 Castronuevo E C1
34 Castronuño E C1
32 Castropodame E B4
32 Castropol E A4
83 Castroreale I A4
34 Castroserracin E C3
32 Castroverde E A3
34 Castroverde de Campos E C1
80 Castrovillari I B3
39 Castuera E C5
91 Čata CS D4
42 Catadau E B2
69 Cataéggio I B4
83 Catánia I B4
81 Catanzaro I C3
81 Catanzaro Lido I C3
21 Cataret F A4
38 Catarruchos P A2
11 Catcleugh GB C5
83 Catena I B4
83 Catenanuova I B3
17 Caterham GB C2
42 Cati E A3
77 Catignano I A4
23 Catillon-sur-Sambre F A4
32 Catoira E B2
47 Catral E A6
13 Catshill GB C3
64 Cattenom F B2
13 Catterick Camp GB A4
13 Cattersick GB A4
74 Cattólica I C2
82 Cattólica Eraclea I B2
22 Caudebac-en-Caux F B1
42 Caudete E C2
42 Caudiel E B2
37 Caudiès-de-Feneuillèdes F A5
23 Caudry F A4
11 Caulkerbush GB D4
21 Caulnes F B3
81 Caulónia I C3
21 Caumont-l'Evente F A5
30 Caunes F C1
84 Cauro F C1
29 Caussade F B5
30 Causse-de-la-Selle F C2
36 Cauterets F A2
77 Cava de Tirreni I C5
31 Cavaillon F C4
31 Cavalaire F C5
44 Cavaleiro P B1
70 Cavalese I B1
72 Cavallermaggiore I B2
70 Cavallino I C2
5 Cavan IRL C4
74 Cavárzere I A2
33 Cavernais P D3
73 Cavezzo I B6
28 Cavignac F A3
75 Cavle YU A4
76 Cavo I A1
72 Cavour I B2
79 Cavtat YU B5
9 Cawdor GB C5
13 Cawood GB B4
16 Cawston GB B4
18 Cayeux-sur-Mer F C1
29 Caylus F B5
32 Cayon E A2
46 Cazalilla E B3
45 Cazalla de la Sierra E B4
29 Cazals F B5
34 Cazanuecos E B1
46 Cázar E A3
28 Cazaubon F C3
28 Cazaux F B2
29 Cazères F C5
75 Cazin YU B5
69 Cazis CH B4
92 Cazma YU C1
34 Cazo E A1
46 Cazorla E B4
30 Cazouls-lès-Béziers F C2
34 Cea, *León* E B1
32 Cea, *Orense* E B3
5 Ceanannus Mór IRL C5
35 Ceánuri E A4
21 Ceauce F B5
40 Cebolla E C2
40 Cebreros E B2
77 Ceccano I B4
93 Cece H B3
67 Čechtice CS B6
90 Čechtin CS B1
77 Ceciliano I B3
73 Cécina I C5
39 Ceclavin E B4
69 Cedégolo I B5
32 Cedeira E A2
38 Cedillo E B3
40 Cedillo del Condado E B3
87 Cedynia PL C5
32 Cée E B1
82 Cefalù I A3
70 Céggia I C2
93 Cegléd H A4
93 Ceglédbercel H A4
79 Céglie Messápico I D4
97 Cegrane YU D2
47 Cehegin E A5
30 Ceilhes et Rocozels F C2
34 Ceinos de Campos E B1
38 Ceira P A2
90 Čejč CS C2
89 Celákovice CS C4
77 Celano I A4
32 Celanova E B3
7 Celbridge IRL A5
78 Celenza Valfortore I C1
95 Celic YU B3
99 Celina BG A4
94 Čelinac YU B2
71 Celje YU B5
42 Cella E A1
92 Celldömölk H A2
61 Celle D C7
72 Celle Ligure I B3
19 Celles B C5
25 Celles-sur-Belle F B4
81 Cellino I A4
97 Čelopeci YU D3
33 Celorico da Beira P D3
33 Celorico de Basto P C2
99 Celtik TR C5
69 Cembra I B6
12 Cemmaes Road GB C2
93 Cenad RO B5
70 Cencenighe I B1
32 Cendoy E B3
30 Cendras F B3
46 Cenes E B3
73 Ceneselli I A6
35 Cenicero E B4
40 Cenicientos E B2
95 Centa YU A5
72 Centallo I B2
37 Centellas E B5
73 Cento I B6
74 Centóia I C1
83 Centúripe I B3
93 Cepin YU C3
92 Čepinski Martinci YU C3
71 Cepovan YU B3
77 Ceprano I B4
83 Cerami I B3
68 Cerano I C3
21 Cerans Foulletourte F C6
37 Cerbere F A6
38 Cercal, *Lisboa* P B1
44 Cercal, *Setúbal* P B1
77 Cercemaggiore I B5
26 Cercy-la-Tour F B3
82 Cerda I B2
32 Cerdedo E B2
33 Cerdeira P D3
26 Cerdon F A2
73 Cerea I A6
11 Ceres GB B5
72 Ceres I A2
68 Ceresole-Reale I C2
31 Cereste F C4
37 Céret F A5
41 Cerezo de Abajo E A3
35 Cerezode Riotirón E B3
19 Cerfontaine B C4
27 Cergy F B4
78 Cerignola I C2
26 Cérilly F B2
23 Cerisiers F C4
25 Cerizay F B4
71 Cerknica YU C4
71 Cerkno YU B4
87 Cerkwica PL A6
97 Cermë Proske AL D1
95 Cerna YU A3
90 Černá Hora CS B2
67 Cerná v. Pošumavi CS C5
109 Cernavado RO D8
64 Cernay F D3
23 Cernay-en-Dormois F B5
15 Cerne Abbas GB C5
35 Cérnegula E B3
94 Cernik YU A2
69 Cernóbbio I C4
67 Černošin CS B3
67 Cernovice CS B5
91 Cerovo CS C5
76 Cerqueto I A3
33 Cerralbo E D4
74 Cerreto d'Esi I C3
77 Cerreto Sannita I B5
12 Cerrigydrudion GB B2
97 Çerrik AL D1
46 Cerro Muriano E A2
73 Certaldo I C6
72 Certosa di Pésio I B2
33 Cerva P C3
77 Cervaro I B4
34 Cervatos de la Cueza E B2
67 Cervena Rečice CS B6
91 Červená-Skala CS C6
90 Cervená Voda CS A2
89 Cerveny Kostelec CS C6
37 Cervera E B4
35 Cervera de la Cañada E C5
34 Cervera de Pistierga E B2
41 Cervera del Llano E C4
35 Cervera del Rio Alhama E B5
76 Cerveteri I B3
36 Cerviá E B3
74 Cervia I B2
70 Cervignana d. Friuli I C3
77 Cervinara I B5
84 Cervione F B2
32 Cervo E A3
26 Cervon F A3
31 Cesana Tor I B5
75 Cesarica YU B5
83 Cesaro I B3
74 Cesena I B2
74 Cesenático I B2
90 Česká Belá CS B1
88 Česká Kamenice CS C4
88 Česká Lipa CS C4
90 Česká Třebova CS B2
91 České Brezovo CS C5
67 České Budějovice CS C5
67 Ceské Velenice CS C5
67 Český Brod CS A5
67 Cesky Krumlov CS C5
91 Česky Tesin CS B4
70 Cessalto I C2
30 Cessenon F C2
67 Cestín CS B6
95 Čestobrodica YU C5
35 Cestona E A4
32 Cesuras E A2
75 Cetin Grad YU A5
35 Cetina E C5
79 Cetinje YU B5
80 Cetraro I B2
47 Ceuti E A5
72 Ceva I B3
34 Cevico de la Torre E C2
34 Cevico Navero E C2
68 Cevins F C1
68 Cévio CH B3
79 Cevo YU B5
26 Ceyrat F C3
27 Ceyzériat F B5
19 Chaam NL B4
25 Chabanais F C5
31 Chabeuil F B4
23 Chablis F D4
27 Châbons F C5
91 Chabówka PL B5
26 Chabreloche F C3
26 Chabris F A1
14 Chacewater GB C2
27 Chagny F B4
40 Chaherrero E B2
21 Chailland F B5
24 Chaillé-les-Marais F B4
25 Chailles F A6
23 Chailley F C4
28 Chalais F A4
27 Chalamont F B5
17 Chale GB D1
64 Chalindrey F D1
24 Challans F B3
27 Challes-les-Eaux F C5
26 Chalmazel F C3
26 Chalmoux F B3
27 Chalon-sur-Saône F B4
25 Chalonnes-sur-Loire F A4
23 Châlons-sur-Marne F C5
25 Châlus F C5
68 Cham CH A3
66 Cham D B3
31 Chamaloc F B4
26 Chamberet F C1
27 Chambéry F C5
27 Chambilly F B4
64 Chambley F B1
22 Chambly F B3
27 Chambolle-Musigny F A4
26 Chambon-s-Lac F C2
26 Chambon-sur-Voueize F B2
26 Chambord F A1
30 Chamborigaud F B2
26 Chamboulive F C1
31 Chamerac F B3
66 Chamerau D B3
23 Chameroy F D6
68 Chamonix F C1
27 Chamoux F C6
30 Champagnac-le-Vieux F A2
68 Champagney F A1
27 Champagnole F B5
25 Champagny-Mouton F B5
23 Champaubert F C4
26 Champcevrais F A2
25 Champdeniers F B4
27 Champdieu F C4
27 Champdôtre F A5
26 Champeix F C3
68 Champéry CH B1
25 Champigne F A4
23 Champignelles F D4
25 Champigny F A5
25 Champigny-sur-Vende F A5
27 Champlitte et-le Prélot F A5
68 Champoluc I C2
26 Champoly F C3
68 Champorcher I C2
22 Champrond-en-Gatine F C2
26 Champs F A3
26 Champs-sur-Tarentaine F C2
24 Champtoce-sur-Loire F A4
24 Champtoceaux F A3
27 Champvans F A5
31 Chamrousse F A4
38 Chamusca P B2
32 Chana E B4
30 Chanac F B2
30 Chanaleilles F B2
27 Chancy F B6
32 Chandrexa de Queixa E B3
34 Chañe E C2
26 Changy F B3
32 Chantada E B3
26 Chantelle F B3
26 Chantenay St. Imbert F B3
30 Chanteuges F A2
22 Chantilly F B3
24 Chantonnay F B3
38 Chão de Codes P B2
23 Chaource F C5
32 Chapa E B2
27 Chaparellan F C6
13 Chapel en le Frith GB B4
22 Chapelle Royale F C2
27 Chaponost F C4
101 Charavgi GR A3
27 Charavines F C5
15 Chard GB C5
64 Charency F B1
26 Charenton-du-Cher F B2
17 Charing GB C3
17 Charlbury GB C1
19 Charleroi B C4
4 Charlestown IRL C3
9 Charlestown of Aberlour GB C5
6 Charleville (Rath Luirc) IRL B3
23 Charleville-Mézières F B5
27 Charlieu F B4
52 Charlottenberg S C3
23 Charly F C4
31 Charmes, *Ardèche* F B3
64 Charmes, *Vosges* F C2
68 Charmey CH B2
15 Charmouth GB C5
27 Chârnay F B4
23 Charny F D4
27 Charolles F B4
26 Chârost F B2
68 Charquemont F A1
25 Charroux F B5
22 Chartres F C2
25 Chasseneuil-sur-Bonnieure F C5
27 Chassigny F A5
31 Château-Arnoux F B5
26 Château-Chinon F A3
68 Château-d'Oex CH B2
25 Château-du-Loir F A5
21 Château-Gontier F C5
29 Château-l'Evêque F A4
25 Château-la-Vallière F A5
23 Château-Porcien F B5
25 Château-Renault F A5
64 Château-Salins F C2
23 Château-Thierry F B4
25 Châteaubernard F C4
21 Châteaubourg F B4
21 Châteaubriant F C4
22 Châteaudun F C2
21 Châteaugiron F B4
20 Châteaulin F B1
26 Châteaumeillant F B2
26 Châteauneuf, *Nièvre* F A3
27 Châteauneuf, *Saône-et-Loire* F B4
21 Châteauneuf-d'Ille-et-Vilaine F B4
31 Châteauneuf-de-Châbre F B4
31 Châteauneuf de G F A3
20 Châteauneuf-du-Faou F B2
31 Châteauneuf-du-Pape F B3
31 Châteauneuf-du-Rhône F B3
22 Châteauneuf-en-Thymerais F C2
26 Châteauneuf la-Forêt F C1
31 Châteauneuf-le-Rouge F C4
25 Châteauneuf-sur-Charente F C4
26 Châteauneuf-sur-Cher F B2
22 Châteauneuf-sur-Loire F D3
25 Châteauneuf-sur-Sarthe F A4
25 Châteauponsac F B6
31 Châteauredon F B5
31 Chateaurenard, *Bouches-du-Rhône* F C3
23 Châteaurenard, *Loiret* F D3
31 Chateauroux, *Hautes-Alpes* F B5
25 Châteauroux, *Indre* F B6
23 Châteauvillain F C5
26 Châtel-Censoir F A3
26 Châtel-de-Neuvre F B3
26 Châtel-Montagne F B3
68 Châtel-St-Denis CH B1
64 Châtel-sur-Moselle F C2
24 Chatelaillon-Plage F B3
20 Châtelaudren F B3
19 Châtelet B C4
26 Châtelguyon F C3
25 Châtellerault F B5
68 Châtenois, *Terr. de Belfort* F A1
64 Châtenois, *Vosges* F C1
17 Chatham GB C3
64 Châtillon B B1
68 Chatillon I C2
23 Châtillon-Coligny F D3
27 Châtillon-de-Michaille F B5
26 Châtillon-en-Bazois F A3
31 Chatillon-en-Diois F B4
27 Châtillon-s-Chalaronne F B4
25 Châtillon-sur-Indre F B6
26 Châtillon-sur-Loire F A2
23 Châtillon-sur-Marne F B4
23 Châtillon-sur-Seine F D5
23 Châtres F C4
16 Chatteris GB B3
46 Chauchina E B3
30 Chaudes-Aigues F B2
30 Chaudeyrac F B2
23 Chaudrey F C5
27 Chauffailles F B4
31 Chauffayer F B5
23 Chaulness F B3
19 Chaument Gistoux B C4
27 Chaumergy F B5
25 Chaumont, *Cher* F A6
23 Chaumont, *Haute-Marne* F C6
22 Chaumont-en-Vexin F B2
23 Chaumont-Porcien F B5
64 Chaumont-sur-Aure F C1
25 Chaunay F B5
23 Chauny F B4
27 Chaussin F B5
25 Chauvigny F B5
24 Chavagnes-en-Paillers F B3
23 Chavanges F C5
33 Chaves P C3
23 Chavignon F B4
27 Chazelles-s.L. F C4
27 Chazey-Bons F C5
13 Cheadle, *Greater Manchester* GB B3
13 Cheadle, *Staffordshire* GB C4
66 Cheb CS A3
41 Checa E B5
15 Cheddar GB B5
25 Chef-Boutonne F B4
25 Cheffs F A4
39 Cheles E C3
42 Chella E B2
108 Chelm PL A5
91 Chelmek PL A5
17 Chelmondiston GB C4
17 Chelmsford GB C3
15 Cheltenham GB B5
42 Chelva E B2

25 Chémery F A6
25 Chemillé F A4
27 Chemin F B5
27 Chénas F B4
26 Chéneraílles F B2
25 Chenonceaux F A6
27 Chenove F A4
23 Cheny F D4
99 Chepelare BG B3
15 Chepstow GB B5
42 Chera E B2
81 Cheradi I A4
72 Cherasco I B2
19 Cheratte B C5
21 Cherbourg F A4
80 Cherchiara di Calábria I B3
98 Chernogorovo BG A3
108 Chernovtsy SU B6
23 Chéroy F C3
42 Chert E A3
36 Cherta E C3
17 Chertsey GB C2
23 Chéry F B4
107 Cheryakhousk SU C7
17 Chesham GB C2
17 Cheshunt GB C2
23 Chessy-lès-Pres F C4
12 Chester GB B3
11 Chester le Street GB D6
13 Chesterfield GB B4
98 Chetirtsi BG A1
26 Chevagnes F B3
28 Chevanceaux F A3
68 Chevenez CH A2
23 Chevillon F C6
22 Chevilly F C2
27 Chevroux F B4
15 Chew Magna GB B5
27 Chézery-Forens F B5
72 Chialamberto I A2
69 Chiampo I C6
72 Chianale I B2
74 Chianciano Terme I C1
83 Chiaramonte Gulfi I B3
85 Chiaramonti I B1
74 Chiaravalle I C3
81 Chiaravalle Centrale I C3
69 Chiaréggio I B4
69 Chiari I C4
80 Chiaromonte I A3
69 Chiasso CH C3
73 Chiavari I B4
69 Chiavenna I B4
25 Chiché F B4
23 Chichée F D4
17 Chichester GB D2
46 Chiciana de Segura E A3
15 Chicklade GB B5
45 Chiclana de la Frontera E C3
17 Chiddingfold GB C2
72 Chieri I A2
69 Chiesa in Valmalenco I B4
77 Chieti I A5
77 Chieti Scalo I A5
78 Chiéuti I C2
18 Chièvres B C3
41 Chillarón de Cuenca E B4
41 Chillarón del Rey E B4
22 Chilleurs-aux-Bois F C3
46 Chillón E A2
46 Chilluevar E B3
41 Chiloeches E B3
23 Chimay B A5
46 Chimeneas E B3
42 Chinchilla de Monte-Aragón E C1
41 Chinchón E B3
17 Chinnor GB C2
25 Chinon F A5
74 Chióggia I A2
72 Chiomonte I A1
45 Chipiona E C3
15 Chippenham GB B5
15 Chipping Camden GB A6
17 Chipping Norton GB C1
15 Chipping Sodbury GB B5
30 Chirac F B2
12 Chirbury GB C2
27 Chirens F C5
47 Chirivel E B4
12 Chirk GB C2
11 Chirnside GB C5
99 Chirpan BG A4
15 Chiseldon GB B6
108 Chişineu-Criş RO C4
27 Chissey-en-Morvan F A4
70 Chiusa (Klausen) I B1
72 Chiusa di Pésio I B2
82 Chiusa Sclafani I B2
70 Chiusaforte I B3
74 Chiusi I C1
72 Chivasso I A2
67 Chlum u. Trebone CS C5
89 Chlumec n. Cidlinon CS C5
89 Chobienia PL B6
89 Chobienice PL A5
90 Chocen CS A2
91 Chocholow PL B5
89 Chocianów PL B5
87 Chociwel PL B6
88 Chodov CS C2
66 Chodová Planá CS B3
87 Chojna PL C5
106 Chojnice PL D5
89 Chojnów PL B5
24 Cholet F A4
17 Cholsey GB C1
88 Chomutov CS C3
31 Chorges F B5
12 Chorley GB B3
108 Chortkov SU B6
108 Chorzów PL A3
87 Choszczno PL B6
90 Chotěbor CS B1
67 Chotěšov CS B4
23 Chouilly F B5
25 Chouzy-sur-Cisse F A6
34 Chozas de Abajo E B1
90 Chrast, *Vychodočeský* CS B1
67 Chrást, *Zapadočeský* CS B4
89 Chrastava CS C5
88 Chřibská CS C4
15 Christchurch GB C6
57 Christiansfeld DK C2
90 Chropyne CS B3
90 Chrudim CS B1
90 Chtelnica CS C3
15 Chudleigh GB C4
107 Chudovo SU A12
40 Chueca E C3
69 Chur CH B4
12 Church Stretton GB C3
98 Čhureshki prokhod BG A2
46 Churriana, *Granada* E B3
46 Churriana, *Málaga* E C2
69 Churwalden CH B4
90 Chvalčov CS B3
67 Chvalšiny CS C5
67 Chynava CS A5
67 Chýnov CS B5
91 Chyzerovce CS C4
91 Chyżne PL B5
34 Ciadoncha E B3
82 Cianciana I B2
73 Ciano d'Enza I B5
93 Cibakhaza H B5
38 Ciborro P C2
73 Cicagna I B4
77 Cicciano I C5
96 Cičevac YU B3
73 Cicognolo I A5
33 Cidadelhe P D3
35 Cidones E C4
41 Ciempozuelos E B3
89 Cieplice Sl. Zdrój PL C5
91 Cierne CS B4
91 Čierny Balog CS C5
36 Cierp F A3
35 Ciervana E A3
108 Cieszanow PL A5
91 Cieszyn PL B4
29 Cieutat F C4
47 Cieza E A5
90 Cifer CS C3
105 Ciftlikköy TR A4
41 Cifuentes E B4
89 Cigacice PL A5
34 Cigales E C2
72 Cigliano I A3
79 Čilipi YU B5
90 Cilizská Radvaň CS D3
41 Cillas E B5
39 Cilleros E A4
40 Cilleros el Hondo E B1
34 Cilleruelo E B3
35 Cilleruelo de Arriba E C3
10 Cilmalieu GB B2
68 Cimalmotto CH B3
34 Cimanes del Tejar E B1
82 Ciminna I B2
70 Cimoláis I B2
109 Cimpina RO D6
108 Cimpulung RO D6
108 Cimpulung Moldovenesc RO C6
15 Cinderford GB B5
105 Çine TR A5
89 Činěves CS C5
19 Ciney B C5
33 Cinfães P C2
73 Cingia de Botti I A5
76 Cinigiano I A2
91 Cinobaňa CS C5
25 Cinq-Mars-la-Pile F A5
80 Cinquefrondi I C3
29 Cintegabelle F C5
42 Cintorres E A2
35 Cintruénigo E B5
35 Ciórroga E A4
33 Ciperez E D4
42 Cirat E A2
24 Ciré-d'Aunis F B4
80 Cirella I B2
15 Cirencester GB B6
64 Cirey-sur-Vezouze F C2
35 Ciria E C5
72 Ciriè I A2
80 Cirigliano I A3
81 Ciro I B4
81 Ciro Marina I B4
27 Ciry-le-Noble F B4
86 Cismar D A1
70 Cismon del Grappa I C1
34 Cisneros E B2
28 Cissac-Médoc F A3
67 Čista CS A4
77 Cisterna di Latina I B3
34 Cistérniga E C2
79 Cisternino I D4
34 Cistierna E B1
94 Čitluk, *Bosna i Hercegovina* YU C2
96 Čitluk, *Srbija* YU B4
88 Citov CS C4
74 Citta d Pieve I D1
74 Citta di Castello I C2
76 Citta di Vaticano I B3
77 Citta Sant'Angelo I A5
70 Cittadella I C1
77 Cittaducale I A3
83 Cittanova I A5
108 Ciucea RO C5
40 Ciudad Real E D3
33 Ciudad Rodrigo E D4
43 Ciutadella de Menorca, *Menorca* E
70 Cividale del Friuli I B3
77 Civita I A4
76 Cívita Castellana I A3
74 Civitanova Alta I C3
75 Civitanova Marche I C3
76 Civitavécchia I A2
74 Civitella di Romagna I B1
77 Civitella di Tronto I A4
77 Civitella Roveto I B4
25 Civray F B5
10 Clabhach GB B1
8 Clachan, *Skye* GB C2
10 Clachan, *Strathclyde* GB B3
8 Clachan, *Western Isles* GB C1
8 Clachtoll GB B3
11 Clackmannan GB B4
17 Clacton-on-Sea GB C4
10 Cladich GB B2
27 Clairvaux-les-Laes F B5
26 Clamecy F A3
7 Clane IRL A5
10 Claonaig GB C2
7 Clara IRL A4
6 Claracastle IRL B3
17 Clare GB B3
6 Claregalway IRL A3
4 Claremorris IRL C3
6 Clarinbridge IRL A3
9 Clashmore GB C4
7 Clashmore IRL B4
5 Claudy GB B4
12 Claughton GB A3
88 Claußnitz DDR C2
63 Clausthal-Zellerfeld D B5
70 Cláut I B2
13 Clay Cross GB B4
16 Claydon GB B4
22 Claye-Souilly F C3
6 Cleady IRL C2
12 Cleator Moor GB A2
20 Cléder F B1
12 Cleedownton GB C3
13 Cleethorpes GB B5
64 Clefmont F C1
20 Cléguérec F B2
86 Clenze D C1
12 Cleobury Mortimer GB C3
31 Cléon-d'Andran F B3
25 Cléré-les-Pins F A5
22 Clères F B2
23 Clérey F C5
22 Clermont F B3
23 Clermont-en-Argonne F B6
26 Clermont-Ferrand F C3
30 Clermont-l'Hérault F C2
68 Clerval F A1
64 Clervaux L A2
22 Clèry F D2
69 Cles I B6
18 Cléty F C2
15 Clevedon GB B5
13 Cleveland Tontine GB A4
16 Cley next the Sea GB B4
6 Clifden IRL A1
17 Cliffe GB C3
4 Cliffony IRL B3
24 Clisson F A3
12 Clitheroe GB B3
7 Cloghan, *Offaly* IRL A4
5 Cloghan, *West Meath* IRL C4
7 Clogheen IRL B4
5 Clogher GB B4
5 Clogherhead IRL C5
7 Cloghjordan IRL B3
7 Cloghran IRL A5
20 Clohars-Carnoët F C2
9 Clola GB C7
6 Clonakilty IRL C3
7 Clonard IRL A4
4 Clonbur IRL C2
7 Clondalkin IRL A5
7 Clonee IRL A5
5 Clones IRL B4
5 Clonmany IRL A4
7 Clonmel IRL B4
5 Clonmellon IRL C4
7 Clonroche IRL B5
4 Cloonfad IRL C3
61 Cloppenburg D C5
11 Closeburn GB C4
64 Clouange F B2
5 Clough GB B6
5 Cloughmills GB A5
13 Cloughton GB A5
14 Clovelly GB C3
22 Cloyes F C2
6 Cloyne IRL C3
10 Cluainie Inn GB A2
26 Cluis F B1
108 Cluj RO C5
12 Clun GB C2
10 Clunes GB B3
27 Cluny F B4
68 Cluses F B1
14 Clydach GB B4
10 Clydebank GB C3
40 Cndeleda E B1
6 Coachford IRL C3
5 Coagh GB B5
5 Coalisland GB B5
16 Coalville GB B1
32 Coaña E A4
11 Coatbridge GB C4
32 Cobas E A2
35 Cobertelade E C4
41 Cobeta E B4
6 Cobh IRL C3
34 Cobreces E A2
63 Coburg D C5
42 Cocentaina E C2
62 Cochem D C2
63 Cochstedt DDR B6
11 Cock Bridge GB A4
11 Cockburnspath GB C5
12 Cockermouth GB A2
74 Codigoro I B2
73 Codogno I A4
36 Codos E B1
70 Codroipo I C2
12 Coedpoeth GB B2
33 Coelhoso P C4
62 Coesfeld D B2
60 Coevorden NL C3
42 Cofrentes E B1
34 Cogeces del Monte E C2
17 Coggeshall GB C3
25 Cognac F C4
68 Cogne I C2
27 Cognin F C5
31 Cogolin F C5
46 Cogollos de Guadix E B3
46 Cogollos-Vega E B3
41 Cogolludo E B3
8 Coillore GB C2
38 Coimbra P A2
46 Coin E C2
32 Coirós E A2
93 Čoka YU C5
71 Col YU C4
38 Colares P C1
63 Colbitz DDR A6
17 Colchester GB C3
88 Colditz DDR B2
11 Coldstream GB C5
15 Coleford GB B5
37 Colera E A6
5 Coleraine GB A5
13 Coleshill GB C4
74 Colfiorito I C2
69 Colico I B4
35 Colindres E A3
11 Colingham GB C5
37 Coll de Nargó E A4
40 Collado-Mediano E B2
40 Collado-Villalba E B3
73 Collagna I B5
34 Collanzo E A1
30 Collat F A2
73 Colle di Val d'Elsa I C6
70 Colle Isarco (Gossensaß) I B1
77 Colle Sannita I B5
73 Collécchio I B5
77 Colledimezzo I B5
77 Colleferro I B4
72 Collegno I A2
77 Collelongo I B4
81 Collepasso I A5
76 Collepepe I A3
73 Collesalvetti I C5
82 Collesano I B2
30 Collet F B2
77 Colli a Volturno I B5
11 Collin GB C4
20 Collinée F B3
13 Collingham GB B4
61 Collinghorst D B4
69 Cóllio I C5
31 Collobrières F C5
5 Collon IRL C5
4 Collooney IRL B3
64 Colmar F C3
31 Colmars F B5
66 Colmberg D B1
41 Colmenar, *Guadalajara* E A3
46 Colmenar, *Málaga* E C2
41 Colmenar de Oreja E B3
40 Colmenar Viejo E B3
10 Colmonell GB C3
13 Colne GB B3
73 Cologna Véneta I A6
29 Cologne F C4
69 Cologne al Serio I C4
64 Colombey-les-Belles F C1
23 Colombey-les-deux-Eglises F C5
68 Colombier CH B1
46 Colomera E B3
29 Colomiers F C5
43 Colonia St. Jordi, *Mallorca* E
73 Colorno I B5
44 Colos P B1
9 Colpy GB C6
16 Colsterworth GB B2
16 Coltishall GB B4
34 Colunga E A1
11 Colwell GB C5
12 Colwyn Bay GB B2
74 Comácchio I B2
37 Comarruga E B4
32 Combarros E B4
27 Combeaufontaine F A5
5 Comber GB B6
19 Comblain-au-Port B C5
68 Combloux F C1
21 Combourg F B4
26 Combronde F C3
70 Comeglians I B2
34 Comillas E A2
18 Comines F C3
83 Cómiso I C3
93 Comlosu Mare RO C5
28 Commensacq F B3
26 Commentry F B2
88 Commerau DDR B4
64 Commercy F C1
69 Como I C4
46 Cómpeta E C3
23 Compiègne F B3
38 Comporta P C2
31 Comps-sur-Artuby F C5
11 Comrie GB B4
77 Comunanza I A4
74 Cona, *Emilia Romagna* I B1
74 Cona, *Veneto* I A2
20 Concarneau F C2
44 Conceição P B1
77 Concello ed Arnone I B5
22 Conches-en-Ouche F C1
70 Concóordia Sagittária I C2
73 Concordia sulla Sécchia I B5
29 Concots F B5
31 Condamine Châtelard F B5
30 Condat F A1
23 Condé-en-Brie F B4
18 Condé-sur-l'Escaut F C3
23 Conde-sur-Marne F B5
21 Condé-sur-Noireau F B5
27 Condeissiat F B5
38 Condeixa P A2
41 Condemios de Abajo E A3
41 Condemios de Arriba E A3
69 Condino I C5
29 Condom F C4
72 Condove I A2
64 Condrecourt-le-Château F C1
70 Conegliano I C2
22 Conflans F B3
64 Conflans-en-Jarnisy F B1
64 Conflans-sur-Lanterne F D2
25 Confolens F B5
4 Cong IRL C2
30 Congeniès F C3
13 Congleton GB B3
32 Congosto E B4
34 Congosto de Valdavia E B2
41 Congostrina E A3
15 Congresbury GB B5
45 Conil E C3
13 Coningsby GB B5
13 Conisbrough GB B4
12 Coniston GB A2
21 Conlie F B5
27 Conliège F B5
12 Connahs' Quay GB B2
23 Connantre F C4
31 Connaux F B3
10 Connel GB B2
10 Connel Park GB C3
22 Connerre F C1
6 Connonagh IRL C2
93 Conoplja YU C4
30 Conques F B1
30 Conques-sur-Orbiel F C1
46 Conquista E A2
39 Conquista de la Sierra E B5
74 Consándolo I B1
74 Consélice I B1
74 Conselve I A1
11 Consett GB D6
38 Consolacão P B1
38 Constancia P B2
109 Constanta RO D8
37 Constanti E B4
45 Constantina E B4
41 Consuegra E C3
74 Consuma I C1
74 Contarina I A2
68 Conthey CH B2
76 Contigliano I A3
28 Contis-Plage F B2
77 Contrada I C5
25 Contres F A6
64 Contrexéville F C1
23 Contrisson F C5
80 Controne I A2
78 Contursi I D2
22 Conty F B3
79 Conversano I D4
5 Convoy IRL B4
12 Conwy GB B2
5 Cookstown GB B5
5 Cootehill IRL B4
108 Čop CS B5
81 Copertino I A4
99 Çöpköy TR B5
74 Copparo I B1
63 Coppenbrugge D A4
27 Coppet CH B6
14 Copplestone GB C4
80 Córaci I B3
75 Coraliċi YU B5
78 Corato I C3
20 Coray F B2
22 Corbeil-Essonne F C3
23 Corbeny F B4
22 Corbie F B3
26 Corbigny F A3
23 Corbion B B6
32 Corbón E B4
11 Corbridge GB D5
16 Corby GB B2
16 Corby Glen GB B2
30 Corconne F C2
34 Corconte E A3
32 Corcubjon E B1
77 Corcumello I B4
29 Cordes F B5
46 Córdoba E B2
39 Cordobilla de Lácara E B4
70 Cordovado I C2
35 Corella E B5
34 Coreses E C1
15 Corfe Castle GB C5
33 Corga de Lobão P D2
32 Corgo E B3
77 Cori I B3
39 Coria E B4
45 Coria del Rio E B3
81 Corigliano Gálabro I B3
74 Corinaldo I C3
72 Cório I A2
45 Coripe E C4
6 Cork IRL C3
20 Corlay F B2
82 Corleone I B2
80 Corleto Monforte I A2
80 Corleto Perticara I A3
109 Çorlu TR F7
27 Cormatin F B4
22 Cormeilles F B1
25 Cormery F A5
70 Cormons I C3
27 Cormoz F B5
35 Cornago E B4
63 Cornberg D B4
37 Cornella E B5
32 Cornellana E A4
73 Corniglio I B5
64 Cornimont F D2
70 Cornuda I C1
36 Cornudella E B3
35 Cornudilla E B3
30 Cornus F C2
64 Corny F B2
100 Corovodë AL A2
10 Corpach GB B2
31 Corps F B4
21 Corps Nuds F C4
41 Corral de Almaguer E C3
35 Corral de Ayllon E C3
40 Corral de Calatrava E D2
42 Corral-Rubio E C1
34 Corrales E C1
10 Corran GB B2
32 Corredoira E A2
73 Corréggio I B5
29 Corrèze F A5
74 Corridonia I C3
10 Corrie GB C2
12 Corris GB C2
32 Corrubedo E B1
8 Corry GB C3
15 Corsham GB B5
69 Córsico I C4
11 Corsock GB C4
84 Corte F B2
39 Corte de Peleas E C4
44 Corte do Pinto P B2
45 Corteconception E B3
33 Cortegaca P D2
32 Cortegada E B2
45 Cortegana E B3
73 Cortemaggiore I A4
72 Cortemilia I B3
35 Cortes E C5
36 Cortes de Aragón E C2
42 Cortes de Arenoso E A2
47 Cortes de Baza E B4
45 Cortes de la Frontera E C4
42 Cortes de Pallás E B2
38 Cortiçadas P C2
33 Cortico P C3
40 Cortijo de Arriba E C2
45 Cortijo de S. Enrique E C4
47 Cortijos Nuevos E A4
70 Cortina d'Ampezzo I B2
74 Cortona I C1
38 Coruche P C2
32 Corullón E B4
70 Corvara in Badia I B1
47 Corvera E B5
12 Corwen GB C2
72 Cos de Cagnes F C2
80 Cosenza I B3
41 Coslada E B3
26 Cosne F A2
26 Cosne d'Allier F B2
68 Cossato I C3
21 Cossé-le-Vivien F C5
68 Cossonay CH B1
38 Costa de Caparica P C1
44 Costa de Santo André P A1
33 Costa Nova P D2
73 Costalpino I C6
6 Costelloe IRL A2
72 Costigliole Saluzzo I B2
30 Costraros F B2
88 Coswig, *Dresden* DDR B3
88 Coswig, *Halle* DDR B2
81 Cotronei I B3
88 Cottbus DDR B4
16 Cottenham GB B3
16 Cottesmore GB B2
13 Cottingham GB B5
27 Coublac F A5
27 Couches F B4
38 Couço P C2
30 Coucouron F B2
23 Coucy-le-Château-Auffrique F B4
26 Coudes F C3
25 Couhe F B5
19 Couillet B C4
23 Couilly F C3
37 Couiza F A5
8 Coulags GB C3
26 Coulanges F B3
26 Coulanges-la-Vineuse F A3
26 Coulanges-sur-Yonne F A3
26 Couleuvre F B2
27 Coulmier-le-Sec F A4
25 Coulognes-sur-l'Autize F B4
23 Coulommiers F C4
10 Coulport GB B3
13 Coundon GB A4
11 Coupar Angus GB B4
23 Coupéville F C5
21 Couptrain F B5
33 Coura P C2
19 Courcelles B C4
64 Courcelles-Chaussy F B2
68 Courchevel F C1
25 Courcheverny F A6
25 Courcôme F C5
25 Courcon F B4
68 Courgenay CH A2
68 Courmayeur I C1
30 Courniou F C1
26 Cournon F C3
30 Cournonterral F C2
26 Courpière F C3
68 Courrendlin CH A2
27 Cours F B4
30 Coursan F C2
21 Courseulles-sur-Mer F A5
26 Courson-les-Carrières F A3
19 Court St. Etienne B C4
22 Courtalain F C2
23 Courtenay F C4
31 Courthezon F B3
22 Courtomer F C1
22 Courville F C2
25 Coussac-Bonneval F C6
21 Coutainville F A4
21 Coutances F A4
21 Couterne F B5
28 Coutras F A3
68 Couvet CH B1
23 Couvin B A5
26 Couzon F B3
35 Covaleda E C4
35 Covarrubias E B3
33 Covas P C2
8 Cove GB C3
16 Coventry GB B1
14 Coverack GB C2
73 Covigliáio I B6
38 Covilhà P A3
15 Cowbridge GB B4
11 Cowdenbeath GB B4
17 Cowes GB D1
17 Cowfold GB D2
29 Cox F C5
10 Coylton GB C3
11 Coylumbridge GB A4
25 Cozes F C4
7 Craanford IRL B5
81 Craco I A3
10 Craggan GB B3
5 Craigavon GB B5
9 Craigellachie GB C5
10 Craighouse GB C2
10 Craignure GB B2
9 Craigtown GB B5
109 Craiova RO D5
23 Cramant F C4
11 Cramlington GB C6
27 Cran Gevrier F C6
15 Cranborne GB C6
17 Cranleigh GB C2
29 Cransac F B6
11 Cranshaws GB C5
21 Craon F C5
23 Craonne F B4
30 Craponne, *Haute-Loire* F A2
27 Craponne, *Rhône* F C4
10 Crarae GB B2
9 Crask Inn GB B4
11 Crathie GB A4
6 Cratloe IRL B3
38 Crato P B3
6 Craughwell IRL A3
44 Cravadas P B1
12 Craven Arms GB C3
11 Crawford GB C4
63 Crawinkel DDR C5
17 Crawley GB C2
15 Cray GB B4
8 Creagorry GB C1
27 Crèches F B4
32 Creciente E B2
23 Crécy F B4
23 Crécy-en-Brie F C3
18 Crécy-en-Ponthieu F C1
15 Crediton GB C4
10 Creetown GB D3
4 Cregganbaun IRL C2
65 Creglingen D B6
63 Creidlitz D C5
22 Creil F B3
30 Creissels F B2
73 Crema I A4
26 Cremeaux F C3
34 Crémenes E B1
27 Cremieu F C5
63 Cremlingen D A5
73 Cremona I A5
23 Creney F C5
28 Créon F B3
95 Crepaja YU A5
23 Crépy F B4
23 Crépy-en-Valois F B3
75 Cres YU B4
72 Crescentino I A3
99 Creshak BG A3
74 Crespino I B1
40 Crespos E B2
29 Cressensac F A5
69 Cresta CH B4
22 Créten F C3
21 Creully F A5
66 Creußen D B2
64 Creutzwald F B2
63 Creuzburg DDR B5
73 Crevalcore I B6
26 Crevant-Laveine F C3
22 Crevecoeur le Grand F B3
42 Crevillente E C2
68 Crévola d'Ossola I B3
12 Crewe GB B3
15 Crewkerne GB C5
35 Criales E B3
10 Crianlarich GB B3
12 Criccieth GB C1
13 Crich GB B4
16 Crick GB B1
15 Crickhowell GB B4
15 Cricklade GB B6
11 Crieff GB B4
22 Criel-Plage F A2
22 Criel-sur-Mer F A2
75 Crikvenica YU A4
22 Crillon F B2
88 Crimmitschau DDR C2
9 Crimond GB C7
10 Crinan GB B2
16 Cringleford GB B4
88 Crinitz DDR B3
35 Cripàn E B4
22 Criquetot-l'Esneval F B1
81 Crispiano I A4
68 Crissier CH B1
72 Crissolo I B2
40 Cristóbal E B1
86 Crivitz DDR B2
71 Črna YU B4
93 Crna Bara, *A. P. Vojvodina* YU C5
95 Crna Bara, *Srbija* YU B4
96 Crna Trava YU C4
92 Crnac YU C2
95 Crnča YU B4
94 Crni Lug, *Bosna i Hercegovina* YU B1
71 Crni Lug, *Hrvatska* YU C4
71 Crni Vrh YU C4
96 Crnoljevo YU C3
71 Črnomelj YU C5
72 Crocetta I B2
11 Crocketford GB C4
26 Crocq F C2
68 Crodo I B3
11 Croglin GB D5
31 Crolles F A4
4 Crolly IRL A3
9 Cromarty GB C4
16 Cromer GB B4
13 Cromford GB B4
13 Crook GB A4
9 Crook of Alves GB C5
12 Crooklands GB A3
6 Crookstown IRL C3
6 Croom IRL B3
81 Cropalati I B3
81 Crópani I C3
12 Crosby GB A2
12 Crosby, *Merseyside* GB B2
12 Cross Foxes GB C2
14 Cross Hands GB B3
10 Crossaig GB C2
5 Crossakeel IRL C4
8 Crossbost GB B2
5 Crossdoney IRL C4
5 Crossgar GB B6
15 Crossgates GB A4
6 Crosshaven IRL C3
10 Crosshill GB C3
11 Crosslea GB C4
4 Crossmolina IRL B2
11 Crossroad Inn GB A5
81 Crotone I B4
88 Crottendorf DDR C2
25 Croutelle F B5
23 Crouy F B4
17 Crowbridge GB C3
16 Crowland GB B2
13 Crowle GB B5
17 Croydon GB C2
20 Crozon F B1
31 Cruas F B3
12 Crudgington GB C3
31 Cruis F B4
5 Crumlin GB B5
27 Cruseilles F B6
6 Crusheen IRL B3
26 Crux-la-Ville F A3
75 Crvena Luka YU C5
94 Crveni Grm YU C2
93 Crvenka YU C4
91 Črveny Kamen CS B4
14 Crymmych GB B3
92 Csabrendek H A2
92 Csákanydoroszló H B1
92 Csákberény H A3
93 Csákvár H A3
93 Csanádpalota H B5
93 Csány H A4
93 Csanytelek H B5
92 Csapod H A1
92 Császár H A3
93 Császártöltés H B4
93 Csemö H A4
93 Csengöd H B4
93 Csépa H B5
92 Csepreg H A1
93 Cserebökány H B5
92 Csetény H A3
92 Csököly H B2
92 Csokonyavisonta H B2
93 Csolnok H A3
93 Csongrád H B5
92 Csopak H B2
92 Csór H A3
92 Csorna H A2
93 Csorvás H B5
92 Csurgó H B2
39 Cuacos E A5
33 Cualedro E C3
34 Cuanca de Campos E B1
39 Cuaternos E A5
44 Cuba P A2
41 Cubel E A5
37 Cubellas E B4
32 Cubide E B2
35 Cubillos E C4
35 Cubo de la Solana E C4
32 Cubullos del Sil E B4
17 Cuckfield GB C2
31 Cucuron F C4
32 Cudillero E A4
34 Cuéllar E C2
41 Cuenca E B4
31 Cuers F C5
40 Cuerva E C2
35 Cueva de Agreda E C5
46 Cuevas Bajas E B2
46 Cuevas de S. Marcos E B2
35 Cuevas de San Clemente E B3
42 Cuevas de Vinromá E A3
47 Cuevas del Almanzora E B5
45 Cuevas del Becerro E C4
46 Cuevas del Campo E B4
40 Cuevas del Valle E B1
32 Cueya E A4
31 Cuges-les-Pins F C4
85 Cúglieri I B1
29 Cugnaux F C5
19 Cuijk NL B5
27 Cuinzier F B4
27 Cuiseaux F B5
27 Cuisery F B4
37 Cuitadilla E B4
26 Culan F B2
5 Culdaff IRL A4
9 Culdrain GB C6
19 Culemborg NL B5
47 Cúllar de Baza E B4
5 Cullaville GB B5
9 Cullen GB C6
42 Cullera E B2
15 Cullompton GB C4
68 Cully CH B1
27 Culoz F C5
11 Cults GB A5
105 Cumali TR B4
11 Cumbernauld GB C4
45 Cumbres de S. Bartolomé E A3
45 Cumbres Mayores E A3
72 Cumiana I B2
95 Čumic YU B5
11 Cummertrees GB D4
10 Cumnock GB C3
72 Cúneo I B2
26 Cunlhat F C3
8 Cunningsburgh, *Shetland Is.* GB
75 Čunski YU B4
32 Cuntis E B2
68 Cuorgnè I C2
11 Cupar GB B4
77 Cupello I A5
75 Čupina YU A4
75 Cupra Marittima I C3
74 Cupramontana I C3
96 Čuprija YU B3
31 Curnier F B4
11 Currie GB C4
15 Curry Rivel GB B5
6 Curryglass IRL C2
32 Curtis E A2
32 Curtis Santa Eulalia E A2
93 Čurug YU C5
77 Cusano Mutri I B5
5 Cushendall GB A5
5 Cushendun GB A5
7 Cushina IRL A4
26 Cusset F B3
27 Cussy F A4
33 Custóras P C2
36 Cutanda E C1
81 Cutro I B3
81 Cutrofiano I A5
23 Cuts F B4
22 Cuvilly F B3
61 Cuxhaven D B5
89 Cvikov CS C4
92 Čvrstec YU B1
15 Cwmbran GB B4
12 Cwrt GB C2
89 Cybinka PL A4
14 Cynwyl Elfed GB B3
18 Cysong F C3
91 Czarny-Dunajec PL B5
91 Czechowice-Dziedzice PL B5
89 Czempiń PL A6
91 Czernichow PL B5
106 Czersk PL D6
89 Czerwieńsk PL A5
89 Czerwona Woda PL B5
108 Czestochowa PL A3

D

62 Daaden D C2
93 Dabas H A4
98 Dabilja YU B1
64 Dabo F C3
89 Dabrowa Boleslawska PL B5
66 Dachau D C2
90 Dačice CS B1
18 Dadizele B C3
104 Dafnes, *Kriti* GR
101 Dáfni, *Évia* GR C5
102 Dáfni, *Ilía* GR B2
103 Dáfni, *Korinthía* GR B3
101 Dáfnos GR C4
51 Dagali N A5
57 Dägebüll Hafen D D1
68 Dagmersellen CH A2
88 Dahlen DDR B3
86 Dahlenburg D B1
88 Dahme DDR B3
65 Dahn D B3
86 Dähre DDR C1
10 Dailly GB C3
7 Daingean IRL A4
97 Dajç AL D1
96 Dakovica YU C2
94 Dakovo YU A3
52 Dal, *Akershus* N B2
51 Dal, *Telemark* N B5
52 Dala-Floda S B5
54 Dala-Husby S B1
52 Dala-Järna S B5
69 Dalaas A A5
105 Dalama TR A5
55 Dalarö S C4
11 Dalbeattie GB D4
59 Dalby S D2
52 Dalby Långav S B3
9 Dalcross GB C4
14 Dale GB B2
52 Dalen, *Akershus* N C2
51 Dalen, *Telemark* N B5
54 Dalfors S A1
9 Dalhalvig GB B5
63 Dalhausen D B4
64 Dalheim L B2
47 Dalias E C4
93 Dalj YU C3
11 Dalkeith GB C4
10 Dallachoilish GB B2
65 Dallau D B5
10 Dalmally GB B3
10 Dalmellington GB C3
61 Dalmenhorst D B5
9 Dalmichy GB B4
11 Dalnacardoch Lodge GB B3
10 Dalry, *Strathclyde* GB C3
10 Dalrymple GB C3
53 Dals Långed S D3
53 Dals Rostock S D3
58 Dalsjöfors S B2
53 Dalskog S D3
11 Dalton GB C4
12 Dalton in Furness GB A2
31 Daluis F B5
60 Dalum D C4
58 Dalum S B2
10 Dalwhinnie GB B3
100 Damaskinea GR A3
29 Damazan F B4
90 Damborce CS B2
100 Damës AL A1
41 Damiel E C3
22 Dammartin-en-Goële F B3
61 Damme D C5
27 Dampierre-sur-Salon F A5
69 Damüls A A4
22 Damville F C2
64 Damvillers F B1
17 Danbury GB C3
25 Dangé F B5
58 Dångebo S C4
22 Dangers F C2
22 Dangeul F C1
79 Danilov Grad YU B6
61 Danischenhagen D A7
68 Danjoutin F A1
68 Dannemarie F A2
86 Dannenberg D B2
93 Dány H A4
93 Dánzszentmiklós H A4
20 Daoulas F B1
102 Dara GR B3
102 Dáras GR B2
93 Darda YU C3
63 Dardesheim DDR B5
100 Dardhë AL A2
62 Darfeld D A2
69 Darfo I C5
87 Dargun DDR B3
96 Darkovac YU C4
13 Darlington GB A4
65 Darmstadt D B4
22 Darnètal F B2
64 Darney F C2
33 Darque P C2
6 Darragh IRL B2
17 Dartford GB C3
15 Dartmouth GB C4
13 Darton GB B4
92 Daruvar YU C2
10 Darvel GB C3
12 Darwen GB B3
90 Dašice CS A1
66 Dasing D C2
101 Dasokhóri GR B3
63 Dassel D B4
100 Dassiá GR B1
86 Dassow DDR B1
105 Datca TR B4
62 Datteln D B2
62 Dattenfeld D C2
57 Daugard DK C2
107 Daugavpils SU C10
62 Daun D C1
19 Dave B C4
16 Daventry GB B1
102 Davia GR B3
99 Davidkovo BG B3
9 Daviot GB C4
67 Davle CS B5
93 Dávod H C3
94 Davor YU A2
69 Davos CH B4
105 Davutlar TR A4
12 Dawley GB C3
15 Dawlish GB C4
28 Dax F C2
18 De Panne B B2
60 De Wijk NL C3
17 Deal GB C4
21 Deauville F A6
35 Deba E A4
97 Debar YU D2
95 Debeljača YU A5
16 Debenham GB B4
108 Debica PL A4
19 DeBilt NL A5
98 Debnitsa BG B2
87 Dębno PL C5
108 Debrecen H C4
97 Debrište YU D3
61 Debstedt D B5
99 Debür BG A4
96 Dečani YU C2
29 Decazeville F B6
90 Dechtice CS C3
18 Dechy F C3
76 Decima I B3
85 Decimomannu I C1
88 Děčín CS C4
26 Decize F B3
65 Deckenpfronn D C4
17 Deddington GB C1
63 Dedeleben DDR A5
87 Dedelow DDR B4
60 Dedemsvaart NL C3
16 Deeping St. Nicholas GB B2
32 Degaña E B4
59 Degeberga S D3
53 Degerfors S C5
59 Degerhamn S C5
66 Degerndoft D D3
53 Degernes N C2
67 Deggendorf D C3
65 Deggingen D C5
72 Dego I B3
39 Degolados P B3
46 Dehesas de Guadix E B3
45 Dehesas Frias E B4
46 Deifontes E B3
66 Deining D B2
18 Deinze B C3
65 Deißlingen D C4
73 Deiva Marina I B4
108 Dej RO C5
53 Deje S C4
58 Delary S C2
62 Delbrück D B3
98 Delčevo YU B1
62 Delden NL A1
39 Deleitosa E B5
92 Delekovec YU B1
68 Delemont CH A2
19 Delft NL B4
60 Delfzijl NL B3
82 Délia I B2
78 Deliceto I C2
88 Delitzsch DDR B2
70 Dellach A B3
68 Delle F A2
65 Dellmensingen D C5
64 Delme F C2
71 Delnice YU C4
5 Delvin IRL C4
100 Delvinakion GR B2
100 Delvinë AL B2
91 Demandice CS C4
27 Demigny F B4
97 Demir Kapija YU D4
109 Demirci TR G8
87 Demmin DDR B4
72 Demonte I B2
60 Den Burg NL B1
60 Den Ham NL C3
60 Den Helder NL C1
18 Denain F C3
12 Denbigh GB B2
19 Dendermonde B B4
19 Denderwindeke B C3
62 Denekamp NL A1
42 Denia E C3
66 Denkendorf D C2
62 Denklingen D C2
11 Denny GB B4
17 Densole GB C4
87 Densow DDR B4
16 Denton GB B2
26 Déols F B1
13 Derby GB C4
63 Derenberg DDR B5
68 Derendingen CH A2
63 Dermbach DDR C5
69 Dermulo I B6
93 Deronje YU C4
10 Derryguaig GB B1
5 Derrykeighan GB A5
5 Derrylin GB B4
6 Derryrush IRL A2
16 Dersingham GB B3
74 Deruta I D2
10 Dervaig GB B1
24 Derval F A3
102 Dervéni GR A3
94 Derventa YU B2
100 Derviziana GR B2
30 Désaignes F B3
72 Desana I A3
16 Desborough GB B2
25 Descartes F B5
69 Desenzano d. Garda I C5
5 Desertmartin GB B5
52 Deset N A2
16 Desford GB B1
95 Desimirovac YU B5
69 Désio I C4
89 Desná CS C5
90 Dešov CS C1
96 Despotovac YU A3
93 Despotovo YU C4
88 Dessau DDR B2
19 Dessel B B5
18 Destelbergen B B3
67 Deštná CS B5
32 Destriana E B4
85 Desulo I B2
18 Desvres F C1
93 Deszak H B5
62 Detmold D B3
90 Dětřichov CS B3
65 Dettelbach D B6
65 Dettingen D C5
64 Dettwiller F C3
91 Detva CS C5
66 Deuerling D B2
18 Deule F C3
19 Deurne NL B5
71 Deutsch Kaltenbrunn A A6
90 Deutsch Wagram A C2
71 Deutschfeistritz A A5
92 Deutschkreutz A A1
71 Deutschlandsberg A B5
108 Deva RO D5
92 Devecser H A2
19 Deventer NL A6
12 Devils Bridge GB C2
98 Devin BG B3
90 Devinska Nova Ves CS C2
15 Devizes GB B6
75 Devrske YU C5
13 Dewsbury GB B4
43 Deya, *Mallorca* E
35 Deza E C4
92 Dežanovac YU C2
69 Dezzo di Scalve I C5
102 Dháfnai GR A2
102 Dhafni, *Akhaia* GR B3
102 Dhafni, *Lakonía* GR C3
98 Dhafnón GR B3
103 Dhaimoniá GR C3
101 Dhamási GR B4
101 Dhávlia GR A3
103 Dhekélia GR A4
102 Dhelfoi GR A3
100 Dhèrmi AL A1
102 Dhesfina GR A3
101 Dheskáti GR B3
102 Dhiakoptón GR A3
101 Dhiavate GR A4
102 Dhiavolitsi GR B2
103 Dhidhima GR B4
99 Dhidhimótikhon GR B5
99 Dhikaia GR B5
102 Dhilianáta GR A1
98 Dhimitra GR C2
98 Dhimitritsion GR C2
102 Dhimitsána GR B3
99 Dhióni GR C4
103 Dhistomon GR A3
100 Dhistraton GR A3
100 Dholianá GR B2
101 Dhomenikon GR B4
101 Dhomokós GR B4
12 Dhoon GB A1
102 Dhórion GR B2
101 Dhoxarás GR B4
98 Dhoxáton GR B3
98 Dhraviskos GR C2
103 Dhrépanon GR B3
101 Dhrimós GR A4
103 Dhriopis GR B5
101 Dhriskoli GR B4
98 Dhrosáton GR B1
105 Diafani GR C4
103 Diakófti GR C4
90 Diakovce CS C3
80 Diamante I B2
57 Dianalund DK C4
72 Diano d'Alba I B3
72 Diano Marina I C3
101 Diáselo GR B4
15 Dibden Purlieu GB C6
74 Dicomano I C1
19 Didam NL B6
17 Didcot GB C1
105 Didym TR A4
31 Die F B4
64 Diebling F B2
65 Dieburg D B4
40 Diego Alvaro E B1
64 Diekirch L B2
21 Dielette F A4
27 Diémoz F C5
70 Dienten A A2
19 Diepenbeck B C5
61 Diepholz D C5
22 Dieppe F B2
87 Dierberg DDR B3
62 Dierdorf D C2
19 Dieren NL A6
86 Dierhagen DDR A3
86 Diesdorf DDR C1
66 Dießen D D2
19 Diest B C5
65 Dietenheim D C6
66 Dietfurt D B2
68 Dietikon CH A3
65 Dietzenbach D A4
64 Dieue F B1
31 Dieulefit F B4
64 Dieulouard F C2
64 Dieuze F C2
60 Diever NL C3
62 Diez D C3
46 Diezma E B3
64 Differdange L B1
52 Digerberget S A5
27 Digion F B4
25 Dignac F C5
70 Dignano I B2
31 Digne F B5
22 Digny F C2
26 Digoin F B3
27 Dijon F A5
18 Diksmuide B B2
62 Dillenburg D C3
66 Dillingen, *Bayern* D C1
64 Dillingen, *Saarland* D B2
15 Dilwyn GB A5
35 Dima E A4
69 Dimaro I B5
99 Dimitrovgrad BG A4
109 Dimitrovgrad YU E5
80 Dinami I C3
21 Dinan F B3
19 Dinant B C4
21 Dinard F B3
62 Dingden D B1
63 Dingelstädt DDR B5
6 Dingle IRL B1
53 Dingle S D2
66 Dingolfing D C3
55 Dingtuna S C2
9 Dingwall GB C4
65 Dinkelsbühl D B6
66 Dinkelscherben D C1
61 Dinklage D C5
62 Dinslaken D B1
19 Dinteloord NL B4
19 Dinxperlo NL B6
58 Diö S C3
101 Dion GR A4
91 Diósjeno H D5
26 Diou F B3
100 Dipotamiá GR A2
10 Dippen GB C2
63 Dipperz D C4
88 Dippoldiswalde DDR C3
102 Dirákhio GR B3
50 Dirdal N C3
19 Dirksland NL B4
66 Dirlewang D D1
66 Dischingen D C1
68 Disentis-Muster CH B3
81 Diso I A5
16 Diss GB B4
62 Dissen D A3
12 Distington GB A2
65 Ditzingen D C5
60 Ditzum D B4
71 Divaca YU C3
21 Dives F A5
91 Diviacka Nová Ves CS C4
18 Divion F C2
67 Divišov CS B5
97 Divjakë AL E1
27 Divonne les Bains F B6
101 Divri GR C4
23 Dixmont F C4
23 Dizy-le-Gros F B5
52 Djura S B5
54 Djurås S B1
54 Djurmo S B1
58 Djursdale S B4
91 Dlhé-Pole CS B4
90 Dlouhá Loucka CS B3
32 Doada E B3
5 Doagh GB B5
95 Dobanovci YU B5
86 Dobbertin DDR B3
70 Dobbiaco (Toblach) I B2
91 Dobczyce PL B6
88 Döbeln DDR B3
88 Doberlug-Kirchhain DDR B3
88 Dobern DDR B4
90 Dobersberg A C1
94 Doboj YU B3
91 Dobrá CS B4
87 Dobra, *Szczecin* PL B5
87 Dobra, *Szczecin* PL B6
71 Dobrá Niva CS C5
90 Dobra Voda CS C3
96 Dobrčane YU C3
96 Dobri Do YU C3
95 Dobrica YU A5
67 Dobřichovice CS B5
98 Dobrinishta BG B2
99 Dobrinovo BG A5
67 Dobříš CS B5
35 Dobro E B3
96 Dobro Polje YU B4
91 Dobroč CS C5
92 Döbrököz H B3
89 Dobromierz PL C6
99 Dobromirtsi BG B4
97 Dobroste YU C3
79 Dobrota YU B5
92 Dobrovnik YU B1
97 Dobruševo YU D3
89 Dobruska CS C6
87 Dobrzany PL B6
91 Dobšiná CS C6
19 Dochamps B C5
16 Docking GB B3
16 Doddington GB B3
58 Döderhult S B5
19 Dodewaard NL B5
19 Doesburg NL A6
19 Doetinchem NL B6
105 Doğanbey TR A4
99 Dogança TR B5
97 Doganovic YU C3
72 Dogliani I B2
44 Dogueno P B2
38 Dois Portos P B1
90 Dojč CS C3
48 Dokka N F5
60 Dokkum NL B3
21 Dol-de-Bretage F B4
12 Dolarrog GB B2
12 Dolbenmaen GB C1
72 Dolceácqua I C2
27 Dole F A5
51 Dølemo N C5
23 Dolencourt F C5
71 Dolenja Vas YU C4
71 Dolenji Logatec YU C4
71 Dolenjske Toplice YU C4
12 Dolgellau GB C2
102 Doliana GR B3
85 Dolianova I C2
87 Dolice PL B6
108 Dolino SU B6
70 Döllach A B2
11 Dollar GB B4
63 Dolle DDR A6
88 Dollegen DDR A4
23 Dollot F C4
63 Döllstadt DDR B5
98 Dolna Banya BG A2
98 Dolna Dikanya BG A2
91 Dolná Strehová CS C5
90 Dolné Orešany CS C3
91 Dolni Bečva CS B4
67 Dolni Bělá CS B4
91 Dolni Benešov CS B4
89 Dolni Bousov CS C5
90 Dolni Dobrouc CS B2
67 Dolni Dvořiště CS C5
99 Dolni Glavanak BG B4
90 Dolni Kounice CS B2
67 Dolni Kralovice CS B6
91 Dolní Lomná CS B4
91 Dolni Lutyn CS B4
91 Dolni Mariková CS B4
98 Dolni Pasarel BG A2
90 Dolni Újezd CS B2
66 Dolni Žandor CS A3
98 Dolno Kamartsi BG A2
98 Dolno Levski BG A3
99 Dolno Panicherevo BG A4
99 Dolno Prakhovo BG B4
98 Dolno selo BG A1
98 Dolno Uyno BG A1
91 Dolný Kubin CS B5
91 Dolný Peter CS D4
91 Dolný Turček CS C4
70 Dolo I C2
47 Dolores E A6
95 Dolovo YU B5
11 Dolphinton GB C4
70 Dölsach A B2
89 Dolsk PL B7
12 Dolwyddelan GB B2
95 Domaljevac YU A3
91 Domaniža CS B4
89 Domašov CS C7
93 Domaszék H B4
89 Domaszków PL C6
69 Domat-Ems CH B4
67 Domažlice CS B3
48 Dombås N E4
64 Dombasle F C2
92 Dombóvár H B3
18 Domburg N B3
31 Domène F A4
21 Domfront, *Orne* F B5
21 Domfront, *Sarthe* F B6
38 Domingão P B2
46 Domingo Pérez, *Granada* E B3
40 Domingo Pérez, *Toledo* E C2
86 Dömitz DDR B2
23 Dommartin F C5
23 Dommartin-le-Coq F C5
23 Dommartin-le-Franc F C5
29 Domme F B5
88 Dommitzsch DDR B2
68 Domodóssola I B3
91 Domoszló H D6
64 Dompaire F C2
27 Dompierre F B5
21 Dompierre-du-Chemin F B4
26 Dompierre-sur-Besbre F B3
24 Dompierre-sur-M. F B3
64 Domrémy-la-Pucelle F C1
93 Dömsöd H A4
27 Domsure F B5
85 Domus de Maria I D1
85 Domusnóvas I C1
71 Domžale YU B4
39 Don Alvaro E C4
39 Don Benito E C5
47 Dona Inés E B5
46 Doña Mencia E B2
32 Donado E B4
5 Donaghadee GB B6
65 Donaueschingen D D4
66 Donauwörth D C1
13 Doncaster GB B4
23 Donchery F B5
25 Doné-la-Fontaine F A4
4 Donegal IRL B3
19 Dongen NL B4
24 Donges F A2
69 Dongo I B4
32 Donillas E B4
16 Donington GB B2
32 Doniños E A2
94 Donja Bebrina YU A3
94 Donja Dobošnica YU B3
94 Donja Dubica YU A3
92 Donja Konjscina YU B1
71 Donja Kupčina YU C5
71 Donja Lommica YU C6
96 Donja Mutnica YU B3
71 Donja Stubica YU C5
95 Donje Crnjelovo YU B4
96 Donje Ljupče YU C3
75 Donje Pazariste YU B5
96 Donji Barbes YU B3
96 Donji Dušnik YU B4
75 Donji Lapac YU B5
96 Donji Livoč YU C3
94 Donji Malovan YU C2
92 Donji Miholjac YU C3
92 Donji Mosti YU B1
94 Donji-Rujani YU C1
94 Donji Srb YU B1
95 Donji Tovarnik YU B4
94 Donji Vakuf YU B2
19 Donk NL B5
83 Donnalucata I C3
23 Donnemarie-Dontilly F C4
71 Donnersbach A A4
71 Donnersbachwald A A4
90 Donnerskirchen A D2
73 Donorático I C5
35 Donostia-San Sebastián E A4
21 Donville-les-Bains F B4
65 Donzdorf D C5
29 Donzenac F A5
31 Donzère F B3
26 Donzy F A3
4 Dooagh IRL C1
6 Doonbeg IRL B2
19 Doorn NL A5
19 Doornspijk NL A5
32 Dor E A1
97 Dorce Petrov YU C3
15 Dorchester, *Dorset* GB C5
17 Dorchester, *Oxfordshire* GB C1
19 Dordrecht NL B4
62 Dörenthe D A2
9 Dores GB C4
66 Dorfen D C3
70 Dorfgastein A A3
92 Dorfl. i. Burgenland A A1
61 Dorfmark D C6
85 Dorgali I B2
101 Dorkás GR A5
17 Dorking GB C2
62 Dormagen D B1
23 Dormans F B4
69 Dornbirn A A4
63 Dornburg DDR C6
63 Dorndorf DDR C5
26 Dornes F B3
8 Dornie GB C3
9 Dornoch GB C4
65 Dornstadt D C5
93 Dorog H A3
108 Dorohoi RO C7
48 Dorotea S D8
62 Dorsten D B1

27 Dortan F B5
62 Dortmund D B2
61 Dorum D B5
61 Dörverden D C6
65 Dörzbach D B5
42 Dos Aguas E B2
45 Dos Hermanas E B4
46 Dos-Torres E A2
41 Dosbarrios E C3
100 Dósio GR B3
98 Dospat BG B3
61 Dötlingen D C5
100 Dótsiko GR A3
18 Dottignies B C3
68 Döttingen CH A3
18 Douai F C3
20 Douarnenez F B1
23 Douchy, *Loiret* F D4
18 Douchy, *Nord* F C3
22 Doudeville F B1
12 Douglas, *I. of Man* GB A1
11 Douglas, *Strathclyde* GB C4
64 Doulaincourt F C1
23 Doulevant-le-Château F C5
18 Doullens F C2
9 Dounby GB A5
10 Doune GB B3
102 Dounéika GR B2
18 Dour B C3
22 Dourdan F C3
29 Dourgne F C6
25 Dournazac F C5
33 Douro Calvo P D3
27 Douvaine F B6
23 Douzy F B6
17 Dover GB C4
71 Dovje YU B3
48 Dovre N F4
16 Downham GB B3
16 Downham Market GB B3
5 Downhill GB A5
5 Downpatrick GB B6
26 Doyet F B2
32 Dozón E B2
21 Dozule F A5
95 Drača YU B5
97 Dračevo YU D3
67 Drachselsried D B4
60 Drachten NL B3
97 Dragaš YU C2
71 Dragatuš YU C5
95 Draginja YU B4
96 Dragocvet YU B3
94 Dragolovci YU B2
98 Dragomir BG A3
77 Dragoni I B5
94 Dragotina YU A1
98 Dragovishtitsa BG A1
75 Dragozetica YU A4
31 Draguignan F C5
88 Drahnsdorf DDR B3
67 Drahonice CS B5
90 Drahovce CS C3
100 Drakótripa GR B3
98 Dráma GR B3
51 Drammen N B7
70 Dramsach A A1
51 Drangedal N B6
61 Drangstedt D B5
63 Dransfeld D B4
87 Dranske DDR A4
5 Draperstown GB B5
90 Draßburg A D2
92 Draßmarkt A A1
92 Drávaszabolcs H C3
71 Dravograd YU B5
67 Drazenov CS B3
95 Drazevac, *Srbija* YU B5
96 Draževac, *Srbija* YU B3
14 Dre-fach GB B3
88 Drebkau DDR B4
10 Dreghorn GB C3
65 Dreieich Langen D B4
96 Drenovac, *Srbija* YU B3
96 Drenovac, *Srbija* YU C3
95 Drenovci YU B3
62 Drensteinfurt D B2
101 Drépano, *Kozani* GR A3
100 Drépano, *Thesprotía* GR B2
88 Dresden DDR B3
22 Dreux F C2
90 Drevohostice CS B3
88 Drewitz DDR A2
75 Drežnica YU A5
75 Drežnik-Grad YU B5
19 Driebergen NL A5
41 Driebes E B3
90 Drietoma CS C3
13 Driffield GB A5
101 Driméa GR C4
10 Drimnin GB B2
6 Drimoleague IRL C2
100 Drimón GR C3
101 Drimós GR B4
62 Dringenberg D B4
94 Drinovci YU C2
103 Driópi GR B4
97 Drizë AL E2
95 Drlače YU B4
90 Drnholec CS C2
94 Drniš YU C1
92 Drnje YU B1
69 Dro I C5
51 Drøbak N B7
61 Drochtersen D B6
5 Drogheda IRL C5
91 Droginia PL B6
108 Drogobych SU B5
7 Droichead Nua IRL A5
15 Droitwich GB A5
5 Dromara GB B5
4 Dromard IRL B3
5 Dromod IRL C4
5 Dromore, *N. Ireland* GB B4
5 Dromore, *N. Ireland* GB B5
4 Dromore West IRL B3
72 Dronero I B2
13 Dronfield GB B4
18 Drongen B B3
56 Dronninglund DK A3
60 Dronrijp NL B2
60 Dronten NL C2
90 Drosendorf A C1
90 Drösing A C2
100 Drosopigi, *Árta* GR B3
100 Drosopigi, *Florina* GR A3
103 Drossiá GR A4
55 Drøttningholm S C3
22 Droué F C2
98 Drugan BG A2
12 Druid GB C2
64 Drulingen F C3
5 Drum IRL B4
8 Drumbeg GB B3
5 Drumcard GB B4
4 Drumcliff IRL B3
10 Drumjohn GB C3
12 Drummore GB A1
9 Drumnadrochit GB C4
5 Drumshanbo IRL B3
5 Drumsna IRL C3
10 Drumvaich GB B3
19 Drunen NL B5
19 Druten NL B5
95 Družetići YU B5
94 Drvar YU B1
94 Drvenik YU C2
10 Drymen GB B3
8 Drynoch GB C2
85 Dualchi I B1
33 Duas Igrejas P C4
95 Dub YU C4
88 Dubá CS C4
92 Dubar H A2
88 Duben DDR B3
68 Dübendorf CH A3
88 Dubi CS C3
7 Dublin IRL A5
90 Dubňany CS C3
91 Dubnica CS C4
91 Dubnik CS D4
108 Dubno SU A6
91 Dubodiel CS C4
95 Dubona YU B5
71 Dubranec YU C5
92 Dubrava YU B1
95 Dubrave YU B3
107 Dubrovitsa SU E10
79 Dubrovnik YU B5
21 Ducey F B4
88 Duchcov CS C3
87 Ducherow DDR B4
95 Ducina YU B5
22 Duclair F B1
16 Duddington GB B2
63 Duderstadt D B5
13 Dudley GB C3
64 Dudweiler D B3
18 Dudzele B B3
34 Dueñas E C2
70 Dueville I C1
19 Duffel B B4
9 Dufftown GB C5
95 Duga Poljana YU C5
71 Duga Resa YU C5
94 Dugi Rat YU C1
64 Dugny-sur-Meuse F B1
92 Dugo Selo YU C1
63 Duingen D A4
70 Duino I C3
62 Duisburg D B1
100 Dukat AL A1
96 Dukat YU C4
90 Dukovany CS B2
99 Dülbok Izvor BG A4
99 Dülboki BG A4
99 Dulgo pole BG A3
19 Dülken D B6
11 Dull GB B4
62 Dülmen D B2
9 Dulnain Bridge GB C5
52 Dulpetorpet N B3
15 Dulverton GB B4
10 Dumbarton GB C3
11 Dumfries GB C4
7 Dun Laoghaire IRL A5
26 Dun-le-Patestel F B1
27 Dun-les-Places F A4
26 Dun-sur-Auron F B2
64 Dun-sur-Meuse F B1
92 Dunaalmás H A3
91 Dunabogdány H D5
93 Dunafalya H B3
93 Dunaföldvár H B3
93 Dunaharaszti H A4
90 Dunajská-Streda CS D3
93 Dunakeszi H A4
90 Dunakiliti H D3
93 Dunakömlöd H B3
5 Dunamanagh GB B4
10 Dunans GB B2
93 Dunapataj H B4
93 Dunaszekcsö H B3
93 Dunaszentgyorgy H B3
93 Dunatetétlen H B4
93 Dunaújváros H B3
93 Dunavecse H B3
11 Dunbar GB B5
9 Dunbeath GB B5
11 Dunblane GB B4
7 Dunboyne IRL A5
9 Duncansby GB B5
16 Dunchurch GB B1
5 Dundalk IRL B5
11 Dundee GB B5
5 Dundonald GB B6
11 Dundrennan GB D4
5 Dundrum GB B6
5 Dunfanaghy IRL A4
11 Dunfermline GB B4
5 Dungannon GB B5
7 Dungarvan IRL B4
10 Dungavel GB C3
5 Dungiven GB B5
4 Dunglow IRL B3
6 Dungourney IRL C3
96 Dunis YU B3
97 Dunje YU D3
11 Dunkeld GB B4
55 Dunker S C2
18 Dunkerque F B2
7 Dunkerrin IRL B4
4 Dunkineely IRL B3
7 Dunleary (Dun Laoghaire) IRL A5
5 Dunleer IRL C5
10 Dunlop GB C3
6 Dunmanway IRL C2
4 Dunmore IRL C3
7 Dunmore East IRL B5
9 Dunnet GB B5
65 Dunningen D C4
10 Dunoon GB C3
11 Duns GB C5
11 Dunscore GB C4
7 Dunshaughlin IRL A5
17 Dunstable GB C2
15 Dunster GB B4
8 Duntulm GB C2
8 Dunvegan GB C2
69 Durach D A5
96 Durakovac YU C2
35 Durana E B4
29 Durance F B4
35 Durango E A4
29 Duras F B4
37 Durban Corbiéres F A5
65 Dürbheim D C4
46 Durcal E C3
92 Durdenovac YU C3
92 Durdevac YU B2
95 Durdevit YU B3
19 Düren D C6
11 Durham GB D6
95 Durinci YU B5
65 Durlach D C4
71 Durmanec YU B5
65 Durmersheim D C4
9 Durness GB B4
90 Dürnkrut A C2
26 Durolle F C3
69 Dürrboden CH B4
68 Dürrenboden CH B3
97 Durrës AL D1
7 Durrow, *Laois* IRL B4
7 Durrow, *Offaly* IRL A4
6 Durrus IRL C2
15 Dursley GB B5
109 Dursunbey TR G8
25 Durtal F A4
56 Durup DK B1
93 Dusnok H B3
62 Dusseldorf D B1
65 Dußlingen D C5
88 Düßnitz DDR B2
89 Duszniki Zdrój PL C6
71 Dutovlje YU C3
19 Duurstede NL B5
48 Duved S E6
94 Duvno YU C2
94 Dvor YU A1
90 Dvorniky CS C3
91 Dvory n. Z. CS D4
89 Dvur Králove n. Labem CS C5
9 Dyce GB C6
89 Dychow PL B5
11 Dykehead GB B4
11 Dykends GB B4
17 Dymchurch GB C4
15 Dymock GB B5
50 Dyranut N A4
56 Dytvad DK A3
96 Džep YU C4
99 Dzhebel BG B4
98 Dzherman BG A2
91 Dziekanowice PL B6
89 Dzierzoniów PL C6
87 Dziwnów PL A5
97 Džumajlija YU D3

E

35 Ea E A4
11 Eaglesfield GB C4
17 Ealing GB C2
16 Earith GB B3
16 Earl Shilton GB B1
16 Earl Soham GB B4
11 Earlston GB C5
11 Earsdon GB C6
13 Easington GB B6
13 Easington Colliery GB D6
13 Easingwold GB A4
4 Easky IRL B3
17 East Adderbury GB B1
15 East Brent GB B5
16 East Dereham GB B3
17 East Grinstead GB C2
16 East Harling GB B3
17 East Hoathly GB D3
17 East Ilsley GB C1
10 East Kilbride GB C3
11 East Linton GB C5
13 East Markham GB B5
13 East Retford GB B5
16 East Rudham GB B3
11 East Wemyss GB B4
17 Eastbourne GB D3
9 Easter Fearn GB C4
8 Easter Quarff, *Shetland Is.* GB
17 Eastleigh GB D1
15 Easton GB C5
17 Eastry GB C4
13 Eastwood GB B4
16 Eaton Socon GB B2
36 Eaux-Bonnes F A2
28 Eauze F C4
57 Ebberup DK C2
70 Ebbs A A2
15 Ebbw Vale GB B4
63 Ebeleben DDR B5
57 Ebeltoft DK B3
70 Eben im Pongau A A3
67 Ebensee A D4
66 Ebensfeld D A1
65 Eberbach D B4
90 Ebergassing A C2
63 Ebergötzen D B5
66 Ebern D A1
71 Eberndorf A B4
88 Ebersbach DDR B4
67 Eberschwang A C4
63 Ebersdorf, *Bayern* D C6
61 Ebersdorf, *Niedersachsen* D B6
71 Eberstein A B4
64 Ebersviller F B2
87 Eberswalde DDR C4
100 Ebesos GR B3
65 Ebingen D C5
69 Ebnat-Kappel CH A4
78 Éboli I D2
66 Ebrach D B1
90 Ebreichsdorf A D2
26 Ebreuil F B3
86 Ebstorf D B1
19 Ecaussinnes-d'Enghien B C4
11 Ecclefechan GB C4
12 Eccleshall GB C3
35 Eçcobasa de Almazán E C4
109 Eceabat TR F7
68 Echallens CH B1
35 Echarri-Aranaz E B4
35 Echauri E B5
27 Échenoz-la-Méline F A6
25 Echiré F B4
31 Echirolles F A4
29 Echourgnac F A4
11 Echt GB A5
19 Echt NL B5
63 Echte D B5
64 Echternach L B2
45 Ecija E B4
95 Ećka YU A5
63 Eckartsberga DDR B6
62 Eckelshausen D C3
62 Eckenhagen D C2
61 Eckernförde D A6
13 Eckington GB B4
23 Éclaron F C5
22 Ecommoy F D1
21 Ecouché F B5
22 Ecouen F B3
22 Ecouis F B2
92 Écs H A2
93 Ecséd H A4
25 Ecuellé F A6
53 Ed S D2
52 Eda S C3
52 Eda glasbruk S C3
60 Edam NL C2
53 Edane S C3
88 Edderitz DDR B1
11 Eddleston GB C4
19 Ede NL A5
52 Edebäck S B4
54 Edebo S B4
49 Edefors Harads S C10
63 Edemissen D A5
5 Eden GB B6
17 Edenbridge GB C3
7 Edenderry IRL A4
65 Edenkoben D B4
5 Ederny GB B4
65 Edesheim D B4
61 Edewecht D B4
19 Edgegem B B4
101 Édhessa GR A4
11 Edinburgh GB C4
99 Edirne TR B5
50 Edland N B4
71 Edlitz A A6
11 Edmondbyers GB D6
69 Édolo I B5
109 Edremit TR G7
58 Edsbruk S A5
54 Edsbyn S A1
53 Edsgatan S C4
53 Edsleskog S C3
53 Edsvalla S C4
11 Edzell GB B5
19 Eefde NL A6
18 Eeklo B B3
19 Eerbeek NL A6
18 Eernegem B B3
19 Eersel NL B5
60 Eexta NL B3
67 Eferding A C5
66 Effeltrich D B2
26 Effiat F B3
98 Efkarpia GR B1
101 Efxinoúpolis GR B4
63 Egeln DDR B6
91 Eger H D6
91 Egerbakta H D6
57 Egernsund DK D2
50 Egersund N C3
91 Egerszólát H D6
69 Egg A A4
66 Egg D C1
51 Eggedal N A6
90 Eggenburg A C1
66 Eggenfelden D C3
87 Eggesin DDR B5
67 Egglesberg A C4
67 Egglfing D C4
17 Egham GB C2
19 Eghezée B C4
26 Egletons F C2
66 Egling, *Bayern* D C1
66 Egling, *Bayern* D D2
5 Eglinton GB A4
68 Eglisau CH A3
30 Égliseneuve-d'Entraigues F A1
69 Eglofs D A4
14 Eglwyswrw GB A3
69 Egna (Neumarkt) I B6
12 Egremont GB A2
57 Egtved DK C2
31 Eguilles F C4
23 Eguilly-sous-Bois F C5
92 Egyházasrádóc H A1
66 Ehekirchen D C2
65 Ehingen D C5
63 Ehmen D A5
86 Ehra-Lessien D C1
64 Ehrang D B2
88 Ehrenfriedersdorf DDR C2
88 Ehrenhain DDR C2
62 Ehringshausen D C3
69 Ehrwald A A5
35 Eibar E A4
89 Eibau DDR C4
65 Eibelstadt D B6
88 Eibenstock DDR C2
62 Eibergen NL A1
71 Eibiswald A B5
63 Eichenbarleben DDR A6
67 Eichendorf D C3
66 Eichstatt D C2
62 Eickelborn D B3
48 Eidfjord N F3
53 Eidsberg N C2
51 Eidsfoss N B7
52 Eidskog N B3
50 Eidsvåg N A2
52 Eidsvoll N B2
63 Eienbeck D B4
48 Eikefjord N F2
50 Eikelandsosen N A2
50 Eiken N C4
88 Eilenburg DDR B2
19 Eilendorf D C6
63 Eilsleben DDR A6
52 Eina N B1
19 Eindhoven NL B5
18 Eine B C3
61 Einfeld D A7
68 Einsiedeln CH A3
64 Einville F C2
63 Eisenach DDR C5
65 Eisenberg D B4
88 Eisenberg DDR C1
71 Eisenerz A A4
88 Eisenhüttenstadt DDR A4
71 Eisenkappel A B4
90 Eisenstadt A D2
70 Eisentratten A B3
62 Eiserfeld D C2
63 Eisfeld DDR C5
65 Eisingen D C5
63 Eisleben DDR B6
65 Eistingen D C5
63 Eiterfeld D C4
62 Eitorf D C2
43 Eivissa, *Ibiza* E
33 Eixo P D2
57 Ejby DK C2
36 Ejea de' los Caballeros E A1
57 Ejstrup DK C2
36 Ejulve E C2
103 Ekáli GR A4
18 Eke B C3
53 Ekeby, *Östergötland* S D6
54 Ekeby, *Uppsala* S B4
49 Ekenas SF G11
58 Ekenässjön S B4
19 Ekeren B B4
59 Eket S C2
99 Ekhinos GR B3
19 Eksel B B5
52 Ekshärad S B4
58 Eksjö S B3
99 Ekzarkh Antimovo BG A5
45 El Aguila E B4
40 El Alamo, *Madrid* E B3
45 El Alamo, *Sevilla* E B3
44 El Almendro E B2
35 El Almiñe E B3
47 El Alquián E C4
45 El Arahal E B4
40 El Arenal, *Avila* E B1
43 El Arenal, *Mallorca* E
47 El Arguellite E A4
34 El Astillero E A3
47 El Ballestero E A4
39 El Barco de Avila E A5
41 El Berrueco E B3
39 El Bodón E A4
32 El Bollo E B3
41 El Bonillo E D4
45 El Bosque E C4
40 El Bullaque E C2
36 El Burgo de Ebro E B2
35 El Burgo de Osma E C3
34 El Burgo Ranero E B1
35 El Buste E C5
33 El Cabaco E D4
47 El Cabo de Gata E C4
35 El Callejo E A3
45 El Campillo E B3
40 El Campillo de la Jara E C1
39 El Campo E B5
41 El Cañavete E C4
47 El Cantal E B5
46 El Carpio E B2
40 El Carpio de Tajo E C2
40 El Casar de Escalona E B2
35 El Castaño E A3
45 El Castillo de las Guardas E B3
46 El Centenillo E A3
39 El Cerro E A5
45 El Cerro de Andévalo E B3
45 El Comenar E C4
45 El Coronil E B4
45 El Cuervo E C3
34 El Cupo de Tierra del Vino E C1
47 El Entredicho E A4
40 El Escorial E B2
40 El Espinar E B2
32 El Ferrol del Caudillo E A2
36 El Frago E A2
32 El Franco E A4
35 El Fransno E C5
45 El Garrobo E B3
45 El Gastor E C4
40 El Gordo E C1
36 El Grado E A3
44 El Granado E B2
42 El Grao E B3
46 El Higuera E B2
40 El Hoya de Pinares E B2
46 El Hoyo E A3
45 El Madroño E B3
33 El Maillo E D4
40 El Mirón E B1
41 El Molar E B3
40 El Molinillo E C2
35 El Muyo E C3
35 El Oimo E C3
40 El Pardo E B3
39 El Payo E A4
41 El Pedernoso E C4
45 El Pedroso E B4
41 El Peral E C5
42 El Perelló E B2
41 El Picazo E C4
34 El Piñero E C1
42 El Pobo E A2
41 El Pobo de Dueñas E B5
41 El Pozo de Guadalajara E B3
41 El Provencio E C4
40 El Puenta del Arzobispo E C1
45 El Puerto de Sta. Maria E C3
35 El Quintanar E C4
45 El Real de la Jara E B3
40 El Real de S. Vincente E B2
40 El Robledo E C2
45 El Rocio E B3
44 El Rompido E B2
45 El Ronquilo E B3
35 El Royo E C4
45 El Rubio E B5
42 El Saler E B2
45 El Saucejo E B4
36 El Temple E B2
40 El Tiemblo E B2
46 El Tocón E B3
36 El Tormillo E B2
34 El Valle de las Casas E B1
41 El Vellón E B3
46 El Viso E A2
45 El Viso del Alcor E B4
46 El Viso del Marqués E A3
101 Elafos GR A4
104 Elaia, *Kriti* GR
103 Elaia, *Lakonía* GR C3
98 Elaiokhóri GR C3
102 Elaión GR A3
101 Elassón GR B4
100 Eláti GR B3
101 Elátia GR C4
100 Elatochorion GR B2
102 Elatou GR A2
97 Elbasan AL D2
22 Elbeuf F B1
63 Elbingerode DDR B5
106 Elblag PL C6
19 Elburg NL A5
42 Elche E C2
47 Elche de la Sierra E A4
65 Elchingen D C6
42 Elda E C2
63 Eldagsen D A4
86 Eldena DDR B2
58 Eldsberga S C1
103 Elefsis GR A4
101 Elefthero GR B4
93 Elemir YU C5
99 Elena BG A4
102 Eleón, *Akhaia* GR A3
102 Eleón, *Ilía* GR B2
103 Eleón, *Voiotía* GR A4
101 Elevtherai GR B4
98 Elevtheroupolis GR C3
63 Elgershausen D B4
9 Elgin GB C5
35 Elgóibar E A4
10 Elgol GB A1
102 Eliá, *Fokís* GR A3
101 Eliá, *Khalkidhikí* GR A5
102 Eliá, *Messinía* GR B2
11 Elie GB B5
103 Elika GR C3
98 Elin Pelin BG A2
102 Eliniká, *Aitolía kai Acarnanía* GR A2
101 Eliniká, *Évia* GR B5
103 Elinikó GR C3
11 Elishaw GB C5
35 Elizondo E A5
99 Elkhovo BG A5
65 Ellenberg D B6
13 Eller Beck Bridge GB A5
12 Ellesmere GB C3
12 Ellesmere Port GB B3
18 Ellezelles B C3
66 Ellingen D B1
11 Ellington GB C6
103 Elliniko GR B4
70 Ellmau A A2
9 Ellon GB C6
53 Ellös S D2
13 Elloughton GB B5
63 Ellrich DDR B5
65 Ellwangen D C6
69 Elm CH B4
61 Elm D B6
61 Elmshorn D B6
65 Elmstein D B3
37 Elne F A5
35 Elorrio E A4
104 Elos, *Kriti* GR
93 Elöszállás H B3
105 Elounta, *Kriti* GR
64 Eloyes F C2
8 Elphin GB B3
19 Elsdorf D C6
65 Elsenfeld D B5
61 Elsfleth D B5
98 Elshitsa BG A3
62 Elspe D B3
19 Elspeet NL A5
19 Elst NL B5
88 Elster DDR B2
88 Elsterberg DDR C2
88 Elsterwerda DDR B3
88 Elstra DDR B4
66 Eltmann D B1
65 Eltville D A4
39 Elvas P C3
16 Elveden GB B3
20 Elven F C3
18 Elverdinge B C2
52 Elverum N B2
42 Elx E C2
63 Elxleben DDR B5
16 Ely GB B3
62 Elz D C3
63 Elze D A4
52 Emådelen S A5
11 Embleton GB C6
105 Embona GR B4
104 Embórion GR B2
105 Emborios GR A3
31 Embrun F B5
36 Embún E A2
60 Emden D B4
105 Emecik TR B4
60 Emlichheim D C3
6 Emly IRL B3
58 Emmaboda S C4
59 Emmaljunga S C2
60 Emmeloord NL C2
68 Emmen CH A3
60 Emmen NL C3
65 Emmendinger D C3
60 Emmer-Compascuum NL C4
60 Emmer-Erfscheidenveen NL C4
19 Emmerich D B6
63 Emmern D A4
73 Empoli I C5
62 Emsbüren D A2
62 Emsdetten D A2
58 Emsfors S B5
66 Emskirchen D B1
61 Emstek D C5
17 Emsworth GB D2
5 Emyvale IRL B5
48 Enafors S E6
37 Encamp AND A4
38 Encarnaçao P C1
40 Encinas de Abajo E B1
34 Encinas de Esgueva E C2
46 Encinas Reales E B2
45 Encinasola E A3
35 Encio E B3
35 Enciso E B4
64 Endingen D C3
66 Endorf D D3
40 Endrinal E B1
93 Endröd H B5
52 Enebakk N C2
58 Eneryda S C3
99 Enez TR C5
17 Enfield GB C2
104 Engarés GR A2
68 Engelberg CH B3
67 Engelhartszell A C4
62 Engelskirchen D C2
65 Engen D D4
62 Enger D A3
48 Engerdal N F5
57 Engesvang DK B2
19 Enghien B C4
67 Engimar D B3
100 Englouvi GR C2
62 Engter D A3
42 Enguera E C2
41 Enguidanos E C5
65 Eningen D C5
65 Enkenbach D B3
60 Enkhuizen NL C2
55 Enköping S C3
51 Enkstrand N B6
83 Enna I B3
62 Ennepetal D B2
26 Ennezat F C3
62 Ennigloh D A3
53 Enningdal N D2
6 Ennis IRL B3
7 Enniscorthy IRL B5
6 Enniskean IRL C3
7 Enniskerry IRL A5
5 Enniskillen GB B4
6 Ennistimon IRL B2
67 Enns A C5
60 Ens NL C2
62 Enschede NL A1
66 Ensdorf D B2
64 Ensisheim F D3
19 Ensival B C5
55 Enstaberga S D2
17 Enstone GB C1
68 Entlebuch CH B3
72 Entrácque I B2
44 Entradas P B1
26 Entrains-sur-Nohain F A3
35 Entrambasaguas E A3
34 Entrambasmestas E A3
30 Entraygues-sur-Truyère F B1
33 Entre-os-Rios P C2
27 Entremont-le-Vieux F C5
31 Entrevaux F C5
39 Entrin Bajo E C4
38 Entroncamento P B2
64 Entzheim F C3
22 Envermeu F B2
54 Enviken S B1
92 Enying H B3
90 Enzesfeld A D2
70 Enzingerboden A A2
65 Enzklösterle D C4
65 Enzweihagen D C4
23 Épagny F B4
25 Epannes F B4
101 Epanomi GR A4
62 Epe D A2
19 Epe NL A5
23 Epehy F A4
23 Épernay F B4
22 Epernon F C2
65 Epfendorf D C4
64 Epfig F C3
27 Epierre F C6
36 Épila E B1
27 Epinac-les-Mines F B4
64 Épinal F C2
80 Episcopia I A3
100 Episkopi, *Evritanía* GR C3
101 Episkopi, *Pélla* GR A4
104 Episkopi, *Iráklion, Kriti* GR
104 Episkopi, *Réthimnon, Kriti* GR
102 Epitálion GR B2
27 Epoisses F A4
19 Eppegem B C4
64 Eppelborn D B2
64 Eppenbrunn D B3
88 Eppendorf DDR C3
17 Epping GB C3
65 Eppingen D B4
17 Epsom GB C2
100 Eptakhórion GR A3
101 Eptálofos GR C4
13 Epworth GB B5
70 Eraclea I C2
70 Eraclea Mare I C2
102 Eratini GR A3
100 Eratira GR A3
69 Erba I C4
65 Erbach, *Baden-Württemberg* D C5
65 Erbach, *Hessen* D B4
84 Erbalunga F B2
66 Erbendorf D B3
81 Érchie I A4
93 Ercsi H A3
93 Érd H A3
95 Erdevik YU A4
66 Erding D C2
93 Erdötelek H A5
93 Erdut YU C4
103 Erétria, *Évia* GR A4
101 Erétria, *Magnisía* GR B4
61 Erfde D A6
50 Erfjord N B3
62 Erftstadt D C1
63 Erfurt DDR C5
66 Ergolding D C3
66 Ergoldsbach D C3
60 Erica NL C3
82 Érice I A1
38 Ericeira P C1
58 Eriksmåla S C4
53 Erikstad S D3
100 Erina AL A2
59 Eringsboda S C4
68 Eriswil CH A2
103 Erithrai GR A4
19 Erkelen D B6
87 Erkner DDR C4
62 Erkralh D B1
36 Erla E A2
90 Erlach A D2
66 Erlangen D B2
72 Erli I B3
70 Erlsbach A B2
101 Ermakiá GR A3
19 Ermelo NL A5
22 Ermenonville F B3
33 Ermezinde P C2
44 Ermidas P B1
103 Ermióni GR B4
104 Ermoúpolis GR A1
63 Ermsleben DDR B6
62 Erndtebrück D C3
21 Ernèe F B5
93 Ernestinovo YU C3
90 Ernstbrunn A C2
65 Erolzheim D C6
49 Erontekiö SF B11
19 Erquelinnes B C4
20 Erquy F B3
38 Erra P C2
35 Errazu E A5
57 Errindlev DK D4
35 Erro E B5
9 Errogie GB C4
11 Errol GB B4
84 Ersa F B2
93 Érsekcsanád H B3
100 Ersekë AL A2
91 Ersekvadkert H D5
64 Erstein F C3
68 Erstfeld CH B3
56 Ertebølle DK B2
65 Ertingen D C5
38 Ervedal, *Coimbra* P A2
38 Ervedal, *Portalegre* P B3
75 Ervenik YU B5
44 Ervidel P B1
23 Ervy F C4
62 Erwitte D B3
63 Erxleben DDR A6
43 Es Caná, *Ibiza* E
43 Es Pujols, *Ibiza* E
57 Esbjerg DK C1
23 Esbly F C3
45 Escacena del Campo E B3
32 Escairon E B3
34 Escalada E B3
85 Escalaplano I C2
40 Escalona E B2
40 Escalona del Prado E A2
40 Escalonilla E C2
38 Escalos de Baixo P B3
38 Escalos de Cima P B3
41 Escamilla E B4
46 Escañuela E B2
36 Escároz E A1
36 Escatrón E B2
64 Esch-sur-Alzette L B1
69 Eschach D A4
65 Eschau D B5
86 Eschede D C1
66 Eschenau D B2
66 Eschenbach D B2
69 Eschenz CH A3
63 Escherhausen D B4
63 Eschwege D B5
19 Eschweiler D C6
35 Escobasa de Almazán E C4
18 Escoeuilles F C1
47 Escombreras E B6
28 Escos F C2
28 Escource F B2
31 Escragnolles F C5
39 Escurial E B5
33 Escurial de la Sierra E D5
61 Esens D B4
32 Esgos E B3
17 Esher GB C2
11 Eskaalemuir GB C4
53 Eskilsäter S D4
57 Eskilstrup DK D4
55 Eskilstuna S C2
66 Eslarn D B3
35 Eslava E B5
42 Eslida E B2
62 Eslohe D B3
59 Eslöv S D2
23 Esnes F A4
52 Espa N B2
30 Espalion F B1
30 Espaly-St.-Marcel F A2
39 Esparragalejo E C4
40 Esparragosa del Caudillo E D1
39 Esparragossa de la Serena E C5
37 Esparraguera E B4
31 Esparron F C4
50 Espedal N C3
35 Espejo, *Alava* E B3
46 Espejo, *Córdoba* E B2
50 Espeland N A2
62 Espelkamp D A3
31 Espeluche F B3
46 Espeluy E A3
45 Espera E C4
39 Esperança P B3
37 Espéraza F A5
77 Espéria I B4
45 Espiel E A4
34 Espinama E A2
32 Espiñaredo E A3
37 Espinelvas E B5
38 Espinhal P A2
33 Espinho P C2
34 Espinilla E A2
34 Espinosa de Cerrato E C3
35 Espinosa de los Monteros E A3
44 Espirito Santo P B2
37 Espluga de Francoli E B4
36 Esplús E B3
37 Espolla E A5
43 Esporlas, *Mallorca* E
33 Esposende P C2
37 Espot E A4
37 Espunyola E A4
36 Esquedas E A2
40 Esquivias E B3
19 Essen B B4
61 Essen, *Niedersachsen* D C4
62 Essen, *Nordrhein-Westfalen* D B2
66 Essenbach D C3
22 Essertaux F B3
65 Essingen D C6
65 Esslingen D C5
23 Essoyes F C5
43 Establiments, *Mallorca* E
32 Estacas E B2
36 Estadilla E A3
37 Estagel F A5
18 Estaires F C2
28 Estang F C3
37 Estany E B5
33 Estarreja P D2
37 Estartit E A6
68 Estavayer-le-Lac CH B1
74 Este I A1
32 Esteiro E A2
33 Estela P C2
35 Estella E B4
43 Estellenchs, *Mallorca* E
46 Estepa E B2
34 Estépar E B3
45 Estepona E C4
23 Esternay F C4
37 Esterri de Aneu E A4
61 Esterwegen D C4
23 Estissac F C4
26 Estivareilles F B2
42 Estivella E B2
44 Estói P B2
36 Estopiñan E B3
38 Estoril P C1
31 Estoublon F C5
18 Estrée-Blanche F C2
22 Estrées-St. Denis F B3
44 Estrela P A2
41 Estremera E B3
38 Estremoz P C3
54 Estuna S C4
25 Esyres F A5
91 Esztergom H D4
64 Etain F B1
27 Étalans F A6
64 Etalle B B1
22 Etampes F C3
27 Etang-sur-Arroux F B4
18 Étaples F C1
28 Etauliers F A3
64 Ethe B B1
50 Etne N B2
23 Etoges F C4
23 Etréaupont F B4
22 Étréchy F C3
22 Etrèpagny F B2
22 Etretat F B1
23 Étrœungt F A4
98 Etropole BG A3
68 Étroubles I C2
69 Ettal D A6
64 Ettelbrück L B2
19 Etten NL B4
16 Ettington GB B1
65 Ettlingen D C4
66 Ettringen, *Bayern* D C1
62 Ettringen, *Rheinland-Pfalz* D C2
93 Etyek H A3
66 Etzenricht D B3
22 Eu F A2
35 Eulate E B4
19 Eupen B C6
63 Eurdorf D C5
19 Europoort NL B4
23 Eurville-sur-Marne F C6
62 Euskirchen D C1
86 Eutin D A1
23 Euvy F C5
12 Euxton GB B3
102 Eva GR B2
26 Evaux-les-Bains F B2
105 Évdhiles GR A3
52 Evenstad N A2
15 Evercreech GB B5
18 Evergem B B3
59 Everöd S D3
62 Eversberg D B3
62 Everswinkel D B2
52 Evertsberg S A4
15 Evesham GB A6
68 Evian F B1
102 Evinokhorion GR A2
84 Evisa F B1
51 Evje N C4
68 Evolène CH B2
38 Évora P C3
38 Evoramonte P C3
102 Evpalion GR A2
21 Evran F B4
21 Evrecy F A5
22 Evreux F B2
21 Evron F B5
98 Évropos GR C1
102 Evrostina GR A3
22 Évry F C3
98 Evzonoi GR B1
17 Ewell GB C2
62 Ewersbach D C3
17 Ewhurst GB C2
103 Examillia GR B3
97 Exaplátanon GR E4
101 Éxarkhos, *Fthiótis* GR C4
100 Éxarkhos, *Grevená* GR A3
29 Excideuil F A5
15 Exeter GB C4
22 Exmes F C1
15 Exminster GB C4
15 Exmouth GB C4
102 Exo Nimfio GR C3
98 Exokhi GR B2
33 Extremo P C2
51 Eydehamn N C5
16 Eye, *Cambridgeshire* GB B2
16 Eye, *Suffolk* GB B4
11 Eyemouth GB C5
31 Eyguians F B4
31 Eyguières F C3
26 Eygurande F C2
29 Eymet F B4
26 Eymoutiers F C1
17 Eynsham GB C1
61 Eystrup D C6
32 Ezaro E B1
109 Ezine TR G7
33 Ezmoriz P D2

F

36 Fabara E B3
73 Fábbrico I B5
52 Fåberg N A1
32 Fabero E B4
57 Fåborg DK C3
30 Fabrègues F C2
74 Fabriano I C2
80 Fabrizia I C3
33 Facha P C2
45 Facinas E C4
91 Fačkov CS B4
28 Facture F B3
93 Fadd H B3
70 Faédis I B3
74 Faenza I B1
33 Fafe P C2
70 Fagagna I B3
108 Făgăraş RO D6
58 Fågelfors S B4
59 Fågelmara S C4
53 Fågelsta S D6
58 Fagerbult S B4
51 Fagerheim N A4
48 Fagernes N F4
53 Fagersanna S D5
54 Fagersta S B1
58 Fåglavik S A2
80 Fagnano Castello I B3
68 Fahrwangen CH A3
68 Faido CH B3
23 Fains F C6
12 Fairbourne GB C1
15 Fairford GB B6
10 Fairlie GB C3
93 Fajsz H B3
16 Fakenham GB B3
93 Fákozd H A3
57 Fakse DK C5
57 Fakse Ladeplads DK C5
101 Fálaina GR B4
21 Falaise F B5
70 Falcade I B1
4 Falcarragh IRL A3
35 Falces E B5
108 Fălciu RO C8
82 Falconara I B3
74 Falconara Marittima I C3
13 Faldingworth GB B5
55 Falerum S D2
44 Falésia P B1
105 Faliráki GR B5
66 Falkenberg D B3
88 Falkenberg, *Cottbus* DDR B3
87 Falkenberg, *Frankfurt* DDR C4
58 Falkenberg S C1
87 Falkensee DDR C4
66 Falkenstein D B3
88 Falkenstein DDR C2
87 Falkenthal DDR C4
11 Falkirk GB C4
11 Falkland GB B4
53 Falköping S D4
70 Fall D A1
55 Falla S D1
63 Fallersleben D A5
61 Fallingbostel D C6
14 Falmouth GB C2
36 Falset E B3
59 Falsterbo S D1
108 Fălticeni RO C7
54 Falun S B1
50 Fana N A2
73 Fanano I B5
101 Fanárion, *Kardhítsa* GR B3
99 Fanárion, *Rodhópi* GR C4
102 Faneroméni GR C2
57 Fangel DK C3
29 Fanjeaux F C5
74 Fano I C3
55 Fantbyttan S C1
76 Fara in Sabina I A3
68 Fara Novarese I C3
34 Faramontanos de Tábara E C1
36 Farasdues E A1
58 Fårbo S B5
17 Fareham GB D1
37 Farga Moles E A4
53 Färgelanda S D2
23 Fargniers F B4
48 Farila S F7
15 Faringdon GB B6
54 Faringe S C4
73 Farini d'Olmo I B4
33 Fariza E C4
58 Farjestaden S C5
101 Farkadón GR B4
36 Farlete E B2
59 Färlöy S C3
93 Farmos H A4
91 Farnă CS C4
54 Färna S C1
52 Färnas S A5
17 Farnborough GB C2
76 Farnese I A2
17 Farnham GB C2
63 Farnoda DDR C5
63 Farnstädt DDR B6
44 Faro P B2
106 Farösund S B6
9 Farr GB C4
70 Farra d'Alpago I B2
6 Farranfore IRL B2
101 Fársala GR B4
56 Farsø DK B2
58 Farstorp S B4
50 Farsund N C3
57 Farum DK C5
56 Fårup DK B2
79 Fasano I D4
86 Faßberg D C1
54 Fasterna S C4
36 Fatarella E B3
38 Fatima P B2
64 Faucogney F D2
31 Faucon-du-Caire F B5
29 Fauguerolles F B4
11 Fauldhouse GB C4
87 Faulenrost DDR B3
64 Faulquemont F B2
18 Fauquembergues F C2
48 Fauske N C7
27 Fauverney F A5
22 Fauville-en-Caux F B1
82 Favaro I B2
27 Faverges F C6
64 Faverney F D2
17 Faversham GB C3
82 Favignana I B1
15 Fawley GB C6
22 Fay-aux-Loges F D3
31 Fayence F C5
64 Fayl-Billot F D1
36 Fayón E B3
9 Fearn GB C5
10 Fearnan GB B3
22 Fécamp F B1
5 Feeny GB B4
58 Fegen S B2
93 Fegyvernek H A5
87 Fehrbellin DDR C3
71 Fehring A B6
52 Feiring N B2
71 Feistritz i. Rosental A B4
93 Feketić YU C4
43 Felanitx, *Mallorca* E
87 Felchow DDR B5
71 Feld a. See A B3
71 Feldbach A B5
87 Feldberg DDR B4
61 Felde D A6
91 Feldebrö H D6
69 Feldkirch A A4
66 Feldkirchen, *Bayern* D C2
66 Feldkirchen, *Bayern* D D2
67 Feldkirchen a.d. Donau A C5
71 Feldkirchen i. Kärnten A B4
33 Felgueiras P C2
100 Felio GR A3
80 Felitto I A2
47 Félix E C4
17 Felixstowe GB C4
72 Felizzano I B3
65 Fellbach D C5
26 Felletin F C2
55 Fellingsbro S C1
91 Felnémet H D6
92 Felpéc H A2
90 Fels a. Wagram A C1
92 Felsöbagod H B1
93 Felsögöd H A4
92 Felsönyék H B3
93 Felsöszentiván H B4
92 Felsöszentmárton H C2
11 Felton GB C6
70 Feltre I B1
16 Feltwell GB B3
5 Fenagh IRL B4
64 Fénetrange F C3
25 Feneu F A4
53 Fengersfors S D3
68 Fenis I C2
57 Fensmark DK C4
10 Fenwick GB C3
10 Feolin Ferry GB C1
7 Ferbane IRL A4
86 Ferchland DDR C3
92 Ferdinandovac YU B2
87 Ferdinandshof DDR B4
23 Fère-Champenoise F C5
23 Fère-en-Tardenois F B4
77 Ferentillo I A3
77 Ferentino I B4
92 Feričanci YU C2
83 Ferla I B3
71 Ferlach A B4
70 Ferleiten A A2
33 Fermil P C2
74 Fermo I C3
33 Fermoselle E C4
6 Fermoy IRL B3
46 Fernán-Núnez E B2
47 Fernán Peréz E C4
40 Fernancabellero E C3
38 Fernão Ferro P C1
27 Fernay-Voltaire F B6
15 Ferndown GB C6
9 Ferness GB C5
8 Fernilea GB C2
7 Ferns IRL B5
68 Ferpécle CH B2
99 Ferrai GR C5
30 Ferrals F C1
81 Ferrandina I A3
74 Ferrara I B1
69 Ferrara di M. Baldo I C5
32 Ferreira E A3
44 Ferreira do Alentejo P A1
38 Ferreira do Zêzere P B2
33 Ferreras de Abajo E C4
33 Ferreras de Arriba E C4
43 Ferrerias, *Menorca* E
36 Ferreruela, *Teruel* E B1
33 Ferreruela, *Zamora* E C4
68 Ferret CH C2
68 Ferrette F A2
73 Ferriere I B4
19 Ferrière-la-Grande F C3
26 Ferrières, *Allier* F B3
23 Ferrières, *Loiret* F C3
22 Ferrières, *Oise* F B3
30 Ferrières-St.-Mary F A2
13 Ferryhill GB A4
92 Fertöszentmiklós H A1
60 Ferwerd NL B2
23 Festieux F B4
109 Fetesti RO D7
7 Fethard IRL B4
52 Fetsund N C2
11 Fettercairn GB B5
66 Feucht D B2
69 Feuchten A A5
66 Feuchtwangen D B1
62 Feudingen D C3
22 Feuquières F B2
27 Feurs F C4
51 Fevik N C5
12 Ffestiniog GB C2
77 Fiamignano I A4
72 Fiano I A2
82 Ficarazzi I A2
73 Ficarolo I B6
69 Fichisau CH A3
66 Fichtelberg D A2
65 Fichtenberg D C5
76 Ficulle I A3
73 Fidenza I B5
50 Fidjeland N C3
70 Fieberbrunn A A2
100 Fier AL A1
97 Fier-Shegan AL E1
70 Fiera di Primiero I B1
68 Fiesch CH B3
73 Fiesole I C6
74 Fiesso Umbertiano I B1
102 Figalia GR B2
84 Figari F C2
29 Figeac F B5
50 Figgjo N C2
73 Figline Valdarno I C6
36 Figols E A3
38 Figueira da Foz P A2
33 Figueira de Gastelo Rodrigo P D4
44 Figueira dos Caveleiros P A1
38 Figueiredo P B3
33 Figueiredo de Alva P D3
38 Figueiró dos Vinhos P B2
37 Figueras E A5
42 Figueroles E A2
33 Figueruela de Arriba E C4
103 Fikhtia GR B3
100 Fiki GR B3
91 Fil'akovo CS C5
80 Filadélfia I C3
101 Filadhón GR B4
101 Filaki GR B4
99 Filákion GR B5
65 Filderstat D C5
99 Filevo BG A4
13 Filey GB A5
109 Filiaşi RO D5
100 Filiátes GR B2
102 Filiatrá GR B2
98 Filippoi GR B3
53 Filipstad S C5
69 Filisur CH B4
101 Filon GR B4
101 Filótas GR A3
104 Filótion GR A2
74 Filottrano I C3
57 Filskov DK C2
51 Filtvet N B7
70 Filzmoos A A3
73 Finale Emilia I B6
72 Finale Ligure I B3
47 Finana E B4
17 Finchingfield GB C3
9 Findhorn GB C5
9 Findochty GB C6
17 Findon GB D2
16 Finedon GB B2
102 Finikoús GR C2
32 Finisterre E B1
70 Finkenberg A A1
61 Finkenwerder D B6
5 Finnea IRL C4
53 Finnerödja S D5
52 Finnskog N B3
87 Finow DDR C4
58 Finsjö S B5
50 Finsland N C4
55 Finspång S D1
88 Finsterwalde DDR B3
60 Finsterwolde NL B4
9 Finstown GB A5
5 Fintona GB B4
4 Fintown IRL B3
10 Fintry GB B3
10 Fionnphort GB B1
73 Fiorenzuola d'Arda I B4
73 Firenze I C6
73 Firenzuola I B6
30 Firminy F A3
80 Firmo I B3
90 Fischamend Markt A C2
90 Fischau A D2
64 Fischbach D B3
86 Fischbeck DDR C3
17 Fishbourne GB D1
69 Fishen D A5
10 Fisherton GB C3
14 Fishguard GB B3
50 Fiskå, *Rogaland* N B2
50 Fiskå, *Rogaland* N B2
102 Fiskardho GR A1
53 Fiskebäckskil S D2
23 Fismes F B4
35 Fitero E B5
77 Fiuggi I B4
80 Fiumefreddo Brúzio I B3
83 Fiumefreddo di Sicilia I B4
76 Fiumicino I B3
8 Five Penny Borve GB B2
5 Fivemiletown GB B4
73 Fivizzano I B5
27 Fixin F A4
50 Fjaera N B3
59 Fjälkinge S C3
53 Fjällbacka S D2
48 Fjallnäs S E6
54 Fjardhundra S C2
53 Fjell bru N C2
56 Fjellerup DK B3
56 Fjerritslev DK A2
53 Fjugesta S C5
51 Flå N A6
102 Fláboura GR A3
27 Flace F B4
68 Flamatt CH B2
13 Flamborough GB A5
100 Flambouro GR A3
62 Flammersfeld D C2
101 Flamouria GR A4
37 Flassá E A5
31 Flassans F C5
51 Flatdal N B5
50 Flateland N B4
70 Flattach A B3
64 Flavigny F C2
30 Flavin F B1
23 Flavy-le-Martel F B4
69 Flawil CH A4
31 Flayose F C5
61 Fleckeby D A6
17 Fleet GB C2
86 Fleetmark DDR C2
12 Fleetwood GB B2
65 Flehingen D B4
50 Flekkefjord N C3
55 Flen S C2
57 Flensburg D D2
58 Flerohopp S C4
21 Flers F B5
51 Flesberg N B6
86 Flessau DDR C2
29 Fleurance F C4
25 Fleuré F B5
27 Fleurie F B4
68 Fleurier CH B1
19 Fleurus B C4
27 Fleury, *Côte-d'Or* F A4
30 Fleury, *Hérault* F C2
23 Fleury, *Yonne* F D4
22 Fleury-les-Aubrais F D2
22 Fleury-sur-Andelle F B2
21 Fleury-sur-Orne F A5
23 Fleys F D4
63 Flieden D C4
12 Flimby GB A2
69 Flims CH B4
18 Flines-lès-Raches F C3
12 Flint GB B2
61 Flintbeck D A7
52 Flisa N B3
58 Flisby S B3
58 Fliseryd S B5
69 Flitsch A A5
17 Flitwick GB B2
36 Flix E B3
22 Flixecourt F A3
23 Flize F B5
18 Flobecq B C3
58 Floby S A2
58 Floda S B1
11 Flodden GB C5
23 Flogny F D4
88 Flöha DDR C3
102 Flókas GR A2
65 Flonheim D B4
30 Florac F B2
19 Floreffe B C4
19 Florennes B C4
30 Florensac F C2
29 Florentin F C6
64 Florenville B B1
40 Flores de Avila E B1
83 Floresta I B3
83 Floridia I B4
100 Flórina GR A3
65 Flörsheim D A4
66 Floß D B3
101 Floyitá GR A5
68 Flühli CH B3
68 Flumet F C1
85 Fluminimaggiore I C1
69 Flums CH A4
109 Foca TR G8
95 Foča YU C3
9 Fochabers GB C5
61 Fockbek D A6
108 Focşani RO D7
104 Fódele, *Kriti* GR
55 Fogda S C2
78 Fóggia I C2
77 Foglianise I B5
71 Fohnsdorf A A4
74 Foiano della Chiana I C1
104 Foinikas GR A1
37 Foix F A4
94 Fojnica YU C2
88 Folbern DDR B3
93 Földeák H B5
104 Folégandros GR B1
23 Folembray F B4
69 Folgaria I C6
33 Folgosinho P D3
32 Folgoso de Caurel E B3
32 Folgoso de la Ribera E B4
76 Foligno I A3
54 Folkärna S B2
16 Folkingham GB B2
17 Folkstone GB C4
48 Follafoss N D5
48 Folldal N E4
52 Follebu N A1
70 Follina I C2
76 Follónica I A1
102 Folói GR B2
32 Foncebadón E B4
27 Foncine-le-Haut F B6
77 Fondi I B4
69 Fondo I B6
46 Fonelas E B3
36 Fonfria, *Teruel* E B1
33 Fonfria, *Zamora* E C4
85 Fonni I B2
32 Fonsagrada E A3
37 Font-Romeu F A5
31 Fontaine F A4
31 Fontaine de Vaucluse F C4
27 Fontaine-Française F A5
22 Fontaine-le-Dun F B1
23 Fontainebleau F C3
27 Fontaines F B4
72 Fontan F C2
40 Fontanarejo E C2
72 Fontane I B2
74 Fontanélice I B1
26 Fontanières F B2
46 Fontanosas E A2
76 Fonteblanda I A2
25 Fontenay-le-Comte F B4
23 Fontenay-Trésigny F C3
25 Fontevrault-l'Abbaye F A5
40 Fontiveros E B2
64 Fontoy F B1
37 Fontpédrouse F A5
37 Fontrubi E B4
7 Fontsdown IRL A5
92 Fonyód H B2
36 Fonz E A3
70 Fonzaso I B1
69 Föppolo I B4
65 Forbach D C4
64 Forbach F B2
32 Forcadas E B3
42 Forcall E A2
31 Forcalquier F C4
32 Forcarey E B2
65 Forchheim, *Baden-Württemberg* D C4
66 Forchheim, *Bayern* D B2
92 Forchtenau A A1
65 Forchtenberg D B5
10 Ford GB B2
50 Førde, *Hordaland* N B2
48 Førde, *Sogn og Fjordane* N F2

63 Förderstedt DDR B6
16 Fordham GB B3
15 Fordingbridge GB C6
85 Fordongiánus I C1
78 Forenza I D2
17 Forest Row GB C3
85 Foresta di Burgos I B1
19 Forêt B C5
11 Forfar GB B5
22 Forges-les-Eaux F B2
80 Foria I A2
97 Forino YU D2
77 Forío I C4
33 Forjães P C2
74 Forli I B2
74 Forlimpopoli I B2
58 Forlösa S C5
68 Formazza I B3
12 Formby GB B2
22 Formerie F B2
77 Fórmia I B4
68 Formigliana I C3
37 Formiguères F A5
48 Formofoss N D6
43 Fornalutx, *Mallorca* E
85 Fornelli I A1
43 Fornells, *Menorca* E
32 Fornelos de Montes E B2
46 Fornes E C3
70 Forni Avoltri I B2
70 Forni di Sopra I B2
70 Forni di Sotto I B2
68 Forno I C3
72 Forno Alpi-Gráie I A2
70 Forno di Zoldo I B2
33 Fornos de Algodres P D3
73 Fornovo di Taro I B5
93 Forráskút H B4
9 Forres GB C5
54 Fors S B2
48 Forså N B8
50 Forsand N C3
54 Forsbacka S B2
58 Forserum S B3
53 Forshaga S C4
58 Forsheda S B2
9 Forsinain GB B5
9 Forsinard Station GB B5
59 Förslövsholm S C1
54 Forsmark S B4
55 Forssa S D2
49 Forssa SF F11
88 Forst DDR B4
53 Forsvik S D5
10 Fort Augustus GB A3
18 Fort Mahon Plage F C1
10 Fort William GB B2
42 Fortanete E A2
73 Forte del Marmi I C5
70 Fortezza (Franzensfeste) I B1
11 Forth GB C4
9 Fortrie GB C6
9 Fortrose GB C4
47 Fortuna E A5
15 Fortuneswell GB C5
19 Forville B C4
36 Fos F A3
73 Fosdinovo I B5
16 Fosdyke GB B2
77 Fossacesia I A5
72 Fossano I B2
74 Fossato di Vico I C2
19 Fosse B C4
74 Fossombrone I C2
93 Fót H A4
101 Fotiná GR A4
98 Fotinovo BG B3
98 Fotolivi GR B3
23 Fouchères F C5
20 Fouesnant F C1
104 Foufouras, *Kriti* GR
64 Foug F C1
21 Fougères F B4
64 Fougerolles F D2
23 Foulain F C6
17 Four Marks GB C1
24 Fouras F C3
26 Fourchambault F A3
100 Foúrka, *Ioánnina* GR A2
101 Foúrka, *Khalkidhikí* GR A5
23 Fourmies F A5
101 Fournás GR B3
31 Fourneaux F A5
30 Fournels F B2
104 Fournés, *Kriti* GR
105 Foúrnoi GR A3
26 Fournols F C3
37 Fourques F A5
29 Fourquevaux F C5
26 Fours F B3
97 Foustáni GR D4
15 Fovant GB B5
14 Fowey GB C3
12 Foxdale GB A1
4 Foxford IRL C2
13 Foxholes GB A5
6 Foynes IRL B2
32 Foz E A3
38 Foz do Arelho P B1
33 Foz do Douro P C2
38 Foz do Giraldo P B3
70 Foza I C1
72 Frabosa Soprana I B2
14 Fraddon GB C3
40 Frades E B1
36 Fraga E B3
81 Fragagnano I A4
46 Frailes E B3
19 Fraire B C4
64 Fraize F C3
18 Frameries B C3
16 Framlingham GB B4
65 Frammersbach D A5
51 Framnes N B7
33 França P C4
64 Francaltroff F C2
83 Francavilla di Sicília I B4
81 Francavilla Fontana I A4
80 Francavilla in Sinni I A3
77 Francaville al Mare I A5
33 Franco P C3
83 Francofonte I B3
35 Francos E C3
53 Frändefors S D3
60 Franeker NL B2
100 Frangista GR C3
104 Frangokástello, *Kriti* GR
100 Frangóskala GR C3
27 Frangy F B5
62 Frankenau D B3
62 Frankenberg D B3
88 Frankenberg DDR C3
67 Frankenburg A C4
90 Frankenfels A D1
67 Frankenmarkt A D4
65 Frankenthal D B4
7 Frankford, see Kilcormac IRL A4
65 Frankfurt D A4
88 Frankfurt DDR A4
48 Fränsta S E8
71 Frantschach A B4
87 Franzburg DDR A3
76 Frascati I B3
66 Frasdorf D D3
9 Fraserburgh GB C7
100 Frashër AL A2
27 Frasne F B6
23 Frasnes B A5
18 Frasnes-lez-Buissenal B C3
84 Frasseto F C2
69 Frastanz A A4
38 Fratel P B3
76 Fratta Todina I A3
71 Frauemtal A B5
67 Frauenau D C4
69 Frauenfeld CH A3
90 Frauenkirchen A D2
88 Frauenstein DDR C3
29 Frayssinet F B5
29 Frayssinet-le-Gélat F B5
33 Frechas P C3
62 Frechen D C1
62 Freckenhorst D B2
62 Fredeburg D B3
63 Fredelsloh D B4
63 Freden D B4
57 Fredensborg DK C5
57 Fredericia DK C2
56 Frederiks DK B2
56 Frederikshavn DK A3
57 Frederikssund DK C5
57 Frederiksvaerk DK C4
52 Fredheim N B1
49 Fredrika S D9
52 Fredriksberg S B5
58 Fredriksdal S B3
53 Fredrikstad N C1
45 Fregenal de la Sierra E A3
76 Fregene I B3
88 Freiberg DDR C3
65 Freiburg, *Baden-Württemberg* D D3
61 Freiburg, *Niedersachsen* D B6
62 Freienhagen D B4
88 Freienhufen DDR B3
62 Freienohl D B3
66 Freihung D B2
67 Freilessing D D3
71 Freisach A B4
66 Freising D C2
67 Freistadt A C5
65 Freistett D C3
88 Freital DDR C3
33 Freixedas P D3
33 Freixo de Espada a Cinta P C4
31 Fréjus F C5
66 Fremdingen D C1
14 Fremington GB B3
4 Frenchpark IRL C3
91 Frenštat p. Radhoštěm CS B4
61 Freren D C4
7 Freshford IRL B4
17 Freshwater GB D1
21 Fresnay-sur-Sarthe F B6
27 Fresne-St.Mamès F A5
41 Fresneda de la Sierra E B4
35 Fresneda de la Sierra Tiron E B3
40 Fresnedillas E B2
64 Fresnes-en-Woevre F B1
40 Fresno Alhándiga E B1
34 Fresno de la Ribera E C1
34 Fresno de la Vega E B1
33 Fresno de Sayago E C5
22 Fresnoy F B2
23 Fresnoy-le-Grand F B4
22 Fressenville F A2
9 Freswick GB B5
27 Fretigney et Velloreille F A5
11 Freuchie GB B4
62 Freudenberg D C2
65 Freudenstadt D C4
64 Freux B B1
18 Frévent F C2
63 Freyburg DDR B6
86 Freyenstein DDR B3
64 Freyming-Merlebach F B2
66 Freystadt D B2
67 Freyung D C4
42 Frias de Abarracin E A1
68 Fribourg CH B2
68 Frick CH A3
59 Fridafors S C3
13 Fridaythorpe GB A5
71 Friedberg A A6
66 Friedberg, *Bayern* D C1
62 Friedberg, *Hessen* D C3
61 Friedeburg D B4
87 Friedenshorst DDR C3
62 Friedewalde D A3
63 Friedland D B4
88 Friedland, *Frankfurt* DDR A4
87 Friedland, *Neubrandenburg* DDR B4
63 Friedrichroda DDR C5
62 Friedrichsdof D C3
61 Friedrichsgabe D B6
69 Friedrichshafen D A4
61 Friedrichskoog D A5
61 Friedrichstadt D A6
87 Friedrichswalde DDR B4
86 Friesack DDR C3
68 Friesen F A2
65 Friesenhem D C3
61 Friesoythe D B4
78 Frigento I C2
46 Frigiliana E C3
56 Frillesås S A5
17 Frinton GB C4
11 Friockheim GB B5
32 Friol E A3
58 Fristad S B2
58 Fritsla S B1
65 Frittlingen D C4
63 Fritzlar D B4
12 Frizington GB A2
12 Frodsham GB B3
31 Froges F A4
88 Frohburg DDR B2
62 Frohnhausen D C3
71 Frohnleiten A A5
22 Froissy F B3
15 Frome GB B5
23 Fromentières F C4
34 Frómista E B2
62 Fröndenberg D B2
12 Frongoch GB C2
28 Fronsac F B3
72 Front I A2
38 Fronteira P B3
25 Frontenay-Rohan-Rohan F B4
66 Frontenhausen D C3
30 Frontignan F C2
29 Fronton F C5
58 Fröseke S C4
77 Frosinone I B4
48 Frösö S E7
77 Frosolone I B5
56 Frøstrup DK A1
62 Frotheim D A3
64 Frouard F C2
55 Frövi S C1
18 Froyen F C3
18 Fruges F C2
68 Frutigen CH B2
91 Frýdeck-Mistek CS B4
89 Frýdlant, *Severočeský* CS C5
91 Frydlant, *Severomoravsky* CS B4
67 Frymburk CS C5
90 Fryšták CS B3
102 Ftéri GR A3
73 Fucécchio I C5
40 Fuencaliente E C3
41 Fuencemillán E B3
45 Fuencubierta E B5
35 Fuendejalón E C5
46 Fuengirola E C2
40 Fuenlabrada E B3
40 Fuenlabrada de los Montes E C2
40 Fuensalida E B2
46 Fuensanta de Martos E B3
47 Fuenta-Alamo de Murcia E B5
34 Fuente al Olmo de Iscar E C2
42 Fuente-Álamo E C1
45 Fuente de Cantos E A3
33 Fuente de San Esteban E D4
40 Fuente de Sta. Cruz E A2
45 Fuente del Arco E A4
46 Fuente del Conde E B2
39 Fuente del Maestre E C4
40 Fuente el Fresno E C3
41 Fuente el Saz E B3
40 Fuente el Sol E A2
34 Fuente Espina E C3
42 Fuente la Higuera E C2
45 Fuente Obejuna E A4
45 Fuente-Palmera E B4
46 Fuente-Tójar E B2
46 Fuente Vaqueros E B3
42 Fuentealbilla E B1
34 Fuentecén E C3
39 Fuenteguinaldo E A4
34 Fuentelapeña E C1
35 Fuentelcésped E C3
41 Fuentelespino de Haro E C4
42 Fuentelespino de Moya E B1
41 Fuentenovilla E B3
40 Fuentepelayo E A2
40 Fuenterroble de Salvatierra E B1
41 Fuentes E C4
45 Fuentes de Andalucia E B4
36 Fuentes de Ebro E B2
41 Fuentes de la Alcarria E B4
45 Fuentes de León E A3
34 Fuentes de Nava E B2
33 Fuentes de Oñoro E D4
34 Fuentes de Ropel E B1
34 Fuentesauco, *Segovia* E C2
34 Fuentesauco, *Zamora* E C1
36 Fuentespaida E C3
34 Fuentidueña E C3
41 Fuentidueña de Tajo E B3
35 Fuentipinilla E C4
46 Fuerte del Rey E B3
70 Fügen A A1
57 Fuglebjerg DK C4
51 Fuglevik N B7
61 Fuhrberg D C6
27 Fuissé F B4
63 Fulda D C4
82 Fulgatore I B1
37 Fulioala E B4
68 Fully CH B2
90 Fulnek CS B3
93 Fülöpszállás H B4
70 Fulpmes A A1
23 Fumay F B5
29 Fumel F B4
51 Funäsdalen S E6
38 Fundão P A3
35 Funes E B5
8 Funzie, *Shetland Is.* GB
33 Furadouro P D2
32 Furriolo E B3
61 Fürstenau, *Niedersachsen* D C4
63 Furstenau, *Nordrhein-Westfalen* D B4
87 Fürstenberg DDR B4
67 Fürstenein D C4
71 Fürstenfeld A A5
66 Fürstenfeldbruck D C2
88 Fürstenwalde DDR A4
87 Fürstenwerder DDR B4
67 Fürstenzell D C4
66 Fürth, *Bayern* D B1
65 Fürth, *Hessen* D B4
67 Furth i. Wald D B3
65 Furtwangen D C4
54 Furudal S A1
59 Furulund S D2
58 Furusjo S B2
50 Fusa N A2
80 Fuscaldo I B3
70 Fusch A A2
97 Fushë-Arrez AL C2
97 Fushë-Lurë AL D2
70 Fusina I C2
68 Fusio CH B3
69 Füssen D A5
35 Fustiñana E B5
91 Füzesabony H D6
23 Fyé F D4
57 Fynshav DK D2
51 Fyresdal N B5
9 Fyvie GB C6

G

71 Gaaldorf A A4
41 Gabaldón E C5
90 Gabčikovo CS D3
94 Gabela YU C2
98 Gaber BG A1
46 Gabia la Grande E B3
98 Gabra BG A2
30 Gabriac F B1
99 Gabrovo BG A4
68 Gaby I C2
22 Gacé F C1
95 Gacko YU C3
48 Gäddede S D7
86 Gadebush DDR B2
61 Gadeland D A7
68 Gadmen CH B3
47 Gádor E C4
93 Gádoros H B5
96 Gadzin Han YU B4
21 Gael F B3
77 Gaeta I B4
38 Gafanhoeira P C2
67 Gaflenz A D5
65 Gaggenau D C4
83 Gagliano Castelferrato I B3
81 Gagliano del Capo I B5
54 Gagnef S B1
74 Gaibanella I B1
65 Gaildorf D B5
29 Gaillac F C5
30 Gaillac-d'Aveyron F B1
22 Gaillon F B2
90 Gainfarn A D2
13 Gainford GB A4
13 Gainsborough GB B5
8 Gairloch GB C3
10 Gairlochy GB B2
11 Gairnshiel Lodge GB A4
85 Gáiro I C2
41 Gajanejos E B4
90 Gajary CS C2
93 Gajdobra YU C4
29 Galan F C4
90 Galanta CS C3
40 Galapagar E B2
41 Galápagos E B3
45 Galaroza E B3
11 Galashiels GB C5
103 Galatas, *Argolís* GR B4
102 Galatas, *Korinthía* GR B3
104 Galatas, *Kriti* GR
108 Galati RO D7
100 Galátia GR A3
81 Galátina I A5
100 Galatini GR A3
101 Galátista GR A5
81 Galátone I A5
102 Galaxidhion GR A3
74 Galeata I C1
32 Galende E B4
47 Galera E B4
84 Géleria F B1
93 Galgaheviz H A4
93 Galgamácsa H A4
12 Galgate GB B3
28 Galgon F A3
38 Galices P A3
97 Galicnik YU D2
40 Galinduste E B1
104 Galisás GR A1
39 Galisteo E B4
68 Gallarate I C3
22 Gallardon F C2
33 Gallegos de Argañán E D4
40 Gallegos del Solmirón E B1
34 Galleguillos de Campos E B1
73 Galleno I C5
68 Galliate I C3
73 Gallicano I B5
88 Gallinchen DDR B4
70 Gállio I C1
81 Gallipoli I A4
49 Gällivare S C10
71 Gallizien A B4
67 Gallneukirchen A C5
48 Gällö S E7
58 Gällstad S B2
36 Gallur E B1
10 Galston GB C3
85 Galtelli I B2
57 Galten DK B2
69 Galtür A B5
38 Galveias P B2
40 Gálvez E C2
6 Galway IRL A2
22 Gamaches F B2
73 Gámbara I A5
83 Gambárie I A4
73 Gambassi I C5
78 Gambatesa I C1
49 Gamlakarleby SF E11
58 Gamleby S B5
16 Gamlingay GB B2
71 Gamlitz A B5
57 Gammel Lundby DK C4
56 Gammel Skagen DK A3
65 Gammertinger D C5
69 Gams CH A4
71 Gams b. Hieflau A A4
71 Gams o. Frauental A B5
96 Gamzigrad YU B4
28 Gan F C3
66 Ganacker D C3
33 Gánama E C4
69 Ganda di Martello I B5
33 Gandarela P C2
50 Ganddal N C2
61 Ganderkesee D B5
36 Gandesa E B3
42 Gandia E C2
56 Gandrup DK A3
30 Ganges F C2
58 Gånghester S B2
82 Gangi I B3
66 Gangkofen D C3
26 Gannat F B3
90 Gänserndorf A C2
86 Ganzlin DDR B3
31 Gap F B5
93 Gara H B4
98 Gara Krichim BG A3
98 Gara Ograzhden BG B2
98 Gara Pirin BG B2
42 Garabella E B1
80 Garaguso I A3
104 Garazon, *Kriti* GR
40 Garbayuela E C1
16 Garboldisham GB B3
66 Garching D C3
40 Garcihernández E B1
40 Garcillán E B2
41 Garcinarro E B4
69 Garda I C5
31 Gardanne F C4
52 Gärdås S B4
58 Gårdby S C5
86 Gardelegen DDR C2
52 Gardermoen N B2
100 Gardhiki GR B2
101 Gardhiki Omilaion GR C3
100 Gardiki GR B3
61 Garding D A5
69 Gardone Riviera I C5
69 Gardone Val Trómpia I C5
93 Gárdony H A3
29 Gardouch F C5
54 Gärdsjö, *Kopparberg* S B1
53 Gårdsjö, *Skaraborg* S D5
28 Garein F B3
10 Garelochhead GB B3
31 Garéoult F C5
92 Garešnica YU C1
102 Gargaliánoi GR B2
39 Gargaligas E B5
36 Gargallo E C2
39 Garganta la Olla E A5
46 Gargantiel E A2
69 Gargellen A B4
26 Gargilesse F B1
69 Gargnano I C5
41 Gárgoles de Abajo E B4
60 Garijp NL B2
63 Garitz D C5
88 Garitz DDR B2
72 Garlasco I A3
10 Garlieston GB D3
28 Garlin F C3
40 Garlitos E D1
69 Garmisch-Partenkirchen D A6
48 Garmo N F4
9 Garmouth GB C5
26 Garnat F B3
54 Garpenberg S B2
53 Garphyttan S C5
8 Garrabost GB B2
35 Garray E C4
61 Garrel D C5
37 Garriguella E A6
39 Garrovillas E B4
47 Garrucha E B5
90 Gars-a-Kamp A C1
52 Garsås S B5
12 Garsdale GB A3
59 Gärsnäs S D3
12 Garstang GB B3
67 Garsten A C5
86 Gartow D B2
87 Gartz DDR B5
5 Garvagh GB B5
5 Garvaghey GB B4
44 Garvão P B1
107 Garwolin PL E7
8 Garynahine GB B2
87 Garz DDR A4
62 Garzweiter D B1
89 Garzyn PL B6
70 Gasaldo I B1
52 Gåsborn S C5
69 Gaschurn A B5
41 Gascueñca E B4
22 Gasny F B2
102 Gastouni GR B2
100 Gastoúri GR B1
39 Gata E A4
94 Gata YU C1
42 Gata de Gorgos E C3
42 Gatarroja E B2
107 Gatchina SU A12
10 Gatehouse of Fleet GB D3
93 Gátér H B4
11 Gateshead GB D6
42 Gátova E B2
90 Gattendorf A C2
74 Gatteo a Mare I B2
68 Gattinara I C3
73 Gattorna I B4
101 Gatzéa GR B5
45 Gaucin E C4
18 Gaurain-Ramecroix B C3
66 Gauting D C2
37 Gava E B5
102 Gavaloú GR A2
69 Gavardo I C5
36 Gavarnie F A2
72 Gavi I B3
38 Gavião P B3
68 Gavirate I C3
54 Gävle S B3
85 Gavoi I B2
76 Gavorrano I A1
21 Gavray F B4
104 Gavrion GR A1
102 Gavrolimni GR A2
52 Gävunda S B5
90 Gaweinstal A C2
108 Gaysin SU B8
16 Gayton GB B3
98 Gázoros GR B2
69 Gazzanigna I C4
73 Gazzuolo I A5
91 Gbelce CS D4
90 Gbely CS C3
106 Gdansk PL C6
91 Gdów PL B6
106 Gdynia PL C6
42 Gea de Albarracin E A1
28 Geaune F C3
63 Gebesee DDR B5
63 Gebra-Hainleite DDR B5
65 Gebrazhöfen D D5
99 Geçkinli TR B5
93 Géderlak H B3
62 Gedern D C4
23 Gedinne B B5
36 Gédre F A3
57 Gedser DK D4
56 Gedsted DK B2
19 Geel B B5
19 Geertruidenberg NL B4
86 Geesthacht D B1
19 Geetbets B C5
63 Gefell DDR C6
65 Gegenbach D C4
63 Gehrden D A4
63 Gehren DDR C6
19 Geilenkirchen D C6
48 Geilo N F4
65 Geinsheim D B4
48 Geiranger N E3
63 Geisa DDR C4
66 Geiselhoring D C3
66 Geiselwind D B1
66 Geisenfeld D C2
66 Geisenhausen D C3
65 Geisenheim D B4
88 Geising DDR C3
65 Geisingen D D4
65 Geislingen, *Baden-Württemberg* D C4
65 Geislingen, *Baden-Württemberg* D C5
63 Geismar D B4
71 Geistthal A A5
88 Geithain DDR B2
51 Geithus N B6
82 Gela I B3
19 Geldermalsen NL B5
19 Geldern D B6
19 Geldrop NL B5
19 Geleen NL C5
109 Gelibolu TR F7
37 Gelida E B4
92 Gellénháza H B1
62 Gelnhausen D C4
36 Gelsa E B2
92 Gelse H B2
62 Gelsenkirchen D B2
57 Gelsted DK C2
66 Geltendorf D C2
68 Gelterkinden CH A2
57 Gelting D D2
45 Gelves E B3
19 Gembloux B C4
27 Gemeaux F A5
62 Gemen D B1
31 Gemenos F C4
91 Gemerská Poloma CS C6
91 Gemerská Ves CS C6
19 Gemert NL B5
58 Gemla S C3
19 Gemmenich B C5
70 Gemona del Friuli I B3
25 Gémozac F C4
19 Gemund D C6
65 Gemünden, *Bayern* D A5
62 Gemünden, *Hessen* D C3
19 Genappe B C4
59 Genarp S D2
27 Genas F C4
47 Génave E A4
77 Genazzano I B3
25 Gençay F B5
92 Gencsapáti A A1
19 Gendringen NL B6
27 Genelard F B4
60 Genemuiden NL C3
99 General Nikolaevo BG A3
75 Generalski Stol YU A5
58 Genevad S C2
27 Genève CH B6
27 Genevriéres F A5
25 Genillé F A6
19 Genk B C5
65 Genkingen D C5
27 Genlis F A5
19 Gennep NL B5
57 Genner DK C2
25 Gennes F A4
72 Genola I B2
30 Genolhac F B2
72 Génova I B3
65 Gensinger D B3
18 Gent B B3
88 Genthin DDR A2
26 Gentioux F C1
19 Genval B C4
78 Genzano di Lucánia I D3
76 Genzano di Roma I B3
63 Georgenthal DDR C5
88 Gera DDR C2
18 Geraardsbergen B C3
65 Gerabronn D B5
83 Gerace I A5
82 Geraci Sículo I B3
101 Gerakini GR A5
64 Gérardmer F C2
90 Geras A C1
90 Gerasdorf A C2
64 Gerbéviller F C2
83 Gerbini I B3
63 Gerbstedt DDR B6
92 Gérce H A2
45 Gerena E B3
66 Geretsried D D2
47 Gérgal E B4
104 Gérgen, *Kriti* GR
40 Gerindote E C2
88 Geringswalde DDR B2
93 Gerjen H B3
65 Gerlingen D C5
70 Gerlos A A2
64 Germay F C1
105 Germencik TR A4
87 Germendorf DDR C4
66 Germering D C2
65 Germersheim D B4
100 Gërnec AL A1
63 Gernrode DDR B6
65 Gernsbach D C4
65 Gernsheim D B4
63 Geroda D C4
69 Gerola Alta I B4
63 Geroldsgrun D C6
66 Gerolfinger D B1
62 Gerolstein D C1
66 Gerolzhofen D B1
37 Gerona E B5
71 Gerovo YU C4
63 Gersfeld D C4
66 Gerstholfen D C1
63 Gerstungen DDR C5
87 Gerswalde DDR B4
64 Gerswil D B2
63 Gertenbach D B4
26 Gerzat F C3
66 Gerzen D C3
62 Gescher D B1
62 Geseke D B3
65 Geslau D B6
23 Gespunsart F B5
66 Gessertshausen D C1
24 Gesté F A3
52 Gesunda S B5
40 Getafe E B3
35 Getaria E A4
58 Getinge S C1
61 Geversdorf D B6
98 Gevgelija YU B1
39 Gevora del Caudillo E C4
27 Gevrey-Chambertin F A4
27 Gex F B6
19 Gey D C6
88 Geyer DDR C2
90 Gföhl A C1
69 Ghedi I C5
108 Gheorgheni RO C6
84 Ghi F B2
72 Ghigo I B2
85 Ghilarza I B1
84 Ghisonaccia F B2
102 Giálova GR C2
78 Giardinetto I C2
83 Giardini I B4
83 Giarratana I B3
83 Giarre I B4
26 Giat F C2
72 Giaveno I A2
69 Giazza I C6
85 Giba I C1
82 Gibellina I B1
45 Gibraleón E B3
45 Gibraltar GBZ C4
92 Gic H A2
65 Giebelstadt D B5
63 Gieboldehausen D B5
87 Gielow DDR B3
26 Gien F A2
65 Giengen D C6
31 Giens F C5
63 Gieselwerder D B4
62 Gießen D C3
60 Giethoorn NL C3
11 Gifford GB C5
86 Gifhorn D C1
76 Giglio Porto I A1
71 Gignac, *Aude* F C2
31 Gignac, *Bouches-du-Rhône* F C4
34 Gijón E A1
66 Gilching D C2
62 Gildehaus D A2
46 Gilena E B2
5 Gilford GB B5
53 Gillberga S C3
59 Gilleleje DK C1
59 Gillelje DK C1
68 Gilley, *Doubs* F A1
26 Gilley, *Saône-et-Loire* F B3
15 Gillingham, *Dorset* GB B5
17 Gillingham, *Kent* GB C3
11 Gillroanie GB D3
19 Gilly B C4
23 Gilocourt F B3
62 Gilserberg D C4
15 Gilwern GB B4
19 Gilze NL B4
62 Gimborn D B2
103 Gimnó GR B3
54 Gimo S B4
29 Gimont F C4
31 Ginasservis F C4
19 Gingelom B C5
87 Gingst DDR A4
81 Ginosa I A3
65 Ginsheim-Gustavsberg D B4
70 Ginzling A A1
44 Giões P B2
77 Gioia dei Marsi I B4
78 Gióia dell Colle I D3
77 Gióia Sannitica I B5
80 Gióia Táuro I C2
83 Gioiosa l'ónica I A5
83 Gioiosa Marea I A3
78 Giovinazzo I C3
64 Giromagny F D2
37 Girona see Gerona E B5
64 Gironcourt F C1
37 Gironella E A4
64 Gironville-sous-les-Côtes F C1
10 Girvan GB C3
12 Gisburn GB B3
8 Gisla GB B2
58 Gislaved S B2
57 Gislev DK C3
59 Gislövsläge S D2
22 Gisors F B2
77 Gissi I A5
55 Gisslarbo S C1
55 Gistad S D1
18 Gistel B B2
56 Gistrup DK B3
69 Giubiasco CH B4
77 Giugliano I C5
77 Giulianova I A4
109 Giurgiu RO E6
57 Give DK C2
23 Givet F A5
23 Givonne F B6
27 Givors F C4
27 Givry F B4
57 Givskud DK C2
25 Gizeux F A5
80 Gizzeria I C3
80 Gizzeria Lido I C3
57 Gjedved DK C2
56 Gjerlev DK B3
50 Gjermundshamn N A2
56 Gjerrild DK B3
51 Gjerstad N C6
52 Gjesås N B2
100 Gjirokastër AL A2
56 Gjøl DK A2
51 Gjøvdal N C5
52 Gjøvik N B1
62 Gladbach D C1
62 Gladbeck D B1
62 Gladenbach D C3
101 Glafirá GR B4
101 Gláfki GR B4
11 Glamis GB B5
94 Glamoč YU B1
57 Glamsbjerg DK C3
31 Glandage F B4
62 Glandorf D A2
71 Glanegg A B4
62 Glanerbrug NL A1
55 Glanshammer S C1
69 Glarus CH A4
5 Glasdrummond GB B6
10 Glasgow GB C3
70 Glashütte, *Bayern* D A1
61 Glashütte, *Hamburg* D B7
88 Glashütte DDR C3
15 Glastonbury GB B5
68 Glattfelden CH A3
88 Glauchau DDR C2
53 Glava S C3
53 Glavaglasbruk S C3
99 Glavan BG A5
98 Glavanovisi BG A1
94 Glavatičevo YU C3
95 Glavičice YU B4
96 Glavnik YU C3
91 Glebowice PL B5
95 Gledica YU C5
19 Glehn D B6
71 Gleisdorf A A5
16 Glemsford GB B3
4 Glenade IRL B3
4 Glenamoy IRL B2
5 Glenarm GB B6
5 Glenavy GB B5
10 Glenbarr GB C2
6 Glenbeigh IRL B2
10 Glencoe GB B2
4 Glencolumbkille IRL B3
7 Glenealy IRL B5
5 Gleneely IRL A4
8 Glenelg GB C3
5 Glenfarne IRL B4
10 Glenfinnan GB B2
6 Glengarriff IRL C2
11 Glenkerry GB C4
10 Glenluce GB D3
25 Glénouze F B4
11 Glenrothes GB B4
4 Glenties IRL B3
86 Gleschendorf D A1
88 Glesien DDR B2
68 Gletsch CH B3
101 Glifa, *Fthiótis* GR C4
102 Glifa, *Ilía* GR B2
101 Glifáda, *Évia* GR C5
100 Glifáda, *Kérkira* GR B1
103 Glifádha GR B4
100 Gliki GR B2
59 Glimåkra S C3
6 Glin IRL B2
61 Glinde D B7
6 Glinsk IRL A2
108 Gliwice PL A3
97 Globocnica YU C3
71 Glödnitz A B4
71 Gloggnitz A A5
91 Glogoczów PL B5
96 Glogovac YU A3
89 Glogów PL B6
20 Glomel F B2
58 Glommen S C1
49 Glommersträsk S D9
66 Glonn D D2
69 Glorenza (Glums) I B5
38 Gloria P B2
101 Glośsa GR B5
56 Glöstorp S A4
15 Gloucester GB B5
68 Glovelier CH A2
86 Glöwen DDR C3
95 Gložan YU A4
108 Glubczyce PL A2
89 Gluchowo PL A6
57 Glücksburg D D2
61 Glückstadt D B6
57 Glumsø DK C4
95 Glušci YU B4
69 Glusone I C4
89 Gluszyca PL C6
15 Glyn Neath GB B4
56 Glyngøre DK B1
70 Gmünd, *Karnten* A B3
67 Gmünd, *Nieder Östereich* A C5
66 Gmund D D2
67 Gmunden A D4
71 Gnesau A B3
55 Gnesta S C3
89 Gnięchowice PL C6
106 Gniezno PL D5
96 Gnjilane YU C3
87 Gnoien DDR B3
13 Gnosall GB C3
58 Gnosjö S B2
12 Gobowen GB C2
19 Goch D B6
66 Gochsheim D A1
17 Godalming GB C2
62 Goddelsheim D B3
70 Gódega di S. Urbano I C2
55 Godegård S D1
63 Godelheim D B4
22 Goderville F B1
72 Godiasco I B4
16 Godmanchester GB B2
93 Gödöllo H A4
11 Godon GB C5
92 Gödreszentmárton H B2
17 Godshill GB D1
17 Godstone GB C2
18 Goes N B3
64 Goetzenbrück F C3
66 Goggingen D C1
12 Goginan GB C2
68 Góglio I B3
62 Gohfeld DDR A3
87 Göhren DDR A4
19 Goirle NL B5
38 Góis P A2
73 Góito I A5
35 Goizueta E A5
95 Gojna Gora YU C5
48 Gol N F4
32 Golada E B2
87 Golańcz-Pomorska PL A6
64 Golbey F C2
90 Golčuv Jenikov CS B1
87 Golczewo PL B5
69 Goldach CH A4
107 Goldap PL C8
65 Goldbach D A5
86 Goldbeck DDR C2
86 Goldberg DDR B3
61 Goldenstedt D C5
13 Goldthorpe GB B4
6 Goleen IRL C2
38 Golega P B2
98 Golema Rakovitsa BG A2
96 Golemo Selo YU C3
87 Goleniów PL B5
95 Goleša YU C4
85 Golfo Aranci I B2
99 Goljam Iswor BG B4
92 Gölle H B3
90 Göllersdorf A C2
87 Gollin DDR B4
70 Golling A A3
41 Gollocanta E B5
90 Gols A D2
9 Golspie GB C5
88 Golßen DDR B3
95 Golubinci YU B5
97 Golubovci YU C1
99 Golyam Manastir BG A5
98 Golyamo Belovo BG A3
98 Golyamo Konare BG A3
99 Golyamo Shivachevo BG A5
88 Golzow DDR A2
35 Gómara E C4
65 Gomaringer D C5
101 Gomátion GR A5
107 Gomel SU D12
44 Gomes Aires P B1
34 Gómezserracin E C2
63 Gommern DDR A6
69 Gomogoi I B5
52 Gonäs S B6
31 Goncelin F A4
32 Gondomar E B2
33 Gondomar P C2
29 Gondrin F C4
109 Gonen TR F7
31 Gonfaron F C5
35 Goñi E B5
85 Goni I C2
104 Goniais, *Kriti* GR
85 Gonnesa I C1
65 Gönningen D C5
101 Gónnoi GR B4
85 Gonnosfanádiga I C1
92 Gönyü H A2
73 Gonzaga I B5
14 Goodwick GB A3
19 Gooik B C4
13 Goole GB B5
19 Goor NL A6
90 Göpfritz a. d. Wild A C1
68 Goppenstein CH B2
65 Göppingen D C5
46 Gor E B4
89 Góra PL B6
46 Gorafe E B3
102 Goráni GR C3
87 Gorawino PL B6
95 Goražde YU C3
89 Gorce PL C6
64 Gorcy F B1
34 Gordaliza del Pino E B1
35 Gordejuela E A3
57 Gørding DK C1
69 Górdola CH B3
34 Gordoncillo E B1
7 Gorey IRL B5
100 Gorgómilos GR B2
69 Gorgonzola I C4
98 Gorgópi GR C1
92 Gorican YU B1
19 Gorinchem NL B4
17 Goring GB C1
87 Göritz, *Neubrandenburg* DDR B4
88 Göritz, *Potsdam* DDR A2
103 Goritzá GR B3
70 Gorízia I C3
86 Gorleben D B2
108 Gorlice PL B4
89 Görlitz DDR B4
35 Górliz E A4
87 Görmin DDR B4
96 Gornaj Klina YU C2
98 Gorni Okol BG A2
95 Gornja Gorevnica YU C5
96 Gornja Kamenica YU B4
75 Gornja Ploča YU B5
71 Gornja Radgona YU B5
96 Gornja Sabanta YU B3
95 Gornja Trešnjevica YU B5
95 Gornja Tuzla YU B3
79 Gornje Polje YU B5
94 Gornje Ratkovo YU B1
71 Gornji Grad YU B4
75 Gornji Klasnič YU A6
75 Gornji Kosinj YU B5
95 Gornji Milanovac YU B5
94 Gornji Podgradci YU A2
94 Gornji Vakuf YU C2
95 Gornji Žabar YU B3
99 Gorno Aleksandrovo BG A5
97 Gorno Nerezi YU D3
97 Gorno Orizari YU D3
98 Gorno Osenovo BG B2
97 Gorobinci YU D3
60 Gorredijk NL B3
21 Gorron F B5
14 Gorseinon GB B3
99 Gorska Polyana BG A5
19 Gorssel NL A6
9 Gorstan GB C4
6 Gort IRL A3
5 Gortin GB B4
88 Görzke DDR A2
87 Gorzow Wielkopolski PL C6
87 Górzyca PL C5
91 Gorzyce PL B4
89 Górzyn PL B4
16 Gosberton GB B2
71 Gosdorf A B5
12 Gosforth GB A2
63 Goslar D B5
75 Gospić YU B5
17 Gosport GB D1
53 Gössäter S D4
69 Gossau CH A4
19 Gosselies B C4
88 Goßnitz DDR C2
97 Gostimë AL E2
97 Gostivar YU D2
67 Göstling a.d. Ybbs A D5
89 Gostyn PL B7
53 Göta S D3
56 Göteborg S A4
53 Götene S D4
63 Gotha DDR C5
57 Gøtlev DK C4
98 Gotse Delchev BG B2
67 Gottersdorf D C3
63 Gottingen D B4
90 Gottwaldov CS B3
69 Götzis A A4
19 Gouda NL A4
17 Goudhurst GB C3
20 Gouesnou F B1
97 Gouménissa GR E4
102 Goúra GR B3
29 Gourdon F B5
11 Gourdon GB B5
20 Gourin F B2
22 Gournay-en-Bray F B2
10 Gourock GB C3
23 Goussancourt F B4
33 Gouveia P D3
104 Gouves, *Kriti* GR
23 Gouzeacourt F A4
26 Gouzon F B2
79 Govedari YU B4
98 Govedartsi BG A2
73 Govérnolo I A5
14 Gowerton GB B3
88 Goyatz DDR A4
89 Gozdnica PL B5
19 Gozee B C4
86 Graal-Müritz DDR A3
66 Grabenstätt D D3
94 Grabovac, *Hrvatska* YU C2
95 Grabovac, *Srbija* YU B5
95 Grabovci YU B4
86 Grabow DDR B2
69 Grabs CH A4
75 Gračac YU B5
96 Gračanica, *A. P. Kosovo* YU C3
94 Gračanica, *Bosna i Hercegovina* YU B3
95 Gračanica, *Srbija* YU B4
26 Graçay F A1
97 Gracen AL D1
71 Grad YU B6
95 Gradac, *Crna Gora* YU C4
94 Gradac, *Hrvatska* YU C2
95 Gradac, *Srbija* YU C5
94 Gradačac YU B3
92 Gradec, *Hrvatska* YU C1
97 Gradec, *Makedonija* YU D4
34 Gradefes E B1
71 Grades A B4
99 Gradets BG A5
98 Gradevo BG B2
28 Gradignan F B3
38 Gradil P C1
92 Gradina YU C2
70 Gradisca d'Isonzo I C3
71 Gradišče YU B5
95 Gradište YU A3
32 Grado E A4
70 Grado I C3
97 Gradsko YU D3
57 Graested DK B5
99 Graf-Ignatievo BG A3
66 Grafelfing D C2
67 Grafenau D C4
66 Gräfenberg D B2
71 Grafendorf A A5
88 Gräfenhainichen DDR B2
67 Grafenschlag A C6
71 Grafenstein A B4
63 Gräfenthal DDR C6
63 Grafentonna DDR B5
66 Grafenwöhr D B2
66 Grafing D C2
67 Grafling D C3
66 Grafrath D C2
77 Gragnano I C5
71 Grahova YU B3
7 Graigue IRL B5
7 Graiguenamanagh IRL B4
65 Grailsheim D B6
17 Grain GB C3
69 Grainau D A6
13 Grainthorpe GB B6
42 Graja de Iniesta E B1
35 Grajera E C3
57 Gram DK C2
69 Gramais A A5
29 Gramat F B5
90 Gramatneusiedl A C2
87 Grambow DDR B5
8 Gramisdale GB C1
54 Gramla Uppsala S C3
103 Grammatikón GR A4
101 Grammeni Oxiá GR C4
83 Grammichele I B3
97 Gramsh AL E2
87 Gramzow DDR B5
51 Gran N A7
46 Granada E B3
36 Granadella E B3
5 Granard IRL C4
32 Grañas E A3
46 Granátula de Calatrava E A3
27 Grancey-le-Château F A5
20 Grand-Champ F C3
22 Grand Couronne F B2
32 Grandas de Salime E A4
21 Grandcamp-Maisy F A4
68 Grandcour CH B1
44 Grândola P A1
23 Grandpré F B5
19 Grandrieu B C4
30 Grandrieu F B2
68 Grandson CH B1
30 Grandvals F B2
22 Grandvilliers F B2
36 Grañén E B2
52 Grangärde S B5
4 Grange IRL B3
12 Grange over Sands GB A3
11 Grangemouth GB B4
36 Granges-de Crouhens F A3
64 Granges-sur-Vologne F C2
52 Grängesberg S B6
86 Gräningen DDR C3
82 Granitola I B1
100 Granitsa GR B3
44 Granja P A2
36 Granja de Escarpe E B3
34 Granja de Moreruelo E C1
39 Granja de Torrehermosa E C5
58 Gränna S A3
37 Granollers E B5
49 Granön S D9
89 Granowo PL A6
87 Gransee DDR B4
51 Gransherad N B6
16 Grantham GB B2
9 Grantown-on-Spey GB C5
21 Granville F B4
48 Granvin N F3
42 Grao de Gandia E C2
42 Grao de Sagunto E B2
63 Grasleben D A6
12 Grasmere GB A2
54 Grasö S B4
78 Grassano I D3
66 Grassau D D3
72 Grasse F C1
13 Grassington GB A4
57 Gråsten DK D2
53 Grästorp S D3
49 Gratangen N B8
99 Gratini GR B4
71 Gratkorn A A5
71 Gratwein A A5
29 Graulhet F C6
36 Graus E A3
52 Gravberget N B3
19 Grave NL B5
69 Gravedona I B4
18 Gravelines F B2
68 Gravellona Toce I C3
18 Gravenpolder N B3
17 Gravesend GB C3
31 Graveson F C3
101 Graviá GR C4
78 Gravina in Púglia I D3
27 Gray F A5
17 Grays GB C3
17 Grayshott GB C2
71 Graz A A5
45 Grazalema E C4
73 Grazzano Visconti I B4
96 Grdelica YU C4
53 Greåker N C1
13 Great Ayton GB A4
17 Great Chesterford GB B3
12 Great Clifton GB A2
17 Great Cornard GB B3
17 Great Dunmow GB C3
12 Great Eccleston GB B3
15 Great Malvern GB A5
17 Great Missenden GB C2
17 Great Shefford GB C1
16 Great Shelford GB B3
14 Great Torrington GB C3
16 Great Yarmouth GB B4
13 Greatham GB A4
53 Grebbested S D2
63 Grebenstein D B4
66 Greding D B2
57 Gredstedbro DK C1
13 Green Hammerton GB B4
11 Greenhead GB D5
5 Greenisland GB B6
11 Greenlaw GB C5
10 Greenock GB C3
5 Greenore IRL B5
14 Greenway GB B3
19 Grefrath D B6
68 Greggio I C3
101 Gregolimano GR C4
71 Greifenburg A B3
87 Greiffenberg DDR B4
87 Greifswald DDR A4
67 Grein A C5
51 Greipstad N C4
88 Greiz DDR C2
86 Gremersdorf D A1
56 Grenå DK B3
29 Grenade F C5
28 Grenade-sur-l'Adour F C3
68 Grenchen CH A2
51 Grendi N C4
56 Grenen DK A3
31 Grenoble F A4
13 Grenside GB B4
31 Gréoux-les-Bains F C4
86 Gresenhorst DDR A3
8 Gress GB B2
68 Gressoney-la-Trinité I C2
68 Gressoney-St.-Jean I C2
65 Greßthal D A6
53 Gressvik N C1
67 Gresten A D6
11 Gretna GB D4
63 Greußen DDR B5
73 Greve I C6
62 Greven D A2
86 Greven DDR B1
100 Grevená GR A3
62 Grevenbroich D B1
62 Grevenbrück D B3
64 Grevenmecher L B2
86 Grevesmühlen DDR B2
57 Grevestrand DK C5
59 Grevie S C1
12 Greystoke GB A3
7 Greystones IRL A5
19 Grez-Doiceau B C4
21 Grez en Bouère F C5
29 Grèzec F B5
69 Grezzano I C6
95 Grgurevci YU A4
70 Gries A A1
65 Gries D B6
69 Gries in Sellrain A A6
67 Griesbach D C4
65 Griesheim D B4
67 Grieskirchen A C4
71 Griffen A B4
31 Grignan F B3
70 Grignano I C3
70 Grigno I B1
28 Grignols F B3
27 Grignon F C6
27 Grigny F C4
34 Grijota E B2
60 Grijpskerk NL B3
55 Grillby S C3
31 Grimaud F C5
19 Grimbergen B C4
88 Grimma DDR B2
87 Grimmen DDR A4
68 Grimmialp CH B2
58 Grimsås S B2
13 Grimsby GB B5
58 Grimslöv S C3
51 Grimstad N C5
58 Grimstorp S B3
68 Grindelwald CH B3
50 Grindheim N C4
57 Grindsted DK C1
40 Griñón E B3
58 Gripenberg S B3
55 Gripsholm S C3
29 Grisolles F C5
54 Grisslehamn S B4
9 Gritley GB B6
97 Grivas GR E4
101 Grizanon GR B4
12 Grizebeck GB A2
88 Gröbers DDR B2
71 Gröbming A A3
63 Gröbzig DDR B6
95 Grocka YU B5
88 Gröditz DDR B3
89 Grodków PL C7
107 Grodno SU D8
91 Grodziec, *Bielsko-Biala* PL B4
89 Grodziec, *Legnica* PL B5
89 Grodzisk Wielkopolski PL A6
62 Groenlo NL A1
14 Groes-goch GB B2
19 Groesbeek NL B5
94 Grohote YU C1
88 Groitzsch DDR B2
20 Groix F C2
107 Grójec PL E7
94 Gromiljck YU C3
86 Grömitz D A1
69 Gromo I C4
63 Gronau, *Niedersachsen* D A4
62 Gronau, *Nordrhein-Westfalen* D A2
65 Grönenbach D D6
48 Grong N D6
59 Grönhögen S C5
65 Gröningen D B6
63 Groningen DDR B6
60 Groningen NL B3
69 Grono Roveredo CH B4
58 Grönskära S B4
60 Grootebroek NL C2
60 Grootegast NL B3
72 Gropello Cairoli I A3
51 Grorud N B7
69 Grósio I B5
95 Grošnica YU C5
88 Groß Beeren DDR A3
63 Groß Berkel D A4
63 Groß Denkte D A5
87 Groß-Dölln DDR C4
65 Groß-Gerau D B4
86 Groß Gronau D B1
63 Groß Ilsede D A5
88 Groß Kreutz DDR A2
63 Groß Lafferde D A5
66 Groß Mehring D C2
86 Groß Oesingen D C1
62 Groß Reken D B2
88 Groß Rosenburg DDR B1
88 Groß Sarchen DDR B4
63 Groß Schneen D B4
87 Groß Schönebeck DDR C4
90 Groß Schweinbarth A C2
65 Groß Umstadt D B4
86 Groß Warnow DDR B2
90 Groß Weikersdorf A C2
86 Groß-Welle DDR B3
86 Groß Wokern DDR B3
63 Großalmerode D B4
70 Großarl A A3
63 Großbodungen DDR B5
65 Großbotwar D B5
61 Großburgwedel D C6
88 Großchirma DDR C3
89 Großchönau DDR C4
86 Großenbrode D A2
63 Großengottern DDR B5
88 Großenhain DDR B3
61 Grossenkneten D C5
63 Großenlüder D C4
86 Großensee D B1
90 Großenzersdorf A C2
25 Grossereix F C6
65 Großerlach D B5
76 Grosseto I A2
67 Großgerungs A C5
67 Großglobnitz A C6
66 Großhabersdorf D B1
61 Großhansdorf D B7
90 Großharras A C2
88 Großhartmannsdorf DDR C3
68 Grosshöchstetten CH B2
90 Großhoflein A D2
90 Großkrut A C2
63 Großörner DDR B6
67 Großpertholz A C5
92 Großpetersdorf A A1
88 Großpostwitz DDR B4
67 Großraming A D5
88 Großräschen DDR B4
65 Grossrinderfeld D B5
88 Großröhrsdorf DDR B4
90 Großsiegharts A C1
71 Großsölk A A3
92 Großwarasdorf A A1
71 Großwilfersdorf A A6
64 Grostenquin F C2
48 Grotli N E3
81 Grottaglie I A4
78 Grottaminarda I C2
75 Grottammare I C3
76 Grotte di Castro I A2
83 Grotteria I A5
78 Gróttole I D3
60 Grouw NL B2
32 Grove E B2
51 Grua N A7
86 Grube D A2
92 Grubisno Polje YU C2
79 Gruda YU B5
94 Grude YU C2
109 Grudovo BG E7
106 Grudziadz PL D6
52 Grue N B3
30 Gruissan F C2
32 Grullos E A4
90 Grümbach a. Schneeberg A D1
78 Grumo Appula I C3
53 Grums S C4
67 Grünau i. Almtal A D4
62 Grünberg D C3
67 Grünburg A D5
65 Gründelhardt D B5
52 Grundforsen S A3
71 Grundlsee A A3
53 Grundsund S D2
63 Grünenplan D B4
88 Grunewald DDR B3
51 Grungedal N B4
88 Grunow DDR A4
65 Grünsfeld D B5
65 Grünstadt D B4
66 Grunwald D C2
97 Grupčin YU D3
8 Grutness, *Shetland Is.* GB
54 Gruvberget S A2
68 Gruyères CH B2
108 Grybów PL B4
54 Grycksbo S B1
87 Gryfice PL B6
87 Gryfino PL B5
89 Gryfów Śląski PL B5
51 Grymyr N A7
55 Grytgol S D1
53 Grythyttan S C5
87 Grzybno PL B5
70 Gschnitz A A1
68 Gstaad CH B2
68 Gsteig CH B2
46 Guadahortuna E B3
41 Guadalajara E B3
41 Guadalaviar E B5
45 Guadalcanal E A4
45 Guadalcázar E B5
40 Guadalix de la Sierra E B3
46 Guadálmez E A2
40 Guadalupe E C1
40 Guadamur E C2
40 Guadarrama E B2
45 Guadiaro E C4
46 Guadix E B3
81 Guagnano I A4
84 Guagno F B1
46 Guajar-Faraguit E C3
74 Gualdo Tadino I C2
73 Gualtien I B5
77 Guarcino I B4
11 Guard Bridge GB B5
33 Guarda P D3
47 Guardamar del Segura E A6
33 Guardão P D2
81 Guardavalle I C3
76 Guardea I A3
78 Guardia I D2
77 Guárdia Sanframondi I B5
77 Guardiagrele I A5
77 Guardiarégia I B5
47 Guardias Viejas E C4
37 Guardiola de Berga E A4
34 Guardo E B2
39 Guareña E C4
46 Guaro E C2
46 Guarromán E A3
85 Guasila I C2
74 Gúbbio I C2
89 Gubin PL B4
95 Guča YU C5
57 Güderup DK D2
59 Gudhjem DK D3
53 Gudhom S D4
64 Güdingen D B3
92 Gudovac YU C1
48 Gudvangen N F3
64 Guebwiller F D3
46 Guéjar-Sierra E B3
24 Guéméné-Penfao F A3
35 Güeñes E A3
21 Guer F C3
24 Guérande F A2
26 Guéret F B1
26 Guérigny F A3
35 Guernica y Luno E A4
35 Guerricaiz E A4
36 Guesa E A1
28 Guèthary F C2
27 Gueugnon F B4
77 Guglionesi I B5
99 Gugutka BG B4
87 Gühlen Glienicke DDR B3
38 Guia P B2
21 Guichen F C4
73 Guidizzolo I A5
76 Guidónia I B3
73 Guiglia I B5

61 Kuhstedt D B5
60 Kuinre NL C2
97 Kukës AL C2
99 Kuklen BG A3
95 Kukujevci YU A4
97 Kukurecani YU D3
93 Kula YU C4
107 Kuldiga SU B7
99 Kuleli TR B5
94 Kulen Vakuf YU B1
98 Kuleta BG B2
94 Kulina YU B3
58 Kulltorp S B2
66 Kulmain D B2
66 Kulmbach D A2
93 Kumane YU C5
97 Kumanovo YU C3
55 Kumla, *Örebro* S C1
54 Kumla, *Västmanland* S C2
99 Kumoniga BG B4
93 Kunbaja H B4
70 Kundl A A2
56 Kungälv S A4
55 Kungs-Husby S C3
55 Kungsängen S C3
55 Kungsåra S C2
58 Kungsäter S B1
56 Kungsbacka S A5
54 Kungsgården S B2
53 Kungshamn S D2
55 Kungsör S C2
93 Kunhegyes H A5
89 Kunice Zarskie PL B5
91 Kunin CS B3
95 Kuninovo YU B5
93 Kunmadaras H A5
90 Kunovice CS B3
89 Kunowo PL B7
90 Kunštat CS B2
93 Kunszentmárton H B5
93 Kunszentmiklós H A4
67 Kunžak CS B6
65 Künzelsau D B5
49 Kuopio SF E13
96 Kupci YU B3
65 Kupferzell D B5
71 Kupjak YU C4
99 Küplü TR B5
65 Kuppenheim D C4
94 Kupres YU B2
63 Küps D C6
92 Kura H B3
97 Kurbnesh AL D2
99 Kürdzhali BG B4
49 Kurikka SF E11
98 Kurilo BG A2
90 Kuřim CS B2
98 Kürnave BG A3
107 Kurów PL E8
96 Kuršumlija YU B3
99 Kurtbey TR B5
62 Kürten D B2
98 Kurtovo Konare BG A3
95 Kusadak YU B5
105 Kusadasi TR A4
64 Kusel D B3
86 Kusey DDR C2
97 Kušnin YU C2
68 Küssnacht CH A3
61 Kutenholz D B6
92 Kutina YU C1
92 Kutjevo YU C2
67 Kutná Hora CS B6
106 Kutno PL D6
68 Küttingen CH A3
90 Kúty CS C3
49 Kuusamo SF D14
95 Kuzmin YU A4
48 Kvaenangsbotn N B11
57 Kvaerndrup DK C3
48 Kvalsund N A12
48 Kvam N D5
48 Kvanndal N F3
53 Kvänum S D4
52 Kvarnberg S A5
51 Kvarstein N C4
50 Kvås N C4
90 Kvasice CS B3
58 Kvibille S C1
55 Kvicksund S C2
59 Kvidinge S C2
48 Kvikne N E5
67 Kvilda CS B4
53 Kville S D2
58 Kvillsfors S B4
50 Kvinesdal N C3
50 Kvinlog N C3
50 Kvinnherad N B3
56 Kvissel DK A3
51 Kviteseid N B5
67 Kyje CS A5
90 Kyjov CS B3
8 Kyle of Lochalsh GB C3
8 Kyleakin GB C3
8 Kylerhea GB C3
8 Kylestrome GB B3
64 Kyllburg D A2
88 Kynšperk-n. Ohří CS C2
86 Kyritz DDR C3
53 Kyrkesund S D2
52 Kyrkheden S B4
59 Kyrkhult S C3
91 Kysuké Nové Mesto CS B4
98 Kyustendil BG A1
49 Kyyjärvi SF E12

L

25 L'Absie F B4
22 L'Aigle F C1
24 L'Aiguillon-sur-Mer F B3
42 L'Alcudia E B2
31 L'Alpe-d'Huez F A5
77 L'Aquita I A4
27 l'Arbresle F C4
31 L'Argentière-la-Bessée F B5
31 L'Epine F B4
72 L'Escarène F C2
25 L'homme F A5
30 L'Hospitalet-du-Larzac F C2
68 L'Isle CH B1
22 l'Isle-Adam F B3
31 L'Isle-sur-la-Sorgue F C4
68 L'isle-sur-le Doubs F A1
27 l'Isle-sur-Serein F A4
84 L'Ile Rouse F B1
29 L'Isle-de-noé F C4
29 L'Isle-en-Dodon F C4
29 L'Isle-Jourdain, *Gers* F C5
25 L'Isle-Jourdain, *Vienne* F B5
42 L'Ollerie E C2
40 La Adrada E B2
46 La Alameda E A3
33 La Alberca E D4
41 La Alberca de Záncara E C4
39 La Albuera E C4
35 La Aldea de Portillo de Busto E B3
45 La Algaba E B3
40 La Aliseda de Tormes E B1
36 La Almolda E B2
36 La Almunia de Doña Godina E B1
41 La Amarcha E C4
36 La Ametlla de Mar E C3
32 La Arena, *Oviedo* E A4
35 La Arena, *Vizcaya* E A3
45 La Aulaga E B3
27 La Balme-de-Sillingy F C6
34 La Bañeza E B1
24 La Barre-de-Monts F B2
22 La Barre-en-Ouche F C1
45 La Barrosa E C3
29 La Barthe-de-Neste F C4
18 la Bassée F C2
31 La Bastide F C5
29 La Bastide-de-Sèrou F C5
31 La Bastide-des-Jourdans F C4
30 La Bastide Puylaurent F B2
68 La Bathie F C1
27 La Batie Montgascon F C5
24 La Baule F A2
22 La Bazoche-Gouet F C1
24 La Bernerie-en-Retz F A2
37 La Bisbal E B6
21 La Boissière F A6
32 La Bola E B3
44 La Bota E B2
22 La Boullay Mivoye F C2
26 La Bourboule F C2
34 La Bóveda de Toro E C1
64 la Bresse F C2
27 La Bridoire F C5
72 La Brigue F B2
31 La Brillanne F C4
24 La Bruffière F A3
41 La Bugeda E B4
26 la Bussière F A2
24 La Caillère F B4
85 La Caletta I B2
30 La Calmette F C3
40 La Calzada de Oropesa E C1
45 La Campena E B4
40 La Cañada E B2
32 La Cañiza E B2
23 la Capelle F B4
31 La Capte F C5
32 La Caridad E A4
45 La Carlota E B5
46 La Carolina E A3
30 la Cavalerie F B2
25 La Celle-St. Avant F A5
42 La Cenia E A3
24 La Chaize-le-Vicomte F B3
19 La Chalamine B C6
31 la Chambre F A5
26 la Chapelande F B2
22 La Chapelle F D2
26 La Chapelle-d'Angillon F A2
31 La Chapelle-en-Valgaudemar F B5
31 La Chapelle-en-Vercors F B4
24 La Chapelle-Glain F A3
22 la Chapelle la Reine F C3
30 La Chapelle-Laurent F A2
24 La Chapelle-sur-Erdre F A3
31 La Charce F B4
26 la Charité sur-Loire F A3
25 La Chartre-sur-le-Loir F A5
25 La Châtaigneraie F B4
26 La Châtre F B2
23 la Chaussée-sur-Marne F C5
68 La Chaux-de-Fonds CH A1
31 La Chêne F C4
23 la Cheppe F B5
20 La Chèze F B3
31 La Ciotat F C4
27 La Clayette F B4
68 La Clusaz F C1
39 La Codosera E B3
34 La Concha E A3
45 La Contienda E A3
25 La Coquille F C5
39 La Coronada E C5
32 La Coruña E A2
31 La Côte-St. André F A4
24 La Cotinère F C3
25 La Couronne F C5
26 La Courtine le Trucq F C2
30 La Couvertoirade F C2
31 La Crau F C5
25 La Crèche F B4
25 La Croix F A5
23 La Croix-St. Ouen F B3
31 La Croix Valmer F C5
35 La Cruz E A4
39 La Cumbre E B5
29 La Douze F A4
37 La Escala E A6
32 La Espina E A4
32 La Estrada E B2
40 La Estrella E C1
31 La Farlède F C5
41 La Felipa E C5
23 la Fère F B4
24 La Ferrière F B3
25 La Ferrière-en-Pathenay F B4
22 la-Ferté-Alais F C3
22 La Ferté-Bernard F C1
23 la Ferté Chevresis F B4
22 La Ferte Fresnal F C1
23 la Ferte Gaucher F C4
26 La Ferté-Imbault F A1
21 La Fertè-Mace F B5
23 la Ferté-Milon F B4
23 la Ferte-sous-Jouarre F C4
26 La Ferté-St.Aubin F A1
26 La Ferté-St.Cyr F A1
22 La Ferté Vidame F C1
22 La Ferté Villeneuil F D2
22 La Feuillie F B2
25 La Flèche F A4
24 La Flotte F B3
29 La Fouillade F B6
31 La Foux F C5
34 La Franca E A2
33 La Fregeneda E D4
36 La Fresneda E C3
21 La Gacilly F C3
36 La Galera E C3
31 La Garde-Freinet F C5
32 La Garita E A3
24 La Garnache F B3
37 La Garriga E B5
39 La Garrovilla E C4
24 La Gaubretière F B3
41 La Gineta E C5
42 La Granadella E C3
30 La Grand-Combe F B3
27 La Grande-Croix F C4
30 La Grande motte F C3
39 La Granjuela E C5
21 La Gravelle F B4
33 La Guardia, *Pontevedra* E C2
41 La Guardia, *Toledo* E C3
46 La Guardia de Jaén E B3
33 La Gudiña E B3
21 La Guerche-de-Bretagne F C4
26 la Guerche sur l'Aubois F B2
24 La Guérinière F B2
39 La Haba E C5
21 La Haye-du-Puits F A4
21 La Haye-Pesnel F B4
18 la Herlière F C2
34 La Hermida E A2
41 La Herrera E D4
42 La Higuera E C1
34 La Hiniesta E C1
47 La Hórca E A5
40 La Horcajada E B1
34 La Horra E C3
19 La Hulpe B C4
21 La Hutte F B6
42 La Iglesuela del Cid E A2
46 La Iruela E B4
31 La Javie F B5
25 La Jonchère-St. Maurice F B6
37 La Junquera E A5
45 La Lantejuela E B4
40 La Iglesuela E B2
45 La Linea E C4
31 La Londe F C5
22 La Loupe F C2
19 La Louviere B C4
45 La Luisiana E B4
26 la Machine F B3
85 La Maddalena I A2
34 La Magdalena E B1
22 La Mailleraye F B1
23 La Maison Bleue F B4
30 La Malène F B2
46 La Mamola E C3
36 La Masadera E B2
40 La Mata E C2
40 La Mata de Ledesma E A1
34 La Mata de Monteagudo E B1
47 La Matanza E A5
24 La Meilleraye-de-Bretagne F A3
25 La Membrolle F A5
25 La Ménitré F A4
32 La Merca E B3
33 La Mezquita E B3
31 La Mole F C5
37 La Molina E A4
26 La Monnerie-le-Montel F C3
39 La Morera E C4
24 La Mothe-Achard F B3
25 La Mothe-St. Héray F B4
31 La-Motte, *Alpes-de-Haute-Provence* F B5
31 La Motte, *Isère* F B4
27 La Motte-Servolex F C5
34 La Mudarra E C2
36 La Muela E B1
31 La Mure F B4
72 La Napoule F C1
45 La Nava E B3
40 La Nava de Ricomalillo E C2
39 La Nava de Santiago E B4
22 La Neuve-Lyre F C1
68 La Neuveville CH A2
26 la Nocle-Maulaix F B3
34 La Nuez de Arriba E B3
26 La Pacaudièe F B3
24 La Pallice F B3
36 La Palma de Ebro E B3
45 La Palma del Condado E B3
30 La Parade F B2
39 La Parra E C4
34 La Pedraja de Portillo E C2
41 La Peraleja E B4
32 La Peroja E B3
64 la Petit-Pierre F C3
47 La Pinilla E B5
32 La Plaza E A4
37 La Pobla de Lillet E A4
42 La Pobla Llarga E B2
34 La Pola de Gordón E B1
24 La Pommerave F A4
35 La Póveda de Soria E B4
37 La Preste F A5
43 La Puebla, *Mallorca* E
41 La Puebla de Almoradie E C3
45 La Puebla de Cazalla E B4
45 La Puebla de los Infantes E B4
40 La Puebla de Montalbán E C2
36 La Puebla de Roda E A3
42 La Puebla de Valverde E A2
45 La Puebla del Rio E B3
40 La Pueblanueva E C2
47 La Puerta de Segura E A4
69 La Punt CH B4
46 La Quintana E B2
45 La Quintera E B4
46 La Rábita E B2
46 La Rambla E B2
85 La Reale I A1
44 La Redondela E B2
28 La Réole F B3
30 La Ricamarie F A3
37 La Riera E B4
45 La Rinconada E B4
22 La Riviere-Thibouville F B1
34 La Robia E B1
39 La Roca de la Sierra E B4
68 La Roche CH B2
31 La Roche F B4
24 La Roche Bernard F A2
28 La Roche-Chalais F A4
31 La Roche-de-Rame F B5
20 La Roche Derrien F B2
19 La Roche-en-Ardenne B C5
27 la Roche-en-Brénil F A4
22 La Roche-Guyon F B2
25 La Roche-Posay F B5
27 La Roche-s-Foron F B6
24 La Roche-sur-Yon F B3
27 La Roche-Vineuse F B4
25 La Rochebeaucourt-et-Argentine F C5
25 La Rochefoncauld F C5
24 La Rochelle F B3
31 La Rochette F B4
41 La Roda, *Albacete* E C4
32 La Roda, *Oviedo* E A4
46 La Roda de Adalucia E B2
30 La Roque F B2
31 La Roque-d'Anthéron F C4
29 La Roque Gageac F B5
31 La Roquebrussanne F C4
35 La Rubia E C4
32 La Rue E B3
43 La Sabina, *Ibiza* E
33 La Sagreda E D4
40 La Salceda E A3
31 La Salle F B5
29 La Salvetat-Peyralés F B6
30 La Salvetat-sur-Agout F C1
68 La Sarraz CH B1
34 La Seca E C2
37 La Selva E B4
37 La Serra E B4
31 La Seyne F C4
41 La Solana E D3
25 La Souterraine F B6
73 La Spezia I B4
76 La Storta I B3
21 La-Suze-sur-Sarthe F C6
28 La Teste F B2
68 La Thuile I C1
41 La Toba E B5
40 La Toledana E C2
40 La Torre de Esteban Habrán E B2
41 La Torresaviñán E B4
31 La Tour d'Aigues F C4
27 La Tour du-Pin F C5
24 La Tranche-sur-Mer F B3
24 La Tremblade F C3
24 La Trinité F A1
20 La Trinité-Porhoët F B3
72 La Trinite-Victor F C2
31 La Tronche F A4
24 La Turballe F A2
72 La Turbie F C2
34 La Uña E A1
47 La Unión E B6
31 La Valette F C4
34 La Vecilla E B1
32 La Vega, *Orense* E B4
32 La Vega, *Oviedo* E A4
40 La Velilla E A3
41 La Ventosa E B4
27 La Verpillière F C5
46 La Victoria E B2
35 La Vid E C3
41 La Villa de Don Fadrique E C3
29 la Ville Dieu-du-Temple F B5
25 La Villedieu F B4
31 La Voulte-sur-Rhône F B3
65 la Wantzenau F C3
36 La Zoma E C2
90 Laa a.d. Thaya A C2
86 Laage DDR B3
62 Laasphe D C3
6 Laban IRL A3
29 Labastide F C5
29 Labastide-Murat F B5
93 Lábatan H A3
30 Labegude F B3
28 Labenne F C2
66 Laberweinting D C3
75 Labin YU A4
97 Labinot-Mal AL D2
102 Labiri GR A2
30 Lablachère F B3
92 Lábod H B2
86 Laboe D A1
28 Labouheyre F B3
28 Labrède F B3
28 Labrit F B3
41 Labros E A5
29 Labruguière F C6
33 Labrujo P C2
97 Labuništa YU D2
97 Laç AL D1
46 Lacalahorra E B3
28 Lacanau F B2
28 Lacanau-Océan F A2
27 Lacanche F A4
29 Lacapelle-Marival F B5
95 Laćarak YU A4
30 Lacaune F C1
13 Laceby GB B5
78 Lacedónia I C2
69 Láces (Latsch) I B5
68 Lachen CH A3
88 Lackau DDR B3
58 Läckeby S C5
92 Lackenbach A A1
16 Lackford GB B3
53 Läckö S D4
15 Lacock GB B5
85 Láconi I C2
28 Lacq F C3
30 Lacroix-Barrez F B1
64 Lacroix-sur-Meuse F C1
62 Ladbergen D A2
89 Lądek Zdrój PL C6
57 Ladelund D D1
90 Ladendorf A C2
99 Ládhi GR B5
25 Ladignac-le-Long F C6
76 Ladispoli I B3
39 Ladoeiro P B3
22 Ladon F D3
11 Ladybandk GB B4
62 Laer D A2
48 Laerdalsöyn N F3
105 Láerma GR B4
23 Laferté-sur-Aube F C5
7 Laffansbridge IRL B4
102 Láfka GR B3
101 Láfkos GR B5
29 Lafrançaise F B5
58 Lagan S C2
83 Laganadi I A4
102 Laganás GR B1
38 Lagares, *Coimbra* P A3
33 Lagares, *Porto* P C2
73 Lagaro I B6
40 Lagartera E C1
62 Lage D B3
61 Lägerdorf D B6
10 Lagg GB C2
9 Laggan, *Grampian* GB C5
10 Laggan, *Highland* GB A3
4 Laghy IRL B3
89 Lagiewniki PL C6
101 Lagináá GR A5
69 Láglio I C4
27 Lagnieu F C5
23 Lagny, *Oise* F B3
23 Lagny, *Seine-et-Marne* F C3
23 Lagny-le-Sec F B3
80 Lago I B3
44 Lagoa P B1
33 Lagoaça P C4
80 Lagonegro I A2
28 Lagor F C3
30 Lagorce F B3
99 Lágos GR B4
44 Lagos P B1
74 Lagosanto I B2
89 L-agów PL A5
30 Lagrasse F C1
36 Laguarres E A3
29 Laguépie F B5
35 Laguerdia E B4
30 Laguiole F B1
34 Laguna de Duero E C2
34 Laguna de Negrillos E B1
41 Laguna del Marquesado E B5
39 Lagunilla E A4
28 Laharie F B3
23 Laheycourt F C6
58 Laholm S C2
65 Lahr D C3
49 Lahti SF F12
65 Laichingen D C5
9 Laid GB B4
23 Laifour F B5
23 Laignes F D5
72 Laiguéglia I C3
49 Laiha SF E11
67 Laimbach a. Ostrong A C6
66 Laineck D B2
9 Lairg GB B4
30 Laissac F B1
100 Laista GR B2
49 Laitila SF F10
70 Láives (Leifers) I B1
95 Lajkovaci YU B5
92 Lajoskomárom H B3
93 Lajosmizse H A4
102 Láka, *Akhaia* GR A2
100 Láka, *Paxoi* GR B2
16 Lakenheath GB B3
98 Lakhanás GR C2
105 Lakhaniá GR C4
93 Lakitelek H B5
105 Lakki GR A3
101 Lakkia GR A3
104 Lákkoi, *Kriti* GR
102 Lakkópetra GR A2
101 Lakkovikia GR A5
57 Lakolk DK C1
90 Lakšárska Nová Ves CS C3
48 Lakselv N A12
94 Laktaši YU B2
28 Lalande F B3
99 Lâlapasa TR B5
102 Lálas GR B2
29 Lalbenque F B5
30 Lalevade F B3
32 Lalin E B2
96 Lalinac YU B4
29 Lalinde F B4
67 Lalling D C4
67 Lam D B4
77 Lama del Peligni I A5
73 Lama Mocogno I B5
29 Lamagistére F B4
64 Lamarche F C1
27 Lamarche-sur-Saône F A5
38 Lamarosa P B2
28 Lamarque F A3
33 Lamas P D2
33 Lamas de Moaro P B2
31 Lamastre F B3
67 Lambach A C4
20 Lamballe F B3
17 Lamberhurst GB C3
31 Lambesc F C4
102 Lambia GR B2
17 Lambourn GB C1
33 Lamego P C3
101 Lamia GR C4
10 Lamlash GB C2
58 Lammhult S B3
29 Lamothe-Cassel F B5
29 Lamothe-Montravel F B4
26 Lamotte-Beuvron F A2
65 Lampertheim D B4
14 Lampeter GB A3
16 Lamport GB B2
67 Lamprechtshausen A D3
88 Lamsfeld DDR B4
63 Lamspringe D B5
61 Lamstedt D B6
27 Lamure-sur-Azergues F B4
69 Lana I B6
102 Lanáda GR C3
30 Lanarce F B3
11 Lanark GB C4
12 Lancaster GB A3
11 Lanchester GB D6
77 Lanciano I A5
21 Lancieux F B3
42 Landate E B1
66 Landau, *Bayern* D C3
62 Landau, *Hessen* D B4
69 Landeck A A5
19 Landen B C5
61 Landen D C4
20 Landerneau F B1
58 Landeryd S B2
61 Landesbergen D C6
20 Landévant F C2
20 Landévennec F B1
20 Landivisiau F B1
21 Landivy F B4
71 Landl, *Steiermark* A A4
70 Landl, *Tirol* A A2
30 Landos F B2
23 Landouzy F B5
69 Landquart CH B4
23 Landrecies F A4
23 Landreville F C5
73 Landriano I A4
66 Landsberg D C1
88 Landsberg DDR B2
58 Landsbro S B3
64 Landscheid D B2
66 Landshut D C3
59 Landskrona S D1
19 Landsmer NL A4
64 Landstuhl D B3
56 Landvetter S A5
5 Lanesborough IRL C4
20 Lanester F C2
35 Lanestosa E A3
56 Langå DK B2
35 Langa de Duero E C3
101 Langadhás GR A5
102 Langádhia GR B3
101 Langadhikia GR A5
51 Langangen N B6
58 Långared S A1
58 Långås S C1
58 Långasjö S C4
90 Langau A C1
10 Langbank GB C3
30 Langeac F A2
25 Langeais F A5
63 Langeln DDR B5
63 Langelsheim D B5
61 Langen D B5
65 Langenau D C6
62 Langenberg, *Nordrhein-Westfalen* D B2
62 Langenberg, *Nordrhein-Westfalen* D B3
65 Langenburg D B5
61 Langendamm D C6
63 Langeneichstädt DDR B6
90 Langenenzersdorf A C2
69 Längenfeld A A5
62 Langenfeld D B1
61 Langenhagen D C6
57 Langenhorn D D1
65 Langenionsheim D B3
90 Langenlois A C1
88 Langennaudorf DDR B3
66 Langenneufnach D C1
90 Langenrohr A C2
62 Langenselbold D C4
65 Langensteinbach D C4
68 Langenthal CH A2
71 Langenwang A A5
66 Langenzenn D B1
61 Langeoog D B4
57 Langeskov DK C3
51 Langesund N B6
63 Langewiesen DDR C5
52 Långflon S A3
61 Langförden D C5
86 Langhagen DDR B3
58 Länghem S B2
73 Langhirano I B5
11 Langholm GB C5
70 Langkampfen A A2
68 Langnau CH B2
57 Lango DK D4
30 Langogne F B2
28 Langon F B3
15 Langport GB B5
66 Langquaid D C2
64 Langres F D1
21 Langrune-sur-Mer F A5
53 Långserud S C3
52 Langset N B2
54 Långshyttan S B2
9 Langskaill GB A6
20 Languidic F C2
69 Langundo (Algund) I B6
61 Langwarden D B5
61 Langwedel D C6
66 Langweid D C1
69 Langwies CH B4
33 Lanheses P C2
20 Lanildut F B1
46 Lanjarón E C3
62 Lank-Latum D B1
19 Lanklaar B B5
20 Lanmeur F B2
58 Lanna S B2
53 Lannabruk S C5
54 Lännaholm S C3
20 Lannéanou F B2
29 Lannemezan F C4
23 Lanneuville-sur-Meuse F B6
20 Lannilis F B1
20 Lannion F B2
29 Lanouaille F A5
68 Lansanne CH B1
30 Lansargues F C3
90 Lanškroun CS B2
29 Lanta F C5
34 Lantadilla E B2
28 Lanton F B2
85 Lanusei I C2
76 Lanuvio I B3
20 Lanvollon F B3
93 Lánycsók H B3
32 Lanza E A2
32 Lanzada E B2
40 Lanzahita E B2
90 Lanzhof CS C2
72 Lanzo Torinese I A2
46 Lao Corrales E B2
23 Laon F B4
22 Laons F C2
26 Lapalisse F B3
30 Lapanouse F B2
102 Lápas GR A2
28 Lapegrade F B3
26 Lapeyrouse F B2
31 Lapeyrouse-Mornay F A3
49 Lapinlahti SF E13
96 Laplje Selo YU C3
29 Laplume F B4
64 Lapoutroie F C3
49 Lappeenranta SF F14
49 Lapua SF E11
32 Laracha E A2
7 Laragh IRL A5
31 Laragne-Monteglin F B4
11 Larbert GB B4
28 Larceveau F C2
31 Larche, *Alpes-de-Haute-Provence* F B5
29 Larche, *Corrèze* F A5
51 Lårdal N B5
105 Lardhos GR B5
35 Laredo E A3
19 Laren NL A5
30 Largentière F B3
10 Largs GB C3
103 Larimna GR A4
32 Lariño E B1
78 Larino I C1
101 Lárisa GR B4
11 Larkhall GB B5
51 Larkollen N B7
20 Larmor-Plage F C2
5 Larne GB B6
10 Laroch GB B2
23 Laroche F D4
64 Larochette L B2
29 Laroque F B4
29 Laroquebron F B6
32 Larouco E B3
35 Larraga E B5
28 Larrau F C3
29 Larrazet F C5
28 Laruns F C3
46 Larva E B3
51 Larvik N B7
44 Las Antillas E B2
41 Las Cabezadas E A3
45 Las Cabezas de S. Juan E C4
46 Las Correderas E A3
36 Las Cuevas de Cañart E C2
40 Las Herencias E C2
41 Las Labores E C3
35 Las Machorras E A3
37 Las Masucas E B4
41 Las Mesas E C4
46 Las Navas E B2
45 Las Navas de la Concepción E B4
40 Las Navas del Marques E B2
47 Las Negras E C5
45 Las Pajanosas E B3
41 Las Pedroñeras E C4
37 Las Planas E A5
34 Las Quintanillas E B3
40 Las Rozas, *Madrid* E B3
34 Las Rozas, *Santander* E B3
33 Las Uces E C4
40 Las Veguillas E B1
40 Las Ventas con Peña Aguilera E C2
40 Las Ventas de S. Julián E B1
36 Las Vilas de Turbó E A3
42 Las Villas de Benicasim E A3
35 Lasarte E A4
106 Lask PL E6
13 Laskill GB A4
71 Laško YU B5
36 Laspaules E A3
36 Laspuña E A3
87 Lassan DDR B4
21 Lassay F B5
90 Lassee A C2
23 Lassigny F B3
102 Lasteika GR B2
73 Lastra a Signa I C6
34 Lastras de Cuéllar E C2
34 Lastres E A1
55 Lästringe S D3
61 Lastrup D C4
35 Latasa E B5
76 Látera I A2
78 Laterza I D3
60 Lathen D C4
9 Latheron GB B5
81 Latiano I A4
77 Latina I B3
70 Latisana I C3
91 Látky CS C5
80 Latrónico I A3
29 Latronquière F B6
68 Latterbach CH B2
62 Laubach D C3
30 Laubert F B2
88 Laubusch DDR B4
63 Laucha DDR B6
88 Lauchhammer DDR B3
65 Lauda D B5
50 Laudal N C4
11 Lauder GB C5
63 Lauenau D A4
86 Lauenburg D B1
66 Lauf D B2
65 Laufach D A5
68 Läufelfingen CH A2
68 Laufen CH A2
65 Laufen, *Baden-Württemberg* D C4
67 Laufen, *Bayern* D D3
68 Laufenburg CH A3
65 Lauffen D B5
14 Laugharne GB B3
66 Lauingen D C1
46 Laujar E C4
14 Launceston GB C3
68 Laupen CH B2
65 Laupheim D C5
6 Lauragh IRL C2
80 Laureana di Borrello I C3
11 Laurencekirk GB B5
5 Laurencetown GB B5
6 Laurencetown IRL A3
80 Laurenzana I A2
80 Lauria I A2
25 Laurière F B6
11 Laurieston, *Central* GB C4
10 Laurieston, *Dumfries & Galloway* GB D3
80 Laurino I A2
49 Lauritsala SF F14
63 Lauscha DDR C6
71 Laussa A A4
30 Laussonne F B3
63 Lautenthal D B5
69 Lauterach A A4
65 Lauterbach, *Baden-Württemberg* D C4
63 Lauterbach, *Hessen* D C4
68 Lauterbrunnen CH B2
64 Lauterecken D B3
66 Lauterhofen D B2
65 Lautrach D D6
29 Lautrec F C6
49 Lauttakyla SF F11
50 Lauvvik N C3
18 Lauwe B C3
29 Lauzerte F B5
29 Lauzun F B4
73 Lavagna I B4
23 Laval, *Marne* F B5
21 Laval, *Mayenne* F B5
71 Lavamünd A B4
99 Lavara GR B5
29 Lavardac F B4
38 Lavaris P A2
69 Lavarone I C6
26 Lavau F A2
29 Lavaur F C5
37 Lavelanet F A4
78 Lavello I C2
62 Lavelsloh D A3
16 Lavenham GB B3
68 Laveno I C3
74 Lavezzola I B1
49 Lavia SF F11
34 Laviana E A1
78 Laviano I D2
30 Lavilledieu F B3
76 Lavinio-Lido di Enea I B3
69 Lavis I B6
29 Lavit F C4
27 Lavoncourt F A5
38 Lavos P A2
38 Lavre P C2
103 Lávrion GR B5
10 Lawers GB B3
89 Lawszowa PL B5
53 Laxå S D5
12 Laxey GB A1
16 Laxfield GB B4
8 Laxford Bridge GB B3
102 Láyia GR C3
33 Laza E B3
100 Lazaráta GR C2
95 Lazarevac YU B5
93 Lazarevo YU C5
69 Lazise I C5
88 Lázně CS C2
89 Lázně Bělohrad CS C5
12 Lazonby GB A3
83 Lazzaro I B4
37 Le Barcarès F A6
28 Le Barp F B3
30 Le Béage F B3
31 Le Beausset F C4
31 Le Bégude-de-Mazenc F B3
25 Le Blanc F B6
30 Le Bleymard F B2
25 Le Boulay F A5
37 Le Boulou F A5
29 Le Bourg F B5
31 Le Bourg-d'Oisans F A5
27 Le Bourget-du-Lac F C5
21 Le Bourgneuf-la-Forêt F B5
30 le Bousquet d'Orb F C2
27 Le Brassus CH B6
26 Le Breuil F B3
22 Le Breuil-en-Auge F B1
31 Le Brusquet F B5
68 Le Bry CH B2
29 Le Bugue F B4
29 Le Buisson F B4
28 Le Caloy F C3
31 Le Cannet-des-Maures F C5
30 Le Canourgue F B2
30 Le Cap d'Agde F C2
81 le Castella I C4
23 le Cateau F A4
30 Le Caylar F C2
30 Le Cayrol F B1
27 le Celle F A4
68 Le Châble CH B2
30 Le Chambon-Feugerolles F A3
30 Le Chambon-sur-Lignon F A3
24 Le Château F C3
27 Le Châtelard F C6
26 Le Châtelet F B2
23 le Chatelet-en-Brie F C3
23 le Chesne F B5
30 Le Cheylard F B3
31 Le Ciotat Plage F C4
20 Le Conquet F B1
27 Le Creusot F B4
24 Le Croisic F A2
18 le Crotoy F C1
27 le Deschaux F B5
26 le Donjon F B3
25 Le Dorat F B6
20 Le Faou F B1
20 Le Faouët F B2
20 Le Folgoet F B1
29 Le Fossat F C5
29 Le Fousseret F C5
31 Le Freney F A5
31 Le Fugeret F B5
23 le Gault-Soigny F C4
25 Le Gond-Pontouvre F C5
68 le Grand Bornand F C1
26 le-Grand-Bourg F B1
21 Le Grand Fougeray F C4
22 Le Grand-Lucé F D1
25 Le Grand Pressigny F B5
30 Le Grau-du-Roi F C3
31 Le Guâ F A4
21 Le Havre F A6
64 le Hohwald F C3
28 Le Houga F C3
29 Le Lardin F A5
31 Le Lauzet-Ubaye F B5
31 Le Lavandou F C5
25 le Lion-d'Angers F A4
68 Le Locle CH A1
24 Le Loroux-Bottereau F A3
24 Le Louroux Béconnais F A4
31 Le Luc F C5
25 Le Lude F A5
30 le Malzieu-Ville F B2
22 Le Mans F D1
29 Le Mas-d'Azil F C5
30 le Massegros F B2
24 Le May-sur-Evre F A4
26 Le Mayet-de Montagne F B3
22 Le Mèle sur Sarthe F C1
64 Le Ménil, *Vosges* F C2
64 Le Ménil, *Vosges* F D2
23 le Meriot F C4
22 Le Merlerault F C1
23 le Mesnil-sur-Oger F C5
27 Le Miroir F B5
30 Le Monastier F B2
31 Le Monêtier-les-Bains F B5
26 Le Mont-Dore F C2
26 Le Montet F B3
28 Le Muret F B3
31 Le Muy F C5
22 Le Neubourg F B1
23 le Nouvion-en-Thiérache F A4
24 Le Palais F A1
18 le Parcq F C2
31 Le Péage-de-Roussillon F A3
24 Le Pellerin F A3
37 Le Perthus F A5
27 Le Petit Bornand F C6
26 Le Pin F B3
31 Le Poët F B4
24 Le Poirè-sur-Vie F B3
27 Le Pont CH B6
31 le Pont-de-Claix F A4
30 Le Pont-de-Montvert F B2
31 Le Pont-du-Fossé F B5
31 Le Pontet F C3
28 Le Porge F B2
18 le Portel F C1
30 Le Poujol F C2
20 Le Pouldu F C2
24 Le Poulignen F A2
28 Le Pouyalet F A3
69 le Prese I B5
30 Le Puy F A2
31 Le Puy-Ste-Réparade F C4
18 le Quesnay F C3
22 Le Raincy F C3
20 le Relecq-Kerhuon F B1
30 Le Rosier F B2
29 Le Rouget F B6
21 Le Sel de Betagne F C4
27 Le Sentier CH B6
31 Le Teil F B3
21 Le Teilleul F B5
24 Le Temple-de-Bretagne F A3
22 Le Theil F C1
64 le Thillot F D2
18 le Touquet-Paris-Plage F C1
31 Le Touvet F A4
22 Le Translay F B2
23 le Transloy F A3
22 Le Tréport F A2
31 Le Val F C5
64 le Val d'Ajol F D2
27 le Valdahon F A6
24 Le Verdon-sur-Mer F C3
31 Le Vernet F B5
21 Le Vieux Bourg F B4
30 le Vigan F B2
74 Le Ville I C2
21 Le Vivier-sur-Mer F B4
13 Lea GB B5
11 Leadburn GB C4
13 Leadenham GB B5
11 Leadgate GB D6
11 Leadhills GB C4
16 Leamington GB B1
10 Leanach GB B2
6 Leap IRL C2
17 Leatherhead GB C2
64 Lebach D B2
96 Lebane YU C3
19 Lebekke B C4
92 Lébény H A2
32 Leboreiro E B3
106 Lębork PL C5
45 Lebrija E C3
71 Lebring A B5
88 Lebusa DDR B3
81 Lecce I A5
69 Lecco I C4
36 Lécera E B2
69 Lech A A5
69 Lechbruck D A5
15 Lechlade GB B6
90 Lechovice CS C2
36 Leciñena E B2
57 Leck D D1
29 Lectoure F C4
35 Lecurnberri E A5
41 Ledaña E C5
15 Ledbury GB A5
67 Ledeč n. Sazavou CS B6
67 Ledenice CS C5
33 Ledesma E C4
30 Lédignan F C3
34 Lédigos E B2
8 Ledmore GB B4
90 Lednice CS C2
91 Lednicke-Rovné CS B4
13 Leeds GB B4
13 Leek GB B3
60 Leek NL B3
13 Leeming Bar GB A4
4 Leenaun IRL C2
60 Leens NL B3
61 Leer D B4
19 Leerdam NL B5
61 Leerhafe D B4
61 Leese D C6
61 Leeste D C5
60 Leeuwarden NL B2
86 Leezen D B1
101 Lefkádia GR A4
101 Lefkaditi GR C4
103 Lefkandi GR A4
100 Lefkás GR C2
104 Léfkes GR A2
100 Lefkimi GR B2
40 Leganés E B3
65 Legau D D6
86 Legde DDR C2
62 Legden D A2
24 Legé F B3
90 Legenfeld A C1
64 Léglise B B1
73 Legnago I A6
69 Legnano I C3
70 Legnaro I C1
89 Legnica PL B6
92 Legrad YU B1
103 Legrena GR B5
29 Léguevin F C5
35 Legutiano E B4
63 Lehesten DDR C6
90 Lehnice CS C3
88 Lehnin DDR A2
66 Lehrberg D B1
63 Lehre D A5
63 Lehrte D A4
86 Lehsen DDR B2
71 Leibnitz A B5
16 Leicester GB B1
62 Leichlingen D B2
19 Leiden NL A4
19 Leiderdorp NL A4
19 Leidschendam NL A4
12 Leigh GB B3
17 Leighton Buzzard GB C2
19 Leignon B C5
48 Leikanger N F3
65 Leimen D B4
103 Leimonas GR C3
63 Leinefde DDR B5
65 Leingarten D B5
72 Leini I A2
12 Leintwardine GB C3
65 Leipheim D C6
88 Leipzig DDR B2
38 Leiria P B2
50 Leirvik N B2
70 Leisa A B2
88 Leisnig DDR B2
68 Leissigen CH B2
16 Leiston GB B4
11 Leitholm GB C5
4 Leitrim IRL B3
88 Leitzkau DDR A1
35 Leiza E A5
98 Lekáni GR B3
91 L-ekawica PL B5
35 Lekeitio E A4
92 Lekenik YU C1
58 Lekeryd S B3
102 Lekhainá GR B2
103 Lékheo GR B3
101 Lekhónia GR B5
100 Lékhovon GR A3
89 Lęknica PL B4
52 Leksand S B6
52 Lekvattnet S B3
60 Lelystad NL C2
56 Lem DK B1
67 Lembach A C4
65 Lembach F B3
19 Lembeck B C4
62 Lembeck D B1
64 Lemberg F B3
28 Lembèye F C3
62 Lemgo D A3
60 Lemmer NL C2
49 Lempaala SF F11
30 Lempdes F A2
8 Lemreway GB B2
56 Lemvig DK B1
61 Lemwerder D B5
27 Len F B5
34 Lena E A1
52 Lena N B1
93 Lenauheim RO C5
25 Lencloitre F B5
70 Lend A A3
10 Lendalfoot GB C3
92 Lendava YU B1
74 Lendinara I A1
70 Lendorf A B3
62 Lendri D B2
62 Lendringsen D B2
56 Lendum DK A3
88 Lengefeld DDR C3
61 Lengerich, *Niedersachsen* D C4
62 Lengerich, *Nordrhein-Westfalen* D A2
70 Lenggries D A1
63 Lenglern D B4
92 Lengyeltóti H B2
58 Lenhovda S C4
107 Leningrad SU A12
68 Lenk CH B2
53 Lennartsfors S C2
10 Lennoxtown GB C3
73 Leno I A5
77 Lenola I B4
96 Lenovac YU B4
18 Lens B C3
18 Lens F C2
31 Lens Lestang F A4
86 Lensahn D A1
104 Lentas, *Kriti* GR
32 Lentellais E B3
61 Lentföhrden D B6
92 Lenti H B1
83 Lentini I B3
68 Lenzburg CH A3
86 Lenzen DDR B2
69 Lenzerheide CH B4
67 Lenzing A D4
71 Leoben A A5
90 Leobersdorf A D2
70 Leogang A A2
28 Léognan F B3
15 Leominster GB A5
34 León E B1
28 Léon F C2
65 Leonberg D C4
31 Léoncel F B4
67 Leonding A C5
102 Leóndio GR A2
77 Leonessa I A3
83 Leonforte I B3
103 Leonidhion GR B3
101 Leontári GR B4
19 Leopoldsburg B B5
67 Leopoldschlag A C5
90 Leopoldsdorf i. Mfd. A C2
87 Leopoldshagen DDR B4
44 Lepe E B2
107 Lepel SU C11
96 Lepenac YU B3
100 Lepenoú GR C3
79 Lepetani YU B5
8 Lephin GB C2
92 Lepoglava YU B1
49 Leppävirte SF E13
86 Leppin DDR C2
102 Lépreo GR B2
92 Lepsény H A3
101 Leptokaria GR A4
64 Lepuix F D2
81 Léquile I A5
82 Lercara Friddi I B2
53 Lerdal S D2
26 Leré F A2
73 Lérici I B4
36 Lérida (Lleida-Lérida) E B3
35 Lerin E B5
28 Lerm-et-Musset F B3
34 Lerma E B3
69 Lermoos A A5
64 Lerouville F C1
56 Lerum S A5
51 Lervik N B7
8 Lerwick, *Shetland Is.* GB
26 Les-Ancizes-Comps F C2
36 Lés E A3
27 Les Abrets F C5
26 Les Aix-d'Angillon F A2
68 Les Allues F C1
22 Les Andelys F B2
31 Les Arcs F C5
25 Les-Aubiers F B4
31 Les Barraques F B5
23 les Bézards F D3
68 Les Bois CH A1
22 les Bordes F D3
37 les Cabanes de Fitou F A5
37 Les Cabanes-de-Lapalme F A5
37 Les Cabannes F A4
68 les Contamines-Montjole F C1
27 Les Déserts F C6
68 Les Diablerets CH B2
27 Les Echelles F C5
37 Les Escaldes AND A4
24 Les-Essarts F B3
30 Les Estables F B3
29 Les Eyzies-de Tayac F B5
22 Les Fontaines F D2
68 Les Fonteneles F A1
68 Les Gets F B1
22 Les Grandes-Ventes F B2
23 les Granges F C5
68 Les Haudères CH B2
24 Les Herbiers F B3
68 les Honches F C1
27 Les Hopitaux-Neufs F B6
23 les Islettes F B5
31 Les Lecques F C4
30 Les Mages F B3
27 Les Marches F C5
31 Les Mées F B4
22 Les Mureaux F C2
31 Les Omergues F B4
23 les Ormes-sur-V F C4
31 Les Orres F B5
31 Les Pennes Mirabeau F C4
21 Les Pieux F A4
25 Les Ponts-de-Cé F A4
68 Les Ponts-de-Martel CH B1
23 les Riceys F D5
27 Les Roches F C4
20 Les Rosaires F B3
25 Les Rosiers F A4
27 Les Rousses F B6
24 Les-Sables-d'Olonne F B3
31 Les Salles F C5
30 Les Ternes F B2
25 Les Trois Moutiers F A4
30 Les Vans F B3
68 Les Verrières CH B1
30 Les Vignes F B2
35 Lesaca E A5
95 Lešak YU C5
97 Lešani YU D2
11 Lesbury GB C6
28 Lescar F C3
75 Lešce YU B5
27 Lescheraines F C6
20 Lesconil F C1
23 Lesdins F B4
92 Lesenceistvánd H B2
98 Lesichovo BG A3
78 Lesina I C2
102 Lesini GR A2
48 Lesjaskog N E4
52 Lesjöfors S C5
108 Lesko PL B5
71 Leskova YU C4
96 Leskovac YU C3
90 Leskovec CS B3
67 Leskovice CS B6
100 Leskovik AL A2
11 Leslie GB B4
11 Lesmahagow GB C4
23 Lesmont F C5
89 Leśna PL B5
20 Lesneven F B1
95 Lešnica YU B4
89 Leśniów Wielkoplski PL B5
28 Lesparre-Médoc F A3
30 Lespignan F C2
29 Lesponne F C4
71 Lessach A A3
21 Lessay F A4
58 Lessebe S C4
18 Lessines B C3
25 Lesterps F B5
89 Leszno PL B6
89 Leszno Din PL B5
17 Letchworth GB C2
92 Letenye H B1
77 Letino I B5
62 Letmathe D B2
90 Letohrad CS A2
90 Letovice CS B2
87 Letschin DDR C5
62 Lette D B2
4 Letterfrack IRL C2
5 Letterkenny IRL B4
4 Lettermacaward IRL B3
14 Letterston GB B3
9 Lettoch GB C5
47 Letur E A4
36 Letux E B2
86 Letzlingen DDR C2
81 Léuca I B5
37 Leucate F A6
11 Leuchars GB B5
23 Leuglay F D5
68 Leuk CH B2
68 Leukerbad CH B2
88 Leuna DDR B2
63 Leutenberg DDR C6
69 Leuterschach D A5
66 Leutershausen D B1
65 Leutkirch D D6
19 Leuven B C4
18 Leuze, *Hainault* B C3
19 Leuze, *Namur* B C4
103 Levádhia GR A3
100 Levan AL A1
51 Levang N C6
48 Levanger N E5
94 Levanjska Varoš YU A3
73 Lévanto I B4
73 Levata I A5
11 Leven, *Fife* GB B5
13 Leven, *Humberside* GB B5
81 Leveranao I A4
8 Leverburgh GB C2
62 Leverkusen D B2
62 Levern D A3
26 Levet F B2
91 Levice CS C4
70 Lévico I B1
102 Levidhi GR B3
27 Levier F B6
23 Lévignen F B3
92 Levinovac YU C2
101 Levkás GR C3
99 Levkimi GR B5
101 Levkóvrisi GR A3
98 Levkoyia GR B2
103 Lévktra GR A4
91 Levoča CS B6
25 Levroux F B6
99 Levskigrad BG A3
98 Levunovo BG B2
17 Lewes GB D3
13 Leyburn GB A4
12 Leyland GB B3
17 Leysdown on Sea GB C3
20 Lézardrieux F B2
29 Lézat-sur-Léze F C5
25 Lezay F B5
97 Lezhe AL D1
30 Lézignan-Corbières F C1
30 Lezignan-la-Cèbe F C2
95 Ležimir YU A4
23 Lézinnes F D5
26 Lezoux F C3
41 Lezuza E D4
25 Lhommaizé F B5
23 Lhuître F C5
22 Liancourt, *Oise* F B3
23 Liancourt, *Somme* F B3
100 Liapádhes GR B1
23 Liart F B5
89 Libáň CS C5
15 Libanus GB B4
88 Libceves CS C3
89 Liberec CS C5
88 Libešice CS C4
90 Libina CS B3
88 Libochovice CS C4
100 Libofshë AL A1
100 Libohovë AL A2
28 Libourne F B3
64 Libramont B B1
97 Librazhd AL D2
47 Librilla E B5
42 Libros E A1
82 Licata I B2
73 Licciana Nardi I B5
77 Licenza I A3
35 Liceros E C3
62 Lich D C3
26 Lichères-près-Aigremont F A3
13 Lichfield GB C4
19 Lichtart B B4
67 Lichtenau A C6
62 Lichtenau D B3
63 Lichtenfels D C6
69 Lichtensteig CH A4
88 Lichtenstein DDR C2
19 Lichtenvoorde NL B6
18 Lichtervelde B B3
75 Licke Jesenice YU A5
75 Lički Osik YU B5
83 Licodia Eubea I B3
107 Lida SU D9
10 Liddesdale GB B2
91 Lidečko CS B4
102 Lidhorikion GR A3
58 Lidhult S C2
53 Lidköping S D4
70 Lido I C2
81 Lido Azzurro I A4
74 Lido degli Estensi I B2
74 Lido degli Scacchi I B2
74 Lido del Savio I B2
74 Lido della Nazioni I B2
73 Lido di Camaiore I C5
77 Lido di Casalbordino I A5
76 Lido di Castel Fusano I B3
76 Lido di Cincinnalo I B3
74 Lido di Classe I B2
77 Lido di Fondi I B4
70 Lido di lésolo I C2
81 Lido di Metaponto I A3
76 Lido di ostia I B3
83 Lido di Pláia I B4
81 Lido di Policoro I A3
74 Lido di Pomposa I B2
81 Lido di Scanzano I A3
78 Lido di Siponto I C2
81 Lido di Squillance I C3
74 Lido di Volcano I B2
77 Lido Riccio I A5
81 Lido Silvana I A4
107 Lidzbark Warminsk PL C7
67 Liebenau A C5
61 Liebenau D C6
63 Liebenburg D A5
63 Liebenstein DDR B6
87 Liebenwalde DDR C4
88 Lieberose DDR B4
71 Lieboch A B5
19 Liederkerke B C4
19 Liège B C5
*62 Lienen D A2
70 Lienz A B2
107 Liepaja SU B7
19 Lier B B4
51 Lier N B7
27 Liernais F A4
26 Liernolles F B3
62 Liesborn D B3
70 Liesing A B2
19 Liessel NL B5
68 Liestal CH A2
47 Liétor E A5
22 Lieurey F B1
18 Liévin F C2
64 Liffol-le-Grand F C1
5 Lifford IRL B4
21 Liffré F B4
29 Ligardes F B4
71 Ligist A B5
70 Lignano Sabbiadoro I C3
24 Ligne F A3
26 Lignières F B2
64 Ligny-en-Barrois F C1
23 Ligny-le-Châtel F D4
25 Ligueil F A5
91 Likavka CS B5
52 Likenäs S B4
101 Likhás GR C4
99 Likófi GR B5
102 Likoporiá GR A3
102 Likósoura GR B3
101 Likoúdhi GR B4
102 Likouria GR B3
101 Lilaia GR C4
90 Lilienfeld A C1
61 Lilienthal D B5
98 Liljakovo BG B2
98 Lilkovo BG B3
53 Lilla Edet S D3
58 Lilla Tjarby S C2
55 Lillån S C1
19 Lille B B4
18 Lille F C3
22 Lillebonne F B1
52 Lillehammer N A1
57 Lillerød DK C5
18 Lillers F C2
51 Lillesand N C5
12 Lilleshall GB C3
41 Lillo E C3
52 Lima S B4
19 Limal B C4
103 Limáni Yéraka GR C4
91 Limanowa PL B6
5 Limavady GB A5
22 Limay F B2
88 Limbach-Oberfrohna DDR C2
19 Limbourg B C5
62 Limburg D C3
65 Limburgerhof D B4
52 Limedsforsen S B4
98 Limenária GR C3
101 Liménas GR C5
102 Limeni GR C3
6 Limerick IRL B3
22 Limésy F B1

*49 Lieksa SF F14

104 Limin Chersonisou, *Kriti* GR
49 Liminka SF D12
58 Limmared S B2
60 Limmen NL C1
103 Limnes GR B3
101 Limni GR C5
102 Limnista GR A2
25 Limoges F C6
29 Limogne F B5
72 Limone I B2
69 Limone s. Garda I C5
26 Limons F C3
22 Limours F C3
29 Limoux F C6
35 Limpias E A3
46 Linares E A3
42 Linares de Mora E A2
40 Linares de Riofrio E B1
36 Linas de Broto E A2
13 Lincoln GB B5
57 Lind DK B1
65 Lindach D C5
12 Lindale GB A3
58 Lindås S C4
69 Lindau D A4
19 Lindelheuvel NL C5
57 Lindelse DK D3
69 Lindenberg D A4
88 Lindenberg DDR A4
61 Lindern D C4
59 Linderöd S D2
55 Lindesberg S C1
53 Lindfors S C4
57 Lindholm D D1
57 Lindknud DK C2
62 Lindlar D B2
55 Lindö S D2
56 Lindome S A5
105 Lindos GR B5
33 Lindoso P C2
87 Lindow DDR C3
58 Lindshammar S B4
86 Lindstedt DDR C2
67 Líně CS B4
54 Lingbo S A2
60 Lingen D C4
17 Lingfield GB C2
54 Linghed S B1
100 Lingos GR B2
83 Linguaglossa I B4
87 Linie PL B5
65 Linkenheim D B4
55 Linköping S D1
11 Linlithgow GB C4
19 Linne NL B5
58 Linneryd S C4
54 Linnes Hammarby S C3
19 Linnich D C6
36 Liñola E B3
58 Linsdal S C5
17 Linslade GB C2
69 Linthal CH B4
16 Linton, *Cambridgeshire* GB B3
17 Linton, *Kent* GB C3
87 Linum DDR C3
67 Linz A C5
62 Linz D C2
21 Lion-sur-Mer F A5
104 Liónas GR A2
78 Lioni I D2
101 Lióprasо GR B3
100 Lipa GR B2
93 Lipar YU C4
17 Liphook GB C2
87 Lipiany PL B5
71 Lipica YU C3
92 Lipik YU C2
97 Lipkovo YU C3
96 Lipljan YU C3
91 Lipnica-Murowana PL B6
90 Lipnik CS B3
101 Lipokhori GR A4
28 Liposthey F B3
108 Lipova RO C4
95 Lipovac YU A4
92 Lipovljani YU C1
75 Lipovo Polje YU B5
62 Lippborg D B3
62 Lippstadt D B3
91 Liptovská-Lúžna CS C5
91 Liptovská Osada CS C5
91 Liptovská Teplá CS B5
91 Liptovská-Teplička CS C6
91 Liptovský Hrádok CS B5
91 Liptovský-Mikuláš CS B5
90 Lipuvka CS B2
99 Lira GR B5
24 Liré F A3
95 Lisa YU C5
5 Lisbellaw GB B4
38 Lisboa P C1
5 Lisburn GB B5
6 Lisdoonvarna IRL A2
90 Lišeň CS B2
22 Lisieux F B1
14 Liskeard GB C3
29 Lisle-sur-Tarn F C5
7 Lismore IRL B4
96 Lisna YU C4
5 Lisnacree GB B5
5 Lisnaskea GB B4
94 Lišnja YU B2
87 Lisów PL C5
67 Lišoy CS B5
17 Liss GB C2
19 Lisse NL A4
13 Lissett GB A5
22 Lissy F C3
6 Lissycasey IRL B2
57 List DK C1
100 Lista GR B2
59 Listerby S C4
94 Lištica YU C2
6 Listowel IRL B2
28 Listrac-Médoc F A3
91 Liszki PL A5
49 Lit S E7
28 Lit-et-Mixe F B2
91 Litava CS C5
16 Litcham GB B3
90 Litenčice CS B3
102 Lithakiá GR B1
101 Liti GR A4
71 Litija YU B4
91 Litke H C5
50 Litlabø N B2
50 Litlos N A4
101 Litókhoron GR A4
88 Litoměřice CS C4
90 Litomyšl CS B2
91 Litovel CS B3
67 Litschau A C6
8 Little Assynt GB B3
9 Little Ayre GB B5
17 Little Clacton GB C4
8 Little Gruinard GB C3
16 Little Walsingham GB B3
13 Littleborough GB B3
17 Littlehampton GB D2
9 Littlemill, *Highland* GB C5
10 Littlemill, *Strathclyde* GB C3
17 Littlemore GB C1
16 Littleport GB B3
7 Littleton IRL B4
49 Litto SF B10
21 Littry-la-Mine F A5
88 Litvínov CS C3
92 Litzelsdorf A A1
101 Livadherón GR A3
101 Livádhion GR A4
100 Livadhjë AL B2
103 Livádi, *Sérifos* GR B5
101 Livádi, *Thessaloníki* GR A5
98 Livádia, *Sérrai* GR B2
105 Livádia, *Tílos* GR B4
101 Livanátais GR C5
22 Livarot F B1
29 Livernon F B5
79 Liverovici YU B6
12 Liverpool GB B3
69 Livigno I B5
11 Livingston GB C4
94 Livno YU C1
71 Livold YU C4
73 Livorno I C5
72 Livorno Ferraris I A3
31 Livron F B3
23 Livry-sur-Louvercy F B5
64 Lixheim F C3
102 Lixourion GR A1
14 Lizard GB D2
23 Lizy-sur-Ourcq F B4
81 Lizzano I A4
73 Lizzano in Belvedere I B5
96 Ljesane YU C2
95 Ljig YU B5
60 IJlst NL B2
52 Ljørdal N A3
50 Ljosland N C4
96 Ljubata YU C4
98 Ljuben BG A3
94 Ljubija YU B1
79 Ljubinje YU B5
71 Ljubljana YU B4
71 Ljubno YU B4
97 Ljubojno YU E3
58 Ljung S B2
58 Ljungby S C2
59 Ljungbyhed S C2
58 Ljungbyholm S C5
55 Ljungsbro S D1
53 Ljungskile S D2
48 Ljusdal S F8
55 Ljusfallshammar S D1
52 Ljusnarsberg S C5
54 Ljusne S A3
92 Ljutomer YU B1
37 Lladurs E A4
37 Llafranch E B6
37 Llagostera E B5
12 Llanaber GB C1
12 Llanaelhararn GB C1
14 Llanarth GB A3
12 Llanbedr GB C1
12 Llanbedrog GB C1
12 Llanberis GB B1
15 Llanbister GB A4
9 Llanbryde GB C5
14 Llandeilo GB B4
14 Llandgadog GB B4
14 Llandovery GB A4
15 Llandrindod Wells GB A4
20 Llandudec F B1
12 Llandudno GB B2
14 Llandybie GB B3
14 Llandyssul GB A3
14 Llanelli GB B3
12 Llanerchymedd GB B1
34 Llanes E A2
12 Llanfair Caereinion GB C2
12 Llanfair P.G. GB B1
12 Llanfair Talhairn GB B2
12 Llanfairfechan GB B2
15 Llanfihangel-nant-Melan GB A4
12 Llanfyllin GB C2
12 Llangefni GB B1
12 Llangelynin GB C1
12 Llangoed GB B1
12 Llangollen GB C2
12 Llangurig GB C2
12 Llangynog GB C2
15 Llanharan GB B4
12 Llanidloes GB C2
12 Llanilar GB C1
12 Llanilyfni GB B1
101 Llanokládhion GR C4
14 Llanon GB A3
12 Llanrhaedr-ym-Mochnant GB C2
14 Llanrhidian GB B3
14 Llanrhystyd GB A3
12 Llanrwst GB B2
37 Llansá E A6
14 Llanstephan GB B3
35 Llanteno E A3
15 Llantrisant GB B4
15 Llantwit-Major GB B4
12 Llanuwchllyn GB C2
15 Llanvihangel Crucorney GB B5
14 Llanwrda GB B4
15 Llanwrtyd Wells GB A4
14 Llanybyther GB A3
36 Lleida-Lérida E B3
39 Llera E C4
45 Llerena E A3
37 Lles E A4
37 Llesúy E A4
37 Llinás E A4
42 Lliria E B2
37 Llívia F A4
90 Lljezd u. Brna CS B2
35 Llodio E A4
37 Lloret de Mar E B5
42 Llosa de Ranes E B2
43 Lloseta, *Mallorca* E
89 Ll-owa PL B5
43 Lluchmayor, *Mallorca* E
42 Llutxent E C2
12 Llynclys GB C2
15 Llyswen GB A4
47 Lo Pagán E B6
11 Loanhead GB C4
72 Loano I B3
10 Loans GB C3
36 Loarre E A2
89 Löbau DDR B4
19 Lobberich D B6
88 Lobejun DDR B1
63 Lobenstein DDR C6
59 Loberöd S D2
87 Lobez PL B6
87 Löbnitz DDR A3
39 Lobón E C4
88 Loburg DDR A2
68 Locana I C2
68 Locarno CH B3
61 Loccum D C6
10 Lochailort GB B2
10 Lochaline GB B2
69 Lochau A A4
8 Lochboisdale GB C1
8 Lochcarron GB C3
8 Lochearnhead GB B3
19 Lochem NL A6
25 Loches F A5
11 Lochgelly GB B4
10 Lochgilphead GB B2
10 Lochgoilhead GB B3
8 Lochinever GB B3
10 Lochlaggan Hotel GB B3
11 Lochmaben GB C4
8 Lochmaddy GB C1
10 Lochranza GB C2
10 Lochwinnoch GB C3
96 Ločika YU B3
92 Lockenhaus A A1
87 Löcknitz DDR B5
24 Locmaria F A1
24 Locmariaquer F A2
24 Locminé F C3
79 Locorotondo I D4
20 Locquirec F B2
83 Locri I A5
20 Locronan F B1
20 Loctudy F C1
35 Lodares de Osma E C4
59 Löddeköpinge S D2
16 Loddon GB B4
85 Lode I B2
59 Löderup S D3
30 Lodève F C2
73 Lodi I A4
48 Lodingen N B7
35 Lodosa E B4
53 Lödöse S D3
91 Lodygowice PL B5
106 L-ódź PL E6
41 Loeches E B3
48 Loen N F3
19 Loenen NL A6
50 Løfallstrand N A2
70 Lofer A A2
102 Lofos, *Akhaia* GR A3
101 Lófos, *Piería* GR A4
58 Loftahammer S B5
50 Lofthus N A3
13 Loftus GB A5
61 Loga D B4
50 Loga N C3
12 Loggerheads GB C3
69 Lograto I C5
35 Logrono E B4
39 Logrosan E B5
56 Løgstør DK B2
57 Løgumkloster DK C1
57 Lohals DK C3
49 Lohja SF F12
62 Löhlbach D B3
88 Lohmen, *Dresden* DDR C4
86 Lohmen, *Schwerin* DDR B3
62 Löhnberg D C3
61 Lohne D C5
62 Löhne DDR A3
62 Lohra D C3
88 Lohsa DDR B4
73 Loiano I B6
49 Loimaa SF F11
85 Lóiri I B2
21 Loiron F B5
87 Loitz DDR B4
33 Loivos P C3
33 Loivos do Monte P C3
46 Loja E B2
57 Løjt Kirkeby DK C2
71 Loka YU B5
91 Lokca CS B5
52 Løken N C2
19 Lokeren B B3
88 Loket CS C2
48 Lökken N E4
107 Loknya SU B12
62 Lollar D C3
71 Lölling A B4
109 Lom BG E5
88 Lom, *Severočeský* CS C3
91 Lom, *Středoslovensky* CS C5
48 Lom N F4
29 Lombez F C4
72 Lomello I A3
48 Lomen N F4
59 Lomma S D2
88 Lommatzsch DDR B3
19 Lommel B B5
62 Lommersum D C1
90 Lomnice CS B2
67 Lomnice n. Lužnici CS B5
89 Lomnice-n. Popelkou CS C5
107 Lomonosov SU A11
107 L-omža PL D8
58 Lönashult S C3
69 Lonato I C5
57 Lønborg DK C1
19 Londerzeel B B4
22 Londinières F B2
17 London GB C2
5 Londonerry GB B4
8 Londubh GB C3
25 Londun F A5
16 Long Bennington GB B2
17 Long Credon GB C1
16 Long Eaton GB B1
17 Long Hanborough GB C1
17 Long Melford GB B3
12 Long Preston GB A3
16 Long Sutton GB B3
102 Longá, *Messinía* GR C2
101 Longá, *Trikkala* GR B3
102 Longanikos GR B3
70 Longare I C1
36 Longares E B1
70 Longarone I B2
74 Longastrino I B1
15 Longbridge Deveril GB B5
23 Longchamp F C5
27 Longchaumois F B5
27 Longeau F A5
27 Longecourt F A5
64 Longeville, *Moselle* F B2
24 Longeville, *Vendée* F B3
64 Longeville-en-Barrois F C1
5 Longford IRL C4
11 Longforgan GB B4
11 Longhorsley GB C6
11 Longhoughton GB C6
83 Longi I A3
101 Longitsi GR B4
64 Longlier B B1
22 Longny-au-Perche F C1
81 Longobucco I B3
102 Lóngos GR A3
25 Longré F B4
33 Longroiva P D3
9 Longside GB C7
11 Longtown GB C5
25 Longué F A4
22 Longueau F B3
64 Longuyon F B1
27 Longvic F A5
64 Longvilly B A1
64 Longwy F B1
70 Lonigo I C1
61 Löningen D C4
58 Lönneberga S B4
62 Lonneker NL A1
27 Lons-le-Saunier F B5
59 Lönsboda S C3
56 Lønstrup DK A2
14 Looe GB C3
19 Loon op Zand NL B5
18 Loon Plage F C2
90 Loosdorf A C1
75 Lopar YU B4
95 Lopare YU B3
97 Lopatica YU D3
46 Lopera E B2
60 Loppersum D B4
60 Loppersum NL B3
23 Lor F B5
46 Lora de Estepa E B2
45 Lora del Rio E B4
41 Loranca del Campo E B4
47 Lorca E B5
65 Lorch D A3
52 Lørenfallet N B2
51 Lørenskog N B7
64 Lorentzweiler L B2
32 Lorenzana E A3
74 Loreo I A2
74 Loreto I C3
77 Loreto Aprutino I A4
27 Lorette F C4
31 Lorgues F C5
81 Lorica I B3
20 Lorient F C2
25 Lorignac F C4
93 Lörinci H A4
31 Loriol F B3
26 Lormes F A3
74 Loro Ciuffenna I C1
47 Lorqui E A5
68 Lorrach D A2
22 Lorris F D3
61 Lorup D C4
47 Los Alcázares E B6
35 Los Arcos E B4
35 Los Ausines E B3
34 Los Barios de Luna E B1
45 Los Barrios E C4
45 Los Caños de Meca E C3
47 Los Cerricos E B4
34 Los Corrales de Buelna E A2
47 Los Dolores E B6
47 Los Gallardos E B5
41 Los Hinojosos E C4
42 Los Isidros E B1
45 Los Molinos, *Badajóz* E A3
40 Los Molinos, *Madrid* E B2
45 Los Morales E B4
40 Los Navalmorales E C2
40 Los Navalucillos E C2
47 Los Nietos E B6
32 Los Nogales E B3
45 Los Palacios y Villafranca E B4
32 Los Peares E B3
35 Los Rábanos E C4
40 Los Santos E B1
41 Los Santos de la Humosa E B3
39 Los Santos de Maimona E C4
34 Los Tijos E A2
46 Los Villares E B3
40 Los Yébenes E C3
33 Losacino E C4
39 Losar de la Vera E A5
67 Losenstein A D5
64 Losheim D B2
27 Losne F A5
57 Løsning DK C2
65 Loßburg D C4
62 Losser NL A2
9 Lossiemouth GB C5
88 Lößnitz DDR C2
90 Loštice CS B2
14 Lostwithiel GB C3
52 Løten N B2
25 Lothiers F B6
9 Lothmore GB B5
55 Lotorp S D1
62 Lotte D A2
54 Lottefors S A2
85 Lotzorai I C2
20 Louargat F B2
30 Loubaresse F B2
20 Loudéac F B3
101 Loudias GR A4
21 Loué F C5
16 Loughborough GB B1
5 Loughbrickland GB B5
6 Loughrea IRL A3
27 Louhans F B5
4 Louisburgh IRL C2
102 Loukas GR B3
25 Loulay F B4
44 Loulé P B1
88 Louny CS C3
28 Lourdes F C3
38 Loures P C1
29 Loures-Barousse F C4
38 Lourical P A2
38 Lourinha P B1
31 Lourmarin F C4
100 Loúros GR B2
22 Loury F D3
33 Lousa, *Bragança* P C3
38 Lousa, *Coimbra* P A2
38 Lousa, *Lisboa* P C1
32 Lousada E B3
33 Lousada P C2
102 Lousi GR B3
102 Lousika GR A2
13 Louth GB B5
102 Loutra, *Ilía* GR B2
103 Loutra, *Kíthnos* GR B5
101 Loutrá, *Thessaloníki* GR A5
98 Loutrá Eleftherón GR C3
102 Loutra Kilinis GR B2
102 Loutra Kounoupeli GR A2
100 Loutráki, *Aitolía kai Acarnanía* GR C3
103 Loutráki, *Korinthía* GR B3
97 Loutrakion GR E3
101 Loutrapiyi GR B4
103 Loutro Elénis GR B3
100 Loutrón GR C3
99 Loutrós, *Évros* GR C5
101 Loutros, *Imathía* GR A4
21 Louverne F B5
28 Louvie-Juzon F C3
22 Louviers F B2
21 Louvigné-du-Désert F B4
22 Louvres F B3
70 Lova I C2
93 Lovasberény H A3
92 Lovászpatona H A2
90 Lovčice CS C3
109 Lovech BG E6
18 Lovendegem B B3
53 Lovene S D4
19 Lovenich D B6
69 Lóvere I C5
59 Lövestad S D2
91 Lovinobaňa CS C5
49 Lovisa SF F13
79 Loviste YU A4
75 Lovke YU A4
92 Lövö H A1
88 Lovosice CS C4
75 Lovran YU A4
94 Lovred YU C1
93 Lovrin RO C5
54 Lövstabrok S B3
87 Löwenberg DDR C4
65 Löwenstein D B5
16 Lowestoft GB B4
106 L-owicz PL D6
61 Loxstedt D B5
71 Lož YU C4
27 Lozanne F C4
99 Lozarevo BG A5
99 Lozen BG B5
95 Loznica YU B4
90 Lozorno CS C3
40 Lozoya E B3
41 Lozoyuela E B3
70 Lozzo di Cadore I B2
34 Luanco (Gozón) E A1
32 Luarca E A4
89 Lubań PL B5
88 Lubars DDR A2
89 Lubawka PL C5
62 Lübbecke D A3
88 Lübben DDR B3
88 Lübbenau DDR B3
86 Lübbow D C2
8 Lubcroy GB C4
87 Lubczyna PL B5
86 Lübeck D B1
88 Lubenec CS C3
25 Lubersac F C6
86 Lübesse DDR B2
35 Lubia E C4
33 Lubian E B4
87 Lubiatowo PL B6
89 Lubin, *Legnica* PL B6
89 Lubiń, *Leszno* PL B6
87 Lubin, *Szczecin* PL B5
89 Lubin, *Zielona Góra* PL A4
107 Lublin PL E8
108 Lubliniec PL A3
87 Lubmin DDR A4
96 Lubnica YU B4
87 Lubniewice PL C6
89 Lubomierz, *Jelenia Góra* PL B5
91 Lubomierz, *Nowy Secz* PL B6
89 Luboń PL A6
108 Lubovna CS B4
47 Lubrin E B4
89 Lubsko PL B4
86 Lübtheen DDR B2
88 Luby CS C2
86 Lübz DDR B3
30 Luc F B2
31 Luc-en-D F B4
21 Luc-sur-Mer F A5
47 Lucainena de las Torres E B4
7 Lucan IRL A5
95 Lučani YU C5
47 Lúcar E B4
25 Luçay-le-Mâle F A6
73 Lucca I C5
46 Lucena, *Córdoba* E B2
45 Lucena, *Huelva* E B3
42 Lucena del Cid E A2
27 Lucenay-l'Éveque F A4
26 Lucenay-les-Aix F B3
91 Lučenec CS C5
36 Luceni E B1
68 Lucens CH B1
78 Lucera I C2
72 Luceram F C2
86 Lüchow D C2
40 Luciana E D2
88 Lucka DDR B2
88 Luckenwalde DDR A3
107 Lucków PL E8
86 Lückstedt DDR C2
91 Lúčky CS B5
77 Luco dei Marsi I B4
24 Luçon F B3
91 Ludanice CS C4
13 Ludborough GB B5
92 Ludbreg YU B1
62 Lüdenscheid D B2
86 Lüderitz DDR C2
23 Ludes F B5
13 Ludford Magna GB B5
15 Ludgershall GB B6
55 Ludgo S D3
62 Lüdinghausen D B2
12 Ludlow GB C3
59 Ludvigsborg S D2
54 Ludvika S B1
65 Ludwigsburg D C5
88 Ludwigsfelde DDR A3
65 Ludwigshafen D B4
86 Ludwigslust DDR B2
36 Luesia E A1
93 Lug YU C3
107 Luga SU A11
73 Lugagnano Val d'Arda I B4
69 Lugano CH B3
88 Lugau DDR C2
76 Lugnola I A3
27 Lugny F B4
32 Lugo E A3
74 Lugo I B1
108 Lugoj RO D4
34 Lugones E A1
68 Lugrin F B1
46 Lugros E B3
15 Lugwardine GB A5
90 Luhačovice CS B3
66 Luhe D B3
63 Luisenthal DDR C5
46 Lújar Gualchos E C3
90 Luka n. Juhlavou CS B1
67 Lukavec CS B6
94 Lukavica YU B3
71 Lukovica YU B4
109 Lukovit BG E6
75 Lukovo, *Hrvatska* YU B4
97 Lukovo, *Makedonija* YU D2
96 Lukovo, *Srbija* YU B3
75 Lukovo Šugorje YU B5
51 Luksefjell N B6
85 Lula I B2
49 Luleå S D11
109 Lüleburgaz TR F7
61 Lüllau D B6
79 Lumbarda YU B4
36 Lumbier E A1
33 Lumbrales E D4
35 Lumbreras E B4
18 Lumbres F C2
19 Lummen B C5
36 Lumpiaque E B1
54 Lumsheden S B2
75 Lun YU B4
36 Luna E A2
85 Lunamatrona I C1
74 Lunano I C2
97 Lunar AL D2
59 Lund S D2
57 Lunde DK C1
51 Lunde N B6
61 Lunden D A6
52 Lunderseter N B3
57 Lunderskov DK C2
86 Lüneburg D B1
30 Lunel F C3
30 Lunel-Viel F C3
62 Lünen D B2
64 Lunéville F C2
68 Lungern CH B3
80 Lungro I B3
53 Lungsund S C5
107 Luninets SU D10
51 Lunner N A7
19 Lunteren NL A5
30 Lunus F C2
67 Lunz a. See A D6
85 Luogosanto I A2
46 Lupion E A3
88 Luppa DDR B2
46 Luque E B2
69 Lurago d'Erba I C4
85 Lúras I B2
26 Lurcy-Lévis F B2
68 Lure F A1
5 Lurgan GB B5
26 Lury-sur-Arnon F A2
94 Lušci Palanka YU B1
70 Lusévera I B3
97 Lushnje AL E1
25 Lusignan F B5
26 Lusigny F B3
23 Lusigny-sur-Barse F C5
38 Luso P A2
89 Lusówko PL A6
10 Luss GB B3
28 Lussac, *Gironde* F B3
25 Lussac, *Haute-Vienne* F B6
25 Lussac-les-Châteaux F B5
30 Lussan F B3
88 Lußen DDR B3
69 Lustenau A A4
89 Luštěnice CS C4
19 Lustin B C4
70 Lutago (Luttach) I B1
68 Luthern Bad CH A2
86 Lütjenburg D A1
86 Lutjensee D B1
17 Luton GB C2
68 Lutry CH B1
108 Lutsk SU A6
63 Lutter a. Barenberge D B5
64 Lutterbach F D3
16 Lutterworth GB B1
88 Lützen DDR B2
*86 Lutzow DDR B2
64 Luxembourg L B2
64 Luxeuil-les-Bains F D2
28 Luxey F B3
38 Luz, *Évora* P C3
44 Luz, *Faro* P B1
44 Luz, *Faro* P B2
36 Luz-St. Sauveur F A3
22 Luzarches F B3
90 Luže CS B2
29 Luzech F B5
68 Luzern CH A3
90 Lužice CS C3
91 Lužjanky CS C4
26 Luzy F B3
80 Luzzi I B3
108 Lvov SU B6
89 Lwówek Šlaski PL B5
9 Lybster GB B5
87 Lychen DDR B4
59 Lyckeby S C4
49 Lycksele S D9
17 Lydd GB D3
17 Lydden GB C4
15 Lydney GB B5
50 Lykling N B2
15 Lyme Regis GB C5
15 Lymington GB C6
15 Lympstone GB C4
15 Lyndhurst GB C6
15 Lyneham GB B6
51 Lyngdal, *Buskerud* N B6
50 Lyngdal, *Vest-Agder* N C4
51 Lyngnør N C6
14 Lynmouth GB B4
48 Lynseidet N B10
14 Lynton GB B4
27 Lyon F C4
22 Lyons la Forêt F B2
53 Lyrestad S D5
91 Lysá CS B4
89 Lysá n. Labem CS C4
50 Lysebotn N B3
53 Lysekil S D2
90 Lysice CS B2
68 Lyss CH A2
57 Lystrup DK B3
52 Lysvik S B4
12 Lytham St. Annes GB B2
99 Lyubenova Makhala BG A4
99 Lyubimets BG B5
99 Lyulyakovo BG A6

M

6 Maam Cross IRL A2
19 Maarheeze NL B5
49 Maarianhamina SF F10
19 Maarssen NL A5
4 Maas IRL B3
19 Maaseik B B5
19 Maassluis NL B4
19 Maastricht NL C5
13 Mablethorpe GB B6
27 Mably F B4
47 Macael E B4
38 Mação P B2
28 Macau F B3
68 Maccagno I B3
76 Maccarese I B3
77 Macchiagodena I B5
13 Macclesfield GB B3
9 Macduff GB C6
32 Maceda E B3
33 Macedo de Cavaleiros P C4
33 Maceira, *Guarda* P D3
38 Maceira, *Leiria* P B2
71 Macelj YU B5
74 Macerata I C3
74 Macerata Féltria I C2
23 Machault F B5
24 Machecoul F A3
10 Machrihanish GB C2
12 Machynlleth GB C2
33 Macieira P C2
84 Macinaggio F B2
96 Mačkatica YU C4
63 Mackenrode DDR B5
71 Mackovei YU B6
85 Macomer I B1
23 Macon B A5
27 Mâcon F B4
5 Macosquin GB A5
68 Macot F C1
40 Macotera E B1
6 Macroom IRL C3
68 Macugnaga I C2
75 Macure YU B5
99 Madan BG B3
53 Madängsholm S D4
93 Madaras H B4
77 Maddaloni I B5
19 Made NL B4
69 Maderno I C5
35 Maderuelo E C3
93 Madocsa H B3
69 Madonna do Campiglio I B5
41 Madrid E B3
41 Madridejos E C3
40 Madrigal de la Vera E B1
40 Madrigal de las Altas Torres E A1
34 Madrigalejo, *Burgos* E B3
39 Madrigalejo, *Cáceres* E B5
35 Madriguera E C3
41 Madrigueras E C5
39 Madroñera E B5
90 Madunice CS C3
20 Mael-Carhaix F B2
36 Maella E B3
40 Maello E B2
14 Maesteg GB B4
35 Maestu E B4
38 Mafra P C1
39 Magacela E C5
35 Magallon E C5
43 Magalluf, *Mallorca* E
40 Magán E C3
35 Magaña E C4
69 Magasa I C5
63 Magdeburg DDR A6
69 Magenta I C3
28 Magescq F C2
5 Maghera GB B5
5 Magherafelt GB B5
12 Maghull GB B3
74 Magione I C2
94 Maglaj YU B3
59 Maglehem S D3
77 Magliano de Marsi I A4
76 Magliano in Toscana I A2
76 Magliano Sabina I A3
93 Maglić YU C4
81 Máglie I A5
93 Maglód H A4
25 Magnac-Bourg F C6
25 Magnac Laval F B6
64 Magnieres F C2
52 Magnor N C3
26 Magny-Cours F B3
22 Magny-en-Vexin F B2
92 Mágocs H B3
15 Magor GB B5
103 Magoúla GR A4
38 Magoute P C1
39 Maguilla E C5
5 Maguiresbridge GB B4
96 Magura YU C3
92 Magyarkeszi H B3
92 Magyarszék H B3
79 Mahala YU B6
33 Mahide E C4
43 Mahón, *Menorca* E
41 Mahora E C5
92 Mahovo YU C1
66 Mähring D B3
33 Maia P C2
68 Maiche F A1
80 Maida I C3
15 Maiden Newton GB C5
17 Maidenhead GB C2
64 Maidières F C2
17 Maidstone GB C3
69 Maienfeld CH A4
22 Maignelay F B3
25 Maillezais F B4
23 Mailly-le-Camp F C5
26 Mailly-le-Château F A3
36 Mainar E B1
66 Mainberheim D B1
66 Mainburg D C2
65 Mainhardt D B5
66 Mainleus D A2
22 Maintenon F C2
65 Mainz D A4
38 Maiorca P A2
45 Mairena del Alcor E B4
66 Maisach D C2
70 Maishofen A A2
23 Maison-Celle F B5
23 Maison-Rouge F C4
90 Maißau A C1
22 Maisse F C3
66 Maitenbeth D C3
64 Maizières-le-Vic F C2
64 Maizières-les-Moselles F B2
40 Majadahonda E B3
39 Majadas E B5
41 Majaelrayo E A3
48 Majavatn N D6
90 Majcichov CS C3
93 Majs H C3
94 Makarska YU C2
102 Makhairádhon GR B1
100 Makherás GR C3
60 Makkum NL B2
91 Maklár H D6
93 Makó H B5
71 Makole YU B5
91 Makov CS B4
96 Makovac YU C3
97 Makovo YU D3
91 Maków-Podhal PL B5
101 Makrakomi GR C4
99 Mákri GR C4
101 Makrikhóri GR B4
101 Makrikhórion GR A4
101 Makrirrákhi GR B4
102 Makrisia GR B2
105 Makriyialos, *Kriti* GR
101 Makriyialos, *Piería* GR A4
100 Makrokhórion GR A3
93 Mala Bosna YU B4
92 Mala Bukovec YU B1
75 Mala Cista YU C5
75 Mala Kladusa YU A5
91 Malá Lehota CS C4
93 Mala Pijace YU B4
96 Mala Plana YU B3
92 Mala Subotica YU B1
90 Malacky CS C3
46 Málaga E C2
40 Malagón E C3
41 Malaguilla E B3
7 Malahide IRL A5
103 Malakása GR A4
100 Malakási GR B3
74 Malalbergo I B1
102 Malandrinon GR A3
31 Malaucène F B4
22 Malaunay F B2
70 Malborghetto I B3
106 Malbork PL C6
64 Malborn D B2
30 Malbouzon F B2
27 Malbuisson F B6
69 Malbun FL A4
96 Malča YU B4
69 Malcesine I C5
87 Malchin DDR B3
67 Malching D C4
86 Malchow DDR B3
45 Malcocinade E A4
89 Malczyce PL B6
18 Maldegem B B3
17 Maldon GB C3
69 Malé I B5
104 Máleme, *Kriti* GR
29 Malemort F A5
86 Malente D A1
58 Malerås S C4
104 Máles, *Kriti* GR
68 Malesco I B3
22 Malesherbes F C3
101 Malesina GR C5
20 Malestroit F C3
83 Maletto I B3
99 Malevo BG B4
37 Malgrat E B5
33 Malhadas P C4
93 Mali Idoš YU C4
75 Mali Lošinj YU B4
104 Mália, *Kriti* GR
21 Malicorne-sur-Sarthe F C5
23 Maligny F D4
31 Malijal F B5
58 Målilla kyrkby S B4
58 Målilla station S B4
5 Malin IRL A4
4 Malin More IRL B3
91 Málinec CS C5
53 Malingsbo S C1
75 Malinska YU A4
100 Maliq AL A2
75 Maljevac YU A5
99 Malkara TR C5
99 Malki Iswor BG B4
99 Malko Gradishte BG B4
109 Malko Tarnovo BG E7
10 Mallaig GB B2
35 Mallén E C5
66 Mallersdorf D C3
69 Málles Venosta (Mals) I B5
57 Malling DK B3
70 Mallnitz A A3
55 Mallösa S C2
6 Mallow IRL B3
12 Mallwyd GB C2
58 Malmback S B3
49 Malmberget S C10
19 Malmédy B C5
15 Malmesbury GB B5
55 Malmköping S C2
59 Malmö S D1
53 Malmon S D2
55 Malmslätt S D1
69 Malnate I C3
70 Malo I C1
98 Malo Konare BG A3
97 Malo Konjari YU D3
18 Malo-les-Bains F B2
69 Maloja CH B4
89 Malomico PL B5
96 Malošište YU B3
48 Måloy N F2
39 Malpartida de Cáceres E B4
39 Malpartida de la Serena E C5
39 Malpartida de Plasencia E B4
36 Malpas E A3
12 Malpas GB B3
32 Malpica, *Coruña* E A2
40 Malpica, *Toledo* E C2
38 Malpica P B3
65 Malsch D C4
67 Malšice CS B5
70 Malta A B3
26 Maltat F B3
13 Maltby GB B4
68 Malters CH A3
13 Malton GB A5
52 Malung S B4
52 Malungsfors S B4
89 Maluszów PL A5
69 Malvaglia CH B3
38 Malveira, *Lisboa* P C1
38 Malveira, *Lisboa* P C1
15 Malvern Wells GB A5
38 Mamarrosa P A2
22 Mamers F C1
66 Mammendorf D C2
83 Mámmola I A5
85 Mamoiada I B2
97 Mamurras AL D1
102 Mána, *Korinthía* GR B3
104 Mana, *Síros* GR A1
43 Manacor, *Mallorca* E
78 Manacore I C3
99 Manastir BG B3
40 Mancera de Abajo E B1
46 Mancha Real E B3
13 Manchester GB B3
66 Manching D C2
39 Manchita E C4
76 Manciano I A2
64 Mancieulles F B1
28 Manclet F C4
50 Mandal N C4
83 Mandanici I B4
85 Mándas I C2
101 Mandasiá GR B4
81 Mandatoriccio I B3
41 Mandayona E B4
69 Mandello d'Lario I C4
61 Mandelsloh D C6
19 Manderfeld B C6
62 Manderscheid D A2
101 Mandoúdhion GR C5
103 Mándra, *Attikí* GR A4
99 Mándra, *Xánthi* GR C4
105 Mandrákhi GR B4
99 Mandritsa BG B5
81 Mandúria I A4
31 Mane, *Alpes-de-Haute-Provence* F C4
29 Mane, *Haute-Garonne* F C4
73 Manérbio I A5
35 Mañeru E B5
67 Manetin CS B4
78 Manfredónia I C2
104 Manganári GR B2
34 Manganeses de la Lampreana E C1
34 Manganeses de la Polvorosa E B1
104 Manganitis GR A3
52 Mangen N C2
64 Mangiennes F B1
15 Mangotsfield GB B5
52 Mångsoodarna S A4
33 Mangualde P D3
99 Máni GR B5
70 Maniago I B2
103 Manika GR A4
45 Manilva E C4
91 Maniowy PL B6
109 Manisa TR G7
42 Manises E B2
90 Mank A C1
54 Månkarbo S B3
37 Manlleu E A5
68 Männedorf CH A3
90 Mannersdorf a. Leithageb. A D2
65 Mannheim D B4
17 Manningtree GB C4
28 Mano F B3
102 Manolás GR A2
4 Manorhamilton IRL B3
31 Manosque F C4
37 Manresa E B4
37 Manresana E B4
58 Månsarp S B3
63 Mansfeld DDR B6
13 Mansfield GB B4
13 Mansfield Woodhouse GB B4
34 Mansilla de Burgos E B3
34 Mansilla de las Mulas E B1
52 Manskog S C3
25 Mansle F C5
84 Manso F B1
48 Manstuen N F4
49 Mäntaa SF E12
38 Manteigas P A3
66 Mantel D B3
22 Mantes-la-Jolie F B2
22 Mantes-la-Ville F C2
25 Manthelan F A5
55 Mantorp S D1
73 Mántova I A5
49 Mäntsälä SF F12
42 Manuel E B2
27 Manurolle F A6
33 Manzanal de Arriba E B4
41 Manzanares, *Ciudad Real* E C3
40 Manzanares, *Madrid* E B3
34 Manzaneda, *Burgos* E B3
32 Manzaneda, *León* E B4
32 Manzaneda, *Orense* E B3
40 Manzaneque E C3
42 Manzanera E A2
45 Manzanilla E B3
26 Manzat F C2
76 Manziana I A3
27 Manziat F B4
95 Maoča YU B3
94 Maovice YU C1
97 Maqellarë AL D2
35 Mara E C5
46 Maracena E B3
34 Maraña E A1
41 Maranchón E A4
100 Marandokhóri GR C2
73 Maranello I B5
77 Marano I C5
70 Marano Lagunare I C3
24 Marans F B4
80 Maratea I B2
38 Marateca P C2
101 Marathéa GR B4
105 Marathókambos GR A3
103 Marathon GR A4
102 Marathópolis GR B2
100 Márathos GR B3
14 Marazion GB C2
65 Marbach, *Baden-Württemberg* D C5
63 Marbach, *Hessen* D C4
64 Marbach F C2
58 Marbäck S B2
46 Marbella E C2
27 Marboz F B5
51 Mårbu N A5
62 Marburg D C3
92 Marcali H B2
75 Marcaña YU B3
73 Marcaria I A5
91 Marcelová CS D4
30 Marcenat F A1
16 March GB B3
41 Marchamalo E B3
27 Marchaux F A6
19 Marche-en-Famenne B C5
90 Marchegg A C2
45 Marchena E B4
22 Marchenoir F D2
28 Marcheprime F B3
18 Marchiennes F C3
29 Marciac F C4
84 Marciana Marina I B3
77 Marcianise I B5
27 Marcigny F B4
35 Marcilla E B5
29 Marcillac-la-Croisille F A6
30 Marcillac-vallon F B1
26 Marcillat-en-Combraille F B2
23 Marcille-sur-Seine F C4
27 Marcilly F C4
23 Marcilly-le-Hayer F C4
89 Marciszów PL C6
18 Marck F C1
64 Marckolsheim F C3
33 Marco de Canevezes P C2
23 Marcoing F A4
22 Mardie F D3
13 Mareham le Fen GB B5
24 Marennes F C3
17 Maresfield GB D3
18 Maresquel F C1
25 Mareuil F C5
26 Mareuil-sur-Arnon F B2
23 Mareuil-sur-Ourcq F B4
100 Margarition GR B2
17 Margate GB C4
28 Margaux F A3
23 Margerie-Hancourt F C5
31 Margès F A4
78 Margherita di Savóia I C3
23 Margny F B3
72 Margone I A2
23 Marguf F B6
47 Maria E B4
71 Maria Gail A B3
71 Maria Lankowitz Edelschrott A A5
90 Maria Lanzendorf A C2
67 Maria Neustift A D5
71 Maria Saal A B4
56 Mariager DK B2
41 Mariana E B4
58 Mariannelund S B4
82 Marianópoli I B2
66 Mariánské Lázně CS B3
70 Mariapfarr A A3
90 Mariazell A D1
57 Maribo DK D4
71 Maribor YU B5
55 Marieberg S C1
55 Mariedamm S D1
55 Mariefred S C3
49 Mariehamn SF F10
59 Marieholm S D2
19 Marienbaum D B6
88 Marienberg DDR C3
23 Marienbourg B A5
62 Marienheide D B2
27 Mariens F C6
53 Mariestad S D4
48 Marifjöra N F3
77 Marigliano I C5
31 Marignane F C4
27 Marigny, *Jura* F B5
21 Marigny, *Manche* F A4
23 Marigny le Châtel F C4
92 Marija Bistrica YU B1
98 Marikostinovo BG B2
32 Marin E B2
101 Marina GR A4
37 Marina de Cambrils E B4
80 Marina di Acquappesa I B2
76 Marina di Alberese I A2
81 Marina di Amendolara I B3
72 Marina di Andora I C3
85 Marina di Árbus I C1
80 Marina di Camerota I B2
84 Marina di Campo I B3
73 Marina di Carrara I B5
73 Marina di Castagneto Donorático I C5
81 Marina di Castellaneta I A3
73 Marina di Cécina I C5
85 Marina di Gáiro I C2
81 Marina di Ginosa I A3
83 Marina di Gioiosa Iónica I A5
76 Marina di Grosseto I A1
73 Marina di Massa I B5
81 Marina di Nováglie I B5
73 Marina di Pisa I C5
83 Marina di Ragusa I C3
74 Marina di Ravenna I B2
76 Marina di Tarquinia I A2
85 Marina di Torre Grande I C1
74 Marina Romea I B2
45 Marinaleda E B5
84 Marine de Sisco F B2
82 Marinella I B1
82 Marineo I B2
22 Marines F B2
64 Maring-Noviand D B2
26 Maringues F C3
38 Marinha das Ondas P A2
38 Marinha Grande P B2
33 Marinhas P C2
76 Marino I B3
99 Maritsa BG A4
105 Maritsá GR B5
40 Marjaliza E C3
88 Märk. Buchholz DDR A3
59 Markaryd S C2
100 Markat AL B2
91 Markaz H D6
69 Markdorf D A4
19 Markelo NL A6
13 Market Bosworth GB C4
16 Market Deeping GB B2
12 Market Drayton GB C3
16 Market Harborough GB B2
13 Market Rasen GB B5
13 Market Weighton GB B5
5 Markethill GB B5
16 Markfield GB B1
61 Markhausen D C4
11 Markinch GB B4
88 Markkleeberg DDR B2
61 Marklohe D C6
60 Marknesse NL C2
88 Markneukirchen DDR C2
63 Markoldendorf D B4
103 Markópoulon GR B4
89 Markosice PL B4
88 Markranstädt DDR B2
17 Marks Tey GB C3
63 Marksuhl DDR C5
71 Markt Allhau A A6
66 Markt Erlbach D B1
66 Markt Indersdorft D C2
66 Markt Rettenbach D D1
66 Markt Schwaben D C2
67 Markt St. Florian A C5
65 Marktbreit D B6
65 Marktheidenfeld D B5
88 Marktleuthen D C2
69 Marktoberdorf D A5
66 Marktredwitz D A3
93 Markusica YU C3
62 Marl D B2
15 Marlborough GB B6
23 Marle F B4
30 Marlhes F A3
27 Marlieux F B5
86 Marlow DDR A3
17 Marlow GB C2
54 Marma S B3
27 Marmagne F B4
29 Marmande F B4
100 Mármara GR B2
103 Marmári GR A5
105 Marmaris TR B5
54 Marmaverken S A2
44 Marmelete P B1
46 Marmolejo E A2
64 Marmoutier F C3
27 Marnay F A5
61 Marne D B6
65 Marnheim D B4
15 Marnhull GB C5
86 Marnitz DDR B2
63 Maroldsweisach D C5
22 Marolles-les-Braults F C1
22 Maromme F B2
69 Marone I C5
99 Marónia GR C4
93 Maroslele H B5
70 Maróstica I C1
74 Marotta I C3
104 Márpissa GR A2
35 Marquina E A4
18 Marquion F C3
18 Marquise F C1
74 Marradi I B1
60 Marrum NL B2
40 Marrupe E B2
64 Mars F B1
29 Marsac F C6
26 Marsac-en-Livradois F C3
73 Marságlia I B4
82 Marsala I B1
76 Marsciano I A3
30 Marseillan F C2
31 Marseille F C4
22 Marseille en Beauvaisis F B2
77 Marsic I A4
80 Mársico Nuovo I A2
13 Marske by the Sea GB A4
23 Marson F C5
64 Marspich F B2
55 Marsta S C3
57 Marstal DK D3
56 Marstrand S A4
76 Marta I A2
81 Martano I A5
29 Martel F B5
64 Martelange B B1
61 Martfeld D C6
93 Martfü H A5
16 Martham GB B4
25 Marthon F C5
39 Martiago E A4
25 Martigné-Briand F A4
21 Martigné-Ferchaud F C4
64 Martigny-les-Bains F C1
68 Martigny-Ville CH B2
31 Martigues F C4
28 Martillac F B3
44 Martim-Longo P B2
91 Martin CS B4
13 Martin GB B5
46 Martin de la Sara E B2
40 Martin Muñoz de las Posadas E A2
69 Martina CH B5
79 Martina Franca I D4
40 Martinamor E B1
23 Martincourt-sur-Meuse F B6
69 Martinengo I C4
103 Martinon GR A4
67 Martinsberg A C6
75 Martinšcica YU B4
64 Martinshöhe D B3
77 Martinsicuro I A4
69 Martinszell D A5
85 Martis I B1
15 Martock GB C5
57 Martofte DK C3
93 Martonvásár H A3
37 Martorell E B4
46 Martos E B3
91 Martovce CS D4
29 Martres Tolosane F C4
40 Marugán E B2
81 Marúggio I A4
38 Marvão P B3
30 Marvejols F B2
64 Marville F B1
87 Marxwalde DDR C5
11 Marykirk GB B5
12 Maryport GB A2
11 Marywell GB B5
92 Marz A A1
73 Marzabotto I B6
88 Marzahna DDR B2
86 Marzahne DDR C3
83 Marzamemi I C4
74 Marzocca I C3
36 Mas de Barberáns E C3
36 Mas de las Matas E C2
42 Masanasa E B2
83 Máscali I B4
40 Mascaraque E C3
33 Mascarenhas P C3
61 Maschen D B7
77 Mascioni I A4
47 Masegoso E A4
41 Masegoso de Tajuña E B4
68 Masera I B3
64 Masevaux F D2
13 Masham GB A4
62 Masholte D B3
32 Maside E B2
28 Maslacq F C3
94 Maslovare YU B2
37 Masnou E B5
72 Masone I B3
90 Masonmagyaróvár H D3
73 Massa I B5
74 Massa Fiscáglia I B2
74 Massa Lombarda I B1
73 Massa Marittima I C5
76 Massa Martana I A3
81 Massafra I A4
42 Massamagrell E B2
37 Massanet de Cabrenys E A5
73 Massarosa I C5
37 Massat F A4
26 Massay F A2
63 Maßbach D C5
25 Masseret F C6
29 Masseube F C4
30 Massiac F A2
66 Massing D C3
105 Mastikhari GR B4
85 Masúa I C1
33 Masueco E C4
71 Masun YU C4
97 Mašutište YU C2
87 Maszewo, *Szczecin* PL B6
89 Maszewo, *Zielona Góra* PL A4
39 Mata de Alcántara E B4
104 Mátala, *Kriti* GR
35 Matalebreras E C4
34 Matallana E B1
35 Matamala E C4
34 Mataporquera E B2
34 Matapozuelos E C2
102 Mataránga, *Aitolía kai Acarnanía* GR A2
102 Mataránga, *Akhaia* GR A2
101 Mataránga, *Kardhítsa* GR B4
37 Mataró E B5
45 Matarredonda E B5
95 Mataruge YU C4
95 Mataruška Banja YU C5
97 Matejče YU C3
74 Matelica I C3
78 Matera I D3
96 Matesevo YU C1
108 Matészalka H C5
42 Matet E B2
25 Matha F C4
68 Mathay F A1
14 Mathry GB B2
20 Matignon F B3
23 Matigny F B4
40 Matilla de los Caños del Rio E B1
97 Matka YU D3
13 Matlock GB B4
100 Matonéri GR B3
33 Matosinhos P C2
27 Matour F B4
91 Mátraderecske H D6
91 Mátranovák H C6
91 Matraverebely H D5
70 Matrei am Brenner A A1
70 Matrei in Osttirol A A2
77 Matrice I B5
69 Mattarello I B6
90 Mattersburg A D2
67 Mattighofen A C4
78 Mattinata I C3
38 Mattos P B2
67 Mattsee A D4
54 Mattsmyra S A1
66 Matzing D D3
23 Maubert-Fontaine F B5
19 Maubeuge F C3
28 Maubourguet F C4
10 Mauchline GB C3
9 Maud GB C6
90 Mauerbach A C2
67 Mauerkirchen A C4
66 Mauern D C2
30 Mauguio F C3
65 Maulbronn D B4
22 Maule F C2
25 Mauléon F B4
28 Mauleon-Licharre F C3
25 Maulévrier F A4
4 Maum IRL C2
70 Maurach A A1
30 Maureilhan F C2
30 Mauriac F A1
72 Maurin Maljasset I B1
20 Mauron F B3
29 Maurs F B6
37 Maury F A5
31 Maussane F C3
90 Mautern A C1
71 Mautern i. Steiermark A A4
70 Mauterndorf A A3
67 Mauthausen A C5
70 Mauthen A B2
29 Mauvezin F C4
25 Mauzé-sur-le-Mignon F B4
101 Mavréli GR B3
100 Mavrokhóri GR A3
99 Mavrokklisi GR B5
101 Mavromáta GR B3
102 Mavrommati GR B2
101 Mavronéri GR A4
101 Mavrothálassa GR A5
101 Mavroúdha GR A5
100 Mavrovë AL A1
97 Mavrovi Hanovi YU D2
97 Mavrovo YU D2
102 Mavrovoúnion GR C3
21 Maxent F C3
64 Maxey-sur-Vaise F C1
66 Maxhütte-Haidhof D B3
38 Maxial P B1
38 Maxieira P B2
11 Maxwellheugh GB C5
35 Maya E A5
34 Mayaide E C1
36 Mayals E B3
10 Maybole GB C3
62 Mayen D C2
61 Mayenburg D B5
21 Mayenne F B5
22 Mayet F D1
13 Mayfield, *Staffordshire* GB B4
17 Mayfield, *Sussex* GB C3
7 Maynooth IRL A5
34 Mayorga E B1
30 Mayres F B3
70 Mayrhofen A A1
62 Mayschoß D C2
34 Maza E B3
45 Mazagón E B3
36 Mazaleón E B3
30 Mazamet F C1
31 Mazan F B4
82 Mazara del Vallo I B1
102 Mazaraki GR A2
100 Mazarakiá GR B2
40 Mazarambroz E C2
41 Mazarete E B4
32 Mazaricos E B2
47 Mazarrón E B5
26 Mazaye F C2
107 Mažeikiai SU B8
29 Mazères, *Ariège* F C5
29 Mazères, *Haute-Garonne* F C4
30 Mazet F A3
25 Mazières-en-Gâtine F B4
75 Mazin YU B5
107 Mazirbe SU B8
34 Mazuelo E B3
82 Mazzarino I B3
83 Mazzarrà S. Andrea I A4
69 Mazzo do Valtellina I B5
38 Mealhada P A2
85 Meana Sardo I C2
13 Measham GB C4
19 Measniel NL B6
26 Meaulne F B2
23 Meaux F C3
51 Mebo N C4
35 Mecerreyes E B3

*49 Luvozero SU F14

19 Mechelen B B4
19 Mechernich D C6
63 Mechterstädt DDR C5
99 Mecidiye TR C5
46 Mecina-Bombarón E C3
69 Meckenbeuren D A4
65 Meckenheim D B4
65 Meckesheim D B4
93 Mecseknádasd H B3
69 Meda I C4
33 Meda P D3
75 Medak YU B5
72 Mede I A3
62 Medebach D B3
39 Medelim P A3
60 Medemblik NL C2
73 Medesano I B5
53 Medevi S D5
36 Mediano E A3
108 Mediaş RO C6
74 Medicina I B1
39 Medina de las Torres E C4
35 Medina de Pomar E B3
34 Medina de Rioseco E C1
34 Medina del Campo E C2
45 Medina-Sidonia E C4
41 Medinaceli E A4
40 Medinilla E B1
75 Medulin YU B3
70 Meduno I B2
96 Medveđa, *Srbija* YU B3
96 Medveđa, *Srbija* YU C3
75 Medvide YU B5
71 Medvode YU B4
108 Medyka SU B5
97 Medžitlija YU E3
19 Meechelen-aan-de-Maas B C5
88 Meerane DDR C2
19 Meerhout B B5
19 Meerkerk NL B5
19 Meerle B B4
69 Meersburg D A4
19 Meerssen NL C5
19 Meeuwen B B5
101 Meg Khoriá GR C3
99 Mega Dhérion GR B5
99 Mega Dhoukáton GR B4
101 Megála Kalivia GR B3
101 Megáli Panayiá GR A5
98 Mégáli Sterna GR B1
105 Megalokheri GR B4
102 Megalópolis GR B3
103 Mégara GR A4
100 Megárkhi, *Árta* GR B3
100 Megárkhi, *Trikkala* GR B3
68 Megève F C1
67 Meggenhofen A C4
63 Mehlis DDR C5
26 Mehun-sur-Vèvre F A2
11 Meigle GB B4
19 Meijel NL B5
68 Meilen CH A3
28 Meilhan F C3
39 Meimöa P A3
68 Meina I C3
63 Meine D A5
86 Meinersen D C1
62 Meinerzhagen D B2
63 Meiningen DDR C5
32 Meira E A3
68 Meirihgen CH B3
88 Meißen DDR B3
66 Meitingen D C1
64 Meix-devant-Virton B B1
70 Mel I B2
73 Melagnano I A4
104 Melámbes, *Kriti* GR
100 Melánthio GR A3
100 Melás GR A3
86 Melbeck D B1
17 Melbourn GB B3
16 Melbourne GB B1
90 Melč CS B3
74 Méldola I B2
61 Meldorf D A6
93 Melenci YU C5
81 Melendugno I A5
78 Melfi I C2
33 Melgaco P B2
34 Melgar de Arriba E B1
34 Melgar de Fernamental E B2
34 Melgar de Yuso E B2
48 Melhus N E5
101 Melia GR B4
42 Meliana E B2
69 Melide CH C3
32 Melide E B2
44 Melides P A1
104 Melidhóni, *Kriti* GR
102 Meligala GR B2
101 Meliki GR A4
83 Melilli I B4
75 Melinovac YU B5
85 Melisenda I C2
64 Melisey F D2
103 Melisi GR A3
100 Melisópetra GR A2
102 Mélissa GR B2
100 Meliti GR A3
102 Melitini GR C3
83 Mélito di Porto Salvo I B4
101 Melivoia GR B4
90 Melk A C1
15 Melksham GB B5
48 Mellansjö S E7
18 Melle B B3
62 Melle D A3
25 Melle F B4
53 Mellerud S D3
86 Mellin DDR C1
63 Mellrichstadt D C5
12 Melmerby GB A3
98 Melnik BG B2
88 Mělník CS C4
32 Melón E B2
11 Melrose GB C5
69 Mels CH A4
64 Melsenheim D B3
9 Melsetter GB B5
63 Melsungen D B4
16 Melton Constable GB B4
16 Melton Mowbray GB B2
22 Melun F C3
8 Melvaig GB C3
9 Melvich GB B5
93 Mélykút H B4
69 Melzo I C4
100 Memaliaj AL A1
41 Membrilla E D3
39 Membrio E B3
29 Memer F B5
66 Memmelsdorf D B1
65 Memmingen D D6
38 Memoria P B2
69 Menággio I B4
25 Menars F A6
40 Menasalbas E C2
26 Menat F B2
35 Mendavia E B4
35 Mendaza E B4
30 Mende F B2
93 Mende H A4
62 Menden D B2
101 Mendenitsa GR C4
23 Mendeuil F B4
38 Mendiga P B2
69 Mendrisio CH C3
20 Ménéac F B3
18 Menen B C3
26 Meneton-Salon F A2
82 Menfi I B1
92 Ménföcsanak H A2
40 Mengamuñoz E B2
65 Mengen D C5
62 Mengeringhausen D B3
71 Menges YU B4
46 Mengibar E B3
66 Mengkofen D C3
100 Menidi GR B3
31 Mens F B4
61 Menslage D C4
76 Mentana I A3
63 Menteroda DDR B5
72 Menton F C2
40 Méntrida E B2
17 Meopham GB C3
31 Méounes-les-Montrieux F C4
60 Meppel NL C3
60 Meppen D C4
36 Mequinenza E B3
25 Mer F A6
32 Mera, *Coruña* E A2
32 Mera, *Coruña* E A3
69 Merano (Meran) I B6
69 Merate I C4
19 Merbes-le-Château B C4
43 Mercadal, *Menorca* E
74 Mercatale I C2
74 Mercatino Conca I C2
74 Mercato Saraceno I C2
77 Mercato Severino I C5
66 Merching D C1
19 Merchtem B C4
27 Mercurey F B4
20 Merdrignac F B3
34 Meré E A2
15 Mere GB B5
22 Meréville F C3
62 Merfeld D B2
99 Merichleri BG A4
39 Mérida E C4
28 Merignac F B3
103 Merikhas GR B5
90 Meřin CS B1
66 Mering D C1
18 Merkem B C2
66 Merkendorf D B1
9 Merkland Lodge GB B4
67 Merklin CS B4
65 Merklingen D C4
19 Merksplas B B4
19 Merkstein NL C6
18 Merlimont Plage F C1
57 Mern DK C5
102 Merópi GR B3
96 Merošina YU B3
22 Mers-les-Bains F A2
64 Mersch L B2
88 Merseburg DDR B1
15 Merthyr Tydfil GB B4
66 Mertingen D C1
44 Mertola P B2
17 Merton GB C2
64 Mertzwiller F C3
22 Méru F B3
33 Merufe P B2
27 Mervans F B5
18 Merville F C2
23 Méry-sur-Seine F C4
64 Merzig D B2
97 Mes AL C1
81 Mesagne I A4
103 Mesagros GR B4
105 Mesanagrós GR B4
33 Mesão Frio P C3
39 Mesas de Ibor E B5
62 Meschede D B3
24 Meschers-sur-Gironde F C4
97 Mešeišta YU D2
101 Mesenikólas GR B3
21 Meslay-du-Maine F C5
52 Mesnalien N A1
69 Mesocco CH B4
100 Mesokhóra GR B3
100 Mesokhóri GR A3
74 Mésola I B2
102 Mesolóngion GR A2
100 Mesópirogos GR B3
100 Mesopotamia GR A3
81 Mesoraca I B3
97 Mesquetë AL D1
21 Messac F C4
64 Messancy B B1
22 Messas F D2
86 Meßdorf DDR C2
21 Messei F B5
44 Messejana P B1
83 Messina I A4
13 Messingham GB B5
102 Messini GR B3
65 Meßkirch D D5
65 Meßstetten D C4
46 Mestanza E A2
89 Městec Králové CS C5
86 Mestlin DDR B2
90 Město Libavá CS B3
67 Město Touškov CS B4
70 Mestre I C2
62 Mesum D A2
77 Meta I C5
98 Metallikón GR B1
103 Metamórfosi GR C3
98 Metamorfosis GR B1
101 Metaxás GR A3
62 Metelen D A2
103 Méthana GR B4
13 Metheringham GB B5
11 Methil GB B5
9 Methlick GB C6
102 Methón GR C2
101 Methóni GR A4
11 Methven GB B4
16 Methwold GB B3
94 Metkovic YU C2
71 Metlika YU C5
71 Metnitz A B4
103 Metohion GR B4
102 Metókhi, *Akhaia* GR A2
103 Metókhi, *Argolis* GR B3
96 Metovnica YU B4
60 Metslawier NL B3
100 Métsovon GR B3
67 Metten D C3
64 Mettendorf D B2
19 Mettet B C4
64 Mettlach D B2
68 Mettlen CH B2
62 Mettmann D B1
64 Metz F B2
64 Metzervisse F B2
65 Metzingen D C5
22 Meulan F B2
18 Meulebeke B C3
22 Meung-sur-Loire F D2
88 Meuselwitz DDR B2
25 Meuzac F C6
14 Mevagissey GB C3
13 Mexborough GB B4
27 Meximieux F C5
9 Mey GB B5
86 Meyenburg DDR B3
26 Meymac F C2
31 Meyrargues F C4
31 Meyronnes F B5
30 Meyrueis F B2
29 Meyssac F A5
31 Meysse F B3
27 Meyzieux F C4
102 Mézapos GR C3
30 Mèze F C2
27 Mézériat F B5
21 Mézidon F A5
25 Mézières-en-Brenne F B6
25 Mézières-sur-Issoire F B5
26 Mézilles F A3
29 Mézin F B4
92 Mezöcsokonya H B2
93 Mezöfalva H B3
92 Mezökomárom H B3
108 Mezökövesd H C4
92 Mezöörs H A2
28 Mézos F B2
92 Mezöszentgyörgy H B3
93 Mezöszilas H B3
93 Mezötárkány H A5
93 Mezötúr H A5
36 Mezquita de Jarque E C2
74 Mezzano, *Emilia Romagna* I B2
70 Mezzano, *Trentino Alto Adige* I B1
82 Mezzoiuso I B2
69 Mezzoldo I B4
69 Mezzolombardo I B6
39 Miajadas E B5
106 Miastko PL C5
108 Michalovce CS B4
63 Michelau, *Bayern* D C6
66 Michelau, *Bayern* D B1
65 Michelbach D B6
67 Micheldorf A D5
90 Michelhausen A C1
66 Michelsneukirchen D B3
65 Michelstadt D B5
88 Michendorf DDR A3
109 Michurin BG E7
15 Mickleton GB A6
8 Mid Yell, *Shetland Is.* GB
18 Middelburg N B3
57 Middelfart DK C2
19 Middelharnis NL B4
18 Middelkerke B B2
60 Middelstum NL B3
13 Middleham GB A4
15 Middlemarsh GB C5
13 Middlesbrough GB A4
16 Middleton, *Norfolk* GB B3
10 Middleton, *Tiree* GB B1
17 Middleton Cheney GB B1
13 Middleton in Teesdale GB A3
13 Middleton on the Woods GB B5
5 Middletown GB B5
103 Midéa GR B3
17 Midhurst GB D2
6 Midleton IRL C3
61 Midlum D B5
15 Midsomer Norton GB B5
60 Midwolda NL B3
108 Miechów PL A4
35 Miedes E C5
35 Miedes de Atienza E C4
91 Miedzybodzie Bielskie PL B5
89 Miedzygórze PL C6
89 Miedzylesie PL C6
87 Miedzywodzie PL A5
87 Międzyzdroje PL B5
89 Miejska Górka PL B6
87 Miękowo PL B5
29 Mielan F C4
108 Mielec PL A4
87 Mielecin PL B5
34 Miengo E A3
108 Miercurea Ciuc RO C6
34 Mieres E A1
64 Miesau D B3
66 Miesbach D D2
86 Mieste DDR C2
63 Miesterhorst DDR A6
89 Mieszków PL A7
87 Mieszkowice PL C5
65 Mietingen D C5
89 Mietków PL C6
68 Mieussy F B1
100 Mifol AL A1
23 Migennes F D4
81 Miggiano I B5
77 Migliánico I A5
74 Migliarino I B1
81 Miglionico I A3
77 Mignano Monte Lungo I B4
25 Migné F B6
41 Miguel Esteban E C3
40 Miguelturra E D3
95 Mihajlovac YU B5
98 Mihalkovo BG B3
92 Mihályi H A2
63 Mihla DDR B5
75 Mihohnic YU A4
75 Miholjsko YU A5
40 Mijares E B2
46 Mijas E C2
92 Mike H B2
100 Mikhalitsi GR B3
109 Mikhaylovgrad BG E5
99 Mikhaylovo BG A4
49 Mikkeli SF F13
92 Mikleus YU C2
104 Mikonos GR A2
101 Mikra Vólvi GR A5
101 Mikrókambos GR A4
100 Mikrókastron GR A3
99 Mikrón Dhérion GR B5
101 Mikrón Perivoláki GR B4
98 Mikrón Soúli GR C2
98 Mikrópolis GR B2
101 Mikrothivai GR B4
88 Mikulášovice CS C4
90 Mikulov CS C2
89 Mikulovice CS C7
89 Mikulowa PL B5
35 Milagro E B5
51 Miland N B5
69 Milano I C4
74 Milano Marittima I B2
105 Milas TR A4
83 Milazzo I A4
15 Milborne Port GB C5
16 Mildenhall GB B3
101 Miléai GR B5
89 Miletin CS C5
80 Mileto I C3
67 Milevsko CS B5
17 Milford GB C2
14 Milford Haven GB B2
15 Milford-on-Sea GB C6
33 Milhão P C4
30 Milhaud F C3
100 Miliá, *Grevená* GR A3
102 Miliá, *Ilía* GR B2
67 Miličin CS B5
89 Milicz PL B7
101 Miliés GR C5
67 Milín CS B5
101 Milina GR B5
83 Militello in Val di Catánia I B3
89 Milkowice PL B6
26 Millancay F A1
42 Millares E B2
37 Millas F A5
30 Millau F B2
12 Millbeck GB A2
9 Millbounds GB A6
72 Millesimo I B3
53 Millesvik S D4
26 Millevaches F C2
5 Millford IRL A4
5 Millisle GB B6
12 Millom GB A2
10 Millport GB C3
70 Millstatt A B3
6 Millstreet, *Cork* IRL B2
7 Millstreet, *Waterford* IRL B4
4 Milltown, *Galway* IRL C3
6 Milltown, *Kerry* IRL B1
6 Milltown Malbay IRL B2
22 Milly-la-Forêt F C3
41 Milmarcos E A5
87 Milmersdorf DDR B4
94 Milna YU C1
11 Milnathort GB B4
10 Milngavie GB C3
12 Milnthorpe GB A3
95 Miločaj YU C5
103 Miloi GR B3
100 Milokhóri GR A3
103 Milopótamos GR C3
103 Milos GR C5
97 Milot AL D1
8 Milovaig GB C2
86 Milow DDR C3
91 Milówka PL B5
66 Miltach D B3
65 Miltenberg D B5
11 Milton GB B4
14 Milton Abbot GB C3
16 Milton Ernest GB B2
17 Milton Keynes GB B2
6 Miltown IRL B2
96 Milutovac YU B3
15 Milverton GB B4
28 Mimizan F B2
28 Mimizan-Plage F B2
89 Mimoň CS C4
44 Mina de Juliana P B1
44 Mina de S. Domingos P B2
45 Minas de Riotinto E B3
42 Minateda E C1
41 Minaya E C4
38 Minde P B2
66 Mindelheim D C1
66 Mindelstetten D C2
62 Minden D A3
62 Minderheide D A3
102 Mindilógli GR A2
24 Mindin F A2
11 Mindrum GB C5
93 Mindszent H B5
15 Minehead GB B4
83 Mineo I B3
99 Mineralnibani BG B4
73 Minerbe I A6
74 Minérbio I B1
78 Minervino Murge I C3
42 Minglanilla E B1
40 Mingorria E B2
96 Minićevo YU B4
35 Mino de San Esteban E C3
61 Minsen D B4
107 Minsk SU D10
17 Minster, *Kent* GB C3
17 Minster, *Kent* GB C4
12 Minsterley GB C3
64 Minthureux-sur-Saône F C1
9 Mintlaw GB C7
10 Minto Catt GB D3
77 Minturno I B4
95 Mionica YU B5
28 Mios F B3
42 Mira E B1
101 Mira GR B4
70 Mira I C2
38 Mira P A2
39 Mirabel E B4
31 Mirabel F B4
83 Mirabella Imbáccari I B3
29 Miradeux F C4
40 Miraflores de la Sierra E B3
41 Miralrio E B4
74 Miramare I B2
31 Miramas F C3
28 Mirambeau F A3
29 Miramont-de-Guyenne F B4
35 Miranda de Arga E B5
35 Miranda de Ebro E B4
38 Miranda do Corvo P A2
33 Miranda do Douro E C4
29 Mirande F C4
33 Mirandela P C3
39 Mirandilla E C4
73 Mirándola I B6
75 Miranje YU B5
70 Mirano I C2
96 Miraševci YU C3
35 Miravalles E A4
97 Miravci YU D4
36 Miravet E B3
21 Miré F C5
27 Mirebeau, *Côte-d'Or* F A5
25 Mirebeau, *Vienne* F B5
64 Mirecourt F C2
29 Mirepoix F C5
27 Miribel F C4
94 Miričina YU B3
71 Mirna YU C5
89 Miroslaeice PL C6
90 Miroslav CS C2
67 Mirošov CS B4
89 Miroszów PL C6
67 Mirotice CS B5
67 Mirovice CS B5
87 Mirow DDR B3
74 Mirrabello I B1
100 Mirsini, *Grevená* GR A3
102 Mirsini, *Ilía* GR B2
89 Mirsk PL C5
102 Mirtia, *Ilía* GR B2
105 Mirtia, *Kálimnos* GR B3
63 Misburg D A4
82 Misilmeri I A2
94 Mišinci YU B3
93 Miske H B4
108 Miskolc H B4
80 Missanello I A3
24 Missillac F A2
66 Mistelbach D B2
90 Mistelbach a.d.Z. A C2
83 Misterbianco I B4
58 Misterhult S B5
13 Misterton GB B5
102 Mistras GR B3
83 Mistretta I B3
90 Mistřin CS C3
70 Misurina I B2
15 Mitcheldean GB B5
6 Mitchelstown IRL B3
100 Mitikas, *Aitolía kai Acarnania* GR C2
100 Mitikas, *Árta* GR B2
109 Mitilim GR G7
98 Mitrašinci YU B1
101 Mitrópolis GR B3
69 Mittelberg, *Tirol* A B5
69 Mittelberg, *Vorarlberg* A A5
61 Mittelnkirchen D B6
70 Mittenwald D A1
87 Mittenwalde, *Neubrandenburg* DDR B4
88 Mittenwalde, *Potsdam* DDR A3
70 Mitter-Kleinarl A A3
71 Mitterdorf i. Mürztal A A5
64 Mittersheim F C2
70 Mittersill A A2
66 Mitterskirchen D C3
66 Mitterteich D B3
67 Mittich D C4
88 Mittweida DDR C2
63 Mitwitz D C6
59 Mjällby S C3
58 Mjöback S B1
55 Mjölby S D1
51 Mjøndalen N B6
89 Mladá-Boleslav CS C4
67 Mladá Vozice CS B5
89 Mladé Buky CS C5
95 Mladenovac YU B5
95 Mladenovo YU A4
99 Mladinovo BG B5
97 Mlado Nagoričane YU C3
107 Mlawa PL D7
89 Mleczno PL B6
99 Mlekarevo BG A5
67 Mnichóvice CS B5
89 Mnichovo Hradiste CS C4
67 Mnišek p. Brdy CS B5
52 Mo, *Hedmark* N B2
51 Mo, *Telemark* N B4
53 Mo, *Älvsborg* S C3
54 Mo, *Gävleborg* S A2
53 Mo, *Göteborgs o Bohus* S D2
32 Moaña E B2
7 Moate IRL A4
40 Mocejón E C3
41 Mochales E A4
58 Möckeln S C3
88 Mockern DDR A1
52 Mockfjärd S B5
65 Möckmühl D B5
88 Mockrehne DDR B2
46 Moclin E B3
92 Mocsa H A3
93 Möcsény H B3
31 Modane F A5
14 Modbury GB C4
73 Modena I B5
101 Módi GR C4
83 Módica I C3
74 Modigliana I B1
90 Mödling A C2
78 Modogno I C3
90 Modra CS C3
67 Modřan CS A5
94 Modran YU B2
90 Modranka CS C3
6 Modreeny IRL B3
94 Modriča YU B3
90 Modřice CS B2
91 Modrý Kamen CS C5
20 Moelan F C2
12 Moelfre GB B1
70 Moera I B1
18 Moerbeke B B3
18 Moerkerke B B3
62 Moers D B1
33 Móes P D3
11 Moffat GB C4
33 Mogadouro P C4
57 Møgeltønder DK D1
51 Mogen N A4
42 Mogente E C2
70 Móggio Udinesse I B3
65 Mögglingen D C5
91 Mogilany PL B5
107 Mogilev SU D12
74 Mogliano I C3
70 Mogliano Véneto I C2
100 Moglicë AL A2
32 Mogor E B2
85 Mógoro I C1
45 Moguer E B3
93 Mohács H C3
58 Moheda S C3
39 Mohedas E A4
40 Mohedas de la Jara E C1
90 Mohelnice CS B2
5 Mohill IRL C4
53 Moholm S D5
88 Mohorn DDR B3
65 Möhringen D D4
48 Moi Rana N C7
74 Móie I C3
33 Moimenta da Beira P D3
27 Moingt F C4
5 Moira GB B5
104 Moirai, *Kriti* GR
31 Moirans F A4
27 Moirans-en-Montagne F B5
24 Moisdon-la Rivière F A3
23 Moislains F B3
29 Moissac F B5
26 Moissat F C3
38 Moita, *Coimbra* P A2
39 Moita, *Guarda* P A3
38 Moita, *Lisboa* P C2
38 Moita, *Santarém* P B2
38 Moita dos Ferreiros P B1
47 Mojacar E B5
34 Mojados E C2
96 Mojkovac YU C1
91 Mojmirovce CS C4
47 Mojonera E C4
91 Mojtin CS C4
95 Mokara Gora YU C4
104 Mokhos, *Kriti* GR
54 Möklinta S B2
93 Mokrin YU C5
75 Mokro Polje YU B6
71 Mokronog YU C5
91 Mokrzyska PL A6
50 Møkster N A2
19 Mol B B5
93 Mol YU C5
79 Mola di Bari I C4
34 Molacillos E C1
103 Moláoi GR C3
72 Molare I B3
72 Molaretto I A2
29 Molas F C4
72 Molassano I B3
61 Molberger D C4
12 Mold GB B2
48 Molde N F3
56 Møldrup DK B2
33 Moledo do Minho P C2
32 Moleira E A3
19 Molenbeersel B B5
78 Molfetta I C3
61 Molfsee D A7
29 Molières F B5
31 Molières-Glandaz F B4
41 Molina de Aragón E B5
47 Molina de Segura E A5
32 Molinaseca E B4
74 Molinella I B1
26 Molinet F B3
25 Molineuf F A6
70 Molini oli Tures (Mühlen) I B1
47 Molinicos E A4
32 Molinos E A1
35 Molinos de Duero E C4
37 Molins de Rey E B5
80 Moliterno I A2
53 Molkom S C4
59 Mölle S C1
34 Molledo E A2
87 Möllenbeck DDR B4
36 Mollerusa E B3
37 Mollet de Perelada E A5
46 Mollina E B2
86 Mölln D B1
37 Molló E A5
53 Mollösund S D2
53 Mölltorp S D5
55 Mölnbo S C3
56 Mölndal S A5
107 Molodechno SU C10
101 Molókha GR B3
30 Molompize F A2
101 Mólos GR C4
27 Moloy F A4
64 Molsheim F C3
86 Moltzow DDR B3
92 Molve YU B2
69 Molveno I B5
46 Molvizar E C3
70 Molzbichl A B3
74 Mombaroccio I C2
40 Mombeltrán E B1
65 Mombris D A5
33 Mombuey E B4
99 Momchilgrad BG B4
57 Mommark DK D3
64 Mommenheim F C3
68 Momo I C3
5 Monaghan IRL B5
81 Monasterace Marina I C3
7 Monasterevin IRL A4
35 Monasterio de Rodilla E B3
85 Monastir I C2
100 Monastiraki GR C2
108 Monastyriska SU B6
29 Monbahus F B4
29 Monbazillac F B4
33 Monçaa P B2
42 Moncada E B2
72 Moncalieri I A2
72 Moncalvo I A3
44 Moncarapacho P B2
64 Moncel-sur-Seille F C2
19 Mönchengladbach D B6
73 Mónchio della Corti I B5
44 Monchique P B1
29 Monclar-de-Quercy F C5
42 Moncófar E B2
20 Moncontour F B3
46 Monda E C2
35 Mondargón E A4
32 Mondariz E B2
74 Mondavio I C2
41 Mondéjar E B3
82 Mondello I A2
33 Mondim de Basto P C3
74 Mondolfo I C3
32 Mondoñedo E A3
64 Mondorf L B2
22 Mondoubleau F D1
72 Mondovi I B2
31 Mondragon F B3
77 Mondragon I B4
23 Mondrepuis F B5
67 Mondsee A D4
73 Monéglia I B4
36 Monegrillo E B2
28 Monein F C3
103 Monemvasia GR C4
72 Mónesi I B2
72 Monesiglio I B3
45 Monesterio E A3
31 Monestier-de-Clermont F B4
29 Monesties F B6
23 Moneteau F D4
5 Moneymore GB B5
70 Monfalcone I C3
29 Monflanquin F B4
36 Monflorite E A2
39 Monforte, *Castelo Branco* P B3
38 Monforte, *Portalegre* P B3
72 Monforte d'Alba I B2
38 Monforte da Beira E B3
32 Monforte de Lemos E B3
36 Monforte de Moyuela E B1
42 Monforte del Cid E C2
37 Mongay E B3
73 Monghidoro I B6
80 Mongiana I C3
70 Monguelfo (Welsberg) I B2
66 Monheim D C1
104 Moni GR A2
11 Moniaive GB C4
11 Monifieth GB B5
37 Monistrol E B4
30 Monistrol-d'Allier F B2
30 Monistrol-sur-Loire F A3
87 Mönkebude DDR B4
17 Monks Eleigh GB B3
10 Monktown GB C3
15 Monmouth GB B5
25 Monnaie F A5
22 Monnerville F C3
19 Monnikendam NL A5
100 Monodéndri GR B2
103 Monódri GR A5
105 Monólithos GR B4
79 Monópoli I D4
93 Monor H A4
92 Monostorapáti H B2
42 Monóvar E C2
29 Monpazier F B4
62 Monreal D C2
35 Monreal E B5
41 Monreal del Campo E B5
82 Monreale I A2
39 Monroy E B4
36 Monroyo E C2
19 Mons B C3
38 Monsaraz P C3
19 Monschau D C6
28 Monségur F B4
74 Monsélice I A1
65 Monsheim D B4
19 Monster NL A4
58 Mönsterås S B5
73 Monsummano Terme I C5
28 Mont-de-Marsan F C3
37 Mont-Louis F A5
25 Mont-près-Chambord F A6
27 Mont-sous-Vaudrey F B5
22 Mont-St. Aignan F B2
62 Montabaur D C2
72 Montafia I B3
30 Montagnac F C2
74 Montagnana I A1
27 Montagny F B4
24 Montaigu F B3
29 Montaigu-de-Quercy F B5
26 Montaiguet F B3
29 Montaigut, *Haute-Garonne* F C5
26 Montaigut, *Puy-de-Dôme* F B2
36 Montalbán E C2
46 Montalbán de Córdoba E B2
83 Montalbano Elicona I A4
81 Montalbano Iónico I A3
41 Montalbo E C4
73 Montalcino I C6
73 Montaldo do Cósola I B4
33 Montalegre P C3
27 Montalieu F C5
28 Montalivet-les-Bains F A2
82 Montallegro I B2
74 Montalto d. Marche I D3
76 Montalto do Castro I A2
73 Montalto Pavese I B4
80 Montalto Uffugo I B3
38 Montalvão P B3
34 Montamarta E C1
68 Montana-Vermala CH B2
39 Montánchez E B4
42 Montanejos E A2
80 Montano Antilia I A2
29 Montans F C5
38 Montargil P B2
23 Montargis F D3
29 Montastruc-la-Conseillère F C5
21 Montauban, *Ille-et-Vilaine* F B3
29 Montauban, *Tarn-et-Garonne* F B5
27 Montbard F A4
29 Montbazens F B6
25 Montbazon F A5
68 Montbéliard F A1
11 Montbenger GB C4
26 Montbengny F B3
68 Montbenoit F B1
37 Montblanch E B4
27 Montbozon F A6
27 Montbrison F C4
25 Montbron F C5
27 Montceau-les-Mines F B4
27 Montcenis F B4
27 Montchanin les Mines F B4
23 Montcornet F B5
25 Montcoutant F B4
29 Montcuq F B5
30 Montdardier F C2
22 Montdidier F B3
72 Monte Carlo MC C2
38 Monte Clara P B3
44 Monte Clérigo P B1
38 Monte-da-Pedra P B3
38 Monte do Trigo P C3
44 Monte Gordo P B2
76 Monte Libretti I A3
74 Monte Porzio I C3
38 Monte Real P B2
38 Monte Redondo P B2
76 Monte Romano I A2
74 Monte San Savino I C1
78 Monte Sant'Angelo I C2
38 Monte Vilar P B1
47 Monteagudo E A5
35 Monteagudo de las Vicarias E C4
42 Monteagudo del Castillo E A2
42 Montealegre del Castillo E C1
83 Montebello Iónico I B4
70 Montebello Vicentino I C1
70 Montebelluna I C2
21 Montebourg F A4
73 Montebruno I B4
78 Montecalvo Irpino I C2
74 Montecarotto I C3
74 Montecassiana I C3
73 Montecatini Terme I C5
74 Montécchio I C2
73 Montécchio Emilia I B5
70 Montécchio Maggiore I C1
29 Montech F C5
80 Montecórice I A1
78 Montecorvino Rovella I D1
32 Montederramo E B3
82 Montedoro I B2
76 Montefalco I A3
78 Montefalcone I C2
77 Montefalcone nel Sánnio I B5
74 Montefano I C3
76 Montefiascone I A3
73 Montefiorino I B5
77 Montefortino I A4
77 Montefranco I A3
46 Montefrio E B3
81 Montegiordano Marina I A3
74 Montegiórgio I C3
74 Montegranaro I C3
39 Montehermoso E A4
46 Montejicar E B3
41 Montejo de la Sierra E A3
35 Montejo de Tiermes E C3
76 Monteleone d'Orvieto I A3
78 Monteleone de Púglia I C2
77 Monteleone di Spoleto I A3
82 Montelepre I A2
31 Montelier F B4
31 Montélimar F B3
37 Montella E A4
78 Montella I D2
45 Montellano E C4
73 Montelungo I B4
73 Montelupo Fiorentino I C6
82 Montemaggiore Belsito I B2
72 Montemagno I B3
46 Montemayor E B2
34 Montemayor de Pinilla E C2
81 Montemésola I A4
78 Montemilleto I C1
78 Montemilone I C2
45 Montemolin E A3
77 Montemónaco I A4
38 Montemor-o-Novo P C2
38 Montemor-o-Velho P A2
80 Montemurro I A2
28 Montendre F A3
35 Montenegro de Cameros E B4
77 Montenero di Bisáccia I B5
21 Monteneuf F C3
81 Monteparano I A4
76 Montepescali I A2
73 Montepiano I B6
74 Montepulciano I C1
77 Montereale I A4
70 Montereale Valcellina I B2
23 Montereau-Faut-Yonne F C3
74 Monterénzio I B1
32 Montero E A2
77 Monteroduni I B5
73 Monteroni d'Arbia I C6
81 Monteroni di Lecce I A5
73 Monterosso al Mare I B4
83 Monterosso Almo I B3
72 Monterosso Grana I B2
73 Monterotondo Marittimo I C5
33 Monterrey E C3
32 Monterroso E B3
39 Monterrubio de la Serena E C5
74 Monterubbiano I C3
44 Montes Velhos P B1
42 Montesa E C2
32 Montesalgueiro E A2
80 Montesano sulla Marcellana I A2
77 Montesarchio I B5
81 Montescaglioso I A3
40 Montesclaros E B2
77 Montesilvano Marina I A5
73 Montesperto I C6
29 Montesquieu-Volvestre F C5
29 Montesquiou F C4
29 Montestruc F C4
74 Montevarchi I C1
23 Montfaucon F B6
30 Montfaucon, *Loire* F A3
24 Montfaucon, *Maine-et-Loire* F A3
27 Montferrat, *Isère* F C5
31 Montferrat, *Var* F C5
19 Montfoort NL A4
21 Montfort F B4
28 Montfort-en-Chalosse F C3
22 Montfort-l'Amaury F C2
22 Montfort-sur-Risle F B1
28 Montgaillard F C4
29 Montgiscard F C5
12 Montgomery GB C2
28 Montguyon F A3
23 Monthermé F B5
23 Monthois F B5
23 Monthyon F B3
73 Monticelli d'Ongina I A4
73 Monticelli-Terme I B5
69 Montichiari I C5
73 Monticiano I C6
47 Montiel E A4
23 Montier-en-Der F C5
73 Montieri I C6
68 Montiers F C1
72 Montiglio I A3
29 Montignac F A5
64 Montigny-le-Roi F C1
23 Montigny-sur-Aube F D5
22 Montihéry F C3
39 Montijo E C4
38 Montijo P C2
46 Montilla E B2
46 Montillana E B3
26 Montilly F B3
21 Montivilliers F A6
30 Montjaux F B1
31 Montjay F B4
24 Montjean-sur-Loire F A4
28 Montlieu-la-Gard F A3
25 Montlouis-sur-Loire F A5
26 Montluçon F B2
27 Montluel F C5
26 Montmarault F B3
23 Montmarq F B3
64 Montmedy F B1
27 Montmélian F C6
27 Montmerle F B4
31 Montmeyan F C5
31 Montmeyran F B3
23 Montmirail, *Marne* F C4
22 Montmirail, *Sarthe* F C1
30 Montmirat F C3
27 Montmirey-le-Château F A5
29 Montmoréau-St. Cybard F A4
22 Montmorency F C3
25 Montmorillon F B5
23 Montmort F C4
24 Montoir F A2
25 Montoire-sur-le-Loir F A5
29 Montolieu F C6
77 Montório al Vomano I A4
46 Montoro E A2
30 Montpellier F C2
29 Montpezat-de-Quarcy F B5
30 Montpezat-sur-Bouzon F B3
29 Montpon-Ménestérol F B4
27 Montpont en Bresse F B5
29 Montreál, *Aude* F C6
29 Montréal, *Gers* F C4
29 Montredon-Labessonnie F C6
29 Montréjeau F C4
25 Montrésor F A6
85 Montresta I B1
27 Montret F B5
18 Montreuil F C1
23 Montreuil-aux-Lions F B4
25 Montreuil-Bellay F A4
68 Montreux CH B1
24 Montrevault F A3
27 Montrevel F B5
25 Montrichard F A6
29 Montricoux F B5
37 Montroig E B3
27 Montrond-les-Bains F C4
11 Montrose GB B5
42 Montroy E B2
25 Monts-sur-Guesnes F B5
30 Montsalvy F B1
37 Montseny E B5
25 Montsoreau F A5
21 Montsurs F B5
40 Montuenga E A2
43 Montuiri, *Mallorca* E
46 Monturque E B2
69 Monza I C4
36 Monzón E B3
34 Monzón de Campos E B2
7 Moone IRL B5
61 Moordorf D B4
19 Moordrecht NL B4
61 Moorrege D B6
18 Moorslede B C3
66 Moosburg D C2
71 Moosburg i. Kärnten A B4
66 Moosinning D C2
92 Mór H A3
40 Mora E C3
38 Móra P C2
52 Mora S A5
36 Mora de Ebro E B3
42 Mora de Rubielos E A2
36 Mora la Nueva E B3
54 Moraby S B1
87 Moracz PL B5
34 Moradillo de Roa E C3
93 Mórahalom H B4
33 Morais P C4
100 Moráitika GR B1
46 Moral de Calatrava E A3
46 Moraleda de Zafayona E B3
39 Moraleja E A4
34 Moraleja del Vino E C1
34 Morales de Toro E C1
34 Morales de Vaverde E C1
34 Morales del Vino E C1
33 Moralina E C4
80 Morano Cálabro I B3
59 Mörarp S C1
33 Morasverdes E D4
35 Morata de Jalón E C5
41 Morata de Jiloca E A5
41 Morata de Tajuña E B3
47 Moratalla E A5
90 Moravec CS B2
91 Morávka CS B4
90 Moravska Nová Ves CS C3
90 Moravská Trebova CS B2
90 Moravské Budějovice CS B1
90 Moravské Lieskové CS C3
90 Moravský-Beroun CS B3
90 Moravsky Krumlov CS B2
64 Morbach D B3
69 Morbegno I B4
27 Morbier F B6
90 Mörbisch a. See A D2
58 Mörbylånga S C5
28 Morcenx F B3
74 Morciano di Romagna I C2
77 Morcone I B5
35 Morcuera E C3
21 Mordelles F B4
20 Moréac F C3
11 Morebattle GB C5
12 Morecambe GB A3
46 Moreda, *Granada* E B3
34 Moreda, *Oviedo* E A1
22 Morée F D2
34 Moreles de Rey E B1
37 Morell E B4
42 Morella E A2
37 Morella Castelldefels E B4
34 Moreruela de los Infanzones E C1
35 Morés E C5
85 Móres I B1
27 Morestel F C5
23 Moret F C3
15 Moreton-in-Marsh GB B6
14 Moretonhampstead GB C4
72 Moretta I B2
22 Moreuil F B3
27 Morez F B6
65 Mörfelden D B4
100 Mórfi GR B2
70 Morgano I C2
20 Morgat F B1
44 Morgavel P B1
68 Morges CH B1
68 Morgex I C2
54 Morgong S C2
54 Morgongåva S C2
64 Morhange F C2
64 Morhet B B1
69 Mori I C5
19 Morialmé B C4
44 Morianes P B2
84 Moriani Plage F B2
92 Mórichida H A2
46 Moriles E B2
36 Morillo de Monclús E A3
63 Moringen D B4
88 Moritzburg DDR B3
49 Morjärv S C11
54 Morkarla S B3
56 Mørke DK B3
57 Mørkøv Stby. DK C4
90 Morkovice CS B3
28 Morlaas F C3
20 Morlaix F B2
58 Mörlunda S B4
80 Mormanno I B3
23 Mormant F C3
27 Mornant F C4
45 Morón de la Frontera E B4
95 Morović YU A4
99 Morozovo BG A4
72 Morozzo I B2
11 Morpeth GB C6
59 Mörrum S C3
56 Mors DK B1
62 Morsbach D C2
65 Mörsch D C4
48 Mörsil S E6
22 Mortagne-au-Perche F C1
25 Mortagne-sur-Gironde F C4
24 Mortagne-sur-Sèvre F A4
38 Mortágua P A2
21 Mortain F B5
72 Mortara I A3
68 Morteau F A1
70 Mortegliano I C3
83 Mortelle I A4
25 Mortemart F B5
48 Mortenslund N D6
21 Mortrée F B6
70 Mörtschach A B2
19 Mortsel B B4
68 Morvillars F A1
87 Moryń PL C5
68 Morzine F B1
65 Mosbach D B5
51 Mosby N C4
33 Mosca P C4
38 Moscavide P C1
75 Moščenicka Draga YU A4
77 Mosciano San Angelo I A4
88 Mosigkau DDR B2
89 Mosina PL A6
48 Mosjöen N D6
101 Moskhokhorion GR C4
101 Moskhopótamos GR A4
69 Moso (Moos) I B6
90 Mosonszentjános H D3
92 Mosonszentmiklós H A2
95 Mošorin YU A5
91 Mošovce CS C4
42 Mosquerela E A2
51 Moss N B7
9 Mossat GB C6
65 Mössingen D C5
48 Mossjöen N D6
51 Møsstrand N B5
88 Most CS C3
71 Most na Soci YU B3
94 Mostar YU C2
87 Mostkowo PL C6
40 Mostoles E B3
90 Mostova CS C3
5 Mostrim IRL C4
91 Mosty CS B4
87 Mosty PL B5
107 Mosty SU D9
12 Mostyn GB B2
91 Moszczenica PL B4
41 Mota del Cuervo E C4
34 Mota del Marques E C1
53 Motala S D6
11 Motherwell GB C4
86 Möthlow DDR C3
41 Motilla del Palancar E C5
75 Motovum YU A3
46 Motril E C3
70 Motta I C1
70 Motta di Livenza I C2
78 Motta Montecorvino I C2
83 Motta San Anastásia I B3
72 Motta Visconti I A3
79 Móttola I D4
56 Mou DK B3
72 Mouans-Sartoux F C1
27 Mouchard F B5
68 Moudon CH B1
72 Mougins F C1
25 Mouilleron en-Pareds F B4
105 Mouliana, *Kriti* GR
72 Moulinet F C2
26 Moulins F B3
26 Moulins-Engilbert F B3
22 Moulins-la-Marche F C1
28 Moulis F A3
25 Moulismes F B5
21 Moult F A5
6 Mount Bellew Bridge IRL A3
11 Mount Pleasant GB C5
4 Mount Talbot IRL C3
15 Mountain Ash GB B4
4 Mountcharles IRL B3
5 Mountfield GB B4
7 Mountmellick IRL A4
7 Mountrath IRL A4
16 Mountsorrel GB B1
44 Moura P A2
38 Mourão P C3
32 Mourelle E B3
28 Mourenx Ville-Nouvelle F C3
31 Mouriés F C3
98 Mouriés GR B1
103 Mouriki GR A4
23 Mourmelon-le-Grand F B5
104 Mourniés, *Kriti* GR
38 Mouronho P A2
18 Mouscron B C3
30 Moussac F C3
64 Moussey F C2
20 Mousteru F B2
28 Moustey F B3
98 Moustheni GR C3
19 Moustier B C4
27 Mouthe F B6
27 Mouthier F A6
37 Mouthoumet F A5
68 Moutier CH A2
24 Moutiers-les-Mauxfaits F B3
104 Moutsoúna GR A2
27 Moux F A4
22 Mouy F B3
102 Mouzáki, *Ilía* GR B2
100 Mouzáki, *Kardhítsa* GR B3
23 Mouzay F B6
23 Mouzon F B6
5 Moville IRL A4
11 Mowtie GB B5
10 Moy, *Highland* GB B3
9 Moy, *Highland* GB C4
5 Moy, *N. Ireland* GB B5
37 Moya E B5
4 Moyard IRL C1
6 Moycullen IRL A2
64 Moyenmoutier F C2
64 Moyenvic F C2
64 Moyeuvre F B2
6 Moylough IRL A3
34 Mózar E C1
71 Mozirje YU B4
93 Mözs H B3
107 Mozyr SU D11
69 Mozzanica I C4
92 Mraclin YU C1
95 Mramorak YU B5
75 Mrazovac YU A6
95 Mrčajevci YU C5
94 Mrkonjić Grad YU B2
75 Mrkopalj YU A4
96 Mrmoš YU B3
95 Mršinci YU C5
87 Mrzezyno PL A6
71 Mrzle Vodice YU C4
88 Mšec CS C3
89 Mšeno CS C4
91 Mszana Dolna PL B6
94 Muć YU C1
74 Muccia I C3
15 Much Marcle GB B5
12 Much Wenlock GB C3
63 Mücheln DDR B6
6 Muchross IRL B2
34 Mucientas E C2
65 Mudau D B5
61 Müden, *Niedersachsen* D C7
86 Müden, *Niedersachsen* D C1
62 Mudersbach D C2
99 Müdrets BG A5
36 Muel E B1
34 Muelas del Pan E C1
5 Muff IRL A4
32 Mugardos E A2
38 Muge P B2
88 Mügeln DDR B3
70 Múggia I C3
32 Mugia E A1
35 Mugica E A4
99 Müglizh BG A4
74 Mugnano I C2
28 Mugron F C3
65 Mühlacker D C4
70 Mühlbach am Hochkönig A A3
88 Mühlberg, *Cottbus* DDR B3
63 Mühlberg, *Erfurt* DDR C5
70 Mühldorf, *Karnten* A B3
71 Mühldorf, *Steiermark* A B5
66 Mühldorf D C3
68 Muhleberg CH B2
86 Muhlen DDR B2
87 Mühlenbeck DDR C4
66 Mühlhausen, *Bayern* D B1
66 Mühlhausen, *Bayern* D B2
63 Mühlhausen DDR B5
88 Muhltroff DDR C1
70 Muhr A A3
19 Muiden NL A5
7 Muine Bheag IRL B5
33 Muiños E C3
9 Muir of Ord GB C4
11 Muirdrum GB B5
11 Muirkirk GB B5
38 Muirteira P B1
108 Mukachevo SU B5
47 Mula E A5
69 Mulegns CH B4
70 Mules (Mauls) I B1
65 Mülheim, *Baden-Württemberg* D C4
65 Mulheim, *Hessen* D A4
62 Mülheim, *Nordrhein-Westfalen* D B1
62 Mülheim, *Rheinland-Pfalz* D C2
68 Mulhouse F A2
4 Mullaranny IRL C2
64 Müllheim D D3
53 Mullhyttan S C5
7 Mullinavat IRL B4
5 Mullingar IRL C4
14 Mullion GB C2
88 Müllrose DDR A4
58 Mullsjö S B2
40 Munana E B1
32 Muñas E A4
63 Münchberg D C6
87 Müncheberg DDR C5
62 Munchehagen D A4
66 München D C2
62 Münchhausen D C3
35 Mundaca E A4
67 Munderfing A C4
65 Munderkingen D C5
16 Mundesley GB B4
16 Mundford GB B3
41 Munera E C4
35 Munguia E A4
40 Muñico E B1
36 Muniesa E B2
59 Munka-Ljungy S C1
57 Munkebo DK C3
53 Munkedal S D2
52 Munkfors S C4
55 Munktorp S C2
63 Münnerstadt D C5
40 Muñopepe E B2
40 Muñotello E B1
66 Münsing D D2
68 Münsingen CH B2
65 Münsingen D C5
55 Munsö S C3
68 Münster CH B3
61 Munster, *Niedersachsen* D C7
62 Münster, *Nordrhein-Westfalen* D B2
64 Munster F C3
62 Munstereifel D C1
60 Muntendam NL B3
67 Münzkirchen A C4
49 Muonio SF C11
68 Muotahal CH B3
30 Mur-de-Barrez F B1
20 Mur-de-Bretagne F B3
26 Mur-de-Sologne F A1
92 Murakeresztúr H B1
91 Murán CS C6
70 Murano I C2
32 Muras E A3
30 Murat F A1
30 Murat-sur-Vèbre F C1
71 Murau A A4
85 Muravera I C2
72 Murazzano I B3
33 Murça P C3
35 Murchante E B5
87 Murchin DDR B4
47 Murcia E B5
71 Mureck A B5
29 Muret F C5
30 Muret-le-Chateau F B1
69 Murg CH A4
97 Murgaševo YU D3
68 Murgenthal CH A2
35 Murguia E B4
68 Muri CH A3
32 Murias de Paredes E B4
35 Muriel Viejo E C4
35 Murillo de Rio Leza E B4
35 Murillo el Fruto E B5
96 Murino YU C1
97 Muriqan AL C1
10 Murlaggan GB B2
60 Murmerwoude NL B2
43 Muro, *Mallorca* E
84 Muro F B1
42 Muro del Alcoy E C2
78 Muro Lucarno I D2
26 Murol F C2
25 Muron F B4
32 Muros E B1
32 Muros de Nalon E A4
97 Murrë AL D2
6 Murreagh IRL B1
68 Mürren CH B2
65 Murrhardt D C5
71 Murska Sobata YU B6
92 Mursko Središce YU B1
46 Murtas E C3
68 Murten CH B2
75 Murter YU C5
11 Murton GB D6
33 Murtosa P D2
49 Murtovaara SF D14
30 Murviel F C2
75 Murvika YU B5
71 Mürzsteg A A5
87 Murzynowo PL C6
71 Mürzzuschlag A A5
28 Musculdy F C3
105 Müskebi TR A4
90 Mušov CS C2
65 Mußbach a.d. Weinstraße D B4
11 Musselburgh GB C4
60 Musselkanaal NL C4
29 Mussidan F A4
82 Mussomeli I B2
23 Mussy-sur-Seine F D5
109 Mustafa Kemalpasa TR F8
71 Muta YU B5
11 Muthill GB B4
91 Mutné CS B5
35 Mutriku E A4
69 Mutterbergalm CH B6
65 Mutterstadt D B4
64 Mutzig F C3
49 Muurame SF E12
24 Muzillac F A2
91 Mužla CS D4
70 Muzzano del Turgnano I C3
9 Mybster GB B5
26 Myennes F A2
90 Myjava CS C3
51 Mykland N C5
88 Mylau DDR C2
49 Myllykoski SF F13
58 Myresjo S B3
53 Mysen N C2
89 Myslakowice PL C5
91 Myślenice PL B5
87 Myślibórz PL C5
89 Myślinów PL B6
91 Mýtna CS C5
91 Mýtne Ludany CS C4
91 Mýto, *Středoslovensky* CS C5
67 Mýto, *Zapadočeský* CS B4

N

19 Naaldwijk NL B4
19 Naarden NL A5
7 Naas IRL A5
33 Nabais P D3
66 Nabburg D B3
67 Načeradec CS B5
89 Nachod CS C6
62 Nachrodt-Wiblingwerde D B2
93 Nădlac RO B5
89 Nadolica PL B7
50 Naerbø N C2
57 Naestved DK C4
69 Näfels CH A4
13 Nafferton GB A5
102 Náfpaktos GR A2
103 Náfplion GR B3
66 Nagel D B2
60 Nagele NL C2
54 Naglarby S B1
65 Nagold D C4
92 Nagyatád H B2
92 Nagybajom H B2
93 Nagybaracska H B3
92 Nagybarát H A2
91 Nagybátony H D5
92 Nagyberény H B3

91 Nagybörzsöny H D4
92 Nagycenk H A1
93 Nagydorog H B3
93 Nagyfüged H A5
92 Nagyhersány H C3
92 Nagyigmánd H A3
92 Nagykanizsa H B2
93 Nagykáta H A4
93 Nagykoiu H A5
93 Nagykörös H A4
91 Nagylóc H C5
93 Nagymágocs H B5
92 Nagymányok H B3
91 Nagymaros H D4
91 Nagyoroszi H C5
91 Nagyréde H D5
93 Nagyszénás H B5
92 Nagyszokoly H B3
92 Nagyvázsony H B2
93 Nagyvenyim H B3
41 Naharros E B4
61 Nahe D B7
63 Naila D C6
29 Nailloux F C5
15 Nailsea GB B5
15 Nailsworth GB B5
25 Naintre F B5
9 Nairn GB C5
35 Nájera E B4
51 Nakksjø N B6
106 Naklo PL D5
93 Nakovo YU C5
57 Nakskov DK D4
35 Nalda E B4
48 Nalden S E7
24 Nalliers F B3
37 Nalzen F A4
67 Nalžouské Hory CS B4
48 Namdalseid N D5
90 Náměšt n. Oslavou CS B2
91 Námestovo CS B5
52 Namnå N B3
48 Namsos N D5
19 Namur B C4
26 Nançay F A2
35 Nanclares de la Oca E B4
64 Nancy F C2
69 Nanders A B5
23 Nangis F C3
30 Nant F B2
22 Nanterre F C3
24 Nantes F A3
23 Nanteuil-le-Haudouin F B3
25 Nantiat F B6
27 Nantua F B5
12 Nantwich GB B3
101 Náousa, *Imathía* GR A4
104 Náousa, *Paros* GR A2
90 Napajedla CS B3
77 Napoli I C5
32 Naraval E A4
14 Narberth GB B3
30 Narbonne F C2
30 Narbonne-Plage F C2
81 Nardò I A5
85 Nareao I C1
76 Narni I A3
82 Naro I B2
49 Narpes SF E10
49 Närpiö SF E10
40 Narros del Castillo E B1
92 Narta YU C1
107 Narva SU A11
49 Narvik N B8
72 Narzole I B2
52 Nås, *Kopparberg* S B5
55 Näs, *Östergötland* S D1
49 Näsåker S E8
30 Nasbinals F B2
56 Näset S A4
92 Našice YU C3
83 Naso I A3
62 Nassau D C2
66 Nassenfels D C2
87 Nassenheide DDR C4
69 Nassereith A A5
58 Nässjö S B3
62 Nastätten D C2
59 Näsum S C3
95 Natalinci YU B5
19 Natoye B C5
67 Natternberg D C3
70 Natters A A1
65 Nattheim D C6
59 Nattraby S C4
69 Naturno (Naturns) I B5
29 Naucelle F B6
87 Nauen DDR C3
5 Naul IRL C5
63 Naumburg DDR B6
88 Naundorf DDR C3
88 Naunhof DDR B2
48 Naustdal N F2
34 Nava E A1
40 Nava de Arévalo E B2
40 Nava de la Asunción E A2
34 Nava del Rey E C1
40 Navacepeda E B1
40 Navacerrada E B2
39 Navaconcejo E A5
40 Navahermosa E C2
36 Naval E A3
40 Navalacruz E B2
40 Navalcán E B1
40 Navalcarnero E B2
35 Navaleno E C4
39 Navalguijo E A5
40 Navalmanzano E A2
40 Navalmoral E B2
39 Navalmoral de la Mata E B5
42 Navalón de Arriba E C2
40 Navalperal de Pinares E B2
40 Navalpino E C2
40 Navaltalgordo E B2
40 Navaltoril E C2
40 Navaluenga E B2
39 Navalvillar de Pela E B5
5 Navan (An Uaimh) IRL C5
37 Navarclés E B4
40 Navarredonda de la Sierra E B1
28 Navarrenx F C3
42 Navarrés E B2
35 Navarrete E B4
40 Navarrevisca E B2
37 Navás E B4
40 Navas de Oro E A2
46 Navas de S. Juan E A3
46 Navas del Cepillar E B2
39 Navas del Madroño E B4
40 Navas del Rey E B2
36 Navascués E A1
39 Navasfrias E A4
69 Nave I C5
33 Nave de Haver P D4
55 Nävekvarn S D2
77 Navelli I A4
13 Navenby GB B5
53 Naverstad S D2
37 Navés E B4
40 Navezuelas E C1
32 Navia E A4
32 Navia de Suarna E B4
40 Navillas E C2
27 Navilly F B5
104 Náxos GR A2
28 Nay F C3
17 Nayland GB C3
38 Nazaré P B1
42 Nazaret E B2
63 Nazza DDR B5
97 Ndroq AL D1
101 Néa Agathoúpolis GR A4
104 Néa Alikarnassós, *Kriti* GR
101 Néa Ankhialos GR B4
101 Néa Apollonía GR A5
101 Néa Artáki GR A4
103 Néa Epidhavros GR B4
100 Néa Filippias GR B2
101 Néa Fókaia GR A5
101 Néa Kallikrátia GR A5
99 Néa Kallisti GR B4
99 Néa Kariá GR C3
98 Néa Karváli GR C3
101 Néa Khalkidhón GR A4
103 Néa Kios GR B3
102 Néa Koróni GR C2
101 Néa Mádhitos GR A5
103 Néa Mákri GR A4
102 Néa Manolás GR A2
101 Néa Mikhanióna GR A4
101 Néa Moudhaniá GR A5
98 Néa Péramos GR C3
101 Néa Pláyia GR A5
101 Néa Potídhaia GR A5
101 Nea Radestos GR A5
101 Néa Sánda GR A4
101 Néa Skióni GR B5
101 Néa Triglia GR A5
99 Néa Vissi GR B5
98 Néa Zíkhna GR B2
101 Néai Kariai GR B4
100 Neápolis, *Kozani* GR A3
104 Neapolis, *Kriti* GR
103 Neapolis, *Lakonía* GR C4
14 Neath GB B4
57 Nebel D D1
35 Nebieda E C3
75 Nebljusi YU B5
63 Nebra DDR B6
89 Nechanice CS C5
65 Neckar-Steinach D B4
65 Neckarelz D B5
65 Neckargemünd D B4
65 Neckarsulm D B5
32 Neda E A2
90 Neded CS C3
92 Nedelišće YU B1
19 Neder Hardinxveld NL B4
18 Nederbrakel B C3
19 Nederweert NL B5
91 Nedožery CS C4
52 Nedreberg N B2
50 Nedstrand N B2
90 Nedvědice CS B2
62 Neede NL A1
16 Needham Market GB B4
61 Neermoor D B4
19 Neeroeteren B B5
19 Neerpelt B B5
62 Neesen D A3
86 Neetze D B1
30 Neffies F C2
12 Nefyn GB C1
100 Negádes GR B2
95 Negbina YU C4
63 Negenborn D B4
98 Negorci YU B1
109 Negotin YU D5
97 Negotino YU D4
69 Negrar I C5
41 Negredo E A4
32 Negreira E B2
29 Nègrepelisse F B5
32 Negueira E A4
62 Neheim D B2
64 Neiderbronn-les-Bains F C3
35 Neila E B4
10 Neilston GB C3
72 Néive I B3
88 Nejdek CS C2
59 Neksø DK D4
33 Nelas P D3
51 Nelaug N C5
65 Nellingen D C5
13 Nelson GB B3
91 Nemčinany CS C4
103 Neméa GR B3
92 Nemesgörzsöny H A2
92 Nemeskér H A1
93 Nemesnádudvar H B4
92 Nemesszalok H A2
93 Németkér H B3
22 Nemours F C3
91 Nemšova CS C4
6 Nenagh IRL B3
69 Nendeln FL A4
61 Nendorf D C5
91 Nenince CS C5
86 Nennhausen DDR C3
69 Nenzing A A4
103 Neokhoráki GR A4
102 Neokhóri, *Altolía kai Acarnanía* GR A2
101 Neokhóri, *Magnisía* GR B5
101 Neokhórion, *Imathía* GR A4
101 Neokhórion, *Khalkidhikí* GR A5
104 Néon Khorion, *Kriti* GR
101 Néon Monastirion GR B4
101 Neon Perivoli GR B4
98 Néon Petritsi GR B2
98 Néon Soúlion GR B2
98 Néon Yinaikókaston GR C1
101 Néos Marmarós GR A5
101 Néos Milótopos GR A4
98 Néos Skopós GR B2
76 Nepi I A3
67 Nepomuk CS B4
29 Nérac F B4
101 Neráida, *Fthiótis* GR C4
100 Neráida, *Thesprotía* GR B2
103 Nerántza GR B3
88 Neratovice CS C4
23 Nercenay-le-Hayer F C4
25 Néré F C4
66 Neresheim D C1
77 Nereto, *Abruzzi* I A4
77 Nereto, *Abruzzi* I A4
75 Nerezine YU B4
94 Nerežišća YU C1
26 Néris-les Bains F B2
46 Nerja E C3
102 Neromilos GR B2
26 Nérondes F B2
47 Nerpio E A4
45 Nerva E B3
70 Nervesa d. Battáglia I C2
72 Nervi I B4
27 Nervieux F C4
52 Nes N B1
60 Nes NL B2
48 Nesbyen N F4
88 Neschwitz DDR B4
109 Nesebür BG E7
50 Nesflaten N B3
51 Nesland N B4
51 Neslandsvatn N C6
23 Nesle F B3
101 Néson GR B4
90 Nesovice CS B3
69 Nesselwang D A5
69 Nesslau CH A4
60 Nessmersiel D B4
69 Nesso I C4
102 Nestáni GR B3
71 Nestelbach A A5
12 Neston GB B2
100 Nestórion GR A3
50 Nesttun N A2
91 Nesvady CS D4
11 Nether Howecleuch GB C4
15 Nether Stowey GB B4
50 Netlandsnes N C3
67 Netolice CS B5
71 Netretić YU C5
69 Netstal CH A4
17 Nettlebed GB C1
13 Nettleham GB B5
63 Nettlingen D A5
76 Nettuno I B3
88 Netzschkau DDR C2
63 Neu Buddenstedt D A6
86 Neu Darchau D B1
65 Neu-Isenburg D A4
86 Neu Kaliß DDR B2
88 Neu Lübbenau DDR A3
88 Neu Petershain DDR B4
69 Neu-Ravensburg D A4
65 Neu-Ulm D C6
66 Neualbenreuth D B3
66 Neubau D B3
62 Neubeckum DDR A3
92 Neuberg A A1
87 Neubrandenburg DDR B4
61 Neubruchhausen D C5
86 Neubukow DDR A2
66 Neuburg D C2
68 Neuchâtel CH B1
63 Neudietendorf DDR C5
90 Neudorf A C2
65 Neudorf D B4
90 Neudorfl A D2
65 Neuenbürg, *Baden-Württemberg* D C4
61 Neuenburg, *Niedersachsen* D B4
66 Neuendettelsau D B1
87 Neuendorf DDR A4
60 Neuenhaus D C3
68 Neuenkirch CH A3
61 Neuenkirchen, *Niedersachsen* D B5
61 Neuenkirchen, *Niedersachsen* D B6
61 Neuenkirchen, *Niedersachsen* D C5
62 Neuenkirchen, *Nordrhein-Westfalen* D A2
62 Neuenrade D B2
65 Neuenstein D B5
61 Neuenwalde D B5
64 Neuerburg D A2
64 Neuf-Brisach F C3
66 Neufahrm D C2
66 Neufahrn D C3
64 Neufchâteau B B1
64 Neufchâteau F C1
22 Neufchâtel-en-Bray F B2
67 Neufelden A C5
65 Neuffen D C5
23 Neuflize F B5
63 Neugattersleben DDR B6
88 Neugersdorf DDR C4
66 Neuhaus, *Bayern* D B2
67 Neuhaus, *Bayern* D C4
61 Neuhaus, *Niedersachsen* D B6
63 Neuhaus, *Niedersachsen* D B4
86 Neuhaus DDR B1
63 Neuhaus a Rennweg DDR C6
63 Neuhaus-Schierschnitz DDR C6
68 Neuhausen a Rheinfall CH A3
65 Neuhausen ob Eck D D4
66 Neuhof D B1
67 Neuhofen A C5
25 Neuillé F A4
25 Neuillè Pont-Pierre F A5
22 Neuilly-en-Thelle F B3
64 Neuilly-l'Évêque F D1
26 Neuilly-le-Réal F B3
23 Neuilly St. Front F B4
87 Neukalen DDR B3
67 Neukirchen, *Ober Östereich* A C4
67 Neukirchen, *Ober Östereich* A D4
57 Neukirchen D D1
70 Neukirchen-am Großy A A2
67 Neukirchen b. Hl. Blut D B3
19 Neukirchen-Vluyn D B6
86 Neukloster DDR B2
90 Neulengbach A C1
27 Neulise F C4
79 Neum YU B4
64 Neumagen D B2
88 Neumark DDR C2
66 Neumarkt D B2
67 Neumarkt a.W. A D4
67 Neumarkt i. Mühlkn A C5
66 Neumarkt St. Viet D C3
61 Neumünster D A6
66 Neunburg v.W. D B3
26 Neung-sur-Beuvron F A1
68 Neunkirch CH A3
90 Neunkirchen A D2
63 Neunkirchen, *Hessen* D C4
62 Neunkirchen, *Nordrhein-Westfalen* D C2
64 Neunkirchen, *Saarland* D B3
66 Neuötting D C3
65 Neureut D B4
87 Neuruppin DDR C3
90 Neusiedl am See A D2
62 Neuß D B1
30 Neussargues-Moissac F A2
63 Neustadk DDR C6
65 Neustadt, *Baden-Württemberg* D D4
63 Neustadt, *Bayern* D C6
66 Neustadt, *Bayern* D B1
66 Neustadt, *Bayern* D B2
66 Neustadt, *Bayern* D B3
66 Neustadt, *Bayern* D C2
62 Neustadt, *Hessen* D C4
86 Neustadt, *Schleswig-Holstein* D A1
88 Neustadt, *Dresden* DDR B4
86 Neustadt, *Potsdam* DDR C3
65 Neustadt a.d. Weinstraße D B4
61 Neustadt am Rübenberge D C6
86 Neustadt-Glewe DDR B2
69 Neustift im Stubaital A A6
87 Neustrelitz DDR B4
92 Neutal A A1
87 Neutrebbin DDR C5
64 Neuves-Maison F C2
29 Neuvic, *Corrèze* F A6
29 Neuvic, *Dordogne* F A4
27 Neuville, *Rhône* F C4
22 Neuville, *Seine-Maritime* F B2
22 Neuville-aux-Bois F C3
25 Neuville-de-Poitou F B5
27 Neuville-les-Dames F B4
26 Neuvy-St.Sépulchre F B1
26 Neuvy-sur-Barangeon F A2
62 Neuwied D C2
88 Neuzelle DDR A4
31 Névache F A5
67 Neveklov CS B5
107 Nevel SU C12
18 Nevele B B3
26 Nevers F B3
94 Nevesinje YU C3
94 Nevest YU C1
98 Nevestino BG A1
20 Nevez F C2
62 Neviges D B2
51 Nevlunghavn N C6
11 New Abbey GB D4
9 New Aberdour GB C6
17 New Alresford GB C1
5 New Buildings GB B4
9 New Byth GB C6
6 New Chapel Cross IRL C1
10 New Cumnock GB C3
9 New Deer GB C6
10 New Galloway GB C3
13 New Holland GB B5
7 New Inn IRL A4
6 New Kildimo IRL B3
13 New Mills GB B4
15 New Milton GB C6
9 New Pitsligo GB C6
14 New Quay GB A3
17 New Romney GB D3
7 New Ross IRL B5
13 New Rossington GB B4
11 New Scone GB B4
13 Newark GB B5
11 Newbiggin-by-the-Sea GB C6
11 Newbigging GB C4
5 Newbliss IRL B4
12 Newborough GB B1
4 Newbridge IRL C3
15 Newbridge on Wye GB A4
11 Newburgh, *Fife* GB B4
9 Newburgh, *Grampian* GB C7
17 Newbury GB C1
12 Newby Bridge GB A3
5 Newcastle GB B6
14 Newcastle Emlyn GB A3
12 Newcastle under Lyme GB B3
11 Newcastle upon Tyne GB C6
6 Newcastle West IRL B2
11 Newcastleton GB C5
15 Newent GB B5
14 Newgale GB B2
15 Newham, *Gloucestershire* GB B5
17 Newham, *London* GB C3
17 Newhaven GB D3
13 Newhaven House GB B4
7 Newinn IRL B4
9 Newmachar GB C6
8 Newmarket, *Lewis* GB B2
16 Newmarket, *Suffolk* GB B3
6 Newmarket IRL B3
6 Newmarket on Fergus IRL B3
71 Newmarkt i. Steiermark A A4
5 Newmills IRL B4
10 Newmilns GB C3
17 Newport, *Essex* GB C3
15 Newport, *Gwent* GB B5
17 Newport, *I. of Wight* GB D1
12 Newport, *Shropshire* GB C3
4 Newport, *Mayo* IRL C2
6 Newport, *Tipperary* IRL B3
11 Newport on Tay GB B5
17 Newport Pagnell GB B2
14 Newquay GB C2
5 Newry GB B5
12 Newton, *Lancashire* GB B3
8 Newton, *Western Isles* GB C1
15 Newton Abbot GB C4
13 Newton Aycliffe GB A4
11 Newton Bridge GB B4
14 Newton Ferrers GB C3
10 Newton Mearns GB C3
10 Newton Stewart GB D3
11 Newtongrange GB C4
10 Newtonmore GB A3
15 Newtown, *Hereford & Worcester* GB A5
12 Newtown, *Powys* GB C2
11 Newtown, *St. Boswells* GB C5
6 Newtown IRL B3
5 Newtown Cunningham IRL B4
5 Newtown Forbes IRL C4
5 Newtown Gore IRL B4
5 Newtown Monasterboice IRL C5
7 Newtown Mount Kennedy IRL A5
5 Newtownabbey GB B6
5 Newtownards GB B6
5 Newtownbutler GB B4
5 Newtownhamilton GB B5
5 Newtownstewart GB B4
25 Nexon F C6
14 Neyland GB B3
90 Nezamyslice CS B3
103 Niáta GR C3
73 Nibbiano I B4
56 Nibe DK B2
97 Nicaj-Shale AI C1
80 Nicastro I C3
74 Niccone I C2
72 Nice F C2
72 Nichelino I B2
90 Nickelsdorf A D3
83 Nicolosi I B4
83 Nicosia I B3
80 Nicótera I C2
62 Nidda D C4
100 Nidri GR C2
45 Niebla E B3
57 Niebüll D D1
87 Niechorze PL A6
63 Nieder Kaufungen D B4
62 Nieder Netphen D C3
65 Nieder-Olm D B4
65 Nieder Ramstadt D B4
62 Nieder-Wöllstadt D C3
70 Niederaudf D A2
63 Niederaula D C4
62 Niederbieber-Segendorf D C2
68 Niederbipp CH A2
62 Niederbreechen D C3
62 Niederbreisig D C2
62 Niederfischbach D C2
88 Niedergörsdorf DDR B2
19 Niederkrüchten D B6
62 Niedermarsberg D B3
62 Niedermendig D C2
70 Niederndorf A A2
63 Niedersachswerfen DDR B5
65 Niederstetten D B5
69 Niederurnen CH A4
65 Niederwerrn D A6
71 Niederwölz A A4
91 Niedobczyce PL A4
89 Niedoradz PL B5
91 Niedzica PL B6
89 Niegoslowice PL B5
62 Nieheim D B4
19 Niel B B4
89 Niemcza PL C6
88 Niemegk DDR A2
62 Nienberge D A2
61 Nienburg D C6
63 Nienburg DDR B6
86 Nienhagen D C1
91 Niepotomice PL A6
65 Nierstein D B4
68 Niesen CH B2
89 Niesky DDR B4
24 Nieul-sur-Mer F B3
60 Nieuw-Amsterdam NL C3
60 Nieuw-Buinen NL C3
19 Nieuw-Namen NL B4
60 Nieuw-Schoonebeek NL C3
19 Nieuw-Tonge NL B4
60 Nieuw-Weerdinge NL C3
60 Nieuwe Niedorp NL C1
60 Nieuwe-Pekela NL B3
60 Nieuwe-Schans D B4
19 Nieuwendiijk NL B4
19 Nieuwerkerk NL B4
19 Nieuwerkerken, *Flandre Orientale* B C3
19 Nieuwerkerken, *Limburg* B C5
60 Nieuwolda NL B3
18 Nieuwpoort B B2
62 Nievenheim D B1
33 Nieves E B2
98 Nigrita GR C2
46 Nigüelas E C3
47 Nijar E C4
95 Nijemci YU A4
19 Nijkerk NL A5
19 Nijlen B B4
19 Nijmegen NL B5
19 Nijverdal NL A6
101 Nikaia GR B4
100 Niki GR A3
98 Nikifóros GR B3
95 Nikinci YU B4
98 Nikisiana GR C3
101 Nikitas GR A5
92 Nikitsch A A1
71 Niklasdorf A A5
99 Nikolaevo BG A4
100 Nikolitsi GR B2
109 Nikopol BG E6
79 Nikšic YU B5
50 Nilsebu N B3
30 Nîmes F C3
99 Nimfaia GR B4
70 Nimis I B3
56 Nimtofte DK B3
75 Nin YU B5
61 Nindorf D A6
7 Ninemilehouse IRL B4
17 Ninfield GB D3
19 Ninove B C3
101 Niokhóri GR B3
25 Niort F B4
96 Niš YU B3
38 Nisa P B3
83 Niscemi I B3
100 Nisi GR A3
101 Nision GR A4
96 Niška Banja YU B4
108 Nisko PL A5
58 Nissafors S B2
100 Nissála GR B1
30 Nissan-les-Ensérune F C2
51 Nissedal N B5
19 Nistelrode NL B5
17 Niton GB D1
91 Nitra CS C4
91 Nitrany CS C4
91 Nitrianske-Pravno CS C4
91 Nitrianske Rudno CS C4
26 Nitry F A3
51 Nittedal N A7
66 Nittenau D B3
86 Nitzahn DDR C3
49 Nivela SF E12
19 Nivelles B C4
64 Nives B B1
90 Nivnice CS C3
91 Nizná Boca CS C5
72 Nizza Monferrato I B3
93 Njegŭsevo YU C4
75 Njivice YU A4
49 Njutånger S F8
22 Noailles F B3
35 Noain E B5
70 Noale I C2
46 Noalejo E B3
5 Nobber IRL C5
41 Noblejas E C3
77 Nocera I C5
80 Nocera Tirinese I B3
74 Nocera Umbra I C2
73 Noceto I B5
88 Nochten DDR B4
79 Noci I D4
81 Nociglia I A5
92 Nódasd H B1
56 Nödinge S A5
27 Nods F A6
80 Noépoli I A3
18 Noeux-les-Mines F C2
98 Noevtsi BG A1
40 Noez E C2
39 Nogales E C4
32 Nogarejas E B4
28 Nogaro F C3
64 Nogent-en-Bassigny F C1
23 Nogent l'Artaud F C4
22 Nogent-le-Retrou F C1
22 Nogent-le-Roi F C2
22 Nogent-sur-Marne F C3
22 Nogent-sur-Oise F B3
23 Nogent-sur-Seine F C4
23 Nogent-sur-Vernisson F D3
73 Nogera I A6
59 Nogersund S C3
32 Nogueira de Ramuin E B3
46 Noguerones E B2
64 Nohfelden D B3
79 Noicáttaro I C4
26 Noirétable F C3
24 Noirmoutier-en-l'Ile F B2
35 Noja E A3
49 Nokia SF F11
56 Nol S A5
77 Nola I C5
27 Nolay F B4
72 Noli I B3
40 Nombela E B2
64 Nomeny F C2
64 Nomexy F C2
103 Nómia GR C4
22 Nonancourt F C2
21 Nonant-le-Pin F B6
73 Nonántola I B6
36 Nonaspe E B3
72 None I B2
25 Nontron F C5
84 Nonza F B2
60 Noordbroek NL B3
60 Noordhorn NL B3
49 Noormarkku SF F10
60 Noorwolde NL C3
53 Nora S C6
54 Norberg S B1
77 Nórcia I A4
52 Nord-Odat N B2
18 Nordausques F C2
57 Nordborg DK C2
57 Nordby, *Aarhus Amt.* DK C3
57 Nordby, *Ribe Amt.* DK C1
60 Norddeich D B4
60 Norden D B4
61 Nordenham D B5
51 Norderhov N A7
60 Norderney D B4
61 Norderstapel D A6
61 Norderstedt D B7
48 Nordfjordeid N F2
63 Nordgermersleben DDR A6
63 Nordhalben D C6
63 Nordhausen DDR B5
63 Nordheim v.d. Rhön D C5
60 Nordhorn D C4
48 Nordli N D6
66 Nördlingen D C1
49 Nordmaling S E9
52 Nordmark S C5
52 Nordre Osen N A2
48 Nordreisa N B10
63 Nordstemmen D A4
62 Nordwalde D A2
19 Nordwijk NL A4
19 Nordwijk aan Zee NL A4
19 Nordwijkerhout NL A4
51 Nore N A5
34 Noreña E A1
60 Norg NL B3
50 Norheimsund N A3
59 Norie S C3
77 Norma I B3
16 Norman Cross GB B2
52 Nornäs S A4
52 Norra Finnskoga S B3
52 Norra Ny S B4
58 Norra Vi S B4
58 Norrahammer S B3
54 Norrala S A2
57 Nørre Åby DK C2
57 Nørre Alslev DK D4
56 Nørre Bindslev DK A3
57 Nörre Broby DK C3
57 Nørre Lyndelse DK C3
57 Nørre Nebel DK C1
56 Nørre Nissum DK B1
57 Nørre Snede DK C2
18 Norrent-Fontes F C2
56 Nörresundby DK A2
58 Norrhult S B4
55 Norrköping S D2
54 Norrskedika S B4
54 Norrsundet S B3
54 Norrtälje S C4
56 Nors DK A1
53 Norsbron S C4
55 Norsholm S D1
49 Norsjo S D9
24 Nort-sur-Erdre F A3
63 Nörten-Hardenberg D B4
10 North Ballachulish GB B2
11 North Berwick GB B5
8 North Collafirth, *Shetland Is.* GB
13 North Ferriby GB B5
15 North Fitzwarren GB B4
17 North Hinksey GB C1
13 North Hykeham GB B5
15 North Petherton GB B4
11 North Queensferry GB B4
8 North Roe, *Shetland Is.* GB
13 North Somercotes GB B6
14 North Tawton GB C4
15 North Tidworth GB B6
8 North Tolsta GB B2
16 North Walsham GB B4
13 Northallerton GB A4
14 Northam GB B3
16 Northampton GB B2
63 Northeim D B5
17 Northfleet GB C3
17 Northiam GB D3
15 Northleach GB B6
12 Northop GB B2
9 Northwaa GB A6
12 Northwich GB B3
17 Northwood GB D1
13 Norton GB A5
61 Nortorf D A6
16 Norwich GB B4
8 Norwick, *Shetland Is.* GB
38 Nossa Senhora do Cabo P C1
53 Nossebro S D3
53 Nössemark S C2
88 Nossen DDR B3
77 Notaresco I A4
97 Nótia GR D4
83 Noto I C4
51 Notodden N B6
16 Nottingham GB B1
62 Nottuln D B2
26 Nouan-le-Fuzelier F A2
25 Nouans-les-Fontaines F A6
29 Nougaroulet F C4
23 Nouvion, *Aisne* F B4
18 Nouvion, *Somme* F C1
92 Nova H B1
91 Nová Baña CS C4
91 Nová Belá CS B4
90 Nová Bošáca CS C3
97 Nova Breznica YU D3
91 Nová Bystrica CS B5
67 Nová Bystrice CS B6
93 Nova Crnja YU C5
70 Nova Gorica YU C3
94 Nova Gradiška YU A2
95 Nova Kasaba YU B4
70 Nova Levate (Welschnofen) I B1
71 Nova Mesto YU C5
99 Nova Nadezhda BG A4
89 Nová Paka CS C5
95 Nova Pazova YU B5
94 Nova Topola YU A2
95 Nova Varoš YU C4
71 Nova Vas YU C4
91 Nova Ves CS C4
99 Nova Zagora BG A4
97 Novaci YU D3
74 Novafeltria I C2
91 Nováky CS C4
27 Novalaise F C5
36 Novales E A2
75 Novalja YU B4
68 Novara I C3
83 Novara di Sicilia I A4
69 Novate Mezzola I B4
90 Nové Dvory CS B1
67 Nové Hrady CS C5
90 Nové Mesto CS C3
89 Nové Mesto n. Metuji CS C6
90 Nové Město n. Moravě CS B2
89 Nové Město p. Smrkem CS C5
67 Nové Mitrovice CS B4
88 Nové Strašeci CS C3
91 Nové Zámky CS C4
64 Novéant F B2
42 Novelda E C2
73 Novellara I B5
70 Noventa di Piave I C2
74 Novento Vicentina I A1
40 Novés E B2
31 Noves F C3
37 Novés de Segre E A4
107 Novgorod SU A12
93 Novi Bečej YU C5
73 Novi di Módena I B5
98 Novi Dojran YU B1
93 Novi Kneževac YU B5
93 Novi Kozarc YU C5
72 Novi Ligure I B3
92 Novi-Marof YU B1
95 Novi Pazar YU C5
95 Novi Sad YU A4
95 Novi Slankamen YU A5
94 Novi Travnik YU B2
75 Novi Vinodolski YU A4
75 Novigrad, *Hrvatska* YU B5
92 Novigrad, *Hrvatska* YU B1
74 Novigrad Podravski YU A3
64 Noville B A1
23 Novion-Porcien F B5
96 Novo Brdo YU C3
96 Novo Korito YU B4
93 Novo Miloševo YU C5
99 Novo Selo BG B5
99 Novo selo, *Lovech* BG A3
96 Novo Selo, *A. P. Kosovo* YU C2
94 Novo Selo, *Bosna i Hercegovina* YU A3
98 Novo Selo, *Makedonija* YU B1
95 Novo Selo, *Srbija* YU C5
108 Novograd Volinskiy SU A7
100 Novoselë AL A1
99 Novoselets BG A5
94 Novska YU A2
91 Nový Bohumin CS B4
88 Nový Bor CS C4
89 Nový Bydžov CS C5
91 Nový-Hrozenkov CS B4
91 Nový Jičin CS B4
67 Novy Knin CS B5
91 Nový Sady CS C3
91 Nový Tekov CS C4
89 Nowa Kościol- PL B5
89 Nowa Miasteczko PL B5
89 Nowa Ruda PL C6
89 Nowa Sol PL B5
87 Nowa Warpno PL B5
87 Nowogard PL B6
89 Nowogród Bobrazański PL B5
89 Nowogrodziec PL B5
108 Nowy Sacz PL B4
91 Nowy Targ PL B6
89 Nowy Tomyśl PL A6
32 Noya E B2
20 Noyal-Pontivy F B3
24 Noyalo F A2
26 Noyant, *Allier* F B3
25 Noyant, *Maine-et-Loire* F A5
18 Noyelles F C1
21 Noyen F C5
25 Noyers, *Cher* F A6
27 Noyers, *Yonne* F A4
31 Noyers-sur-Jabron F B4
23 Noyon F B3
24 Nozay F A3
25 Nuaillé F A4
24 Nuaillé-d'Aunis F B4
34 Nuava E A2
34 Nubiedo E A1
63 Nudlingen D C5
36 Nuéno E A2
46 Nueva Carteya E B2
41 Nuevalos E A5
41 Nuevo Seseña E B3
27 Nuits-St.George F A4
18 Nukerke B C3
85 Nule I B2
42 Nules E B2
85 Nulvi I B1
74 Numana I C3
19 Numansdorp NL B4
62 Nümbrecht D C2
88 Nunchritz DDR B3
13 Nuneaton GB C4
39 Nuñomoral E A4
88 Nunsdorf DDR A3
19 Nunspeet NL A5
85 Núoro I B2
77 Nuovo Balsorano Vecchio I B4
85 Nurallao I C2
37 Nuria E A5
49 Nurmes SF E14
66 Nürnberg D B2
85 Nurri I C2
65 Nürtingen D C5
68 Nus I C2
52 Nusnäs S B5
65 Nusplingen D C4
93 Nyáregyháza H A4
93 Nyarlörinc H B4
52 Nybergsund N A3
57 Nyborg DK C3
58 Nybro S C4
9 Nybster GB B5
57 Nyby DK D5
58 Nydala S B3
93 Nyergesufalu H A3
52 Nygard N B2
52 Nyhammar S B5
59 Nyhamnsläge S C1
53 Nyhyttan S C5
92 Nyirád H A2
108 Nyirbátor H C5
108 Nyiregyháza H C4
49 Nykarleby SF E11
59 Nyker DK D3
57 Nykøbing, *Vestsjaellands Amt.* DK C4
56 Nykøbing, *Viborg Amt.* DK B1
55 Nyköping S D3
53 Nykroppa S C5
55 Nykvarn S C3
49 Nyland S E8
89 Nymburk CS C5
55 Nynäshamn S D3
27 Nyon CH B6
31 Nyons F B4
67 Nýřany CS B4
67 Nýrsko CS B4
48 Nyrud N B14
108 Nysa PL A2
53 Nysåter S C3
52 Nyskoga S B3
57 Nysogn DK B1
57 Nysted DK D4
51 Nystrand N B6
53 Nysund S C5
92 Nyúl H A2

O

32 O Barco de Valdeorras E B4
16 Oadby GB B1
12 Oakengates GB C3
16 Oakham GB B2
108 Oancea RO D8
50 Oanes N C3
69 Oapolago CH C3
94 Obalj YU C3
10 Oban GB B2
71 Obdach A A4
46 Obejo E A2
90 Ober Grafendorf A C1
63 Ober-Kaufungen D B4
62 Ober-Morlen D C3
65 Ober-Roden D B4
63 Ober Seemen D C4
66 Oberasbach D B1
69 Oberau D A6
64 Oberbronn F C3
64 Oberbruck F D2
68 Oberdießbach CH B2
68 Oberdorf CH A2
63 Oberdorla DDR B5
70 Oberdrauburg A B2
63 Oberelsbach D C5
66 Obergermaringen D D1
66 Obergünzburg D D1
69 Obergurgl CH B6
71 Oberhaag A B5
65 Oberhausen, *Baden-Württemberg* D B4
62 Oberhausen, *Nordrhein-Westfalen* D B1
63 Oberhof DDR C5
63 Oberkatz DDR C5
65 Oberkirch, *Baden-Württemberg* D C4
64 Oberkirch, *Rheinland-Pfalz* D B2
62 Oberkirchen D B3
65 Oberkochen D C6
88 Oberkotzau D C1
62 Oberlahnstein D C2
63 Oberlauringen D C5
65 Obermarchtal D C5
63 Obermaßfeld-Grimmenthal DDR C5
64 Obernai F C3
65 Obernau D B5
67 Obernberg A C4
65 Obernburg D B5
65 Oberndorf D C4
67 Oberndorf b. Salzburg A D3
67 Oberneukirchen A C5
62 Obernkirchen D A4
89 Oberoderwitz DDR C4
71 Oberort A A5
62 Oberpleis D C2
92 Oberpullendorf A A1
65 Oberried D D3
69 Oberriet CH A4
63 Oberröblingen DDR B6
88 Oberröslau D C1
65 Oberrot D B5
66 Oberschleißheim D C2
65 Oberseebach F C3
69 Oberstaufen D A5
69 Oberstdorf D A5
70 Obertilliach A B2
66 Obertraubling D C3
70 Obertraun A A3
66 Obertrubach D B2
67 Obertrum A D4
62 Oberursel D C3
70 Obervellach A B3
63 Obervellmar D B4
66 Oberviechtach D B3
67 Oberwang A D4
92 Oberwart A A1
64 Oberwesel D A3
88 Oberwiesenthal DDR C3
62 Oberwinter D C2
71 Oberwölz A A4
67 Oberzell D C4
38 Obidos P B1
96 Obilic YU C3
66 Obing D D3
29 Objat F A5
71 Öblarn A A4
98 Obonshte BG A3
89 Oborniki Śląskie PL B6
93 Obornjača YU C4
86 Obrdorf D C1
95 Obrenovac YU B5
95 Obrež, *A. P. Vojvodino* YU B4
96 Obrež, *Srbija* YU B3
65 Obrigheim D B5
95 Obrovac, *A. P. Vojvodina* YU A4
75 Obrovac, *Hrvatska* YU B5
94 Obrovac Sinjski YU C1
97 Obršani YU D3
95 Obudovac YU B3
41 Ocaña E C3
74 Occhiobello I B1
72 Occimiano I A3
94 Očevlja YU B3
36 Ochagavia E A1
10 Ochiltree GB C3
91 Ochotnica-Dolna PL B6
91 Ochotnica-Górna PL B6
65 Ochsenfurt D B6
65 Ochsenhausen D C5
19 Ochten NL B5
62 Ochtendung D C2
62 Ochtrup D A2
54 Ockelbo S B2
56 Öckerö S A4
68 Ocourt CH A2
91 Očová CS C5
93 Ócsa H A4
21 Octeville F A4
59 Ödäkra S C1
56 Odby DK B1
50 Odda N A3
57 Odder DK C3
53 Ödeborg S D2
44 Odeceixe P B1
44 Odeleite P B2
44 Odemira P B1
109 Ödemis TR G8
64 Odenbach D B3
55 Odensbacken S C1
57 Odense DK C3
62 Odenthal D B2
87 Oderberg DDR C5
70 Oderzo I C2
53 Ödeshög S D5
44 Odiáxere P B1
38 Odivelas P C1
41 Odón E B5
108 Odorhei RO C6
90 Odry CS B3
57 Odsted DK C2
93 Odžaci YU C4
94 Odžak YU A3
18 Oedelen B B3
88 Oederan DDR C3
62 Oeding D B1
19 Oeffelt NL B5
19 Oegstgeest NL A4
38 Oeiras P C1
62 Oelde D B3
88 Oelsnitz DDR C2
68 Oensingen CH A2
67 Oepping A C4
62 Oer-Erkenschwich D B2
62 Oerlinghausen D B3
64 Oermingen F B3
62 Oesede D A3
63 Oeslau D C6
66 Oettingen D C1
23 Œuilly F B4
62 Oeventrop D B3
69 Offanengo I C4
65 Offenbach D A4
67 Offenberg D C3
65 Offenburg D C3
77 Offida I A4
66 Offingen D C1
22 Offranville F B2
33 Ofir P C2
51 Ofte N B5
65 Ofterdingen D C5
69 Ofterschwang D A5
68 Oftringen CH A2
69 Oggiono I C4
46 Ogihares E B3
80 Ogliastro Cilento I A2
80 Ogliastro Marina I A1
15 Ogmore Vale GB B4
50 Ogna N C2
98 Ognyanovo BG B2
96 Ogoste YU C3
88 Ogrosen DDR B4
75 Ogulin YU A5
47 Ohanes E B4
19 Ohey B C5
69 Ohlstadt D A6
99 Ohoriskos GR C5
63 Ohrdruf DDR C5
97 Ohrid YU D2
65 Öhringen D B5
65 Olffendorf F C3
69 Oigate Comasco I C3
7 Oilgate IRL B5
33 Oimbra E C3
19 Oirschot NL B5
22 Oisemont F B2
22 Oissel F B2
19 Oisterwijk NL B5
102 Oitilon GR C3
52 Oje S B4
49 Ojebyn S D10
46 Ojén E C2
45 Ojuelos Altos E A4
14 Okehampton GB C3
63 Oker D B5
98 Okhiron GR B2
90 Okoč CS D3
92 Okoli YU C1
91 Okoličné CS B5
35 Okondo E A3
99 Okop BG A5
90 Okřisky CS B1
96 Okruglica YU C4
57 Oksbøl DK C1
57 Oksby DK C1
52 Øksna N B2
103 Oktoniá GR A5
94 Okučani YU A2
104 Ola GR B2
35 Olagué E B5
30 Olargues F C1
89 Olawa PL C7
35 Olazagutia E B4
88 Olbernhau DDR C3
63 Olbersleben DDR B6
85 Ólbia I B2
57 Ølbylyng DK C5
66 Olching D C2
9 Old Deer GB C6
5 Oldcastle IRL C4
60 Oldeberkoop NL C3
60 Oldeboorn NL B2
19 Oldebroek NL A5
48 Olden N F3
61 Oldenbrok D B5
61 Oldenburg, *Niedersachsen* D B5
86 Oldenburg, *Schleswig-Holstein* D A1
62 Oldenzaal NL A1
48 Olderdalen N B10
60 Oldersum D B4
13 Oldham GB B3
63 Oldisleben DDR B6
9 Oldmeldrum GB C6
89 Oldrzychowice PL C6
34 Olea E B2
52 Oleby S B4
39 Oledo P B3
68 Olégio I C3
32 Oleiros E B2
38 Oleiros P B3
19 Olen B B4
50 Olen N B2
37 Olesa de Montserrat E B4
90 Olešnice CS B2
87 Oleszna PL B5
37 Olette F A5
62 Olfen D B2
69 Olginate I C4
57 Ølgod DK C1
9 Olgrinmore GB B5
44 Olhâo P B2
38 Olhavo P B1
44 Olhos de Agua P B1
37 Oliana E A4
40 Olias del Rey E C3
85 Oliena I B2
36 Oliete E C2
101 Olimbiás GR B4
105 Olimbos GR C4
101 Ólinthos GR A5
35 Olite E B5
42 Oliva E C2
45 Oliva de la Frontera E A3
39 Oliva de Mérida E C4
39 Oliva de Plasencia E A4
38 Olival P B2
46 Olivar E C3
81 Olivardi I C3
45 Olivares E B3
34 Olivares de Duero E C2
41 Olivares de Júcar E C4
33 Oliveira de Azemeis P D2
33 Oliveira de Frades P D2
38 Oliveira do Conde P A3
38 Oliveira do Hospital P A3
39 Olivenza E C3
22 Olivet F D2
69 Olivone CH B3
13 Ollerton GB B4
57 Ollerup DK C3
26 Olliergues F C3
31 Ollioules F C4
68 Ollon CH B2
23 Olloy-sur-Viroin B A5
55 Ölmbrotorp S C1
53 Olme S C4
41 Olmeda E B4
41 Olmedilla de Alcarcón E C4
34 Olmedilla de Roa E C3
34 Olmedo E C2
85 Olmedo I B1
84 Olmeto F C1
34 Olmillos de Castro E C1
34 Olmos de Ojeda E B2
16 Olney GB B2
42 Olocau del Rey E A2
59 Olofström S C3
90 Olomouc CS B3
24 Olonne-sur-Mer F B3
30 Olonzac F C1
28 Oloron-Ste. Marie F C3
37 Olost E B5
37 Olot E A5
95 Olovo YU B3
62 Olpe D B2
90 Olšany CS B3
62 Olsberg D B3
64 Olsbrücken D B3
18 Olsene B C3
53 Ölserud S C4
53 Olshammar S D5
88 Olsig DDR B3
59 Olsker DK D3
19 Olst NL A6
107 Olsztyn PL D7
89 Olszyna PL B5
50 Oltedal N C3
68 Olten CH A2
50 Ølve N B2
35 Olvega E C5
63 Olvenstedt DDR A6
45 Olvera E C4
101 Olympiás GR A5
85 Olzai I B2
5 Omagh GB B4
104 Omalós, *Kriti* GR
99 Omarchevo BG A5
15 Ombersley GB A5
68 Omegna I C3
80 Omignano Scalo I A2
94 Omiš YU C1
75 Omišalj YU A4
60 Ommen NL C3
101 Omólion GR B4
95 Omoljica YU B5
100 Omorfoklisia GR A3
101 Omvriaki GR B4
19 On B C5
35 Oña E B3
76 Onano I A2
35 Oñate E A4
12 Onchan GB A1
42 Onda E B2
42 Ondara E C3
35 Ondárroa E A4
28 Onesse-et-Laharie F B2
17 Ongar GB C3
31 Ongles F B4
19 Onhaye B C4
42 Onil E C2
34 Onis E A2
18 Onnaing F C3
59 Onnestad S C3
56 Onsala S A5
57 Onsbjerg DK C3
59 Onslunda S D3
60 Onstwedde NL B4
42 Ontur E C1
25 Onzain F A6
34 Onzonilla E B1
18 Oost-en-West-Souburg N B3
60 Oost-Vlieand NL B2
18 Oostakker B B3
18 Oostburg N B3
18 Oostende B B2
19 Oosterbeek NL B5
60 Oosterend NL B2
19 Oosterhout NL B4
60 Oosterwolde NL C3
18 Oosterzele B C3
60 Oosthuizen NL C2
18 Oostkamp B B3
19 Oostmalle B B4
18 Oostrozebeke B C3
18 Oostvleteren B C2
19 Oostvoorne NL B4
60 Ootmarsum NL C3
89 Opalenica PL A6
67 Opařany CS B5
96 Oparic YU B3
75 Opatija YU A4
90 Opava CS B3
60 Opeinde NL B3
19 Opglabbeerk B B5
18 Ophasselt B C3
71 Opicina I C3
62 Opladen D B1
71 Oplotnica YU B5
60 Opmeer NL C1
107 Opochkta SU B11
89 Opočno CS C6
108 Opole PL A2
95 Opovo YU A5
88 Oppach DDR B4
48 Oppdal N E4
55 Oppeby S D2
51 Oppegård N B7
65 Oppenau D C4
71 Oppenberg A A4
65 Oppenheim D B4
60 Oppenhuizen NL B2
61 Oppenwehe D C5
65 Oppenwir D C5
78 Oppido Lucano I D2
83 Óppido Mamertina I A4
67 Opponitz A D5
52 Oppstad N B2
75 Oprtali YU A3
52 Opsahedan S B4
79 Opuzen YU A4
70 Ora (Auer) I B1
38 Orada P C3
108 Oradea RO C4
25 Oradour-sur-Glane F C6
25 Oradour-sur-Vayres F C5
96 Orahovac YU C2
92 Orahovica YU C2
94 Orahovo YU A2
99 Oraion GR B3
31 Oraison F C4
31 Orange F B3
85 Orani I B2
87 Oranieburg DDR C4
88 Oranienbaum DDR B2
6 Oranmore IRL A3
95 Orašac, *Srbija* YU B5
95 Orašac, *Srbija* YU B4
95 Orašje YU A3
109 Oraviţa RO D4
91 Oravská Lesná CS B5
91 Oravské Polhora CS B5
91 Oravské Veselé CS B5
91 Oravsky-Podzámok CS B5
42 Orba E C2
33 Orbacém P C2
57 Ørbaek DK C3
23 Orbais F C4
72 Orbassano I A2
68 Orbe CH B1
22 Orbec F B1
76 Orbetallo I A2
76 Orbetello Scalo I A2
54 Örbyhus S B3
47 Orce E B4
47 Orcera E A4
27 Orchamps F A5
68 Orchamps-Vennes F A1
42 Orchete E C2
18 Orchies F C3
31 Orcières F B5
32 Ordenes E A2
36 Ordesa E A2
11 Ordhead GB A5
11 Ordie GB A5
61 Ording D A5
37 Ordino AND A4
35 Orduna E B4
54 Ore S A1
41 Orea E B5
79 Orebic YU B4
55 Örebro S C1
93 Öregcsertö H B4
54 Öregrund S B4
57 Orehoved DK D4
39 Orellana de la Sierra E B5
39 Orellana la Vieja E C5
105 Orën TR A4
101 Oreoi GR C5
99 Orestiás GR B5
101 Orfaná GR B4
16 Orford GB B4
37 Orgañá E A4
99 Orgáni GR B4
40 Orgaz E C3
27 Orgelet-le-Bourget F B5
51 Ørgenvika N A6
22 Orgères-en-Beauce F C2
36 Orgibet F A3
9 Orgill GB B5
30 Orgnac-l'Aven F B3
31 Orgon F C4
85 Orgósolo I B2
99 Orhaniye TR C5
103 Orhomenós GR A3
47 Oria E B4
81 Oria I A4
23 Origny-Ste Benoite F B4
47 Orihuela E A6
41 Orihuela del Tremedal E B5
100 Orik AL A1
98 Orini GR B2
35 Orio E A4
38 Oriola P C3
81 Oriolo I A3
49 Oripaä SF F11
85 Oristano I C1
92 Öriszentpéter H B1
49 Orivesii SF F12
98 Orizari YU B1
99 Orizovo BG A4
53 Ørje N C2
46 Orjiva E C3
48 Orkanger N E4
59 Örkelljunga S C2
93 Örkény H A4
63 Orlamünde DDR C6
96 Orlane YU C3
96 Orlate YU C2
22 Orleans F D2
91 Orlova CS B4
95 Orlovat YU A5
97 Orma GR E3
58 Ormaryd S B3
72 Ormea I B2
51 Ormelet N B7
51 Ormemyr N B6
99 Orménion GR B5
101 Ormilia GR A5
104 Órmos, *Andros* GR A1
101 Órmos, *Thessaloníki* GR A4
92 Ormož YU B1
16 Ormsby St. Margaret GB B4
12 Ormskirk GB B3
27 Ornans F A6
54 Ornäs S B1
57 Ørnhøj DK B1
104 Ornos GR A2
104 Ornos GR A2
49 Ornsköldvik S E9
95 Orolik YU A4
93 Orom YU C4
68 Oron-la-Ville CH B1
68 Oropa I C2
42 Oropesa, *Castellon* E A3
40 Oropesa, *Toledo* E C1
85 Orosei I B2
93 Orosháza H B5
92 Oroszlány H A3
92 Oroszlo H B3
85 Orotelli I B2
35 Orozco E A4
9 Orphir GB B5
50 Orre N C2
58 Orrefors S C4
55 Orresta S C2
52 Orsa S A5
78 Orsara di Púglia I C2
22 Orsay F C3
64 Orscholz D B2
26 Orsennes F B1
58 Orserum S A3
107 Orsha SU C12
68 Orsières CH B2
58 Orsjö S C4
57 Ørslev DK C4
77 Orsogna I A5
80 Orsomarso I B2
109 Orşova RO D5
48 Orstav N E3
56 Ørsted DK B3
55 Örsundsbro S C3
78 Orta Nova I C2
68 Orta san Giulio I C3
76 Orte I A3
67 Ortenburg D C4
90 Orth A C2
28 Orthez F C3
64 Ortho B A1
32 Ortigueira E A3
36 Ortilla E A2
70 Ortisei (St. Ulrich) I B1
59 Örtofta S D2
12 Orton GB A3
77 Ortona I A5
88 Ortrand DDR B3
94 Orubica YU A2
56 Ørum DK B2
85 Orune I B2
41 Orusco E B3
38 Orvalho P A3
24 Orvault F A3
76 Orvieto I A3
77 Orvinio I A3
109 Oryakhovo BG E5
69 Orzinuovi I C4
69 Orzivécchi I C4
95 Osaonica YU C5
58 Osbruk S B3
59 Osby S C2
91 Oščadnica CS B4
88 Oschatz DDR B3
63 Oschersleben DDR A6
85 Oschiri I B2
61 Osdorf D A7
95 Osečina YU B4
34 Oseja de Sajambre E A1
88 Osek CS C3
36 Osera E B2
92 Ösi H A3
85 Osidda I B2
89 Osieczna PL B6
91 Osielec PL B5
93 Osijek YU C3
71 Osilnica YU C4
85 Osilo I B1
74 Ósimo I C3
94 Osinja YU B2
109 Osipaonica YU D4
95 Osječani YU C3
58 Oskarshamn S B5
58 Oskarström S C1
91 Oslany CS C4
90 Oslavany CS B2
51 Oslo N B7
99 Osmanli TR B5
55 Ösmo S D3
62 Osnabrück D A3
87 Ośno PL C5
75 Osor YU B4
34 Osorno E B2
50 Osøyra N A2
72 Ospedaletti I C2
69 Ospitaletto I C5
19 Oss NL B5
101 Ossa GR A5
41 Ossa de Montiel E D4
85 Ossi I B1
51 Ossjøen N A5
28 Ossun F C3
59 Ostanå S C3
53 Ostansjo S C5
54 Ostanvik S A1
48 Östavall S E7
62 Ostbevern D A2
52 Østby N A3
57 Osted DK C4
56 Øster Hornum DK B2
56 Øster Hurup DK B3

* 19 Niewegein NL A5

57 Øster Lindet DK C2
59 Øster Marie DK D4
56 Øster Tørslev DK B3
56 Øster Vrå DK A3
86 Osterburg DDR C2
65 Osterburken D B5
54 Österbybruk S B3
56 Osterbyhavn DK A4
58 Osterbymo S B4
54 Österfärnebo S B2
63 Osterfeld DDR B6
67 Osterhofen D C4
61 Osterholz-Scharmbeck D B5
58 Osterkorsberga S B4
56 Østerlid DK A1
54 Österlövsta S B3
67 Ostermiething A C3
63 Osterode D B5
61 Osterronfeld D A6
62 Osterspai D C2
48 Östersund S E7
54 Östervåla S B3
53 Östervallskog S C2
62 Osterwick D A2
63 Osterwieck DDR B5
66 Osterzell D D1
92 Ostffyasszonyfa H A2
54 Östhammar S B4
64 Ostheim F C3
63 Ostheim v.d. Rhön D C5
65 Osthofen D B4
73 Ostiano I A5
73 Ostiglia I A6
35 Ostiz E B5
52 Östmark S B3
52 Östnor S A5
93 Ostojićevo YU C5
74 Ostra I C3
52 Östra Amtervik S C4
55 Östra Husby S D2
59 Östra Ljungby S C2
59 Östraby S D2
65 Ostrach D D5
88 Ostrau DDR B3
91 Ostrava CS B4
51 Østre Halsen N B7
97 Ostren i math AL D2
65 Ostringen D B4
89 Ostritz DDR B4
106 Ostroda PL D6
90 Ostroh CS C3
107 Ostroleka PL D7
75 Ostrošovac YU B5
88 Ostrov CS C2
107 Ostrov SU B11
90 Ostrov n. Oslavou CS B2
107 Ostrów Maz. PL D7
106 Ostrów Wielkopolski PL E5
94 Ostrožac YU C2
86 Ostseebad Kühlungsborn DDR A2
79 Ostuni I D4
91 Osturňa CS B6
45 Osuna E B4
90 Osvětimany CS B3
12 Oswestry GB C2
91 Oświecim PL A5
49 Otava SF F13
35 Oteiza E B5
51 Oterbekk N B7
40 Otero de Herreros E B2
32 Otero de Rey E A3
17 Otford GB C3
63 Othfresen D A5
42 Otinyent E C2
13 Otley GB B4
89 Otmuchów PL C7
48 Otnes N F4
75 Otocăc YU B5
95 Otok YU A3
94 Otoka YU B1
81 Otranto I A5
76 Otricoli I A3
90 Otrokovice-Kvitkovice CS B3
108 Otrowiec Swietokrzyski PL A4
48 Otta N F4
85 Ottana I B2
64 Ottange F B2
77 Ottaviano I C5
59 Ottenby S C5
88 Ottendorf-Okrilla DDR B3
65 Ottenhöfen D C4
67 Ottenschlag A C6
67 Ottensheim A C5
10 Otter Ferry GB B2
64 Otterbach D B3
53 Otterbäcken S D5
11 Otterburn GB C5
66 Otterfing D D2
61 Otterndorf D B5
61 Ottersburg D B6
65 Ottersweier D C4
57 Otterup DK C3
15 Ottery St. Mary GB C4
19 Ottignies B C4
64 Ottmarsheim F D3
65 Ottobeuren D D6
93 Öttömös H B4
73 Ottone I B4
64 Ottweiler D B3
107 Otwock PL D7
89 Otyn PL B5
69 Ötz A A5
103 Otziás GR B5
26 Ouanne F A3
22 Ouarville F C2
22 Oucques F D2
19 Oud-Beijerland NL B4
19 Oud Gastel NL B4
19 Ouddorp NL B3
60 Oude-Pekela NL B4
19 Oude-Tonge NL B4
60 Oudehaske NL C2
64 Oudelange F B2
60 Oudemirdum NL C2
18 Oudenaarde B C3
19 Oudenbosch NL B4
18 Oudenburg B B2
19 Oudewater NL A4
24 Oudon F A3
6 Oughterard IRL A2
39 Ouguela P B3
21 Ouistreham F A5
49 Oulainen SF D12
23 Oulchy-le-Château F B4
27 Oullins F C4
25 Oulmes F B4
49 Oulu SF D12
16 Oundle GB B2
32 Ourense-Orense E B3
44 Ourique P B1
32 Ourol E A3
26 Ouroux, *Nièvre* F A3
27 Ouroux, *Saône-et-Loire* F B4
9 Ousdale GB B5
37 Oust F A4
38 Outeiro P A2
32 Outes E B2
49 Outokumpu SF E14
16 Outwell GB B3
32 Ouviñaño E A4
22 Ouzouer-le-Marché F D2
22 Ouzouer-sur-Loire F D3
72 Ovada I B3
54 Ovanåker S A1
33 Ovar P D2
99 Ovcharovo BG A5
56 Ove DK B2
61 Ovelgönne D B5
62 Ovenstädt D A3
57 Over-jerstal DK C2
15 Over Wallop GB B6
62 Overath Much D C2
9 Overbister GB A6
62 Overdinkel NL A2
48 Overhogdal S E7
19 Overijse B C4
49 Overkalix S C11
56 Overlade DK B2
58 Överlida S B1
19 Overpelt B B5
9 Overscaig Hotel GB B4
16 Overstrand GB B4
54 Övertänger S B1
12 Overton, *Clwyd* GB C3
17 Overton, *Hampshire* GB C1
49 Overtorneå S C11
58 Overum S B5
34 Oviedo E A1
72 Oviglio I B3
77 Ovindoli I A4
85 Ovodda I B2
50 Øvre Sirdal N C3
53 Övre Ullerud S C4
50 Øvrebygd N C3
107 Ovruch SU E11
57 Ovtrup DK C1
52 Oxberg S A5
55 Oxelösund S D3
17 Oxford GB C1
103 Oxilithos GR A5
69 Oy D A5
35 Oyarzun E A5
53 Øyenkilen N C1
52 Øyer N A1
51 Oyfjell N B5
9 Oykel Bridge GB C4
53 Øymark N C2
27 Oyonnax F B5
50 Øyslebe N C4
50 Øystese N A3
61 Oyten D B6
50 Øyuvsbu N B4
35 Ozaeta E B4
71 Ožbalt YU B5
105 Ozbaşi TR A4
91 Ózd H C6
91 Ožďany CS C5
85 Ozieri I B2
94 Ozimica YU B3
71 Ozjaz YU C5
22 Ozoir la Fernière F C3
92 Ozora H B3
72 Ozzano Monferreto I A3

P

47 Pa Paca E B5
19 Paal B B5
106 Pabianice PL E6
67 Pabneukirchen A C5
82 Paceco I B1
96 Pačenjevce YU B3
83 Pachino I C4
93 Pačir YU C4
71 Pack A B5
33 Paços de Ferreira P C2
67 Pacov CS B5
22 Pacy-sur-Eure F B2
89 Paczków PL C7
49 Padasjoki SF F12
57 Padborg DK D2
11 Paddockhole GB C4
93 Padej YU C5
62 Paderborn D B3
44 Paderne P B1
12 Padiham GB B3
95 Padina YU A5
95 Padinska Skela YU B5
33 Padornelo P C2
70 Pádova I C1
92 Padragkút H A2
85 Padria I B1
39 Padrogao P A3
32 Padrón E B2
34 Padrosa del Rio Urbel E B3
85 Padru I B2
14 Padstow GB C3
46 Padul E B3
80 Padula I A2
77 Paduli I B5
72 Paesana I B2
75 Paese I C2
75 Pag YU B5
39 Paga P A3
77 Pagani I C5
77 Pagánica I A4
76 Pagánico I A2
77 Paglieta I A5
64 Pagny-sur-Moselle F C1
101 Pagóndas GR C5
105 Pagóndhas GR A3
43 Paguera, *Mallorca* E
66 Pahl D D2
103 Paiania GR B4
15 Paignton GB C4
29 Pailhès F C5
24 Paimboeuf F A2
20 Paimpol F B2
21 Paimpont F B3
15 Painswick GB B5
66 Painten D C2
38 Paio Pires P C1
10 Paisley GB C3
49 Pajala S C11
34 Pajares E A1
34 Pajares de los Oteros E B1
92 Páka H B1
103 Pákia GR C3
75 Pakoštane YU C5
92 Pakrac YU C2
93 Paks H B3
34 Palacios de Benaber E B3
35 Palacios de la Sierra E C3
34 Palaciòs de la Valduerna E B1
33 Palacios de Sanabria E B4
32 Palacios del Sil E B4
40 Palaciosrubios E A1
37 Palafrugell E B6
81 Palagiano I A4
83 Palagonia I B3
73 Paláia I C5
103 Palaia Epidhavros GR B4
98 Palaikómi GR C2
104 Palaiokhora, *Kriti* GR
101 Palaiokhórion GR A5
101 Palaiovrákha GR C4
100 Pálairos GR C2
22 Palaiseau F C3
101 Palamás, *Fthiótis* GR B4
101 Palamás, *Kardhítsa* GR B4
37 Palamós E B6
107 Palanga SU C7
73 Palanzano I B5
91 Palárikovo CS C4
32 Palas de Rei E B3
77 Palata I B5
101 Palatitsia GR A4
85 Palau I A2
30 Palavas F C2
35 Palazuelos de la Sierra E B3
82 Palazzo Adriano I B2
74 Palazzo Del Pero I C2
78 Palazzo S. Gervásio I D2
83 Palazzolo Acréide I B3
69 Palazzolo sull Oglio I C4
74 Palazzuolo sul Senio I B1
107 Paldiski SU A9
95 Pale YU C3
105 Palékastron, *Kriti* GR
77 Palena I B5
34 Palencia E B2
46 Palenciana E B2
104 Paleópoli GR A1
82 Palermo I A2
77 Palestina I B3
82 Palestrate I A2
93 Pálfa H B3
71 Palfau A A4
16 Palgrave GB B4
33 Palhaça P D2
38 Palheiros de Mira P A2
38 Palheiros de Quiaios P A2
38 Palheiros de Tocha P A2
100 Paliambela GR C2
93 Palić YU B4
76 Palidoro I B3
80 Palinuro I A2
100 Paliokastritsa GR B1
102 Paliopanayiá GR C3
102 Paliópirgos, *Aitolia kai Acarnania* GR A2
101 Paliópirgos, *Trikkala* GR B3
99 Paliouri, *Évros* GR B5
101 Palioúri, *Khalkidhikí* GR B5
23 Paliseul B B6
68 Pallanza I C3
45 Pallares E A3
6 Pallas Green (New) IRL B3
37 Pallerols E A4
66 Palling D D3
103 Pallini GR A4
24 Pallnau F B3
43 Palma, *Mallorca* E
77 Palma I C5
38 Palma P C2
45 Palma del Rio E B4
82 Palma di Montechiaro I B2
43 Palma Nova, *Mallorca* E
70 Palmanova I C3
38 Palmela P C2
37 Palmerola E A5
83 Palmi I A4
93 Pälmonostora H B4
72 Palo I B3
78 Palo del Colle I C3
49 Palojcensuu SF B11
47 Palomares E B5
41 Palomares del Campo E C4
39 Palomas E C4
76 Palombara Sabina I A3
47 Palos E B6
45 Palos de la Frontera E B3
93 Palotaboszok H B3
91 Palotás H D5
37 Pals E B6
55 Pålsboda S C1
49 Paltamo SF D13
70 Paluzza I B3
19 Pamel B C4
92 Pamhagen A A1
29 Pamiers F C5
46 Pampaneira E C3
72 Pamparato I B2
38 Pampilhosa, *Aveiro* P A2
38 Pampilhosa, *Coimbra* P A3
34 Pampliega E B3
35 Pamplona E B5
98 Panagyurishte BG A3
100 Panaitólion GR C3
100 Panayia GR B3
101 Panayis GR A3
101 Panayitsa GR A3
95 Pančevo YU B5
98 Pancharevo BG A2
35 Pancorvo E B3
103 Pandanassa GR C3
69 Pandino I C4
56 Pandrup DK A2
88 Panenský-Týnec CS C3
107 Panevežys SU C9
17 Pangbourne GB C1
32 Panjon E B2
22 Pannes F C3
19 Panningen NL B5
92 Pannonhalma H A2
101 Panórama GR A5
105 Panormitis GR B4
104 Pánormos, *Kriti* GR
104 Pánormos, *Tínos* GR A2
88 Pansc DDR B4
86 Pansdorf D B1
64 Pansey F C1
36 Panticosa E A2
40 Pantoja E B3
32 Pantón E B3
80 Páola I B3
92 Pápa H A2
100 Papadátes GR B2
101 Papádes GR C5
103 Papadhianika GR C3
102 Páparis GR B3
80 Papasidero I B2
92 Pápateszér H A2
61 Papenburg D B4
100 Pápingo GR B2
66 Pappenheim D C1
81 Parábita I A5
96 Paračin YU B3
91 Parád H D6
33 Parada, *Bragança* P C4
33 Parada, *Viseu* P D2
45 Paradas E B4
32 Paradaseca E B4
32 Paradela E B3
40 Parades de Rubiales E A1
102 Paradhisia GR B3
34 Paradilla E C3
40 Paradinas de S. Juan E A1
101 Parádisos GR A5
103 Paralia, *Arkadhía* GR B3
103 Paralia, *Lakonía* GR C4
101 Paralia, *Pieria* GR A4
103 Paralia, *Voiotía* GR A3
101 Paralia Skofinas GR A4
98 Paralimnion GR C2
103 Parálion Ástrous GR B3
96 Paralovo YU C3
21 Paramé F B4
100 Paramithiá GR B2
32 Páramo E A4
32 Páramo del Sil E B4
33 Parandaça P C3
98 Paranéstion GR B3
100 Parapótamos GR B2
32 Paravadella E A3
100 Parávrison GR B2
27 Paray-le-Monial F B4
38 Parceiros P B2
27 Parcey F A5
86 Parchim DDR B2
28 Pardies F C3
70 Pardonone I C2
90 Pardubice CS A1
33 Paredes P C2
33 Paredes de Coura P C2
34 Paredes de Nava E B2
41 Paredes de Siguenza E A4
41 Pareja E B4
21 Parennes F B5
28 Parentis-en-Born F B2
88 Parey DDR A1
71 Parg YU C4
100 Párga GR B2
49 Pargas SF F11
23 Pargny-sur-Saulx F C5
22 Parigné-l'Évêque F D1
*22 Paris F C3
29 Parisot F B5
49 Parkano SF E11
11 Parkgate GB C4
5 Parkmore GB A5
6 Parknasilla IRL C2
40 Parla E B3
37 Parlabá E A6
73 Parma I B5
90 Parndorf A D2
91 Párnica CS B5
107 Parnu SU A9
23 Parois F B6
49 Parola SF F12
47 Parolis E A4
104 Paros GR A2
40 Parrillas E B1
66 Parsdorf D C2
87 Parstein DDR C5
82 Partanna I B1
25 Parthenay F B4
103 Partheni, *Évia* GR A4
105 Parthéni, *Léros* GR A3
82 Partinico I A2
99 Partizani BG A4
95 Partizani YU B5
91 Partizánske CS C4
13 Partney GB B6
12 Parton GB A2
58 Påryd S C4
87 Pasewalk DDR B4
95 Pasina Voda YU C4
58 Påskallavik S B5
75 Pašman YU C5
7 Passage East IRL B5
6 Passage West IRL C3
71 Passail A A5
21 Passais F B5
67 Passau D C4
33 Passegueiro P D2
18 Passendale B C3
74 Passignano sul Trasimeno I C2
74 Passo di Tréia I C3
83 Passopisciaro I B4
87 Passow DDR B5
77 Pástena I B5
32 Pastoriza E A3
41 Pastrana E B4
69 Pastrengo I C5
93 Pasztamonostor H A4
91 Pásztó H D5
90 Pata CS C3
22 Patay F C2
13 Pateley Bridge GB A4
42 Paterna E B2
45 Paterna de Rivera E C4
45 Paterna del Campo E B3
70 Paternion A B3
83 Paternò I B3
47 Paterno del Madera E A4
78 Paternópoli I D2
67 Patersdorf D B4
60 Paterswolde NL B3
100 Patiópoulo GR B3
105 Patmos GR A3
10 Patna GB C3
100 Patos AL A1
102 Pátra GR A2
6 Patrickswell IRL B3
84 Patrimonio F B2
13 Patrington GB B6
85 Pattada I B2
61 Pattensen, *Niedersachsen* D B7
63 Pattensen, *Niedersachsen* D A4
12 Patterdale GB A3
83 Patti I A3
93 Páty H A3
28 Pau F C3
28 Pauillac F A3
70 Paularo I B3
30 Paulhaguet F A2
30 Paulhan F C2
85 Paulilátino I B1
58 Paulistrom S B4
69 Paullo I C4
88 Pausa DDR C2
99 Pavel Banya BG A4
72 Pavia I A4
38 Pavia P C2
42 Pavias E B2
22 Pavilly F B1
101 Pávliani GR C4
103 Pávlos GR A4
73 Pavullo nel Frignano I B5
87 Päwesin DDR C3
91 Pawlowice PL B4
100 Paxi(Gaios) GR B2
44 Paymoyo E B2
100 Páyoi GR B1
29 Payrac F B5
98 Pazardzhik BG A3
75 Pazin YU A3
37 Paziols F A5
99 Pčelarovo BG B4
92 Pčelić YU C2
91 Pcim PL B5
97 Pčinja YU C3
17 Peacehaven GB D3
46 Peal de Becerro E B3
16 Peasenhall GB B4
17 Peasmarsh GB D3
96 Peć YU C2
73 Péccioli I C5
93 Pécel H A4
44 Pechao P B2
66 Pechbrunn D B3
34 Pechón E A2
108 Pecica RO C4
95 Pečinci YU B4
62 Peckelsheim D B4
92 Pécs H B3
92 Pecsvárad H B3
79 Pečurice YU B6
75 Pedaso I C3
70 Pedavena I B1
35 Pedernales E A4
70 Pedérobba I C1
59 Pedersker DK D3
70 Pedescala I C1
100 Pedhini GR B2
34 Pedrajas de San Esteban E C2
42 Pedralba E B2
33 Pedralba de la Praderia E B4
40 Pedraza E A3
42 Pedreguer E C3
32 Pedreira E A2
46 Pedrera E B2
46 Pedro Abad E B2
40 Pedro Bernardo E B2
46 Pedro-Martinez E B3
46 Pedroche E A2
44 Pedrógão, *Beja* P A2
38 Pedrógão, *Leiria* P B2
38 Pedrógão Grande P B2
36 Pedrola E B1
35 Pedrosa E B3
34 Pedrosa del Rey, *León* E B2
34 Pedrosa del Rey, *Valladolid* E C1
40 Pedrosillo E A1
40 Pedrosillo de los Aires E B1
11 Peebles GB C4
12 Peel GB A1
87 Peenemünde DDR A4
19 Peer B B5
102 Péfki GR B2
46 Pegalajar E B3
88 Pegau DDR B2
71 Peggau A A5
72 Pegli I B3
66 Pegnitz D B2
42 Pego E C2
38 Pegões Velhos P C2
11 Pegswood GB C6
98 Pehčevo YU B1
63 Peine D A5
69 Péio I B5
31 Peipan F B4
68 Peisey-Nancroix F C1
66 Peißenberg D D2
66 Peiting D D1
88 Peitz DDR B4
95 Peka YU B4
40 Pelahustán E B2
102 Pelána GR B3
101 Pelasyia GR C4
87 Pelczyce PL B6
100 Pélekas GR B1
103 Peleta GR B3
67 Pelhřimov CS B6
31 Pélissanne F C4
101 Pella GR A4
31 Pellafol F B4
73 Pellegrino Parmense I B4
28 Pellegrue F B4
92 Pellérd H B3
74 Pellestrina I A2
25 Pellevoisin F B6
69 Pellizzano I B5
49 Pello SF C11
40 Peloche E C1
31 Pelussinen F A3
93 Pély H A5
14 Pembrey GB B3
15 Pembridge GB A5
14 Pembroke GB B3
14 Pembroke Dock GB B3
17 Pembury GB C3
12 Pen-y-groes GB B1
35 Peñacerrada E B4
38 Penacova P A2
12 Penaenmawr GB B2
34 Peñafiel E C2
33 Penafiel P C2
45 Peñaflor E B4
33 Penaiva do Castelo P D3
46 Peñalsordo E A1
39 Penamacor P A3
34 Penamellera Alta E A2
34 Penamellera Baja E A2
39 Penaparda E A4
40 Penaranda de Bracamonte E B1
35 Penaranda de Duero E C3
36 Peñarroya de Tastavins E C3
39 Peñarroya-Pueblonuevo E C5
46 Peñarrubia E C2
32 Peñarrubla E B3
15 Penarth GB B4
47 Peñas de S. Pedro E A5
47 Peñascosa E A4
34 Peñausende E C1
91 Penc H D5
102 Pendálofos, *Aitolía kai Acarnanía* GR A2
99 Pendálofos, *Évros* GR B5
101 Pendayi GR C4
14 Pendeen GB C2
34 Pendueles E A2
33 Penedono P D3
38 Penela P A2
33 Penhas Juntas P C3
38 Peniche P B1
11 Penicuik GB C4
88 Penig DDR C2
44 Penilhos P B2
43 Peniscola E A3
13 Penistone GB B4
98 Penkovtsi BG A1
13 Penkridge GB C3
87 Penkun DDR B5
20 Penmarche F C1
74 Pennabilli I C2
29 Penne F B4
77 Penne I A4
70 Pennes (Pens) I B1
10 Pennyghael GB B1
12 Penrhyndeudraeth GB C1
12 Penrith GB A3
14 Penryn GB C2
100 Pentálofos GR A3
12 Pentraeth GB B1
12 Pentrefoelas GB B2
14 Penzance GB C2
66 Penzberg D D2
66 Penzing D C1
87 Penzlin DDR B4
31 Péone F B5
96 Pepelievac YU B3
99 Peplos GR C5
97 Peqin AL D1
92 Pér H A2
38 Pera Boa P A3
103 Péra Mélana GR B3
49 Perä-Posio SF C13
33 Perafita P C2
101 Peraia GR A4
102 Perakhónon GR A1
103 Perakhóra GR A3
40 Peraleda de la Mata E C1
40 Peraleda de S.Román E C1
42 Perales de Alfambra E A1
41 Perales de Tajuña E B3
35 Peralta E B5
36 Peralta de la Sal E B3
44 Peralva P B2
41 Peralveche E B4
103 Pérama, *Attikí* GR B4
100 Pérama, *Ioánnina* GR B2
104 Pérama, *Kriti* GR
49 Peranka SF D14
79 Perast YU B5
93 Perbál H A3
90 Perchtoldsdorf A C2
21 Percy F B4
85 Perdasdefogu I C2
103 Perdhika, *Égina* GR B4
100 Perdhika, *Kozani* GR A3
36 Perdiguera E B2
108 Perecin SU B5
41 Peredes E B4
33 Peredo P C4
44 Pereiro, *Faro* P B2
33 Pereiro, *Guarda* P D3
38 Pereiro, *Santarém* P B2
32 Pereiro de Aguiar E B3
37 Perelada E A6
39 Pereleda de Zaucejo E C5
41 Perelejos de las Truchas E B5
36 Perello E C3
33 Pereña E C4
34 Pereruela E C1
101 Perfki GR B5
85 Pérfugas I B1
67 Perg A C5
69 Pérgine Valsugana I B6
74 Pérgola I C2
83 Pergusa I B3
49 Perho SF E12
69 Peri I C5
93 Periam RO B5
46 Periana E C2
21 Périers F A4
29 Périgueux F A4
73 Perino I B4
101 Peristéra GR A5
100 Perithia GR B1
98 Perithórion GR B2
100 Perivóli, *Grevená* GR B3
100 Perivóli, *Kérkira* GR B2
75 Perjasica YU A5
93 Perkáta H A3
86 Perleberg DDR B2
95 Perlez YU A5
100 Përmet AL A2
27 Pernand-Vergelesses F A4
67 Pernarec CS B4
71 Pernegg a.d. Mur A A5
90 Pernek CS C3
38 Pernes P B2
31 Pernes-les-Fontaines F C4
98 Pérni GR B3
98 Pernik BG A2
88 Pernink CS C2
49 Pernio SF F11
90 Pernitz A D1
38 Pero Pinheiro P C1
44 Peroguarda P A1
30 Pérols F C2
27 Peron F B5
23 Péronne F B3
19 Péronnes B C4
34 Perorrubio E C3
72 Perosa Argentina I B2
33 Perozinho P C2
37 Perpignan F A5
14 Perranporth GB C2
27 Perrecy-les-Forges F B4
72 Perrero I B2
26 Perrier F C3
68 Perrignier F B1
20 Perros-Guirec F B2
22 Persan F B3
52 Persberg S C5
67 Persenbeug A C6
15 Pershore GB A5
53 Pershyttan S C6
88 Perštejn CS C3
11 Perth GB B4
70 Pertisau A A1
31 Pertuis F C4
95 Perućac YU C4
74 Perugia I C2
98 Perushtitsa BG A3
75 Perusic YU B5
18 Péruwelz B C3
19 Perwez B C4
35 Pesadas de Burgos E B3
34 Pesaguero E A2
74 Pésaro I C2
99 Peşayigit TR C5
69 Pescantina I C5
77 Pescara I A5
77 Pescasseroli I B4
78 Peschici I C3
69 Peschiera d. Garda I C5
73 Péscia I C5
77 Pescino I A4
77 Pesco Sannita I B5
77 Pescocostanzo I B5
78 Pescopagano I D2
97 Peshk AL D2
97 Peshkopi AL D2
98 Peshtera BG A3
27 Pesmes F A5
34 Pesquera de Duero E C2
28 Pessac F B3
99 Pessáni GR B5
97 Peštani YU D2
99 Pet Mogili BG A5
100 Péta GR B3
102 Petalidhion GR C2
64 Pétange L B1
18 Petegem B C3
92 Peteranec YU B1
16 Peterborough GB B2
15 Peterchurch GB A5
11 Peterculter GB A5
9 Peterhead GB C7
11 Peterlee GB D6
17 Petersfield GB D2
62 Petershagen D A3
87 Petershagen DDR C4
66 Petershausen D C2
87 Petershogen DDR C5
66 Peterskirchen D C3
6 Peterswell IRL A3
91 Pétervására H C6
81 Petilia Policastro I B3
101 Petiotó GR B3
88 Petkus DDR B3
93 Petlovac YU C3
95 Petlovača YU B4
93 Petőfiszallás H B4
100 Petoúsi GR B2
43 Petra, *Mallorca* E
101 Pétra GR A4
82 Petralia Sottana I B3
101 Petralona GR A5
101 Pétrana GR A3
42 Petrel E C2
97 Petrelë AL D1
77 Petrella Tifernina I B5
84 Petreto-Bicchisano F C1
98 Petrich BG B2
92 Petrijanec YU B1
93 Petrijevci YU C3
92 Petrinja YU C1
91 Petrkovice CS B4
107 Petrokrepost SU A12
42 Pétrola E C1
90 Petronell A C2
108 Petroseni RO D5
99 Petrotá GR B5
98 Petroúsa GR B3
79 Petrovac YU B5
95 Petrovaradin YU A4
91 Petrovice, *Severomoravsky* CS B4
67 Petrovice, *Zapadočeský* CS B4
67 Pettenbach A D5
11 Petterden GB B5
5 Pettigoe IRL B4
66 Petting D D3
17 Petworth GB D2
33 Peubla de Sanabria E B4
67 Peuerbach A C4
34 Peuntenansa E A2
17 Pevensey GB D3
15 Pewsey GB B6
60 Pewsum D B4
26 Peyrat-le-Château F C1
28 Peyrehorade F C2
30 Peyriac-Minervois F C1
31 Peyrins F A4
26 Peyrissac F C1
31 Peyruis F B4
23 Pézarches F C3
30 Pézenas F C2
90 Pezinok CS C3
41 Pezuela de las Torres E B3
29 Pézuls F B4
66 Pfaffenhausen D C1
65 Pfaffenhofen, *Bayern* D C6
66 Pfaffenhofen, *Bayern* D C2
64 Pfaffenhoffen F C3
68 Pfäffikon CH A3
19 Pfalzdorf D B6
67 Pfarrkirchen D C3
63 Pfarrweisach D C5
101 Pfatikambos GR B4
65 Pfedelbach D B5
66 Pfeffenhausen D C2
68 Pfetterhouse F A2
65 Pforzheim D C4
69 Pfronten D A5
65 Pfullendorf D D5
65 Pfullingen D C5
69 Pfunds A B5
68 Pfungen CH A3
65 Pfungstadt D B4
69 Pfyn CH A3
64 Phalsbourg F C3
19 Philippeville B C4
67 Philippsreut D C4
63 Philippsthal D C4
73 Piacenza I A4
74 Piacenza d'Adige I A1
73 Piádena I A5
100 Piakoti GR B2
84 Piana F B1
72 Piana Crixia I B3
82 Piana degli Albanesi I B2
76 Piancastagnáio I A2
73 Piandelagotti I B5
77 Pianella I A5
73 Pianello Val Tidone I B4
72 Piano I B3
73 Pianoro I B6
84 Pianosa I B3
69 Pians A A5
44 Pias P A2
87 Piasek PL C5
108 Piatra Neamt RO C7
73 Piazza al Sérchio I B5
83 Piazza Armerina I B3
69 Piazza Brembana I C4
76 Piazze I A2
70 Piazzola s. Brenta I C1
42 Picassent E B2
74 Piccione I C2
78 Picerno I D2
67 Pichl b. Wels A C4
13 Pickering GB A5
77 Pico I B4
40 Picón E C2
22 Picquigny F B3
15 Piddletrenthide GB C5
68 Piedicavallo I C2
84 Piedicroce F B2
77 Piedimonte d'Alife I B5
83 Piedimonte Etneo I B4
68 Piedimulera I B3
77 Piedipaterno sul Nera I A3
40 Piedra Escrita E C2
40 Piedrabuena E C2
34 Piedrafita E A1
32 Piedrafita do Cebreiro E B4
40 Piedrahita E B1
40 Piedralaves E B2
39 Piedras Albas E B4
49 Pieksämäki SF E13
66 Pielenhofen D B2
89 Pielgrzymka PL B5
64 Piennes F B1
89 Pieńsk PL B5
74 Pienza I C1
37 Piera E B4
41 Pieresteban E C4
9 Pierowall GB A6
25 Pierre-Buffière F C6
31 Pierre-Châtel F B4
27 Pierre-de-Bresse F B5
31 Pierrefeu F C5
30 Pierrefiche F B2
64 Pierrefitte-sur-Aure F C1
23 Pierrefonds F B3
68 Pierrefontaine F A1
30 Pierrefort F B1
31 Pierrelatte F B3
23 Pierrepont, *Aisne* F B4
64 Pierrepont, *Meurthe-et-Moselle* F B1
70 Piesendorf A A2
89 Pieszyce PL C6
49 Pietarsaari SF E11
66 Pietenfeld D C2
72 Pietra Ligure I B3
78 Pietragalla I D2
74 Pietralunga I C2
77 Pietramelara I B5
82 Pietraperzia I B3
73 Pietrasanta I C5
77 Pietravairano I B5
72 Pieve del Cairo I A3
69 Pieve di Bono I C5
70 Pieve di Cadore I B2
73 Pieve di Cento I B6
70 Pieve di Soligo I C2
72 Pieve di Teco I B2
74 Pieve S. Stefano I C2
74 Pieve Torina I C3
73 Pievepélago I B5
103 Pigádi GR B3
77 Piglio I B4
72 Pigna I C2
77 Pignataro Maggiore I B5
49 Pihtipudas SF E12
49 Piippola SF D12
19 Pijnacker NL A4
106 Pil-a PL D5
101 Pilaia GR A5
45 Pilas E B3
99 Pilashevo BG B4
73 Pilastri I B6
89 Pilawa PL C6
89 Pilchowice PL C5
100 Pili, *Trikkala* GR B3
103 Pili, *Voiotía* GR A4
101 Pilio GR C5
105 Pilion GR B4
93 Pilis H A4
93 Piliscaba H A3
93 Pilisszántó H A3
93 Pilisvörösvár H A3
28 Pillelardit F C3
12 Pilling GB B3
102 Pilos GR C2
71 Pilštanj YU B5
90 Pilszcz PL A3
15 Pilton GB B5
36 Pina de Ebro E B2
46 Piñar E B3
105 Pinarlibelen TR A4
29 Pinas F C4
92 Pincehely H B3
16 Pinchbeck GB B2
35 Pineda de la Sierra E B3
42 Pinedo E B2
36 Pinell de Brey E B3
74 Pinerella I B2
72 Pinerolo I B2
77 Pinetamare I C4
77 Pineto I A5
23 Piney F C5
71 Pinggau A A6
38 Pinhal-Novo P C2
33 Pinhão P C3
33 Pinheiro, *Aveiro* P C2
33 Pinheiro, *Aveiro* P D2
38 Pinheiro Grande P B2
33 Pinhel P D3
42 Pinilla E C1
34 Pinilla de Toro E C1
71 Pinkafeld A A6
61 Pinneberg D B6
88 Pinnow DDR B4
84 Pino F B2
34 Pino del Rio E B2
39 Pinofranqueado E A4
30 Pinols F A2
32 Piñor de Cea E B3
46 Pinos del Valle E C3
46 Pinos-Puente E B3
42 Pinoso E C1
107 Pinsk SU D10
40 Pinto E B3
10 Pinwherry GB C3
70 Pinzano al Tagliamento I B2
33 Pinzio P D3
69 Pinzolo I B5
74 Piόbbico I C2
31 Piolenc F B3
76 Piombino I A1
26 Pionsat F B2
74 Pióraco I C2
106 Piotrków Trybunzlski PL E6
91 Piotrowice Wielkie PL A4
74 Piove di Sacco I A2
70 Piovene I C1
58 Piperskärr S B5
21 Pipriac F C4
100 Piqeras AL A1
101 Pirá GR C4
70 Piran YU C3
97 Pirane YU C2
98 Pirdop BG A3
21 Piré-sur-Seiche F B4
103 Pireás GR B4
101 Pirgadikia GR A5
101 Pirgos, *Fthiótis* GR C4
102 Pirgos, *Ilía* GR B2
104 Pirgos, *Kriti* GR
102 Pirgos, *Messinía* GR B2
105 Pirgos, *Sámos* GR A3
101 Pirgos, *Thessaloníki* GR A4
102 Pirgos Dhirou GR C3
24 Piriac-sur-Mer F A2
98 Pirin BG B2
92 Piringsdorf A A1
64 Pirmasens D B3
88 Pirna DDR C3
109 Pirot YU E5
75 Pirovac YU C5
100 Pirsóyianni GR A2
101 Piryoi GR A3
73 Pisa I C5
25 Pisany F C4
71 Pisarovina YU C5
71 Pischelsdorf i. St A A5
80 Pisciotta I A2
67 Pisek CS B5
104 Piso Meriá GR A1
69 Pisogne I C5
103 Pisónas GR A4
103 Pisses GR B5
28 Pissos F B3
81 Pisticci I A3
73 Pistóia I C5
9 Pitcaple GB C6
49 Piteå S D10
109 Piteşti RO D6
99 Pithion, *Évros* GR B5
101 Pithion, *Lárisa* GR A4
22 Pithiviers F C3
76 Pitigliano I A2
11 Pitlochry GB B4
92 Pitomača YU C2
46 Pitres E C3
11 Pitscottie GB B5
104 Pitsidhia, *Kriti* GR
11 Pittenweem GB B5
66 Pittersberg D B3
93 Pitvaros H B5
71 Pivka YU C4
93 Pivnice YU C4
95 Pivski Monastir YU C3
108 Piwniczna PL B4
100 Piyés GR B3
46 Pizarra E C2
69 Pizzano I B5
73 Pizzighettone I A4
80 Pizzo I C3
77 Pizzoli I A4
82 Pizzolungo I A1
37 Plá de Manlleu E B4
37 Plá de Santa Maria E B4
20 Plabennec F B1
35 Placencia E A4
68 Plaffeien CH B2
9 Plaidy GB C6
28 Plaisance, *Gers* F C4
29 Plaisance, *Haute-Garonne* F C5
30 Plaisance, *Tarn* F C1
103 Pláka, *Arkadhía* GR B3
101 Pláka, *Pieria* GR A4
31 Plan-d'Orgon F C3
31 Plan-de-Baix F B4
72 Plan du Var F C2
66 Planá CS B3
67 Planá n. Luznici CS B5
67 Plaňany CS A6
68 Planay F C1
27 Planchez F A4
21 Plancoët F B3
23 Plancy F C4
67 Plánice CS B4
71 Planina, *Slovenija* YU B5
71 Planina, *Slovenija* YU C4
96 Planinica YU B4
65 Plankstadt D B4
39 Plasencia E A4
75 Plaški YU A5
52 Plassen N A3
91 Plášťovce CS C4
67 Plasy CS B4
79 Plat YU B5
103 Plataiai GR A4
101 Platamón GR B4
85 Platamona Lido I B1
98 Plataniá, *Dráma* GR B3
102 Platánia, *Ilia* GR B2
101 Platania, *Magnisia* GR B5
80 Platania I B3
104 Platanias, *Kriti* GR
103 Platanistós GR A5
102 Platanitis GR A2
101 Plátanos, *Aitolía kai Acarnania* GR C3
102 Plátanos, *Akhaia* GR A3
102 Platanos, *Ilia* GR B2
104 Plátanos, *Kriti* GR
100 Plataria GR B2
101 Plati, *Imathía* GR A4
102 Pláti, *Messinía* GR B2
83 Plati I A5
102 Platiána GR B2
95 Platičevo YU B4
101 Platistomo GR C4
102 Platithriás GR A1
67 Plattling D C3
86 Plau DDR B3
63 Plaue, *Erfurt* DDR C5
86 Plaue, *Potsdam* DDR C3
88 Plauen DDR C2
96 Plav YU C1
75 Plavča YU A5
90 Plavecký Mikuláš CS C3
95 Plavna YU A4
94 Plavno YU B1
89 Plawce PL A7
43 Playa d'en Bossa, *Ibiza* E
35 Playa de Ajo E A3
37 Playa de Aro E B6
46 Playa de Calahonda E C2
37 Playa de Fanals E B5
37 Playa de la Canonja E B4
47 Playa de la Torre Vieja E C5
42 Playa de Parais E C2
47 Playa de Perches E B5
34 Playa de Quintes E A1
37 Playa de Rifa E B3
42 Playa de S.Juan E C2
46 Playa de Sta. Amalia E C2
45 Playa de Ste. Catalina E C3
34 Playa de Tenredo E A1
42 Playa del Agua Amarga E C2
45 Playa del Negro E C4
47 Playa Negrete E B6
20 Playben F B2
105 Playiá, *Ikaría* GR A3
102 Playia, *Kefallinía* GR A1
29 Pleaux F A6
21 Pleine-Fourgères F B4
66 Pleinfeld D B1
67 Pleinting D C4
21 Plélan-le-Grand F C3
20 Plémet-la-Pierre F B3
35 Plencia E A4
20 Pléneuf-Val-André F B3
20 Plerin F B3
91 Plešivec CS C6
88 Plessa DDR B3
24 Plessé F A3
20 Plestin-les-Grèves F B2
94 Pleternica YU A2
62 Plettenberg D B2
97 Pletvar YU D3
20 Pleubian F B2
25 Pleumartin F B5
20 Pleumeur-Bodou F B2
23 Pleurs F C4
109 Pleven BG E6
91 Plevnik-Drienové CS B4
20 Pleyber-Christ F B2
47 Pliego E A5
100 Plikáti GR A2
103 Plitra GR C3
75 Plitvice YU B5
75 Plitvicki Ljeskovac YU B5
95 Pljevlja YU C4
85 Ploaghe I B1
94 Ploče YU C2
65 Plochingen D C5
106 Plock PL D6
18 Ploegsteert B C2
20 Ploëmeur F C2
20 Ploërmel F C3
20 Plœuc-sur-Lie F B3
20 Plogastel St. Germain F C1
20 Plogoff F B1
109 Ploiesti RO D7
64 Plombières-les-Bains F D2
27 Plombières-lès-Dijon F A4
75 Plomin YU A4
86 Plön D A1
20 Plonéour-Lanvern F C1
107 Plonsk PL D7
66 Ploßberg D B3
87 Ploty PL B6
20 Plouagat F B2
20 Plouaret F B2
20 Plouay F C2
21 Ploubalay F B3
20 Ploubazlanec F B2
20 Ploudalmezéau F B1
20 Ploudiry F B1
20 Plouescat F B1
20 Plouézec F B3
20 Plougasnou F B2
20 Plougastel-Daoulas F B1
20 Plougonven F B2
20 Plougonver F B2
20 Plougrescant F B2
20 Plouguenast F B3
20 Plouguerneau F B1
20 Plouguernevel F B2
20 Plouha F B3
20 Plouhinec F B1
20 Plouigneau F B2
20 Ploumanach F B2
20 Plouray F B2
20 Plouzévédé F B1
99 Plovdiv BG A3
20 Plozévet F C1
5 Plumbridge GB B4
20 Pluméliau F C3
107 Plunge SU C7
20 Pluvigner F C3
95 Pluzine YU C3
14 Plymouth GB C3
107 Plyussa SU A11
67 Plzen CS B4
35 Pobes E B4
66 Poběžovice CS B3
87 Pobierowo PL A5
37 Pobla da Segur E A3
67 Počatky CS B6
38 Poceirão P C2
38 Pocha P A2
67 Pochlarn A C6
88 Pockau DDR C3
66 Pocking, *Bayern* D D2
67 Pocking, *Bayern* D C4
13 Pocklington GB B5
96 Poda YU C1
98 Podareš YU B1
91 Podbiel CS B5
88 Podbořany CS C3
91 Podbrezovo CS C5
71 Podcetrtek YU B5
89 Poděbrady CS C5
87 Podelzig DDR C5
33 Podence P C4
28 Podensac F B3
73 Podenzano I B4
90 Podersdorf a.S. A D2
94 Podgora YU C2
92 Podgorač, *Hrvatska* YU C3
96 Podgorac, *Srbija* YU B3
100 Podgori AL A2
71 Podgrad YU C4
91 Podhájska CS C4
98 Podhokhóri GR C3
94 Podhum YU C2
99 Podkova BG B4
91 Podlužany CS C4
94 Podnovlje YU B3
90 Podolie CS C3
75 Podolopac YU B5
92 Podravska Moslavina YU C3
92 Podravska Slatina YU C2
95 Podromanija YU C3
71 Podsused YU C5
92 Podturen YU B1
96 Podujevo YU C3
90 Podunajské Biskupice CS C3
90 Podvin CS C2
99 Podvis BG A5
91 Podwilk PL B5
18 Poelkapelle B C2
85 Poetto I C2
87 Poggendorf DDR A4
81 Poggiardo I A5
73 Poggibonsi I C6
73 Póggio a Caiano I C6
78 Poggio Imperiale I C2
76 Poggio Mirteto I A3
77 Poggio Moiano I A3
74 Póggio Renatico I B1
73 Póggio Rusco I B6
67 Poggstall A C6
23 Pogny F C5
100 Pogoniani GR A2
89 Pogorzela PL B7
97 Pogradec AL E2
91 Pohorelá CS C6
90 Pohorelice CS B2
91 Pohranice CS C4
91 Pohronská Polhora CS C5
38 Poiares P A2
23 Poinchy F D4
30 Pt.-Salomon F A3
72 Poirino I B2
27 Poison F B4
64 Poissons F C1
22 Poissy F C3
25 Poitiers F B5
22 Poix F B2
23 Poix-Terron F B5
100 Pojan AL A2
92 Pokupsko YU C1
32 Pol E A3
34 Pola de Siero E A1
64 Polaincourt-et-Clairefontaine F D2
40 Polán E C2
89 Polanica Zdrój PL C6
96 Polatna YU B3
62 Polch D C2
17 Polegate GB D3
36 Poleñino E B2
74 Polesella I B1
13 Polesworth GB C4
71 Polfing-Brunn A B5
92 Polgardi H A3
102 Poliani GR B3
99 Polianthos GR B4
100 Poliçan AL A2
87 Police PL B5
90 Polička CS B2
75 Poličnik YU B5
81 Policoro I A3
101 Polidhéndron GR A4
101 Polidhrosos GR C4
101 Polifiton GR A4
30 Polignac F A2
79 Polignano a Mare I D4
27 Poligny F B5
21 Poligré F C4
97 Polikárpi GR E4
98 Polikastron GR C1
100 Polinéri GR B3
100 Polipótamon GR A3
80 Polistena I C3
100 Polithéa GR B3
101 Politiká GR C5
101 Poliyiros GR A5
82 Polizzi Generosa I B3
75 Poljak YU B5
75 Poljanák YU B5
71 Poljčane YU B5
94 Polje YU A3
94 Poljice YU B3
96 Poljna YU B3
89 Polkowice PL B6
9 Polla GB B4
80 Polla I A2
34 Pollas E C1
71 Pöllau A A5
63 Polleben DDR B6
43 Pollença, *Mallorca* E
66 Pollenfeld D C2
62 Pollhagen D A4
27 Polliat F B5
80 Póllica I A2
4 Pollremon IRL C3
30 Polminhac F B1
90 Polná CS B1
75 Poloj YU A5
91 Polomka CS C5
107 Polotsk SU C11
14 Polperro GB C3
71 Pöls A A4
87 Polßen DDR B4
91 Poltár CS C5
73 Pomarance I C5
28 Pomarez F C3
81 Pomárico I A3
93 Pomáz H A4
38 Pombal P B2
104 Pombia, *Kriti* GR
28 Pomerol F B3
76 Pomézia I B3
27 Pommard F A4
109 Pomorie BG E7
77 Pompei I C5
30 Pompignan F C2
74 Pomposa I B2
27 Poncin F B5
98 Pondokerasiá GR B2
101 Pondokómi GR A3
66 Pondorf D C2
23 Pondrôme B A6
32 Ponferrada E B4
26 Pongues-les-Eaux F A3
89 Poniec PL B6
91 Poniky CS C5
86 Pönitz D A1
37 Pons E B4
25 Pons F C4
73 Ponsacco I C5
19 Pont-a-Celles B C4
64 Pont-à-Mousson F C2
22 Pont-Audemer F B1
20 Pont-Aven F C2
68 Pont Canavesa I C2
22 Pont Couronne F B2
20 Pont-Croix F B1
27 Pont-d'Ain F B5
36 Pont-d'Espagne F A2
21 Pont d'Quilly F B5
37 Pont de Armentera E B4
27 Pont de-Beauvoisin F C5
20 Pont-de-Buis F B1
27 Pont-de-Chéruy F C5
26 Pont de Dore F C3
22 Pont-de-l'Arche F B2
30 Pont-de-Labeaume F B3
37 Pont de Molins E A5
68 Pont-de-Roide F A1
30 Pont-de-Salars F B1
36 Pont de Suert E A3
27 Pont-de-Vaux F B4
26 Pont-du-Château F C3
27 Pont-du-Navoy F B5
31 Pont-en-Royans F A4
21 Pont. Farcy F B4
20 Pont l'Abbé F C1
22 Pont l'Evêque F B1
22 Pont-Remy F A2
68 Pont-S-Martin I C2
20 Pont Scorff F C2
31 Pont-St-Esprit F B3
24 Pont-St. Martin F A3
64 Pont-St. Vincent F C2
22 Pont-Ste-Maxence F B3
18 Pont-sur-Marcq F C3
23 Pont-sur-Yonne F C4
28 Pontacq F C3
27 Pontailler-sur-Saône F A5
38 Pontão P B2
14 Pontardawe GB B4
14 Pontardulais GB B3
26 Pontarion F C1
27 Pontarlier F B6
74 Pontassieve I C1
21 Pontaubault F B4
26 Pontaumur F C2
27 Pontchara-sur-Turdine F C4
27 Pontcharra F C6
24 Pontchâteau F A2
73 Ponte a Elsa I C5
73 Ponte a Moriano I C5
69 Ponte Arche I B5
68 Ponte Brolla CH B3
69 Ponte Cáffaro I C5
33 Ponte de Lima P C2
38 Ponte de Sor P B2
70 Ponte di Barbarano I C1
69 Ponte di Legno I B5
72 Ponte di Nava I B2
70 Ponte di Piave I C2
74 Ponte Felcino I C2
70 Ponte Gardena (Waidbruck) I B1
84 Ponte Leccia F B2
70 Ponte n. Alpi I B2
69 Ponte S. Pietro I C4
74 Ponte San Giovanni I C2
70 Pontebba I B3
78 Pontecagnano I D1
77 Pontecorvo I B4
72 Pontedássio I C3
72 Pontedécimo I B3
73 Pontedera I C5
13 Pontefract GB B4
73 Ponteginori I C5
74 Pontelagoscuro I B1
11 Ponteland GB C6
77 Pontelandolfo I B5
74 Pontelongo I A2
28 Pontenx-les-Forges F B2
12 Ponterwyd GB C2
32 Pontes de Garcia Rodriguez E A3
12 Pontesbury GB C3
32 Pontevedra E B2
73 Pontevico I A5
23 Pontfaverger-Moronvillers F B5
26 Pontgibaud F C2
74 Ponticino I C1
23 Pontigny F D4
25 Pontijou F A6
77 Pontínia I B4
72 Pontinvrea I B3
20 Pontivy F B3
25 Pontlevoy F A6
33 Ponto da Barca P C2
22 Pontoise F B3
47 Pontones E A4
28 Pontonx F C3
21 Pontorson F B4
73 Pontrémoli I B4
69 Pontresina CH B4
14 Pontrhydfendigaid GB A4
20 Pontrieux F B2
15 Pontrilas GB B5
21 Pontvallain F C6
15 Pontyclun GB B4
15 Pontypool GB B4
15 Pontypridd GB B4
77 Ponza I C4
34 Poo E A2
15 Poole GB C5
18 Poperinge B C2
98 Popintsi BG A3
77 Popoli I A4
96 Popovac YU B3
92 Popovača YU C1
99 Popovitsa BG A4
99 Popovo BG A5
19 Poppel B B5
63 Poppenhausen, *Bayern* D C5
63 Poppenhausen, *Hessen* D C4
63 Poppenlauer D C5
74 Poppi I C1
91 Poprad CS B6
95 Popučke YU B4
33 Pópulo P C3
73 Populónia I D5
46 Porcuna E B2
20 Pordic F B3
74 Poreč YU A3
49 Pori SF F10
67 Poriči n. Sázavou CS B5
49 Porjus S C9
107 Porkhov SU B11
69 Porlezza I B4
15 Porlock GB B4
66 Pörnbach D C2
24 Pornic F A2
24 Pornichet F A2
101 Porόri GR C4
103 Póros, *Argolís* GR B4
102 Póros, *Kefallinía* GR A1
100 Póros, *Lefkás* GR C2
93 Poroszlo H A5
75 Porozina YU A4
45 Porquera E C4
31 Porquerolles F C5
68 Porrentruy CH A2
43 Porreres, *Mallorca* E
73 Porretta Terme I B5
32 Porriño E B2
45 Porsadas E B4
51 Porsgrunn N B6
20 Porspoder F B1
10 Port Askaig GB C1
10 Port Bannatyne GB C2
37 Port Bou E A6
43 Port d'es Torrent, *Ibiza* E
31 Port-de-Bouc F C3
28 Port-de-Lanne F C2
24 Port-des-Barques F C3
12 Port Dinorwic GB B1
10 Port Ellen GB C1
21 Port-en-Bessin F A5
12 Port Erin GB A1
76 Port Erole I A2
9 Port Erroll GB C7
14 Port Eynon GB B3
10 Port Glasgow GB C3
8 Port Henderson GB C3
14 Port Isaac GB C3
24 Port-Joinville F B2
30 Port-la-Nouvelle F C2
7 Port Laoise IRL A4
12 Port Logan GB A1
20 Port-Louis F C2
20 Port Manech F C2
24 Port Navalo F A2
8 Port of Ness GB B2
10 Port Sonachan GB B2
31 Port-St-Louis F C3
29 Port St. Marie F B4
12 Port St. Mary GB A1
27 Port-sur-Saône F A6
14 Port Talbot GB B4
37 Port Vendres F A6
12 Port William GB A1
5 Portadown GB B5
5 Portaferry GB B6
39 Portaje E B4
38 Portalegre P B3
36 Portalrubio E C1
101 Portariá, *Khalkidhikí* GR A5
101 Portariá, *Magnisía* GR B4
7 Portarlington IRL A4
21 Portbail F A4
70 Portegrandi I C2
44 Portel P A2
38 Portela P A2
33 Portelo P C4
32 Portemouro E B2
31 Portes F B3
102 Pórtes, *Akhaia* GR B2
103 Pórtes, *Égina* GR B4
29 Portet F C5

*49 Parikkala SF F 14

87 Rossow DDR B4
19 Rossum NL B5
88 Roßwein DDR B3
59 Röstånga S D2
77 Rosto degli Abruzzi I A5
86 Rostock DDR A3
20 Rostrenen F B2
5 Rostrevor GB B5
97 Rostuša YU D2
48 Rösvik N C7
11 Rosyth GB B4
93 Röszke H B5
52 Rot S A5
65 Rot a. See D B6
45 Rota E C3
80 Rota Greca I B3
54 Roteberg S A1
77 Rotella I A4
19 Rotem B B5
63 Rotenburg, *Hessen* D C4
61 Rotenburg, *Niedersachsen* D B6
66 Roth, *Bayern* D B2
62 Roth, *Rheinland-Pfalz* D C2
88 Rötha DDR B2
11 Rothbury GB C6
87 Rothemühl DDR B4
66 Röthenbach D B2
89 Rothenburg DDR B4
65 Rothenburg o.d. Tauber D B6
21 Rothéneuf F B4
87 Rothenklempenow DDR B5
66 Rothenstadt D B3
66 Rothenstein D C2
13 Rotherham GB B4
13 Rotherwell GB B4
9 Rothes GB C5
10 Rothesay GB C2
16 Rothwell GB B2
80 Rotonda I B3
81 Rotondella I A3
42 Rotova E C2
66 Rott D D1
70 Rottach-Egern D A1
11 Rottal GB B4
63 Rottenbach, *Bayern* D C5
66 Röttenbach, *Bayern* D B2
69 Rottenbuch D A5
65 Rottenburg, *Baden-Württemberg* D C4
66 Rottenburg, *Bayern* D C3
71 Rottenmann A A4
19 Rotterdam NL B4
67 Rotthalmünster D C4
65 Röttingen D B5
58 Rottne S B3
52 Rottneros S C4
73 Rottofreno I A4
65 Rottweil D C4
66 Rötz D B3
18 Roubaix F C3
88 Roudnice n. Labem CS C4
90 Roudno CS B3
20 Roudouallec F B2
22 Rouen F B2
64 Rouffach F D3
21 Rougé F C4
27 Rougemont F A6
68 Rougemont le-Château F A1
25 Rouillac F C4
25 Rouillé F B5
30 Roujan F C2
27 Roulans F A6
7 Roundwood IRL A5
90 Rousinov CS B2
25 Roussac F B6
30 Rousses F B2
31 Roussillon F A3
23 Rouvroy-sur-Audry F B5
26 Rouy F A3
49 Rovaniemi SF C12
69 Rovato I C4
89 Rovensko p. Troskami CS C5
73 Roverbella I A5
69 Rovereto I C6
86 Rövershagen DDR A3
52 Roverud N B3
74 Rovigo I A1
74 Rovinj YU A3
92 Rovišce YU C1
108 Rovno SU A7
87 Rów PL C5
11 Rowanburn GB C5
62 Roxel D B2
24 Royan F C3
26 Royat F C3
31 Roybon F A4
10 Roybridge GB B3
23 Roye F B3
52 Røykenvik N B1
47 Royos E B4
17 Royston GB B2
99 Roza BG A5
32 Rozadas E A4
96 Rožaj YU C2
41 Rozalén del Monte E C4
87 Różańsko PL C5
95 Rožanstvo YU C4
40 Rozas E B2
23 Rozay-en-Brie F C3
89 Roždalovice CS C5
98 Rozhen BG B2
98 Rozino BG A3
67 Rožmital p. Tremšinem CS B4
91 Rožňava CS C6
91 Rožnov p. Radhoštěm CS B4
99 Rozovets BG A4
99 Rozovo BG A4
23 Rozoy-sur-Serre F B5
90 Rozstáni CS B2
88 Roztoky CS C4
66 Rozvadov CS B3
97 Rrogozhine AL D1
12 Ruabon GB C2
39 Ruanes E B5
50 Rubbestadnesset N B2
13 Rubery GB C4
37 Rubi E B5
35 Rubiacedo de Abajo E B3
41 Rubielos Bajos E C4
42 Rubielos de Mora E A2
73 Rubiera I B5
97 Rubik AL D1
32 Rubjana E B4
67 Rubstorf D C4
35 Rucandio E B3
52 Rud, *Akershus* N B2
51 Rud, *Buskerud* N A7
58 Ruda S B5
71 Ruden A B4
65 Rudersberg D C5
71 Rudersdorf A A6
87 Rüdersdorf DDR C4
67 Ruderting D C4
65 Rüdesheim D B3
57 Rudkøbing DK D3
67 Rudmanns A C6
67 Rudna CS A5
89 Rudna PL B6
108 Rudnik PL A5
96 Rudnik, *A. P. Kosovo* YU C2
95 Rudnik, *Srbija* YU B5
89 Rudno PL B6
95 Rudo YU C4
63 Rudolstadt DDR C6
89 Rudowica PL B5
99 Rudozem BG B3
57 Ruds Vedby DK C4
53 Rudskoga S C5
13 Rudston GB A5
18 Rue F C1
34 Rueda E C2
36 Rueda de Jalón E B1
68 Ruegsauschachen CH B2
25 Ruelle F C5
34 Ruerrero E B3
36 Ruesta E A1
81 Ruffano I B5
25 Ruffec F B5
27 Ruffey F A5
12 Rufford GB B3
74 Rufina I C1
16 Rugby GB B1
63 Rugendorf D C6
31 Ruget F C5
22 Rugles F C1
86 Ruhen D C1
63 Ruhla DDR C5
88 Ruhland DDR B3
60 Rühlertwist D C4
67 Ruhmannsfelden D C3
66 Ruhpolding D D3
41 Ruidera E D4
60 Ruinen NL C3
18 Ruiselede B B3
64 Rulles B B1
27 Rully F B4
65 Rülzheim D B4
92 Rum H A1
95 Ruma YU A4
94 Rumboci YU C2
88 Rumburk CS C4
95 Rumenka YU A4
23 Rumigny F B5
27 Rumilly F C5
64 Rumont F C1
38 Runa P B1
12 Runcorn GB B3
62 Ründeroth D C2
54 Runemo S A2
59 Rungsted DK D1
54 Runhällen S B2
30 Ruoms F B3
78 Ruoti I D2
49 Ruovesi SF F11
71 Rupa YU C4
62 Ruppichteroth D C2
64 Rupt-sur-Moselle F D2
46 Rus E A3
109 Ruse BG E7
71 Ruše YU B5
94 Ruševo YU A3
7 Rush IRL A5
16 Rushden GB B2
93 Ruski Krstar YU C4
13 Ruskington GB B5
93 Rusko Selo YU C5
90 Rusovce CS C3
65 Russelsheim D B4
74 Russi I B2
90 Rust A D2
48 Rustefjelbma N A13
31 Rustrel F C4
46 Rute E B2
62 Rüthen D B3
10 Rutherglen GB C3
12 Ruthin GB B2
11 Ruthwell GB D4
69 Rüti CH A3
79 Rutigliano I C4
95 Rutoši YU C4
60 Rutten NL C2
19 Ruurlo NL A6
78 Ruvo del Monte I D2
78 Ruvo di Púglia I C3
64 Ruwer D B2
99 Ruzhevo Konare BG A3
91 Ružomberok CS B5
57 Ry DK B2
91 Rybany CS C4
91 Rybnik PL A4
91 Rychvald CS B4
58 Rydaholm S C3
58 Rydal S B1
58 Rydboholm S B1
17 Ryde GB D1
58 Rydöbruk S C2
59 Rydsgård S D2
58 Rydsnäs S B4
91 Rydultowy PL A4
89 Rydzyna PL B6
17 Rye GB D3
51 Rygene N C5
51 Rygge N B7
87 Ryman PL B6
90 Rýmařov CS B3
56 Ryorngard DK B3
58 Ryssby S C3
89 Rzepin PL A4
108 Rzeszów PL A4

S

69 S. Valburga I B5
37 S'Agaro E B6
43 Sa Pobla, *Mallorca* E
63 Saal, *Bayern* D C5
66 Saal, *Bayern* D C2
70 Saalbach A A2
63 Saalburg DDR C6
64 Saales F C3
63 Saalfeld DDR C6
70 Saalfelden A A2
68 Saanen CH B2
64 Saarbrücken D B3
64 Saarburg D B2
64 Saarlouis D B2
68 Saas-Fee CH B2
95 Šabac YU B4
37 Sabadell E B5
77 Sabáudia I B4
73 Sabbioneta I B5
34 Sabero E B1
36 Sabiñánigo E A2
47 Sabinar E A4
46 Sabiote E A3
21 Sablé-sur-Sarthe F C5
20 Sables-d'Or-les-Pins F B3
44 Sabóia P B1
75 Saborsko YU A5
28 Sabres F B3
33 Sabrosa P C3
39 Sabugal P A3
38 Sacavem P C1
41 Sacecorbo E B4
41 Saceda del Rio E B4
41 Sacedón E B4
40 Saceruela E D2
70 Sacile I C2
68 Säckingen D A2
34 Sacramenia E C3
32 Sada E A2
36 Sádaba E A1
10 Saddell GB C2
99 Sadovo BG A3
89 Sadow PL A4
89 Sadská CS C4
50 Saebøvik N B2
56 Saeby DK A3
41 Saelices E C4
34 Saelices de Mayorga E B1
62 Saerbeck D A2
57 Saerslev DK C3
51 Saetre N B7
50 Saevareid N A2
44 Safara P A2
91 Šafárikovo CS C6
53 Säffle S C3
17 Saffron Walden GB B3
109 Safihli TR G8
52 Säfsnäs S B5
87 Sagard DDR A4
14 Sageston GB B3
54 Sågmyra S B1
84 Sagone F B1
44 Sagres P B1
91 Ságújfalu H C5
42 Sagunto E B2
92 Ságvár H B3
27 Sagy F B5
34 Sahagún E B1
99 Şahim TR B5
91 Šahy CS C4
68 Saignelégier CH A1
26 Sail F C3
37 Saillagouse F A5
27 Sain-Bel F C4
23 Sains Richaumont F B4
11 St. Abbs GB C5
53 St. Åby S D5
90 St. Aegyd a.N. A D1
30 St. Affrique F C1
31 St. Agnan, *Drôme* F B4
26 St.-Agnan, *Saône-et-Loire* F B3
21 St. Agnan sur Roe F C4
24 St. Agnant F C4
14 St. Agnes GB C2
30 St. Agrève F A3
25 St. Aignan F A6
30 St. Alban-sur-Limagnole F B2
17 St. Albans GB C2
26 St. Amand-en-Puisaye F A3
18 St. Amand-les-Eaux F C3
25 St. Amand-Longpré F A6
26 St. Amand-Montrond F B2
30 St. Amans F B2
30 St. Amans-Soult F C1
26 St. Amant-Roche-Savine F C3
64 St. Amarin F D2
30 St. Ambroix F B3
27 St. Amour F B5
90 St. Andra, *Burgenland* A D2
71 St. Andrä, *Karnten* A B4
27 St.-André-de-Corcy F C4
28 St. André-de-Cubzac F B3
22 St. André-de-l'Eure F C2
30 St. André-de-Sangonis F C2
30 St. Andre-de-Valborgne F B2
31 St. André-les-Alpes F C5
63 St. Andreasberg D B5
11 St. Andrews GB B5
18 St. Andries B B3
26 St. Angel F C2
11 St. Ann's GB C4
55 St. Anna S D2
71 St. Anna a. Aig A B5
19 St. Annaland NL B4
60 St. Annaparochie NL B2
26 St. Anthêne F C3
29 St. Antoine F B4
67 St. Anton a.d.J. A D6
69 St. Anton am Arlberg A A5
69 St. Antönien CH B4
29 St. Antonin-Noble-Val F B5
26 St. Armant-Tallende F C3
22 St. Arnoult F C2
12 St. Asaph GB B2
29 St. Astier F A4
15 St. Athan GB B4
19 St. Athonis NL B5
68 St. Aubin CH B1
27 St. Aubin F A5
21 St. Aubin-d'Aubigné F B4
21 St. Aubin-du-Cormier F B4
27 St.-Aubin-en-Cherollais F B4
64 St. Aubin-sur-Aire F C1
21 St. Aubin-sur-Mer F A5
29 St. Aulaye F A4
14 St. Austell GB C3
25 St. Avertin F A5
26 St. Avit F C2
64 St. Avold F B2
25 St. Barthélemy d'Anjou F A4
30 St. Bauzille-du-Putois F C2
12 St. Bees GB A2
26 St. Benim-d'Azy F B3
25 St. Benoit-du-Sault F B6
64 St. Benoit-en-Woëvre F C1
36 St. Best F A3
68 St. Blaise CH A1
64 St. Blaise F C3
65 St. Blasien D D4
14 St. Blazey GB C3
64 St. Blin F C1
31 St. Bonnet, *Hautes-Alpes* F B5
30 St. Bonnet, *Lozère* F B2
27 St. Bonnet-de Joux F B4
30 St. Bonnet-le-Château F A3
30 St. Bonnet-le-Froid F A3
11 St. Boswells GB C5
24 St. Brevin-les-Pins F A2
21 St. Briac F B3
15 St. Briavels GB B5
21 St. Brice-en-Coglès F B4
20 St. Brieuc F B3
26 St.Bris-les-Vineux F A3
21 St. Broladre F B4
14 St. Buryan GB C2
22 St. Calais F D1
31 St. Cannat F C4
20 St. Cast F B3
29 St. Céré F B5
27 St. Cergue CH B6
27 St. Cergues F B6
29 St. Chamant F A5
31 St. Chamas F C4
27 St. Chamond F C4
30 St. Chély-d'Aubrac F B1
30 St. Chinian F C1
30 St. Christol F B3
28 St. Christoly-Médoc F A3
24 St. Christophe-du-Ligneron F B3
27 St. Christophe-en-Broinnais F B4
31 St. Christophe-en-Oisans F B5
28 St. Ciers-sur-Gironde F A3
30 St. Cirgues F A2
22 St. Clair sur Epte F B2
29 St. Clar F C4
25 St. Claud F C5
27 St. Claude F B5
14 St. Clears GB B3
25 St. Clement-de-la-lace F A4
14 St. Columb Major GB C3
9 St. Combs GB C7
30 St. Côme-d'Olt F B1
22 St. Cosme-de-Vair F C1
29 St. Cyprien F B5
27 St. Cyr, *Ain* F B4
31 St. Cyr, *Var* F C4
23 St. Cyr-sur-Marne F C4
11 St. Cyrus GB B5
72 St. Dalmas de Tende F B2
57 St. Damme DK D5
14 St. David's GB B2
22 St. Denis F C3
24 St. Denis-d'Oléron F B3
21 St. Denis d'Orques F B5
22 St. Denis-de-l'Hôtel F D3
27 St. Didier F B4
30 St. Didier-en-Velay F A3
64 St. Dié F C2
23 St. Dizier F C5
26 St. Dizier-Leyrenne F B1
20 St. Efflam F B2
31 St. Egréve F A4
26 St. Eloy-les-Mines F B2
28 St. Emilion F B3
28 St. Esteben F C2
28 St. Estèphe F A3
27 St. Etienne F C4
31 St. Étienne-de-Cuines F A5
25 St. Etienne-de-Fursac F B6
24 St. Etienne-de Montluc F A3
31 St. Etienne-de-St. Geoirs F A4
72 St. Etienne-de-Tinée F B1
27 St. Étienne-du-Bois F B5
31 St. Etienne-les-Orgues F B4
26 St. Fargeau F A3
31 St. Félicien F A3
29 St. Félix F C5
9 St. Fergus GB C7
10 St. Fillans GB B3
31 St. Firmin, *Hautes-Alpes* F B5
27 St. Firmin, *Saône-et-Loire* F B4
84 St. Florent F B2
24 St. Florent-le-Vieil F A3
26 St.-Florent-sur-Cher F B2
23 St. Florentin F C4
30 St. Flour F A2
25 St. Flovier F B6
27 St. Fons F C4
25 St. Fort-sur-le Né F C4
31 St. Fortunat F B3
24 St. Fulgent F B3
71 St. Gallen A A4
69 St. Gallen CH A4
69 St. Gallenkirch A A4
29 St. Gaudens F C4
25 St. Gaultier F B6
30 St. Gély-du-Fesc F C2
19 St. Genesius-Rode B C4
30 St. Genest-Malifaux F A3
27 St. Gengoux-le-National F B4
30 St. Genies F C2
31 St. Geniez F B5
30 St. Geniez-d'Olt F B1
25 St. Genis-de-Saintonge F C4
27 St.-Genis-Pouilly F B6
27 St. Genix-Sur-Guiers F C5
26 St. George de Mous F C2
65 St. Georgen D C4
67 St. Georgen a.d. G A C5
71 St. Georgen a.d. Stiefing A B5
67 St. Georgen a.R. A D5
67 St. Georgen a.w. A C5
67 St. Georgen i.A. A D4
71 St. Georgen o. Judenburg A A4
71 St. Georgen o. Murau A A4
19 St. Georges B C5
24 St. Georges F C3
21 St. Georges Buttavent F B5
30 St. Georges-d'Aurac F A2
31 St. Georges-de-Commiers F A4
24 St. Georges-de-Didonne F C4
30 St. Georges-de-Luzençon F B1
27 St. Georges-de-Reneins F B4
26 St. Georges-en-Couzan F C3
25 St. Georges-les Baillargeaux F B5
25 St. Georges-sur-Loire F A4
28 St. Geours-de-Maremne F C2
26 St. Gérand F B3
26 St. Gérand-de-Vaux F B3
19 St. Gérard B C4
68 St. Germain, *Haute-Saône* F A1
22 St. Germain, *Yvelines* F C3
25 St. Germain-de Confolens F B5
27 St. Germain-de-Joux F B5
26 St. Germain-des-Fossés F B2
27 St. Germain du Bois F B5
27 St. Germain-du-Plain F B4
26 St. Germain-du Puy F A2
26 St.-Germain-l'Espinasse F B3
26 St. Germain-l'Herm F C3
26 St. Germain-Laval F C3
26 St. Germain-Lembron F C3
25 St. Germain-les-Belles F C6
68 St. Gervais F C1
26 St. Gervais d'Auvergne F B2
30 St. Gervais-sur-Mare F C2
24 St. Gildas-de-Rhuys F A2
24 St. Gildas-des-Bois F A2
67 St. Gilgen A D4
30 St. Gilles, *Gard* F C3
21 St. Gilles, *Ille-et-Vilaine* F B4
24 St. Gilles-Croix-de-Vie F B3
19 St. Gillis B B4
68 St. Gingolph F B1
28 St. Girons F C2
28 St. Girons-Plage F C2
62 St. Goar D C2
62 St. Goarshausen D C2
23 St. Gobain F B4
20 St. Guénolé F C1
12 St. Helens GB B3
21 St. Helier GB A3
59 St. Herrestad S D2
26 St. Hilaire F B3
29 St. Hilaire-de-l'Aude F C6
24 St. Hilaire-de-Riez F B3
25 St. Hilaire de Villefranche F C4
25 St. Hilaire-des-Lognes F B4
21 St. Hilaire-du-Harcouët F B4
31 St. Hilaire-du-Rosier F A4
30 St. Hippolyte, *Aveyron* F B1
68 St. Hippolyte, *Doubs* F A1
30 St. Hippolyte-du-Fort F C2
26 St. Honoré F B3
30 St. Hostein F A3
64 St. Hubert B A1
64 St. Ingbert D B3
18 St. Inglevert F C1
16 St. Ives, *Cambridgeshire* GB B2
14 St. Ives, *Cornwall* GB C2
71 St. Jacob A B4
60 St. Jacobiparochie NL B2
21 St. Jacques-de-la-Lande F B4
20 St. Jacut F B3
71 St. Jakob i. Walde A A5
70 St. Jakob in Defereggen A B2
21 St. James F B4
20 St. Jean-Brévelay F C3
72 St. Jean-Cap-Ferrat F C2
25 St. Jean-d'Angély F C4
27 St. Jean-d'Ardières F B4
28 St. Jean d'Illac F B3
68 St. Jean-de-Belleville F C1
27 St. Jean-de-Bournay F C5
22 St. Jean de Braye F D3
30 St. Jean-de-Bruel F B2
25 St. Jean-de Côle F C5
21 St. Jean-de-Daye F A4
30 St. Jean-de-Fos F C2
27 St. Jean de Losne F A5
28 St. Jean-de-Luz F C2
31 St. Jean-de-Maurienne F A5
24 St. Jean-de-Monts F B2
31 St. Jean-de-Muzols F A3
30 St. Jean-de-Védas F C2
30 St. Jean-du-Gard F B2
31 St. Jean-en-Royans F A4
72 St. Jean-la-Riviere F C2
22 St. Jean-le-Braye F D2
23 St. Jean les Jumeaux F C4
28 St. Jean Pied de Port F C2
29 St. Jean-Poutge F C4
64 St. Jean-Rohrbach F B2
72 St. Jeannet F C2
68 St. Jeoire F B1
24 St. Joachim F A2
71 St. Johann a Tauern A A4
71 St. Johann i. Saggautal A B5
70 St. Johann im Pongau A A3
70 St. Johann in Tirol A A2
12 St. Johns GB A1
5 St. Johnstown IRL B4
27 St. Joriox F C6
19 St. Joris Winge B C4
29 St. Jory F C5
25 St. Jouin-de-Marnes F B4
29 St. Juéry F C6
37 St. Julia de Loria AND A4
28 St. Julien, *Gironde* F A3
26 St. Julien, *Loire* F C3
30 St. Julien-Chapteuil F A3
24 St. Julien-de-Concelles F A3
24 St. Julien-de-Vouvantes F A3
23 St. Julien-du-Sault F C4
31 St. Julien-du-Verdon F C5
28 St. Julien-en-Born F B2
27 St. Julien-en-Genevois F B6
25 St. Julien-l'Ars F B5
31 St. Julien-Molin-Molette F A3
31 St. Julien-Mont-Denis F A5
27 St. Julien-sur-Reyssouze F B5
25 St. Junien F C5
14 St. Just GB C2
22 St. Just-en-Chaussée F B3
26 St. Just-en-Chevalet F C3
28 St. Justin F C3
71 St. Katharein a.d. Laming A A5
71 St. Katherin a. Hauenstein A A5
71 St. Kathrein a. Offenegg A A5
14 St. Keverne GB C2
18 St. Kruis B B3
25 St. Lambert-des-Levées F A4
71 St. Lambrecht A A4
19 St. Lambrechts-Herk B C5
36 St. Lary-Soulan F A3
21 St. Laurent F A5
72 St.-Laurent Cagnes F C2
30 St. Laurent-d'Aigouze F C3
21 St. Laurent-de-Condel F A5
30 St. Laurent-de-la-Cabrerisse F C1
37 St. Laurent-de-la-Salanque F A5
24 St. Laurent des Antels F A3
31 St. Laurent-du-Pont F A4
22 St. Laurent-en-Caux F B1
27 St. Laurent-en-Grandvaux F B5
31 St. Laurent-en-Royans F A4
28 St. Laurent-et-Benon F A3
25 St. Laurent-sur-Gorre F C5
24 St. Laurent-sur-Sèvre F B4
64 St. Leger B B1
27 St. Léger F B4
26 St. Léger-de-Vignes F B3
27 St. Léger-sous-Beuvray F B4
57 St. Lem DK B1
25 St. Léonard-de Noblat F C6
69 St. Leonardo in Passiria (St. Leonhard) I B6
67 St. Leonhard a. Forst A C6
67 St. Leonhard b. Freistadt A C5
69 St. Leonhard i Pitztal A A5
53 St. Levene S D3
21 St. Lô F A4
28 St. Lon-les Mines F C2
67 St. Lorenz A D4
70 St. Lorenzen A B2
71 St. Lorenzen a. Wechsel A A5
26 St. Loup F B3
27 St. Loup-de-la-Salle F B4
64 St. Loup-sur-Semouse F D2
21 St. Lunaire F B3
27 St. Lupicin F B5
29 St. Lys F C5
19 St. Maartensdijk NL B4
28 St. Macaire F B3
22 St. Maclou F B1
25 St. Maixent-l'Ecole F B4
21 St. Malo F B3
30 St. Mamet-la-Salvetat F B1
31 St. Mandrier F C4
69 St. Mang D A5
24 St. Marc F A2
31 St. Marcel, *Ardèche* F A3
31 St. Marcel, *Drôme* F B3
27 St. Marcel, *Saône-et-Loire* F B4
68 St. Marcel, *Savoie* F C1
31 St. Marcel-D'Ardeche F B3
31 St. Marcellin, *Isère* F A4
27 St. Marcellin, *Loire* F C4
29 St. Marcet F C4
64 St. Mard B B1
23 St. Mards-en-Othe F C4
71 St. Marein A A5
71 St. Marein a. Pickelback A A5
17 St. Margaret's at Cliffe GB C4
9 St. Margaret's Hope GB B6
71 St. Margareten i. Rosental A B4
71 St. Margarethen, *Steiermark* A A4
71 St. Margarethen, *Steiermark* A B5
71 St. Margarethen i. Lavattal A B4
90 St. Margarethen im Burgenland A D2
69 St. Margrethen CH A4
71 St. Marien b. Knittelfeld A A4
24 St. Mars-la Jaille F A3
67 St. Martin, *Nieder Östereich* A C5
67 St. Martin, *Ober Östereich* A C4
31 St. Martin F B3
71 St. Martin a. Wöllmißberg A A5
23 St. Martin-d'Ablois F B4
26 St. Martin-d'Auxigny F A2
31 St. Martin-d'Entraunes F B5
26 St. Martin-d'Estreaux F B3
31 St. Martin-d'Hères F A4
31 St. Martin-de-Belleville F A5
23 St. Martin de Bossenay F C4
24 St. Martin-de-Brem F B3
30 St. Martin-de-Londres F C2
31 St. Martin-de-Queyrières F B5
24 St. Martin-de-Ré F B3
30 St. Martin-de-Valamas F B3
30 St.-Martin-de-Valgalgues F B3
21 St. Martin des Besaces F A5
31 St. Martin-du-Crau F C3
27 St. Martin-du-Fresne F B5
72 St. Martin-du-Var F C2
27 St. Martin-en-Bresse F B5
27 St.-Martin-en-Haut F C4
29 St. Martin-la-Méanne F A5
27 St. Martin-Lestra F C4
23 St. Martin-sur-Ouanne F D4
30 St. Martin-Valmeroux F A1
72 St. Martin-Vésubie F B2
29 St. Martory F C4
9 St. Mary's GB B6
25 St. Mathieu F C5
68 St. Maurice CH B1
27 St. Maurice, *Rhône* F C4
27 St. Maurice, *Saône-et-Loire* F B5
64 St. Maurice, *Vosges* F D2
30 St. Maurice-de-Loire F A3
31 St. Maurice-en-Trièves F B4
30 St. Maurice-Navacelles F C2
62 St. Mauritz D B2
14 St. Mawes GB C2
31 St. Maximin-la-Ste. Baume F C4
28 St. Méard de Gurçon F B4
28 St. Médard-de-Guizières F B4
28 St. Médard-en-Jalles F B3
20 St. Méen-le-Grand F B3
15 St. Mellons GB B4
23 St. Memmie F C5
23 St. Menges F B5
89 St. Město CS C6
71 St. Michael, *Karnten* A B4
71 St. Michael, *Steiermark* A A5
92 St. Michael i. Burgenland A A1
70 St. Michael im Lungau A A3
61 St. Michaelisdonn D B6
23 St. Michel, *Aisne* F B5
29 St. Michel, *Gers* F C4
24 St. Michel Chef-Chef F A2
31 St. Michel-de-Maurienne F A5
20 St. Michel-en-Grèvel F B2
24 St. Michel-en-l'Herm F B3
24 St. Michel-Mont-Mercure F B4
31 St. Michel-Peyresq F B5
18 St. Michiels B B3
19 St. Michielsgestel NL B5
64 St. Mihiel F C1
31 St. Mitre F C4
11 St. Monans GB B5
31 St. Montant F B3
69 St. Moritz CH B4
24 St. Nazaire F A2
31 St. Nazaire-en-Royans F A4
31 St. Nazaire-le-Désert F B4
26 St. Nectaire F C2
16 St. Neots GB B2
25 St. Nicholas-de-Bourgueil F A5
60 St. Nicolaasga NL C2
29 St. Nicolas-de-la-Grave F B5
64 St. Nicolas-de-Port F C2
24 St. Nicolas-de-Redon F A2
20 St. Nicolas-du-Pélem F B2
19 St. Niklaas B B4
68 St. Niklaus CH B2
71 St. Nikolai Sölkt A A4
19 St. Oedenrode NL B5
18 St. Omer F C2
67 St. Oswald D C4
67 St. Oswald b. Freist A C5
21 St. Pair-sur-Mer F B4
30 St. Pal-de-Mons F A3
28 Saint-Palais F C2
24 St. Palais-sur-Mer F C3
25 St. Pardoux-la-Rivière F C5
71 St. Paul A B4
31 St. Paul, *Alpes-de-Haute-Provence* F B5
28 St. Paul, *Landes* F C2
29 St. Paul-Cap-de-Joux F C5
37 St. Paul-de-Fenouiller F A5
27 St.-Paul-de-Varax F B5
31 St. Paul-Trois-Châteaux F B3
30 St. Paulien F A2
28 St. Pé-de-Bigorre F C3
28 St. Pée Espelette F C2
22 St. Péravy-la-Colombe F D2
31 St. Péray F B3
24 St. Père en Retz F A2
65 St. Peter, *Baden-Württemberg* D C4
61 St. Peter, *Schleswig-Holstein* D A5
71 St. Peter a. Kammersberg A A4
67 St. Peter i.d. Au A C5
20 St. Peter Port GB A3
24 St. Philbert-de-Grand-Lieu F A3
30 St. Pierre, *Aveyron* F C1
24 St. Pierre, *Charente-Maritime* F C3
27 St. Pierre-d'Albigny F C6
31 St. Pierre-d'Allevard F A5
31 St. Pierre-de-Chartres F A4
29 St. Pierre-de-Chignac F A4
30 St. Pierre-de-la-Fage F C2
21 St. Pierre-Eglise F A4
27 St. Pierre-en-Faucigny F B6
22 St. Pierre-en-Port F B1
26 St. Pierre-le-Moûtier F B3
24 St. Pierre Montlimart F A3
24 St. Pierre Quiberon F A1
21 St. Pierre-sur-Dives F A5
30 St. Pierreville F B3
19 St. Pieters Leeuw B C4
29 St. Plancard F C4
21 St. Poix F C4
20 St. Pol-de-Leon F B2
18 St. Pol-sur-Mer F B2
18 St. Pol-sur-Ternoise F C2
90 St. Pölten A C1
30 St. Poncy F A2
30 St. Pons F C1
25 St. Porchaire F C4
26 St. Pourçain F B3
27 St. Priest, *Ain* F C4
26 St. Priest, *Allier* F B2
29 St. Privat F A6
30 St. Privat-d'Allier F B2
20 St. Quay-Portrieux F B3
23 St. Quentin F B4
30 St. Quentin-la-Poterie F B3
71 St. Radegund A A5
27 St. Rambert F C4
31 St. Rambert d'Albon F A3
27 St. Rambert-en-B F C5
31 St. Raphaël F C5
31 St. Rémy-de-Provence F C3
21 St. Remy-du-Val F B6
23 St. Remy-en-Bouzemont F C5
26 St. Remy-sur Durolle F C3
20 St. Renan F B1
18 St. Riquier F C1
22 St. Romain de Colbosc F B1
67 St. Roman A C4
30 St. Rome-de-Cernon F B1
30 St. Rome-de-Tarn F B1
56 St. Rørbaek DK B2
71 St. Ruprecht a.d. Raab A A5
22 St. Saëns F B2
71 St. Salvator A B4
22 St. Samson-la-Poterie F B2
30 St. Saturnim-de-Lenne F B2
31 St. Saturnin F C4
22 St. Sauflieu F B3
26 St. Saulge F A3
72 St. Sauveur, *Alpes-Maritimes* F B2
20 St. Sauveur, *Finistère* F B2
64 St. Sauveur, *Haute-Saône* F D2
26 St. Sauveur, *Yonne* F A3
30 St. Sauveur de Montagut F B3
30 St. Sauveur-en-Rue F A3
21 St. Sauveur-le-Vicomte F A4
21 St. Sauveur-Lendelin F A4
28 St. Savin, *Gironde* F A3
25 St. Savin, *Vienne* F B5
25 St. Savinien F C4
31 St. Savournin F C4
27 St. Seine-l'Abbaye F A4
30 St. Sernins-sur-Rance F C1
21 St. Serven F B4
28 St. Seurin-de-Cadourne F A3
28 St. Sever F C3
21 St. Sever-Calvados F B4
30 St. Sever-du-Moustier F C1
24 St. Sigismond F A4
31 St. Simeon-de-Bressieux F A4
23 St. Simon F B4
54 St. Skedvi S B1
31 St. Sorlin-d'Arves F A5
23 St. Soupplets F B3
71 St. Stefan A B4
70 St. Stefan a.d. Gail A B3
71 St. Stefan i. Rosental A B5
25 St. Sulpice Laurière F B6
25 St. Sulpice-les-Feuilles F B6
28 St. Symphorien F B3
27 St. Symphorien d'Ozon F C4
27 St. Symphorien-de-Lay F C4
27 St. Symphorien-sur-Coise F C4
20 St. Thegonnec F B2
19 St. Tönis D B6
27 St. Trivier-de-Courtes F B5
27 St. Trivier sur-Moigans F B4
24 St. Trojan F C3
31 St. Tropez F C5
19 St. Truiden B C5
31 St. Uze F A3
21 St. Vaast-la-Hougue F A4
67 St. Valentin A C5
69 St. Valentino alla Müta (St. Valentin) I B5
23 St. Valérien F C4
22 St. Valéry-en-Caux F B1
18 St. Valery-sur-Somme F C1
31 St. Vallier F A3
31 St. Vallier-de-Thiey F C5
25 St. Varent F B4
26 St. Vaury F B1
71 St. Veit A B4
90 St. Veit a.d.G. A C1
70 St. Veit in Defereggen A B2
18 St. Venant F C2
31 St. Victor F A3
55 St. Vika S D3
31 St. Vincent F B4
68 St. Vincent I C2
28 St. Vincent-de-Tyrosse F C2
19 St. Vith B C6
24 St. Vivien de Médoc F C3
64 St. Wendel D B3
19 St. Willebrord NL B4
67 St. Wolfgang A D4
66 St. Wolfgang D C3
27 St. Yan F B4
26 St. Yorre F B3
25 St. Yrieix-la-Perche F C6
25 Saintas F C4
21 Ste. Adresse F A6
22 Ste. Anne F C1
20 Ste. Anne d'Auray F C3
31 Ste. Anne-du-Castillet F C4
30 Ste. Chély d'Apcher F B2
23 Ste. Colombe-sur-Seine F D5
68 Ste.-Croix CH B1
29 Ste. Croix-Volvestre F C5
28 Ste. Engrâce F C3
30 Ste. Enimie F B2
30 Ste. Florine F A2
29 Ste. Foy-de-Peyrolières F C5
27 Ste. Foy l'Argentiere F C4
29 Ste. Foy-la-Grande F B4
68 Ste.-Foy-Tarentaise F C1
22 Ste. Gauburge-Ste. Colombe F C1
24 Ste. Gemme la Plaine F B3
22 Ste. Geneviève F B3
27 Ste. Hélène-sur-Isère F C6
24 Ste. Hermine F B3
31 Ste. Jalle F B4
29 Ste. Livrade F B4
64 Ste. Marie-aux-Mines F C3
21 Ste. Marie-du-Mont F A4
25 Ste. Maure-do-Touraine F A5
31 Ste.-Maxime F C5
23 Ste. Menehould F B5
21 Ste. Mére-Eglise F A4
26 Ste. Sévère-sur-Indre F B2
21 Ste. Suzanne F B5
31 Ste. Tulle F C4
21 Sainteny F A4
19 Saintes B C4
5 Saintfield GB B6
29 Saissac F C6
34 Saja E A2
95 Šajkaš YU A5
57 Sakskøbing DK D4
95 Sakule YU A5
90 Šal'a CS C3
54 Sala S C2
73 Sala Baganza I B5
80 Sala Consilina I A2
49 Salahmi SF E13
40 Salamanca E B1
103 Salamis GR B4
80 Salandra I A3
103 Salanti GR B4
100 Salaóra GR B2
82 Salaparuta I B2
46 Salar E B2
36 Salardú E A3
32 Salas E A4
35 Salas de los Infantes E B3
37 Salau F A4
68 Salavaux CH B2
37 Salavinera E B4
72 Salbertrand I A1
54 Salbohed S C2
26 Salbris F A2
34 Salce E B1
66 Salching D C3
34 Saldaña E B2
107 Saldus SU B8
12 Sale GB B3
72 Sale I B3
53 Saleby S D4
69 Salem D A4
82 Salemi I B1
10 Salen GB B2
52 Sålen S A4
31 Salerans F B4
31 Salernes F C5
77 Salerno I C5
30 Salers F A1
30 Salettes F B2
12 Salford GB B3
91 Salgótarján H C5
38 Salgueiro P B3
81 Sálice Salentino I A4
32 Salientes E B4
28 Salies-de-Béarn F C3
29 Salies-du-Salat F C4
29 Salignac-Eyvignes F B5
26 Saligney-sur-Roudon F B3
42 Salinas, *Alicante* E C2
36 Salinas, *Huesca* E A3
47 Salinas de Cerrillos E C4
34 Salinas de Pisuerga E B2
73 Saline I C5
27 Salins-les-Bains F B5
44 Salir P B1
15 Salisbury GB B6
71 Salla A A4
49 Salla SF C14
68 Sallanches F C1
18 Sallaumines F C2
37 Sallent E B4
36 Sallent de Gállego E A2
31 Salles, *Drôme* F B3
28 Salles, *Gironde* F B3
30 Salles-Curan F B1
29 Salles-sur-l'Hers F C5
88 Sallgast DDR B3
41 Salmerón E B4
30 Salmiech F B1
40 Salmoral E B1
69 Salo I C5
49 Salo SF F11
47 Salobral E A5
46 Salobreña E C3
31 Salon-de-Provence F C4
101 Salonikiós GR A5
108 Salonta RO C4
39 Salorino E B3
27 Salornay-sur-Guye F B4
69 Salorno (Salurn) I B6
37 Salou E B4
22 Salouël F B3
37 Salses F A5
73 Salsomaggiore Terme I B4
37 Salt E B5
14 Saltash GB C3
13 Saltburn by the Sea GB A5
10 Saltcoats GB C3
13 Saltergate GB A5
13 Saltfleet GB B6
13 Saltfleetby St. Clement GB B6
33 Salto P C3
55 Saltsjöboden S C4
56 Saltvik S B5
74 Saludécio I C2
68 Salussola I C3
72 Saluzzo I B2
42 Salvacañete E A1
44 Salvada P B2
39 Salvaleon E C4
38 Salvaterra de Magos P B2
39 Salvaterra do Extremo P B4
35 Salvatierra, *Avila* E B4
39 Salvatierra, *Badajóz* E C4
39 Salvatierra de Santiago E B4
29 Salviac F B5
62 Salzbergen D A2
67 Salzburg A D4
63 Salzgitter D A5
63 Salzgitter Bad D A5
86 Salzhausen D B1
62 Salzkotten D B3
63 Salzmünde DDR B6
86 Salzwedel DDR C2
34 Sama E A1
28 Samadet F C3
35 Samaniego E B4
100 Samarina GR A3
85 Samassi I C1
29 Samatan F C4
103 Sambatiki GR B3
80 Sambiase I C3
72 Sambolò I A3
108 Sambor SU B5
82 Sambuca di Sicilia I B2
69 Samedan CH B4
18 Samer F C1
102 Sámi GR A1
102 Samikó GR B2
78 Sammichele di Bari I D3
69 Samnaun CH B5
71 Samobor YU C5
64 Samogneux F B1
98 Samokov BG A2
38 Samora Correia P C2
90 Šamorin CS C3
32 Samos E B3
105 Samos GR A3
37 Sampedor E B4
36 Samper de Calanda E B2
72 Sampéyre I B2
83 Sampieri I C3
64 Sampigny F C1
12 Sampool Bridge GB A3
76 Samprugnano I A2
100 Sampsoús GR B2
87 Samtens DDR A4
85 Samugheo I C1
35 San Adrián E B5
77 San Agata de Goti I B5
80 San Agata di Ésaro I B2
83 San Ágata di Militello I A3
78 San Ágata di Puglia I C2
32 San Amaro E B2
77 San Anastasia I C5
85 San Andrea Frius I C2
34 San Andrés de Rabanedo E B1
78 San Ángelo dei Lombardi I D2
74 San Angelo in Vado I C2
73 San Angelo Lodigiano I A4
77 San Antimo I C5
85 San Antioco I C1
32 San Antolin E A4
85 San Antonio I B2
43 San Antonio Abad, *Ibiza* E
37 San Antonio de Calonge E B6
80 San Arcángelo I A3
35 San Asensio E B4
37 San Augustin de Llusanés E A5
44 San Bartolomé de la Torre E B2
40 San Bartolomé de las Abiertas E C2
40 San Bartolomé de Pinares E B2
78 San Bartolomeo in Galdo I C1
37 San Baudillo E B5
77 San Benedetto del Tronto I A4
74 San Benedetto in Alpe I C1
73 San Benedetto Po I A5
39 San Benito de la Contienda E C3
82 San Biágio Plátani I B2
77 San Biágio Saracinisco I B4
69 San Bonifácio I C6
45 San Calixto E B4
70 San Cándido (Innichen) I B2
68 San Carlo CH B3
82 San Carlo I B2
43 San Carlos, *Ibiza* E
43 San Carlos de la Rápita E A3
41 San Carlos del Valle E D3
76 San Casciano d. Bagni I A2
73 San Casciano on V. di Pesa I C6
81 San Cataldo, *Puglia* I A5
82 San Cataldo, *Sicilia* I B2
76 San Caterina I A2
85 San Caterina di Pittinuri I B1
82 San Caterina Villarmosa I B2
34 San Cebrián E C1
37 San Celoni E B5
81 San Cesárea Terme I A5
81 San Cesário di Lecce I A5
80 San Chirico Raparo I A3
82 San Cipirello I B2
32 San Ciprián de Viñas E B3
41 San Clemente, *Cuenca* E C4
32 San Clemente, *León* E B4
43 San Clemente, *Menorca* E
73 San Colombano al Lambro I A4
32 San Criprian E A3
34 San Crisóbal de Entreviñas E B1
33 San Cristobal E C3
34 San Cristóbal de la Polantera E B1
40 San Cristóbal de la Vega E A2
37 San Cugat de Vallés E B5
72 San Damiano d'Asti I B3
72 San Damiano Macra I B2
70 San Daniele de Friuli I B3
80 San Demétrio Corone I B3
77 San Demetrio ne Vestini I A4
80 San Doménica Talao I B2
70 San Donà di Piave I C2
81 San Dónaci I A4
77 San Donato Val Dei Comino I B4
77 San Egedio alla Vibrata I A4
78 San Elia a Pianisi I C1
77 San Elia Fiumerapido I B4
34 San Emilian E B1
32 San Esteban E A4
35 San Esteban de Gormaz E C3
40 San Esteban de la Sierra E B1
36 San Esteban de Litera E B3
32 San Esteban de Valdueza E B4
34 San Esteban del Molar E C1
40 San Esteban del Valle E B2
78 San Fele I D2
77 San Felice Circeo I B4
73 San Felice sul Panaro I B6
34 San Felices E B3
33 San Felices de los Gallégos E D4
37 San Feliu E B5
37 San Feliu de Codinas E B5
37 San Feliu de Guixols E B6
34 San Feliz de las Lavanderas E B1
78 San Ferdinanado di Púglia I C3
45 San Fernando, *Cádiz* E C3
41 San Fernando de Henares E B3
43 San Fernando, *Formentera, Ibiza* E
80 San Fili I B3
81 San Foca I A5
43 San Francisco Javier, *Ibiza* E
43 San Fransisco, *Ibiza* E
83 San Fratello I A3
85 San Gavino Monreale I C1
76 San Gemini I A3
74 San Geovanni Valdarno I C1
72 San Germano Vercellese I A3
70 San Giácome (St. Jakob) I B1
76 San Giacomo I A3
73 San Gimignano I C6
74 San Ginésio I C3
77 San Giórgio a Liri I B4
70 San Giorgio d. Richinvelda I B2
77 San Giórgio del Sannio I B5
70 San Giórgio di Nogaro I C3
73 San Giorgio di Piano I B6
81 San Giórgio Iónico I A4
73 San Giovani in Groce I A5
80 San Giovanni a Piro I A2
69 San Giovanni Bianco I C4
81 San Giovanni in Fiore I B3
73 San Giovanni in Persiceto I B6
77 San Giovanni Reatino I A3
78 San Giovanni Rotondo I C2
85 San Giovanni Suérgiu I C1
85 San Giovannidi Sinis I C1
74 San Giustino I C2
74 San Godenzo I C1
78 San Gregorio Magno I D2
73 San Guiliano Terme I C5
37 San Hilario Sacalm E B5
37 San Hipólito de Voltegá E A5
37 San Jaime dels Domenys E B4
47 San Javier E B6
43 San Jorge E A3
38 San Jorge P B2
47 San José, *Almería* E C4
43 San José, *Ibiza* E
43 San Juan Bautista, *Ibiza* E
37 San Juan de Abadesas E A5
42 San Juan de Alicante E C2
45 San Juan de Aznalfarache E B3
40 San Juan de la Nava E B2
37 San Juan de Vilasar E B5
45 San Juan del Puerto E B3
32 San Justo de la Vega E B4
74 San Lazzaro di Sávena I B1
74 San Leo I C2
35 San Leonardo E C3
73 San Lorenzo a Merse I C6
72 San Lorenzo al Mare I C2
80 San Lorenzo Bellizzi I B3
46 San Lorenzo de Calatrava E A3
43 San Lorenzo de Descardazar, *Mallorca* E
40 San Lorenzo de El Escorial E B2
41 San Lorenzo de la Parilla E C4
37 San Lorenzo de Morunys E A4
70 San Lorenzo di Sebato (St. Lorenzen) I B1
74 San Lorenzo in Campo I C2
76 San Lorenzo Nuovo I A2
37 San Lorenzo Savall E B5
44 San Lourenco P A1
80 San Lúcido I B3
43 San Luis, *Menorca* E
73 San Marcello Pistoiese I B5
34 San Marcial E C1
80 San Marco I A1
80 San Marco Atgentano I B3
78 San Marco dei Cavoti I C1
78 San Marco in Lamis I C2
81 San Marco Squinzano I A5
85 San Margherita I D1
77 San Maria Cápua Vétere I B5
76 San Marinella I A2
74 San Marino RSM C2
35 San Martia de Unx E B5
45 San Martin E C4
32 San Martin de Castañeda E B4
40 San Martin de la Vega E B1
32 San Martin de Luiña E A4
37 San Martin de Maldá E B4
40 San Martin de Montalbán E C2
32 San Martin de Oscos E A4
40 San Martin de Pusa E C2
37 San Martin de Tous E B4
40 San Martin de Valdeiglesias E B2
37 San Martin Sarroca E B4
70 San Martino di Campagna I B2
70 San Martino di Castrozzo I B1
78 San Martino in Pénsilis I C2
42 San Mateo E A3
80 San Máuro Forte I A3
69 San Michele all'Adige I B6

83 San Michele di Ganzaria I B3
72 San Michele Mondovi I B2
43 San Miguel, *Ibiza* E
34 San Miguel Aguayo E A3
34 San Miguel de Arroyo E C2
34 San Miguel de Bernuy E C3
47 San Miguel de Salinas E B6
35 San Millán E B3
35 San Millán de la Cogolla E B4
73 San Miniato I C5
33 San Muñoz E D4
80 San Nicola da Crissa I C3
81 San Nicola dell'Alto I B3
45 San Nicolás del Puerto E B4
74 San Nicolo I B1
85 San Nicoló Gerrei I C2
40 San Pablo E C2
37 San Pablo de Seguries E A5
81 San Pancrazio Salentino I A4
85 San Pantaleo I A2
78 San Paolo di Civitate I C2
47 San Pedro, *Albacete* E A4
32 San Pedro, *Oviedo* E A4
38 San Pedro de Cadeira P B1
33 San Pedro de Ceque E B4
34 San Pedro de Latarce E C1
47 San Pedro de Pinatar E B6
37 San Pedro de Riudevitlles E B4
34 San Pedro de Valderaduey E B2
40 San Pedro del Arroyo E B2
32 San Pedro del Puerto E A4
34 San Pedro del Romeral E A3
33 San Pedro do Sul P D2
35 San Pedro Manrique E B4
37 San Pedro Pescador E A6
69 San Pellegrino Terme I C4
73 San Piero a Sieve I C6
74 San Piero in Bagno I C1
83 San Piero Patti I A3
83 San Pietro I B3
73 San Pietro in Casale I B6
70 San Pietro in Gu I C1
73 San Pietro in Palazzi I C5
73 San Pietro Vara I B4
81 San Pietro Vernótico I A4
37 San Pol de Mar E B5
73 San Polo d'Enza I B5
74 San Quirico d'Orcia I C1
37 San Quirico de Besora E A5
40 San Rafael, *Ávila* E B2
43 San Rafael, *Ibiza* E
42 San Rafael del Rio E A3
72 San Remo I C2
40 San Roman E B2
35 San Román de Cameros E B4
34 San Roman de Hernija E C1
34 San Román de la Cuba E B2
45 San Roque E C4
34 San Roque de Riomera E A3
80 San Rufo I A2
46 San Sebastián de los Ballesteros E B2
41 San Sebastián de los Reyes E B3
37 San Sadurni de Noya E B4
72 San Salvatore Monferrato I B3
77 San Salvo I A5
77 San Salvo Marina I A5
35 San Sebastián (Donistia-S. Sebastián) E A5
72 San Sebastiano Curone I B4
73 San Secondo Parmense I B5
76 San Severa I A2
81 San Severina I B3
74 San Severine Marche I C3
80 San Severino Lucano I A3
78 San Severo I C2
44 San Silvestre de Guzmán E B2
80 San Sosti I B3
78 San Spirito I C3
73 San Stefano di Magra I B4
85 San Teresa Gallura I A2
32 San Tirso de Abres E A3
34 San Vicente E A3
39 San Vicente de Alcántara E B3
35 San Vicente de Arana E B4
34 San Vicente de la Barquera E A2
42 San Vicente del Raspejo E C2
33 San Vietro E C4
70 San Vigilio (St. Vigil) I B1
37 San Vincente de Castellet E B4
73 San Vincenzo I C5
85 San Vito I C2
70 San Vito al Tagliamento I C2
77 San Vito Chietino I A5
79 San Vito de Normanni I D4
70 San Vito di Cadore I B2
82 San Vito lo Capo I A1
77 San Vito Romano I B3
74 San Vittoria in Matenano I C3
10 Sanaigmore GB C1
31 Sanary F C4
43 Sancellas, *Mallorca* E
26 Sancerques F A2
26 Sancerre F A2
68 Sancey-le-Grand F A1
40 Sanchiorian E B2
34 Sanchonuño E C2
26 Sancoins F B2
33 Sancti-Spiritus E D4
50 Sand N B3
85 Sand Francesco d'Anglientu I A2
59 Sanda S C4
48 Sandane N F3
98 Sandanski YU B2
58 Sandared S B1
54 Sandarne S A3
86 Sandau DDR C3
67 Sandbach, *Bayern* D C4
65 Sandbach, *Hessen* D B5
12 Sandbach GB B3
58 Sandbäckshult S B5
10 Sandbank GB C3
57 Sandby DK D4
61 Sande D B4
51 Sande N B7
51 Sandefjord N B7
50 Sandeid N B2
88 Sandersdorf DDR B2
63 Sandersleben DDR B6
86 Sandesneben D B1
9 Sandgarth GB A6
50 Sandhaug N A4
10 Sandhead GB D3
58 Sandhem S B2
61 Sandhorst D B4
32 Sandias (Sandianes) E B3
22 Sandillon F D3
67 Sandl A C5
51 Sandnes, *Aust-Agder* N C4
50 Sandnes, *Rogaland* N C2
8 Sandness, *Shetland Is.* GB
48 Sandnessjöen N D6
33 Sando E D4
102 Sandomén GR B2
108 Sandomierz PL A4
93 Sándorfalva H B5
17 Sandown GB D1
51 Sandøysund N B7
70 Sandrigo I C1
58 Sandsbro S C3
58 Sandsjöfors S B3
52 Sandvika N B2
48 Sandvika S E6
54 Sandviken S B2
17 Sandwich GB C4
8 Sandwick, *Shetland Is.* GB
16 Sandy GB B2
34 Sanfelices E A3
102 Sanga GR B3
63 Sangerhausen DDR B6
80 Sangineto Lido I B2
36 Sanguesa E A1
28 Sanguinet F B2
86 Sanitz DDR A3
59 Sank Olof S D3
45 Sanlúcar de Barrameda E C3
44 Sanlúcar de Guadiana E B2
45 Sanlúcar Mayor E B3
85 Sanluri I C1
72 Sannazzaro de Burgondi I A3
86 Sanne DDR C2
78 Sannicandro di Bari I D3
78 Sannicandro Gargánico I C2
51 Sannidal N C6
108 Sanok PL B5
11 Sanquhar GB C4
74 Sansepolcro I C2
94 Sanski Most YU B1
43 Sant Cristófol, *Menorca* E
74 Sant'Agata Feltria I C2
38 Sant'Ana P C2
44 Sant'Ana de Cambas P B2
74 Sant'Arcangelo di Romagna I B2
74 Sant'Elpidio a Mare I C3
73 Sant'Ilário d'Enza I B5
39 Santa Amalia E B4
39 Santa Ana E B5
40 Santa Ana de Pusa E C2
44 Santa Ana de Serra P B1
36 Santa Bárbara E C3
44 Santa Barbara de Casa E B2
44 Santa Bárbara de Padrões P B2
44 Santa Catarina P B2
44 Santa Clara-a-Nova P B1
44 Santa Clara-a-Velha P B1
44 Santa Clara de Louredo P B2
37 Santa Coloma de Farnérs E B5
37 Santa Coloma de Queralt E B4
34 Santa Colomba de Curueño E B1
32 Santa Colomba de Samoza E B4
32 Santa Comba E A2
38 Santa Comba Dáo P A2
33 Santa Comba de Rossas P C4
34 Santa Cristina de la Polvorosa E B1
83 Santa Croce Camerina I C3
78 Santa Croce di Magliano I C1
32 Santa Cruz E A2
38 Santa Cruz P B1
46 Santa Cruz de Alhama E B3
35 Santa Cruz de Campezo E B4
35 Santa Cruz de Grio E C5
35 Santa Cruz de la Salceda E C3
39 Santa Cruz de la Sierra E B5
41 Santa Cruz de la Zarza E C3
42 Santa Cruz de Moya E B1
46 Santa Cruz de Mudela E A3
39 Santa Cruz de Paniagua E A4
40 Santa Cruz de Retamar E B2
40 Santa Cruz del Valle E B1
83 Santa Doménica Vittória I B3
46 Santa Elena E A3
34 Santa Elena de Jamuz E B1
46 Santa Eufemia E A2
83 Santa Eufémia d'Aspromonte I A4
42 Santa Eulalia E A1
39 Santa Eulália P C3
32 Santa Eulalia de Oscos E A3
43 Santa Eulalia de Rió, *Ibiza* E
46 Santa Fe de los Boliches E C2
43 Santa Galdana, *Menorca* E
43 Santa Inés, *Ibiza* E
44 Santa Iria P B2
36 Santa Isabel E B2
33 Santa Leocadia P C2
83 Santa Luca I A5
83 Santa Lucia del Mela I A4
44 Santa Luzia P B1
70 Santa Maddalena Vallalta I B2
38 Santa Margarida P B2
44 Santa Margarida do Sado P A1
43 Santa Margarita, *Mallorca* E
82 Santa Margherita di Belice I B2
73 Santa Margherita Ligure I B4
36 Santa Maria, *Huesca* E A2
43 Santa Maria, *Mallorca* E
81 Santa Maria al Bagno I A4
41 Santa Maria de Campo Rus E C4
34 Santa Maria de Cayón E A3
37 Santa Maria de Corco E A5
41 Santa Maria de Huerta E A4
40 Santa Maria de la Alameda E B2
35 Santa Maria de las Hoyas E C3
35 Santa Maria de Mercadillo E C3
37 Santa Maria de Miralles E B4
47 Santa Maria de Nieva E B5
46 Santa Maria de Trassierra E B2
34 Santa Maria del Camp E B3
34 Santa Maria del Páramo E B1
73 Santa Maria del Taro I B4
83 Santa Maria di Licodia I B3
40 Santa Maria la Real de Nieva E A2
35 Santa Maria Ribarredonda E B3
34 Santa Marino del Rey E B1
41 Santa Marta, *Albacete* E C4
39 Santa Marta, *Badajoz* E C4
39 Santa Marta de Magasca E B4
33 Santa Marta de Penaguião P C3
82 Santa Ninfa I B1
40 Santa Olalla E B2
45 Santa Olalla del Cala E B3
37 Santa Pau E A5
42 Santa Pola E C2
43 Santa Ponsa, *Mallorca* E
84 Santa Severa F B2
74 Santa Sofia I C1
37 Santa Susana Pineda E B5
38 Santa Suzana, *Évora* P C3
38 Santa Suzana, *Setúbal* P C2
83 Santa Teresa di Riva I B4
85 Santadi I C1
46 Santaella E B2
46 Santafé E B3
38 Santana P C1
38 Santana do Mato P C2
34 Santander E A3
43 Santany, *Mallorca* E
38 Santarem P B2
34 Santas Martas E B1
42 Sante Magdalena de Pulpis E A3
70 Sante Stéfano di Cadore I B2
27 Santenay F B4
78 Santéramo in Colle I D3
34 Santervas de la Vega E B2
35 Santesteban E A5
39 Santiago de Alcántara E B3
46 Santiago de Calatrava E B2
32 Santiago de Compostela E B2
47 Santiago de la Espade E A4
40 Santiago de la Peubla E B1
47 Santiago de la Ribera E B6
38 Santiago de Litem P B2
39 Santiago del Campo E B4
44 Santiago do Cacém P B1
38 Santiago do Escoural P C2
38 Santiago Maior P C3
34 Santibáñez E A1
40 Santibáñez de Béjar E B1
34 Santibáñez de la Peña E B2
39 Santibáñez el Alto E A4
39 Santibáñez el Bajo E A4
32 Santielle E A4
34 Santillana E A2
45 Santiponce E B3
46 Santisteban del Puerto E A3
40 Santiuste de Pedraza E A3
34 Santiz, *Salamanca* E C1
40 Santiz, *Salamanca* E A1
40 Santjuste de S.J. Bautiste E A2
44 Santo Aleixo P A2
44 Santo Amado P A2
38 Santo Amaro P C3
44 Santo André P A1
38 Santo Antonio da Charneca P C1
39 Santo Domingo E C3
35 Santo Domingo de la Calzada E B4
35 Santo Domingo de Silos E C3
44 Santo Estêvão, *Faro* P B2
38 Santo Estêvão, *Santarém* P C2
84 Santo-Pietro-di Tenda F B2
73 Santo Stefano d'Aveto I B4
83 Santo Stéfano di Camastra I A3
82 Santo Stéfano Quisquina I B2
70 Santo Stino di Livenza I C2
33 Santo Tirso P C2
46 Santo Tomé E A3
87 Santok PL C6
47 Santomera E A5
35 Santoña E A3
47 Santonera E B5
92 Sántos H B2
34 Santotis E A2
35 Santovenia, *Burgos* E B3
34 Santovenia, *Zamora* E C1
85 Santu Lussurgiu I B1
35 Santutzi E A3
27 Sanvignes-les-Mines F B4
32 Sanxenxo E B2
80 Sanza I A2
44 São Barnabé P B1
44 São Bartolomé da Serra P A1
44 São Bartolomeu de Messines P B1
33 São Bento P C2
44 São Braz de Alportel P B2
38 São Braz do Reguedoura P C2
38 São Cristóvão P C2
44 São Domingos P B1
38 São Geraldo P C2
33 Sao Jacinto P D2
33 São João da Madeira P D2
33 São João da Pesqueira P C3
38 São João da Ribeira P B2
33 São João da Serra P D2
44 São João da Venda P B2
44 São João dos Caldeireiros P B2
44 Saõ Luiz P B1
38 São Manços P C3
44 São Marcos da Ataboeira P B2
38 São Marcos de Campo P C3
44 Saõ Maroos de Serra P B1
38 São Martinho, *Coimbra* P A2
38 São Martinho, *Setúbal* P C2
44 São Martinho das Amoreiras P B1
38 São Martinho do Porto P B1
44 São Matias, *Beja* P A2
38 São Matias, *Évora* P C2
39 São Miguel d'Acha P A3
33 São Pedro da Torre P C2
38 São Pedro de Muel P B1
44 São Pedro de Solis P B2
38 São Romão, *Évora* P C2
44 São Romão, *Faro* P B2
44 São Sebastião P B2
44 São Teotónio P B1
33 São Torcato P C2
99 Sápai GR B4
98 Saparevo BG A2
38 Sapataria P C1
33 Sapiãos P C3
23 Sapignies F A3
70 Sappada I B2
60 Sappemeer NL B3
80 Sapri I A2
94 Sarajevo YU C3
29 Saramon F C4
101 Sarandáporon GR A4
100 Sarandë AL B1
95 Saranovo YU B5
98 Sarantsi BG A2
109 Saray TR F7
99 Sarayakpinar TR B5
87 Sarbinowo PL C5
93 Sárbogárd H B3
69 Sarche di Calavino I B5
37 Sardanyola E B5
85 Sárdara I C1
37 Sardernas E A5
100 Sardhinina GR C3
38 Sardoal P B2
34 Sardón de Duero E C2
95 Sărengrad YU A4
70 Sarentino (Sarnthein) I B1
69 Sarezzo I C5
69 Sargans CH A4
93 Sári H A4
34 Sariego E A1
105 Sarikemer TR A4
38 Sarilhos Grandes P C2
36 Sariñena E B2
93 Sárisáp H A3
92 Sárkeresztes H A3
93 Sárkersztúr H B3
29 Sarlat-la-Canéda F B5
29 Sarliac-sur-l'Isle F A4
92 Sármellék H B2
48 Särna S F6
74 Sarnano I C3
68 Sarnen CH B3
69 Sárnico I C4
77 Sarno I C5
69 Sarnonico I B6
87 Sarnow DDR B4
89 Sarnowa PL B6
56 Säro S A4
103 Saronis GR B4
69 Saronno I C3
93 Sárosd H A3
108 Sarospatak H B4
91 Šarovce CS C4
53 Sarpsborg N C2
34 Sarracin E B3
64 Sarralbe F B3
31 Sarras F A3
28 Sarre F C2
64 Sarre-Union F C3
37 Sarreal E B4
33 Sarreaus E B3
64 Sarrebourg F C3
64 Sarreguemines F B3
32 Sarria E B3
31 Sarrians F B3
42 Sarrioń E A2
36 Sarroca E B3
85 Sarroch I C2
28 Sarron F C3
23 Sarry F C5
74 Sársina I C2
63 Sarstedt D A4
92 Sárszentmihaly H A3
93 Sárszentmiklós H B3
74 Sarteano I D1
84 Sartène F C1
101 Sárti GR A5
21 Sartilly F B4
72 Sartirana Lomellina I A3
93 Sarud H A5
92 Sárvár H A1
73 Sarzana I B4
24 Sarzeau F A2
38 Sarzedas P B3
18 Sas van Gent N B3
98 Sasa YU A1
34 Sasamón E B2
92 Sásd H B3
85 Sássari I B1
72 Sassello I B3
62 Sassenberg D B3
19 Sassenheim NL A4
73 Sassetta I C5
87 Sassnitz DDR A4
76 Sasso d'Ombrone I A2
73 Sasso Marconi I B6
74 Sassocorvaro I C2
74 Sassoferrato I C2
74 Sassoleone I B1
73 Sassuolo I B5
90 Šaštinske Stráže CS C3
91 Sáta H C6
33 Satão P D3
53 Såtenäs S D3
54 Säter S B1
55 Säterbo S C1
72 Sathià I A3
58 Sätila S B1
31 Satillieu F A3
94 Satnica Dakovačka YU A3
108 Sátoraljaújhely H B4
95 Šatornja YU B5
98 Satovcha BG B2
86 Satow DDR B2
99 Sátrai GR B4
90 Satre Město CS B2
57 Satrup D D2
69 Satteins A A4
68 Sattel CH A3
72 Sattimo Torinese I A2
67 Sattledt A C5
108 Satu Mare RO C5
76 Saturnia I A2
28 Saucats F B3
33 Saucelle E C4
50 Sauda N B3
50 Saudasjøen N B3
23 Saudrupt F C6
90 Sauerbrunn A D2
66 Sauerlach D D2
30 Saugues F B2
51 Sauherad N B6
24 Saujon F C4
51 Sauland N B5
31 Saulce F B3
65 Saulgau D C5
69 Saulgrub D A6
27 Saulieu F A4
27 Saulon-la-Chapelle F A5
31 Sault F B4
27 Sault-Brénaz F C5
28 Sault-de-Navailles F C3
27 Saulx F A6
64 Saulxures-sur-Moselotte F D2
26 Saulzier-le-Potier F B2
28 Saumos F B3
25 Saumur F A4
14 Saundersfoot GB B3
37 Saurat F A4
70 Sáuris I B2
31 Sausset-les-Pins F C4
28 Sauternes F B3
30 Sauteyrargues F C2
26 Sauvagnant F C2
30 Sauvas F B3
30 Sauve F C2
28 Sauveterre F C3
28 Sauveterre-de-Guyenne F B3
26 Sauviat-sur-Vige F C1
26 Sauxillanges F C3
25 Sauzé-Vaussais F B5
31 Sauzét, *Drôme* F B3
29 Sauzet, *Lot* F B5
24 Sauzon F A1
81 Sava I A4
29 Savagnac F C5
102 Savália GR B2
56 Säve S A4
79 Savelletri I D4
81 Savelli I B3
24 Savenay F A3
29 Saverdun F C5
64 Saverne F C3
72 Savigliano I B2
29 Savignac-les-Eglises F A4
78 Savignano di Púglia I C2
74 Savignano sul Rubicone I B2
27 Savigny-en-Revermont F B5
27 Savigny-les Beaune F A4
22 Savigny-sur-Braye F D1
31 Savines-le-Lac F B5
93 Savino Selo YU C4
74 Savio I B2
108 Sávirşin RO C5
49 Savitaipale SF F13
79 Savnik YU B6
69 Savognin CH B4
*72 Savona I B3
58 Sävsjö S B3
58 Savsjostrom S C4
70 Savudrija YU C3
17 Sawbridgeworth GB C3
16 Sawston GB B3
16 Sawtry GB B2
42 Sax E C2
52 Saxdalen S B5
13 Saxilby GB B5
16 Saxmundham GB B4
16 Saxthorpe GB B4
46 Sayalonga E C2
41 Sayatón E B4
88 Sayda DDR C3
100 Sayiádha GR B2
90 Sazava, *Jihomoravský* CS B1
67 Sázava, *Středočeský* CS B5
20 Scaër F B2
77 Scafa I A5
77 Scafati I C5
10 Scalasaig GB B1
13 Scalby GB A5
80 Scalea I B2
83 Scaletta Zanclea I A4
8 Scalloway, *Shetland Is.* GB
13 Scamblesby GB B5
81 Scandale I B3
73 Scandiano I B5
73 Scandolara Ravara I A5
77 Scanno I B4
76 Scansano I A2
81 Scanzano I A3
8 Scarastavore GB C1
13 Scarborough GB A5
74 Scardovari I B2
10 Scarinish GB B1
16 Scarning GB B3
73 Scarperia I C6
6 Scarriff IRL B3
27 Scey-sur-Saône et St. Albin F A5
65 Schaafheim D B5
69 Schaan FL A4
92 Schachendorf A A1
61 Schacht-Audorf D A6
68 Schaffhausen CH A3
63 Schafstädt DDR B6
61 Schafstedt D A6
66 Schaftlarn D D2
60 Schagen NL C1
67 Schalchen A C4
63 Schalkau DDR C6
66 Schalldorf D C3
68 Schangnau CH B2
65 Schapbach D C4
67 Schärding A C4
70 Scharnitz A A1
61 Scharrel D B4
92 Schattendorf H A1
61 Scheeßel D B6
74 Schéggia I C2
67 Scheibbs A C6
88 Scheibenberg DDR C2
69 Scheidegg D A4
71 Scheifling A A4
66 Scheinfeld D B1
70 Scheizlreuth D A2
65 Schelklingen D C5
61 Schenefeld D B6
60 Schepsdorf-Lohne D C4
63 Scherklengsfeld D C4
62 Schermbeck D B1
60 Schermerhorn NL C1
19 Scherpenheuvel B C4
19 Scherpenzeel NL A5
66 Scheßlitz D B2
19 Schiedam NL B4
62 Schieder D B4
66 Schierling D C3
69 Schiers CH B4
65 Schifferstadt D B4
19 Schijndel NL B5
88 Schildau DDR B2
60 Schildwolde NL B3
64 Schillingen D B2
66 Schillingsfürst D B1
69 Schilpário I B5
65 Schiltach D C4
66 Schinding D A3
70 Schio I C1
64 Schirmeck F C3
65 Schirrheim F C3
88 Schkeuditz DDR B2
63 Schkölen DDR B6
88 Schlabendorf DDR B3
63 Schladen D A5
70 Schladming A A3
70 Schlaiten A B2
62 Schlangen D B3
19 Schleiden D C6
65 Schleithal F C4
63 Schleiz DDR C6
61 Schleswig D A6
88 Schlieben DDR B3
68 Schliengen D A2
66 Schliersee D D2
63 Schlitz D C4
62 Schloß Neuhans D B3
63 Schloßvippach DDR B6
63 Schlotheim DDR B5
65 Schluchsee D D4
63 Schlüchtern D C4
63 Schmalkalden DDR C5
62 Schmallenberg D B3
64 Schmelz D B2
67 Schmidham D C4
66 Schmidmühlen D B2
88 Schmiedeberg DDR C3
63 Schmiedefeld DDR C5
70 Schmirn A A1
87 Schmölln DDR B5
88 Schmölln, *Leipzig* DDR C2
65 Schnaitheim D C6
66 Schnaitsee D C3
66 Schnaittach D B2
66 Schnaittenbach D B3
88 Schneeberg DDR C2
63 Schneidlingen DDR B6
61 Schneverdingen D B6
71 Schöder A A4
19 Schoenburg B C6
67 Schöfling A D4
86 Schollene DDR C3
65 Schöllkrippen D A5
65 Schomberg D C4
65 Schonach, *Baden-Württemberg* D C4
66 Schönach, *Bayern* D C3
65 Schönau, *Baden-Württemberg* D D3
67 Schönau, *Bayern* D C3
87 Schönbeck DDR B4
67 Schönberg, *Bayern* D C4
86 Schönberg, *Schleswig-Holstein* D A1
86 Schönberg DDR B1
63 Schönebeck DDR A6
88 Schoneck DDR C2
19 Schönecken-Wetteldorf D C6
87 Schönermark DDR B4
88 Schönewalde DDR B3
66 Schongau D D1
90 Schöngrabern A C2
63 Schönhagen D B4
66 Schönhaid D B3
86 Schönhausen DDR C3
62 Schönholthausen D B3
63 Schöningen D A5
60 Schöninghsdorf D C4
86 Schönkirchen D A1
66 Schönsee D B3
66 Schönthal D B3
66 Schonungen D A1
88 Schonwald D C2
69 Schönwies A A5
18 Schoondijke N B3
60 Schoonebeek NL C3
19 Schoonhoven NL B4
68 Schopfheim D A2
66 Schopfloch D B1
64 Schopp D B3
63 Schöppenstedt D A5
65 Schorndorf D C5
61 Schortens D B4
62 Schötmar D A3
62 Schotten D C4
65 Schramberg D C4
90 Schrattenberg A C2
63 Schrecksbuck D C4
67 Schrems A C6
71 Schrems b. Frohnleiten A A5
90 Schrick A C2
65 Schriesheim D B4
66 Schrobenhausen D C2
69 Schröcken A A5
65 Schrozberg D B5
69 Schruns A A4
6 Schull IRL C2
68 Schüpfheim CH B3
65 Schussenried D D5
65 Schutterwald D C3
62 Schüttorf D A2
90 Schützen a.G. A D2
86 Schwaan DDR B3
66 Schwabach D B2
65 Schwäbisch Gmünd D C5
65 Schwäbisch Hall D B5
66 Schwabmünchen D C1
90 Schwadorf A C2
61 Schwagstorf, *Niedersachsen* D C4
62 Schwagstorf, *Niedersachsen* D A3
65 Schwaigern D B5
63 Schwalmstadt D C4
71 Schwanberg A B5
69 Schwanden CH B4
66 Schwandorf D B3
63 Schwanebeck DDR B6
67 Schwanenstadt A C4
61 Schwanewede D B5
65 Schwanfeld D B6
69 Schwangau D A5
87 Schwante DDR C4
61 Schwarmstedt D C6
63 Schwarza, *Gera* DDR C6
63 Schwarza, *Suhl* DDR C5
70 Schwarzach im Pongau A A3
92 Schwarzau a. Steinfelde A A1
90 Schwarzau i. Geb. A D1
67 Schwarzenau A C6
88 Schwarzenbach D C1
63 Schwarzenbach a. Wald D C6
86 Schwarzenbek D B1
88 Schwarzenberg DDR C2
68 Schwarzenburg CH B2
66 Schwarzenfeld D B3
88 Schwarzheide DDR B3
70 Schwaz A A1
90 Schwechat A C2
87 Schwedt DDR B5
61 Schwei D B5
64 Schweich D B2
65 Schweighausen D C3
64 Schweighouse F C3
63 Schweinfurt D C5
88 Schweinitz DDR B3
86 Schweinrich DDR B3
62 Schwelm D B2
88 Schwemsal DDR B2
70 Schwendt A A2
65 Schwenningen D C4
88 Schwepnitz DDR B3
86 Schwerin DDR B2
62 Schwerte D B2
65 Schwetzingen D B4
68 Schwyz CH A3
82 Sciacca I B2
83 Scicli I C3
87 Ściechów PL C6
68 Sciez F B1
80 Scigliano I B3
83 Scilla I A4
89 Ścinawa PL B6
68 Scionzier F B1
75 Scočici YU A5
83 Scoglitti I C3
16 Scole GB B4
68 Scopello, *Piemonte* I C3
82 Scopello, *Sicilia* I A1
83 Scórdia I B3
70 Scorzè I C2
13 Scotch Corner GB A4
8 Scourie GB B3
8 Scousburgh, *Shetland Is.* GB
9 Scrabster GB B5
4 Scramage IRL C3
6 Screeb IRL A2
7 Screggan IRL A4
74 Scritto I C2
13 Scunthorpe GB B5
69 Scuol-Schuls CH B5
77 Scurcola I A4
17 Seaford GB D3
11 Seaham GB D6
11 Seahouses GB C6
13 Seamer GB A5
12 Seascale GB A2
15 Seaton GB C4
11 Seaton Delaval GB C6
30 Séauve-sur-Semène F A3
35 Sebastian, see Donistia E A4
30 Sebazac-Concourès F B1
95 Sebecevo YU C5
12 Sebergham GB A3
71 Sebersdorf A A5
108 Sebes RO C5
88 Šebestiána CS C3
88 Sebnitz DDR C4
23 Seboncourt F B4
90 Seč, *Vychodočeský* CS B1
67 Seč, *Zapadočeský* CS B4
93 Sečanj YU C5
65 Seckach D B5
71 Seckau A A4
18 Seclin F C2
25 Secondigny F B4
38 Sĕda P B3
23 Sedan F B5
34 Sedano E B3
12 Sedbergh GB A3
46 Sedella E C2
31 Sédéron F B4
15 Sedgeberrow GB A6
13 Sedgefield GB A4
67 Sedičany CS B5
70 Sédico I B2
85 Sédilo I B1
85 Sédini I B1
92 Sedlarica YU C2
67 Sedlec-Prčice CS B5
67 Sedlice CS B4
107 Šeduva SU C8
70 Seeboden A B3
61 Seefeld D B5
87 Seefeld DDR C4
69 Seefeld in Tirol A A6
86 Seehausen, *Halle* DDR C2
63 Seehausen, *Magdeburg* DDR A6
67 Seekirchen Markt A D4
65 Seelbach D C3
87 Seelow DDR C5
63 Seelze D A4
66 Seeon D D3
88 Seerhausen DDR B3
21 Sées F B6
63 Seesen D B5
66 Seeshaupt D D2
67 Seewalchen A D4
95 Sefkerin YU A5
52 Segård N B1
54 Segersta S A2
92 Segesd H B2
53 Segmon S C4
25 Segonzac F C4
42 Segorbe E B2
40 Segovia E B2
24 Segré F A4
39 Segura P B3
45 Segura de León E A3
36 Segura de los Baños E C2
40 Segurrilla E B2
99 Şehitler TR C5
63 Sehnde D A4
38 Seia P A3
25 Seiches-sur-le-Loir F A4
71 Seiersberg A A5
89 Seifhennersdorf DDR C4
23 Seignelay F D4
33 Seijo E C2
29 Seilhac F A5
19 Seilles B C5
49 Seinäjoki SF E11
29 Seissan F C4
67 Seitenstetten Markt A C5
38 Seixal P C1
71 Seizthal A A4
56 Sejerslev DK B1
102 Sékoulas GR B2
90 Sekule CS C3
102 Selá GR A2
85 Selárgius I C2
102 Selasia GR B3
88 Selb D C2
63 Selbitz D C6
13 Selby GB B4
94 Selca YU C1
96 Selcë AL C1
91 Selce CS C5
75 Selce YU A4
109 Selçuk TR G7
91 Selec CS C3
93 Selenča YU C4
100 Selenice AL A1
99 Séleron GR B3
64 Sélestat F C3
95 Seleuš YU A5
95 Selevac YU B5
36 Selgua E B3
101 Séli GR A3
90 Selice CS C3
65 Seligenstadt D A4
63 Seligenthal DDR C5
105 Selimiye TR A4
52 Selja S A5
51 Seljord N B5
11 Selkirk GB C5
8 Sellafirth, *Shetland Is.* GB
77 Sellano I A3
26 Selles-sur-Cher F A1
104 Selliá, *Kriti* GR
27 Sellières F B5
87 Sellin DDR A4
92 Sellye H C2
62 Selm D B2
27 Selongey F A5
31 Selonnet F B5
86 Selow DDR B2
17 Selsey GB D2
61 Selsingen D B6
62 Selters D C2
65 Seltz F C4
43 Selva, *Mallorca* E
37 Selva de Mar E A6
70 Selva di Cadore I B2
70 Selva di Val Gardena (Wolkenstein) I B1
51 Selvik N B7
69 Selvino I C4
51 Sem N B7
25 Semblançay F A5
93 Semeljci YU C3
71 Semic YU C5
38 Semida P A2
23 Semide F B5
89 Semily CS C5
83 Seminera I A4
23 Semoine F C5
92 Semovci YU B2
71 Šempeter YU B5
71 Semriach A A5
27 Semur-en-Auxois F A4
36 Sena E B2
34 Sena de Luna E B1
23 Senan F D4
22 Senarpont F B2
31 Sénas F C4
65 Senden, *Bayern* D C6
62 Senden, *Nordrhein-Westfalen* D B2
62 Sendenhorst D B2
33 Sendim P C4
90 Senec CS C3
19 Seneffe B C4
85 Séneghe I B1
47 Senés E B4
31 Senez F C5
88 Senftenberg DDR B4
61 Sengwarden D B5
90 Senica CS C3
90 Senice na Hané CS B3
74 Senigállia I C3
85 Sénis I C1
80 Senise I A3
75 Senj YU B4
96 Senje YU B3
96 Senjski Rudnik YU B3
22 Senlis F B3
58 Sennan S C1
62 Senne 1 D B3
62 Senne 11 D B3
27 Sennecey-le-Grand F B4
14 Sennen GB C2
85 Sennori I B1
69 Sennwald CH A4
15 Sennybridge GB B4
67 Senohraby CS B5
91 Senohrad CS C5
22 Senonches F C2
64 Senones F C3
85 Senorbi I C2
71 Senožeče YU C4
23 Sens F C4
21 Sens-de-Bretagne F B4
93 Senta YU C5
36 Senterada E A3
71 Sentilj YU B5
71 Šentjur YU B5
37 Seo de Urgel E A4
32 Seoane de Caurel E B3
68 Seon CH A3
68 Sépey CH B2
77 Sepino I B5
62 Seppenrade D B2
31 Septèmes F C4
98 Septemvri BG A3
22 Septeuil F C2
27 Septmoncel F B5
34 Sepúlveda E C3
70 Sequals I B2
33 Sequeros E D4
19 Seraing B C5
23 Seraucourt le Grand F B4
73 Seravezza I C5
37 Serchs E A4
90 Sered CS C3
93 Seregélyes H A3
69 Seregno I C4
20 Sérent F C3
69 Serfans A A5
69 Seriate I C4
22 Sérifontaine F B2
103 Sérifos GR B5
30 Sérignan F C2
69 Serina I C4
22 Sermaises F C3
23 Sermaize-les-Bains F C5
68 Sermamagny F A1
73 Sérmide I B6
77 Sermoneta I B3
38 Sernache de Bonjardim P B2
33 Sernancelhe P D3
47 Serón E B4
35 Serón de Nauma E C4
18 Serooskerke N B3
36 Serós E B3
44 Serpa P B2
80 Serra S. Bruno I C3
74 Serra S. Quirico I C3
78 Serracapriola I C2
34 Serrada E C2
82 Serradifalco I B2
39 Serradilla E B4
33 Serradilla del Arroyo E D4
98 Serrai GR B2
85 Serramanna I C1
73 Serramazzon I B5
40 Serranillos E B2
74 Serrapetrona I C3
81 Serrastretta I B3
37 Serrat E B4
68 Serravalle, *Piemonte* I C3
77 Serravalle, *Umbria* I A4
74 Serravalle RSM C2
74 Serravalle di Chienti I C2
72 Serravalle Sorivia I B3
80 Serre I A2
39 Serrejón E B5
85 Serrenti I C2
31 Serres F B4
31 Serrières F A3
81 Sersale I B3
38 Serte P B2
69 Sertig Dörfli CH B4
64 Servance F D2
30 Serverette F B2
101 Sérvia GR A4
30 Servian F C2
30 Serviers F B3
74 Servigliano I C3
95 Servojno YU C4
43 Ses Salines, *Mallorca* E
38 Sesimbra P C1
5 Seskanore GB B4
35 Sesma E B4
77 Sessa Aurunca I B4
73 Sesta Godano I B4
35 Sestao E A4
74 Sestino I C2
70 Sesto (Sexten) I B2
68 Sesto Calende I C3
77 Sesto Campano I B5
73 Sesto Fiorentino I C6
73 Séstola I B5
73 Sestri Levante I B4
72 Sestriere I B1
98 Sestrimo BG A2
85 Sestu I C2
71 Sesvete YU C6
103 Seta GR A4
37 Setcasas E A5
30 Sète F C2
45 Setenil E C4
49 Setermoen N B9
52 Setskog N C2
19 Setterich D C6
12 Settle GB A3
38 Setúbal P C2
66 Seubersdort D B2
85 Seúi I C2
85 Seúlo I C2
27 Seurre F B5
100 Sevaster AL A1
56 Sevel DK B1
14 Seven Sisters GB B4
17 Sevenoaks GB C3
33 Sever do Vouga P D2
30 Séverac-le-Château F B2
69 Séveso I C4
67 Ševětin CS B5
23 Sevières F C4
23 Sévigny F B5
45 Sevilla E B4
40 Sevilla la Nueva E B2
40 Sevilleja de la Jara E C2
71 Sevnica YU B5
27 Sevrier F C6
102 Sevros GR B3
60 Sexbierum NL B2
58 Sexdrega S B2
29 Seyches F B4
88 Seyda DDR B2
31 Seyne F B5
30 Seynes F B3
27 Seyssel F C5
71 Sežana YU C3
23 Sézanne F C4
89 Sezemice CS C5
67 Sezimovo-Usti CS B5
33 Sezulfe P C3
77 Sezze I B4
74 Sforzacosta I C3
19 's Gravendeel NL B4
19 's Gravenhage NL A4
19 's Gravenzande NL A4
15 Shaftesbury GB B5
15 Shaldon GB C4
6 Shanagolden IRL B2
17 Shanklin GB D1
12 Shap GB A3
99 Sharkovo BG A5
8 Shawbost GB B2
12 Shawbury GB C3
17 Sheerness GB C3
13 Sheffield GB B4
17 Shefford GB B2
97 Shemeri AL C2
97 Shëngjin AL D1
100 Shepër AL A2
108 Shepetovka SU A7
16 Shepshed GB B1
15 Shepton Mallet GB B5
15 Sherborne GB C5
13 Sherburn GB A5
13 Sherburn in Elmet GB B4
5 Shercock IRL C5
16 Sheringham GB B4
15 Sherston GB B5
19 's Hertogenbosch NL B5
8 Shieldaig GB C3
12 Shifnal GB C3
97 Shijak AL D1
11 Shilbottle GB C6
13 Shildon GB A4
7 Shillelagh IRL B5
15 Shillingstone GB C5
107 Shimsk SU A12
9 Shinness GB B4
16 Shipdham GB B3
99 Shipka BG A4
98 Shipkovo BG A3
13 Shipley GB B4
17 Shipston on Stour GB B1
96 Shishentsi BG B4
97 Shkodër AL C1
63 Shleusingen DDR C5
17 Shoreham-by-Sea GB D2
17 Shotley Gate GB C4
11 Shotts GB C4
12 Shrewsbury GB C3
15 Shrewton GB B6
15 Shrivenham GB B6
4 Shrule IRL C2
99 Shtit BG B5
109 Shumen BG E7
100 Siátista GR A3
30 Siauges F A2
107 Siaulai SU C8
81 Sibari I B3
59 Sibbhult S C3
75 Sibenik YU C5
94 Sibinj YU A2
108 Sibiu RO D6
17 Sible Hedingham GB C3
95 Sibnica YU B5
54 Sibo S A2
64 Sibret B B1
13 Sibsey GB B6
96 Sičevo YU B4
82 Siculiana I B2
95 Šid YU A4
100 Sidari GR B1
60 Siddeburen NL B3
83 Siderno I A5
100 Sidevas GR A3
99 Sidhiró GR B5
98 Sidhirókastron GR B2
102 Sidirokastro GR B2
15 Sidmouth GB C4
91 Sidzina PL B5
90 Siebenbrunn A C2
88 Siebenlehn DDR B3
107 Siedlce PL D8
62 Siedlinghausen D B3
62 Siegburg D C2
62 Siegen D C3
66 Siegenburg D C2
92 Sieggraben A A1
90 Sieghartskirchen A C2
62 Sieglar D C2
66 Siegsdorf D D3
87 Siekierki PL C5
88 Sielow DDR B4
73 Siena I C6
89 Sieniawka PL C4
106 Sieradz PL E6
68 Sierentz F A2
64 Sierk-les-Bains F B2
67 Sierning A C5
106 Sierpc PL D6
39 Sierra de Fuentes E B4
36 Sierra de Luna E A2
32 Sierra de Outes E B2
46 Sierra de Yeguas E B2
68 Sierre CH B2
36 Sietamo E A2
51 Sigdal N A6
30 Sigean F C1
48 Sigerfjord N B7
108 Sighetul Marmatiei RO C5
108 Sighişoara RO C6
74 Sigillo I C2
65 Siglingen D B5
65 Sigmaringen D C5
90 Sigmundsherberg A C1
31 Signes F C4
23 Signy-l'Abbaye F B5
23 Signy-le-Petit F B5
25 Sigogne F C4
55 Sigtuna S C3
32 Sigueiro E B2
41 Sigüenza E A4
36 Sigües E A1
49 Siilinjärvi SF E13
103 Sikéa GR C3
49 Sikeå S D10
91 Sikenica CS C4
52 Sikfors S C5
101 Siki GR B5
101 Sikiá, *Kardhítsa* GR B4
101 Sikiá, *Khalkidhikí* GR A5
104 Sikinos GR B2
92 Siklós H C3
101 Sikoúrion GR B4
85 Silánus I B1
93 Silbaš YU C4
16 Sileby GB B1
47 Siles E A4
109 Silestra BG D7
33 Silgueiros P D3
31 Silhac F B3
85 Silíqua I C1
51 Siljan N B6
52 Siljansnäs S B5
57 Silkeborg DK B2
42 Silla E B2
21 Sille-le-Guillaume F B5
32 Silleda E B2
61 Sillenstede D B4
53 Sillerund S C3
70 Sillian A B2
11 Silloth GB D4
75 Silo YU A4
13 Silsden GB B4
107 Šilute SU C7
69 Silvaplana CH B4
58 Silverdalen S B4
16 Silverstone GB B1
44 Silves P B1
77 Silvi Marina I A5
19 Silvolde NL B6
69 Silz A A5
27 Simandre F B4
95 Šimanovci YU B5
101 Simantra GR A5
27 Simard F B5
42 Simat de Valldigna E B2
66 Simbach, *Bayern* D C3
67 Simbach, *Bayern* D C4
80 Simbário I C3
105 Simi GR B4
98 Simitli BG B2
58 Simlångsdalen S C2
66 Simmelsdorf D B2
19 Simmerath D C6
69 Simmerbg D A4
64 Simmern D B3
65 Simmringen D B5
97 Şimnica YU D2
49 Simo SF D12
91 Šimonovce CS C6
14 Simonsbath GB B4
55 Simonstorp S D2
93 Simontornya H B3
102 Simópoulon GR B2
102 Simos GR A2
68 Simplon CH B3
59 Simrishamn S D3
74 Sinalunga I C1
100 Sinanaj AL A1
100 Sinarádhes GR B1
42 Sinarcas E B1
56 Sindal DK A3
65 Sindelfingen D C4
101 Sindhos GR A4
85 Sindia I B1
109 Sindirgi TR G8
44 Sines P B1
43 Siñeu, *Mallorca* E
65 Singen D D4
17 Singleton GB D2
85 Siniscola I B2
94 Sinj YU C1
40 Sinlabajos E A2
62 Sinn D C3
85 Sínnai I C2
50 Sinnes N C3
93 Sinnicolau Mare RO B5
68 Sins CH A3
65 Sinsheim D B4
38 Sintra P C1
65 Sinzheim D C4
62 Sinzig D C2
92 Siófok H B3
68 Sion CH B2
5 Sion Mills GB B4
29 Siorac-en-Périgord F B4
79 Sipanska Luka YU B4
94 Šipovo YU B2
65 Sipplingen D D5
50 Sira N C3
83 Siracusa I B4
99 Sirakovo BG B4
108 Siret RO C7
50 Sirevåg N C2
93 Sirig YU C4
98 Sirishtnik BG A1
69 Sirmjone I C5
91 Sirok H D6
98 Široka lŭka BG B3
40 Siruela E D1
92 Sisak YU C1
41 Sisante E C4
71 Šišljavić YU C5
68 Sissach CH A2
23 Sissonne F B4
33 Sistelo P C2
31 Sisteron F B4
70 Sistiana I C3
98 Sitagri GR B3
100 Sitarás GR B3
100 Sitariá GR B2
37 Sitges E B4
105 Sitia, *Kriti* GR
101 Sitokhóri GR A5
100 Sitómena GR C3
19 Sittard NL B5
61 Sittensen D B6
17 Sittingbourne GB C3
88 Sitzenroda DDR B2
93 Sivac YU C4
38 Sivares P A3
94 Siveric YU C1
101 Siviri GR A5
100 Sivota GR B2
100 Sivros GR C2
31 Six-Fours-la-Plage F C4
6 Sixmilebridge IRL B3
5 Sixmilecross GB B4
68 Sixt F B1
73 Siziano I A4
20 Sizun F B1
95 Sjenica YU C5
71 Sjenicak YU C5
59 Sjöbo S D2
48 Sjohoit N E3
52 Sjøli N A2
58 Sjömarken S B1
56 Sjørring DK B1
58 Sjötofta S B2
53 Sjötorp S D4
53 Sjuntorp S D3
57 Skaelskør DK C4
57 Skaerbaek DK C1
53 Skaerhollen N C1
57 Skaevinge DK C5
51 Skafsa N B5
56 Skagen DK A3
53 Skagersvik S D5
9 Skail Hotel GB B4
101 Skála, *Fthiótis* GR C5
102 Skála, *Kefallinía* GR A1
103 Skála, *Lakonía* GR C3
105 Skála, *Pátmos* GR A3
101 Skála, *Pieria* GR A4
103 Skála Oropoú GR A4
104 Skaláni, *Kriti* GR
51 Skålevik N C5
90 Skalica CS C3
99 Skalista BG A5
91 Skalité CS B4
100 Skalitina GR C3
89 Skalka PL B6
55 Skällvik S D2
88 Skalná CS C2
98 Skaloti GR B3
56 Skals DK B2
57 Skanderborg DK B2
59 Skånes-Fagerhult S C2
50 Skånevik N B2
53 Skänninge S D6
59 Skanör S D1
53 Skåpafors S C3
89 Skape PL A5
53 Skara S D4
48 Skarberget N B8
55 Skärblacka S D1
50 Skare N B3
53 Skåre S C4
56 Skärhamn S A4
52 Skarnes N B2
54 Skärplinge S B3
57 Skarrild DK C1
57 Skårup DK C3
108 Skarzysko-Kamienna PL A4
11 Skateraw, *Grampian* GB A5
11 Skateraw, *Lothian* GB C5
51 Skatøy N C6
53 Skattkärr S C4
52 Skattungbyn S A5
56 Skave DK B1
91 Skawina PL B5
8 Skeabost GB C2
54 Skebobruk S C4
55 Skebokvarn S C2
53 Skeder S D5
52 Skedsmokorset N B2
51 Skedsmorkorset N A8
53 Skee S D2
13 Skegness GB B6
59 Skegrie S D2
95 Skelani YU C4
49 Skellefteå S D10
49 Skelleftehamn S D10
8 Skellister, *Shetland Is.* GB
10 Skelmorlie GB C3
12 Skelton GB A3
56 Skelund DK B3
94 Skender Vakuf YU B2
58 Skene S B1
102 Skepastón GR A3
58 Skeppshult S B2
55 Skepptuna S C4
5 Skerries IRL C5
103 Skhimatárion GR A4
51 Ski N B7
102 Skiadhas GR B2
101 Skiathos GR B5
6 Skibbereen IRL C2
48 Skibotn N B10
101 Skidhra GR A4
51 Skien N B6
58 Skillingaryd S B3
59 Skillinge S D3
52 Skillingmark S C3
102 Skiloundia GR B2
54 Skinnskatteberg S C1
10 Skipness GB C2
13 Skipsea GB B5
13 Skipton GB B3
53 Skiptvet N C2
101 Skiti GR B4
59 Skivarp S D2
56 Skive DK B2
96 Skivjani YU C2
53 Skjeberg N C2
57 Skjern DK C1
50 Skjold N B2
48 Skjolden N F3
91 Sklené CS C4
91 Sklenov CS B4
100 Sklithron GR A3
100 Sklivani GR B2
99 Skobelevo BG A4
54 Skoby S B4
97 Skočivir YU E3
71 Škocjan YU C5
91 Skoczów PL B4
57 Skodborg DK C2
71 Skofja Loka YU B4
71 Skofjica YU C4
54 Skog S A2
53 Skoghall S C4
58 Skogsby S C5
58 Skogstorp, *Halland* S C1
55 Skogstorp, *Södermanland* S C2
55 Skokloster S C3
55 Sköldinge S C2
51 Skollenborg N B6
55 Skollersta S C1
101 Skópelos GR B5
105 Skopi, *Kriti* GR
100 Skopia, *Florina* GR A3
101 Skopiá, *Lárisa* GR B4
97 Skopje YU D3
100 Skopós GR A3
89 Skoroszów PL B7
89 Skoroszyce PL C7
56 Skørping DK B2
103 Skorponéria GR A4
102 Skortinos GR B3
51 Skotfoss N B6
101 Skotiná GR A4
98 Skotoúsa GR B2
51 Skotselv N B6
52 Skotterud N C3
59 Skottorp S C1
100 Skoulikaria GR B3
102 Skoura GR B3
102 Skourokhóri GR B2
103 Skoúrta GR A4
100 Skourtoú GR C3
102 Skoutari, *Lakonía* GR C3
98 Skoutari, *Sérrai* GR B2
53 Skövde S D4
71 Skrad YU C4
75 Skradin YU C5

* 49 Savonlinna SF F14

51 Veikåker N A6
34 Veiliza E C2
58 Veinge S C2
71 Veitsch A A5
65 Veitshöchheim D B5
59 Vejbystrand S C1
57 Vejen DK C2
45 Vejer de la Frontera E C4
57 Vejle DK C2
88 Vejprty CS C3
90 Vel'ká Mača CS C3
91 Vel'ká Maňa CS C4
90 Vel'ké Čanikovce CS C3
90 Vel'ké Leváre CS C3
91 Vel'ké Rovné CS B4
91 Vel'ké Uherce CS C4
90 Vel'ké Zálužie CS C3
90 Vel'ke' Kostol'any CS C3
91 Vel'ký Blh. CS C6
91 Vel'ký Cetin CS C4
91 Vel'ký Krtiš CS C5
78 Vela Luka YU B3
40 Velada E B2
53 Velanda S D3
103 Velanidia GR C4
100 Velaóra GR B3
40 Velayos E B2
62 Velbert D B1
66 Velburg D B2
71 Velden A B4
66 Velden, *Bayern* D B2
66 Velden, *Bayern* D C3
19 Veldhoven NL B5
47 Velefique E B4
62 Velen D B1
93 Velence H A3
71 Velenje YU B5
92 Velesevec YU C1
67 Velešin CS C5
97 Velešta YU D2
101 Velestinon GR B4
46 Vélez de Benaudalla E C3
46 Vélez-Málaga E C2
47 Velez Rubio E B4
75 Veli Lošinj YU B4
102 Velika GR B2
96 Velika, *Crna Gora* YU C1
92 Velika, *Hrvatska* YU C2
96 Velika Drenova YU B3
92 Velika Gorica YU C1
92 Velika Grdevac YU C2
94 Velika Ilova YU B2
75 Velika Kladusa YU A5
94 Velika Kopanica YU A3
95 Velika Krsna YU B5
97 Velika Krusa YU C2
95 Velika Obarska YU B4
92 Velika Pisanica YU C2
96 Velika Plana YU B3
92 Velika Zdenci YU C2
96 Velike Bonjince YU B4
71 Velike Lašče YU C4
96 Veliki Izvor YU B4
96 Veliki Šiljegavac YU B3
107 Velikiye Luki SU B12
95 Veliko YU B5
109 Veliko Gradište YU D4
71 Veliko Trgovišće YU B5
34 Velilla E B2
41 Velilla de S. Antonio E B3
102 Velimákhi GR B2
98 Velingrad BG A2
97 Velipojë AL D1
75 Veljun YU A5
90 Velká CS C3
90 Velká Bites CS B2
67 Velka Dobra CS A5
66 Velka Hled'scbe CS B3
90 Velká Losenice CS B1
91 Velká Polom CS B4
90 Velké Bystřice CS B3
90 Velké Heraltice CS B3
91 Velké Karlovice CS B4
90 Velké Losiny CS A3
90 Velké Meziřiči CS B2
90 Velké Nemčice CS B2
90 Velké Pavlovice CS C2
67 Velky Bor CS B4
90 Velky Ujezd CS B3
71 Vellach A B4
86 Vellahn DDR B1
65 Vellberg D B5
76 Velletri I B3
59 Vellinge S D1
41 Vellisca E B4
103 Véllon GR B3
103 Vélos GR A5
19 Velp NL A5
63 Velpke D A5
87 Velten DDR C4
88 Veltrusy CS C4
88 Velvary CS C4
101 Velvendós GR A4
56 Vemb DK B1
51 Veme N A7
93 Véménd H B3
58 Vena S B4
84 Venaco F B2
77 Venafro I B5
27 Venarey-les-Laumes F A4
72 Venaria Reale I A2
72 Venasca I B2
95 Venčane YU B5
72 Vence F C2
38 Venda Nova, *Coimbra* P A2
38 Venda Nova, *Leiria* P B2
30 Vendargues F C2
38 Vendas Novas P C2
28 Vendays Montalivet F A2
54 Vendel S B3
23 Vendeuvre-sur-Barse F C5
18 Vendin-le-Vieil F C2
25 Vendœuvres F B6
22 Vendôme F D2
37 Vendrell E B4
91 Vendryně CS B4
99 Venets BG A5
70 Venézia I C2
34 Venialbo E C1
52 Venjan S B4
19 Venlo NL B6
99 Venna GR B4
51 Vennesla N C4
78 Venosa I D2
19 Venraij NL B5
69 Vent A B5
36 Venta de Arraco E A2
46 Venta de los Santos E A3
42 Venta del las Fuentes E B1
40 Venta del Obispo E B1
32 Ventanueva E A4
35 Ventas de Cervera E C5
46 Ventas de Huelma E B3
46 Ventas de Zafarraya E C2
31 Ventavon F B4
72 Ventimiglia I C2
17 Ventor GB D1
35 Ventosa de la Sierra E C4
35 Ventosilla E C4
107 Ventspils SU B7
73 Venturina I C5
84 Venzolasca F B2
70 Venzone I B3
92 Vép H A1
47 Vera E B5
44 Vera Cruz P A2
35 Vera de Bidasoa E A5
35 Vera de Moncayo E C5
68 Verbania I C3
23 Verberie F B3
80 Verbicaro I B2
68 Vercel F A1
72 Vercelli I A3
31 Vercheny F B4
31 Verclause F B4
48 Verdalsöra N E5
61 Verden D C6
57 Verdersø DK B1
101 Verdhikoúsa GR B3
25 Verdille F C4
37 Verdú E B4
64 Verdun, *Meuse* F B1
29 Verdun, *Tarn-et-Garonne* F C5
27 Verdun-sur-le-Doubs F B5
93 Veresegyház H A4
29 Verfeil F C5
102 Vérga GR B3
73 Vergato I B6
42 Vergel E C3
68 Vergeletto CH B3
37 Verges E A6
68 Vergiate I C3
29 Vergt F A4
31 Vérignon F C5
33 Verín E C3
65 Veringenstadt D C5
107 Verkhnedvinsk SU C10
62 Verl D B3
23 Vermand F B4
38 Vermelha P B1
26 Vermenton F A3
25 Vern-d'Anjou F A4
69 Vernago (Vernagt) I B5
72 Vernante I B2
25 Vernantes F A5
91 Vernár CS C6
73 Vernasco I B4
68 Vernayaz CH B2
88 Verneřice CS C4
29 Vernet F C5
26 Vernet-la-Varenne F C3
37 Vernet-les-Bains F A5
23 Verneuil F B4
22 Verneuil-sur-Avre F C1
73 Vérnio I B6
81 Vérnole I A5
22 Vernon F B2
31 Vernoux-en-Vivarais F B3
91 Veroce H D5
101 Véroia GR A4
73 Verolanuova I A5
77 Veroli I B4
23 Véron F C4
69 Verona I C6
91 Verpelét H D6
23 Verreddes F B3
68 Verrès I C2
25 Verrières F B5
27 Verry-sons-Salmaise F A4
22 Versailles F C3
69 Versam CH B4
93 Verseg H A4
62 Versmold D A3
27 Versoix CH B6
29 Verteillac F A4
93 Vértesacsa H A3
92 Vértesszölös H A3
26 Vertolaye F C3
24 Verton F A3
23 Vertus F C5
19 Verviers B C5
15 Verwood GB C6
98 Véryi GR C2
101 Veryina GR A4
71 Veržej YU B6
23 Verzy F B5
84 Vescovato F B2
92 Vése H B2
90 Veseli CS C3
67 Veselí n. Lužnici CS B5
27 Vésenaz CH B6
72 Vésime I B3
22 Vesly F B2
27 Vesoul F A6
72 Vespolate I A3
58 Vessigebro S C1
50 Vestbygd N C3
69 Vestenanova I C6
57 Vester Nebel DK C2
57 Vester Vedsted DK C1
56 Vesterøhavn DK A3
51 Vestfossen N B6
52 Vestmarka N C2
69 Vestone I C5
92 Veszprém H A2
58 Vetlanda S B4
92 Vetovo YU C2
76 Vetralla I A3
27 Vetraz F B6
98 Vetren, *Pazardzhik* BG A3
99 Vetren, *Stara Zagora* BG A4
67 Větřni CS C5
90 Vetrny Jenikov CS B1
68 Vétroz CH B2
88 Vetschau DDR B4
73 Vetto I B5
76 Vetulónia I A1
22 Veules-les-Roses F B1
22 Veulettes-sur-Mer F B1
51 Veum N B5
18 Veurne B B2
97 Vevčani YU D2
90 Veverskä Bityška CS B2
68 Vevey CH B1
100 Vévi GR A3
68 Vex CH B2
31 Veynes F B4
26 Veyre-Monton F C3
27 Veyrier F C6
26 Vézelay F A3
64 Vézelise F C2
30 Vézenobres F B3
30 Vézins F B1
69 Vezza do Óglio I B5
84 Vezzani F B2
69 Vezzano I B6
73 Vezzano sul Cróstolo I B5
44 Via Gloria P B2
73 Viadana I B5
35 Viana E B4
38 Viana Alentejo P C2
32 Viana del Bollo E B3
33 Viana do Castelo P C2
64 Vianden L B2
19 Vianen NL B5
73 Viaréggio I C5
80 Vibo Valéntia I C3
56 Viborg DK B2
22 Vibraye F C1
28 Vic-en-Bigorre F C4
29 Vic Fézensac F C4
26 Vic-le-Comte F C3
23 Vic-sur-Aisne F B4
30 Vic-sur-Cère F B1
73 Vicarello I C5
82 Vicari I B2
74 Vicchio I C1
37 Vicdesses F A4
70 Vicenza I C1
37 Vich E B5
26 Vichy F B3
58 Vickleby S C5
84 Vico F B1
78 Vico del Gargano I C2
77 Vico Equense I C5
73 Vicopisano I C5
69 Vicosoprano CH B4
77 Vicovaro I A3
10 Victoria Bridge GB B3
33 Vidago P C3
31 Vidauban F C5
38 Vide P A3
57 Videbaek DK B1
71 Videm YU C5
48 Videseter N E3
44 Vidigueira P A2
8 Vidlin, *Shetland Is.* GB
89 Vidnava CS C7
67 Viechtach D B3
30 Vieille-Brioude F A2
33 Vieira, *Braga* P C2
38 Vieira, *Leiria* P B2
36 Viella E A3
36 Vielle Aure F A3
24 Viellevigne F B3
29 Vielmur F C6
23 Viels Maison F C4
19 Vielsalm B C5
63 Vienenburg D B5
27 Vienne F C4
86 Vieritz DDR C3
65 Viernheim D B4
87 Vierraden DDR B5
19 Viersen D B6
21 Vierville F A5
26 Vierzon F A2
63 Vieselbach DDR C6
78 Vieste I C3
78 Vietri di Potenza I D2
77 Vietri sul Mare I C5
28 Vieux-Boucan F C2
31 Vif F A4
57 Vig DK C4
79 Viganj YU B4
73 Vigásio I A5
70 Vigaun A A3
50 Vigeland N C4
29 Vigeois F A5
72 Vigévano I A3
80 Viggianello I B3
80 Viggiano I A2
77 Vigiano I A4
91 Vigl'áš CS C5
100 Vigla GR B2
50 Vigmostad N C4
72 Vignale I A3
76 Vignanello I A3
23 Vigneux-Hocquet F B4
73 Vignola I B6
23 Vignory F C6
26 Vignoux-sur Barangeon F A2
32 Vigo E B2
70 Vigo di Fassa I B1
72 Vigone I B2
50 Vigrestad N C2
49 Vihanti SF D12
25 Vihiers F A4
49 Viinijärvi SF E14
48 Vik N F3
59 Vik, *Kristianstad* S D3
54 Vik, *Uppsala* S C3
52 Vika, *Kopparberg* S B5
54 Vika, *Kopparberg* S B1
53 Vikane N C1
52 Vikarbyn S B6
50 Vikedal N B2
51 Vikeland N C4
59 Viken S C1
51 Vikersund N B6
50 Vikevåg N B2
50 Vikey N A3
55 Vikingstad S D1
54 Vikmanshyttan S B1
54 Viksjöfors S A1
54 Viksta S B3
39 Vila Boim P C3
38 Vila Chã de Ourique P B2
38 Vila de Rei P B2
44 Vila do Bispo P B1
33 Vila do Conde P C2
33 Vila Flor P C3
33 Vila Franca das Navas P D3
38 Vila Franca de Xira P C1
38 Vila Fresca P C1
38 Vila Nogueira P C1
38 Vila Nova da Baronia P C2
33 Vila Nova de Famalicão P C2
33 Vila Nova de Foz Coa P C3
33 Vila Nova de Gaia P C2
44 Vila Nova de Milfontes P B1
38 Vila Nova de Ourem P B2
33 Vila Nova de Paiva P D3
33 Vila Pouca de Aguiar P C3
33 Vila Praja de Ancora P C2
33 Vila Real P C3
44 Vila Real de S. Antonio P B2
44 Vila Ruiva P A2
38 Vila Seca P A2
38 Vila Velha de Ródão P B3
33 Vila Verde, *Braga* P C2
38 Vila Verde, *Lisboa* P B1
44 Vila Verde de Filcalho P B2
38 Vila Vicosa P C3
37 Vilademat E A6
37 Viladrau E B5
37 Vilajuiga E A6
33 Vilar Formoso P D4
33 Vilarandelo P C3
37 Vilarrodona E B4
32 Vilasantar E A2
46 Vilches E A3
57 Vildbjerg DK B1
36 Vilella Baja E B3
90 Vilémov CS B1
48 Vilhelmina S D8
81 Villa Castelli I A4
33 Villa Cova de Lixa P C2
33 Villa da Feira P D2
32 Villa de Cruces E B2
33 Villa de Peralonso E C4
40 Villa del Prado E B2
46 Villa del Rio E B2
69 Villa di Chiavenna I B4
73 Villa Minozzo I B5
34 Villa Nueva las Manzanas E B1
83 Villa San Giovanni I A4
77 Villa Santa Maria I B5
70 Villa Santina I B2
34 Villabáñez E C2
44 Villablanca E B2
32 Villablino E B4
35 Villabona E A4
34 Villabragima E C1
34 Villabuena del Puenta E C1
35 Villacadima E C3
41 Villacañas E C3
43 Villacarlos, *Menorca* E
34 Villacarriedo E A3
46 Villacarrillo E A3
40 Villacastin E B2
71 Villach A B3
85 Villacidro I C1
41 Villaconejos E B3
41 Villaconejos de Trabaque E B4
34 Villada E B2
34 Villadangos del Páramo E B1
32 Villadecanes E B4
33 Villadepera E C4
34 Villadiego E B3
46 Villadompardo E B3
68 Villadóssola I B3
34 Villaeles de Valdavia E B2
41 Villaescusa de Haro E C4
34 Villafáfila E C1
40 Villaflores E A1
34 Villafrades de Campos E B2
40 Villafranca, *Avila* E B1
35 Villafranca, *Burgos* E B3
35 Villafranca, *Navarra* E B5
46 Villafranca de Córdoba E B2
39 Villafranca de los Barros E C4
41 Villafranca de los Caballeros E C3
35 Villafranca de Oria E A4
32 Villafranca del Bierzo E B4
42 Villafranca del Cid E A2
37 Villafranca del Panadés E B4
69 Villafranca di Verona I C5
73 Villafranca in Lunigiana I B4
83 Villafranca Tirrena I A4
45 Villafranco del Guadalaquivir E B3
82 Villafrati I B2
34 Villafrechós E C1
34 Villafruela E C3
32 Villagarcia E B2
39 Villagarcia de las Torres E C4
81 Villaggio Mancuso I B3
39 Villagonzalo E C4
32 Villagotón E B4
28 Villagrains F B3
46 Villaharta E A2
47 Villahermosa E A4
34 Villaherreros E B2
34 Villahoz E B3
21 Villaines-la-Juhel F B5
42 Villajoyosa E C2
77 Villalago I B4
32 Villalba E A3
82 Villalba I B2
46 Villalba de Calatrava E A3
41 Villalba de la Sierra E B4
34 Villalba de los Alcores E C2
39 Villalba de los Barros E C4
45 Villalba del Alcor E B3
41 Villalba del Rey E B4
34 Villalcázar de Sirga E B2
35 Villalengua E C5
41 Villalgordo del Júcar E C4
41 Villalgordo del Marquesado E C4
34 Villalon de Campos E B1
42 Villalonga E C2
34 Villalonso E C1
34 Villalpando E C1
34 Villalumbroso E B2
35 Villalvaro E C3
42 Villamalea E B1
34 Villamañán E B1
45 Villamanrique de la Condesa E B3
46 Villamanrique S. Cristóbal E A4
40 Villamanta E B2
40 Villamantilla E B2
85 Villamar I C1
32 Villamarin E B3
45 Villamartin E C4
34 Villamartin de Campos E B2
34 Villamartin de Don Sancho E B1
32 Villamartin de Valdeorras E B3
85 Villamassárgia I C1
34 Villamayor E A1
46 Villamayor de Calatrava E A2
34 Villamayor de Campos E C1
41 Villamayor de Santiago E C4
32 Villamejil E B4
39 Villamesias E B5
40 Villaminaya E C3
35 Villamóndar E B3
34 Villamor de les Escuderos E C1
34 Villamoronta E B2
40 Villamuelas E C3
34 Villamuriel de Cerrato E C2
28 Villandraut F B3
79 Villanova I D4
78 Villanova d. Battista I C2
72 Villanova d'Asti I B2
72 Villanova Mondovi I B2
85 Villanova Monteleone I B1
34 Villante E B3
73 Villantério I A4
34 Villanuble E C2
41 Villanueva de Alcardete E C4
41 Villanueva de Alcorón E B4
34 Villanueva de Argaño E B3
32 Villanueva de Arosa E B2
41 Villanueva de Bogas E C3
42 Villanueva de Castellón E B2
46 Villanueva de Córdoba E A2
36 Villanueva de Gállego E B2
46 Villanueva de la Concepcion E C2
47 Villanueva de la Fuente E A4
41 Villanueva de la Jara E C5
46 Villanueva de la Reina E A3
39 Villanueva de la Serena E C5
39 Villanueva de la Sierra E A4
39 Villanueva de la Vera E A5
33 Villanueva de las Peras E C5
44 Villanueva de los Castillejos E B2
46 Villanueva de los Infantes E A4
46 Villanueva de Mesia E B3
46 Villanueva de S. Carlos E A3
45 Villanueva de S. Juan E B4
46 Villanueva de Tapia E B2
40 Villanueva del Aceral E A2
46 Villanueva del Arzobispo E A4
34 Villanueva del Campo E C1
46 Villanueva del Duque E A1
39 Villanueva del Fresno E C3
36 Villanueva del Huerva E B1
45 Villanueva del Rey E A4
45 Villanueva del Rio E B4
46 Villanueva del Rosario E C2
46 Villanueva del Trabuco E B2
37 Villanueva y Geltru E B4
92 Villány H C3
32 Villaodrid E A3
32 Villapedre E A3
85 Villaputzu I C2
34 Villaquejida E B1
34 Villaquilambra E B1
34 Villaquiran de los Infantes E B2
31 Villar d'Arène F A5
32 Villar de Barrio E B3
41 Villar de Cañas E C4
42 Villar de Chinchilla E C1
33 Villar de Ciervo E D4
41 Villar de Domingo Garcia E B4
36 Villar de los Navarros E B1
39 Villar de Rena E B5
33 Villar de Santos E B3
42 Villar del Arzobispo E B2
33 Villar del Buey E C4
41 Villar del Cobo E B5
42 Villar del Humo E B1
40 Villar del Pedroso E C1
39 Villar del Rey E B4
35 Villar del Rio E B4
41 Villar del Saz E B4
72 Villar Perisa I B2
46 Villaralto E A2
35 Villarcayo E B3
31 Villard-Bonnot F A4
31 Villard-de-Lans F A4
68 Villard-S.D. F C1
33 Villardeciervos E C4
34 Villardefrades E C1
33 Villardevós E C3
42 Villareal de los Infantes E B2
41 Villarejo E A3
41 Villarejo de Fuentes E C4
34 Villarejo de Orbigo E B1
41 Villarejo de Salvanes E B3
41 Villares del Saz E C4
72 Villaretto I A2
42 Villargordo del Cabrie E B1
32 Villarino de Conso E B3
42 Villarluengo E A2
35 Villarobe E B3
82 Villarosa I B3
34 Villarramiel E B2
45 Villarrasa E B3
39 Villarreal de S. Carlos E B4
34 Villarrin de Campos E C1
41 Villarrobledo E C4
42 Villarroya de los Pinares E A2
41 Villarrubia de los Ojos E C3
41 Villarrubia de Santiago E C3
41 Villarrubio E C4
27 Villars-les-Dombes F B5
42 Villarta E B1
40 Villarta de los Montes E C2
41 Villarta de S. Juan E C3
34 Villasandino E B2
35 Villasante E A3
34 Villasarracino E B2
35 Villasayas E C4
33 Villasdardo E C4
32 Villaseca E B4
41 Villaseca de Henares E B4
40 Villaseca de la Sagra E C3
33 Villaseco E C4
33 Villaseco de los Reyes E C4
40 Villasequilla de Yepes E C3
85 Villasimíus I C2
83 Villasmundo I B4
85 Villasor I C1
72 Villastellone I B2
41 Villatobas E C3
40 Villatorp E B1
77 Villatta Barrea I B4
85 Villaurbana I C1
35 Villava E B5
42 Villavaliente E B1
35 Villavelayo E B4
47 Villaverde de Guadalimar E A4
45 Villaverde del Rio E B4
34 Villaviciosa E A1
45 Villaviciosa de Córdoba E A4
40 Villaviciosa de Odón E B3
42 Villavieja, *Castellon* E B2
33 Villavieja, *Orense* E B3
33 Villavieja de Yeltes E D4
32 Villayón E A4
27 Villaz F C6
64 Villé F C3
23 Ville-sous-la-Ferté F C5
64 Ville-sur-Illon F C2
23 Ville-sur-Tourbe F B5
25 Villebois-Lavalette F C5
30 Villecomtal F B1
21 Villedieu-les-Poêles F B4
25 Villedieu-sur-Indre F B6
25 Villefagnan F B5
30 Villefort F B2
72 Villefranche F C2
26 Villefranche, *Allier* F B2
23 Villefranche, *Yonne* F D4
29 Villefranche-d'Albigeois F C6
29 Villefranche-de-Lauragais F C5
28 Villefranche-de-Lonchat F B4
30 Villefranche-de-Panat F B1
29 Villefranche-de-Rouergue F B6
29 Villefranche-du-Périgord F B5
26 Villefranche-sur-Cher F A1
27 Villefranche-sur-Saône F C4
26 Villegenon F A2
42 Villel E A1
23 Villemaur-sur-Vanne F C4
23 Villemer F C3
29 Villemur F C5
42 Villena E C2
23 Villenauxe-le-Grande F C4
28 Villenave-d'Ornon F B3
68 Villeneuve CH B1
72 Villeneuve, *Alpes-Maritimes* F C2
29 Villeneuve, *Aveyron* F B6
29 Villeneuve, *Haute-Garonne* F C4
30 Villeneuve, *Haute-Loire* F A2
22 Villeneuve, *Seine-et-Marne* F B3
68 Villeneuve I C2
30 Villeneuve-de-Berg F B3
28 Villeneuve-de-Marsan F C3
23 Villeneuve-l'Archevêque F C4
23 Villeneuve-la-Guyard F C4
23 Villeneuve le Comte F C3
31 Villeneuve-les-Avignon F C3
22 Villeneuve-St. Georges F C3
26 Villeneuve-sur-Allier F B3
29 Villeneuve-sur-Lot F B4
23 Villeneuve-sur-Yonne F C4
29 Villeréal F B4
34 Villerias E C2
25 Villeromain F A6
21 Villers-Bocage, *Calvados* F A5
22 Villers-Bocage, *Somme* F B3
22 Villers-Bretonneux F B3
23 Villers Carbonnel F B3
23 Villers Cotterêts F B4
27 Villers-Farlay F A5
19 Villers-le-Gambon B C4
68 Villers-le-Lac F A1
21 Villers-sur-Mer F A6
68 Villersexel F A1
21 Villerville F A6
23 Villeseneux F C5
22 Villetrum F D2
30 Villeveyrac F C2
103 Villia GR A4
23 Villiers-St. Benoit F D4
23 Villiers-St. Georges F C4
65 Villingen D C4
62 Villmar D C3
34 Villoldo E B2
40 Villoria E B1
107 Vilnius SU C9
56 Vils DK B1
66 Vilsbiburg D C3
66 Vilshofen D C4
59 Vilshult S C3
49 Viltasaari SF E12
79 Vilusi YU B5
33 Vilvestre E C4
19 Vilvoorde B C4
33 Vilz Nova da Cerverra E C2
38 Vimeiro P B1
69 Vimercate I C4
32 Vimianzo E A1
38 Vimieiro P C3
33 Vimioso P C4
58 Vimmerby S B4
22 Vimoutiers F C1
67 Vimperk CS B4
18 Vimy F C2
69 Vinadi CH B5
72 Vinadio I B2
37 Vinaixa E B3
43 Vinaros E A3
52 Vinäs S B5
31 Vinay F A4
58 Vinberg S C1
37 Vinca F A5
95 Vinča YU B5
77 Vinchiaturo I B5
73 Vinci I C5
57 Vindeby DK C3
49 Vindeln S D9
56 Vinderup DK B1
50 Vindsvik N B3
23 Vinets F C5
108 Vinga RO C4
55 Vingåker S C1
103 Vingláfia GR C3
37 Vingrau F A5
52 Vingrom N A1
33 Vinhais P C4
100 Viniani, *Evritania* GR C3
101 Viniani, *Fokís* GR C4
91 Vinica CS C5
92 Vinica, *Hrvatska* YU B1
71 Vinica, *Slovenija* YU C5
97 Viničani YU D3
96 Vinicka YU C1
35 Viniegra de Arriba E B4
48 Vinje, *Sør Trøndelag* N E4
51 Vinje, *Telemark* N B4
95 Vinkovci YU A3
53 Vinninga S D4
108 Vinnitsa SU B8
31 Vinon F C4
59 Vinslöv S C2
48 Vinstra N F4
54 Vintjärn S B2
53 Vintrosa S C5
34 Viñuela de Sayago E C1
41 Viñuelas E B3
35 Vinuesa E C4
86 Vinzelberg DDR C2
61 Viol D A6
72 Viola I B2
27 Violay F C4
71 Vipava YU C3
70 Vipiteno (Sterżing) I B1
94 Vir YU C2
68 Vira CH B3
21 Vire F B5
58 Vireda S B3
23 Vireux F A5
70 Virgen A A2
46 Virgen de la Cabeza E A2
5 Virginia IRL C4
27 Viriat F B5
27 Virieu-le-Grand F C5
92 Virje YU B2
57 Virklund DK B2
92 Virovitica YU C2
79 Virpazar YU B6
49 Virrat SF E11
48 Virtaniemi SF B14
64 Virton B B1
107 Virtsu SU A8
27 Viry F B6
94 Vis YU C1
31 Visan F B3
100 Visani GR B2
61 Visbek D C5
57 Visby DK D1
106 Visby S B6
19 Vise B C5
95 Visegrad YU C4
74 Viserba I B2
58 Viserum S B4
33 Viseu P D3
108 Vişeul de Sus RO C6
36 Visiedo E C1
58 Viskafors S B1
58 Vislanda S C3
50 Visnes N B2
71 Višnja Gora YU C4
90 Višnové CS C2
53 Visnum S C5
94 Visoko, *Bosna i Hercegovina* YU C3
71 Visoko, *Slovenija* YU B4
72 Visone I B3
68 Visp CH B2
58 Vissefjärda S C4
61 Visselhövede D C6
57 Vissenbjerg DK C3
100 Vissiniá GR A3
77 Visso I A4
42 Vistabella del Maestrazgo E A2
82 Vita I B1
71 Vitanje YU B5
95 Vitanovac YU C5
107 Vitebsk SU C12
76 Viterbo I A3
100 Vithkuq AL A2
33 Vitigudino E C4
102 Vitina GR B3
97 Vitina, *A. P. Kosovo* YU C3
94 Vitina, *Bosna i Hercegovina* YU C2
67 Vitis A C6
90 Vitkov CS B3
95 Vitkovac YU C5
97 Vitolište YU D3
96 Vitomirica YU C2
90 Vitonice CS C2
35 Vitoria-Gasteiz E B4
21 Vitre F B4
64 Vitrey F D1
31 Vitrolles F C4
18 Vitry-en-Artois F C2
23 Vitry-le-François F C5
52 Vitsand S B3
49 Vittangi S C10
58 Vittaryd S C2
27 Vitteaux F A4
64 Vittel F C1
54 Vittinge S C3
83 Vittória I C3
70 Vittório Veneto I C2
59 Vittsjö S C2
59 Vittskövle S D3
72 Viu I A2
57 Viuf DK C2
51 Viul N A7
84 Vivario F B2
36 Vivel del Rio Martin E C2
50 Viveli N A4
42 Viver E B2
32 Vivero E A3
26 Viverols F C3
47 Viveros E A4
23 Vivier-au-Court F B5
31 Viviers F B3
29 Viviez F B6
104 Vivlos GR A2
25 Vivonne F B5
49 Vivsta S E8
25 Vivy F A4
31 Vizille F A4
75 Vižinada YU A3
90 Vizovice CS B3
92 Vizvár H B2
84 Vizzavona F B2
83 Vizzini I B3
19 Vlaardingen NL B4
90 Vlachovice CS B3
91 Vlachovo CS C6
67 Vláchovo Březi CS B4
96 Vladičn Han YU C4
108 Vladimir Volynskiy SU A6
95 Vladimirci YU B4
90 Vladislav CS B2
60 Vlagtwedde NL B4
102 Vlakherna GR B3
101 Vlakhiá GR C5
103 Vlakhióti GR C3
102 Vlakhokerasia GR B3
102 Vlakhópoulon GR B2
101 Vlakhoyiánni GR B4
18 Vlamertinge B C2
95 Vlasenica YU B3
67 Vlašim CS B5
96 Vlasina YU C4
96 Vlasotince YU C4
100 Vlasti GR A3
60 Vledder NL C3
19 Vlijmen NL B5
18 Vlissingen N B3
101 Vlokhós GR B4
100 Vlorë AL A1
62 Vlotho D A3
71 Vnanje Gorice YU C4
69 Vobarno I C5
30 Vocance F A3
67 Vochdorf A D4
92 Voćin YU C2
67 Vöcklabruck A C4
67 Vöcklamarkt A C4
95 Vodanj YU B5
90 Voderady CS C3
71 Vodice, *Hrvatska* YU C4
75 Vodice, *Hrvatska* YU C5
71 Vodice, *Slovenija* YU B4
67 Vodňany CS B5
75 Vodnjan YU B3
56 Vodskov DK A3
8 Voe, *Shetland Is.* GB
62 Voerde D B1
56 Voerså DK A3
100 Vogatsikón GR A3
72 Voghera I B4
68 Vogogna I B3
94 Vogošća YU C3
30 Vogüé F B3
66 Vohburg D C2
66 Vohenstrauß D B3
65 Vöhrenbach D C4
65 Vohringen D C6
64 Void F C1
75 Voinic YU A5
31 Voiron F A4
22 Voise F C2
64 Voisey F D1
27 Voiteur F B5
71 Voitsberg A A5
57 Vojens DK C2
95 Vojka YU B5
95 Vojlovica YU B5
91 Vojnice CS D4
71 Vojnik YU B5
93 Vojvoda Stepa YU C5
69 Volargne I C5
67 Volary CS C4
98 Volax GR B2
93 Volcani RO C5
48 Volda N E3
105 Volédha GR C4
60 Volendam NL C2
102 Volimais GR B1
66 Volkach D B1
71 Völkermarkt A B4
64 Völklingen D B2
63 Volkmarode D A5
62 Volkmarsen D B4
107 Volkovysk SU D9
26 Vollore-Montagne F C3
59 Vollsjö S D2
62 Volmerdingsen D A3
27 Volnay F A4
101 Vólos GR B4
72 Volpiano I A2
73 Volta Mantovana I A5
72 Voltággio I B3
73 Volterra I C5
72 Voltri I B3
78 Voltura Irpina I D1
78 Volturara Appula I C2
26 Volvic F C3
31 Volx F C4
67 Volyné CS B4
100 Vónitsa GR C2
92 Vönöck H A2
57 Vonsild DK C2
19 Voorburg NL A4
19 Voorschoten NL A4
19 Voorthuizen NL A5
71 Vorau A A5
57 Vorbasse DK C2
19 Vorden NL A6
71 Vordernbg A A4
67 Vorderweißenbach A C5
57 Vordingborg DK C4
97 Vorë AL D1
31 Voreppe F A4
30 Vorey F A2
57 Vorgod DK B1
102 Vório GR C3
52 Vormsund N B2
66 Vorra D B2
63 Vorsfelde D A5
19 Vorst D B6
56 Vorupør DK B1
100 Voskopojë AL A2
27 Vosne-Romanée F A4
48 Voss N F3
19 Vosselaar B B4
67 Votice CS B5
35 Voto E A3
100 Votonósi GR B3
23 Voué F C5
27 Vougeot F A4
25 Vouillé F B5
103 Voúla GR B4
103 Vouliagméni GR B4
100 Voúlista Panayia GR B2
100 Voúlpi GR B3
23 Voulx F C3
102 Voúnargon GR B2
102 Vounikhóra GR A3
31 Vourey-Voroize F A4
101 Vourvouroú GR A5
26 Voussac F B3
101 Voutás GR C5
102 Voutiánoi GR B3
25 Vouvray F A5
68 Vouvre CH B1
33 Vouzela P D2
101 Voúzi GR B4
23 Vouziers F B5
22 Voves F C2
100 Vovousa GR B3
54 Voxna S A1
9 Voy GB A5
56 Vrå DK A2
91 Vráble CS C4
90 Vracov CS C3
51 Vrådal N B5
104 Vrakhás, *Kriti* GR
102 Vrakhnéika GR A2
75 Vrana YU B4
94 Vranduk YU B2
56 Vrångö S A4
95 Vranić YU B5
95 Vraniči YU C3
75 Vranja YU A4
96 Vranje YU C3
96 Vranjska Banja YU C3
90 Vranov CS C1
90 Vranovice CS C2
71 Vransko YU B4
94 Vrapčići YU C2
97 Vrapčište YU D2
101 Vrasná GR A5
101 Vrástama GR A5
96 Vratarnica YU B4
91 Vratimov CS B4
89 Vratislavice CS C5
97 Vratnica YU C3
92 Vratno YU B1
109 Vratsa BG E5
96 Vražogrnac YU B4
95 Vrbanja YU B3
93 Vrbas YU C4
94 Vrbaška YU A2
97 Vrbica YU C2
94 Vrbljani YU B1
75 Vrbnik, *Hrvatska* YU A4
94 Vrbnik, *Hrvatska* YU B1
90 Vrbové CS C3
92 Vrbovec YU C1
71 Vrbovsko, *Hrvatska* YU C5
95 Vrbovsko, *Srbija* YU B5
89 Vrchlabi CS C5
95 Vrčin YU B5
90 Vrdy CS B1
62 Vreden D A1
55 Vrena S D2
95 Vreoci YU B5
102 Vréstena GR B3
53 Vretstorp S C5
71 Vrgin Most YU C5
94 Vrgorac YU C2
71 Vrhnika YU C4
75 Vrhovine YU B5
94 Vrhpolje, *Bosna i Hercegovina* YU B1
95 Vrhpolje, *Srbija* YU B4
60 Vriezenveen NL C3
23 Vrigne-aux-Bois F B5
58 Vrigstad S B3
104 Vríses, *Kriti* GR
100 Vrisoúla GR B2
94 Vrlika YU C1
95 Vrmbaje YU C5
95 Vrnjačka Banja YU C5
75 Vrnograd YU A5
90 Vrobovcé CS C3
18 Vron F C1
103 Vrondamás GR C3
101 Vrondoú GR A4
100 Vronterón GR A3
60 Vroomshoop NL C3
100 Vrosina GR B2
105 Vroukhas, *Kriti* GR
88 Vroutek CS C3
94 Vrpolje YU A3
97 Vrrië AL D2
109 Vršac YU D4
74 Vrsar YU A3
94 Vrtoče YU B1
94 Vručica YU B2
91 Vrútky CS B4
97 Vrutok YU D2
67 Všeruby CS B4
89 Všestary CS C5
91 Vsetín CS B3
96 Vuča YU C2
96 Vučitrn YU C2
96 Vucje YU C3
95 Vučkovica YU C5
19 Vught NL B5
27 Vuillafans F A6
98 Vukan BG A1
71 Vukova YU C5
95 Vukovar YU A3
51 Vul N A7
49 Vuotso SF B13
98 Vürba BG A1
*
27 Vy-lès Lure F A6
90 Vyčapy CS B1
91 Východna CS B5
90 Vydrany CS C3
91 Vyhne CS C4
90 Vyškov CS B3
91 Vysoká CS B4
90 Vysoké Mýto CS B2
67 Vyšši Brod CS C5

W

61 Waabs D A6
66 Waakirchen D D2
19 Waalwijk NL B5
63 Wabern D B4
18 Wachtebeke B B3
63 Wächtersbach D C4
66 Wackersdorf D B3
17 Waddesdon GB C2
13 Waddington GB B5
19 Waddinxveen NL A4
14 Wadebridge GB C3
88 Wadelsdorf DDR B4
68 Wadenswil CH A3
64 Wadern D B2
17 Wadhurst GB C3
91 Wadowice PL B5
12 Waenfawr GB B1
61 Wagenfeld-Haßlingen D C5
19 Wageningen NL B5
66 Waging D D3
70 Wagrain A A3
106 Wagrowiec PL D5
88 Wahisdorf DDR B3
62 Wahlscheid D C2
61 Wahlstedt D B7
86 Wahrenholz D C1
65 Waiblingen D C5
66 Waidhaus D B3
67 Waidhofen a.d. Thaya A C6
67 Waidhofen a.d. Ybbs A D5
19 Waimes B C6
13 Wainfleet All Saints GB B6
66 Waischenfeld D B2
71 Waisenburg A B4
67 Waizenkirchen A C4
13 Wakefield GB B4
19 Walbeck D B6
89 Walbrzych PL C6
70 Walchen A A1
69 Walchensee D A6
60 Walchum D C4
106 Walcz PL D5
69 Wald CH A3
65 Wald-Michelbach D B4
65 Waldaschaff D B5
64 Waldböckelheim D B3
62 Waldbröl D C2
62 Waldeck D B4
90 Waldegg A D2
65 Waldenbuch D C5
88 Waldenburg DDR C2
64 Waldfischbach D B3
67 Waldhausen Str. G. A C5
88 Waldheim DDR B3
63 Waldkappel D B4
65 Waldkirch D C3
67 Waldkirchen D C4
67 Waldkirchen a. Wesen A C4
66 Waldkraiburg D C3
64 Waldmohr D B3
65 Waldmossingen D C4
66 Waldmünchen D B3
64 waldrach D B2
70 Waldring A A2
66 Waldsassen D A3
68 Waldshut D A3
69 Waldstatt CH A4
66 Waldthurn D B3
64 Waldwisse F B2
69 Walenstadt CH A4
23 Walincourt F A4
63 Walkenried D B5
17 Walkern GB C2
86 Walkow DDR C3
12 Wallasey GB B2
62 Wallau D C3
65 Walldürn D B5
63 Wallenfells D C6
18 Wallers F C3
66 Wallersdorf D C3
66 Wallerstein D C1
63 Wallhausen DDR B6
17 Wallingford GB C1
68 Wallisellen CH A3
87 Wallitz DDR B3
8 Walls, *Shetland Is.* GB
57 Wallsbüll D D2
13 Walsall GB C3
63 Walschleben DDR B5
19 Walshoutem B C5
61 Walstrode D C6
62 Walsum D B1
69 Waltenhofen D A5
63 Waltershausen DDR C5
17 Waltham Forest GB C2
16 Waltham on the Wolds GB B2
17 Walton GB C2
12 Walton le Dale GB B3
17 Walton-on-the-Naze GB C4
62 Waltrop D B2
34 Wamba E C2
63 Wanfried D B5
86 Wangels D A1
69 Wangen D A4
61 Wangerooge D B4
61 Wangersen D B6
69 Wangi CH A3
62 Wanne-Fickel D B2
16 Wansford GB B2
17 Wantage GB C1
63 Wanzleben DDR A6
87 Wapnica PL B6
16 Warboys GB B2
62 Warburg D B4
7 Ward IRL A5
61 Wardenburg D B5
17 Ware GB C2
18 Waregem B C3
15 Wareham GB C5
19 Waremme B C5
87 Waren DDR B3
62 Warendorf D B2
11 Warenford GB C6
60 Warffum NL B3
60 Warga NL B2
86 Warin DDR B2
11 Wark GB C5
11 Warkworth GB C6
17 Warlingham GB C2
23 Warmeriville F B5
15 Warminster GB B5
65 Warneck D B6
86 Warnemünde DDR A3
19 Warnsveld NL A6
5 Warrenpoint GB B5
12 Warrington GB B3
18 Warschoot B B3
61 Warsingsfehn D B4
13 Warsop GB B4
86 Warsow DDR B2
61 Warstade D B6
62 Warstein D B3
107 Warszawa PL D7
67 Wartberg A D5
71 Wartberg i. Mürztal A A5
69 Warth A A5
16 Warwick GB B1
63 Warza DDR C5
9 Wasbister GB A5
18 Wasmes B C3
89 Wasosz PL B6
64 Wasselonne F C3
68 Wassen CH B3
19 Wassenaar NL A4
65 Wasseralfingen D C6
64 Wasserbillig L B2
66 Wasserburg D C3
69 Wassereuen CH A4
66 Wassertrüdingen D B1
23 Wassy F C5
63 Wasungen DDR C5
15 Watchet GB B4
63 Watenstedt D A5
16 Waterbeach GB B3
7 Waterfprd IRL B4
6 Watergrasshill IRL B3
9 Wateringhouse GB B5
19 Waterloo B C4
6 Waterville IRL C1
17 Watford GB C2
86 Wathlingen D C1
16 Watlington GB B3
18 Watten F C2
9 Watten GB B5
70 Wattens A A1
16 Watton GB B3
69 Wattwil CH A4
19 Waubach NL C5
22 Wavignies F B3
19 Wavre B C4
16 Waxham GB B4
12 Wearhead GB A3
12 Weaverham GB B3
61 Wedel D B6
15 Wedmore GB B5
19 Weelde B B4
63 Weende D B4
60 Weener D B4
19 Weert NL B5
19 Weesp NL A5
19 Weeze D B6
63 Weferlingen DDR A6
19 Wegberg D B6
63 Wegeleben DDR B6
68 Weggis CH A3
89 Wegliniec PL B5
87 Węgorzyno PL B6
67 Wegscheid D C4
61 Wehdel D B5
68 Wehr D A2
65 Weibersbrunn D B5
66 Weichering D C2
88 Weida DDR C2
66 Weiden D B3
62 Weidenau D C3
88 Weidenhain DDR B2
65 Weidenstetten D C5
90 Weigelsdorf A D2
65 Weikersheim D B5
66 Weil D C1
65 Weil d. Stadt D C4
62 Weilburg D C3
62 Weilerswist D C1
65 Weilheim, *Baden-Württemberg* D C5
66 Weilheim, *Bayern* D D2
63 Weimar D B4
63 Weimar DDR C6
66 Weinberg D B1
69 Weinfelden CH A4
65 Weingarten, *Baden-Württemberg* D B4
65 Weingarten, *Baden-Württemberg* D D5
65 Weinheim D B4
65 Weinstadt D C5
88 Weischltz DDR C2
66 Weisendorf D B1
66 Weismain D A2
70 Weißbriach A B3
90 Weissenbach, *Nieder Östereich* A D2
69 Weißenbach, *Tirol* A A5
71 Weißenbach a.d. Enns A A4
89 Weißenberg DDR B4
63 Weißenbrunn D C6
66 Weißenburg D B1
63 Weißenfels DDR B6
65 Weißenhorn D C6
90 Weißenkirchen i.d. W. A C1
63 Weißenstadt D C6
71 Weißkirchen i. Steiermark A A4
69 Weisstannen CH B4
88 Weißwasser DDR B4
86 Weitendorf DDR B3
63 Weiterode D C4
90 Weitersfeld A C1
67 Weitersfelden A C5
69 Weitnau D A5
67 Weitra A C5
61 Weitzenbruch D C7
71 Weiz A A5
11 Weldon Bridge GB C6
19 Welkenraedt B C5
88 Wellaune DDR B2
66 Wellheim D C2
23 Wellin B A6
16 Wellingborough GB B2
12 Wellington, *Shropshire* GB C3
15 Wellington, *Somerset* GB C4
7 Wellingtonbridge IRL B5
62 Wellmünster D C3
15 Wells GB B5
16 Wells next the Sea GB B3
62 Welplage D A3
67 Wels A C5
68 Welschenrohr CH A2
12 Welshpool GB C2
63 Welsleben DDR A6
71 Weltensfeld A B4
62 Welver D B2
17 Welwyn GB C2
17 Welwyn Garden City GB C2
65 Welzheim D C5
88 Welzow DDR B4
66 Wemding D C1
10 Wemyss Bay GB C3
63 Wenden, *Niedersachsen* D A5
62 Wenden, *Nordrhein-Westfalen* D C2
88 Wendisch Rietz DDR A3
65 Wendlingen D C5
17 Wendover GB C2
67 Weng A C4
71 Wenigzell A A5
63 Wennigsen D A4
69 Wenns A A5
15 Wenvoe GB B4
19 Wépion B C4
88 Werben, *Cottbus* DDR B4
86 Werben, *Magdeburg* DDR C2
88 Werbig DDR B3
19 Werchter B C4
88 Werdau DDR C2
88 Werder DDR A2
62 Werdohl D B2
70 Werfen A A3
61 Werite D C4
19 Werkendam NL B4
62 Werl D B2
62 Wermelskirchen D B2
88 Wermsdorf DDR B2
12 Wern GB C3
66 Wernberg D B3
62 Werne D B2
87 Werneuchen DDR C4
63 Wernigerode DDR B5
67 Wernstein A C4
69 Wertach D A5
65 Wertheim D B5
66 Wertingen D C1
18 Wervik B C3
62 Weseke D B1
62 Wesel D B1
87 Wesenberg DDR B3
86 Wesendorf D C1
61 Weßelburen D A5
62 Wesseling D C1
66 Wessobrunn D D2
13 West Auckland GB A4
16 West Bridgford GB B1
13 West Bromwich GB C3
11 West Calder GB C4
16 West Haddon GB B1
10 West Kilbridge GB C3
12 West Kirby GB B2
11 West Linton GB C4
15 West Lulworth GB C5
17 West Meon GB C1
17 West Mersea GB C3
60 West Terschelling NL B2
17 West Wittering GB D2
18 Westapelle B B3
18 Westapelle N B3
62 Westbevern D A2
15 Westbury GB B5
15 Westbury on Severn GB B5
70 Westendorf A A2
60 Westerbork NL C3
62 Westerburg D C2
61 Westercelle D C7
60 Westerhaar NL C3
17 Westerham GB C3
61 Westerholt D B4
62 Westerkappeln D A2
19 Westerlo B B4
61 Westerstede D B4
65 Westheim, *Baden-Württemberg* D B5
66 Westheim, *Bayern* D B1
62 Westheim, *Nordrhein-Westfalen* D B3
65 Westhofen D B4
16 Weston GB B2
13 Weston upon Trent GB C3
10 Westport GB C2
4 Westport IRL C2
61 Westrhauderfehn D B4
11 Westruther GB C5
14 Westward Hol GB B3
11 Wetheral GB D5
13 Wetherby GB B4
62 Wetter, *Hessen* D C3
62 Wetter, *Nordrhein-Westfalen* D B2
18 Wetteren B B3
63 Wettin DDR B6
68 Wettingen CH A3
62 Wettringen D A2
68 Wetzikon CH A3
62 Wetzlar D C3
18 Wevelgem B C3
62 Wewer D B3
7 Wexford IRL B5
67 Weyer A D5
62 Weyerbusch D C2
65 Weyersheim F C3
15 Weymouth GB C5
67 Weyregg A D4
19 Wezemaal B C4
19 Wezep NL A6
89 Wezyska PL A4
13 Whaley Bridge GB B4
12 Whalley GB B3
11 Whalton GB C6
10 Whauphill GB D3
13 Wheatley Hill GB A4
15 Wheddon Cross GB B4
14 Whiddon Down GB C4
11 Whitburn GB C4
13 Whitby GB A5
12 Whitchruch GB C3
17 Whitchurch, *Buckinghamshire* GB C2
17 Whitchurch, *Hampshire* GB C1
15 Whitchurch, *Hereford & Worcester* GB B5
9 Whitebridge GB C4
6 Whitegate IRL B3
9 Whitehall GB A6
7 Whitehall IRL B4
12 Whitehaven GB A2
5 Whitehead GB B6
11 Whitekirk GB B5
12 Whithorn GB A1
14 Whitland GB B3
11 Whitley Bay GB C6
17 Whitstable GB C4
16 Whittlesey GB B2
13 Whitwell GB B4
89 Wiażow PL C7
65 Wiblingen D C5
17 Wichester GB C1
9 Wick GB B5
62 Wickede D B2
17 Wickford GB C3
17 Wickham GB D1
16 Wickham Market GB B4
7 Wicklow IRL B5
19 Wickrath D B6
11 Widdrington GB C6
12 Widnes GB B3
87 Widuchowo PL B5
64 Wiebelskirchen D B3
62 Wiedenbrück D B3
61 Wiefelstede D B5
63 Wiehe DDR B6
62 Wiehl D C2
89 Wielichowo PL A6
91 Wieliczka PL B6
106 Wielun PL E6
90 Wien A C2
90 Wiener Neustadt A D2
86 Wiepke DDR C2
19 Wierden NL A6
86 Wieren D C1
87 Wierzbięcin PL B6
87 Wierzbno PL B5
71 Wies A B5
66 Wiesau D B3
65 Wiesbaden D A4
67 Wieselburg A C6
69 Wiesen CH B4
88 Wiesenburg DDR A2
66 Wiesenfelden D B3
65 Wiesensteig D C5
66 Wiesent D B3
65 Wiesental D B4
66 Wiesentheid D B1
65 Wiesloch D B4
92 Wiesmath A A1
61 Wiesmoor D B4
60 Wietmarschen D C4
61 Wietze D C6
12 Wigan GB B3
68 Wiggen CH B2
15 Wigmore GB A5
16 Wigston GB B1
11 Wigton GB D4
10 Wigtown GB D3
19 Wijchen NL B5
19 Wijk bij Duurstede NL B5
19 Wijne NL A6
19 Wijnegem B B4
69 Wil CH A4
91 Wilamowice PL B5
71 Wildalpen A A4
65 Wildbad D C4
65 Wildberg D C4
86 Wildberg DDR C3
63 Wildemann D B5
90 Wildendürnbach A C2

* 49 Vyborg SU F 14

60 Wildervank NL B3
61 Wildeshausen D C5
71 Wildon A B5
69 Wildpoldsried D A5
65 Wilferdingen D C4
65 Wilgartswiesen D B3
89 Wilhelm-Pieck-Stadt DDR B4
90 Wilhelmsburg A C1
87 Wilhelmsburg DDR B4
61 Wilhelmshaven D B5
65 Wilhemsdorf D D5
67 Wilhering A C5
88 Wilkau-Haßlau DDR C2
89 Wilków PL B5
91 Wilkowice PL B5
62 Willebadessen D B4
19 Willebroek B B4
15 Willersley GB A4
66 Willhermsdorf D B1
4 Williamstown IRL C3
62 Willich D B1
62 Willingen D B3
13 Willington GB A4
68 Willisau CH A3
15 Williton GB B4
12 Wilmslow GB B3
19 Wilrijk B B4
88 Wilsdruff DDR B3
17 Wilshamstead GB B2
61 Wilster D B6
60 Wilsum D C3
15 Wilton GB B6
64 Wiltz L B1
16 Wimblington GB B3
15 Wimborne Minster GB C6
18 Wimereux F C1
18 Wimille F C1
64 Wimmenau F C3
68 Wimmis CH B2
71 Wimpassing A A6
23 Wimy F B4
15 Wincanton GB B5
15 Winchcombe GB B6
17 Winchelsea GB D3
90 Winden a.s. A D2
12 Windermere GB A3
66 Windischeschenbach D B3
71 Windischgarsten A A4
67 Windorf D C4
66 Windsbach D B1
17 Windsor GB C2
17 Wing GB C2
18 Wingene B B3
17 Wingham GB C4
61 Wingst D B6
66 Winhöring D C3
66 Winklarn D B3
70 Winklern A B2
65 Winnenden D C5
63 Winnigstedt D A5
65 Winnweiler D B3
60 Winschoten NL B4
61 Winsen, *Niedersachsen* D C6
86 Winsen, *Niedersachsen* D B1
12 Winsford GB B3
15 Winsham GB C5
89 Wińsko PL B6
17 Winslade GB C1
17 Winslow GB C2
60 Winsum, *Friesland* NL B2
60 Winsum, *Groningen* NL B3
64 Winterbach D B3
62 Winterberg D B3
15 Winterbourne Abbas GB C5
86 Winterfeld DDR C2
65 Winterlingen D C5
62 Winterswijk NL B1
68 Winterthur CH A3
13 Winterton GB B5
16 Winterton-on-Sea GB B4
64 Wintzenheim F C3
67 Winzer D C4
63 Wipperdorf DDR B5
62 Wipperfürth D B2
63 Wippra DDR B6
13 Wirksworth GB B4
16 Wisbech GB B3
17 Wisborough Green GB C2
61 Wischhafen D B6
11 Wishaw GB C4
91 Wisla Wlk PL B4
86 Wismar DDR B2
91 Wiśniowa PL B6
18 Wissant F C1
65 Wissembourg F B3
62 Wissen D C2
62 Wißmar D C3
91 Wista PL B4
91 Witanowice PL B5
17 Witham GB C3
15 Witheridge GB C4
13 Withern Tothill GB B6
13 Withernsea GB B6
60 Witmarsum NL B2
17 Witney GB C1
87 Witnica PL C5
64 Witry B B1
23 Witry-les-Reims F B5
61 Wittdüm D A5
64 Wittelsheim F D3
62 Witten D B2
88 Wittenberg DDR B2
86 Wittenberge DDR C2
86 Wittenburg DDR B2
64 Wittenheim F D3
88 Wittichenau DDR B4
86 Wittingen D C1
66 Wittislingen D C1
64 Wittlich D B2
71 Wittmannsdorf A B5
61 Wittmund D B4
61 Wittorf D B6
86 Wittstock DDR B3
63 Witzenhausen D B4
15 Wiveliscombe GB B4
17 Wivenhoe GB C3
18 Wizernes F C2
89 Wleń PL B5
107 Wlodawa PL E8
86 Wöbbelin DDR B2
17 Woburn Sands GB B2
91 Wodzislaw Sl. PL A4
19 Woerden NL A4
64 Woerth F C3
68 Wohlen CH A3
64 Woippy F B2
89 Wojcieszów PL C5
17 Woking GB C2
17 Wokingham GB C2
62 Wolbeck D B2
87 Woldegk DDR B4
65 Wolfach D C4
71 Wolfau A A6
65 Wolfegg D D5
88 Wolfen DDR B2
63 Wolfenbüttel D A5
62 Wolfersheim D C3
66 Wolfertschwenden D D1
62 Wolfhagen D B4
66 Wolfratshausen D D2
67 Wolfsbach A C5
71 Wolfsberg A B4
63 Wolfsburg D A5
87 Wolfshagen DDR B4
64 Wolfstein D B3
69 Wolfurt A A4
87 Wolgast DDR A4
68 Wolhusen CH A3
87 Wolin PL B5
90 Wolkersdorf A C2
88 Wölkisch DDR B3
63 Wolkramshausen DDR B5
16 Wollaston GB B2
90 Wöllersdorf A D2
88 Wollin DDR A2
63 Wolmirsleben DDR B6
63 Wolmirstedt DDR A6
66 Wolnzach D C2
89 Wolów PL B6
89 Wolsztyn PL A6
87 Woltersdorf DDR C4
61 Woltmershausen D B5
63 Woltorf D A5
60 Wolvega NL C2
12 Wolverhampton GB C3
17 Wolverton GB B2
16 Wolvey GB B1
13 Wolviston GB A4
60 Wommels NL B2
17 Woodbridge GB B4
7 Woodenbridge IRL B5
13 Woodhall Spa GB B5
17 Woodstock GB C1
15 Wool GB C5
14 Woolacombe GB B3
11 Wooler GB C5
12 Woore GB C3
15 Wootton Bassett GB B6
68 Worb CH B2
63 Worbis DDR B5
15 Worcester GB A5
70 Wörgl A A2
12 Workington GB A2
13 Worksop GB B4
60 Workum NL C2
88 Wörlitz DDR B2
60 Wormerveer NL C1
18 Wormhoudt F C2
65 Worms D B4
61 Worphausen D B5
61 Worpswede D B5
71 Worschach A A4
65 Wörth, *Bayern* D B5
66 Wörth, *Bayern* D B3
65 Wörth, *Rheinland-Pfalz* D B4
17 Worthing GB D2
15 Wotton-under-Edge GB B5
60 Woudsend NL C2
18 Woumen B B2
13 Wragby GB B5
13 Wrangle GB B6
86 Wredenhagen DDR B3
61 Wremen D B5
16 Wrentham GB B4
106 Wreśnia PL D5
12 Wrexham GB B3
86 Wriedel D B1
87 Wriezen DDR C5
61 Wrist D B6
17 Writtle GB C3
89 Wrocl-aw PL B7
106 Wroclawek PL D6
17 Wrotham GB C3
15 Wroughton GB B6
16 Wroxham GB B4
89 Wschowa PL B6
62 Wulfen D B2
88 Wülfen DDR B1
90 Wulkaprodersdorf A D2
86 Wulkau DDR C3
62 Wünnenberg D B3
88 Wünsdorf DDR A3
66 Wunsiede D A3
63 Wunstorf D A4
62 Wuppertal D B2
66 Wurmannsquick D C3
65 Wurmlingen D C4
19 Würsalen D C6
63 Wurzbach DDR C6
65 Würzburg D B5
88 Wurzen DDR B2
86 Wust DDR C3
63 Wüstensachsen D C5
86 Wusterhausen DDR C3
87 Wustermark DDR C3
86 Wustrow DDR A3
19 Wuustwezel B B4
57 Wyk D D1
16 Wymondham GB B4
89 Wysoka PL B5
89 Wyszonowice PL C7

X

19 Xanten D B6
99 Xánthi GR B3
42 Xátiva E C2
42 Xeraco E B2
64 Xertigny F C2
99 Xidhia GR B4
99 Xilagani GR C4
103 Xilókastron GR A3
100 Xilopáriko GR B3
98 Xilópolis GR C2
101 Xinias GR B4
100 Xinón Nerón GR A3
101 Xinoúrisi GR B5
33 Xinzo de Limia E B3
102 Xirokambi GR C3
32 Xove E A3
32 Xungueira de Espadañedo E B3

Y

109 Yablanitsa BG E6
98 Yakoruda BG A2
98 Yakovo BG B2
105 Yalikavak TR A4
99 Yambol BG A5
98 Yana BG A2
13 Yarm GB A4
17 Yarmouth GB D1
102 Yasilitsa GR C2
105 Yatagan TR A5
15 Yate GB B5
15 Yatton GB B5
16 Yaxley GB B2
67 Ybbs a.d. Donau A C6
67 Ybbsitz A D5
56 Ydby DK B1
14 Yealmpton GB C4
36 Yebra de Bresa E A2
42 Yecla E C1
33 Yecla de Yeltes E D4
101 Yéfira GR A4
101 Yefiri GR B4
14 Yelverton GB C3
109 Yenice, *Canakkale* TR G7
99 Yenice, *Edirne* TR C5
105 Yenikoy, *Aydin* TR A4
99 Yeniköy, *Edirne* TR B5
105 Yenipazar TR A5
99 Yenisaia GR B3
27 Yenne F C5
104 Yeoryíoúpolis, *Kriti* GR
15 Yeovil GB C5
41 Yepes E C3
104 Yerakári, *Kriti* GR
101 Yerakaroú GR A5
103 Yérakas GR C4
103 Yeráki GR C3
101 Yerània GR A4
105 Yerkesik TR A5
100 Yérmas GR A3
102 Yerolimin GR C3
101 Yeroplátanon GR A5
19 Yerseke NL B4
22 Yerville F B1
105 Yeşilyurt TR A5
47 Yeste E A4
20 Yffiniac F B3
28 Ygos-St. Saturnin F C3
26 Ygrande F B2
101 Yialtra GR C4
100 Yiannádhes GR B1
101 Yiannitsá GR A4
101 Yiannitsoú GR C4
103 Yimnón GR A4
102 Yithion GR C3
49 Ylivieska SF D12
49 Ylöjärvi SF F11
22 Ymonville F C2
59 Yngsjö S D3
14 Ynys GB A4
13 York GB B4
7 Youghal IRL C4
13 Youlgreave GB B4
16 Yoxford GB B4
22 Yport F B1
28 Yquem F B3
30 Yssingeaux F A3
59 Ystad S D2
14 Ystalyfera GB B4
50 Ystebøhamn N B2
15 Ystrad GB B4
14 Ystradgynlais GB B4
51 Ytre Flåbygd N B5
48 Ytteran S E7
56 Ytterby S A4
48 Ytterhogdal S E7
52 Yttermalung S B4
40 Yuncos E B3
46 Yunquera E C2
41 Yunquera de Heras E B3
35 Yurre E A4
68 Yverdon CH B1
22 Yvetot F B1
21 Yvignac F B3
19 Yvoir B C4
68 Yvonand CH B1
22 Yvré l'Evêque F C1
52 Yxsjöberg S B5
26 Yzeure F B3

Z

19 Zaandam NL A4
93 Zabalj YU C5
91 Zabar H C6
100 Zaberzan AL A2
89 Zabkowice Ślaskie PL C6
95 Zablače YU C5
95 Žabljak YU C4
92 Zabno YU C1
71 Zabok YU B5
91 Žabokreky CS C4
89 Zabor PL B5
90 Zábřeh CS B2
95 Zabrežje YU B5
108 Zabrze PL A3
98 Zabŭrdo BG B3
75 Zadar YU B5
46 Zafarraya E C2
83 Zafferana Etnea I B4
39 Zafra E C4
70 Zaga YU B3
89 Żagań PL B5
95 Zaglavak YU C4
101 Zaglivérion GR A5
101 Zagorá GR B5
71 Zagorje YU B4
95 Zagrade YU B5
99 Zagrazhden BG B4
71 Zagreb YU C6
46 Zagrilla E B2
109 Zagubica YU D4
94 Zagvozd YU C2
93 Zagyvarekas H A5
45 Zahara E C4
45 Zahara de los Atunes E C4
88 Zahna DDR B2
67 Záhoři CS B5
67 Zahrádka CS B6
86 Zahrensdorf DDR B1
36 Zaidin E B3
65 Zainingen D C5
97 Zajas YU D2
96 Zaječar YU B4
91 Zákamenné CS B5
92 Zakany H B1
102 Zakháro GR B2
102 Zakhorou GR A3
102 Zákinthos GR B1
91 Zakopane PL B5
105 Zákros, *Kriti* GR
89 Zakupy CS C4
92 Zalaapáti H B2
92 Zalabaksa H B1
92 Zalaegerszeg H B1
92 Zalakkoppány H B2
92 Zalalövö H B1
39 Zalamea de la Serena E C5
45 Zalamea la Real E B3
92 Zalaszenfiván H B1
92 Zalaszentgrót H B2
92 Zalaszentmihály H B1
108 Zalău RO C5
92 Zalavár H B2
35 Zaldibar E A4
71 Žalec YU B5
35 Zalla E A3
19 Zaltbommel NL B5
92 Zamárdi H B2
89 Zamberk CS C6
46 Zambra E B2
92 Zámoly H A3
34 Zamora E C1
108 Zamość PL A5
69 Zams A A5
19 Zandhoven B B4
88 Žandov CS C4
19 Zandvoort NL A4
39 Zaninos E C4
41 Zaorejas E B4
66 Zapfend D A1
101 Záppion GR B4
78 Zapponeta I C2
36 Zaragoza E B2
103 Zarakes GR A5
35 Zarautez E A4
47 Zarcilla de Ramos E B5
101 Zárkos GR B4
91 Žarnovica CS C4
104 Zarós, *Kriti* GR
102 Zaroúkhla GR B3
89 Żarów PL C6
18 Zarren B B2
86 Zarrentin DDR B1
89 Żary PL B5
39 Zarza de Alange E C4
41 Zarza de Tajo E B3
39 Zarza Granadilla E A4
39 Zarza la Mayor E B4
40 Zarzuela del Monte E B2
34 Zarzuela del Pinar E C2
32 Zas E A2
95 Zasavica YU B4
89 Zasieki PL B4
67 Zásmuky CS B6
88 Žatec CS C3
79 Zaton YU B5
89 Zatonie PL B5
91 Zator PL B5
88 Zauchwitz DDR A3
75 Zavalje YU B5
73 Zavattarello I B4
91 Závažna Poruba CS B5
94 Zavidoviće YU B3
95 Zavlaka YU B4
89 Zawidów PL B5
91 Zawoja PL B5
89 Zawonia PL B7
91 Zázrivá CS B5
89 Zbąszyn PL A5
89 Zbąszynek PL A5
91 Zbehy CS C4
67 Zbiroh CS B4
67 Zbraslav CS B5
67 Zbraslavice CS B6
92 Ždala YU B2
90 Ždánice CS B3
90 Žďár n. Sázavou CS B1
92 Zdenci YU C2
91 Ždiar CS B6
88 Zdiby CS C4
67 Zdice CS B4
71 Zdihovo YU C5
90 Zdirec n. Doubravou CS B1
90 Zdounky CS B3
96 Zdravinje YU B3
89 Zdrój PL B5
97 Zdunje YU D3
89 Zduny PL B7
35 Zeberio E A4
67 Žebrák CS B4
39 Zebreira P B3
89 Zebrzydowa PL B5
87 Zechlin DDR B3
70 Zederhaus A A3
93 Žednik YU C4
18 Zeebrugge B B3
103 Zefitia GR C5
35 Zegama E B4
75 Žegar YU B5
96 Zegra YU C3
87 Zehdenick DDR C4
88 Zehren DDR B3
66 Zeil D A1
90 Zeiselmauer A C2
19 Zeist NL A5
88 Zeithain DDR B3
66 Zeitlarn D B3
88 Zeitz DDR B2
90 Želatava CS B1
19 Zele B B4
90 Zelechovice n. Drev CS B3
98 Zelen Dol BG A2
107 Zelengorsk SU A11
99 Zelenikovo BG A4
89 Železnice CS C5
95 Železnik YU B5
71 Zelezniki YU B4
89 Železny Brod CS C5
19 Zelhem NL A6
91 Zeliezovce CS C4
92 Zelina YU C1
97 Zelino YU D3
101 Zélion GR C4
68 Zell CH A2
65 Zell, *Baden-Württemberg* D C4
68 Zell, *Baden-Württemberg* D A2
65 Zell, *Bayern* D B5
64 Zell, *Rheinland-Pfalz* D A3
70 Zell am See A A2
70 Zell am Ziller A A1
67 Zell b. Zellhof A C5
63 Zella-Mehlis DDR C5
90 Zellerndorf A C1
65 Zellingen D B5
91 Želovce CS C5
71 Zeltweg A A4
18 Zelzate B B3
91 Zemberovce CS C4
91 Zumbrzyce PL B5
98 Zemen BG A1
91 Zemianske-Kostol'any CS C4
90 Zemianske-Podhradie CS C3
91 Zemné CS D3
19 Zemst B C4
95 Zemun YU B5
75 Zemunik YU B5
94 Zenica YU B2
94 Žepče YU B3
76 Zepponami I A3
71 Zeprešic YU C5
90 Žeravice CS B3
88 Zerbst DDR B2
64 Zerf D B2
108 Zerind RO C4
68 Zermatt CH B2
69 Zernez CH B5
87 Zerpenschleuse DDR C4
61 Zetel D B4
63 Zeulenroda DDR C6
61 Zeven D B6
19 Zevenaar NL B6
19 Zevenbergen NL B4
103 Zevgolation GR B3
69 Zévio I C6
71 Zgornji Dolic YU B5
89 Zgorzeles PL B5
94 Zgošča YU B3
97 Zgozdh AL D2
98 Zheleznitsa BG A2
99 Zhelyu Voyvoda BG A5
99 Zheravna BG A5
108 Zhitomir SU A8
107 Zhlobin SU D11
100 Ziákas GR A3
91 Žiar CS C4
84 Zicavo F C2
86 Zickhusen DDR B2
71 Zidani Most YU B5
86 Ziddorf DDR B3
90 Zidlochovice CS B2
89 Ziębice PL C7
86 Ziegendorf DDR B2
63 Ziegenrück DDR C6
89 Zieleniec PL C6
89 Zielona Góra PL B5
66 Ziemetshausen D C1
18 Zierikzee N B3
90 Ziersdorf A C1
86 Zierzow DDR B2
86 Ziesendorf DDR B3
87 Ziethen DDR C4
98 Zigós GR B3
67 Žihle CS A4
91 Žilina CS B4
90 Zillingdorf A D2
68 Zillisheim F A2
88 Ziltendorf DDR A4
109 Zimnicea RO E6
68 Zinal CH B2
72 Zinasco I A4
87 Zingst DDR A3
55 Zinkgruvan S D1
87 Zinnowitz DDR A4
92 Zirc H A2
71 Ziri YU B4
102 Ziria GR A2
69 Zirl A A6
66 Zirndorf D B1
105 Ziros, *Kriti* GR
75 Žirovac YU A6
97 Žirovnica YU D2
67 Žirovnice CS B6
90 Zistersdorf A C2
93 Zitište YU C5
96 Zitni Potok YU B3
96 Žitorada YU B3
100 Zitsa GR B2
89 Zittau DDR C4
94 Zivaja YU A1
95 Živinice YU B3
97 Zjurn YU C2
96 Žkovac YU B3
92 Zlatar YU B1
92 Zlatar Bistrica YU B1
90 Zlaté Klasy CS C3
91 Zlaté Moravce CS C4
98 Zlatitsa BG A3
91 Zlatniky CS C4
99 Zlatograd BG B4
97 Zletovo YU D4
88 Zlonice CS C4
96 Zlot YU A3
89 Zl-otoryja PL B5
89 Zloty Stok PL C6
67 Zlutice CS A4
75 Zmajevac YU B6
93 Zmajevo YU C4
99 Zmeyovo BG A4
89 Żmigród PL B6
75 Zmimj YU A3
90 Znojmo CS C2
88 Zoblitz DDR C3
73 Zocca I B5
89 Zodel DDR B4
19 Zoetermeet NL A4
68 Zofingen CH A2
69 Zogno I C4
90 Zohor CS C2
19 Zolder B B5
68 Zollikofen CH B2
66 Zolling D C2
108 Zolochev SU B6
93 Zombe H B3
19 Zonhoven B C5
102 Zoni GR B3
84 Zonza F C2
88 Zörbig DDR B2
39 Zorita E B5
91 Zory PL A4
88 Zossen DDR A3
18 Zottegem B C3
60 Zoutkamp NL B3
93 Zrenjanin YU C5
75 Zrmanja-Velo YU B6
98 Zrnovci YU B1
67 Zruč n. Sazavou CS B6
93 Zsámbék H A3
93 Zsámbok H A4
88 Zschopau DDR C3
88 Zschortau DDR B2
91 Zuberec CS B5
46 Zubia E B3
35 Zubieta E A5
96 Zubin Potok YU C2
35 Zubiri E B5
42 Zucains E A2
87 Zudar DDR A4
36 Zuera E B2
45 Zufre E B3
68 Zug CH A3
46 Zuheros E B2
60 Zuidwolde NL B3
47 Zújar E B4
79 Žuljana YU B4
89 Žulová CS C7
62 Zulpich D C1
35 Zumárrage E A4
35 Zumaya E A4
19 Zundert NL B4
95 Županja YU A3
97 Zur YU C2
47 Zurgena E B4
68 Zürich CH A3
90 Zurndorf A D3
68 Zurzach CH A3
66 Zusmarshausen D C1
86 Zusow DDR B2
19 Zutphen NL A6
75 Zutu Lovka YU B5
71 Žužemberk YU C4
67 Zvikovské Podhradi CS B5
91 Zvolen CS C5
95 Zvornik YU B4
60 Zwaagwesteinde NL B3
19 Zwanenborg NL A4
71 Zwaring A B5
60 Zwartemeer NL C4
60 Zwartsluis NL C3
64 Zweibrücken D B3
68 Zweisimmen CH B2
88 Zwenkau DDR B2
90 Zwentendorf A C2
62 Zwesten D B4
67 Zwettl A C6
67 Zwettl. a.d. Rodl A C5
18 Zwevezele B B3
88 Zwickau DDR C2
65 Zwiefalten D C5
67 Zwiesel D B4
69 Zwieselstein CH B6
19 Zwijndrecht NL B4
68 Zwingen CH A2
65 Zwingenberg D B4
65 Zwingerburg D B4
60 Zwolle NL C3
88 Zwönitz DDR C2
91 Żywiec PL B5